Heil für alle?

Dialog der Kirchen

Veröffentlichungen des Ökumenischen Arbeitskreises
evangelischer und katholischer Theologen
begonnen unter dem Protektorat von
Bischof Hermann Kunst † und Hermann Kardinal Volk †,
gegenwärtig fortgeführt unter
Karl Kardinal Lehmann und Bischof Martin Hein

Band 15

Heil für alle?

Herder · Freiburg im Breisgau
Vandenhoeck & Ruprecht Göttingen

Heil für alle?

Ökumenische Reflexionen

Mit Beiträgen von
Michael Beintker, Karlheinz Diez,
Jörg Frey, Albert Gerhards,
Christian Grethlein, Hans-Peter Großhans,
Frank-Lothar Hossfeld, Ulrich Körtner,
Karl Lehmann, Christoph Markschies,
Johanna Rahner, Dorothea Sattler,
Michael Theobald, Eberhard Tiefensee

Für den Ökumenischen Arbeitskreis
evangelischer und katholischer Theologen
herausgegeben von
Dorothea Sattler und Volker Leppin

Herder · Freiburg im Breisgau
Vandenhoeck & Ruprecht Göttingen

MIX
Papier aus verantwor-
tungsvollen Quellen
FSC
www.fsc.org   FSC® C106847

© Verlag Herder GmbH, Freiburg im Breisgau 2012
Alle Rechte vorbehalten
www.herder.de

Umschlagmotiv: Inkrustierte Rosette
(Kalkstein mit Porphyr) aus St. Pantaleon, Köln
Satz: Markus Zingel, Münster
Herstellung: fgb · freiburger graphische betriebe
www.fgb.de

Printed in Germany

ISBN 978-3-451-34547-0 (Verlag Herder)
ISBN 978-3-525-56948-1 (Vandenhoeck & Ruprecht)

Inhalt

Vorwort

Der Ökumenische Arbeitskreis evangelischer und katholischer Theologen (ÖAK) legt in diesem Band mit dem Titel „Heil für alle? Ökumenische Reflexionen" die Ergebnisse seiner gemeinsamen Studienarbeit in den Jahren 2007 bis 2012 vor, die er parallel zu weiteren Aufgabenstellungen begonnen und nun zu einem Abschluss geführt hat. Der ÖAK behält sich vor, in Folgeprojekten später einzelne Aspekte der Thematik zu vertiefen. Die gewonnenen Erkenntnisse, die die Wissenschaftliche Leitung in ihrer „Thematischen Einführung" beschreibt und reflektiert, können jedoch bereits in der vorliegenden Form eine Basis für eine ökumenische Verständigung über den allgemeinen Heilswillen Gottes sein. Entstehung, Anliegen, Methodik sowie Bedeutung und Grenzen des Vorhabens sind in der „Thematischen Einführung" ausführlich beschrieben. Dort finden sich auch Zusammenfassungen der einzelnen Beiträge dieses Bandes.

Die Begleitung dieser Veröffentlichung ist in formaler Hinsicht durch die Mitarbeiterinnen und Mitarbeiter des Ökumenischen Instituts der Katholisch-Theologischen Fakultät der Universität Münster geschehen. Markus Zingel hat in bewährter Weise alle erforderlichen Aufgabenstellungen koordiniert und einen großen Anteil der Redaktionsarbeiten selbst übernommen. Ohne ihn wäre dieser Band nicht im vorgesehenen Zeitraum erschienen. Ihm standen Marina Todzi und Maria Wald hilfreich zur Seite. Die Mühsal der Erstellung des Sachregisters hat Prof. Dr. Theodor Schneider, der langjährige Wissenschaftliche Leiter des ÖAK, auf sich genommen. Eine wichtige Grundlage insbesondere für die Erarbeitung der „Thematischen Einführung" waren die ausführlichen Protokolle der Jahrestagungen des ÖAK, die in den Jahren 2007 bis 2012 von Prof.in Dr. Miriam Rose (ev.), Jena, (bis 2008), Dr. Susanne Schuster (ev.), Tübingen, (ab 2009), Prof.in Dr. Johanna Rahner (r.-k.), Kassel, (bis 2010), Markus Zingel (r.-k.), Münster, (ab 2011) mit großer Sorgfalt und Umsicht erstellt wurden. Wir danken allen für diese zuverlässigen und zeitaufwendigen Dienste. Mit diesem Band endet die langjährige, stets vertrauensvolle und konstruktive Zusammenarbeit bei der Reihe „Dialog der Kirchen" mit dem Lektor des Herder-Verlags, Dr. Peter Suchla, der in seinen verdienten Ruhestand geht. Für ihn erbitten wir von Herzen Gottes Segen.

In der römisch-katholischen Leseordnung sind für das Fest der Kreuzerhöhung am 14. September als Evangelium wenige Verse aus dem Johannes-Evangelium vorgesehen, die in Aufnahme des alttestamentlichen Zeugnisses von der Errettung Israels bei seiner Wüstenwanderung durch den Blick auf die erhöhte Schlange (vgl. Num 21,4–9) an den am Kreuz erhöhten Christus als Verheißung des Heils für alle erinnern: „Denn Gott hat seinen Sohn nicht in die Welt gesandt, damit er die Welt richtet, sondern damit die Welt durch ihn gerettet wird" (Joh 3,17).

Münster und Tübingen, am 14. September 2012

Dorothea Sattler und Volker Leppin

Thematische Einführung

1. Aufnahme einer biblisch bezeugten Provokation

„Geht hinaus in die ganze Welt, und verkündet das Evangelium allen Geschöpfen! Wer glaubt und sich taufen lässt, wird gerettet; wer aber nicht glaubt, wird verdammt werden" (Mk 16,15b–16). Diese Worte – überliefert als Weisung des auferstandenen Jesus Christus am Ende des Markus-Evangeliums – provozieren: Ist Rettung, Heil und Erlösung von Gott allein den zum Glauben an Jesus Christus bekehrten Getauften verheißen?

In der Theologiegeschichte gibt es bis heute viele Strategien, auf diese gedankliche Herausforderung zu antworten. Differenzierungen werden vorgenommen. Rückfragen werden formuliert:

(1) Nach exegetischer Erkenntnis handelt es sich bei den zitierten Schriftworten um einen Nachtrag zum authentischen Schluss des Markus-Evangeliums, das ursprünglich in Mk 16,8 mit der Botschaft des Engels an die Frauen am leeren Grab sowie der Erzählung von deren Flucht und deren Schweigen aus Furcht endete. In Analogie zu den anderen Evangelien sind demnach erst später die Erzählungen von den Erscheinungen des Auferstandenen und die Weisung zu Mission und Taufe hinzugefügt worden. Bei Zustimmung zu dieser textgeschichtlichen Einsicht gilt gleichwohl: Der sekundäre Schluss des Markus-Evangeliums ist Teil der kanonisierten biblischen Überlieferung. Die in ihm enthaltene Aussage hat ihre eigene Wirkungsgeschichte bis heute entfaltet.

(2) Auffällig ist, dass in der zweiten Hälfte des Satzes die Taufe keine Erwähnung mehr findet: Wer glaubt, wird gerettet. Muss daher zwischen Glaube und Taufe nicht strikt unterschieden werden? Ist erst die Taufe heilsbedeutsam oder auch bereits ein vorbaptismaler Glaube allein selbst ohne die Taufe? Welche Bedeutung haben dann jedoch sichtbare, zeichenhafte und sakramentale Handlungen im kirchlichen Raum bei der Begründung des Heils? An dieser Stelle lässt sich bereits vermuten, dass Antworten auf die formulierte Frage nicht frei sein werden von konfessionellen Prägungen.

(3) Biblische Aussagen über Heil und Unheil sind in der Tradition vielfach Gegenstand des Streits über den Wahrheitsgehalt der Zeugnisse gewesen – bewegt er sich auf einer rein kognitiven Ebene oder auch auf einer pragmatischen, handlungsbezogenen? Handelt es sich bei dem Schriftzitat aus dem Markusevangelium seiner Intention nach um die

Ankündigung eines objektiv festgelegten Sachverhalts oder ist es auch möglich zu denken, dass diese Worte als eine Sprachhandlung zu verstehen sind? Hat die überlieferte biblische Rede noch eine andere Absicht als allein diese, Auskünfte zu erteilen? Könnte es sein, dass die gewählte Sprachform damals schon Handlungen anregen wollte, nämlich eine Umkehr bewirken und für den Glauben an Christus Jesus werben – auch mit der Konsequenz, sich taufen zu lassen? Unterschiedliche Ansätze in der Methodik der Schriftauslegung führen zu differenten Erkenntnissen.

(4) Ist das Evangelium wirklich im Sinne der biblischen Weisung in der gesamten Welt in Worten und Taten so verkündigt worden, dass alle Menschen es als glaubwürdig erfahren haben? Kann somit der zweite Satz gelten, wenn der erste nicht eingelöst wurde und wird? Über lange Zeiten hin hat das Evangelium einzelne Regionen im Weltkreis gar nicht erreicht. Auch dort, wo das Christuszeugnis mit Worten verkündigt wurde, erschienen die Taten nicht immer als glaubwürdig.

Diese vier hier kurz beschriebenen Möglichkeiten im Umgang mit der Frage nach der biblisch bezeugten Verbindung zwischen dem Heil und der Taufe sowie dem Heil und dem Glauben stehen exemplarisch für Typen in der christlichen Argumentation unter Berufung auf die biblischen Zeugnisse: (1) die Autorität der Quellen der Erkenntnis ist zu prüfen, (2) die inhaltliche Aussage ist durch philologische Analysen zu erheben, (3) die Absicht der Textaussage auf der Handlungsebene ist zu bedenken und (4) eine selbstkritische Rückbindung der überlieferten Weisung an die Realgeschichte ist vorzunehmen.

Während all diese Überlegungen unter dem Vorzeichen einer grundsätzlichen Zustimmung zur Möglichkeit der religiösen Erkenntnis durch eine im Wort sich ereignende Offenbarung angestellt werden, ändern sich die Bedingungen der Gespräche über die Fragestellung „Heil für alle?" grundlegend, wenn solche mit Menschen geführt werden, die jegliche oder Teile der Schriftzeugnisse nicht als Erkenntnisquelle anerkennen oder prinzipiell einen agnostischen Standort beziehen. Deutlich sei an dieser Stelle bereits gesagt, dass der Ökumenische Arbeitskreis bei seiner Themenwahl auf eine Vergewisserung im Blick auf das eigene christliche Bekenntnis zielte, da er weder in seiner personellen Besetzung noch in seiner methodischen Ausrichtung die Anforderungen an einen interreligiösen Dialog oder an ein Gespräch mit gegenwärtigen atheistischen Optionen hätte erfüllen können. Warum dann diese Themenwahl?

2. Gründe für die Themenwahl

Der Ökumenische Arbeitskreis evangelischer und katholischer Theologen (ÖAK) hat seit seiner Gründung im Jahr 1946 zahlreiche Beiträge zu kontroverstheologischen Themenkreisen veröffentlicht.[1] Die hermeneutischen Grundlagen der theologischen Erkenntnis – unter ihnen vor allem das Verständnis des Verhältnisses von Schriftkanon, Tradition und Lehrbildung[2] – waren ebenso Gegenstand der Beratungen wie Einzelfragen der Rechtfertigungslehre[3], der Sakramententheologie[4] sowie der Ämterlehre[5]. Nachdem der ÖAK sich in einem mehrjährigen Studienprojekt intensiv mit der Frage nach dem kirchlichen Amt in apostolischer Nachfolge[6] befasst hat, legt er nun erstmals eine Publikation vor, deren Gegenstand sich nicht von einer thematischen Kontroverse im 16. Jahrhundert herleitet. Zugleich ist der ÖAK überzeugt, dass die gemeinsame Aufnahme dieser Thematik einen ökumenischen Ertrag im engeren Sinn erbringt, da im Kontext der gewählten soteriologischen Thematik insbesondere die Rechtfertigungslehre (in ihrer christologischen und/oder pneumatologischen Ausrichtung) sowie die Ekklesiologie in ihren jeweili-

---

[1] Vgl. B. Schwahn, Der Ökumenische Arbeitskreis evangelischer und katholischer Theologen von 1946 bis 1975 (Forschungen zur systematischen und ökumenischen Theologie 74), Göttingen 1996.

[2] Vgl. W. Pannenberg/Th. Schneider (Hg.), Verbindliches Zeugnis, Bd. 1. Kanon – Schrift – Traditon (Dialog der Kirchen 7), Freiburg/Göttingen 1992; dies. (Hg.), Verbindliches Zeugnis, Bd. 2. Schriftauslegung – Lehramt – Rezeption (Dialog der Kirchen 9), Freiburg/Göttingen 1995; Th. Schneider/W. Pannenberg (Hg.), Verbindliches Zeugnis, Bd. 3. Schriftverständnis und Schriftauslegung (Dialog der Kirchen 10), Freiburg/Göttingen 1998.

[3] Vgl. K. Lehmann/W. Pannenberg (Hg.), Lehrverurteilungen – kirchentrennend?, Bd. 1. Rechtfertigung, Sakramente und Amt im Zeitalter der Reformation und heute (Dialog der Kirchen 4), Freiburg/Göttingen 1986, bes. 35–75; dies. (Hg.), Lehrverurteilungen – kirchentrennend?, Bd. 2. Materialien zu den Lehrverurteilungen und zur Theologie der Rechtfertigung (Dialog der Kirchen 5), Freiburg/Göttingen 1989, Th. Schneider/G. Wenz (Hg.), Gerecht und Sünder zugleich? Ökumenische Klärungen (Dialog der Kirchen 11), Freiburg/Göttingen 2001.

[4] Vgl. K. Lehmann/E. Schlink (Hg.), Das Opfer Jesu Christi und seine Gegenwart in der Kirche. Klärungen zum Opfercharakter des Herrenmahls (Dialog der Kirchen 3), Freiburg/Göttingen 1983; K. Lehmann/W. Pannenberg (Hg.), Lehrverurteilungen – kirchentrennend?, Bd. 1 (Anm. 3), bes. 77–156; W. Pannenberg (Hg.), Lehrverurteilungen – kirchentrennend?, Bd. 3. Materialien zur Lehre von den Sakramenten und vom kirchlichen Amt (Dialog der Kirchen 6), Freiburg/Göttingen 1990.

[5] Vgl. K. Lehmann/W. Pannenberg (Hg.), Lehrverurteilungen – kirchentrennend?, Bd. 1 (Anm. 3), bes. 157–169; W. Pannenberg (Hg.), Lehrverurteilungen – kirchentrennend?, Bd. 3 (Anm. 4).

[6] Vgl. Th. Schneider/G. Wenz (Hg.), Das kirchliche Amt in apostolischer Nachfolge, Bd. 1. Grundlagen und Grundfragen (Dialog der Kirchen 12), Freiburg/Göttingen 2004; D. Sattler/G. Wenz (Hg.), Das kirchliche Amt in apostolischer Nachfolge, Bd. 2. Ursprünge und Wandlungen (Dialog der Kirchen 13), Freiburg/Göttingen 2006; Bd. 3. Verständigungen und Differenzen (Dialog der Kirchen 14), Freiburg/Göttingen 2008.

gen konfessionellen Prägungen immer wieder argumentativ beansprucht werden. Zudem sei erwähnt, dass der ÖAK parallel zur Studie über das „Heil für alle?" in methodisch vertrauter Weise an zwei weiteren Themen gearbeitet hat: an einem gemeinsamen Verständnis des Reformationsereignisses in historischer und systematisch-theologischer Sicht sowie an einer Darstellung der erreichten ökumenischen Konvergenzen im Dialog über Abendmahl und Eucharistie. Beide Themen werden von nun an im Zentrum der weiteren Dialoge im ÖAK stehen.

Die Entscheidung darüber, dass der ÖAK in den folgenden Jahren die Frage aufgreifen werde, ob es eine gemeinsame Sicht der Teilhabe aller Menschen an dem in Jesus Christus begründeten Heil gibt, fiel bei der Jahrestagung 2007 im Tagungshaus Schloss Hirschberg. In der mühsamen Schlussphase der Beratungen über die apostolische Gründung des kirchlichen Amtes wirkte es geradezu befreiend, sich miteinander einer weniger kontroverstheologisch belasteten Thematik zu öffnen. Nach jahrzehntelanger Arbeit an Detailfragen insbesondere im Blick auf die institutionelle Gestalt des Christentums im ÖAK sollten nun die gemeinsamen zentralen theologischen Anliegen wieder in den Mittelpunkt der Betrachtung rücken. Vom Beginn der Ökumenischen Bewegung an war die Besinnung auf das verbindende Christuszeugnis die Motivation, nach einem Weg zu suchen, die sichtbare Einheit der Kirchen zu begründen. Anlass für diese frühen ökumenischen Anstrengungen gab die Frage nach einer gemeinsamen christlichen Mission. Der Bezug zur Soteriologie wird bei spezifischen kontroverstheologischen Themen immer wieder selbstkritisch angemahnt. Diesen thematischen Anliegen lässt sich die Frage nach dem „Heil für alle?" ohne Mühe zuordnen.

Der bei der Jahrestagung 2007 beschlossene Arbeitstitel des ökumenischen Studienvorhabens lautete „Das Heil der Anderen". Viele der Beiträge in dem nun vorliegenden Band lassen diese erste Themenwahl noch deutlich erkennen. Die offene Frage, wer mit „den Anderen" präzise gemeint sei, hat zu manchen hilfreichen Differenzierungen geführt, zugleich bewirkte die Unsicherheit in der Begrenzung der Fragestellung auch gelegentlich eine gewisse Ratlosigkeit. Wer sind „die Anderen"? Diese Frage lässt sich nicht ohne die Bereitschaft beantworten, auch Auskunft darüber zu geben: „Wer sind wir?". Hintergründig blieb in den Jahren der Erarbeitung dieses Bandes die Frage immer virulent, welche gemeinsamen christlichen Bekenntnisgehalte dazu autorisieren, zwischen uns und „den Anderen" zu unterscheiden.

In den Jahren der Studienarbeit an der Thematik wurde mehr und mehr deutlich, dass das mit einem hohen Maß an inhaltlicher Unbestimmtheit begonnene ökumenische Projekt ungeahnte offene Fragen sehr bewusst werden ließ: Gibt es wirklich eine ökumenische Übereinkunft in der Rede vom Heil auch derer, die nicht an Jesus Christus glauben? Sind bereits ökumenische Dialoge zu dieser Thematik geführt worden? Welche biblischen Bezüge werden dabei argumentativ jeweils aufgenommen? Welche konfessionell geprägten Lehrtexte vertreten welche Position? Lässt sich die Geschichte mit dieser Thematik in den Kirchen nachzeichnen? In welcher Weise spiegelt sich diese Thematik in den liturgischen Traditionen der Kirchen? Wie lässt sie sich überhaupt angemessen besprechen mit Blick beispielsweise auf die gegenwärtigen gesellschaftlichen Bedingungen der Verkündigung des Heils in Christus Jesus im Zusammenleben mit zunehmend kirchendistanzierten Zeitgenossen? Diese genannten Fragen sind die Herausforderungen, denen sich der ÖAK in Referaten bei den Jahrestagungen 2008 bis 2011 stellte. Das Ziel dabei war, die Grundlagen der christlichen Argumentationen zu sichten und in Reflexionen zu vertiefen. Das Gespräch im ÖAK geschah im Austausch über dreizehn Referate, deren Inhalte nun kurz in der Reihenfolge der in diesem Band veröffentlichten Beiträge vorgestellt sein sollen.

3. Durch Referate gewonnene Einsichten

Referate haben ein Thema, und sie sprechen zugleich mehr an, als im Titel steht. Der ökumenische Dialog zeichnet sich auch dadurch aus, dass die jeweiligen Zugänge zur gewählten oder aufgegebenen Fragestellung nicht selten überraschen und Anlass für weitere Gespräche sind. Die Konferenzökumene ist ein lebendiges Geschehen, das durch den Abdruck der für die Veröffentlichung überarbeiteten Referate nicht gesamthaft memoriert werden kann. Die in dem vorliegenden Sammelband veröffentlichten Beiträge dokumentieren daher auch nicht die chronologische Folge der Referate. Manche Terminschwierigkeiten sind ohnehin bei jeder Tagungsplanung zu beachten. Einzelstimmen finden zuweilen erst später Resonanz und verbinden sich thematisch mit weiteren Äußerungen.

In einer ersten Übersicht lassen sich die Anliegen der Referate so beschreiben: Die gegenwärtige ökumenische Theologie ist gefordert, die religiöse Pluralität und die religiöse Indifferenz nüchtern als Kontexte jeder eigenen Reflexion zur Kenntnis zu nehmen (Ulrich H.J. Körtner und Eberhard Tiefensee). Die bisherigen ökumenischen Dialoge bieten einzelne Referenzpunkte für die Thematik (Mission, Heil und Heilung); Fragen der Soteriologie werden in unterschiedlichen ökumenischen Kontexten aufgenommen (Dorothea Sattler). Von besonderer Bedeutung ist die Sichtung der reformatorischen und der römisch-katholischen Bekenntnistraditionen im Umgang mit der Frage nach dem Heil auch derer, die nicht an Jesus Christus glauben und/oder nicht getauft sind (Michael

Beintker; Karl Lehmann). Die biblischen Schriften sind die gemeinsame
Grundlage der Argumentation: In den alttestamentlichen Schriften ist
die Thematik vor allem im Kontext der Gottesfrage zu bedenken (Frank-
Lothar Hossfeld). Im Neuen Testament ist die Heilsfrage von zentraler
Bedeutung; die überlieferten Zeugnisse lassen sowohl eine Konzentration
auf das soteriologisch relevante Christusereignis als auch eine schöpfungstheologisch und pneumatologisch begründete Hoffnung auf eine
universale Vollendung erkennen (Jörg Frey; Michael Theobald). Hintergründig ist die Frage nach der (konfessionell je eigenen) Begründung der
Hoffnung auf eine eschatologische Vollendung aller Geschöpfe (Apokatastasis panton) im thematischen Kontext stets virulent (Hans-Peter
Großhans/Johanna Rahner). Vom Altertum an wurde die Frage nach
dem Heil aller Geschöpfe – traditionsgeschichtlich gesehen – auch immer
unter ekklesiologischen Vorzeichen betrachtet: Gibt es außerhalb des
sichtbaren Lern- und Lehrraums der Kirche eine Vermittlung des Heils
in Christus Jesus? (Christoph Markschies; Karlheinz Diez). Im Sinne der
überlieferten Überzeugung, die Lex orandi sei Hinweis auf die Lex credendi[7], lassen sich auch in einer ökumenischen Hermeneutik liturgische
Feiern und Gebetstraditionen auf die Frage hin bedenken, in welcher
Weise die Hoffnung auf das Heil auch der Nichtgetauften in ihnen zum
Ausdruck kommt (Christian Grethlein; Albert Gerhards).
Gibt es gemeinsame Anliegen in all diesen Beiträgen und lassen sich
Konvergenzen erkennen? Diese Frage lässt sich nicht ohne eine nähere
Betrachtung der einzelnen Gehalte der Referate beantworten:

Ulrich H.J. Körtner (ev.) eröffnet in seinem Beitrag einen deskriptiven
Zugang zur Komplexität der Religionen weltweit in diachroner und syn-
chroner Perspektive. Einer Kultur der Wertschätzung verpflichtet, stellt
sich Körtner die Frage, ob der in der Religionswissenschaft verwendete
Begriff des Synkretismus nicht auch herangezogen werden könnte, um
die Integrationskraft einzelner Religionen – vorab des Christentums – zu
besprechen. Insbesondere im ökumenischen Kontext erscheint es ihm
angemessen, bei allen Grenzen auch die Chancen einer zum Pluralismus
fähigen Religion zu sehen. Gewiss darf ein solcher Ansatz aus Sicht von
Körtner nicht ohne Maßstab und Kriterien bleiben. Als solche benennt
er in formaler Hinsicht das Schriftprinzip, in materialer das Evangelium
respektive die Heilsbedeutsamkeit des Christusgeschehens. Vor dem
Hintergrund der drei Grundmodelle in der Theologie der Religionen
(Exklusivismus, Inklusivismus und Pluralismus) votiert Körtner für die

---

[7] Vgl. K. Lehmann, Gottesdienst als Ausdruck des Glaubens. Plädoyer für ein neues Gespräch zwischen Liturgiewissenschaft und dogmatischer Theologie, in: LJ 30 (1980)
197–214.

Bereitschaft zur Wahrnehmung von Verschiedenheit, bei der die Anstrengung zur Bildung einer Synthese nicht aufgegeben wird. An Beispielen zeigt er die Tragweite eines solchen Grundgedankens auf. Bestehende Parallelen zwischen dem interreligiösen und dem ökumenischen Dialog fallen auf. Körtner hält ein Verständnis von Offenbarung für theologisch begründet, bei dem aufgrund des universalen Wirkens des Geistes wahre Gotteserkenntnis und rechtfertigender Glaube auch außerhalb des Christentums begegnet. Daher erscheint es ihm legitim, in der Theologie der Religionen einen trinitätstheologisch fundierten, kritisch reflektierten Inklusivismus zu vertreten, bei dem andere religiöse Optionen auch ein Anlass zur christlichen Selbstvergewisserung sein können.

Der neben der Begegnung mit der Vielgestalt der Religionen zweite Kontext der Überlegungen zum „Heil allein der Getauften" ist die Herausforderung, die sich durch das verbreitete Phänomen der religiösen Indifferenz ergibt. *Eberhard Tiefensee (r.-k.)* betrachtet die gedankliche Auseinandersetzung mit dieser Thematik als eine Rückkehr der ökumenischen Theologie zu ihren historischen Ursprüngen in der Missionsbewegung. Mit Orientierung an dem Gliederungsprinzip „Sehen, Urteilen und Handeln" beschreibt Tiefensee zunächst das Phänomen der religiösen Indifferenz mit besonderem Augenmerk auf die Kennzeichen der Konfessionslosigkeit oder des Atheismus in Ostdeutschland bzw. Osteuropa nach dem Ende des staatlich verordneten Sozialismus. Ein Literaturreferat legt die große Bedeutung der Erforschung dieser Situation in der Religionssoziologie offen und schildert den Umgang der Kirchen mit den gewonnenen Erkenntnissen. Es schließt sich eine Analyse der Gründe für das Phänomen der religiösen Indifferenz an. Dabei unterscheidet Tiefensee zwischen einer diachronen Betrachtung (konzentriert auf die Geschichte des Christentums in Ostdeutschland) in Auseinandersetzung mit der Säkularisierungsthese und der Rede von der „Wiederkehr der Religion" sowie einer synchronen Perspektive mit der Leitfrage, ob der Mensch seinem Wesen nach als „religiös" zu verstehen ist. Im Blick auf die Handlungsebene votiert Tiefensee für eine „Ökumene der dritten Art", die sowohl den Aporien des Defizienz- wie auch des Alteritätsmodells entkommt: Wie auch in den Dialogen zwischen den Konfessionen und Religionen ist die „Ökumene" im Gespräch mit religiös indifferenten Menschen gefordert, „auf Augenhöhe" – das heißt unter der Annahme der Gleichwertigkeit der Standorte – ein Zeugnis für Jesus Christus zu geben, das attraktiv wirkt – einladend zu weiteren Dialogen.

Der näheren Bestimmung der Aufgaben der christlichen Ökumenischen Theologie im Gespräch mit anders-religiösen und nicht-religiösen Optionen ist ein Blick in die Geschichte des Umgangs mit dieser Thematik in ökumenischen Kontexten hilfreich. *Dorothea Sattler (r.-k.)* erinnert an Überlegungen, die Karl Rahner wenige Tage nach dem Ende des 2. Vatikanischen Konzils zur Ökumenischen Theologie der Zukunft vorgetragen hat. Es entspricht den Grundanliegen dieses Konzils, wenn gemeinsame ökumenische Anstrengungen unternommen werden, das Bekenntnis zu dem von Gott in Christus Jesus bewirkten Heil heute zu bezeugen und argumentativ gerade jenen Menschen zu erschließen, die Zweifel an Gottes Existenz und Handeln haben. In den bisherigen ökumenischen Dialogen ist die Frage nach der universalen Teilhabe aller Menschen an der Erlösung in Jesus Christus vor allem im Zusammenhang von Mission, Evangelisation und Taufe thematisiert worden. Intensive Bemühungen um eine gemeinsame Position im interreligiösen Dialog sind in jüngerer Zeit vor allem für den Ökumenischen Rat der Kirchen belegt. Wichtiger jedoch als die Beantwortung der Frage, was jene Menschen, die nicht an Jesus Christus glauben, im präsentisch-eschatologischen Gericht erwartet, erscheint es in vielen Gesprächen, sich im innerchristlichen Miteinander der gemeinsamen Überzeugungen zu vergewissern, um Identität zu bewahren. Vielfach führt eine schöpfungstheologische Perspektive zu offenen Fragen im Blick auf die Universalität des Heils in Jesus Christus. Bei der Rede vom „Heil" sind auch unter ökumenischen Vorzeichen die Grundtendenzen in der soteriologischen Reflexion der Gegenwart zu beachten. Dabei gilt es, Protologie (Schöpfungslehre), christliche Soteriologie (Erlösungslehre) und Eschatologie (Vollendungslehre) in ihrer Zusammengehörigkeit zu achten.

Im Duktus der Erschließung der theologischen Implikationen der vom ÖAK selbst gewählten Thematik waren die beiden inhaltlich aufeinander bezogenen Beiträge von *Michael Beintker (ev.) und Karl Lehmann (r.-k.)* von hoher Bedeutung. Deutlich wurde dabei auch, dass es ganz unterschiedliche Referenzquellen bei dem Bemühen um eine Charakterisierung der konfessionellen Eigenart im Umgang mit der Fragestellung gibt. Sehr hilfreich für die Rezeption wird es sein, dass beiden Beiträgen autorisierte zusammenfassende Thesen beigefügt sind.

Michael Beintker zeigt zunächst die Vielfalt der Aspekte auf, die sich aus systematisch-theologischer Perspektive mit der Themenwahl verbinden, vor allem die Theologie der Religionen, die christliche Soteriologie, eschatologische Erwartungen und die Rückfrage nach dem Erfahrungsbezug der christlichen Rede vom Heil. Beintker gibt zunächst einen Überblick über jüngere Äußerungen zum Thema aus dem Raum der evangelischen Kirchen und schließt daran Reflexionen an. Nach Auskünften über den Ort der Fragestellung in den reformatorischen Bekenntnisschriften erörtert Beintker die Bedeutung soteriologischer Aspekte in den neueren evangelischen Religionstheologien. In einer Thesenreihe fasste Beintker nach Jahresfrist unter Einbezug der Gespräche über seinen Vortrag die Erkenntnisse zusammen; dabei griff er auf ein weithin chronologisches Ordnungsprinzip zurück: Die Bekenntnisschriften des 16. Jahrhunderts vertreten nach innen und außen einen christologisch begründeten Exklusivismus, der keinen Raum ließ für die Aussicht auf eine Allversöhnung am Ende der Tage. Unterschiedliche philosophische und theologische Einsichten führten im 19. und 20. Jahrhundert zu einer Revision des theologischen Standorts in Respekt vor dem universalen Heilswillen Gottes, in Achtung der Überlieferung von der „Erwählung" aller Menschen sowie von der „Verwerfung" als einer stellvertretenden Übernahme der Folgen des Sündenfalls durch Gott selbst. Kirchenoffizielle Dokumente aus jüngerer Zeit halten an der christologischen Zentrierung der Soteriologie fest und zeigen sich zugleich offen für selbstkritische Reflexionen sowohl hinsichtlich der Achtung des ersten Gebots als auch in der gelebten Nähe zu Israel. Im Gespräch mit (einzelnen) religionstheologischen Konzepten gilt es, die Grundanliegen der christozentrisch ausgerichteten reformatorischen Tradition, die Erwählungslehre sowie die Erwartung eines göttlichen Gerichts weiterhin einzubringen. Die Wahrheitsfrage stellt sich in der Soteriologie unausweichlich. Schöpfungstheologische und eschatologische Aspekte begründen die Hoffnung für die gesamte Welt, deren Grund allein in Gott gegeben ist.

Karl Lehmann zeigt auf, dass die Lehrtexte des 2. Vatikanischen Konzils eine bis dahin in der römisch-katholischen Tradition unvertraute Position einnehmen, deren Erforschung (beispielsweise auch im Hinblick auf den Beitrag der Theologie von Karl Rahner zu den konziliaren Äußerungen) noch weithin ein Desiderat darstellt. Das Konzil lehrt sowohl die Überzeugung vom allgemeinen Heilswillen Gottes als auch die Offenheit des Ausgangs des göttlichen Gerichts; jede Aussage über das mögliche Heil(werden) aller Menschen steht daher unter dem Vorzeichen der Hoffnung, nicht der Sicherheit. Zwar lassen sich auch in der Theologiegeschichte einzelne Hinweise auf die Annahme des göttlichen Heilswirkens auch außerhalb der Grenzen der römisch-katholischen Kirche finden, die theologische Profilierung der universalen Perspektive in der Soteriologie geschah aber auf dem 2. Vatikanischen Konzil – freilich unter Rückgriff auf Vorarbeiten bereits seit den ersten Jahrzehnten des 20. Jahrhunderts. Ein wichtiger Anlass für die vertieften Reflexionen war, dass das Konzil das Phänomen des Atheismus sehr ernst genommen hat. Das Konzil spricht in differenzierter Weise vom Judentum, von den monotheistischen Religionen, von anderen religiösen Optionen und vom Atheismus. Bei aller Offenheit für unterschiedliche Wege der Gotteserkenntnis hält das 2. Vatikanische Konzil an der christologischen Begründung des Heils sowie an der Notwendigkeit der missionarischen Verkündigung nachdrücklich fest.

Erkenntnisleitend bei jeder ökumenisch-theologischen Aufnahme einer Fragestellung ist die gemeinsame Sichtung der biblischen Grundlagen. *Frank-Lothar Hossfeld (r.-k.)* hat sich der Herausforderung gestellt, aus alttestamentlicher Sicht die Thematik des „Heils für alle" zu besprechen. Von grundlegender Bedeutung ist diesbezüglich eine Reflexion auf die Verbindung zwischen der Partikularität der Erwählung Israels und der Universalität der schöpfungstheologisch begründeten Heilszusage Gottes. Zunächst überraschend und gedanklich weiterführend ist ein Perspektivenwechsel: nicht die Menschen, die sich nicht zu JHWH bekennen, sind „die Anderen", vielmehr ist der Gott Israel selbst der ganz Andere – und mit ihm alle, die sich zu ihm bekennen. Alttestamentliche Zeugnisse – vorab das Buch der Psalmen und die Propheten – belegen gleichzeitig zwei Bewegungen: die strikte Abgrenzung von den Fremdvölkern sowie auch Offenheit und Toleranz gegenüber der Gottesverehrung außerhalb Israels.

Nicht nur aus neutestamentlicher Perspektive setzt eine Antwort auf die Frage, ob das Heil von Gott allein für Getaufte verheißen ist, eine Klärung des Begriffs „Heil" voraus. Dieser anspruchsvollen Herausforderung stellt sich *Jörg Frey (ev.)*, indem er zunächst die Bedeutungen des griechischen Wortfeldes soteria/sozein in den neutestamentlichen Zeugnissen aufzeigt. Auffällig ist dabei, dass die Rede vom Heil in der Regel in enger Verbundenheit mit dem Bekenntnis zur Erlösung in Jesus Christus bedacht wird. Das Heil hat demnach eine große Nähe zur Idee der Rettung aus Sünde und Tod. Frey bemüht sich um eine Profilierung der neutestamentlichen Soteriologie im Rückbezug auf alttestamentliche Akzentsetzungen. Im Blick auf die neutestamentlichen Texttraditionen greift er insbesondere die markinische Überlieferung der Jesustradition auf (unter besonderer Berücksichtigung der Krankenheilungen und Exorzismen als Zeichen für die neue Nähe der Gottesherrschaft). Blicke in die beiden anderen synoptischen Evangelien bestärken in dem Eindruck, dass der neutestamentlichen Überlieferung an einer Akzentuierung der von Jesus Christus den Sündern bereiteten Rettung gelegen ist. Paulus überliefert die eng mit der Jesustradition verbundenen Erzählungen von den Krankenheilungen nicht, vielmehr bedenkt er unter den Vorzeichen der frühen christlichen Mission futurische und präsentische Aspekte des eschatologischen Heils und des Gerichts. Für die johanneische Tradition sind die engen Bezüge zwischen der Rede vom Heil und dem von Gott bereiteten und bewahrten Leben charakteristisch. Provokativ ist die für die neutestamentlichen Zeugnisse nach Frey festzustellende Konzentration auf das Heil allein durch Jesus Christus, die in einer Missionssituation in bedrängter Zeit naheliegt und einzig im Blick auf Israel theologische Offenheiten belässt.

Während Jörg Frey eher zurückhaltend ist in der Annahme eines neutestamentlichen Interesses an einer Antwort auf die Frage nach dem Heil derer, die nicht zum Glauben an Jesus Christus finden, vertritt *Michael Theobald (r.-k.)* die Ansicht, dass zwar eine Fremdheit der neutestamentlichen Überlieferung gegenüber dieser Thematik zu konstatieren ist, es sich jedoch zugleich lohnt, die Anstrengung einer an die neutestamentlichen Texte in späterer Zeit herangetragenen Reflexion auf sich zu nehmen. Die Wahrnehmung der perspektivischen Begrenztheit der neutestamentlichen Zeugnisse und deren Charakterisierung als Konvertitenliteratur vermitteln Erkenntnisse, die vor einer vorschnellen Inanspruchnahme des Neuen Testaments für das Modell des Exklusivismus warnen lassen. Theobald zeigt auf, dass die Wertschätzung „der Anderen" sich bei Paulus mit der Charismenlehre in ekklesiologischer Hinsicht verbindet. Auch in der Nachzeichnung der jesuanischen Bewegung finden sich Spuren eines universalen Denkens. In Rückbindung an die alttestamentliche Weisung, über fremde Götter nicht schlecht zu reden, zeigt sich Paulus tolerant im Miteinander mit Menschen, die angesichts ihrer Vorprägungen (noch) nicht zum christlichen Glauben gefunden haben. Der antike Religionspluralismus kommt hintergründig in der Apostelgeschichte zur Darstellung und wird für Lukas zum Anlass, Respekt vor der heidnischen Frömmigkeit als christliche Grundhaltung einzufordern. Im Blick auf das Heil der nicht an das Evangelium glaubenden Menschen führt die Exegese der neutestamentlichen Gerichtsreden (mitsamt der ihnen eigenen ethischen Implikationen) sowie der Zeugnisse für die universale Bedeutung des Todes Jesu weiter. Immerzu bleibt es dabei im Sinne des Neuen Testaments, der Hoffnung auf die Errettung ganz Israels theologisches Gewicht zu geben.

Die gemeinsame abendländisch-westliche christliche Traditionsgeschichte kennt spätestens seit dem 3. Jahrhundert eine theologische Auseinandersetzung mit der Vorstellung von der „Apokatastasis panton" – der Wiederherstellung des gottgewollten paradiesischen Ursprungs im Sinne einer Allversöhnung oder Allerlösung. Seit dem 16. Jahrhundert verzweigen sich die konfessionellen Argumentationen zwar, dennoch lassen sich insbesondere in den Konzepten des 19. und 20. Jahrhunderts analoge Argumentationen aufzeigen, deren Basis die gemeinsame Zustimmung zu christologisch zentrierten Konzepten in der Soteriologie ist. *Hans-Peter Großhans (ev.)* und *Johanna Rahner (r.-k.)* zeigen in einem gemeinsam verantworteten Beitrag verschiedene Konzeptionen der Vorstellung einer Apokatastasis panton auf und erörtern die sich jeweils stellenden Schwierigkeiten. Sie gehen aus von der in allen Jahrhunderten mehrheitlich vertretenen Lehre eines „doppelten Ausgangs" des Gerichts (Vollendung oder Verwerfung). Sie stellen dann ausgewählte Entfaltungen der Apokatastasis-Lehre dar: von Origenes an über ausgewählte Denktraditionen im Mittelalter und der nachreformatorischen Neuzeit bis hin zur Gegenwart. Gerade in der Neuzeit finden sich in beiden westlichen christlichen Traditionen vereinzelte spannende Bemühungen um eine Rehabilitierung der Apokatastasis panton. In der römisch-katholischen Traditionsgeschichte hat erst das 2. Vatikanische Konzil eine argumentative Öffnung für die Annahme einer auch zum Ziel kommenden universalen Heilswilligkeit Gottes erreicht. In jüngerer Zeit sind in beiden konfessionell geprägten Theologien Ansätze für eine Begründung der Erwartung einer Allversöhnung vorgetragen worden. Großhans und Rahner erörtern einige der grundsätzlichen Schwierigkeiten, mit denen eine Apokatastasis-Lehre zu tun hat, so die Problematik der Freiheit des Menschen angesichts einer von Gott bewirkten Erlösung; oder die Rede von „allen", die sich zudem immer nur im Modus der Hoffnung verwenden lässt; oder die insbesondere in der Theologie nach Auschwitz wichtig gewordene Einsicht, dass kein Versöhnungskonzept unter Missachtung der Perspektive der Leidenden konzipiert werden kann.

Eine spezifische denkerische Herausforderung hat in allen Zeiten der Reflexion auf das Heil die Frage dargestellt, in welcher Weise die Kirche Anteil an der „Vermittlung" oder zumindest der Präsenz des Heils in der sichtbaren Wirklichkeit hat.

Der Beitrag von *Christoph Markschies (ev.)* legt offen, dass es in der patristischen Literatur unterschiedliche Typen einer Antwort auf die Fragen „Wer wird gerettet?" gibt. Auch die mit Cyprian von Karthago verbundene These, „extra ecclesiam nulla salus" – der orginale Wortlaut ist „extra ecclesiam salus non est" – muss im Gesamtkontext der Auseinandersetzung um die Wirksamkeit der Taufe in häretischen oder schismatischen christlichen Gemeinschaften verstanden werden. Nach Cyprian sind die wahren Sakramente und die rechte Lehre nur in *der* Kirche gegeben, die in geordneter Gemeinschaft mit dem rechtmäßigen Bischof steht. Die Rede vom „Heil" (salus) lässt sich dabei für diese Zeit nicht als Aussage über die eschatologische Erwählung oder Verdammnis identifizieren, vielmehr ist die Teilhabe an den in irdischer Zeit in der Kirche erfahrbaren „Heilsgüter" gemeint. Im sogenannten „Ketzertaufstreit" hat Cyprian bereits zu Beginn des 4. Jahrhunderts keine kirchenamtliche Zustimmung mehr erfahren. Dennoch ist die mit seinem Namen verbundene gedankliche Provokation wirkungsgeschichtlich bedeutsam geblieben. Markschies ordnet diese Konzeption von Cyprian einer Reihe weiterer Antworten auf die Frage „Wer wird gerettet?" zu, wobei auffällig ist, dass die ekklesial-episkopale Argumentation in der Heilsfrage im christlichen Altertum nicht im Vordergrund stand: Antwortversuche in der Gnostik betonen vor dem Hintergrund ihrer anthropologischen Grundanschauungen die geistige Erkenntnisfähigkeit (die nicht allen Menschen gegeben ist) als Voraussetzung für die Erlösung. Das Konzept der Apokatastasis des Origenes streitet gegen die Gnosis für eine universale Teilhabe aller Geschöpfe an der Rettung durch Gott durch die Wiederherstellung des guten Anfangs. Die Annahme des Augustinus, es gebe eine „massa damnata", ist (bis heute) auch als Ausdruck des Erschreckens vor der Macht des Bösen zu verstehen. Auf je ihre Weise geben somit die altkirchlichen Theologen eine Antwort auf die Frage: „Wer wird gerettet?".

Der Beitrag von *Karlheinz Diez (r.-k.)* behandelt einen Aspekt der Ekklesiologie, der insbesondere unter kontroverstheologischer Perspektive vom 16. Jahrhundert an bis heute eine hohe Bedeutung hat: die Frage nach der „Sichtbarkeit" der Kirche – so die römisch-katholische Lehrtradition – als „allumfassendes Heilssakrament" (Lumen Gentium, Nr. 48) sowie als „Zeichen und Werkzeug für die innigste Vereinigung mit Gott wie für die Einheit der ganzen Menschheit" (Lumen Gentium, Nr. 1; vgl. Gaudium et Spes, Nr. 42). Diez zeichnet zunächst die Aufnahme dieser Thematik in die ökumenischen Dialoge des 20. und 21. Jahrhunderts nach, um den gegenwärtigen Stand der Beratungen zu erinnern. Auskünfte über das (neuplatonisch) geprägte Kirchenverständnis von Augustinus nötigen zu einer Differenzierung, da nicht ausschließlich die unsichtbare, vielmehr auch die sichtbare Kirche im Heilsgeschehen von Augustinus beschrieben wird. Solche Kenntnisse sind ein wichtiger Hintergrund zum Verständnis der Rezeption dieses Gedankenguts in der reformatorischen Tradition sowie im Zeitalter der so genannten Gegenreformation. Die heutigen römisch-katholischen Anliegen bei dem Votum für die Rede von der Sichtbarkeit der Kirche im Heilsgeschehen werden im Anschluss vor allem an Karl Rahner mit Bezügen zu den Dokumenten des 2. Vatikanischen Konzils erschlossen. Dabei ist die Rede von der Kirche als „Mysterium" gedanklich leitend. Sie eröffnet Perspektiven auch im ökumenischen Dialog über die Bedeutung der Kirche im Heilsgeschehen.

Zeugnisse aus der römisch-katholischen liturgischen Tradition belegen, dass das kirchliche Gebet im Sinne der biblischen Weisungen die Universalität der Fürbitte als einen christlichen Auftrag betrachtet. *Albert Gerhards (r.-k.)* vermag eine sehr reichhaltige Sammlung von Texten zu präsentieren, in denen das Gedächtnis der Notlagen aller Menschen und auch das Gebet für die Feinde in großer Beständigkeit eine nahezu selbstverständliche Praxis ist. Ein besonderer Lerngewinn lässt sich aus der Nachzeichnung der Geschichte der Fürbitten an Karfreitag gewinnen, unter denen sich Bitten für die Juden, für die Einheit der Christen, für die nicht an Christus Glaubenden und für die nicht an Gott Glaubenden finden; all diese Bitten stehen freilich unter dem Vorzeichen einer erbetenen Bekehrung derer, für die die Bitten gesprochen werden. Ein Seitenblick auf die gegenwärtige jüdische Gebetspraxis lässt erkennen, dass auch diese die Spannung zwischen einem exklusiven Eigenanspruch und einem Selbstverständnis als Erwählte in Hinordnung auf alle Geschöpfe Gottes belegt. Einen prominenten Ort hat die Frage nach der Universalität des Heils in der Kontroverse um die angemessene Übersetzung von „pro multis" in der eucharistischen Liturgie erhalten: Geschieht die Lebenspreisgabe Jesu in seinem vergossenen Blut „für alle" oder nur „für viele"? Mit sehr guten Gründen ist die Übersetzung mit „für alle" in Entsprechung zu den biblischen Zeugnissen sowie der Traditionsgeschichte weiterhin gerechtfertigt. Auch im evangelischen Gottesdienstbuch finden sich zahlreiche Zeugnisse für den universalen Heilswillen Gottes.

Am Ende schließt sich der Kreis: Als Kontext der im ÖAK angestrengten Überlegungen wird die lebendige Begegnung mit Menschen ersichtlich, die anderen Religionen als dem Christentum angehören. Was in der Theologie der Religionen bedacht wird, nimmt in den reflektierten Praxisformen des Glaubens Handlungsgestalt an. *Christian Grethlein (ev.)* geht der Frage nach, welche theologischen Prämissen bei liturgischen Feiern in der Gemeinschaft von Menschen mit einer unterschiedlichen Religionszugehörigkeit zu bedenken sind. Dabei leitet ihn der Grundgedanke, jede Liturgie sei eine Form der Suche nach Gottes Nähe. Grethlein erinnert zunächst an den lebensweltlichen Kontext der Überlegungen: das lange Ringen um eine liturgische Gemeinschaft unter den reformatorisch geprägten Kirchen, die interreligiösen Begegnungen sowie die rückläufige Gebetspraxis insbesondere bei Christinnen und Christen. Anlässe gibt es viele, über die Möglichkeit gemeinsamer liturgischer Feiern nachzudenken: im Zusammenhang interreligiöser Dialoge, bei situativ oder lokal bedingten Gelegenheiten, angesichts besonderer Ereignisse von gesamtgesellschaftlicher Relevanz, im familiären oder pädagogischen Kontext. Grundlegend kann zwischen multireligiösen und interreligiösen Feiern unterschieden werden, wobei die erstgenannte Gestalt zwar eine gleichzeitige Anwesenheit an einem Ort voraussetzt, die Gebete jedoch in Verantwortung der Religionen verbleiben, ohne dass zuvor eine Zustimmung zu Inhalt und Form erreicht werden müsste. Beide Formen müssen auch vor dem Hintergrund der nachhaltigen Wirkung des Geschehens bei den mitgestaltenden Menschen bedacht werden. Es gilt, den reichen Schatz der vielfältigen Gebetstraditionen der Religionen wertzuschätzen. Dazu erscheinen multireligiöse liturgische Feiern in besonderer Weise geeignet. Angesichts der in der Öffentlichkeit bekannten Konvivenz von Menschen mit einer unterschiedlichen Religionszugehörigkeit erscheint ein Rückzug der christlichen Traditionen in einen Sonderbereich des Privaten – bei aller Anerkenntnis der Schwierigkeiten der Alternative – als problematisch. Die Suche nach der Nähe Gottes bedarf einer öffentlichen Präsenz.

4. Gemeinsame Überzeugungen?

Wie die Nachzeichnung der Inhalte der auf den Jahrestagungen des ÖAK 2008 bis 2011 gehaltenen Referate anschaulich belegt, war dabei das Bemühen vorrangig, die gesamte Weite der Thematik durch Einblicke in die Vielfalt der theologischen Disziplinen zu erfassen. Dabei galt es jeweils, diachrone mit synchronen Aspekten zu verbinden. Kann es als die Stärke eines solches Vorgehens betrachtet werden, dass eine Multiperspektivität erreicht wird, so ist auch eine Schwäche nicht zu übersehen: Angesichts der Fülle der nur durch eine Reduktion der Komplexität überhaupt in Form eines Referats darzubietenden Fachkenntnisse ist es im Nachhinein mühsam, gemeinsame Sichtweisen präzise zu bestimmen. Der an nicht wenigen Stellen immer wieder aufscheinende Versuch, die eigentliche Fragestellung präzise zu bestimmen, hat einen sehr bereichernden gemeinsamen Lernweg bewirkt. Das Empfinden, noch immer vor einer großen Zahl offener Fragen zu stehen, ist der Thematik und nicht der Methodik geschuldet. Offenkundig – so zeigen auch die Recherchen zu den bisherigen Dialogen – ist die christliche Ökumenische Theologie bisher ungeübt im gemeinsamen Bedenken der Implikationen der interreligiösen Begegnung. Zugleich stellt sich angesichts der im ÖAK repräsentierten ausschließlich christlich-theologischen Kompetenz drängend die Frage, ob eine Konzentration auf Aspekte der christlichen Soteriologie im Sinne einer Selbstvergewisserung und eines Gesprächsangebots an die Religionen nicht die gebotene Vorgehensweise bei einer späteren Wiederaufnahme der Thematik sein muss.

Bei aller Unterschiedlichkeit der Fragestellungen in den Referaten lassen sich dennoch (1) in formal-methodischer sowie (2) in material-inhaltlicher Hinsicht Konvergenzen erkennen:

(1) (a) Ein beständiger Bezugspunkt der Argumentation ist *das gesamtbiblische Schriftzeugnis* als *die gemeinsam anerkannte Norm der Erkenntnis*: Das Anliegen, das Wirken des einen Gottes, der in beiden Testamenten bezeugt wird, zu erkennen und zu beschreiben, verbindet. Die in der christlichen Soteriologie naheliegende Konzentration auf das

Christusgeschehen darf nicht zu einer Ausblendung der weiteren Schriftzeugnisse führen. Die lebendige Gemeinschaft mit dem Judentum ist ein dem Christentum mitgegebenes Erbe, das es nur unter Preisgabe der eigenen Identität leugnen könnte. Auch die neutestamentlichen Texte zeigen, dass von den ersten Ursprüngen des Christentums an die interreligiöse Frage den Prozess der Identitätsbildung befördert hat. Eine solche Festigung des gemeinsamen christlichen Bekenntnisses ist von hoher ökumenischer Relevanz.

(b) Im ÖAK besteht eine große Zustimmung zu der *Annahme der Bezogenheit jeder theologischen Position auf ihren historischen Kontext.* Mit wacher Neugier wurden die in den Referaten beschriebenen geschichtlichen Hintergründe einer überlieferten Meinung zur Kenntnis genommen und bedacht. Im hier zu besprechenden konkreten thematischen Zusammenhang waren die kontroversen Sichtweisen von Origenes und Augustinus in Verbindung mit der jeweiligen Rezeptionsgeschichte mehrfach Gegenstand der Beratungen. Suchbewegungen im Mittelalter stehen unter eigenen Vorzeichen – wieder einmal erweist sich die Tradition der Mystik als wegweisend für künftige ökumenische Konvergenzen. Auch die reformatorischen Argumentationen im 16. Jahrhundert stehen in zeitbedingten Zusammenhängen, die hinsichtlich der Kontroversen weniger die römisch-katholische Tradition als die der Täufer betreffen. Theologische Persönlichkeiten und Strömungen in der Praxis der Frömmigkeit haben auch nach dem 16. Jahrhundert die weiteren Entwicklungen beeinflusst. Unverkennbar ist, dass die Aufklärung in beiden Konfessionen Spuren hinterlassen hat – wenngleich im Blick auf die römisch-katholische Theologie mit einer erheblichen zeitlichen Verzögerung.

(c) Die *Eigenarten der konfessionellen Lehrbildung* wurden in dem mehrjährigen Gesprächsgang mit dem Versuch gegenseitigen Verstehens miteinander bedacht. Dabei fiel auf, dass allein schon aufgrund der seit dem 16. Jahrhundert weiter fortgeschrittenen kirchenamtlichen Lehrentwicklung auf römisch-katholischer Seite die kirchlichen Stellungnahmen zur Frage leichter an autorisierte Dokumente zurück zu binden sind. Das 2. Vatikanische Konzil tagte in der Mitte des 20. Jahrhunderts vor völlig anderen Hintergründen als denjenigen, die bei der Abfassung der reformatorischen Bekenntnisschriften im 16. Jahrhundert bestanden. Während es in der römisch-katholischen Lehrbildung gerade angesichts der in Einzelaspekten kontroversen Rezeption des Konzils insbesondere im Blick auf die Religionsfreiheit auch heute wieder eine intensive Bemühung um einen konfessionellen Konsens gibt, sind die grundlegenden evangelischen Bekenntnisse in einem historischen Zusammenhang entstanden, in dem die Frage nach anderen Religionen keine hervorragende Bedeutung hatte.

(d) Einmütigkeit besteht im ÖAK auch in der Einschätzung, dass *in den Kontexten der Gegenwart das gemeinsame christliche Zeugnis von hoher Bedeutung* ist. Zwei unterschiedliche Rahmenbedingungen des Bekenntnisses zu dem in Christus Jesus begründeten Heil sind als unterschiedliche Herausforderungen zu bedenken, die die Kirchen je eigens aufzunehmen haben: Im Umgang mit Phänomenen der religiösen Indifferenz stehen anthropologische Reflexionen auf die Offenheit des menschlichen geistigen Bewusstseins für religiöse Fragen noch immer auf der Tagesordnung. Die Wahrnehmung der eigenen Schuldverstrickung, das Wissen um die Endlichkeit des persönlichen Daseins sowie die Unbestimmtheiten in der freien Wahl der Biographie können bei entsprechenden situativen Herausforderungen Ansätze für Gespräche bieten, auf die Christinnen und Christen vorbereitet werden müssen, wenn sie in kompetenter Weise sprachfähig sein sollen. In den interreligiösen Handlungsfeldern gilt es auf die christliche Identität insbesondere bei der eigenen Gebetstradition zu achten.

(2) (a) Gewiss völlig unbestritten blieb im gesamten Dialoggeschehen im ÖAK die zentrale *soteriologische Relevanz der Erlösungstat Gottes in Jesus Christus*. Bei aller Zustimmung zu der erkannten Schwierigkeit, dieses Glaubenszeugnis Menschen heute erfahrungsnah zu vergegenwärtigen, bleibt es die theologische Grundlage der christlich-ökumenischen Gespräche. Die im ÖAK anlässlich des Studienprojekts „Heil für alle?" gehaltenen Referate bestätigen, dass auch eine Theologie der Religionen unter diesem christologisch-soteriologischen Vorzeichen zu entwickeln ist. Für die Geschichte der Konfessionen lässt sich zeigen, dass das gemeinsame Christuszeugnis immer wieder zu einer Erneuerung des ökumenischen Eifers geführt hat. In neutestamentlicher Perspektive ist die christologisch-soteriologische Begründung des Heils von zentraler Bedeutung. Eine solche Konzentration auf das erlösende Christusgeschehen schließt jedoch die Hoffnung auf die Vollendung der gesamten Schöpfung nicht aus.

(b) In systematisch-theologischer Perspektive wurde – vielfach im Rückgriff auf die biblischen Zeugnisse – die *Verbundenheit zwischen protologischen, soteriologischen und eschatologischen Überlegungen* bedacht: Gottes universaler Heilswille ist schöpfungstheologisch begründet, wird in Zeit und Geschichte in Jesus Christus eschatologisch-endgültig offenbar und kommt in der erhofften Vollendung aller lebendigen Wesen durch das Wirken des Heiligen Geistes zum Ziel. Wichtig erscheint es in diesem Zusammenhang, dass die Erwartung des Gerichts Gottes (präsentisch und futurisch) als ein bleibend bedeutsamer Gehalt der Verkündigung angemahnt wird, der auf der Handlungsebene als Ruf zur Umkehr zu verstehen ist. Insbesondere bei der Auseinandersetzung mit Vorstellungen von der möglichen Allversöhnung in Geschichte und Gegenwart ist es erforderlich, diese Hoffnung nicht auf Kosten all derer zu begründen, die in ihrer Lebenszeit bitter unter den Taten anderer Menschen gelitten haben. Selbst im Gespräch mit jenen Religionen, die das monotheistische Gottesbekenntnis und auch den Schöpfungsglauben mit dem Christentum teilen, sind bisher selten interreligiöse Perspektiven in der Soteriologie aufgezeigt worden. Diese Beobachtung lässt erstaunen, gilt doch die Frage nach dem Heil als der entscheidende Impuls zur religiösen Antwortsuche. Das 2. Vatikanische Konzil wählt diese Überzeugung als Ansatz im Gespräch mit den nichtchristlichen Religionen. Die dabei vorausgesetzten anthropologischen Prämissen bedürfen gerade angesichts der Begegnung mit dem Phänomen der religiösen Indifferenz der weiteren kritischen Prüfung und sind auf ihre ökumenische Belastbarkeit hin zu prüfen.

(c) In mehreren Zusammenhängen wurde im ÖAK offenkundig, dass die Bestimmung des Verhältnisses von *Partikularität und Universalität* der christlichen Glaubensgemeinschaft von ihren Ursprüngen an bis heute aufgetragen ist: Die neutestamentlichen Schriften bezeugen vielfach, dass das in Jesus Christus offenbare Heil für die gesamte Schöpfung Gottes die Rettung verheißt. Wie auch viele biblische Zeugnisse bekunden, ist die Erwählung einer Glaubensgemeinschaft (Israel und/oder die Kirche) von Gott her nicht als Entscheidung gegen seinen allgemeinen Heilswillen gedacht, vielmehr steht die besondere Berufung einer zum Zeugnis für Gott erwählten Gemeinschaft im Dienst der universalen Gotteserkenntnis. In der Theologiegeschichte sind mit wechselnden Argumentationen beide Extreme immer wieder bedacht worden: die Aussonderung einzelner berufener Menschen zur Vollendung oder die Annahme einer am guten Ende geschehenden Versöhnung aller mit allen. Wichtig ist es, als Hintergrund die Gottesbotschaft zu bedenken, die mit den beiden Vorstellungen jeweils verbunden ist: Wird das Heil im Zugang partikular gedacht, besteht die Gefahr, Gott angesichts der Schuldverstrickung der gesamten Schöpfung Willkür zu unterstellen. Wird das Heil universal gedacht, stellt sich bedrängend die Frage, ob Gott im Urteil über Menschen keine Unterschiede zulässt. Gibt es ein Gericht nach den Taten (vgl. 1 Petr 1,17)? In diesem Zusammenhang ist auch die konfessionell unterschiedlich beantwortete Frage nach einer Läuterung der Verstorbenen in Gottes Gegenwart weiterhin zu bedenken, die nicht zuletzt mit der Ablassthematik gedanklich verbunden ist.

(d) Die *Hoffnung* auf das Heil aller – nicht nur der Getauften – war die theologische Grundstimmung bei der Betrachtung von Einzelfragen der theologischen Forschung. Vielfach fand die Warnung Gehör, dass eine Hoffnung sich anders äußert als eine rational begründete Erkenntnis, die mit dem Anspruch verbunden ist, eine intersubjektive Zustimmung er-

reichen zu können. Mehr als Hoffnung zu haben im Blick auf die Allversöhnung ist aus römisch-katholischer wie auch aus reformatorischer
Sicht nicht möglich. Eine solche Hoffnung entspricht auch der Grund-
botschaft des alt- wie neutestamentlichen Evangeliums.

5. Erkannte Desiderate

Mit der Veröffentlichung dieses Bandes unter dem Titel „Heil für alle?"
schließt der ÖAK eine Studienphase ab, in der er vorrangig darum bemüht
war, die Weite der Herausforderungen zu erkennen, die sich aus dieser
Themenwahl ergibt, und gemeinsam die Grundlagen zu erarbeiten, auf denen aufbauend sich künftige Überlegungen im wissenschaftlichen Diskurs
in erweiterter fachlicher Besetzung anschließen können. Der Untertitel verspricht ökumenische Reflexionen, die in allen Beiträgen angestellt werden
und in dieser thematischen Einführung in Verantwortung der Wissenschaftlichen Leitung des ÖAK eine inhaltliche Bündelung erfahren. Auf
einen vom gesamten ÖAK autorisierten, im Wortlaut abgestimmten Abschließenden Bericht wurde bei diesem Studienprojekt bewusst verzichtet,
weil die Zahl und das thematische Gewicht der offenen Fragen ein solches
Vorhaben nicht angemessen erscheinen ließen. Dennoch ist der ÖAK der
Überzeugung, dass sowohl die Einzelbeiträge als auch die Zusammenschau
der Erkenntnisse es lohnen, einer größeren Öffentlichkeit im Hinblick auf
weitere Studien zugänglich zu machen.

In den Gesprächen im ÖAK sind Desiderate angesprochen worden,
die bei der gewählten Fragestellung deutlich zum Bewusstsein kamen:

(1) Es gilt, eine Theologie der christlichen *Taufe* vor dem Hintergrund
der interreligiösen Gespräche zu entwickeln. Zwar gibt es seit vielen
Jahrzehnten intensive Bemühungen um das Verständnis der Taufe als
ökumenisches Band der Einheit – unter Achtung der unterschiedlichen
Antworten auf die Frage nach dem Verhältnis zwischen Glaube und Taufe und der sich daraus ergebenden Praxis der Taufe von im Glauben
selbst mündigen Erwachsenen wie von Kindern; die Thematik der Heilsbedeutsamkeit der Taufe stand jedoch bisher nicht im Mittelpunkt der
ökumenischen Dialoge.

(2) In diesem Zusammenhang ist erneut der Blick auf die *jüdischen
Glaubensgeschwister* zu richten. Es ist für die christliche Glaubensge-
meinschaft wichtig, gerade im Blick auf die unter Zwang oder äußerem
Druck herbeigeführten Taufen im interreligiösen Kontext selbstkritisch
Rückblick zu halten. Zu dieser Thematik ist vor jüngerer Zeit ein Sam-
melband unter dem Titel „Das Heil der Anderen" erschienen.[8]

---

[8] Vgl. H. Frankemölle/J. Wohlmuth (Hg.), Das Heil der Anderen. Problemfeld „Judenmission" (QD 238), Freibug – Basel – Wien 2010.

(3) Welche Begründung hat bei Annahme des Heils für alle eine christliche *Mission* heute noch? Verkündigung, Evangelisierung, Zeugnis für Jesus Christus in Tat und Wort – all dies sind nicht nur im ökumenischen Kontext Handlungen von unbestritten bleibender theologischer Bedeutung. Es gibt zunehmend viele christliche Gemeinschaften, die sich nicht leicht den „alten" Konfessionsgemeinschaften zuordnen lassen; sie berufen sich bei ihrem Ruf nach einer sichtbaren Umkehr zu Jesus Christus und nach einer Erneuerung der Lebensexistenz im Sinne des Evangeliums auf das unmittelbare Wirken des Geistes Gottes. Charismatische wie evangelikale Strömungen sind im gegenwärtigen ökumenischen Bewusstsein sehr geachtet. Aussicht auf eine theologische Verständigung kann in diesem Zusammenhang eine gemeinsame pneumatologische Reflexion erbringen: Ist es nicht so, dass Gottes Geist Menschen aller Sprachen lehrt, das verkündigte Evangelium zu verstehen?

(4) Offen blieb in den Gesprächen im ÖAK auch manche Grundfrage der *Anthropologie:* Ist der Mensch „naturaliter religiosus"? Eine ökumenische Antwort auf diese Frage steht noch aus und bedarf einer eigenen Anstrengung, bei der auch das christliche *Offenbarungsverständnis* sowie die *Rechtfertigungslehre* in ihren konfessionellen Prägungen mit zu bedenken sind.

(5) Die Gemeinsamkeit sowie der Unterschied zwischen der Rede vom *Heil im Diesseits und im Jenseits* waren zwar im Kontext der Erwartung einer Apokatastasis in Ansätzen Gegenstand der Beratungen im ÖAK. Die Frage, welche Bedeutung die biblische Rede vom Gericht im Rahmen einer noch zu entwerfenden ökumenischen *Eschatologie* hat, ließe sich jedoch noch in vertiefter Weise aufnehmen.

Der ÖAK hält sich die Möglichkeit offen, die erkannten Desiderate in weiteren Studien selbst in näherer Zukunft zu bearbeiten. Auf die bereits erreichten, mit diesem Band der wissenschaftlichen Öffentlichkeit zugänglichen, wegweisenden Einsichten wird dann zurückzugreifen sein. Die angestrengten Bemühungen sind ein Beispiel für die wieder neu entdeckte, altbewährte ökumenische Hermeneutik: die Reflexion auf die Implikationen der alle Konfessionen verbindenden Mitte im Glauben an Christus Jesus.

Dorothea Sattler / Volker Leppin

„Keinem von uns ist Gott fern" (Apg 17,27)

Synkretismus als ökumenische Herausforderung

Ulrich H.J. Körtner[*]

1. Moderner Synkretismus

Im allgemeinen Sprachgebrauch hat das Wort „Synkretismus" einen negativen Klang. Es steht für Religionsvermischung, um nicht zu sagen Religionsmischmasch. Synkretismus in diesem Sinne gilt insbesondere als Signatur der neuen Religiosität, die seit zwei Jahrzehnten von sich reden macht. Unter der Sammelbezeichnung „Spiritualität" firmieren die unterschiedlichsten Sinnangebote, von Esoterik über Naturheilverfahren bis zu westlichen Adaptionen des Buddhismus. Auf dem religiösen Markt der Möglichkeiten kann jeder nach seiner Façon selig werden und sich aus Versatzstücken aus unterschiedlichen Religionen seine Privatreligion zurechtzimmern.

Religionswissenschaftlich bezeichnet der Begriff „Synkretismus" einerseits die bewusste Harmonisierung verschiedener Religionen bzw. einzelner Elemente derselben, andererseits das ungesteuerte organische Zusammenwachsen von Religionen oder religiösen Anschauungen und

---

[*] Der Text folgt in den Grundzügen meinem Aufsatz „Synkretismus und Differenzwahrnehmung als Problem einer Theologie der Religionen", in: Ch. Danz/U. Körtner, Theologie der Religionen. Positionen und Perspektiven evangelischer Theologie, Neukirchen-Vluyn 2005, 57–76. Die vorliegende Fassung enthält aber eine Reihe von Ergänzungen und Erweiterungen.

Praktiken.[1] Speziell die religiöse Welt der Spätantike und des Hellenismus wird in der Religionswissenschaft als synkretistisch bezeichnet. Der Begriff selbst ist alt. Nach Plutarch handelt es sich um ein kretisches Wort, das ursprünglich den Zusammenschluss der normalerweise zerstrittenen kretischen Gemeinden zur Verteidigung gegen einen gemeinsamen Feind bezeichnet habe. Während diese Etymologie unsicher bleibt, scheidet eine andere, ebenfalls griechisch-lateinische Wortdeutung, sicher aus, die „Synkretismus" von „zusammenwachsen" ableitet.

Die religiöse Situation der Gegenwart, das heißt in einer globalisierten Welt mit pluralistischen Gesellschaften, wird häufig mit der Welt der Spätantike verglichen, in der verschiedene Kulturen und religiöse Symbolsysteme miteinander konkurrierten und gleichzeitig mit dem Hellenismus eine Art von Einheitskultur entstand. Chancen und Gefahren des Synkretismus kennzeichnen auch die religiöse Gegenwartslage. Abgesehen davon, dass der neureligiöse Boom durch einen unauffälligen, jedoch breitenwirksamen Gewohnheitsatheismus relativiert wird[2], ist in Europa freilich eine fortschreitende Entkirchlichung zu verzeichnen. Die Menschen sind nicht länger in einer geprägten religiösen und kulturellen Tradition fest verwurzelt, die von Generation zu Generation weitergegeben wird. Glaube – was auch immer man darunter heute versteht – ist Sache der persönlichen Wahl.

Während die Bindung vieler Menschen zu den Kirchen und zur christlichen Tradition abnimmt, steigt europaweit – vor allem aufgrund von Zuwanderung – die Zahl der Menschen, die einer anderen als der christlichen Religion angehören. Die meisten von ihnen sind Muslime. Während das Christentum in Europa schwächelt, ist der Islam von einem neu erwachten Selbstbewusstsein getragen. Ähnliches gilt für asiatische Religionen. So geht von den nichtchristlichen Religionen eine Faszination aus, wenn auch mit gewissen Unterschieden. Während der Islam wegen des militanten Islamismus zwiespältig bleibt, haben viele Menschen in Europa vom Buddhismus ein positives Bild. Selbst auf Kirchentagen wird der Dalai Lama als religiöser Superstar gefeiert.

Die Kirchen sind verunsichert. Einerseits bekennen sie sich zum Dialog der Religionen. Andererseits stehen sie dem neureligiösen Synkretismus mit Skepsis gegenüber. Lehramtliche Dokumente der römisch-katholischen Kirche verwenden den Synkretismusbegriff ausschließlich negativ und setzen ihn mit unzulässigem Relativismus gleich. Die Warnung vor Relativismus und Synkretismus bzw. vor einem „relativisti-

---

[1] Vgl. F. Stolz, Art. „Synkretismus I. Religionsgeschichtlich", in: TRE 32 (2001) 527–530.
[2] Vgl. W. Krötke, Der Massenatheismus als Herausforderung der Kirche in den neuen Bundesländern, in: Wiener Jahrbuch für Theologie 2 (1998) 215–228. Siehe ferner A.W.J. Houtepen, Gott – eine offene Frage. Gott denken in einer Zeit der Gottvergessenheit, Gütersloh 1999.

schen Synkretismus" kehrt regelmäßig wieder, angefangen beim Dekret des 2. Vatikanischen Konzils „Ad Gentes" über die Missionstätigkeit der Kirche.[3] Auf der einen Seite versuchen die Kirchen, auf das spirituelle Bedürfnis der Zeitgenossen zu reagieren, indem sie entsprechende Angebote in die kirchliche Arbeit zu integrieren versuchen. Auf der anderen Seite warnen sie aber vor Religionsvermischung und versuchen, ihr christliches Profil zu schärfen. Verstärkt denken die Kirchen auch über ihren missionarischen Auftrag nach, ohne dass Evangelisation und Mission gegen den notwendigen Dialog der Religionen und eine friedliche Konvivenz ausgespielt werden sollen.[4]

Was frühere Formen eines christlich motivierten Synkretismus von der heutigen Situation des Christentums unterscheidet, ist der Umstand, dass die Kirchen – jedenfalls die Volkskirchen in Europa – viel von ihrer normierenden Kraft in Glaubensfragen verloren haben.[5] Integration und Abstoßung außerchristlicher Vorstellungen in einen lebendigen christlichen Glauben lassen sich immer weniger durch eine kirchliche Dogmatik normieren, sondern erfolgen auf der Ebene individueller Aneignung und in Prozessen der Selbstbildung. Der Vertrauensverlust in die Institution Kirche[6] bedeutet allerdings nicht, dass die Menschen kein Bedürfnis nach Orientierungshilfen in religiösen Fragen haben. Solche Hilfe wird aber nur dann angenommen, wenn sie nicht den Versuch einer dogmatischen Bevormundung macht.

---

[3] AG 22. Weitere Beispiele: Schreiben an die Bischöfe der Katholischen Kirche über einige Aspekte der christlichen Meditation vom 15. Oktober 1989, Nr. 12 (http://www.vatican. va/roman_curia/congregations/cfaith/documents/rc_con_cfaith_doc_19891510_meditazione -cristiana_ge.html); Pastoral-liturgische Hinweise zum Fasten und zum Friedensgebet zur Vorbereitung auf das Treffen in Assisi am 24. Januar 2002 (http://www.vatican.va/news_ services/liturgy/documents/ns_lit_doc_20020124_assisi_ge.html); Schlussdokument der XVII. Vollversammlung des Päpstlichen Rates der Seelsorge für Migranten und Menschen unterwegs, 15.–17. Mai 2006 (http://www.vatican.va/roman_curia/pontifical_councils/ migrants/documents_1/rc_pc_migrants_doc_15170506_XVII-plenaria-finaldoc_ge.html).
[4] Vgl. U. Körtner, Vielfalt und Verbindlichkeit. Christliche Überlieferung in der pluralistischen Gesellschaft (Forum Theologische Literaturzeitung 7), Leipzig 2002, 102ff.; ders., Wiederkehr der Religion? Christentum zwischen neuer Spiritualität und Gottvergessenheit, Gütersloh 2006, 20ff.
[5] Vgl. K.-P. Jörns, Die neuen Gesichter Gottes. Was die Menschen wirklich glauben, München 1997. Seine theologische Lösung des Synkretismusproblems bleibt für mich allerdings unbefriedigend. – Zum modernen Synkretismus siehe auch V. Drehsen/W. Sparn (Hg.), Im Schmelztiegel der Religionen. Konturen des modernen Synkretismus, Gütersloh 1996; W. Sparn, Art. „Synkretismus VI. Dogmatisch", in: TRE 32 (2001) 552–556; A. Feldtkeller, Identität und Synkretismus, in: BThZ 19 (2002) 45–63; Ch. Danz, Einführung in die Theologie der Religionen (Lehr- u. Studienbücher zur Theologie 1), Münster 2005, 107ff.
[6] Bei einer in Deutschland von der Unternehmensberatung McKinsey im Jahr 2002 durchgeführten Umfrage landeten die Kirchen weit abgeschlagen hinter dem ADAC, Greenpeace oder der Bundeswehr. Vgl. U. Schnabel, Wie man in Deutschland glaubt, in: Die Zeit Nr. 1 (22.12.2003) 34–35, hier 34.

2. Das Christentum – eine synkretistische Religion

Eine produktive Auseinandersetzung mit dem Phänomen des Synkretismus ist theologisch schon allein deshalb notwendig, weil das Christentum selbst von jeher synkretistisch gewesen ist. Ein dogmatischer, normativ negativer Synkretismusbegriff verbaut jede Einsicht in diesen historischen Sachverhalt und verhindert die notwendige Auseinandersetzung mit ihm. Die sogenannte religionsgeschichtliche Schule hat sich darum bemüht, die verschiedenen Einflüsse der spätantiken Umwelt auf das älteste Christentum zu erforschen. Allerdings schränkte Hermann Gunkel, einer ihrer Hauptvertreter, ein: „Nicht das Evangelium Jesu, wie wir es vorwiegend aus den Synoptikern kennen, aber das Urchristentum des Paulus und Johannes ist eine synkretistische Religion."[7]

Die Geschichte der Entstehung und Ausbreitung des Christentums ist durch Aufnahme und Ausschluss von Elementen aus anderen religiösen Traditionen gekennzeichnet. Ähnliches gilt aber auch schon für die Geschichte des Judentums, in dem das Christentum seine Wurzeln hat. Ohne die lebendige Auseinandersetzung mit anderen Religionen in Anknüpfung und Widerspruch wäre die Missionsgeschichte des Christentums undenkbar gewesen. Jede Weise der Inkulturation des Christentums ist in gewissem Grade eine Form des Synkretismus.

Worin aber besteht das unterscheidend Christliche, das die Kirchen über alle Konfessionsgrenzen hinweg verbindet und von den übrigen Religionen unterscheidet? Was ist das theologische Kriterium für Legitimität und Grenzen des Synkretismus im Christentum? Für Gunkel war dies, wie das obige Zitat belegt, „das Evangelium Jesu". Das Christentum beginnt jedoch damit – und insofern ist Gunkels Alternative zwischen Jesus und Paulus bzw. Johannes schief – dass der Verkündiger Jesus von Nazareth zum Gegenstand des Glaubens und der Verkündigung wurde. Formelhaft lautet das älteste christliche Bekenntnis, dass Gott Jesus von den Toten auferweckt hat.

Im Bekenntnis zur universalen Heilsbedeutung der Person, des Todes und der Auferweckung Jesu von Nazareth, das sich in der Formel verdichtet, dass Jesus der Christus ist, haben wir das Proprium des Christentums vor uns, durch welches es sich von den anderen Religionen unterscheidet. Sofern man dieses jedoch nicht auf bloße Formeln reduzieren will, begegnet es uns wiederum nur in einer Vielzahl von Auslegungen, die immer auch geschichtlich bedingt und kulturell geprägt sind. An alle geschichtlichen und gegenwärtigen Transformationen ist aber das Kriterium anzulegen, ob Christus als letztgültige Heilsoffenbarung die

---

[7] H. Gunkel, Zum religionsgeschichtlichen Verständnis des Neuen Testaments, Göttingen ³1930, 88.

Mitte des Glaubens bleibt, oder ob er einem anderen religiösen Heilsereignis oder Prinzip untergeordnet wird. Nur wenn ersteres der Fall ist, sind synkretistische Prozesse theologisch legitim und können den Horizont des christlichen Glaubens erweitern.

Maßstab für die theologische Beurteilung synkretistischer Prozesse ist nach evangelischem Verständnis das Schriftprinzip. Auf ihm beruht nach Ansicht Walter Sparns „die eigentümliche Fähigkeit des Christentums zur Erneuerung seiner Identität, und die auf der Grundlage des Schriftprinzips generierte Traditionsfähigkeit impliziert die Fähigkeit zum Synkretismus"[8]. Sofern der Begriff des Synkretismus nicht von vornherein dogmatisch verengt und ausschließlich negativ verwendet wird, wie dies bisweilen in kirchlichen Lehrdokumenten geschieht, bietet das ökumenische Gespräch über Schriftprinzip und Schrifthermeneutik die Basis, um einen differenzierten theologischen Begriff des Synkretismus zu entwickeln, der sich auch auf die Ökumene selbst anwenden lässt.

In bestimmter Hinsicht lässt sich nämlich auch die moderne ökumenische Bewegung als Erscheinungsform des Synkretismus begreifen. Ganz so, wie nach Plutarch die Kreter in der Stunde der Gefahr zusammenrückten, um sich gegen gemeinsame Feinde zu wehren, stellen heutzutage auch die Kirchen im nachkonstantinischen Zeitalter, wo sie ihre Privilegien als Staatsreligion weitgehend verloren haben, und in der multireligiösen Situation einer globalisierten Welt das Gemeinsame über das Trennende. Für die einzelnen Konfessionen ist das eine schwierige Gratwanderung. Gegenüber ihrer Umwelt versuchen sie das gemeinsam Christliche herauszustellen. Zugleich sind sie darum bemüht, ihr jeweiliges Profil zu schärfen und gegenüber den übrigen Kirchen ihre Eigenständigkeit zu betonen.

Die ökumenische Bewegung lebt vom Reichtum und der Vielfalt der unterschiedlichen christlichen Traditionen, die sich wechselseitig bereichern und befruchten, aber auch immer wieder neu theologisch zu gemeinsamer Wahrheitssuche herausfordern. Wie die verschiedenen Religionen stehen die christlichen Konfessionen freilich auch in einer gewissen Konkurrenz zueinander, etwa wenn es um die Rekrutierung neuer Mitglieder geht. Die orthodoxen Kirchen verurteilen zum Beispiel scharf alle Evangelisationsbestrebungen anderer Kirchen in Osteuropa als Proselythismus. Für die Kirchen ist es aber wichtig, mit dieser ökumenischen Konkurrenzsituation so umzugehen, dass ihr Verhalten nicht auf einen für alle Beteiligten schädlichen Exklusivismus partikularer Wahrheitsansprüche hinausläuft, der die christliche Botschaft von der universalen Liebe Gottes zu allen Menschen letztlich unglaubwürdig macht.

---

[8] W. Sparn, „Religionsmengerei"? Überlegungen zu einem theologischen Synkretismusbegriff, in: V. Drehsen/W. Sparn (Hg.), Im Schmelztiegel (Anm. 5), 255–284, hier 269.

Gerade für die Ökumene ist nun aber der interreligiöse Synkretismus eine theologische Herausforderung ersten Ranges. Die Frage, wann die notwendige Inkulturation des Christentums, die in den vergangenen Jahrzehnten eine Vielzahl sogenannter kontextueller Theologien hat entstehen lassen, in seine Verfälschung umschlägt, ist Gegenstand heftiger Kontroversen. Dabei verlaufen die Trennlinien quer durch die Konfessionen.

Für Aufregung sorgte zum Beispiel ein Beitrag der koreanischen Theologin Chung Hyun Kyung auf der Vollversammlung des Weltrats der Kirchen in Canberra 1991. In einer liturgischen Zeremonie hatte sie die „Geister" angerufen: „Komm Ruach Hagars, einer Ägypterin, einer schwarzen Magd, die von Abraham und Sarah, unseren Vorfahren im Glauben, ausgebeutet und verlassen wurde ... Komm, Ruach der Urvölker der Erde, die dem Völkermord in der Kolonialzeit und in der Epoche der großen christlichen Heidenmission zum Opfer fielen ... Komm, Ruach der Juden, die im Holocaust in den Gaskammern ermordet wurden ... Komm, Ruach von Mahatma Gandhi, Steve Biko ... Komm, Ruach von Erde, Luft und Wasser, von menschlicher Geldgier vergewaltigt, gefoltert und ausgebeutet. Komm, Ruach des Befreiers, unseres Bruders Jesus, der am Kreuz gefoltert und getötet wurde."[9] Dass es sich bei dieser Anrufung noch um ein christliches Gebet handelt, wurde von vielen Beobachtern bezweifelt. Andere dagegen haben Frau Chungs Ritual als wegweisenden Versuch der Inkulturation christlicher Glaubensgehalte verteidigt. Mag dies auch umstritten bleiben, lässt sich doch auf jeden Fall feststellen: „Deutsche Kirchtürme zwischen Dattelhainen Südindiens werden mehr und mehr auch als ein dogmatisches Problem empfunden."[10]

3. Theologie der Religionen

Das Verhältnis zu den nichtchristlichen Religionen in Anknüpfung und Widerspruch zu bestimmen, ist die Aufgabe einer Theologie der Religionen. Eine *Theologie* der Religionen ist vom *Dialog* der Religionen nochmals zu unterscheiden. Während der Dialog die Kommunikation zwi-

---

[9] Zitiert nach: H.-M. Barth, Spiritualität (Ökumenische Studienhefte 2), Göttingen 1993, 144f.

[10] H.-M. Barth, Dogmatik. Evangelischer Glaube im Kontext der Weltreligionen. Ein Lehrbuch, Gütersloh 2001, 46. – Barths Versuch, auf religionsphänomenologischer Basis eine dogmatische Rechenschaft des christlichen Glaubens in der Konfrontation mit anderen Religionen zu schreiben und christliche Glaubensaussagen auf ihre interreligiösen Anschlussmöglichkeiten hin zu überprüfen, verdient Beachtung. Die Durchführung des Programms hat mich freilich, wie ich weiter unten am Beispiel der Trinitätslehre darlegen werde, nicht überzeugt. Siehe unten Abschnitt 7.

schen den Religionen oder Angehörigen derselben meint, ist unter Theologie der Religionen die theologieimmanente Reflexion auf die Existenz und Vielfalt der anderen Religionen zu verstehen. Sie wird aus der jeweiligen Perspektive der Zugehörigkeit zu einer bestimmten Religion betrieben. Dementsprechend gibt es eine christliche, eine jüdische, eine islamische oder eine buddhistische Theologie der Religionen. Es liegt auf der Hand, dass eine Theologie der Religionen auf die direkte Begegnung und den Dialog mit anderen Religionen angewiesen ist, will sie nicht ihren Vorurteilen über die anderen religiösen Traditionen erliegen. Eine Theologie der Religionen hat auch die jeweilige Differenz zwischen der Selbstdeutung einer fremden Religion und der Fremddeutung aufgrund der eigenen Glaubenstradition zu reflektieren. Dialog und Theologie der Religionen bleiben somit aber unterschieden.

Üblicherweise unterscheidet man drei Grundmodelle einer Theologie der Religionen, nämlich ein exklusivistisches, ein inklusivistisches und ein pluralistisches Konzept[11], wobei seit einiger Zeit über mögliche Differenzierungen dieses Dreierschemas diskutiert wird.[12] Das *exklusivistische* Modell operiert mit der Unterscheidung von wahrer und falscher Religion. Ihm gemäß kann es letztlich nur eine wahre Religion geben, wogegen alle übrigen Religionen illegitime Gestalten der Gottesverehrung, Abfall von der wahren Religion oder Perversionen derselben darstellen.

Der *inklusivistische* Denkansatz hält daran fest, dass einzig in Christus die Fülle des Heils erschienen ist, rechnet aber damit, dass auch andere Religionen Elemente der Wahrheit und des Heils enthalten. Das Modell einer inklusivistischen Theologie der Religionen reicht historisch bis in die Anfänge der Kirche zurück und wird zum Beispiel seit dem 2. Vatikanischen Konzil ausdrücklich von der römisch-katholischen Kirche vertreten.[13] Freilich lässt sich einwenden, dass dieses Modell die nichtchristlichen Religionen christlich zu vereinnahmen sucht. Zum anderen wird heute kritisiert, dass eine inklusivistische Religionstheologie den Anderen oder das Andere in seinem Anderssein nicht wirklich anerkennt, sondern im Fremden immer nur das Eigene sucht, ohne sich durch das Andere wirklich in Frage stellen zu lassen.

Derartige Einwände führen zu *pluralistischen* Modellen einer Theologie der Religionen, die freilich höchst kontrovers diskutiert werden.[14]

---

[11] Vgl. R. Bernhardt, Der Absolutheitsanspruch des Christentums. Von der Aufklärung bis zur pluralistischen Religionstheologie, Gütersloh 1990; P. Schmidt-Leukel, Zur Klassifikation religionstheologischer Modelle, in: Cath 47 (1993) 163–183; Ch. Danz, Einführung (Anm. 5), 51ff.
[12] Vgl. dazu Ch. Danz, Einführung (Anm. 5), 93ff.
[13] Grundlegend sind die Aussagen der Konzilserklärung zu den nichtchristlichen Religionen „Nostra aetate".
[14] Zum Stand der Diskussion siehe vor allem M. v. Brück/J. Werbick (Hg.), Der einzige

Nach Ansicht der pluralistischen Religionstheologie sind alle Religionen in gleicher Weise subjektiv wahr und überzeugend wie objektiv partikular. Keine Religion kann daher für sich beanspruchen, die einzig wahre zu sein. Auch für Christus kann darum nicht Einzigkeit, sondern lediglich Einzig*artigkeit* postuliert werden. Widersprüche zwischen den divergierenden Lehrgehalten der verschiedenen Religionen werden dadurch theoretisch ausgeglichen, dass sie als Formen der religiösen Poesie bzw. als Ausdruck subjektiver Ergriffenheit interpretiert werden.

Am pluralistischen Konzept einer Theologie der Religionen ist freilich zu kritisieren, dass es auf seine Weise ebenfalls das Anderssein des Anderen in Frage stellt, und zwar dergestalt, dass dieses relativiert, das heißt vergleichgültigt wird. Die vage Rede von Transzendenz ist eine Abstraktion, die das Anstößige der widersprüchlichen Divergenz konkreter Gottes- bzw. Göttererfahrungen entschärft. Außerdem leistet das Modell einer pluralistischen Religionstheologie einer höchst problematischen Relativierung der Wahrheitsfrage Vorschub, welche die für alle Religionen doch konstitutive Verbindlichkeit des Glaubens für die jeweilige Art der Lebensführung in Frage stellt.

Insoweit ist die scharfe Kritik verständlich, welche die römisch-katholische Kongregation für die Glaubenslehre in ihrem Dokument „Dominus Iesus" (2000) an Konzeptionen einer pluralistischen Theologie der Religionen geübt hat, auch wenn ihre ekklesiologischen Aussagen zu den reformatorischen Kirchen, denen ihr Kirchesein abgesprochen wird, aus evangelischer Sicht unannehmbar sind. Die römische Glaubenskongregation hat unter der seinerzeitigen Leitung ihres Präfekten Joseph Kardinal Ratzinger „relativistische Theorien" kritisiert, „die den religiösen Pluralismus nicht nur *de facto*, sondern auch *de iure* (oder prinzipiell) rechtfertigen wollen"[15]. Pluralistischen Theorien einer Theologie der Religionen wird die kategoriale Unterscheidung zwischen dem „theologalen Glauben" im katholischen Sinne einerseits und der „innere[n] Überzeugung in den anderen Religionen"[16] andererseits gegenübergestellt. Letzterer wird abgesprochen, Glaube im strengen dogmatischen Sinn zu sein. Nach dem Urteil der römisch-katholischen Kirche handelt es sich bei ihr lediglich um „religiöse[] Erfahrung", „die noch

---

Weg zum Heil? Die Herausforderung des christlichen Absolutheitsanspruchs durch pluralistische Religionstheologien (QD 143), Freiburg – Basel – Wien 1993; R. Schwager (Hg.), Christus allein? Der Streit um die pluralistische Religionstheologie (QD 160), Freiburg – Basel – Wien 1996; H.-G. Schwandt (Hg.), Pluralistische Theologie der Religionen. Eine kritische Sichtung, Frankfurt 1998.
[15] Kongregation für die Glaubenslehre, Dominus Iesus. Über die Einzigkeit und Heilsuniversalität Jesu Christi und der Kirche (6. August 2000) (Verlautbarungen des Apostolischen Stuhls 148), Bonn 2008, 5–45, 9 (Nr. 4).
[16] Ebd., 14 (Nr. 7).

auf der Suche nach der absoluten Wahrheit ist und der die Zustimmung zum sich offenbarenden Gott fehlt"[17].

Auch wenn der Begriff des Synkretismus in dem zitierten Dokument nicht verwendet wird, läuft der von ihm gegen die pluralistische Theologie erhobene Relativismusvorwurf (Nr. 4 und Nr. 22) sachlich auf den Vorwurf des Synkretismus hinaus. So berechtigt auch aus evangelischer Sicht das Insistieren auf der Wahrheitsfrage ist, bleibt allerdings zu fragen, ob die lehramtliche katholische Wahrheitstheorie einschließlich der Idee einer Hierarchie der Wahrheiten, wie sie im Ökumenismusdekret des 2. Vatikanischen Konzils formuliert worden ist[18], eine tragfähige erkenntnistheoretische Antwort auf die Herausforderungen des neuzeitlichen Pluralismus ist. Es muss außerdem kritisch gefragt werden, ob mit der Idee einer Hierarchie der Wahrheiten – auch wenn es parallele Vorstellungen in den aus der Reformation hervorgegangenen Kirchen gibt[19] – ökumenisch viel gewonnen ist, selbst wenn man konzedieren muss, dass sie zu einer Entschärfung kontroverstheologischer Konflikte beigetragen hat. Wenn schlussendlich vom heutigen Papst Benedikt XVI. darauf insistiert wird, dass sämtliche römisch-katholischen Mariendogmen als Entfaltung der in den altkirchlichen Glaubensbekenntnissen enthaltenen Aussagen über die Empfängnis Christi aus dem Heiligen Geist und die Jungfrauengeburt anzusehen sind[20], tritt aus evangelischer Sicht die Fragwürdigkeit der Idee einer Hierarchie der Wahrheiten vollends zu Tage. Dem Problem des Synkretismus wird diese Wahrheitstheorie, indem sie den Synkretismusbegriff ausschließlich negativ konnotiert, jedenfalls nicht hinreichend gerecht.

Gleichwohl ist die Kritik von „Dominus Iesus" an pluralistischen Religionstheorien im Kern berechtigt. Bei allen Gemeinsamkeiten, die es im Ethos der verschiedenen Religionen geben mag, fallen doch die Differenzen ins Gewicht, die Joseph Ratzinger alias Papst Benedikt XVI. in seinem Jesusbuch an einigen praktischen Fragen verdeutlicht: „Wird jemand deshalb selig und von Gott als recht erkannt werden, weil er den Pflichten der Blutrache gewissenhaft nachgekommen ist? Weil er sich kräftig für und im ‚Heiligen Krieg' engagiert hat? Oder weil er bestimmte Tieropfer dargebracht hat? Oder weil er rituelle Waschungen und sonstige Observanzen eingehalten hat?"[21]

Im Übrigen kann selbst eine pluralistische Theologie der Religionen ein Mindestmaß an Inklusivismus gar nicht vermeiden. Jeder Dialog setzt

---

[17] Ebd.

[18] UR 11.

[19] Vgl. dazu O. Cullmann, Einheit durch Vielfalt. Grundlegung und Beitrag zur Diskussion über die Möglichkeiten ihrer Verwirklichung, Tübingen ²1990, 41.

[20] Vgl. J. Ratzinger/V. Messori, Entretien sur la foi, Paris 1985, 124ff.

[21] J. Ratzinger, Benedikt XVI., Jesus von Nazareth. Erster Teil: Von der Taufe im Jordan bis zur Verklärung, Freiburg – Basel – Wien 2007, 123.

nämlich zumindest eine Verständigung über gemeinsame Regeln des Gesprächs oder der Wahrheitsfindung voraus. Der heimliche Inklusivismus des pluralistischen Religionsmodells zeigt sich freilich nicht nur in formaler, sondern auch in inhaltlicher Hinsicht. Zum Beispiel unterstellt John Hick, dass es allen Religionen um die Vermittlung von Heil geht und misst sie am Kriterium der „soteriologischen Effizienz".[22] Damit formuliert Hick nun allerdings ein inklusivistisches Kriterium für den interreligiösen Dialog, auch wenn es bei ihm unscharf bleibt.

Ausdrücklich wählt Michael Hüttenhoff eine modifizierte Form der Rechtfertigungslehre als Maßstab einer kritischen Theologie der Religionen, die freilich auf ein Gesamturteil über die großen religiösen Traditionen verzichtet und statt dessen nach konkreten Gestaltungen von Religionen fragt, in denen strukturell der Gehalt der christlichen Rechtfertigungslehre (in ihrer protestantischen Fassung) erkennbar wird.[23] Auch wenn er selbst seine Konzeption eines „reflektierten Positionalismus" als pluralistische Theologie der Religionen bezeichnet, handelt es sich doch eigentlich um eine modifizierte Form des Inklusivismus.

4. Differenzwahrnehmung als Problem einer Theologie der Religionen

Ausgangspunkt jeder Theologie der Religionen ist die Wahrnehmung von Verschiedenheit. Das verbindet eine Theologie der Religionen mit der Aufgabenstellung ökumenischer Theologie, welche das Problem der Vielfalt und Einheit der christlichen Konfessionen bearbeitet. Aber auch jede Form des Synkretismus hat Verschiedenheit, das heißt Differenzerfahrungen zur Voraussetzung. Denn jeder Synkretismus ist eine Synthetisierungsleistung, das heißt der Versuch, eine Synthese von ursprünglich Verschiedenem herzustellen. Wenn der Synkretismus Konvergenzen oder gar Identität zwischen unterschiedlichen religiösen Symbolsystemen zu erkennen glaubt, kann man doch nicht einfach behaupten, dass diese immer schon bestehen. Die behauptete Vergleichbarkeit, Konvergenz oder Identität ist immer eine Konstruktion, sei es des individuellen religiösen Bewusstseins oder sei es eine Synthese, die von den religiösen Autoritäten einer Gemeinschaft aufgestellt wird. Dementsprechend kann man fragen, wie die unterschiedlichen Konzeptionen einer Theologie der Religionen Differenzen wahrnehmen und wie sie diese aus der jeweiligen

---

[22] Vgl. J. Hick, Problems of Religious Pluralism, London ²1988; ders., An Interpretation of Religion. Human Responses to the Transcendent, London 1989.
[23] M. Hüttenhoff, Die Möglichkeit einer Rechtfertigungsgedanken orientierten pluralistischen Theologie der Religionen, in: Ch. Danz/U. Körtner, Theologie der Religionen. Positionen und Perspektiven evangelischer Theologie, Neukirchen-Vluyn 2005, 121–150, bes. 136ff.

Perspektive einer konkreten Religion oder religiösen Tradition bearbeiten. Dabei stellt sich die Frage, inwieweit wahrgenommene Unterschiede gleichbedeutend mit Trennungen oder auch Widersprüchen und konkurrierenden Geltungsansprüchen sind.

Freilich ist nicht jeder Versuch einer Synthese, sondern schon die Wahrnehmung von Differenz, eine Konstruktion. Differenzen bestehen nicht einfach, sondern sie werden dadurch gesetzt, dass eine Unterscheidung vorgenommen wird. Das zeigt bereits ein Blick in die Religionsgeschichte. Neue Religionen entstehen ihrem Selbstverständnis nach aufgrund von Offenbarungen, die man mit Ian Th. Ramsey als Erschließungssituationen („disclosures")[24] bezeichnen kann, die zu einer neuen Gesamtdeutung menschlicher Existenz und der Wirklichkeit als ganzer führt. Charakteristisch für solche Offenbarungsereignisse ist aber immer auch die Markierung einer Differenz. Dieser Vorgang lässt sich sowohl systemtheoretisch, semiotisch oder auch konstruktivistisch deuten.

Jan Assmann hat den angesprochenen Sachverhalt am Beispiel der „mosaischen Unterscheidung" zwischen Jahweverehrung und ägyptischer Religion untersucht, die auf eine Unterscheidung zwischen wahrer und falscher Religion hinausläuft. In der Sicht des henotheistischen ersten Dekaloggebotes und vergleichbarer monotheistischer Religionen „gibt es keinen natürlichen oder evolutionären Weg, der vom Irrtum der Idolatrie zur Wahrheit des Monotheismus führt. Diese Wahrheit kann nur von außen kommen, durch Offenbarung."[25] Ähnlich wie der altisraelitische Jahweglaube sind auch die übrigen monotheistischen Religionen Gegenreligionen. Das ließe sich für das Christentum ebenso wie für den Islam zeigen.

Auf der individuellen Ebene zeigt sich dies beispielhaft an der Bekehrung des Apostels Paulus. Sie führt nicht nur zu einem Bruch in seiner Biographie und einer religiösen Umwertung aller Werte – wenn man die schroffen Aussagen in Phil 3,1–11 einmal so nennen darf – sondern auch zu trennscharfen Abgrenzungen gegenüber einem Verständnis des christlichen Glaubens, das auf die judenchristliche Beschneidungsforderung gegenüber Nichtjuden hinausläuft. Wo die judenchristlichen Gegner des Paulus eine Kontinuität zum Judentum aufrecht erhalten wollen, propagiert Paulus in Verkündigung und religiöser Praxis eine fundamentale Diskontinuität. Wo umgekehrt das Judenchristentum Unterscheidungen aufrecht hält – zum Beispiel im Fall der jüdischen Reinheitsgebote – verkündigt Paulus statt dessen die Aufhebung vormaliger Trennun-

---

[24] I.Th. Ramsey, Religious Language, London 1957. H.-M. Barth, Dogmatik (Anm. 10), 144ff. spricht von „Schlüsselerlebnissen". Seine Definition des Begriffs ist freilich ungenau, schon weil die Unterscheidung zwischen Erlebnis und Erfahrung nicht genügend beachtet wird.
[25] J. Assmann, Moses der Ägypter. Entzifferung einer Gedächtnisspur, München 1998, 24.

gen. Die durch die Beschneidung symbolisierte Unterscheidung zwischen jüdischer und nichtjüdischer Religion ist nach Überzeugung des Paulus durch die Christusoffenbarung hinfällig geworden: „Denn in Christus Jesus gilt weder Beschneidung noch Unbeschnittensein etwas, sondern der Glaube, der durch die Liebe tätig ist" (Gal 5,6).[26] An die vormalige Leitunterscheidung zwischen Beschnittenheit und Unbeschnittenheit tritt nun eine andere, nämlich die zwischen Christusglaube und Unglaube, die ihrerseits rituell symbolisiert wird, nämlich durch die Unterscheidung zwischen Getauften und Nichtgetauften. Paulus verdankt diese Einsicht nicht eigenem Nachdenken, sondern einer persönlichen Christusoffenbarung (vgl. Gal 2,11–21).

Theologisch sind weitere Unterscheidungen von grundlegender Bedeutung. Die elementarste, welche Judentum und Christentum treffen, ist diejenige zwischen Gott und Welt bzw. Gott und Mensch. In abstrakterer Form handelt es sich um die Unterscheidung zwischen Immanenz und Transzendenz. Unterschieden werden muss aber auch zwischen Offenbarung und Religion, weil andernfalls die Manifestation Gottes oder des Absoluten mit seiner partikularen Symbolisierung in der Form eines religiösen Zeichensystems zusammenfiele.

Und schließlich werden mit und an dem Religionsbegriff selbst Unterscheidungen vorgenommen. Zum einen lässt sich zwischen Religion und Religionen differenzieren, zum anderen zwischen religiös und nichtreligiös bzw. profan. Je nachdem, wie diese Unterscheidungen vollzogen werden, ändert sich auch das Verständnis von Gemeinsamkeiten oder Ähnlichkeiten, die zwischen unterschiedlichen Phänomenen wahrgenommen werden. Wie einerseits mit Hilfe des Religionsbegriffs Unterscheidungen vorgenommen werden, so wird mit seiner Hilfe andererseits auch eine Synthese vollzogen, welche die Einheit von Verschiedenem behauptet. Das gilt für jeden singularischen Religionsbegriff, in der Religionswissenschaft und in der Religionsphilosophie ebenso wie in der Theologie, ganz gleich, ob er phänomenologisch oder funktionalistisch formuliert wird. Jeder Begriff von Religion, selbst wenn er als rein deskriptiver Terminus bestimmt wird, hat normative Qualität und vollzieht Abgrenzungen unterschiedlicher Reichweite. Ob zum Beispiel der ursprüngliche Buddhismus eine Religion ist oder nicht, oder ob Joggen, Fußballeidenschaft und Popkultur religiöse Phänomene sind, hängt bekanntlich immer vom jeweils vorausgesetzten Religionsbegriff und seinen Einzelbestimmungen ab.

Gegenüber einer Religionstheorie und Religionstheologie, welche von einem singularischen bzw. einem generalisierenden Religionsbegriff aus-

---

[26] Vgl. auch Gal 3,28.

geht, der mehr oder weniger vom Christentum übernommen bzw. an ihm gewonnen worden ist, bedeutet die Diskussion über Programme einer Theologie der Religionen insofern einen Erkenntnisfortschritt, als mit dem Plural „Religionen" die Wahrnehmung von Differenzen den Ausgangspunkt des Nachdenkens bildet. Gemeinsamkeit und Verschiedenheit der als Religionen bezeichneten Zeichen- und Sozialsysteme lässt sich m.E. am besten mit L. Wittgensteins Begriff der Familienähnlichkeit unterschiedlicher Sprachspiele charakterisieren.[27] Familienähnlichkeit bedeutet etwas anderes, als für alle Religionen einen kleinsten gemeinsamen Nenner zu behaupten. Es braucht nicht jedes als Religion bezeichnete Zeichensystem mit allen anderen eine Gemeinsamkeit zu haben, sondern es genügt, dass sich einzelne Zeichen- oder Funktionssysteme überschneiden, die wiederum mit anderen Zeichensystemen gewisse Schnittmengen bilden. So entsteht, wenn man es mengentheoretisch betrachtet, eine polyzentrische Komplexität.

5. Theologie und Dialog der Religionen

Wie schon gesagt wurde, ist eine Theologie der Religionen vom Dialog der Religionen zu unterscheiden. Sinnvollerweise lässt sich aber fragen, welche Funktion eine Theologie der Religionen für den Dialog der Religionen hat und umgekehrt. Ein interreligiöser Dialog kann auf verschiedenen Ebenen stattfinden. Im Anschluss an Diana L. Eck unterscheidet Hans-Martin Barth zwischen Konferenzdialog, institutionellem Dialog, theologischem Dialog, Dialog in der Gemeinschaft bzw. Dialog des Lebens, spirituellem Dialog und innerem Dialog.[28]

Die Unterscheidung zwischen Dialog und Theologie der Religionen ist unter anderem deshalb wichtig, um die Aufgabenstellung einer Theologie der Religionen klarer zu begrenzen. Als theologische Theorie ist eine Theologie der Religionen kein Instrument, um interreligiöse Einheit zwischen Religionsgemeinschaften zu stiften, ebensowenig wie eine ökumenische Hermeneutik ein Instrument zur Überwindung kirchlicher Spaltungen ist. Ziel einer Theologie der Religionen ist eine differenztheoretische Hermeneutik, welche aus der Perspektive einer konkreten Religion die hermeneutischen Bedingungen des interreligiösen Gespräches zu klären versucht. In der Formulierung solcher Bedingungen liegt im-

---

[27] Vgl. L. Wittgenstein, Philosophische Untersuchungen (Suhrkamp-Taschenbuch Wissenschaft 203), Frankfurt 1977, 57 (Teil I, Nr. 67).
[28] H.-M. Barth, Dogmatik (Anm. 10), 57f. Vgl. D.L. Eck, Interreligiöser Dialog – was ist damit gemeint? Ein Überblick über die verschiedenen Formen des interreligiösen Dialogs, in: US 43 (1988) 189–200.

mer schon eine gewisse Synthetisierungsleistung, die aber nicht mit einer synkretistischen Religionssynthese zu verwechseln ist.

Das gilt in ähnlicher Weise für die ökumenische Bewegung im Christentum, die weiter oben in gewisser Hinsicht als synkretistisches Phänomen interpretiert wurde. Auch wenn die konfessionellen Unterschiede heutzutage vornehmlich als gottgewirkte und insofern theologisch legitime Verschiedenheit interpretiert werden, haben sie teilweise nach wie vor eine kirchentrennende Qualität. Kirchentrennungen sind aber, wie Ingolf U. Dalferth treffend formuliert, „keine Naturereignisse, sondern Folgen von Entscheidungsakten"[29]. Welchen Differenzen aus welchen Gründen kirchentrennende Bedeutung zugeschrieben wird, lässt sich weder durch eine beschreibende Aufzählung gemeinsamer Überzeugungen noch durch eine entsprechende Auflistung verbleibender Lehrunterschiede beantworten. Es lässt sich nur erklären, wenn man die normativen Entscheidungen kennt und theologisch analysiert, die von Kirchen bzw. von ihren Leitungen und Repräsentanten im Laufe der Geschichte getroffen worden sind. Weil Kirchentrennungen auf kirchlichen Entscheidungen beruhen, „genügt der theologische Rekurs auf Übereinstimmungen allein nicht, sondern es bedarf einer neuen kirchlichen Entscheidung, um sie zu überwinden. In solchen Fragen ist deshalb nicht allein die Theologie, sondern vor allem die Kirchenleitung gefordert."[30]

Zwischen interreligiösem und christlich-ökumenischem Dialog ist theologisch deutlich zu unterscheiden, wie weiter unten ausgeführt werden soll. Schon religionssoziologisch besteht zwischen beiden Dialogen ein gravierender Unterschied allein deshalb, weil die nichtchristlichen Religionen nicht wie Kirchen organisiert sind und sich daher die Frage, wer beim institutionellen Dialog der Religionen mit wem mit welcher Autorität konferiert, erheblich schwieriger zu beantworten ist als im Fall bilateraler oder multilateraler ökumenischer Lehrgespräche. Der Vergleich mit der ökumenischen Bewegung soll aber deutlich machen, wo auf jeden Fall die Grenzen einer Theologie der Religionen liegen. Ihre Aufgaben sind theoretischer bzw. hermeneutischer Natur. Sie sollte sich daher nicht für religionspolitische Zwecke, zum Beispiel für Ideen einer universalen Einheitsreligion oder im Dienste eines Weltparlaments der Religionen instrumentalisieren lassen.[31]

---

[29] I.U. Dalferth, Auf dem Weg der Ökumene. Die Gemeinschaft evangelischer und anglikanischer Kirchen nach der *Meißener Erklärung*, Leipzig 2002, 269.
[30] Ebd.
[31] Vgl. auch die Kritik bei H.-M. Barth, Dogmatik (Anm. 10), 45.

6. Allgemeine und spezielle Offenbarung

Die klassische evangelische Dogmatik versuchte die Differenzerfahrungen des christlichen Glaubens, die er in der Begegnung mit anderen macht, mit Hilfe der Unterscheidung zwischen allgemeiner und besonderer Offenbarung zu bearbeiten. Die allgemeine Offenbarung (revelatio generalis) führt zwar zur Erkenntnis, dass Gott ist, jedoch nicht zur Erkenntnis der Gnade. Diese wird allein durch die besondere Offenbarung Gottes in Jesus Christus (revelatio specialis) und durch den allein den Sünder rechtfertigenden Glauben vermittelt.

Mit guten Gründen wird diese herkömmliche Unterscheidung in der neueren evangelischen Theologie kritisiert. Paul Tillich hat argumentiert, dass jede Offenbarung, die diesen Namen theologisch verdient, auch eine soteriologische Qualität habe.[32] Wer immer eine Offenbarung empfangen habe, habe damit auch Erlösungskräfte empfangen. Offenbarungsgeschichte und Erlösungsgeschichte, so Tillich, „sind die gleiche Geschichte"[33]. An die Stelle der traditionellen Unterscheidung von allgemeiner und spezieller Offenbarung tritt bei Tillich diejenige zwischen aktueller und letztgültiger Offenbarung, welche das theologische Kriterium zur Beurteilung echter oder behaupteter Offenbarungsereignisse ist. Tillichs Offenbarungsverständnis ist also dem inklusivistischen Modell einer Theologie der Religionen zuzuordnen.

In jüngster Zeit argumentiert auch Hans-Martin Barth, die „Zusammenfassung aller dem christlichen Glauben gegenüberstehenden besonderen religiösen Überzeugungen im Sinne eines gemeinsamen Allgemeinen gegenüber einem Besonderen" mache „keinen Sinn"[34]; und zwar schon allein deshalb, weil alle Offenbarungen von ihren Anhängern als besondere gewertet werden. So gesehen, „würden viele besondere Offenbarungen einander gegenüberstehen"[35]. Außerdem ließe sich weder religionswissenschaftlich noch theologisch befriedigend beantworten, worin das angeblich Gemeinsame der allgemeinen Offenbarung liege. Das Allgemeine, auf das sich auch der christliche Glaube beziehe, sei „im Anthropologischen zu suchen, nicht in irgendwelchen ‚Offenbarungs-Inhalten'", das heißt in der „Fähigkeit des Menschen, über das Vorfindliche hinaus zu denken, zu fragen, zu wünschen, somit zu transzendieren und zu projizieren"[36].

Die dogmatische Unterscheidung zwischen allgemeiner und spezieller Offenbarung wurde in der Aufklärungszeit zur Differenz zwischen na-

---

[32] Vgl. P. Tillich, Systematische Theologie, Bd. 1, Stuttgart ⁵1977, 174.
[33] P. Tillich, Systematische Theologie, Bd. 1 (Anm. 32), 172.
[34] H.-M. Barth, Dogmatik (Anm. 10), 143.
[35] Ebd.
[36] Ebd., 144.

türlicher und positiver Religion transformiert. Friedrich Schleiermacher unterzieht das Aufklärungskonstrukt einer natürlichen Religion der radikalen Kritik und verteidigt die Legitimität und die Pluralität positiver, das heißt historisch konkreter Religionen. Zugleich aber kämpft er gegenüber der theologischen Orthodoxie für das Recht auf religiöse Individualität.[37] Schon bei Schleiermacher ist das Allgemeine im Anthropologischen zu suchen, nämlich in der menschlichen Fähigkeit zur Religion bzw. im Gefühl schlechthinniger Abhängigkeit[38], das freilich immer nur in der Vielfalt konkreter, geschichtlicher Religionen vorkommt. Schleiermachers Konzeption nötigt also dazu, zwischen historisch gewachsener Religion und Religiosität als menschlichem Grundvermögen zu unterscheiden.

Die entscheidende theologische Frage lautet aber, ob es um eine Apologie der Religion oder des Glaubens an Gott geht, mit anderen Worten: ob die Unvermeidbarkeit von Religion – wenn schon nicht für das Individuum, so zumindest für die menschliche Gemeinschaft – oder die Unabweisbarkeit Gottes behauptet werden soll. Und weiter gefragt: Soll aus der vermeintlichen Unvermeidbarkeit von Religion die Unvermeidbarkeit des menschlichen Gottesbezuges, oder soll aus der vom christlichen Glauben behaupteten Unvermeidbarkeit Gottes – jedenfalls für gebildete Menschen – die Unvermeidbarkeit von Religion behauptet werden? Ingolf U. Dalferth ist zuzustimmen, dass weder das eine noch das andere zutrifft.[39] Davon abgesehen darf die vom Glauben behauptete Unvermeidbarkeit Gottes nicht mit der Unvermeidbarkeit der Frage nach Gott verwechselt werden. Insofern bleibt nun aber der Offenbarungsbegriff theologisch unvermeidlich und kann nicht durch den Religionsbegriff ersetzt werden.

Sofern der Offenbarungsbegriff nicht religionswissenschaftlich-deskriptiv, sondern theologisch-normativ gebraucht wird, kann er meines Erachtens nur vom Phänomen der der christlichen Theologie zu Grunde liegenden Erfahrung christlichen Glaubens aus entwickelt werden. Offenbarung als Ergriffensein vom Vonwoher menschlicher Existenz und Durchsichtigwerden menschlicher Existenz wird konkret als Zum-Glauben-Kommen erfahren. Der Glaube ist aber kein unmittelbares, sondern ein auf doppelte Weise vermitteltes Gottesverhältnis. Es ist vermittelt durch

---

[37] Siehe F. Schleiermacher, Über die Religion. Reden an die Gebildeten unter ihren Verächtern (1799), hg. von G. Meckenstock, Berlin – New York 1999.

[38] F. Schleiermacher, Der christliche Glaube (²1830), Bd. 1, hg. von M. Redeker, Berlin 1960, 23ff. (§ 4).

[39] Vgl. dazu I.U. Dalferth, Notwendig religiös? Von der Vermeidbarkeit der Religion und der Unvermeidbarkeit Gottes, in: F. Stolz (Hg.), Homo naturaliter religiosus. Gehört Religion notwendig zum Mensch-Sein? (Studia religiosa Helvetica 3), Bern u.a. 1997, 193–218.

Jesus von Nazareth, dessen Heilsbedeutung ihrerseits durch die Botschaft des Glaubens vermittelt wird. Recht verstanden ist das der Botschaft des Glaubens zu Grunde liegende Christusgeschehen die allgemeine oder Ur-Offenbarung, insofern, als die soteriologische Reichweite
dieses Geschehens universal ist. Demgegenüber ist jedes Ereignis, das
individuell Glauben entstehen lässt, als spezielle Offenbarung zu charakterisieren. Das Verhältnis von allgemeiner, nämlich in Christus sich er-
eignender, und spezieller Offenbarung aber ist trinitätstheologisch zu
bestimmen: Der Vater offenbart sich im Sohn. Die vermittelnden Offenbarungen aber, durch welche Menschen zum Glauben finden, sind ein
Wirken des Heiligen Geistes.

Im Neuen Testament findet sich die Überzeugung, dass der Glaube
heilsnotwendig ist. Diese Überzeugung findet auch im exklusivistischen
Modell einer Theologie der Religionen ihren Ausdruck. Zu Ende gedacht
nötigt aber die Überzeugung von der Heilsnotwendigkeit des Glaubens
zur Annahme eines Glaubens im theologisch qualifizierten Sinne und
damit auch zur Annahme von Offenbarung außerhalb des Christentums.
Anhalt findet dieser Gedanke zum Beispiel an der Argumentation des
Paulus, der Glaube Abrahams, Gott werde ihm und Sara noch in hohem
Alter einen leiblichen Nachkommen schenken, sei nicht nur strukturell,
sondern auch seinem Gehalt nach gleichbedeutend mit dem Glauben an
die Macht Gottes, Tote aufzuerwecken, welche die Osterbotschaft bezeugt (Röm 4). Weiter gedacht führt die Behauptung der Heilsnotwendigkeit des Glaubens zu einer differenzierten Würdigung außerchristlicher Religionen, wonach diese einerseits wie auch das Christentum selbst
an der Zweideutigkeit aller Religion partizipieren, andererseits aber nicht
nur religionskritisch als Werkgerechtigkeit des Menschen oder als Versuch des Menschen, sich Gottes zu bemächtigen, beurteilt werden dürfen. Unzureichend ist auch eine Theologie der Religionen, welche auf der
Basis der reformatorischen Unterscheidung von Gesetz und Evangelium
alle Religion nur der Seite des Gesetzes zuordnen und vom Glauben als
Antwort auf das Evangelium abgrenzen will.[40]

Sind vermittelnde Offenbarungen als Wirkungen des Heiligen Geistes
zu verstehen, so sind solche und damit auch rechtfertigender Glaube
nicht nur innerhalb des christlichen Traditionszusammenhangs, sondern
auch außerhalb desselben anzunehmen. Historische Kontinuität mit Jesus von Nazareth ist offenbar keine notwendige Bedingung für vermittelnde Offenbarung. Solche Offenbarung außerhalb des christlichen Traditionszusammenhangs ist aber nicht zwingend durch eine Ableitung aus
einem allgemeinen, religionsphilosophischen Offenbarungsbegriff zu

---

[40] So z.B. W. Trillhaas, Dogmatik, Berlin – New York ⁴1980, 225ff.

begründen, sondern auf Grund des Christusglaubens und der ihm innewohnenden Gewissheit, dass Gottes Liebe allen Menschen gilt, als Möglichkeit zu denken. Wo und wie sich Offenbarungen in anderen Religionen ereignen, in denen sich tatsächlich der Gott vermittelt, der sich in
Jesus Christus letztgültig offenbart hat, lässt sich nicht generell beantworten, weil jede konkrete Behauptung solcher Offenbarung immer eine
Glaubenssausage ist.

7. Metakritischer Inklusivismus

Offenbar verhält es sich so, dass der Pluralismus der Religionen, wenn er
denn nicht von einem Standpunkt außerhalb der Religionen relativiert,
sondern aus der Binnenperspektive einer konkreten Religion durchdacht
werden soll, nur in der Form eines metakritischen bzw. eines „aufgeklär-
ten Inklusivismus"[41] zu denken ist. Ein solcher Inklusivismus lässt sich
nicht allein schöpfungstheologisch oder anthropologisch begründen,
sondern er muss auch christologisch und pneumatologisch, mit anderen
Worten: trinitätstheologisch begründet werden.[42] In welcher Weise dies
gilt, darüber gehen die theologischen Ansichten freilich auseinander.

   Dass das Christentum heute eine Religion unter Religionen ist, muss
theologisch als Herausforderung des Geistes Gottes, welcher der Geist
Christi ist, an seine Christen begriffen werden. In einer multikulturellen
Weltgesellschaft kann das Christentum sein eigenes Selbstverständnis
nicht mehr im abstrakten Gegenüber zu den Religionen klären, sondern
ist zu dialogischer Rechenschaft über den eigenen Glauben herausgefordert. Systematisch-theologisch lässt sich durchaus fragen, „ob auf dem
Wege zum Beispiel über die nichtchristlichen Religionen der dreieine
Gott selbst der Christenheit etwas sagen will"[43]. Während aber Hans-
Martin Barth das trinitarische Offenbarungsverständnis für ein integrati-
ves Modell einer Theologie der Religionen hält, welches Momente außer-

---

[41] J. Werbick, Der Pluralismus der pluralistischen Religionstheologie. Eine Anfrage, in: R.
Schwager (Hg.), Christus allein? (Anm. 14), 140–157, hier 153ff.
[42] Reinhold Bernhardt spricht von einem „mutualen Inklusivismus", der ebenfalls trinitätstheologisch begründet wird, wobei Bernhardt an die Trinitätslehre Paul Tillichs an-
knüpft. Vgl. R. Bernhardt, Trinitätstheologie als Matrix einer Theologie der Religionen,
in: ÖR 49 (2000) 287–301; ders., Protestantische Religionstheologie auf trinitätstheologischem Grund, in: Ch. Danz/U. Körtner (Hg.), Theologie (Anm. 23), 107–120. Seine
Konzeption steht allerdings wie diejenige von H.-M. Barth in der Gefahr, durch Anwendung des Trinitätsparadigmas auf nichtchristliche Religionen diese christlich zu vereinnahmen.
[43] H.-M. Barth, Dogmatik (Anm. 10), 49. Wie kaum eine Dogmatik zuvor versucht
Barths Lehrbuch das spezifische Profil christlichen Glaubens durch die Konfrontation mit
den übrigen Weltreligionen herauszuarbeiten.

christlicher Offenbarungsverständnisse einschließen könne[44], ist meines Erachtens aber auch Luthers Unterscheidung zwischen gepredigtem und verborgenem Gott in eine Theologie der Religionen einzubeziehen.[45]

Außerchristliche Offenbarungen und Offenbarungsverständnisse lassen sich keineswegs in jedem Falle in ein christlich-trinitarisches Konzept von Offenbarung als Geschichte integrieren, sondern können letzteres gerade in Frage stellen. So ist der islamische Monotheismus schließlich unter anderem in dezidierter Abgrenzung vom christlich-trinitarischen Monotheismus entstanden, der des Tritheismus, das heißt also des latenten Polytheismus verdächtigt wird. Der islamische Monotheismus ist also mit einer klaren Differenzmarkierung gegenüber dem Christentum verbunden und wird sich dagegen verwahren, in ein trinitarisches Offenbarungskonzept integriert zu werden. Gerade wenn man wie Hans-Martin Barth die traditionelle Unterscheidung zwischen allgemeiner Offenbarung oder Gotteserkenntnis, die zu einem abstrakten Monotheismus vorstoßen kann, und spezieller Offenbarung, die zur Erkenntnis des dreieinigen Gottes führt, in Abrede stellt, lässt sich das trinitarische Denken wohl kaum als „formales Integrationsangebot"[46] interpretieren. Eine solche Fassung des Inklusivismus läuft auf die zweifelhafte Behauptung der christlichen Überlegenheit gegenüber anderen Religionen hinaus, die durch religionsphänomenologische Indizien gestützt werden soll. In diesem Sinne schlägt Barth vor, „die Gegenprobe zu machen" und zu überlegen, „welches nichtchristliche Offenbarungsverständnis etwa von dem trinitarischen Modell prinzipiell ausgeschlossen wird", während das christliche Denken „– rein phänomenologisch-strukturell betrachtet – ein erstaunlich weites Integrationsmodell"[47] biete.

Ein metakritischer oder aufgeklärter Inklusivismus wird dagegen die Strittigkeit des christlich-trinitarischen Offenbarungsverständnisses stets mitbedenken, die sich nicht nur für eine außerchristliche, sondern gerade auch für eine innerchristliche Perspektive ergibt, als Folge einer theologischen Kritik am Modell einer exklusivistischen Theologie der Religionen. Im Sinne eines metakritischen Inklusivismus gilt einerseits, dass Gottes Handeln hinter der gesamten Weltgeschichte und somit auch hinter der Religionsgeschichte geglaubt werden darf. Dass aber ein und derselbe Gott hinter den verschiedenen, in den unterschiedlichen Religionen erfahrenen Gottheiten oder Offenbarung des Göttlichen, aus denen einan-

---

[44] Vgl. ebd., 153ff.
[45] Vgl. M. Luther, De servo arbitrio (1525) (WA 18).
[46] H.-M. Barth, Dogmatik (Anm. 10), 155ff.
[47] Ebd., 156.

der widersprechende Geltungsansprüche abgeleitet werden, stehen soll, gehört aus christlicher Sicht zur Verborgenheit Gottes.[48]

Bezeichnenderweise identifiziert der Paulus der lukanischen Apostelgeschichte in seiner legendarischen Areopagrede den von ihm verkündigten Gott nicht mit Zeus, sondern mit jenem unbekannten Gott, dem die Athener vorsorglich einen Altar geweiht hatten (Apg 17,23). Gemessen an untrinitarischen Formen des Monotheismus ist der dreieinige Gott des Christentums ein unbekannter Gott. Für die theologische Bearbeitung von interreligiösen Differenzerfahrungen scheint mir darum Luthers Unterscheidung von gepredigtem und verborgenem Gott zentral zu sein. Dabei ist die Unterscheidung zwischen den Begriffen „gepredigter Gott" (Deus praedicatus) und „geoffenbarter Gott" (Deus revelatus) zu beachten. Wenn hier Luthers Unterscheidung aufgegriffen wird, soll damit also keineswegs behauptet werden, dass sich Gott außerhalb des Christentums nicht offenbart habe. Aber seine außerchristlichen Offenbarungen sind Christen als eigene Glaubenserfahrungen nicht zugänglich – oder sie werden zu Anhängern einer anderen Religion.

In diesem Punkt trifft sich das hier vorgeschlagene Modell eines differenzhermeneutischen Inklusivismus mit der interreligiösen Differenzhermeneutik von Christian Danz.[49] Diesem liegt daran, fremde Religionen als eigenständige und nicht-defizitäre Religionen anzuerkennen, die Frage der Anerkennung jedoch von der nach der Geltung konkurrierender religiöser Wahrheitsansprüche zu unterscheiden. Fraglich ist aber, ob das Christentum seine Identität in erster Linie nur im Gegenüber zu anderen *Religionen* bestimmen kann, was bedeuten würde, dass die Koexistenz der anderen Religionen eine notwendige Bedingung für den Bestand des Christentums ist. Das würde geradezu bedeuten, dass der christliche Glaube für den Fortbestand anderer, ihm widersprechender Religionen sorgen müsste, um selbst bestehen zu können. Auch wenn Danz das Konstrukt einer einheitlichen Heilsgeschichte ablehnt, gewinnen die nichtchristlichen Religionen bei ihm via negationis aus der Binnenperspektive des Glaubens eine heilsgeschichtliche Bedeutung.

Wenn jedoch die Glaubensvorstellungen und die Praxis anderer Religionen auf der normativen Ebene beurteilt werden sollen, stellt sich die Frage nach dem Maßstab der Prüfung. Für Danz wird „die Frage dring-

---

[48] Daher ist es auch notwendig, den Offenbarungsbegriff theologisch differenzierter zu verwenden, als H.-M. Barth es tut. Die bei ihm entstehende Spannung zwischen der religionsphänomenologischen Rede von Offenbarungen als „Schlüsselerlebnissen" und der theologischen Bestimmung von Offenbarung als heilvoller „Selbsterschließung des in Schöpfung, Erlösung und Vollendung sich verwirklichenden dreieinen Gottes" (Dogmatik [Anm. 10], 157) wird nicht aufgelöst. – Zum Begriff der Verborgenheit Gottes vgl. ausführlich U. Körtner, Der verborgene Gott. Zur Gotteslehre, Neukirchen-Vluyn 2000.
[49] Vgl. Ch. Danz, Einführung (Anm. 5), 233ff.

lich, ob es überhaupt wünschenswert sein kann, religiöse Formen zu tolerieren, die für westliche Gesellschaften grundlegende Differenzierungen bestreiten, wie die von Recht und Religion oder die Letztgeltung von Individualität."[50] Einerseits widerspricht nach Danz jedes Superioritätsdenken der von ihm geforderten Anerkennung aller Religionen. Andererseits aber kann sich eine Religionstheologie seiner Ansicht nach keineswegs von der Aufgabe einer „Götterdiskriminierung" dispensieren.[51] Ist die Behauptung, eine andere Religion vorbehaltlos anzuerkennen, bei gleichzeitiger Diskriminierung ihres Gottes oder ihrer Götter nicht selbstwidersprüchlich? Und ist deren Maßstab ein binnentheologischer, in diesem Fall des Christentums, oder ein zivilreligiöser beziehungsweise ein religionsphilosophischer? Wenn Friedrich Wilhelm Graf, den Danz zitiert, von Götterdiskriminierung spricht, ist er sich dessen bewusst, dass damit in neuem Gewand die alte Frage nach dem Unterschied von wahrer und falscher Religion auf der Tagesordnung steht, auf der das Modell einer exklusivistischen Theologie der Religionen fußt.[52] Und bemerkenswerterweise richtet ausgerechnet der Kulturprotestant Graf an die Universitätstheologie die Forderung, „mit höchstmöglicher theologischer Prägnanz von Gott" zu reden[53] und würdigt Karl Barths trinitarische Theologie der unbedingten Souveränität Gottes als eine „protopostmoderne Strategie der Identitätswahrung und Selbstbehauptung in den diffusen, von vielen ideologischen Nebeln überschatteten modernen Wissenschaftslandschaften"[54].

Das älteste Christentum verkündigt das Evangelium als Botschaft von der Güte Gottes, der alle Menschen, gleich welcher Religion sie ursprünglich angehören, zur Umkehr bringen will (vgl. Röm 2,4). Nach Darstellung des Lukas führt Paulus die Vielzahl und Vielfalt der Religionen auf den einen Schöpfergott zurück. Die Pluralität der Religionen entspricht der schöpfungsmäßigen Vielfalt der Völker und Kulturen (Apg 17,26). Alle Menschen sind bestimmt, dass sie Gott suchen sollen, „ob sie ihn wohl fühlen und finden könnten; und fürwahr, er ist nicht ferne einem jeden von uns. Denn in ihm leben, weben und sind wir" (Apg 17,27f.). Dann aber argumentiert der lukanische Paulus eschatologisch, das heißt vom bevorstehenden Weltgericht Gottes her, dass religionsgeschichtlich eine neue Situation eingetreten sei, in welcher die Menschen zur Umkehr und zum Glauben an den einzig aus dem Gericht

---

[50] Ebd., 238.
[51] Ebd.
[52] Vgl. F.W. Graf, Die Wiederkehr der Götter. Religion in der modernen Kultur, München 2004, 66f.
[53] Ebd., 276f.
[54] Ebd., 262f.

rettenden Christus aufgerufen sind (Apg 17,30f.). Die Idee verschiedener
Heilswege, wie sie heute von einer pluralistischen Theologie der Religionen vertreten wird, liegt der Apostelgeschichte also fern. Der neutestamentliche Ruf zur Entscheidung relativiert alle bisherige religiöse Erfahrung. Dogmatisch gesprochen stehen alle Religionen – einschließlich des
heutigen Christentums! – unter eschatologischem Vorbehalt.

Aus der Sicht des Glaubens ist es Christus selbst, welcher die Christen
in die Begegnung mit den anderen Religionen führt. Das religionsgeschichtliche Resultat der vom Geist Gottes weltgeschichtlich bewirkten
Begegnung der Religionen aber muss der Glaube Gott selbst überlassen.
Das Andere der nichtchristlichen Religionen wird in solcher Begegnung
jeweils konkret auf neue und vielschichtige Weise erfahren. Darüber ist
nicht generell vorweg zu entscheiden, so gewiss Dialog und Begegnung
immer nur konkret sein können und sich auf das konkrete Gegenüber als
das konkret Andere einlassen müssen. Angesichts der Ambivalenz aller
Religion, von welcher auch das Christentum nicht ausgenommen ist, mag
der Glaubende andere Formen von Religion bald als Reflex der Offenbarung des Gottes Israels und Vaters Jesu Christi in anderen geschichtlichen
Gestalten, bald als eine diesem Gott widersprechende Gestalt von Religion erfahren. Wir mögen in fremden Glaubensweisen Spuren des von uns
verehrten Gottes und darin eine Bestätigung unserer eigenen Glaubensgewissheit finden. Sie können uns aber auch bisweilen als dämonische
Verzerrung unseres Gottes vorkommen. Fremde Gottheiten mögen uns
als authentische Interpretationen echter Offenbarung erscheinen oder
auch nur als Produkt menschlicher Sehnsucht nach solchem Offenbar-
werden des Göttlichen, als Ausdruck der Suche nach Gott.

Auch die Wirkung des Christuszeugnisses, das den Christen aufgetragen ist, lässt sich nicht vorherberechnen. Es kann auf Menschen treffen,
die auf der Suche nach Gott sind und im christlichen Glauben die Erfüllung ihrer Suche finden. Es kann freilich auch dazu führen, dass es die
Angehörigen einer anderen Religion dazu bringt, bewusster und intensi-
ver als zuvor in ihrer bisherigen Religion zu leben. Gleiches mag dem
Christen widerfahren, der sich auf die Begegnung mit Menschen einlässt,
die einer anderen Religion angehören. Er mag auch an seinem bisherigen
Glauben irre werden. Es kann aber auch geschehen, dass ein Christ in
fremden Glaubensweisen die Gegenwart jener heilvollen Macht glaubt
wiedererkennen zu dürfen, welche für ihn selbst in Christus und seinem
Evangelium wirksam ist. Und so mag es ihm widerfahren, dass ihm im
Anderen, dem er Christus nahebringen will, eben dieser selbst entgegen-
tritt, so dass er in der Begegnung mit dem Anderen und dessen fremder
Religiosität von Christus selbst neu beschenkt wird.

8. Ökumene der Religionen?

Der Begriff der Ökumene sollte freilich auf die christlichen Konfessionen begrenzt bleiben. Wenn heute gelegentlich von kleiner und großer Ökumene gesprochen und mit letzterer eine vermeintliche Ökumene der Religionen bezeichnet wird, verliert der Begriff der Ökumene sein theologisches Profil. Wer eine Ökumene der Religionen behauptet, unterschätzt die zum Teil erheblichen Gegensätze zwischen den Religionen. Selbst dort, wo man Gemeinsamkeiten entdeckt, zum Beispiel im Schöpfungsglauben oder auch zwischen reformatorischer Rechtfertigungslehre und japanischem Amida-Buddhismus, sind bei näherem Hinsehen die Differenzen meist größer als die Gemeinsamkeiten. Die Kammer für Theologie der Evangelischen Kirche in Deutschland hält die Idee einer Ökumene der Religionen auch in praktischer Hinsicht für einen Irrweg. Ihre Stellungnahme „Christlicher Glaube und nichtchristliche Religionen" gibt zu bedenken, dass auch die Übereinstimmungen und Gemeinsamkeiten in ihrem jeweiligen religiösen Zusammenhang gewürdigt werden müssen und keinesfalls eine hinreichende Basis für die Teilnahme von Christen an der religiösen Praxis einer anderen Religion, zum Beispiel an Opferriten, Ahnenkulten oder sonstigen Ritualen, bieten.[55]

Zu Recht empfiehlt die Evangelische Kirche in Deutschland auch in der Frage des interreligiösen Gebetes, zum Beispiel mit Muslimen, äußerste Zurückhaltung. In der Handreichung „Zusammenleben mit Muslimen in Deutschland" heißt es dazu: „Die Unterschiede im Gebetsverständnis, die mit dem unterschiedlichen Gottes- und Menschenbild begründet sind, können nicht übergangen, sondern müssen respektiert werden. Weil diese Unterschiede nicht verwischt werden dürfen, haben wir uns zu bescheiden und die Grenzen zu akzeptieren, die es uns verwehren, uns im gemeinsamen Gebet mit Muslimen vor Gott zu vereinen. Doch können wir im Sinne menschlicher Verbundenheit in einer multireligiösen Situation mit innerer Anteilnahme gleichsam nebeneinander beten."[56] Allerdings brauchen die bestehenden Gemeinsamkeiten nicht kleingeredet zu werden, in denen die evangelische Kirche, wie es in der Handreichung „Klarheit und gute Nachbarschaft" aus dem Jahr 2006 heißt, „Spuren" oder Zeichen erkennt, „dass sich der Gott der Bibel auch Muslimen nicht verborgen hat. Diese Spuren begründen keinen gemeinsamen Glauben und erst recht keine gemeinsame Verkündigung oder

---

[55] Vgl. Christlicher Glaube und nichtchristliche Religionen. Theologische Leitlinien. Ein Beitrag der Kammer für Theologie der Evangelischen Kirche in Deutschland (EKD Texte 77), Hannover 2003, 19.
[56] Zusammenleben mit Muslimen in Deutschland. Gestaltung der christlichen Begegnung mit Muslimen. Eine Handreichung des Rates der EKD, Gütersloh 2000, 44.

Frömmigkeitspraxis. Aber sie rufen doch Christen und Muslime auf, in dieser zerrissenen Welt Menschen auf Gott hinzuweisen."[57] Zutreffend ist auch die Feststellung: „So wertvoll die Entdeckung von Gemeinsamkeiten im christlichen und muslimischen Glauben ist, so deutlich werden bei genauerer Betrachtung die Differenzen. Die Feststellung des ‚Glaubens an den einen Gott' trägt nicht sehr weit."[58]

Allgemein ist zu sagen: Mag ein Christ um seines Glaubens willen mit der Gegenwart des biblisch bezeugten Gottes auch in anderen Religionen rechnen, so ist doch die Konfrontation mit ihm fremden Glaubensweisen nicht als göttlicher Aufruf zur Relativierung der eigenen Glaubensbindung zu verstehen, sondern als Ansporn, sich des eigenen Glaubens zu vergewissern und diesen umso bewusster zu leben.

Die Verborgenheit Gottes angesichts der religionsgeschichtlichen Fülle von divergierenden Offenbarungszeugnissen und Gottesvorstellungen lässt sich nicht theoretisch-abstrakt aufheben durch eine generalisierende Philosophie oder Theologie der Religionen. Sie wird vielmehr als Anfechtung der eigenen Glaubensgewissheit, das heißt als notwendiges Moment des christlichen Glaubens erfahren. Der angefochtene Glaube ist aber von der Zuversicht getragen, dass Gottes universaler Heilswille, wie er für die Christen in Jesus von Nazareth offenbar geworden ist, sich letztlich nicht widersprechen kann und durch Gottes Verborgenheit in der widersprüchlichen Vielfalt der Religionen nicht dementiert werden kann.

---

[57] Klarheit und gute Nachbarschaft. Christen und Muslime in Deutschland. Eine Handreichung des Rates der EKD (EKD-Texte 86), Hannover 2006, 19.
[58] Ebd., 18.

Das Heil der Konfessionslosen

Eberhard Tiefensee

Einleitung

Mit dem Thema „Das Heil der Anderen" kehrt dieser Arbeitskreis[1] zu seinem eigentlichen Anliegen zurück. Zur Begründung – dieser angesichts seiner intensiven Arbeit gewagten und vielleicht sogar etwas überheblich erscheinenden Behauptung – sei auf Kardinal Walter Kasper verwiesen, der in einem Papier zum Thema „Ökumenische Bewegung und Evangelisierung (im Kontext der menschlichen Mobilität)" vom Dezember 2006 und ein Jahr darauf in einem Vortrag in der Katholischen Akademie in München diese Akzentsetzung hervorgehoben hat: „Weltmission und Ökumene gehörten [...] von Anfang an wie zwei siamesische

---

[1] Der Vortrag wurde 2008 gehalten und ist aus dokumentarischen Gründen nur leicht verändert worden, obwohl Teile davon in meinen späteren Veröffentlichungen aktualisiert zu finden sind.

Zwillinge zusammen"[2]. Das erstgenannte Papier verdeutlicht es: „Als Geburtsstunde der ökumenischen Bewegung gilt die Weltmissionskonferenz von Edinburgh im Jahr 1910. Die dort anwesenden Vertreter der evangelischen Missionsbewegung stellten fest, die Spaltung der Christenheit sei eines der stärksten Hindernisse für die Weltmission. Berühmt sind die Worte: ‚Ihr habt uns Missionare geschickt, die uns mit Jesus Christus bekannt gemacht haben, und dafür danken wir euch. Doch ihr habt uns auch eure Unterscheidungen und Spaltungen gebracht.‘[3] Edinburgh brachte die Dinge in Bewegung. Im Weltrat der Kirchen, der sich 1948 in Amsterdam konstituierte, arbeiteten beide, Missionsbewegung und Ökumenische Bewegung eng zusammen bis sie sich 1961 in Neu Delhi auch institutionell zusammenschlossen. So gehörten Mission und Einheit im Ökumenischen Rat der Kirchen von Anfang an unlösbar zusammen."[4]

Auf die weitere Geschichte im Zusammenhang mit dem 2. Vatikanischen Konzil, die dann referiert wird, gehe ich hier nicht ein, da sie andernorts eigens thematisiert werden wird[5]. Fast zu übersehen ist, dass im selben Papier auch unser Thema kurz gestreift wird: „Das gemeinsame Zeugnis vom einen und dreieinigen Gott und von Jesus Christus als Herrn und Gott ist in einer weithin säkularisierten Welt, welche von praktischem Atheismus und religiösem Indifferentismus gekennzeichnet ist, nicht wenig. [...] In dieser Situation würden wir vor Gott und der Geschichte schuldig, wenn wir wegen zweitrangigen Fragen [sic!] dieses gemeinsame Zeugnis nicht geben würden."[6]

Selbstverständlich zitiert der Autor auch die alles leitende Aufforderung im hohepriesterlichen Gebet Jesu: „‚Alle sollen eins sein ..., damit die Welt glaubt‘ (Joh 17,21)."[7] Der Nebensatz[8] geht im ökumenischen Alltag des Ringens um eine versöhnte Verschiedenheit zuweilen unter: Das Einheitsgebot wird aber vom Sendungsauftrag regiert, die siamesischen Zwillinge sind von daher nicht gleichrangig.

Diese allgemeinen, auf die Mission in allen Kulturen gemünzten Akzentsetzungen lassen sich durch weitere, unser Thema direkter betref-

---

[2] W. Kasper, Ökumene vor neuen Herausforderungen, in: zur debatte 37 (2007) H. 6, 1–4, 1.

[3] „Zit. bei M.-L. Le Guillou, Sendung und Einheit der Kirche, Mainz 1964, 70f. Zur Entwicklung des Zusammenhangs zwischen Ökumenischer Bewegung und Missionsbewegung neben Le Guillou R. Rouse – S.Ch. Neill, Geschichte der Ökumenischen Bewegung, 2. Teil, Göttingen 1958; H. Döring, in: Handbuch der Ökumenik, Bd. 2, Paderborn 1986." (Quellenangabe im Original.)

[4] W. Kasper, Ökumenische Bewegung und Evangelisierung (im Kontext der menschlichen Mobilität), URL: http://www.vatican.va/roman_curia/pontifical_councils/migrants/pom2006_102/rc_pc_migrants_pom102_okumenische-kasper.html (Stand: 21.09.11).

[5] Vgl. den Beitrag von K. Lehmann in diesem Band.

[6] W. Kasper, Ökumenische Bewegung (Anm. 4).

[7] Ebd.

[8] Den das Johannesevangelium noch einmal wiederholt, vgl. 17,23.

fende Äußerungen flankieren. Dass sie vorwiegend aus dem evangelischen Raum kommen, mag daran liegen, dass die Frage nach dem Heil der religiös Indifferenten in den Diskursen der katholischen Kirche und Theologie sowohl in Deutschland wie in der Welt bisher kaum eine Rolle spielt – zu diesem Punkt später mehr. In einem jüngst erschienenen Sammelband „Die so genannten Konfessionslosen und die Mission der Kirche", stellt Thies Gundlach fest: „Das Impulspapier des Rates der EKD ‚Kirche der Freiheit' hat nicht ganz zu Unrecht den Vorwurf hinnehmen müssen, die für eine evangelische Kirche unerlässliche ökumenische Dimension zu vernachlässigen. Auch wenn nicht immer ganz klar ist, was mit dieser Mahnung inhaltlich genau gemeint ist und welche ökumenische Dimensionen für eine Kirchenreform der evangelischen Kirche in Deutschland hilfreich sein könnten, so sind die Fragen rund um die Glauben weckende Ansprache an konfessionslose Menschen einer der sinnigsten und wertvollsten ökumenischen Lernbereiche. Es gibt schon wertvolle Erfahrungen, die sich vor allem aus der anglikanischen Kirche einspeisen und im Institut für Evangelisation und Gemeindeentwicklung[9] zum Teil sehr gewissenhaft aufgenommen werden. Aber eine Verbreiterung der Sichtweite ist außerordentlich wünschenswert, gerade wenn sie sich mit einer klaren Analyse der jeweiligen Bedingungen und Voraussetzungen von gelingender Mission verbindet."[10]

Axel Noack, damals Bischof von Magdeburg, wird im gleichen Sammelband deutlicher: „Mission ist nicht mehr ohne Ökumene zu denken [...] [M]an muss sich immer klar machen, die konfessionelle Unterschiedenheit im Protestantismus oder auch im Verhältnis zur katholischen Kirche ist für die, die drin stecken, also für die Insider, wunderbar, farbenprächtig und bunt. Man kann sich entscheiden, man hat verschiedene Möglichkeiten. Für die, die das von außen sehen, ist das nicht bunt, sondern verwirrend. Ökumene und Mission zusammenzudenken, meint: Wenn ich nicht sagen kann, es ist mir hundertmal lieber, dass ein Kind im Religionsunterricht katholisch wird, als dass es ‚Heide' bleibt, dann soll ich nicht mehr von Ökumene reden. Natürlich gilt die Umkehrung auch! Allerdings, wo ist die Grenze? Gilt das auch für die Zeugen Jehovas? Gibt es nicht auch Gruppen, wo man lieber sagen sollte, dann bleib mal lieber ein freier ‚Heide'? Solche Fragen müssen unter uns thematisiert werden."[11]

---

[9] Gemeint ist eine Einrichtung an der Universität Greifswald.
[10] Th. Gundlach, Perspektiven einer zentralen Zukunftsaufgabe, in: U. Laepple/V. Roschke (Hg.), Die so genannten Konfessionslosen und die Mission der Kirche (FS H. Bärend), Neukirchen-Vluyn 2007, 92–100, 95f.
[11] A. Noack, Wo ist aus Sicht der Kirche „außen"?, in: U. Laepple/V. Roschke (Hg.), Die so genannten Konfessionslosen (Anm. 10), 127–139, 137f.

Aus diesen wenigen Äußerungen ergeben sich zwei Konsequenzen: Zunächst die allgemeine Erkenntnis, dass das „Heil der Anderen" zweifellos das Thema schlechthin für die ökumenische Bewegung sein muss, da es deren Initiativen sowohl nach außen wie nach innen motiviert und koordiniert. Die Überlegungen zu Taufe, Abendmahl, Rechtfertigung und Amt etc. werden – mit den Worten Walter Kaspers – „zweitrangig", weil sie eine Dienstfunktion am das Einheitsgebot übergreifenden Sendungsauftrag Jesu haben. Der aufeinander gerichtete Blick der ökumenischen Partner wird so umgebrochen in den gemeinsamen Blick nach außen. Es ist sogar zu hoffen, dass der Dialog über die nun zweitrangigen, aber trotzdem wichtigen Themen von diesem Sendungsauftrag her Impulse erhält, sobald er zu stocken droht. Eine zweite Konsequenz betrifft speziell die Auseinandersetzung mit der religiösen Indifferenz. Sie muss nämlich noch einmal in eigener Weise unter ökumenischem Blickwinkel betrachtet werden, da – wie ich im zweiten Teil verdeutlichen werde – das Phänomen als solches mit den konfessionellen Differenzen kausal verbunden und diesbezüglich nicht ohne ökumenischen Sprengstoff ist, was man im Missionsfeld bei anderen Nichtchristen nur selten so behaupten kann. Andererseits scheint sich mir wieder nur unter speziell ökumenischen Blickwinkel eine Handlungsperspektive zu eröffnen, die ich als „Ökumene der dritten Art" bezeichne. Dazu mehr im letzten Teil.

Ich gehe im Folgenden in den üblichen drei Schritten „Sehen – Urteilen – Handeln" vor, wobei die Grenzen naturgemäß fließend sind: Sehen erfordert ein Kategoriensystem, das schon Urteile impliziert, und das Urteilen steht schon immer im Zusammenhang praktischer Überlegungen zum Sendungsauftrag. Trotzdem macht die Differenzierung Sinn: Um sich einer Herausforderung zu stellen, muss sie überhaupt erst einmal wahrgenommen werden (1), die Situation dann angemessen auf den Begriff zu bringen, erfordert eine weitere Anstrengung (2), die aber notwendig für strategische Überlegungen ist (3).

1. Sehen: Eine kurze Geschichte der Wahrnehmung bzw.
Nicht-Wahrnehmung des Phänomens der religiösen Indifferenz

Wie erfasst man ein Phänomen, das eigentlich ein Nicht-Phänomen ist? Alle Denotationen sind negativ: Konfessionslosigkeit, praktischer Atheismus, Areligiosität, religiöse Indifferenz etc. Eine Geschichte der Wahrnehmung – bzw. genauer: der Nichtwahrnehmung – existiert noch nicht, weshalb hier nur eine Skizze versucht werden kann. Während der Atheismus als quasi-dogmatische Position der Gottesleugnung schon seit Anselms Zeiten im Visier der philosophisch-theologischen Auseinandersetzung war, ist unser Thema erst nach dem Fall des Eisernen Vorhangs richtig in den Blick gekommen. Freilich finden sich schon zuvor Hinweise auf einen Gewohnheitsatheismus – so z.b. in Bonhoeffers berühmten Brief vom 30. April 1944 aus dem Gefängnis über ein „religionsloses Christentum"[12], welcher Ausgangspunkt des Gott-ist-tot-Diskurses und verschiedener theologischer Interpretationen der Säkularisierung war. Auch diese können schon auf eine lange Geschichte zurückblicken. Eher spekulativ erzeugte Einteilungen finden sich in der Religionsphilosophie und Theologie schon länger, wenn z.b. Walter Brugger in seiner „Summe einer philosophischen Gotteslehre" von einem negativen Atheismus im Unterschied zum positiven, dogmatischen Atheismus und dessen weiteren Formen spricht und offenbar mit „negativ" einen Mangel an jeglicher, auch indifferent bleibender Stellungnahme gekennzeichnet werden soll[13]. Diese Beispiele ließen sich vermehren[14].

Trotzdem markiert der Beginn der 1990er Jahre einen Einschnitt: Mit dem Untergang des staatlich verordneten Sozialismus verzog sich plötzlich der Pulverdampf der ideologischen Scharmützel mit dem Marxismus-Leninismus, und hervor trat der ostdeutsche Normalbürger als das für die Religionswissenschaften und die Theologie gleichermaßen unbekannte Wesen. Als erste machte die evangelische Kirche Ostdeutschlands die schmerzliche Erfahrung, dass eine Wiederkunft der ursprünglichen Volkskirche nach dem Ende der staatlichen Repressionen eine Illusion bleiben wird. Viele Kinder im nun schulischen Religionsunterricht zeigten sich als für religiöse Themen so gut wie unansprechbar, noch mehr galt das für deren Eltern und das sonstige soziale Umfeld. Dass nach dem anfänglichen Schock die wissenschaftliche Neugier geweckt wurde[15], ist vor allem Verdienst der Studien- und Begegnungsstätte Berlin, die 1991 von der EKD gegründet wurde und sich als Arbeitsschwerpunkt „die Wahrnehmung und Analyse der ostdeutschen Konfessionslosigkeit in ihrer besonderen

---

[12] Vgl. D. Bonhoeffer, Widerstand und Ergebung. Briefe und Aufzeichnungen aus der Haft, hg. von E. Bethge, (Gütersloher Taschenbücher Siebenstern 1), Gütersloh [11]1980, 303–308, und dazu U.H.J. Körtner, Wiederkehr der Religion? Das Christentum zwischen neuer Spiritualität und Gottvergessenheit, Gütersloh 2006, 31, der ebd. 54 auch auf Heideggers Rede vom „Fehl Gottes" verweist.
[13] Vgl. W. Brugger, Summe einer philosophischen Gotteslehre, München 1979, 242ff.
[14] Vgl. H. Waldenfels, Kontextuelle Fundamentaltheologie, Paderborn 1985, 118–129, der mit ähnlicher Intention wie Brugger zwischen (passivem) „Gottesfehl" – „[...] indem nicht mehr von ihm [Gott] gesprochen, er somit verschwiegen wird, so daß er praktisch im Leben der Menschen ‚fehlt' nicht mehr ‚vorkommt'" (118f.) – und (aktiver) „Gottesleugnung" – „[...] indem der Versuch gemacht wird, Gottes Existenz mit rationalen Argumenten auszuschließen, so daß er geleugnet wird" (119) – unterscheidet. Vgl. auch W. Müller-Lauter, Art. „Atheismus II. Systematische Darstellung", in: TRE 4 (1993) 378–436, 378f.
[15] Vgl. H. Kiesow, Jugendliche zwischen Atheismus und religiöser Kompetenz. Eine empirische Untersuchung zum Religionsunterricht in Thüringen, Saarbrücken 2007 (erstveröffentlicht als Internetfassung 2003).

Prägung durch die Geschichte der DDR und die Bestimmung der Aufgaben der Kirchen in den neuen Bundesländern heute" setzte[16]. Eine Studie aus dieser Institution, allerdings noch stark gezeichnet von den vergangenen ideologischen Grabenkämpfen, lag 1996 in Ehrhart Neuberts kleinem Heft mit dem bezeichnenden Titel „gründlich ausgetrieben" vor[17]. Er war es auch, der für die dramatische Entwicklung nach 1945 in der ehemaligen DDR den nicht übertriebenen Ausdruck „Supergau von Kirche" prägte[18], hatte sich doch der Anteil der Konfessionslosen im kurzen Zeitraum von 1946 bis 1989 mehr als verzehnfacht. 1992 richtete dann die EKD in ihrer dritten repräsentativen Kirchenmitgliedschaftsuntersuchung „erstmals besonderes Augenmerk auf die Konfessionslosen [...] In West- und Ostdeutschland wurden ihre Lebensorientierungen, ihre Einstellungen und Verhaltensdispositionen zu Kirche und Glauben in einem teilweise gesonderten Fragebogenkomplex erhoben."[19]

Inzwischen gibt es eine fast unüberschaubare Menge von Veröffentlichungen zum Thema „Konfessionslosigkeit" (so der im evangelischen Raum vorherrschende Terminus) oder „religiöse Indifferenz" (so der bevorzugte Begriff in der Religionswissenschaft). Einschlägig sind im religionssoziologischen Bereich die zahlreichen Publikationen Detlef Pollacks und Gert Pickels, die sich bemühten, das Phänomen auch in einen gesamteuropäischen Kontext mit besonderem Blick auf Osteuropa zu stellen[20]. Im religionspädagogischen Bereich liegt ein Sammelband unter der Leitung des Religionspädagogen Michael Domsgen vor[21], um auch hier wieder nur ein Beispiel zu nennen.

---

[16] Ch. Demke, Zum Geleit, in: L. Motikat/E. Zeddies (Hg.), Konfession: keine. Gesellschaft und Kirchen vor der Herausforderung durch Konfessionslosigkeit – nicht nur in Ostdeutschland. Ausgewählte Beiträge der Studien- und Begegnungsstätte Berlin, Frankfurt 1997, 15–16, 15f. Die Einrichtung wurde 1996 wieder geschlossen.
[17] Nachdruck: E. Neubert, „gründlich ausgetrieben". Eine Studie zum Profil und zur psychosozialen, kulturellen und religiösen Situation von Konfessionslosigkeit in Ostdeutschland und den Voraussetzungen kirchlicher Arbeit (Mission), in: L. Motikat/E. Zeddies (Hg.), Konfession: keine (Anm. 16), 49–160.
[18] Vgl. Deutscher Bundestag (Hg.), Materialien der Enquete-Kommission „Aufarbeitung von Geschichte und Folgen der SED-Diktatur in Deutschland" (12. Wahlperiode des Deutschen Bundestages), Bd. 4, Frankfurt 1995, 130.
[19] R. Schloz, Distanzierte Kirchenmitglieder und Konfessionslose in Ost und West, in: J. Horstmann (Hg.), Katholisch, evangelisch oder nichts? Konfessionslose in Deutschland (Katholische Akademie Schwerte. Akademie-Vorträge 46), Schwerte 2000, 21–46, 21.
[20] Vgl. O. Müller/G. Pickel, Wie religiös ist Europa? Kirchlichkeit, Religiosität und Spiritualität in West- und Osteuropa, in: M. Rieger/Bertelsmann-Stiftung (Hg.), Religionsmonitor 2008, Gütersloh 2007, 167–178, sowie G. Pickel/K. Sammet (Hg.), Religion und Religiosität im vereinigten Deutschland. Zwanzig Jahre nach dem Umbruch, Wiesbaden 2011.
[21] M. Domsgen (Hg.), Konfessionslos – eine religionspädagogische Herausforderung. Studien am Beispiel Ostdeutschlands, Leipzig 2005.

Mit der neu gewonnenen Möglichkeit religionssoziologischer Untersuchungen hinter dem ehemaligen Eisernen Vorhang erwachte auch die Aufmerksamkeit der internationalen Religionswissenschaften. Dabei ist die Perspektive zweigeteilt. Einerseits richtet sich das Interesse auf die spezielle konfessionelle Entwicklung in Ostdeutschland, wobei derzeit noch der Eindruck von Exotik vorherrscht, welche die wissenschaftliche Neugier und auch missionarische Initiativen von außerhalb anzieht, andererseits fokussiert es sich aber schnell auch auf den jeweils eigenen kulturellen Kontext, wo sich ähnliche Tendenzen zeigen[22].

Von katholischer Seite wurde auf das Thema verhältnismäßig spät reagiert, was u.a. an der Diasporasituation in den neuen Bundesländern und dem daraus resultierenden Mangel an religionswissenschaftlichem Forschungspotential liegen mag, sieht man einmal von dem Wiener Pastoraltheologen Paul Michael Zulehner ab, der ebenfalls schon in den 1990er Jahren verschiedene ost-mitteleuropäische Studien angeregt hat[23]. 2004 veröffentlichte der Päpstliche Rat für die Kultur unter der maßgeblichen Autorschaft von Kardinal Paul Poupard ein auf einer weltweiten Umfrage basierendes Dokument mit dem Titel „Où est-il ton Dieu ? La foi chrétienne au défi de l'indifférence religieuse", das in Deutschland so gut wie unbekannt geblieben ist[24]: „Das spirituelle Drama, das das 2. Vatikanische Konzil als eines der schwerwiegendsten Probleme unserer Zeit ansieht (GS 19), besteht in einer stillschweigenden Abkehr ganzer Bevölkerungsgruppen von der religiösen Praxis und dem Verlust jedes Glaubensbezugs. Die Kirche ist heute stärker mit der Indifferenz und dem praktischen Unglauben konfrontiert als mit Atheismus, der sich weltweit auf dem Rückzug befindet. [...] Ohne Zweifel ist es heute eine der wichtigsten Aufgaben der Kirche, die Ursachen und Folgen dieser Phänomene

---

[22] Vgl. P. Froese/S. Pfaff, Explaining a religious anomaly. A historical analysis of secularization in Eastern Germany, in: Journal for the scientific study of religion 44 (2005) 397–422, und die Magisterarbeit von S. Keller, Church-Planting in an a-religious, post-socialist context. A practical theological study with the focus on the Marzahn-Hellersdorf district of East Berlin, Germany, URL: http://uir.unisa.ac.za/bitstream/handle/10500/1270/dissertation.pdf;jsessionid=02645976B653EE432CB9C2AFBC7F628C?sequence=1 (2007) (Stand: 21.9.11).

[23] Federführend war jeweils das „Pastorale Forum Wien e.V.": P.M. Zulehner/H. Denz, Wie Europa lebt und glaubt. Europäische Wertestudie, Düsseldorf ²1994; M. Tomka/P.M. Zulehner/Pastorales Forum (Hg.), Religion im gesellschaftlichen Kontext Ost(Mittel)-Europas. Eine Studie des Pastoralen Forums Wien (Gott nach dem Kommunismus), Ostfildern 2000 – weitere Studien dieser Reihe folgten unter dem Titel „Religion und Kirchen in Ost(Mittel)Europa".

[24] Inzwischen liegt eine deutsche Übersetzung vor: Päpstlicher Rat für die Kultur, Wo ist dein Gott? Der christliche Glaube vor der Herausforderung religiöser Indifferenz, in: B. Kranemann/J. Pilvousek/M. Wijlens (Hg.), Mission – Konzepte und Praxis der katholischen Kirche in Geschichte und Gegenwart (Erfurter Theologische Schriften 38), Würzburg 2009, 187–228 (mit einem Vorwort von E. Tiefensee).

verstehen zu lernen und mit Gottes Hilfe Wege zu finden, die hier Abhilfe schaffen."[25]

Die religiöse Indifferenz stellt damit eine sowohl interdisziplinäre, als auch interkonfessionelle und globale Herausforderung dar. Global, weil sie Westeuropa insgesamt und vor allem weltweit zumindest die sogenannten Mega-Citys betrifft, wie die hinter Poupards Ausführungen stehende vatikanische Umfrage verdeutlicht. Interkonfessionell, weil nicht nur die evangelische Kirche als die kulturprägende Größe in den neuen Bundesländern, sondern auch die anderen Kirchen zunehmend mit dem Phänomen konfrontiert sind. Interdisziplinär, weil nur im Zusammenspiel der verschiedenen Religionswissenschaften inkl. der Religionsphilosophie und der Theologie – von der systematischen bis zur praktischen – ein angemessener Forschungszugang zu ihm möglich ist. Insgesamt gesehen befinden wir uns hier aber immer noch am Anfang eines langen Weges.

1.1 Der „homo areligiosus" unterhalb des wissenschaftlichen „Radarschirms"

Das bisher Gesagte darf nämlich nicht darüber hinwegtäuschen, dass der „homo areligiosus" nach wie vor weitgehend unterhalb des wissenschaftlichen „Radarschirms" bleibt. Ein signifikantes Beispiel stellt das Projekt „Religion plural" der Ruhr-Universität Bochum dar, das sich u.a. eine komplette Auflistung religiöser Optionen und Gemeinschaften im Forschungsgebiet Nordrhein-Westfalen vorgenommen hat. Nur fehlen in einer im Internet veröffentlichten Statistik ca. 25% der Bevölkerung. Der Projekt-Koordinator Volkhard Krech bezeichnet die Konfessionslosen expressis verbis als „Restkategorie"[26]. Wie ist dieser blinde Fleck erklärlich? Im ostdeutschen Kontext wäre eine Antwort darauf relativ leicht zu finden: Bis 1989 war das gesamte sozialistische Lager religionssoziologisch weitgehend terra incognita. Zuvor stand die Auseinandersetzung mit der marxistisch-leninistischen Staatsdoktrin im Zentrum der Theologie. Dass jedoch der größte Teil der Bevölkerung der ehemaligen DDR weder Marxisten noch Atheisten waren und sind, wurde zwar geahnt, aber erst seit kurzem wissen wir es: Etwa ein Viertel der Bevölkerung Ostdeutschlands deklarieren sich als Atheisten[27], ein Drittel gehören konfessionell zu einer der beiden christlichen Kirchen. Was ist mit dem „Rest"?

---

[25] Ebd., 190f.

[26] V. Krech, Kleine Religionsgemeinschaften in Deutschland – Eine religionssoziologische Bestandsaufnahme, in: H. Lehmann (Hg.), Religiöser Pluralismus im vereinten Europa. Freikirchen und Sekten (Bausteine zu einer europäischen Religionsgeschichte im Zeitalter der Säkularisierung 6), Göttingen 2005, 116–144, 123 u. 124.

[27] Vgl. P. Froese/S. Pfaff, Explaining a religious anomaly (Anm. 22), 398, mit Bezug auf den „World Values Survey 1995–1997".

Folgende Klassifizierung ist hilfreich, die zunächst eher spekulativ ist, aber durch bestimmte religionssoziologische Hinweise gestützt wird. Den Theisten als denjenigen, die Gottgläubige sind – eine sicher als solche sehr plurale Gruppe – stehen die Atheisten als Gottesleugner gegenüber. Als dritte Position können die Agnostiker gelten, die sich in der Gottesfrage enthalten, man könnte sie auch als in religiösen Fragen Unsichere bezeichnen. Zum Agnostizismus moderner Prägung gehört der in den Niederlanden vorherrschende sogenannte „Ietsisme": „Etwas [iets] ist besser als nichts [niets]". Diese Hoffnung auf ein „Mehr" jenseits der naturwissenschaftlichen Lebensvisionen dürfte eine Reaktion auf die Unerfreulichkeiten, welche durch Rationalität und säkularisierte Utopien provoziert wurden, darstellen und gegen den Nihilismus der postsäkularisierten Gesellschaft gerichtet sein[28]. Ob es sich hier um den letzten Schritt aus jeder Art von Religion heraus oder den ersten wieder hinein handelt, wird im allgemeinen schwer zu prognostizieren sein. Ähnliches ist vielleicht von den modernen Paganismen wie z.B. den Esoterikern zu sagen, die zwischen den drei genannten Gruppen changieren.

Daneben gibt es aber noch eine vierte Gruppe, die der religiös Indifferenten, die in der Gottesfrage weder wie Atheisten mit Nein noch wie Agnostiker mit Enthaltung votieren, sondern die Frage als solche nicht verstehen bzw. schlicht für irrelevant halten. Diese Gruppe scheint weniger Neigung zur agnostischen Unsicherheit in religiösen Fragen zu zeigen; sie dürfte sogar eine besonders starke Form des Atheismus darstellen, ist doch dieser wenigstens ex negativo mit der Gottesfrage befasst und so gesehen als irgendwie noch religiös einzustufen[29]. Jene aber haben, nach einer Formulierung Karl Rahners, vergessen, dass sie Gott vergessen haben[30].

In religionssoziologischen Untersuchungen taucht sie immer wieder unter verschiedenen Namen auf, z.B. in einer Berliner Untersuchung als

---

[28] Vgl. L. Boeve, La théologie comme conscience critique en europe. Le défi de l'apophatisme culturel, in: Bulletin ET. Zeitschrift für Theologie in Europa 16 (2005) 37–60, 43.

[29] Vgl. M. Wohlrab-Sahr, Konfessionslos gleich religionslos? – Überlegungen zur Lage in Ostdeutschland, in: G. Doyé/H. Keßler (Hg.), Konfessionslos und religiös. Gemeindepädagogische Perspektiven (FS Eckart Schwerin), Leipzig 2002, 11–27, 20 (mit einem Verweis auf ein unveröffentlichtes Manuskript von U. Oevermann; siehe aber auch U. Oevermann, Strukturelle Religiosität und ihre Ausprägungen unter Bedingungen der vollständigen Säkularisierung des Bewusstseins, in: C. Gärtner/D. Pollack/M. Wohlrab-Sahr (Hg.), Atheismus und religiöse Indifferenz (Veröffentlichungen der Sektion „Religionssoziologie" der Deutschen Gesellschaft für Soziologie 10), Opladen 2003, 339–387, 374ff.; 386f. – Das wäre ganz im Sinne der Einschätzung von Karl Marx, mit Ludwig Feuerbach sei die Religionskritik erledigt, Atheismus ist so gesehen rückschrittlich, weil noch Auseinandersetzung mit der Gottesfrage.

[30] Vgl. K. Rahner, Meditation über das Wort „Gott", in: H.J. Schultz (Hg.), Wer ist das eigentlich – Gott?, München 1969, 13–21, 18.

Unentschiedene[31], in einer Studie Zulehners als Anomie[32], er kennt auch Unreligiöse im Bereich der Kirchlichen, womit aber wohl eher Atheisten gemeint sein dürften[33].

Die fragliche Gruppe als „Konfessionslose" zu kennzeichnen ist zu unspezifisch, da diese Kategorie auch Atheisten und Agnostiker umfasst. Im weitgefächerten Diskurs kommt auch zuweilen die Bezeichnung „neue Heiden" vor – neu, weil sie nachchristlich und im Unterschied zu den „alten Heiden" ohne jede Art von Religion sind, allerdings kollidiert diese Benennung wieder mit den sogenannten Neopaganismen (Kelten-kulte etc.). Die Religionswissenschaft bevorzugt, wie schon gesagt, den Begriff der religiösen Indifferenz, den auch das zitierte Vatikanpapier übernimmt, indem es mehrfach vom „homo indifferens" spricht[34]. Auch wenn dieser Terminus weniger diffamierend daherkommt als die ande-ren, ist er nicht unproblematisch, handelt es sich hier doch eigentlich um einen religionspolitischen Begriff, der zunächst bezogen auf die Neutrali-tät des Staates auf andere kulturelle Bereiche wie die Naturwissenschaf-ten und deren methodischen Atheismus ausgeweitet wurde. Das hier an-gesprochene Phänomen betrifft aber nicht bestimmte gesellschaftliche Sektoren, in denen selbst religiöse Menschen handeln „etsi deus non da-retur", sondern Menschen in ihrem umfassenden Selbstverständnis. Sie selbst kennzeichnen sich selbst – so meine Erfahrung – lieber als „religi-ons-" oder „konfessionsfrei".

Die in diesem Feld bisher federführende Religionssoziologie sieht selbstkritisch Probleme bei der Erfassung der inneren Einstellung von Menschen in Sachen der Religion. Es ist schwer, so etwas wie Religiosität oder Nicht-Religiosität zu messen[35], geht es doch hier eher um ein religi-

---

[31] „Menschen, die sich nicht auf eine Form von transzendentem Gegenüber festlegen, aber eine Transzendenzbeziehung für sich auch nicht ausschließen wollen" (K.-P. Jörns, Was die Menschen wirklich glauben. Ergebnisse einer Umfrage, in: Th. Brose (Hg.), Gewagter Glaube. Gott zur Sprache bringen in säkularer Gesellschaft, Berlin 1998, 119–132, 123).

[32] „Bei dieser ,Weltanschauung' wird das Leben für sinnlos gehalten." (Ebd., 79) – Die vorgelegte Behauptung lautete allerdings exakter: „Meiner Meinung nach dient das Leben zu gar nichts." (Ebd., 81)

[33] „[…] sie glauben weder an einen persönlichen Gott noch an ein höheres Wesen" (ebd., 131). Wenn D. Pollack/G. Pickel, Individualisierung und religiöser Wandel in der Bundes-republik Deutschland: Zeitschrift für Soziologie 28 (1999) 465–483, eine klar profilierte Gruppe der Areligiösen von Durchschnittschristen, Sozialkirchlichen, außerkirchlich Re-ligiösen, engagierten Christen und Synkretisten abheben, dann allerdings wieder mit ei-nem konfessionellen Unterton, dessen aktivistische Komponente nur bedingt zutreffen dürfte: „In dieser Gruppe werden alle Formen von Religiosität abgelehnt, sowohl traditio-nale Kirchlichkeit als auch individuelle christliche und außerkirchliche Religiosität" (ebd., 466). Man wird den Verdacht nicht los, dass die fragliche vierte Gruppe der religiös Indifferenten doch nicht angemessen in den Blick kommt oder einfach in der Gruppe der Atheisten verschwindet.

[34] Päpstlicher Rat für die Kultur, Wo ist dein Gott? (Anm. 24), 190 passim.

[35] Vgl. M. Wohlrab-Sahr, Konfessionslos (Anm. 29), 12ff.

onspsychologisches Phänomen – nämlich den Ausfall jeder religiösen Erfahrung –, was zuweilen nur in mühsamen qualitativen Interviews und immer stark abhängig vom jeweiligen Religionsbegriff und soziologischen Instrumentarium eruiert werden kann. Des Weiteren ist die religionssoziologische Frage nach der religiösen Indifferenz durch die Diskussion über die sogenannte Säkularisierungsthese verdeckt, in der einerseits der vielschichtige Begriff der Säkularisierung als solcher und andererseits die Hypothese, Säkularisierung sei eine zwangsläufige Erscheinung von Modernisierungsprozessen in Frage steht[36]. Westeuropa erscheint nun nicht mehr als Normal-, sondern eher als Sonderfall oder, wie es P.L. Berger treffend sagte, als ein „Katastrophengebiet für die Kirchen"[37], in dem Ostdeutschland und Tschechien dann offenbar das Epizentrum darstellen.

In all diesen Fällen handelt es sich aber um eine gesellschaftliche Perspektive, weniger um eine anthropologische. Hier scheint ein Paradigmenwechsel notwendig zu sein, denn es gilt: „Wenn sie auch der Kirche massenhaft verloren gegangen sind, so werden sie doch nur je einzeln zurückzugewinnen sein."[38] Damit kann unser Versuch eines historischen Rückblicks auf die Wahrnehmungsgeschichte noch einmal zugespitzt werden: Eine systematische Beschäftigung mit dem Phänomen religiöse Indifferenz oder Areligiosität *in nun anthropologischer Perspektive* steht immer noch am Anfang. Damit sind wir aber beim eigentlichen Grund des religionswissenschaftlichen Wahrnehmungsdefizits. Es ist die sententia communis, der Mensch sei „unheilbar religiös"[39], so dass es einen „homo areligiosus sive indifferens" eigentlich gar nicht geben dürfte. Religion könne deshalb nur neue Formen annehmen und werde so für eine auf das Konfessionelle fixierte Wahrnehmung „unsichtbar"[40]. In den neuen Bundesländern drängt sich jedoch das angebliche Unsichtbarwerden der Religion in einer Weise auf, dass es das wissenschaftliche Geschäft fast aller in den genannten Bereichen Lehrenden und Forschenden zu-

---

[36] Vgl. J. Casanova, Public relations in the modern world, Chicago – London 1994, 211ff., 217: Säkularisierung kann verstanden werden als strukturelle Differenzierung, als Niedergang religiösen Glaubens und religiöser Praktiken, als Zurückdrängen der Religion in die Privatsphäre, wobei im letzteren Fall zwischen staatlicher, politischer und zivilgesellschaftlicher Öffentlichkeit zu unterscheiden ist; vgl. auch zuletzt H. Joas/K. Wiegandt (Hg.), Säkularisierung und die Weltreligionen, Frankfurt 2007.
[37] Vgl. P.L. Berger, An die Stelle von Gewißheiten sind Meinungen getreten. Der Taumel der Befreiung und das wachsende Unbehagen darüber, in: FAZ Nr. 105 vom 7.5.1998, 14.
[38] W. Krötke, Die christliche Kirche und der Atheismus. Überlegungen zu einer Konfrontation der Kirchen in den neuen Bundesländern mit einer Massenerscheinung, in: M. Beintker/E. Jüngel/W. Krötke (Hg.), Wege zum Einverständnis (FS Ch. Demke), Leipzig 1997, 159–171, 167.
[39] A. Sabatier, Religionsphilosophie auf psychologischer und geschichtlicher Grundlage, Freiburg 1898, 3. Das Zitat stammt nicht, wie oft angegeben, von N. Berdjajew.
[40] Vgl. Th. Luckmann, Die unsichtbare Religion. Mit einem Vorwort von H. Knoblauch, Frankfurt 1991.

mindest hintergründig beeinflusst – die Akzentuierungen sind freilich je nach Fachkultur und institutioneller Umgebung verschieden[41]. Ohne daraus eine zu starke Regel machen zu wollen: Die Skeptiker hinsichtlich eines Unsichtbarwerdens oder sogar einer „Wiederkehr der Religion" finden sich besonders unter den in der ehemaligen DDR Geborenen bzw. bei den sich seit der Wiedervereinigung in dieser Region schwerpunktmäßig Verortenden. Außerhalb dieser Region scheint das Phänomen der religiösen Indifferenz oder Areligiosität weiterhin fast völlig unterhalb der Wahrnehmungsschwelle einer konfessionell geprägten Kultur zu liegen, selbst wenn diese inzwischen eigentlich stark säkularisiert ist. Das verdeutlichte Monika Wohlrab-Sahr durch folgende Episode: „Als er [ein Student] sich in Zürich polizeilich melden wollte, rief er offenbar großes Erstaunen hervor, als er auf die Frage nach der Konfession mit ‚nein' antwortete. Das wiederum erstaunte ihn."[42] Eine solche Konstellation gegenseitiger Überraschung ist geradezu kabarettreif; einer weniger vorbereiteten Beobachterin – Wohlrab-Sahr ist Religionssoziologin in Leipzig – wäre sie wahrscheinlich gar nicht aufgefallen. Die Merkwürdigkeit, dass die Begebenheit im säkularisierten Zürich spielt, wird wiederum von ihr nicht kommentiert, was erneut verwundert.

1.2 Charakteristika des Phänomens religiöse Indifferenz bzw. Areligiosität

All diese Andeutungen zeigen, dass die derzeitige Diskussionslage die Aufmerksamkeit für das hier zu verhandelnde Phänomen nicht gerade fördert. Um den Diskurs über den „homo areligiosus" überhaupt in Gang zu bringen, dürfte also ein intensiverer Blick auf die Situation in den neuen Bundesländern hilfreich sein. Dafür, dass diese Art von Säkularisierung ausgangs des 20. Jahrhunderts von neuer Qualität ist, sprechen m.E. drei Charakteristika.

1. Ein quantitatives Merkmal: Die Konfessionslosigkeit hat in dem fraglichen Teil Europas Dimensionen angenommen, die weltweit einmalig sind. In den neuen Bundesländern lassen sich mehr als zwei Drittel der Bevölkerung keiner irgendwie als religiös zu bezeichnenden Lebensoption zuordnen, wobei es sich um Durchschnittswerte handelt, die regional noch erheblich höher liegen. Eine Umkehrung dieser Tendenz zur Entkonfessionalisierung ist nicht in Sicht – bestenfalls eine Abschwächung.

---

[41] Vgl. E. Tiefensee, Auf in den Osten. Katholische Theologie in den neuen Bundesländern, in: HerKorr 60 (2006) 564–568.
[42] M. Wohlrab-Sahr, Religionslosigkeit als Thema der Religionssoziologie, in: PTh 90 (2001) 152–167 153.

2. Tatsächlich scheint eine ganze Kultur betroffen zu sein. Areligiosität gilt in ihr als Normalität. Dabei kann aufgrund der sich schon mehrere Generationen prägenden Entwicklung von einer Art „Volksatheismus" analog zum „Volkskatholizismus" oder „Volksprotestantismus" andernorts gesprochen werden. Das meint eine weitgehend unaufgeregte Beheimatung in einem sozialen Umfeld, in dem es zur regionalen Identität gehört, sich mit religiösen Fragen nicht weiter zu befassen[43]. Hier gilt also weder „fides quaerens intellectum" noch „intellectus quaerens fidem". Das ist geistesgeschichtlich ein bemerkenswerter Kulturbruch. Offenbar war angesichts einer durch und durch konfessionell definierten Gesellschaft zumindest bis Ende des Ersten Weltkriegs Konfessions- oder sogar Religionslosigkeit undenkbar. Vereinzelt gab es zu allen Zeiten Konfessionslose, die in Europa aber heimatlos waren, galten doch schon die Juden als Außenseiter. Wahrscheinlich erst mit dem Ende des protestantischen Summepiskopats wurde die Leugnung jeder Art von Religiosität „salonfähig"; das betraf allerdings noch nicht den weltanschaulichen Bereich als solchen, in den sich nun die konfessionellen Auseinandersetzungen verlagerten. Der Einheitsdrang zu irgendeiner Weltanschauung dürfte sich postmodern in einer Gesellschaft, die es lernt, fraktioniert und mit Patchwork-Identitäten zu leben, zunehmend verflüchtigen.

Einige Illustrationen für dieses zweite Charakteristikum: Ostdeutsche Jugendliche antworteten, als sie gefragt wurden, ob sie sich als Christen, als religiös oder als areligiös einstufen würden: „Weder noch, normal halt."[44] Es sind, um den Budweiser Religionspädagogen Michal Kaplánek zu zitieren, nicht dem Christentum „Entfremdete", sondern von ihm „Unberührte"[45]. Eine areligiöse Studentin der Religionssoziologie antwortete mir auf meine Frage, wie sie sich denn positiv positionieren würde, erbost: Sie lehne es ab, sich ein weltanschauliches Label umzuhängen; wenn ich nicht locker ließe, würde sie eben sagen: „Ich bin sportlich." Der in der DDR aufgewachsene Schriftsteller Erich Loest charakterisiert sich in seiner Autobiographie ab dem Tag der Konfirmation als „Untheist", nicht als „Atheist": „Religion oder Nichtreligion wurden ihm nie wieder zum Problem."[46] Die hier aufgeführten Beispiele sind nur von begrenzter Signifikanz, weil sie sich immerhin wenigstens am Rande auf

---

[43] Das ist für die dogmatische Einschätzung in soteriologischer Perspektive von enormer Bedeutung, liegt doch zumeist keine erkennbare Entscheidungs- oder Versagenssituation vor! Vgl. einen Versuch, diese Problematik zu erfassen: K. Kinghorn, Spiritual blindness, self-deception and morally culpable nonbelief, in: HeyJ 48 (2007) 527–545.

[44] M. Wohlrab-Sahr, Religionslosigkeit (Anm. 42), 152.

[45] Vgl. M. Kaplánek, Entfremdete oder vom christlichen Glauben unberührte Jugend?, in: M. Widl/M. Kaplánek (Hg.), Jugend – Kirche – Atheismus. Brückenschläge zwischen Ostdeutschland und Tschechien, Ceske Budejovice – Erfurt 2006, 88–98, 88f.

[46] E. Loest, Durch die Erde ein Riß. Ein Lebenslauf, München ⁴1999, 36.

Fragen nach der religiösen Option beziehen – für die meisten dürfte auch diese Art von Fragestellung so gut wie vollständig ausfallen. Areligiöse sind für sich selbst ebenso wenig „Areligiöse", wie ich mich gewöhnlich kaum als „Nicht-Reiter" bezeichnen würde.

3. Trotz der verschiedentlich angekündigten „Wiederkehr der Religion", die wohl mehr ein Produkt des Feuilletons sein dürfte als dass sie der Wahrnehmung des ostdeutschen Normalbürgers entspricht, scheint es sich bei diesem „Volksatheismus" nicht um ein Intermezzo von kurzer Dauer zu handeln, sondern um eine veritable „Gottesfinsternis" (Martin Buber)[47], die sich im Übrigen schon lange angekündigt hat (vgl. Nietzsches „Toller Mensch") und die – nun aber anders als bei Nietzsche völlig unaufgeregt – viel stärker ein Wesensmerkmal der modernen Gesellschaft Westeuropas darstellt, als zuweilen vermutet. Mit dieser Feststellung ist allerdings die reine Beobachtung verlassen: Wir wissen im Unterschied zum die Metapher liefernden astronomischen Ereignis bisher zuwenig über so fundamentale kulturelle Veränderungen, wie sie sich in diesem Fall zeigen. Verlässliche Prognosen sind also kaum möglich.

2. Urteilen: Das Phänomen der religiösen Indifferenz in historischer und systematischer Perspektive

2.1 Historische Perspektive: Geschichtliche Wurzeln des Phänomens

Die Frage nach dem „homo areligiosus" ist Teil der Kirchen-, näherhin der Konfessionsgeschichte dieses Teils Europas. Der konstatierte „Supergau von Kirche" legt zunächst eine Erklärung nahe, welche den staatlichen und ideologischen Druck während der Zeit der Sowjetischen Besatzungszone bzw. der DDR in Anschlag bringt[48]. Doch greift sie bei aller Berechtigung im Blick auf andere ehemals sozialistische Länder zu kurz, in denen eine oft erheblich restriktivere Religionspolitik nicht annähernd solche Folgen für Kirche und Konfessionalität wie in Ostdeutschland hervorgerufen hat. Das Phänomen ist also auch in historischer Perspektive vielgestaltig und im Detail erst unzureichend erforscht.

Ostdeutschland liegt inmitten eines „atheistischen Halbkreises", der in Europa grob gezeichnet von den baltischen Staaten über die nordischen Länder (allen staatskirchlichen Residuen zum Trotz) und über Nord- und Ostdeutschland bis nach Böhmen reicht. Ein diesbezüglicher Erklärungsversuch ortet auf diesem Hintergrund die Wurzeln des ostdeut-

---

[47] Vgl. M. Buber, Gottesfinsternis. Betrachtungen zur Beziehung zwischen Religion und Philosophie, Zürich 1953.
[48] Vgl. E. Neubert, „gründlich ausgetrieben" (Anm. 17).

schen Problems in der Zeit der frühmittelalterlichen Christianisierung. Franz Höllinger vertritt deshalb die plausible These, dass die Regionen Deutschlands einen höheren Grad der Entkirchlichung aufweisen, die frühmittelalterlich nicht mehr im Strahlbereich der christlich gewordenen römischen Kultur gelegen haben und in denen von daher eine Missionierung „von oben" vorherrschte, die sich bei der Einführung der Reformation und den anschließenden Religionskriegen fortsetzte[49]. Das derzeitig signifikantere West-Ost-Gefälle verdeckt demnach ein Süd-Nord-Gefälle in Deutschland.

Die damals grundgelegte und seit der Reformation verstärkte spezifisch deutsche Verbindung von Thron und Altar beengte den Spielraum der Kirchen bei politischen und gesellschaftlichen Umbrüchen, wie sich bei der Abschaffung des Summepiskopats anlässlich des Endes des Kaiserreichs 1918 zeigte, so dass es nach 1918 und ab den 40er Jahren zu großen Kirchenaustrittswellen kam[50]. Zusätzlich lockerte schon vorher die forcierte Industrialisierung Deutschlands mobilitätsbedingt die bereits geschwächten Kirchenbindungen. Die Großstadt-Seelsorge war also bereits im 19. Jahrhundert angesichts der explodierenden Zuzüge personell und institutionell überfordert und reagierte wahrscheinlich zu träge, z.B. durch entsprechende Kirchenbauprogramme in Berlin. So kamen dort 1893 auf „einen Geistlichen der Zionskirche [...] 23.000 Seelen", wie ein Bericht das damalige pastorale Chaos verdeutlicht[51]. Die sozialistische Arbeiterbewegung bildete nun eine ähnlich volksnähere und strukturell hoch anpassungsfähige Konkurrenz zur etablierten, aber total überforderten evangelischen Kirche wie neuerdings in Lateinamerika die US-amerikanischen Sekten im katholischen Umfeld, allerdings war damals die Alternative eben dezidiert atheistisch[52].

Hinzu kommt als eine weitere Ursache die Nachwende-Identitätskrise, die sich als Teil der permanenten deutschen Selbstverunsicherung beschreiben lässt. In diesem Kontext wird Areligiosität nun offenbar von den Ostdeutschen als zu ihrer Identität gehörig empfunden: So sind wir, und so wollen wir auch bleiben[53]. Das lässt unter anderem die empirisch

---

[49] Vgl. F. Höllinger, Volksreligion und Herrschaftskirche. Die Wurzeln religiösen Verhaltens in westlichen Gesellschaften (Fragen der Gesellschaft), Opladen 1996.
[50] Vgl. L. Hölscher (Hg.), Datenatlas zur religiösen Geographie im protestantischen Deutschland. Von der Mitte des 19. Jahrhunderts bis zum Zweiten Weltkrieg, Berlin u.a. 2001.
[51] Aus dem Bericht von Ursula Kästner anlässlich des 100jährigen Bestehens der Gethsemanegemeinde in Berlin – zit. n. L. Motikat/Studien- und Begegnungsstätte Berlin, Volkskirche, Minderheitskirche, was sonst? Ost-West-Gespräch über Identität und Öffentlichkeit der Kirche (Begegnungen 9), Berlin 1994, 16.
[52] P. Froese/S. Pfaff, Explaining a religious anomaly (Anm. 22), 403f.
[53] H. Bärend, Konfessionslosigkeit – die missionarische Herausforderung der Kirche im 21. Jahrhundert, in: U. Laepple/V. Roschke (Hg.), Die so genannten Konfessionslosen

relevante Vermutung zu, dass in Umfragen ehemalige DDR-Bürger sich eher als „areligiös" oder „atheistisch" darstellen, als sie es in Wirklichkeit sind; im Westen Deutschland liegt der Fall wohl umgekehrt[54].

Es muss also noch einmal unterstrichen werden, dass das Phänomen sehr komplexe und schwer zu entwirrende Ursachen hat und sich von daher eine einfache Erklärung verbietet[55]. Dies vorausgesetzt, ist aber noch auf zwei Merkwürdigkeiten eigens hinzuweisen. Erstens muss im Kontext der Säkularisierungsthese, die damit eine gewisse Plausibilität behält, offenbar zwischen einer sozialen und einer politischen Säkularisierung unterschieden werden. In Westeuropa und speziell in den alten Bundesländern stellt sich die Entkirchlichung vor allem als Emanzipationsbewegung dar, die nicht unbedingt zu einer Entchristlichung oder zu einem Verlust jeder Art von Religiosität führen muss, sondern – wenigstens in einigen Teilen der Kirchenfernen – eine flottierende Religiosität mit Collagecharakter induziert, die sich auf dem Markt der Angebote bedient. Für viele wäre demnach die Unterstellung, sie wären, weil nicht-kirchlich, auch nichtchristlich oder sogar nichtreligiös, diffamierend. Im Einflussbereich des Staatssozialismus und speziell in den neuen Bundesländern handelt es sich aber um eine politisch gewollte und also erzwungene Säkularisierung, die sich wahrscheinlich wegen ihrer effektiven Kopplung mit einer starken Propagierung eines Glaubens an die Wissenschaft, genannt „historischer Materialismus", zu einer stabilen und inzwischen als authentisch geltenden Haltung verfestigt hat[56]. Sie ist dadurch

---

(Anm. 10), 15–25, spricht vom „Reststolz aus DDR-Zeiten nach der Wende" (21).

[54] Vgl. H. Meulemann, Säkularisierung, Kirchenbindung und Religiosität, in: B. Schäfers/W. Zapf (Hg.), Handwörterbuch zur Gesellschaft Deutschlands, Opladen ²2001, 563–573, 566.

[55] M. Tomka, Religion in den neuen Bundesländern – im internationalen Vergleich, in: P. Zulehner/M. Tomka/N. Tos (Hg.), Religion und Kirchen in Ost(Mittel)Europa. Deutschland-Ost, Ostfildern 2003, 343–370, referiert und diskutiert teilweise folgende Ursachen-Hypothesen: 1. der protestantische Charakter Ostdeutschlands (schwache kirchliche Integration) (361), 2. relativ milde Kirchenpolitik in der DDR, welche auf dem Hintergrund der Tertullian-These (Blut der Märtyrer) letztlich doch schwächend wirkte (361f.), 3. relativ gute Wirtschaftslage in der DDR, die den Materialismus begünstigte (362f.), 4. zwei große Migrationsbewegungen (Vertriebene und Republikflucht), welche vor allem System-Nichtkonforme betraf und besonderes die katholische Kirche erst stärkte, dann aber schwächte (363f.), 5. das Verhalten der Kirchen, besonders ihre Privilegierung und das Kirche-Staat-Arrangement, was sie von der Basis entfremdete, ansonsten auch „eine Getto- und Nischenexistenz" (366) (364ff.), 6. der „Homo sovieticus", der „sich in das Privatleben zurückzieht" (367), verstärkt durch das Fehlen einer nationalen Identität (367). Die erste Ursachenhypothese ist für ihn als Forschungsthese leitend, indem er seine Vergleiche besonders im Raum der protestantisch geprägten Länder Ost- und Westeuropas anstellt.

[56] Vgl. H. Meulemann, Der lange Schatten der erzwungenen Säkularisierung, in: H.-H. Noll/R. Habich (Hg.), Vom Zusammenwachsen der Gesellschaft. Analysen zur Angleichung der Lebensverhältnisse in Deutschland (Soziale Indikatoren 21), Frankfurt – New York 2000, 223–247, 228f.; ders., Säkularisierung (Anm. 54), 566; M. Wohlrab-Sahr, Kon-

gekennzeichnet, dass weltanschauliche Fragen überwiegend nicht als Gegenstand existentieller Auseinandersetzung und persönlicher Entscheidung gelten. Gleichzeitig wird die Unterscheidung von Religiosität, Christlichkeit und Kirchlichkeit in den neuen Bundesländern obsolet, da es dort keine nennenswerte außerkirchliche Religiosität gibt: Ostdeutsche fahren auch nicht zum Dalai Lama.

Die von der politischen bisher überdeckte soziale Säkularisierung macht sich nun paradoxerweise dadurch bemerkbar, dass die jüngere Generation in dieser Region nicht einfach das Schwinden der Religiosität von Generation zu Generation fortsetzt, wie es in den alten Bundesländern zu beobachten ist, sondern sich verstärkt wieder religiösen Fragestellungen öffnet[57] – dies natürlich auf entsprechend niedrigem Niveau und ohne erkennbaren Effekt für die Kirchen. Es handelt sich bei dieser „Rückkehr des religiösen Zweifels" (so ein treffender Ausdruck von Meulemann[58]) kaum um eine „Wiederkehr der Religion", sondern offenbar nach Wegfall des politischen Drucks um eine Annäherung an die westeuropäische Form der Säkularisierung mit der sie charakterisierenden Patchwork-Religiosität[59].

Eine zweite Merkwürdigkeit ergibt sich aus dem Vergleich der ehemals zum sozialistischen Lager gehörenden Länder. Es ist auffällig, dass der starke Zusammenbruch der Kirchlichkeit vor allem die zuvor volksprotestantischen Regionen wie Estland, Lettland, Tschechien (hier vor allem Böhmen) und die DDR betrifft. Bei aller Vorsicht, die Multikausalität unzulässig zu reduzieren, scheinen besonders die Länder der Reformation unter den Folgen der erzwungenen Säkularisierung zu leiden[60]. Inwieweit die Gründe hier bei den Kirchen selbst liegen, wird unter dem Thema „Selbstsäkularisierung" diskutiert[61]. Dann könnten sie 1. den hö-

---

fessionslos (Anm. 29), 18.

[57] Vgl. H. Meulemann, Erzwungene Säkularisierung in der DDR – Wiederaufleben des Glaubens in Ostdeutschland? Religiöser Glaube in ost- und westdeutschen Alterskohorten zwischen 1991 und 1998, in: C. Gärtner/D. Pollack/M. Wohlrab-Sahr (Hg.), Atheismus (Anm. 29), 271–287.

[58] Vgl. den Verweis bei M. Wohlrab-Sahr, Konfessionslos (Anm. 29), 24.

[59] Vgl. ebd., 21f., und zur analogen Teilrevitalisierung von Religiosität in einigen osteuropäischen Staaten G. Pickel, Areligiosität, Antireligiosität, Religiosität. Ostdeutschland als Sonderfall niedriger Religiosität im osteuropäischen Rahmen?, in: C. Gärtner/D. Pollack/M. Wohlrab-Sahr (Hg.), Atheismus (Anm. 29), 247–269, 266f.

[60] Vgl. ebd., 262: „So wirkt sich die Zugehörigkeit zum protestantischen Kulturkreis durchgehend negativ auf alle untersuchten Indikatoren der Religiosität und Kirchlichkeit aus und begünstigt die Durchschlagskraft eines – wie auch immer ausgelösten – Säkularisierungsprozesses."

[61] Als „nur sehr beschränkt plausibel" bezeichnet die These D. Pollack in: A. Foitzik/ders., „Nüchternheit ist vonnöten". Ein Gespräch mit dem Religionssoziologen Detlef Pollack, in: HerKorr 60 (2006) 339–344, 342. Trotzdem kann sich K. Storch, Konfessionslosigkeit in Deutschland, in: C. Gärtner/D. Pollack/M. Wohlrab-Sahr (Hg.), Athe-

heren Individualisierungsgrad im Protestantismus betreffen, welcher die Kirchgemeinden und die einzelnen Gläubigen ungeschützter den Angriffen einer weltanschaulichen Gegenpropaganda aussetzte[62], 2. dessen stärkere Tendenz zur „Selbstunsicherheit durch Dauerreflexion" wie es Michael Beintker nannte[63] sowie 3. die schon erwähnte und nun wohl als unselig zu bezeichnende Verbindung von Thron und Altar bis 1918[64].

2.2 Systematische Perspektive:
Der Religionsbegriff und anthropologische Fragen

In systematischer Perspektive wäre zunächst der Religionsbegriff zu diskutieren, der hinter allen diesbezüglichen Überlegungen steht. Eine mögliche Abwesenheit von jeglicher Art Religion zu konstatieren, erfordert deren präzisen Begriff. Da ist inzwischen viel Falschgeld unterwegs, so dass man versucht ist vorzuschlagen, den Terminus „Religion" als solchen aus dem diskursiven Verkehr zu ziehen.

Als Faustregel dürfte m.E. aber gelten: Es muss eine Trennlinie möglich sein zwischen Ersatzreligion und Religionsersatz. Letzterer ist nicht mehr Religion, diese Grenze darf also nicht verwischt werden. Außerdem ist die Innenperspektive hinreichend zu würdigen, um nicht Religion zu unterstellen, wo es dem Selbstverständnis der fraglichen Personengruppe radikal widerspricht – das würde jede Kommunikation mit ihr von vornherein erschweren. Die zweite Faustregel könnte also lauten: Nur wo der Bezug auf ein Absolutum thematisiert wird und nicht so implizit bleibt, dass es nur dem religiös geprägten oder religionswissenschaftlich geschulten Beobachter sichtbar wird, kann legitim das Vorhandensein von Religion unterstellt werden.

In die anthropologische Problematik lässt sich am besten durch ein Zitat einführen: „Es scheint, soweit wir wissen, keine Menschen ohne ‚Religion' zu geben – wie immer man dieses Phänomen im einzelnen zu ‚bestimmen sucht." Der damit eingeleitete Sammelband trägt den Titel „Homo naturaliter religiosus"[65]. Aus der titelgebenden anthropologischen Bestimmung folgt, dass Menschen ohne Religion undenkbar sind.

---

ismus, (Anm. 29), 231–245, 239, ausdrücklich auf ihn berufen.

[62] Das gilt auch prognostisch: „Es ist kaum von einem dauerhaften Überleben subjektiver Religiosität ohne kirchlich geprägten Hintergrund auszugehen – darauf verweisen die immer noch extrem hohen Binnenbeziehungen zwischen subjektiver Religiosität und Kirchlichkeit auch in Osteuropa." (G. Pickel, Äreligiosität [Anm. 59], 267)

[63] Deutscher Bundestag (Hg.), Materialien (Anm. 18), 65f.

[64] Vgl. K. Storch, Konfessionslosigkeit (Anm. 61), 239, Anm. 6 mit Verweis auf F. Höllinger, Volksreligion und Herrschaftskirche. Die Wurzeln religiösen Verhaltens in westlichen Gesellschaften (Fragen der Gesellschaft), Opladen 1996.

[65] F. Stolz, Einführung, in: ders., Homo naturaliter religiosus. Gehört Religion notwendig zum Mensch-Sein? (Studia religiosa Helvetica. Jahrbuch 3), Bern u.a. 1997, 7–12, 9.

Das ist offenbar die Basisannahme der meisten Religionswissenschaftler und Theologen, was hieße: Wenn nur hinreichend lange gesucht wird, findet sich Religion auch bei angeblich Areligiösen. Über die daraus resultierenden Wahrnehmungs- und Kommunikationsblockaden ist hier schon gesprochen worden. In philosophischer Perspektive stellt sich hier die Frage nach der Differenz von normativer und deskriptiver Anthropologie und nach der Differenz von Aussagen zum Wesen des Menschen und zum konkreten Menschsein – beide Differenzen werden in der zitierten Aussage verwischt, indem zu wenig zwischen universalmenschlicher religiöser Disposition und tatsächlicher Religiosität, die dann auch fehlen kann, unterschieden wird.

Es muss an dieser Stelle vielleicht eigens erinnert werden, dass alle Wesensbestimmungen des Menschen – z.B. als geschichtlich, vernunft-, sprachbegabt und zur Freiheit fähig – Dispositionsbegriffe sind. Entsprechend ist also zwischen der gattungsmäßigen Eignung oder Anlage und der jeweils erworbenen Fähigkeit, die Ergebnis eines Sozialisierungsprozesses ist, und noch einmal der nun streng individuellen Fertigkeit, d.h. dem tatsächlichen Gebrauch je nach konkreter Situation, zu unterscheiden. Im Diskurs geht das oft durcheinander. Die Disposition zu ermitteln, wäre Sache von Religionsphilosophie und Theologie, die tatsächliche Religiosität im Sinne einer Fähigkeit und Fertigkeit zu eruieren, Sache der Religionswissenschaften. Dieses schiedliche Nebeneinander der Perspektiven ruft aber nach Vermittlung, in der sich wieder einmal bestätigt: Menschsein im Allgemeinen lässt sich nur typologisch definieren. Dass dann aber in den jeweiligen Charakterisierungen eine gewisse geschichtliche Willkür unvermeidlich ist, dürfte unbestritten sein. So ist zu vermuten, dass Aussagen z.B. über die religiöse Natur des Menschen, die gern im Gewand der zeitlosen Gültigkeit daherkommen, stärker kulturell eingefärbt und damit lokal und temporal begrenzt sind, als zumeist bewusst gemacht wird. Die philosophischen und theologischen Konsequenzen dieser Verunsicherung wären eigens zu diskutieren.

3. Handeln: Missionstheoretische Überlegungen

Die Situation eines areligiösen Milieus ist für den Sendungsauftrag der Kirche bisher einmalig – das gilt in historischer und in globaler Perspektive, ist doch die christliche Verkündigung bisher immer auf ein irgendwie religiös vorgeprägtes Gegenüber getroffen. Einen Anknüpfungspunkt und eine angemessene Strategie zur Umsetzung dieses Sendungsauftrags zu finden, ist von daher nicht leicht. Die religiös Indifferenten können ohne Gott gut und auf hohem moralischem Niveau leben, sie verfügen über eine eigene stabile Feierkultur (wie die immer noch allgemeine Praxis der sogenannten „Jugendweihe" zeigt), die keine Rückgriffe auf religiöse Traditionen nötig macht. Pragmatisch-nüchtern gestalten sie ihr Leben und sind aufgrund ihrer eher naturalistischen Sozialisation für metaphysische Fragen kaum ansprechbar, gelten doch Sinnfragen und der in Grenzsituationen vielleicht hier und da aufkeimende Wunsch, sich einer höheren Instanz auszuliefern, als Krisenphänomene, die mit der Krise wieder verschwinden. Unterscheidet man geschlossene und offene Formen des Unglaubens[66], so neigen Areligiöse im Unterschied zu bekennenden Atheisten, überzeugten Wissenschaftsgläubigen (Szientisten) oder solchen, welche die Weltgeschichte oder die Nation quasi-pantheistisch verherrlichen, eher zu den offenen Varianten, was allerdings auf der christlichen Seite eine spiegelgleiche Offenheit erfordern würde. Denn in der Regel beeindruckt die vorsichtige Neugier der „Unberührten" in religiösen Fragen und findet der Austausch mit ihnen schneller zu Kernfragen als bei den oft aggressiv auftretenden „Entfremdeten", die sich gern an den Außenstehenden eher nebensächlich erscheinenden Kirchen-Interna aufreiben. Vergleicht man jedoch die religiös Indifferenten mit den nachdenklicheren und auch eher unsicheren Agnostikern, so verfügen sie mit ihrem Normalitätsbewusstsein über ein stabileres Selbstbild als diese, was die Ansprechbarkeit wieder reduziert. Summa summarum ist hier von Fall zu Fall differenziert zu urteilen und zu handeln.

3.1 Defizienz- versus Alteritätsmodell

Missionstheologisch unterscheide ich – stark vereinfacht – ein Defizienz-von einem Alteritätsmodell und plädiere für eine „Ökumene der dritten Art". Das Defizienzmodell hat als Leitfrage: „Was fällt bei der anderen Seite aus?", das Alteritätsmodell: „Was ist dort anders?" In analytischer Perspektive unterscheiden sich beide Modelle darin, dass jenes eher normativ, dieses eher deskriptiv problematisiert. Das Defizienzmodell impliziert die Vorstellung eines Weges zu einem Soll, auf den die anderen entweder noch nicht gefunden oder den sie vergleichsweise noch nicht weit genug zurückgelegt haben, bei dem zweiten Modell entsteht die Vorstellung sehr verschiedener Wege – vielleicht zum selben Ziel, vielleicht nicht einmal dieses.

Bezüglich der Areligiosität wäre das Defizienzmodell das sowohl biblisch, eschatologisch wie auch wahrheitstheoretisch im Sinne des substantiellen Religionsbegriffs am besten begründete. Mission (Religions-

---

[66] Vgl. M.E. Marty, Varieties of unbelief, New York u.a. 1964.

pädagogik inklusive) ist so gesehen zumindest als Therapie oder Belehrung zu interpretieren, wenn nicht sogar als „Gericht" über das defiziente oder falsche Menschsein auf der anderen Seite. Das oben erwähnte römische Dokument zählt in dieser Perspektive folgerichtig die bekannten Vorwürfe gegenüber dem „homo indifferens" auf: Nihilismus in der Philosophie, Relativismus in Werten und Moralität, Pragmatismus, zynischer Hedonismus, Subjektivismus, Selbstzentriertheit, Egoismus, Narzissmus, Konsumismus etc.[67] Dem widersprechen jedoch fast alle gängigen soziologischen Studien, die auffällige Unterschiede in der Lebenseinstellung und in den Wertvorstellungen von Christen und religiös Indifferenten nicht ermitteln konnten[68]. Religiosität und Moralität sind eben doch nur schwach korreliert, oder m.a.W: „Gottlosigkeit" ist nicht gleich Sittenlosigkeit[69].

Es dürfte schwer bis unmöglich sein, auf der anderen Seite noch etwas wahrzunehmen, das der eigenen Lebensoption fehlt, nachdem sie so gründlich diffamiert wurde, was wahrscheinlich auch vice versa gilt. Damit zeigt sich, dass das Defizienzmodell zumindest relativiert, wenn nicht sogar überwunden werden muss, gilt doch auch im Umgang mit Areligiösen die Forderung, das Eigene immer auch vom Anderen her zu denken. Das Alteritätsmodell wäre demgegenüber weniger auf Belehrung und Überzeugungsarbeit denn auf Dialog und auf gemeinsame und vielleicht auch gegeneinander gerichtete Suche nach der „veritas semper maior" angelegt. Das klingt kommunikationstheoretisch nach taktischer Finesse, soll es aber nicht sein, da die Erfahrung der Andersheit des Anderen in Lebensfragen alle Dimensionen des Menschseins umfasst – nicht nur die Verbalkommunikation. Das Alteritätsmodell entspricht außerdem der heutigen Pluralitätserfahrung und der daraus resultierenden Mindestforderung nach Toleranz. Es liegt auch in der Perspektive der sogenannten Philosophie der Differenz, die in starkem Maße von der europäischen Unheilsgeschichte inspiriert (gipfelnd in der Shoah des 20. Jahrhunderts) nicht nur die Toleranz, sondern die Akzeptanz der Andersheit des Anderen, der jeweils unhintergehbaren Perspektivität und der unüberbrückbaren Differenzen einfordert – hier stehen Namen wie

---

[67] Päpstlicher Rat für die Kultur, Wo ist dein Gott? (Anm. 24), passim.
[68] Vgl. P.M. Zulehner/H. Denz, Wie Europa lebt und glaubt (Anm. 23) und Zentralarchiv für empirische Sozialforschung an der Universität Köln/Zentrum für Umfragen, Methoden und Analysen (Hg.), Allgemeine Bevölkerungsumfrage der Sozialwissenschaften (Allbus 2002), URL: http://www.univie.ac.at/soziologie-statistik/multi/allbus2002_codebook.PDF (Stand 21.09.11).
[69] „Gottlosigkeit" ist so gesehen bestenfalls eine deskriptiv-religionswissenschaftliche Kategorie, nicht aber eine theologische, „denn keinem von uns ist er fern" (Apg 17,27). Die Assoziation mit „Sittenlosigkeit" geht besonders auf Luthers Bibelübersetzung zurück, vgl. W. Müller-Lauter, Art. „Atheismus II. Systematische Darstellung" (Anm.14), 380f.

Emmanuel Levinas, Jean-François Lyotard und Jacques Derrida. Aus Respekt vor der Andersheit des Anderen sind also Abwertungen möglichst zu vermeiden, was wegen der durchgängigen Negationen in unserem Fall („areligiös", „konfessionslos" etc.) zugegebenermaßen schwierig, aber nicht unmöglich ist.

In der Veröffentlichung der Deutschen Bischofskonferenz „Zeit zur Aussaat'. Missionarisch Kirche sein" vom Jahr 2000 finden sich beide Modelle[70]. Unüblicherweise wurde dem Papier nämlich ein „Brief eines Bischofs aus den neuen Bundesländern über den Missionsauftrag der Kirche für Deutschland" angefügt, dessen Autor Bischof Joachim Wanke das im Grundtext forcierte Bild des Sämanns durch das Bild vom Gastmahl ergänzte: Zielpunkt missionarischen Bemühens scheint aus seiner Perspektive eher das Fest zu sein als ein quantifizierbarer und ständig bedrohter Ernteerfolg, wobei eine Umorientierung von der missionarischen Einbahnstraße hin zum ökumene-ähnlichen Dialog unter Gleichrangigen, der alle Beteiligten verändert, herausgehört werden kann. Mit etwas gutem Willen lässt sich also dem Sämann das Defizienz-, dem himmlischen Hochzeitsmahl das Alteritätsmodell zuordnen. In eschatologischer Perspektive hat aber das letztere die größere Reichweite.

3.2 „Ökumene der dritten Art" – drei Thesen

Ich plädiere deshalb missionstheologisch für eine Ökumene der dritten Art – vom Genus her anders, aber strukturanalog zur Ökumene zwischen den verschiedenen christlichen Denominationen und zur nun wieder ganz anders gearteten Ökumene zwischen den Religionen.

Die Verwendung des Begriffs der Ökumene wird von manchen schon für den interreligiösen Dialog abgelehnt, noch mehr wird das für das Verhältnis zu religiös Indifferenten gelten. Der wesentliche Unterschied zwischen den drei Arten von Ökumene dürfte der jeweils sehr verschiedene „Anknüpfungspunkt" bzw. die je andere gemeinsame Ausgangsbasis sein. Während in der Ökumene der ersten Art „ein Herr, ein Glaube, eine Taufe" (Eph 4,5) gilt und in der Ökumene der zweiten Art u.a. die religiöse Erfahrung und ihr epistemischer Status den Ausgangspunkt bilden könnte, ist eine solche Brücke im dritten Fall schwerer zu finden, denn dafür scheinen erfahrungsgemäß genuin religiöse und möglicherweise auch metaphysische Themenkomplexe wenig geeignet zu sein. Vielleicht ist es aber hilfreich festzustellen, dass sich viele „Religionsfreie" als Humanisten deklarieren, was bei aller Problematik des Humanismusbegriffs eine hintergründige Sehnsucht nach gelingendem

---

[70] Vgl. Sekretariat der Deutschen Bischofskonferenz (Hg.), „Zeit zur Aussaat". Missionarisch Kirche sein (Die deutschen Bischöfe 68), Bonn 2000.

Menschsein impliziert. Charakterisiert man so (oder so ähnlich) die drei Arten von Ökumene, wird schnell deutlich, dass die erste gegenüber den anderen zwar extensional kleiner ist (es sind weniger Menschen Christen als Anhänger einer Religion), aber bezüglich des Themenkatalogs weiter als diese, impliziert die erste Art thematisch doch die zweite und diese wiederum die dritte.

Die Grundvoraussetzung ist in allen drei Fällen: Der Austausch geschieht auf Augenhöhe, und sein erstes Ziel ist nicht, die jeweils andere Seite zur eigenen „herüberzuziehen", sondern gemeinsam einen Weg in eine Konstellation zu finden, die unter eschatologischem Vorbehalt steht, wobei man gegenseitig als Impulsgeber fungiert: „Proposer la foi" – „Den Glauben anbieten", lautet die entsprechende Maxime der französischen Bischöfe[71]. Zu dieser Vorgehensweise gibt es keine Alternative, wie die derzeitigen Irritationen in der Ökumene der ersten und zweiten Art augenscheinlich machen. Was jedoch gegenüber anderen christlichen Konfessionen und anderen Religionen gilt, gilt analog auch gegenüber Areligiösen, die als gleichwertig akzeptiert und nicht im klassischen Verständnis „missioniert" werden wollen.

Um diesen Ansatz in Thesenform etwas zu entfalten, orientiere ich mich an bekannten biblischen Bildern.

1. „Flickwerk ist unser Erkennen" (1 Kor 13,9). Das Alteritätsmodell induziert in der Regel reflexartig den Relativismusverdacht. Es gibt aber eine „Kultur des Relativen ohne Relativismus"[72]. Sie speist sich einerseits aus dem transzendentalen Wissen um ein Absolutum, das unserer Verfügungsgewalt aber letztlich entzogen ist, und andererseits aus dem unhintergehbaren Verwiesensein auf die Andersheit des Anderen. Als der eigentliche Ort der Wahrheit erweisen sich dann gerade weniger die Übereinstimmungen[73], sondern die oft unüberbrückbaren Differenzen – beide Partner würden dementsprechend, allem wechselseitigem Unverständnis und allen Akzeptanzproblemen zum Trotz, für sich allein das je eigene Ziel verfehlen. Denn die Differenz als solche macht sie gegenseitig darauf aufmerksam, dass gilt: „Veritas semper maior"[74]. Als Relativismus erscheint das nur dem, der sich auf einen Quasi-Gottesstandpunkt erhebt und von dort das ganze Treiben je nach Temperament distanziert skep-

---

[71] Sekretariat der Deutschen Bischofskonferenz (Hg.), Den Glauben anbieten in der heutigen Gesellschaft. Brief an die Katholiken Frankreichs von 1996 (Stimmen der Weltkirche 37), Bonn 2000. „Proposer" kann auch mit „vorschlagen" übersetzt werden. Dieses Vorschlagen gilt in der Begegnung wechselseitig.

[72] W. Hogrebe, Das Absolute (Bonner philosophische Vorträge und Studien 1), Bonn 1998, 15.

[73] Wie ein konsenstheoretischer Wahrheitsbegriff suggeriert.

[74] Vgl. R. Schaeffler, Erfahrung als Dialog mit der Wirklichkeit. Eine Untersuchung zur Logik der Erfahrung, Freiburg – München 1995, 212–214 passim.

tisch betrachtet oder leicht angewidert doch eher zum Defizienzmodell tendiert. Ökumene jedweder Art mag so – um ein Bild Platons aufzugreifen – nur als die zweitbeste Fahrt erscheinen. Jedoch hat das letzte Wort nicht eine wie auch immer zu definierende absolute Wahrheit der einen oder anderen Seite, sondern die Liebe – das macht der Kontext deutlich, in dem die Aussage des Paulus steht[75].

2. „Salz der Erde": Unter diesem Titel gab Kardinal Joseph Ratzinger 1996 ein Interview, in dem sich der Satz findet: „Vielleicht müssen wir von den volkskirchlichen Ideen Abschied nehmen."[76] Man kann versuchen, dieses zaghafte Votum zunächst auf die Herrschaftskirche auszuweiten, welche die Kirche lange Zeit auch in Deutschland darstellte, und es dann metaphorisch zu verallgemeinern: Salz ist kein Grundnahrungsmittel, wie jeder weiß, der einmal einen Löffel davon in den Mund bekam (so Eberhard Jüngel[77]), es benötigt also das Andere seiner selbst als Medium, um wirksam zu sein (soll es doch würzen und nicht versalzen). Von daher eignet sich ein areligiöses Milieu eher als ein volkskirchliches für einen explorativ angelegten Sendungsauftrag, dessen Ziel nicht sein kann, sein Operationsgebiet zum Verschwinden zu bringen, sondern zunächst von der Andersheit des Anderen herausgefordert je neu zum Kern des Eigenen vorzustoßen (m.a.W. dem Salz seine Würze zurück zu geben), und dann das schon erwähnte Glaubensangebot zu machen. Was daraus wird, ist dann nicht mehr Sache dieses Auftrags, sondern des Wirkens des Heiligen Geistes.

3. „Ein Leib und viele Glieder": Der völlige Ausfall religiöser Erfahrung bei den „religiös Unmusikalischen" (Max Weber)[78] bleibt eines der bisher ungelösten Rätsel. Religionspsychologen, insbesondere wenn sie entwicklungspsychologisch arbeiten, erörtern ausführlich die Entstehung von so etwas wie religiösen Überzeugungen in den verschiedenen Altersstufen[79], aber selten die Frage, wie z.B. eine natürliche Religiosität im Kindesalter alsbald komplett verschwinden kann. Nun kennt aber auch die christliche Mystik dieses Phänomen einer zumindest zeitweisen Gottesferne, Johannes vom Kreuz nennt sie die „Nacht des Glaubens". Es ist zwar zu differenzieren, ob das Phänomen vor und außerhalb einer Be-

---

[75] Vgl. auch K. Jaspers' Rede vom „liebenden Kampf": ders., Philosophie, Bd. 2. „Existenzerhellung", Berlin ⁴1973, 65ff.; 242ff. passim.
[76] J. Ratzinger, Salz der Erde. Christentum und katholische Kirche an der Jahrtausendwende. Ein Gespräch mit Peter Seewald, Stuttgart ⁴1996, 17.
[77] E. Jüngel, Reden für die Stadt. Zum Verhältnis von Christengemeinde und Bürgergemeinde, München 1978, 22f.
[78] Vgl. E. Tiefensee, „Religiös unmusikalisch". Zu einer Metapher Max Webers, in: B. Pittner/A. Wollbold (Hg.), Zeiten des Übergangs (FS F.G. Friemel) (Erfurter Theologische Studien 80), Leipzig 2000, 119–136.
[79] Vgl. N.G. Holm, Einführung in die Religionspsychologie, München 1990, 76–101.

kehrung im Fall der religiös Indifferenten oder nach einer solchen wie im Fall der Mystiker auftritt („zweite Bekehrung"). Doch gerade bei letzteren finden sich seit dem 20. Jahrhundert verstärkt Versuche, die Erfahrung der Abwesenheit Gottes mit der der Ungläubigen zu vermitteln. Erinnert sei erneut an Bonhoeffers Aussagen zum religionslosen Christentum oder an die fast zeitgleichen Ausführungen von Simone Weil: „Insofern die Religion ein Quell des Trostes ist, ist sie ein Hindernis für den wahren Glauben, und in diesem Sinne ist der Atheismus eine Läuterung. Ich soll Atheist sein mit dem Teil meiner selbst, der nicht für Gott gemacht ist. Unter den Menschen, bei denen der übernatürliche Teil ihrer selbst nicht erweckt ist, haben die Atheisten recht, und die Gläubigen haben unrecht."[80]

Man kann nun eine global vernetzte Weltgesellschaft durchaus als einen Organismus verstehen, auf welchen das paulinische Bild der Gemeinde als des einen Leibes Christi mit den vielen, aufeinander bezogenen Gliedern ausgeweitet werden muss, um zur wahren „Ökumene" im Sinne der bewohnten Erde zu finden[81]. Der Zeiten und Räume umgreifende globale Organismus stellt sich heute mehr denn je als hochdifferenziert und hochspezialisiert dar, was aber heißt, partielle Defizite akzeptieren zu müssen (nicht jede und jeder kann alles). Offenbar gibt es Glaubende, die für die anderen mitglauben (und mitbeten), während die „religiös Unmusikalischen" andere Fähigkeiten und auch andere Aufgaben haben. Paulus würde uns beispielsweise daran erinnern, dass der ungetaufte Ehepartner jeweils mitgeheiligt ist (1 Kor 7,14). Die Partizipation gilt auch umgekehrt: Die religiös Indifferenten repräsentieren den Ausfall der Gotteserfahrung mit all seinen negativen, aber auch läuternden Konsequenzen für ein intensives Leben mit Christus.

Die Frage nach dem Heil der Anderen stellt sich also aus dem christlichen Gedanken der Stellvertretung heraus in neuer Perspektive: Sehen wir Erlösung möglicherweise zu individuell?[82]

---

[80] Brief an Pater Jean-Marie Perrin vom 26. Mai 1942, zit. n. S. Weil, Zeugnis für das Gute. Spiritualität einer Philosophin (Klassiker der Meditation), Zürich – Düsseldorf 1998, 189. Vgl. auch B. Welte, Grundfragen der Religion, Leipzig 1981 (eine Lizenzausgabe seiner Religionsphilosophie, Freiburg ²1980, für die DDR), passim.

[81] Vgl. hier besonders die kosmologisch-christologischen Visionen von P. Teilhard de Chardin.

[82] Vgl. auch den – vieldiskutierten – Versuch von G. Davie, den Begriff einer „vicarious religion" in die Religionssoziologie einzuführen: G. Davie, Religion in modern Europe. A memory mutates, Oxford 2000, 61f. passim, sowie zuletzt dies., Vicarious religion. A response, in: Journal of Contemporary Religion 25 (2010) 261–266.

Heil für alle?

Eine systematisch-theologische Spurensuche
in ökumenischer Perspektive

Dorothea Sattler

1. Die Aufgabe – oder: Annäherungen an das Vorhaben hier

Nicht nur zu Beginn der Mühen um diesen Beitrag ist mir so zumute, wie es auch die Dichterin Rose Ausländer[1] einmal als ihr Lebensempfinden beschreibt:

Gib auf
Der Traum
lebt
mein Leben
zu Ende

Der Begriff „Aufgabe" kann ein Vielfaches bedeuten: etwas lassen, es aufgeben oder auch etwas neu beginnen, eine Aufgabe annehmen. Angesichts der Fülle der Literatur zum Themenbereich „Heil" in Geschichte und Gegenwart wird niemandes Lebenszeit reichen können, eine umfassende Sichtung aller Veröffentlichungen vorzunehmen.[2] Es ist dabei eine besondere Herausforderung, den interreligiösen Kontext[3] der Frage nach der universalen Bedeutung der in Jesus Christus geschehenen Erlösung explizit in den Blick zu nehmen. Viele Veröffentlichungen dokumentieren – durchaus in ökumenischer Kooperation – die nach dem 2. Vatikani-

---

[1] R. Ausländer, Und preise die kühlende Liebe der Luft. Gedichte 1983–1987, Frankfurt 1988, 380.

[2] Vgl. im Blick auf die von mir in vorausgehenden Studien eingesehene, ausgewählte Literatur: D. Sattler, Erlösung? Lehrbuch der Soteriologie, Freiburg – Basel – Wien 2011; dies., Beziehungsdenken in der Erlösungslehre. Bedeutung und Grenzen, Freiburg – Basel – Wien 1997.

[3] Vgl. zum Dialog zwischen den Kirchen und den Religionen auch über Fragen der Soteriologie als Ausgangsort für die Sichtung weiterer neuerer Literatur: E. Wohlleben, Die Kirchen und die Religionen. Perspektiven einer ökumenischen Religionstheologie, Göttingen 2004; P. Schmidt-Leukel, Gott ohne Grenzen. Eine christliche und pluralistische Theologie der Religionen, Gütersloh 2005; Th. Roddey, Das Verhältnis der Kirche zu den nichtchristlichen Religionen. Die Erklärung „Nostra aetate" des Zweiten Vatikanischen Konzils und die Rezeption durch das kirchliche Lehramt, Paderborn 2005; R. Bernhardt, Ende des Dialogs? Die Begegnung der Religionen und ihre theologische Reflexion, Zürich 2005; Ch. Danz/U.H.J. Körtner (Hg.), Theologie der Religionen. Positionen und Perspektiven evangelischer Theologie, Neukirchen-Vluyn 2005. In diesem Sammelband erscheinen mir insbesondere die beiden Beiträge von M. Hüttenhoff (Die Möglichkeit einer am Rechtfertigungsgedanken orientierten pluralistischen Theologie der Religionen, in: ebd., 121–150) und R. Bernhardt (Protestantische Religionstheologie auf trinitätstheologischem Grund, in: ebd., 107–120) im Kontext der Frage nach dem Heil für alle von Interesse. A.Th. Khoury/P. Hünermann (Hg.), Was ist Erlösung? Die Antwort der Weltreligionen, Freiburg – Basel – Wien 1985; A. Bsteh (Hg.), Erlösung im Christentum und Buddhismus, Mödling 1982; H. Schmid/A. Renz/J. Sperber (Hg.), Heil in Christentum und Islam. Erlösung oder Rechtleitung? Theologisches Forum Christentum – Islam, Stuttgart 2004; K.-K. Kim, Der Mensch und seine Erlösung nach Sŏn-Buddhismus und Christentum. Bojo Chinul und Karl Rahner im Vergleich, Bonn 2007.

schen Konzil intensivierten Bemühungen um die Klärung der Frage, ob das Bekenntnis zu Jesus Christus der einzige Weg zum Heil ist.[4] Die Frage hingegen, ob sich angesichts des Bekenntnisses zu Christus als dem Weg zum Heil die Hoffnung auf das Heil für alle begründet ableiten lässt, ist zumindest im christlich-ökumenischen Kontext noch selten bedacht worden. Dennoch habe ich nicht aufgegeben und diese Aufgabe angenommen. Ich versuche jedoch nicht mehr als eine Spurensuche im Blick auf die Gesamtthematik dieses ökumenischen Studienprojektes „Heil für alle?". Mein Ziel dabei ist es vor allem, auf den bisherigen Umgang mit dieser Thematik in der Ökumenischen Bewegung aufmerksam zu machen, Desiderate zu benennen und Perspektiven aufzuzeigen.

1.1 Die Themen der Ökumenischen Theologie der Zukunft

Bei der näheren Bestimmung der Aufgabenstellung dieses Beitrags kam mir in den Sinn, wie Karl Rahner wenige Tage nach dem Ende des 2. Vatikanischen Konzils „die Fragen der Theologie von morgen, die dieses Konzils würdig sein will"[5], bestimmt hat. Diese Fragen sind nach Rahner konkret solche: „wie man von Gott und seinem Dasein in der Mitte der Existenz des Menschen so reden könne, dass diese Rede bei den Menschen von heute und morgen ankommt; wie man Christus inmitten einer evolutiven Weltanschauung so verkündigen kann, dass das Wort vom Gottmenschen und der Inkarnation des ewigen Logos in Jesus von Nazareth nicht wie ein Mythos klingt, den man im Ernst nicht mehr glauben kann; wie sich menschliche Zukunftsplanung und -ideologie zur christlichen Eschatologie verhalten; [...] wie Gottes- und Nächstenliebe immer, aber bald auch epochal neu, eine absolute Einheit bilden, eine Liebe ohne die andere unverständlich und unvollziehbar ist, vor allem seitdem Gott durch Christus im Menschen und eigentlich für uns nur *so* da ist; wie und warum auch in der Zukunft einer fast geglückten Herrschaft des Menschen über seinen Daseinsraum das Kreuz bleibt, an dem der Mensch angenagelt ist, der Tod und die hoffende Geduld in der bleibenden Finsternis des Daseins der einzige Aufgang des ewigen Lebens sind."[6] Rahner erinnert an diese „ewig alten und immer radikal neuen, niemals erledigten Fragen"[7] und meint: „nur wenn die Theologien aller christlichen Be-

---

[4] Vgl. exemplarisch: J. Werbick/M. von Brück (Hg.), Der einzige Weg zum Heil? Die Herausforderung des christlichen Absolutheitsanspruchs durch pluralistische Religionstheologie, Freiburg – Basel – Wien 1993.
[5] K. Rahner, Das Konzil – ein neuer Beginn. Vortrag beim Festakt zum Abschluss des II. Vatikanischen Konzils im Herkulessaal der Residenz in München am 12. Dezember 1965, Freiburg 1966, 19. Hervorhebung im Original.
[6] Ebd., 18f. Hervorhebung im Original.
[7] Ebd., 19.

kenntnisse sich *diesen* Fragen gemeinsam neu stellen und nicht nur (obzwar es auch sein muss) die alten kontroverstheologischen Probleme immer weiter diskutieren, werden sie wahrhaft ökumenische Theologie treiben und sich näher kommen."[8]

Das ökumenische Studienprojekt „Heil für alle?" nimmt die von Karl Rahner formulierten Anliegen auf: Es wendet sich den Fragen von heute zu und stellt nicht immer wieder neu die alten kontroverstheologischen Themen in den Mittelpunkt der ökumenischen Bemühungen. Rahners eigener theologischer Beitrag, der Einfluss nahm auf die Theologie des 2. Vatikanischen Konzils, ist in dem vorliegenden Band im Beitrag von Karl Lehmann ausführlich beschrieben und bedacht worden. Mit Rahner und den von ihm am Ende des Konzils im Dezember 1965 gestellten Fragen ist die Schwelle zur nachkonziliaren Zeit überschritten.

1.2 Die heutigen Kontexte der Frage nach dem Heil

Das ökumenische Nachdenken über die offene Frage nach dem „Heil für alle" geschieht heute in gesellschaftlichen Kontexten mit Auswirkungen auf die Theologien, die sich am Ende des 2. Vatikanischen Konzils bereits andeuteten, inzwischen jedoch weit bestimmender wirken. Zu den dabei zu berücksichtigenden Aspekten zählen: (1) Grundfragen der Methodik der interreligiösen Begegnungen in Wort und Tat sind im Blick auf die unterschiedlichen Heilswege und Heilslehren vielfach bedacht worden; Beschreibungen und nicht Bewertungen werden heute im wissenschaftlichen Diskurs erwartet; (2) der interkulturelle Austausch hat zu einer erheblichen Erweiterung der Kenntnis über die religiösen Bild- und Sprachwelten in der Rede vom Heil beigetragen; die neuen Kommunikationsformen ermöglichen ein differenziertes Wissen über die Vorstellungen über das Heil und die Erlösung in zahlreichen religiösen Traditionen; (3) die Erwartung, durch philosophisch-theologische Reflexionen sich auf (nur) eine überzeugende, verbindend-verbindliche Antwort auf die Wahrheitsfrage verständigen zu können, ist gesunken; (4) kosmologisch-universale Perspektiven stehen neben individualisierend-biographischen Ansätzen in der Beschreibung der (menschlichen) Geschöpflichkeit in ihrem Leiden unter dem Unheil und dem Verlangen nach Heilwerden; (5) bedrängend stellt sich die Frage, ob es denn (noch) stimmt, wenn religiöse Systeme voraussetzen, alle Menschen suchten nach dem Heil ihres Lebens und/oder gar auch des Lebens der anderen Menschen; (6) in vielen Veröffentlichungen wird die Annahme begründet, dass es einen Zusammenhang zwischen der interreligiösen Toleranz und dem Frieden in

---

[8] Ebd. Hervorhebung im Original.

der Welt gibt; da Fragen des Heils immer auch eine Diesseitsrelevanz haben, sind Themen der Ethik stets mit zu bedenken.

Die gemeinsame Wahrnehmung dieser großen gegenwärtigen Herausforderungen kann die christliche Ökumene davor bewahren, Fragen der institutionellen Gestalt der eigenen kirchlichen Identität zum vorrangigen oder gar alleinigen Thema der Gespräche werden zu lassen. Die Zeit ist reif, in ökumenischen Studien miteinander über die Grenzen der verfassten Christenheit hinaus zu blicken. Doch mit welchem Anliegen und auf welcher gemeinsamen Basis in der Rede vom möglichen Heil für alle?

1.3 Bestimmung und Begrenzung der Aufgabenstellung hier

Ich habe folgende Abschnitte vorbereitet: Ich zeige ausgewählte Bezüge zwischen der Thematik des Studienprojektes „Heil für alle?" und der Geschichte der Ökumenischen Bewegung auf (Abschnitt II.); ich erinnere im Dienst an einer christlich-ökumenischen Verständigung an den Umgang mit der Rede vom Heil in der neueren Systematischen Theologie (Abschnitt III.); ich versuche am Ende einen Ausblick und votiere für eine neue ökumenische Anstrengung, Christologie und Soteriologie schöpfungstheologisch zu begründen und eschatologisch zu konzipieren, da nur so die universale Bedeutung der Erlösungstat Gottes durch Christus Jesus im Heiligen Geist zur Sprache gebracht werden kann (Abschnitt IV.). Erforderlich wird es dabei sein, gemeinsam über die Bedeutung der Taufe als identitätsstiftendes Kriterium des Christseins nachzudenken. Auch dies kann hier nur in Ansätzen geschehen.

2. Die Bezüge – oder: Die Ökumenische Bewegung und die Thematik „Heil für alle?"

2.1 Übersicht über die Rede vom Heil in den christlichen ökumenischen Dialogen

2.1.1 Die Rede vom Heil als Sprachhandlung in ökumenischen Dialogen

Allen weiteren Detailauskünften zum Umgang mit der Rede vom Heil in den bisherigen ökumenischen Dialogen stelle ich eine These voran, die sich durch Beobachtungen stützen lässt, gleichwohl auch ohne Prüfung an den Texten unverdächtig erscheinen könnte: In vielen ökumenischen Dokumenten finden sich Auskünfte über das gemeinsame christliche Heilsverständnis, die Frage jedoch nach der Bedeutung dieser Identitätsbestimmung für theologische Annahmen über das mögliche Heil für alle wird dabei nicht gestellt. Im Sinne der Sprachhandlungstheorien auf die pragmatische Dimension solcher Worthandlungen hin untersucht, sind somit expressive und repräsentative Grundzüge in den Äußerungen im ökumenischen Kontext vorherrschend: Gemeinsam kommt zur Sprache, wie die übereinstimmende Sicht der religiösen Wirklichkeit ist (repräsentativ). Dank und Lobpreis für die in der Taufe begründete Hoffnung werden formuliert (expressiv). Die Aussagen dienen der christlichen Selbstvergewisserung durch eine Besinnung auf das gemeinsame Glaubensgut. Nicht selten findet sich ein Bekenntnis zum Heil in Jesus Christus gleich zu Beginn der ökumenischen Dokumente. Dies dient als tröstliches Vorzeichen vor allen weiteren Aussagen, bei denen dann auch Kontroverses zu sagen sein wird.

Die Frage, warum repräsentative (einen bestehenden Sachverhalt beschreibende) oder expressive (sich zu einem Sachverhalt verhaltende) und nicht etwa kommissive (ein Versprechen gebende), direktive (eine Forderung erhebende) oder deklarative (eine sich auf die institutionelle Ebene beziehende und entsprechende Wirkung anzielende) Sprachäußerungen in den bisherigen ökumenischen Dokumenten zur Frage des Heils vorherrschen, lässt sich leicht in Verbindung bringen mit der Frage der Adressatinnen und Adressaten dieser Textzeugnisse: Sie sprechen Christinnen und Christen an und sind unter Christinnen und Christen entstanden. Sie intendieren somit in keiner Weise, Menschen nichtchristlichen Bekenntnissen zur Umkehr zu rufen. Die ökumenischen Sprachhandlungen ereignen sich zumeist in Abwesenheit der anderen Religionen. Mit diesen Überlegungen ist die Frage der Adressatinnen und Adressaten auch dieser ökumenischen Studie angesprochen: Welche Intentionen verfolgt sie? Wen spricht sie an?

2.1.2 Eine Hilfe bei der Sichtung der Dialoge: „Harvesting the Fruits"

Eine wichtige Hilfe bei der Sichtung der nach dem 2. Vatikanischen Konzil in den bilateralen Dialogen der Römisch-katholischen Kirche mit den kirchlichen Traditionen, deren Entstehung sich dem Reformationsereignis verdankt (Lutheraner, Anglikaner, Reformierte, Methodisten), ist eine von Walter Kasper herausgegebene Studie zu den erreichten Konvergenzen, den verbliebenen Differenzen sowie den nun anstehenden Aufgaben.[9] Die Gliederung der Darstellung ist an die trinitarische Struktur des Glaubensbekenntnisses angelehnt; dabei verwundert gewiss

---

[9] Vgl. W. Kasper, Harvesting the Fruits. Basic Aspects of Christian Faith in Ecumenical Dialogue, London/New York 2009; inzwischen liegt der Text auch in deutscher Übersetzung vor: vgl. ders., Die Früchte ernten. Grundlagen christlichen Glaubens im ökumenischen Dialog, Paderborn/Leipzig 2011.

nicht, dass soteriologische Fragen sowohl in Kapitel I[10] über das trinitarische Wesen Gottes sowie in Kapitel II[11] über den Themenkreis Erlösung, Rechtfertigung und Heiligung aufgenommen sind. Weitaus umfangreicher sind Kapitel III[12] über ekklesiologische Themenbereiche und Kapitel IV[13] über sakramententheologische Aspekte (vor allem Taufe und Abendmahl/Eucharistie). Die Studie votiert mit guten Gründen für eine (neuerliche) Bemühung, auf der Grundlage der trinitarisch strukturierten Glaubensbekenntnisse aus frühkirchlicher Zeit zu weiteren Konvergenzen zu finden.[14] Auffällig ist, dass bei dieser thematischen Ausrichtung die in den Glaubensbekenntnissen thematisch strukturbildenden Aspekte der Schöpfung (Protologie) und der Vollendung (Eschatologie) nicht eigens bedacht sind. Dies ist ein verlässlicher Spiegel der Wirklichkeit in den christlichen Dialogen: die Frage nach der universalen Bedeutung des rettenden Christusgeschehens, die sich am ehesten mit der Thematik der Errettung der gesamten Schöpfung verbinden lässt, wird in der Regel nicht explizit thematisch. Bei den Überschriften zur Beschreibung der Konvergenzen zum trinitarischen Bekenntnisgehalt[15] sind die Bezüge zur Soteriologie zwar jeweils offenkundig („The Father: Source of salvation history"; „Jesus Christ: the Incarnate Word, Lord and Saviour"; „The Holy Spirit: Lord and giver of life"), der Blick richtet sich dabei nahezu immer auf die gesamte Schöpfung (the whole creation) und alle Menschen (humanity, all human beings), diese Rede wird jedoch nicht zum Anlass, über die Teilhabe auch derer am Heil nachzudenken, die das trinitarische Glaubensbekenntnis nicht mitsprechen.

2.1.3 Einzelne Beobachtungen

Wer – geleitet durch die hilfreichen Sachregister – die in den internationalen ökumenischen Dialogen behandelten soteriologischen Themen auffinden möchte, wird feststellen, dass in diesem thematischen Zusammenhang vorrangig auf die vielen Gespräche über die Rechtfertigungsthematik verwiesen wird. Eine präzise Klärung des Verhältnisses zwischen der Frage nach dem Heil für alle und den erreichten Konvergenzen bzw. den verbliebenen Differenzen in der Rechtfertigungsthematik erscheint mir daher für die Zukunft unverzichtbar. Dies betrifft insbesondere die Frage nach dem Verständnis des (expliziten oder impliziten) Glaubens an die Erlösung in Jesus Christus und nach der Heilsbedeutsamkeit der Taufe.

---

[10] Vgl. W. Kasper, Harvesting the Fruits (Anm. 9), 10–30.
[11] Vgl. ebd., 31–47.
[12] Vgl. ebd., 48–158.
[13] Vgl. ebd., 159–195.
[14] Vgl. ebd., 14–16; 29; 197.
[15] Vgl. ebd., 16–27.

Auffällig ist, dass eine Reflexion auf die Rede vom universalen Heil vorrangig in Gesprächen unter Beteiligung freikirchlich, evangelikal-missionarisch ausgerichteter Kirchentraditionen geschieht.[16] Im Hintergrund steht dabei in der Regel eine Verständigung über die Bedeutung von Glaube und Taufe. Der Thematik „Heil für alle?" nahe betrachte ich etwa ein Eingeständnis, das im reformiert-baptistischen Kontext formuliert wurde: „Eine unserer Hauptschwierigkeiten liegt darin, daß es schwieriger geworden ist, zwischen ‚Gläubigen' und ‚Ungläubigen' zu unterscheiden. Es gibt in der Tat Menschen, die ihren Unglauben bekennen. Es gibt auch solche, die noch nicht zu einer vollen Glaubensentscheidung gelangt sind und trotzdem Glaubende genannt werden können wegen ihrer Beziehung zu Christus durch ihre traditionelle Kenntnis von ihm und die Denkweisen ihrer Gesellschaft. Solche Situationen stellen uns allen, Reformierten und Baptisten, eine besondere seelsorgliche Aufgabe."[17]

Oft sind es Zwischenüberlegungen über die „heutige Situation", in denen die Frage nach dem Heil für alle anklingt. Im Denver-Bericht (1971) über den methodistisch/römisch-katholischen Dialog heißt es: „Die heutige Situation verrät den Durst des Menschen nach dem Gott, den er zu finden sucht, oft ohne es zu wissen – ja, manchmal gerade, indem er ihn verwirft."[18] Wurzeln und Erscheinungsweisen des Atheismus werden in diesem Bericht auf der Grundlage gemeinsamer Studien sensibel beschrieben. Die sich daraus ergebende gemeinsame Aufgabenstellung angesichts „der von vielen geteilten Erfahrung der Abwesenheit Gottes"[19] wird konsequent in pneumatologischer Perspektive beschrieben: „Wir müssen ernsthafter über die Weisen nachdenken, in denen der Hl. Geist wirksam ist in unseren negativen sowohl wie in unseren positiven Erfahrungen: Wir müssen deutlicher erkennen, wie der Hl. Geist auf den menschlichen Geist einwirkt – und zwar in jedem Stadium des Lebens des irdischen Menschen."[20] Sehr ausführlich geht der Bericht über die sich nach 1971 anschließenden Gespräche der methodistisch/römisch-katholischen Dialogkommission (der Dublin-Bericht von 1976) auf das Verständnis vom Heil der Schöpfung ein.[21] Angesichts der Feststellung,

---

[16] Vgl. Bericht über die theologischen Gespräche zwischen dem Reformierten Weltbund und dem Baptistischen Weltbund (1977), in: DwÜ 1 (1983) 102–122; Bericht der Gemeinsamen Kommission der Römisch-katholischen Kirche und des Weltrates Methodistischer Kirchen (1971), in: DWÜ 1 (1983) 388–422; Bericht der Gemeinsamen Kommission der Römisch-katholischen Kirche und des Weltrates Methodistischer Kirchen (1976), in: DwÜ 1 (1983) 423–453.

[17] Bericht über die theologischen Gespräche zwischen dem Reformierten Weltbund und dem Baptistischen Weltbund (1977) (Anm. 16), 110 (Nr.11).

[18] Bericht der Gemeinsamen Kommission der Römisch-katholischen Kirche und des Weltrates Methodistischer Kirchen (1971) (Anm. 16), 401 (Nr. 57).

[19] Ebd., 398 (Nr. 45).

[20] Ebd.

[21] Vgl. Bericht der Gemeinsamen Kommission der Römisch-katholischen Kirche und des

dass „das Verlangen nach Heil so universal ist wie die Menschheit selbst"[22], unterscheidet das Dokument zwischen drei Ebenen in der Rede von Heil und Errettung (das reine Überleben; Möglichkeiten der würdigen Gestaltung des Daseins; innere Ruhe im gläubigen Wissen um das Transzendente)[23] und sondiert Gemeinsamkeiten im christlichen Umgang mit der Heilssuche aller Menschen, wobei die Aufgabe insbesondere darin besteht, „die ganze Tragweite der biblischen Sicht des Heils als neuer Schöpfung"[24] zu erforschen.

Das Verhältnis zwischen Schöpfung und Erlösung wird ausführlich in dem 1977 erschienenen Bericht über den Dialog zwischen dem Reformierten Weltbund und dem Sekretariat für die Einheit der Christen bedacht.[25] Die darin formulierten Konvergenzen sowie die sich anschließenden Fragen haben bleibende Gültigkeit.[26] Sie zielen durch die Betrachtung des Zusammenhangs zwischen Schöpfung und Erlösung eine gemeinsame Sicht der „politischen und sozialen Implikationen im Heilswerk Christi"[27] an.

Im Sinne einer zusammenfassenden Zwischenbemerkung lässt sich bisher festhalten, dass in den 70er Jahren des 20. Jahrhunderts die universale Bedeutung der Rede vom menschlichen Heil als den Kirchen gemeinsam aufgetragenes Thema betrachtet wurde. Dies spiegelt sich auch in einer Konferenz des Ökumenischen Rates der Kirchen 1972/1973 in Bangkok zum Thema „Das Heil der Welt heute".[28]

In den 1980er Jahren erfolgen in den Dialogen zum einen thematische Zuspitzungen auf die Frage nach der ekklesialen Vermittlung des Heils[29], zum anderen wächst die Bereitschaft, im Kontext der Reflexionen auf das Verständnis von Mission und Evangelisation auch über den ganzheitlichen kirchlichen Heilungsdienst nachzudenken. Dies geschieht vorrangig in den Dialogen mit evangelikalen[30] und pfingstlerischen Gemein-

---

Weltrates Methodistischer Kirchen (1976) (Anm. 16), bes. 425–430.

[22] Ebd., 427 (Nr. 16).

[23] Vgl. ebd., 427 (Nr.13).

[24] Ebd., 429 (Nr. 22).

[25] Vgl. Die Gegenwart Christi in Kirche und Welt. Schlussbericht zwischen Reformiertem Weltbund und dem Sekretariat für die Einheit der Christen (1977), in: DwÜ 1 (1983) 487–517, bes. 497–503.

[26] Vgl. ebd., 498f. (Nr. 48).

[27] Ebd., 498 (Nr. 44).

[28] Vgl. Das Heil der Welt heute. Ende oder Beginn der Weltmission? Dokumente der Weltmissionskonferenz Bangkog 1973, hg. von Ph.A. Potter im Namen des Ökumenischen Rates der Kirchen, dt. Ausg. besorgt von Th. Wieser, Stuttgart – Berlin 1973.

[29] Der Titel der Gemeinsamen Erklärung der Zweiten Anglikanisch/Römischkatholischen Internationalen Kommission (ARCIC II, 1986) lautet „Das Heil und die Kirche": vgl. DwÜ 2 (1992) 333–348. Bei den besprochenen Sachthemen stehen Fragen der Rechtfertigungslehre im Vordergrund.

[30] Vgl. den Dialog über Mission zwischen Evangelikalen und der Römisch-katholischen

schaften.[31] Die von evangelikalen Gruppen formulierte Position kommt in folgender Textpassage zum Ausdruck: „Evangelikale bestehen [...] darauf, daß nach dem Neuen Testament Menschen außerhalb von Christus ‚verlorengehen' und sie Errettung nur in und durch Christus erhalten können. Sie sind deshalb tief berührt von dem Schicksal derer, die nie von Christus gehört haben. Die meisten Evangelikalen glauben, daß diese Menschen sich selbst zur Hölle verdammen, weil sie das Licht, das sie empfangen haben, zurückweisen. Viele sind zurückhaltender im Reden über deren Schicksal, weil sie die Souveränität Gottes nicht begrenzen wollen, und ziehen es vor, Gott die Sache zu überlassen. Andere gehen weiter in ihrer Offenheit für die Möglichkeit, daß Gott einige erretten kann, die nie von Christus gehört haben. Sie fügen jedoch gleich hinzu, daß, wenn Gott dies tut, er es nicht aufgrund von Religion, Aufrichtigkeit oder Taten tut (es gibt keine Rettung aufgrund guter Werke), sondern allein aufgrund seiner freien Gnade, die er auf der Grundlage des versöhnenden Todes Christi schenkt. Alle Evangelikalen erkennen die dringende Notwendigkeit an, das Evangelium von der Errettung der ganzen Menschheit zu verkündigen."[32]

Nach meiner Wahrnehmung ist der Frage, welche Bedeutung evangelikale Strömungen in den einzelnen Konfessionsgemeinschaften haben, bisher eine zu geringe Bedeutung in den Dialogen zwischen den Weltbünden und der Römisch-katholischen Kirche zugemessen worden. Wichtig finde ich zudem die Wahrnehmung, dass es nicht wenige Dokumente unter orthodoxer Beteiligung (unter Aufnahme patristischer theologischer Traditionen) gibt, in denen eine Verbindung zwischen der schöpfungstheologischen Begründung und der eschatologischen Erwartung der universalen Erlösung ins Wort gebracht wird.[33]

Es zeigt sich somit, dass sowohl bei einer christologisch-missionarischen als auch bei einer pneumatologisch-kosmisch ausgerichteten ökumenischen Soteriologie Ausblicke auf das Heil aller Geschöpfe möglich sind. Das Thema „Soteriologie" im umfassenden Sinn war jedoch bisher selten Gegenstand eines Dialogs.[34]

Kirche (1977–1984), in: DwÜ 2 (1992) 392–443, bes. 410–421 (Nr. 95–145).

[31] Vgl. die Aufnahme des Themas „Das Heilen in der Kirche" in den Schlussbericht des Dialogs zwischen dem Sekretariat für die Einheit der Christen der Römisch-katholischen Kirche und einigen klassischen Pfingstlern (1977–1982), in: DwÜ 2 (1992) 581–599, bes. 586–588 (Nr. 31–40).

[32] Dialog über Mission zwischen Evangelikalen und der Römisch-katholischen Kirche (1977–1984) (Anm. 30), 416 (Nr. 124).

[33] Vgl. aus jüngerer Zeit exemplarisch zwei Dialoge der Gemeinsamen Lutherisch/Orthodoxen Kommission: „Das Verständnis des Heils im Lichte der ökumenischen Konzile" (1995), in: DwÜ 3 (2003) 99–102; „Heil: Gnade, Rechtfertigung und Synergie" (1998), in: ebd., 103–106.

[34] Vgl. die gemeinsame altkatholisch – orthodoxe Erklärung zum Thema „Soteriologie"

2.2 Die Ökumenische Bewegung und der interreligiöse Dialog zur Frage des Heils

Die Frage nach dem Heil für alle ist in den Arbeitsbereichen des Ökumenischen Rates der Kirchen (ÖRK) sowie des Päpstlichen Rates für den Interreligiösen Dialog intensiv gegenwärtig. Die neuere Literatur, in der die inzwischen gefestigten Grundpositionen in ein Gespräch miteinander geführt werden, ist sehr reichhaltig.[35] In den christlich-ökumenischen Studien zu einzelnen soteriologischen Themenaspekten haben solche Bemühungen in der Regel keine Rezeption erfahren.

Hilfreich finde ich in diesem Zusammenhang, dass eine Kommission des ÖRK 2002 ein Dokument erarbeitet hat, das „Leitlinien für den Dialog und für die Beziehungen mit Menschen anderer Religionen" enthält.[36] Dieser Beitrag bietet auch einen Rückblick auf die Geschichte des Umgangs mit dieser Fragestellung im ÖRK. Veränderungen werden wahrgenommen: „Mehr als je zuvor wächst unser Bedürfnis nicht nur nach Dialog mit Menschen anderen Glaubens, sondern auch nach echten Beziehungen zu ihnen."[37] Der Friedensdienst, der mit dem interreligiösen Engagement verbunden ist, kommt mehrfach zur Sprache. Ausdrücklich werden schöpfungstheologische und eschatologische Aspekte in die Betrachtung der Erkenntnis Gottes eingebracht.[38] Die Erinnerung an das gemeinsame Menschsein als Geschöpfe Gottes sowie die eschatologische Vision der Wiederherstellung der gesamten Schöpfung sind die theologischen Leitgedanken. Auf dieser Basis werden dann Hinweise für ein angemessenes Verhalten gegenüber Menschen anderer Religionszugehörigkeit (im Respekt vor der religiösen Pluralität) gegeben, eine soteriologisch-theologische Auseinandersetzung mit dem spezifisch christlichen Verständnis des Heils geschieht jedoch nicht.

2.3 Ein viel bedachtes Thema: Heil – Heilung – Mission

Bei einer Spurensuche in ökumenischer Perspektive darf im Blick auf das Thema „Heil für alle?" die Erinnerung an die Bemühungen um eine neue Wertschätzung des Dienstes der leiblichen Heilung nicht fehlen. Das Anliegen, das Verhältnis zwischen Heil und Heilung näher zu bestim-

---

(1983), in: DwÜ 2 (1992) 24–29. In der Darstellung werden im soteriologischen Kontext schöpfungstheologische und eschatologische Aussagen gemacht. Die Rede von der „Rettung des Menschengeschlechts" und (inklusiv) „der Menschen" ist dabei geläufig.

[35] Zur Literatur vgl. hier oben die Hinweise in Anm. 3

[36] Vgl. ÖRK-Leitlinien für den Dialog und für die Beziehungen mit Menschen anderer Religionen, in: Ökumenische Rundschau 52 (2003) 345–356.

[37] Ebd., 346 (Nr. 3).

[38] Vgl. ebd., 348 (Nr. 10).

men, ist in neuerer Zeit vordringlich geworden.[39] Grundlegend stellt sich in diesem Zusammenhang gewiss die Frage nach der Bedeutung der Erwartung und der Grenzen des diesseitigen Heils im Sinne der Gesundung des Menschen durch medizinische Dienste. Die Geschichte der ökumenischen Bemühungen um diese Thematik haben Christoph Benn und Erlinda Senturias gemeinsam beschrieben.[40] Die Gesundheitsfürsorge gehört von frühesten Zeiten der neuzeitlichen Missionsbewegungen an zum diakonischen Leitbild der christlichen Konfessionen. Heil für alle – das bedeutet in diesem Zusammenhang die Sorge für das Leben aller Menschen unabhängig von deren Religionszugehörigkeit. Es gibt offenkundig eine praktisch gelebte Zustimmung zum Heil für alle gerade im Kontext der Mission.

Es gibt in Geschichte und Gegenwart der christlichen Theologien zahlreiche soteriologische Konzepte, die je auf ihre Weise den universalen Charakter der Heilszusage in Jesus Christus bedenken. Vor weiteren ökumenischen Überlegungen im konfessionellen oder interreligiösen Kontext zur Frage nach dem Heil für alle gilt es, ein Einverständnis über die Grundlagen der christlichen Rede von Heil und Erlösung zu erreichen.

3. Vergewisserung – oder: Die Rede von Heil und Erlösung in der Systematischen Theologie

„Es ist schwierig, die Thematik eines dogmatischen Artikels ‚Heil und Erlösung' näher zu bestimmen"[41]. Im ersten Augenblick kann ein solches Eingeständnis, mit dem Martin Seils seinen Beitrag zum Stichwort „Heil und Erlösung" im Abschnitt „Dogmatisch" in der Theologischen Realenzyklopädie beginnt, tröstlich wirken: Auch andere haben die Problematik empfunden, einen Versuch machen zu sollen, sich zu dieser Fragestellung im Sinne einer Übersicht knapp zu äußern. Seils beschreibt den Grund für sein Zögern so: „‚Heil' ist ein *soteriologisches Schlüsselwort* von umfassendem Charakter. Es begreift alles in sich, was das Christentum in Verkündigung und Lehre über das zu sagen hat, was von Gott her in und durch Jesus Christus für den Menschen und für die Welt geschehen ist."[42] Nach Seils ist die Rede vom Heil „zu einem verhältnismäßig unbestimmten, ebendeshalb aber auch vielfältig anwendbaren *Grundwort* für die Neuge-

---

[39] Vgl. P. Dabrock, Heil und Heilung. Theologisch-identitätsethische Unterscheidungen und ökumenische Herausforderungen im Verständnis von und im Umgang mit Gesundheit, in: US 61 (2006) 129–139.
[40] Vgl. Ch. Benn/E. Senturias, Health, Healing and Wholeness in the Ecumenical Discussion, in: International Review of Mission 90 (2001) 7–25.
[41] M. Seils, Art. „Heil und Erlösung. IV. Dogmatisch", in TRE 14 (1986) 622–637, 622.
[42] Ebd. Hervorhebung im Original.

staltung und Neubestimmung der Beziehung von Gott, Mensch und Welt geworden, die durch Jesus Christus und in ihm sich ereignet hat."[43]

Die Wortwahl, die in diesen Zitaten begegnet, ist nicht zufällig: Das Heil von Mensch und Welt werden meist in einem Atemzug genannt. Was präzise könnte damit je gemeint sein? Jeder Mensch – getauft und ungetauft – suchend und fragend oder auch nicht – gleich welcher kulturellen und religiösen Prägung? Und die Welt – besteht sie (allein) aus der Gesamtheit der menschlichen Geschöpfe in geschichtlicher Daseinsweise oder sprechen wir auch von der nicht-menschlichen, der gesamthaft kosmischen Schöpfung? Eines erscheint von Beginn der Suche nach einem rechten Verständnis der christlichen Rede vom Heil an offenkundig: Der Begriff ist eine Versuchung zur Verallgemeinerung der Erwartung eines glückseligen Daseins aller Geschöpfe abseits jeder Rücksichtnahme auf die situativen Bestimmungen des Daseins. Leichter als das Ziel „Heil" zu bestimmen, fällt es in dogmatischer Perspektive offenkundig, den Weg zu beschreiben, der in der Metapher „Erlösung" anklingt. Von erlebten Prozessen lässt sich erzählen: von befreienden Erfahrungen, von neuen Einsichten, von Entlastungen, von Versöhnung und Entschuldung. Wer aber erzählt in seinem Alltag vom „Heil"?

3.1 Begriffsbestimmungen von „Heil"

Viele Theologen haben bereits versucht, dem Begriff „Heil" auf die Spur zu kommen. 1972 hat Klaus Hemmerle einen Beitrag im ersten Jahrgang der Internationalen katholischen Zeitschrift „Communio" mit dem Satz begonnen: „Hoffnung, Zukunft sind en vogue. Heil ist es nicht"[44]. Hemmerle unterscheidet im Fortgang zwischen der (aus seiner Sicht inzwischen marginalen) Verwendung des Begriffs „Heil", der aus seiner Sicht eher mit Abneigung bedacht wird, und den fortdauernden und sogar intensivierten, positiv konnotierten religiösen Heilslehren. Hemmerle macht zudem darauf aufmerksam, dass bei der Rede vom Heil oft „Beiwörter"[45] bemüht werden, die den offenkundig sonst nicht leicht zu fassenden Begriff näher bestimmen: übernatürliches Heil, persönliches Heil, ewiges Heil, Heil der Welt[46] – das sind die Angebote die Klaus Hemmerle macht. Die Rede vom „Heil der Anderen" lässt sich dieser Beobachtung zuordnen. Offenkundig verlangt die Rede vom Heil nach einer thematischen Begrenzung, um überhaupt eine Fragestellung zu er-

---

[43] Ebd. Hervorhebung im Original.
[44] K. Hemmerle, Der Begriff des Heils. Fundamentaltheologische Erwägungen, in: IKaZ 1 (1972) 210–230.
[45] Ebd., 211.
[46] Vgl. ebd.

kennen, auf die sich eine Antwort geben lässt. Klaus Hemmerle bemüht sich – dabei methodisch der Phänomenologie verpflichtet – um eine Rehabilitierung des Begriffs „Heil" und bedenkt folgende Aspekte: die *Integrität* (das Ganzsein) des Daseins; die Suche nach der *Ursprünglichkeit* (im Guten) des Daseins, das Auslangen nach der *Verwandlung* des Daseins angesichts des erfahrenen Unvermögens, Ursprünglichkeit und Integrität zu bewahren; die Bereitschaft zur *Kommunikation* im Überschreiten des eigenen Daseins; die Anerkenntnis der *Unselbstverständlichkeit* im Gewahrwerden, da zu sein und Heil erhoffen zu können; die Verschränkung von *Transzendenz und Immanenz*; die Notwendigkeit der *Integration des Unheils* in die Rede vom Heil, um überhaupt an gegenwärtige Erfahrungen anschlussfähig zu sein. Zuflucht nimmt Hemmerle am Ende seines Beitrags zur Rede von der neuen Schöpfung als einer eschatologischen Vorstellung, die sich im Heiligen Geist bereits in der Gegenwart ereignet: „Dieses Heil, diese neue Schöpfung sind jetzt. Aber dieses Jetzt hat keine Grenze, und es ist im Jetzt der Zeit noch nicht ganz bei sich eingetroffen. Weil die neue Schöpfung *communio* mit ihrem Anfang, mit Jesus und von ihm her mit allem ist, deshalb bleibt Eschatologie, konkrete Eschatologie, aktuell gerade heute. In diese Eschatologie gehört das Pneuma des Herrn, das schon jetzt wirkt und in dem er schon jetzt in uns ist und durch uns handelt."[47]

In nicht wenigen Artikeln in theologischen Lexika[48] wird im Sinne einer Begriffsbestimmung zunächst ein Hinweis auf die Etymologie des (deutschen) Wortes versucht: Demnach lassen sich indogermanische Wurzeln freilegen, die eine Verbindung mit dem englischen Wort „whole" nahelegen. Von dort aus werden Beschreibungen des Heils versucht, bei denen die Ganzheit und Unversehrtheit des Daseins eines Geschöpfes (gewiss im Miteinander mit anderen Geschöpfen) im Mittelpunkt stehen.

3.2 Grundanliegen der gegenwärtigen Soteriologie

In Thesenform möchte ich in Erinnerung rufen, was in vielen jüngeren Beiträgen zur Erlösungslehre als Anliegen formuliert ist:

(1) Die neuere christliche Soteriologie ist darum bemüht, *lebensnah und erfahrungsgesättigt* von Heil und Erlösung zu sprechen. Das Anliegen, eine Korrespondenz zwischen der von Menschen erlittenen Unheilswirklichkeit und der von Gott verheißenen Rettung aufzeigen zu wollen, verbindet zahlreiche neuere Publikationen zur Soteriologie. Dabei ist es wichtig geworden, die Phänomene des Unheils näher zu be-

---

[47] Ebd., 230. Hervorhebung im Original.
[48] Vgl. exemplarisch J. Zehner, Art. „Heil. III. Dogmatisch", in: RGG³ (2000) 1524–1526, 1524.

stimmen, um angemessen von der Hoffnung auf Heil sprechen zu können. Die der Tradition vertraute Unterscheidung zwischen der personalen *„Tatsünde"* und der (strukturell bedingten) *„Erbsünde"* hat auf diese Weise neu an Bedeutung gewonnen.

(2) Die heutige Gestalt der Soteriologie ist das Ergebnis einer gesamt-theologischen Denkbewegung. Kennzeichnend für die neuere systematische Theologie ist ihr Bemühen, alle ihre Aussagen als Konkretionen der Rede von Gott und seiner heilschaffenden Zuwendung zu seiner Schöpfung zu betrachten. Auch die *Soteriologie ist Theo-logie*: Rede von Gott. Zugleich ist die Soteriologie nicht als ein regionaler Traktat im Gesamt der theologischen Arbeit zu betrachten, vielmehr sind alle theologischen Einzelfragen auf ihre soteriologische Relevanz hin zu überprüfen. Die gesamte *Theologie ist Soterio-logie*: Rede von Gottes heilschaffendem Wirken.

(3) Die Geschichte der Soteriologie ist *reich an konzeptionellen Entwürfen*. Ihre sich wandelnden Leitbegriffe – Loskauf, Rechtfertigung, Platztausch, Erziehung, Befreiung und viele andere – sind zeitgeschichtlich geprägt, metaphorisch zu verstehen und immer von begrenzter Aussagekraft. Menschen müssen in jeder Zeit neu darüber nachdenken, in welchen Sprachbildern ihre Erfahrung des noch unheilen und doch bereits erlösten Daseins gut verwahrt wird. Vieles spricht dafür, dass gegenwärtig Menschen in unserer Umgebung insbesondere Beziehungsstörungen als Quelle von Leiden wahrnehmen und vor allem auf der Suche sind nach gelingender Gemeinschaft mit anderen.

(4) Die neuere Soteriologie bemüht sich um eine *Zusammenschau von drei Ansätzen*, die in früherer Zeit eher als theologische Alternativen behandelt wurden: Sie thematisiert das Leben Jesu als geschichtlichen Ort der Erlösungserfahrung (vitaler Ansatz); sie konzentriert sich auf das Pascha-Geschehen als den Grund christlicher Hoffnung (staurologischer Ansatz); sie bespricht die soteriologische Relevanz der Menschwerdung Gottes (inkarnationstheologischer Ansatz). In allen drei Bereichen gilt es, die universale Perspektive des Erlösungsgeschehens zur Sprache zu bringen. Dies setzt aus meiner Sicht ein Bekenntnis zur Einzigartigkeit Jesu im Vergleich zu allen weiteren Menschen voraus. Die Inkarnationslehre wird in der Soteriologie in Anspruch genommen. Soteriologie und Christologie lassen sich nur methodisch, nicht jedoch thematisch trennen.

(5) Im Kontext einer inkarnationstheologisch ansetzenden soteriologischen Argumentation vermag die *Verwendung relationaler Begriffe* vor allem die Universalität der erlösenden Intention Gottes zu veranschaulichen. Zwei Überlegungen stützen diese These: (1) Gott hat sein rettendes „Mit-sein" zu seinem Namen erklärt, der sein Wesen offenbar macht. Diese Verheißung an alle Geschöpfe wird im gläubigen Nachdenken über das Christusereignis als wahr, als verlässlich erkannt. Der Immanuel hat

unter den Menschen gewohnt. (2) Die Menschwerdung Gottes lässt sich als ein Geschehen der Inkorporation in eine Gemeinschaft beschreiben. Durch die Gemeinschaft des Sohnes Gottes mit der Menschheit entsteht eine universale Verbundenheit, die dem universalen Heilswillen Gottes entspricht. Die Schwierigkeit, die Universalität des Erlösungsgeschehens mit der Person Jesu Christi in Verbindung zu bringen, lässt sich lösen, wenn Jesus Christus als einer vorzustellen ist, der in Beziehung zu allen Menschen steht. Insbesondere dieser zuletzt beschriebene Aspekt ist anschlussfähig an eine Rede vom Heil für alle. Es hat daher theologische Konsequenz, wenn inkarnationstheologische Konzepte wie beispielsweise jenes von Karl Rahner sich offener zeigen für universale Perspektiven als staurologische: Das Sterben Jesu für alle will im Glauben erkannt sein, sein Leben ist eine Vorgabe für alle.

3.3 Desiderate und Aufgabenstellungen

Während in vielen anderen Bereichen der theologischen Systematik die beklagte Geistvergessenheit inzwischen überwunden zu sein scheint, gilt die pneumatologische Erfassung der Soteriologie noch als Desiderat der Forschung. Erst ein pneumatologischer Zugang zur Soteriologie ermöglicht es jedoch, das Erlösungsgeschehen als protologisch begründete, eschatologisch sich vollendende und in Jesus Christus geschichtlich erfahrene Einbeziehung der Schöpfung in das Leben Gottes zu begreifen: „Wird die Heilsökonomie verstanden als die der inneren Disposition Gottes vollkommen entsprechende Öffnung des innergöttlich-trinitarischen Beziehungsgeschehens auf die Menschen hin und wird die Heilsökonomie zur Sprache gebracht von der Gottes Wesen ursprünglich ausmachenden grenzenlosen Beziehungsfähigkeit und Beziehungswilligkeit Gottes her, so kann von Gottes Dreieinigkeit – dem Mysterium der ‚ursprünglichen‘ göttlichen Beziehungsmächtigkeit – theologisch angemessen eigentlich nur im Hinblick auf das Zum-Ziel-Kommen dieser Beziehungsmächtigkeit im Eschaton gesprochen werden. Das Letzte wird dem unvordenklichen, ewigen Ursprung entsprechen; in der vollendeten Gottesherrschaft wird Gottes Wille uneingeschränkt geschehen. Und er wird so geschehen, daß der Heilige Geist die Erwählten – die sich erwählen ließen – zuinnerst mit Jesus Christus verbindet und sie so – als Schwestern und Brüder des ‚eingeborenen Sohnes‘ – Kinder des Vaters sein läßt. Wo der Wille Gottes uneingeschränkt geschieht, da wird sich denen, die ihn an sich geschehen lassen, auch das Geheimnis der göttlichen Beziehungsmächtigkeit erschließen."[49]

---

[49] J. Werbick, Trinitätslehre, in: Th. Schneider (Hg.), Handbuch der Dogmatik, Bd. 2, Düsseldorf ²1995, 481–576, 569f.

Die theologische Rede von Gottes Geist als jener göttlichen „Person", in der die Schöpfung an Gottes Leben teilhat, ohne die geschöpfliche Freiheit zu verlieren, ist Aussage von Gottes ursprünglicher, seinem Wesen entsprechender Beziehungswilligkeit, ohne die niemals etwas geworden wäre, noch jemals etwas Bestand behielte. Die in der Protologie reflektierte Erschaffung und Erhaltung des Geschöpflichen ist von soteriologischer Relevanz und kann als Aufnahme und treue Gewähr der im Heiligen Geist geschehenden Gottesbeziehung verstanden werden. Die im Anfang gegebene, selbstbestimmte und freie Willigkeit Gottes, durch sein erschaffendes Handeln Wesen mit geschöpflicher Freiheit in seiner göttlichen Beziehungswirklichkeit Raum zu geben, erscheint in ihrer eschatologischen Vollendungsgestalt als eine von Gott selbst neu errungene. Die Heilsgeschichte (und darin das Christusereignis) kann vor diesem Hintergrund als die von Gott initiierte Ermöglichung eines Einblicks in seine trotz der Sünde bewahrte Beziehungswilligkeit betrachtet werden, in deren geschichtlicher Offenbarkeit der Glaube seinen Grund hat.

Die Todesstunde Jesu kann durch die Inanspruchnahme der Deutekategorie Beziehungswilligkeit bei der Rede von Gottes erlösendem Wesen als eine in besonderer Weise qualifizierte Situation begriffen werden: Menschen töteten den, dessen Leben ihre Daseinsgewähr ist. Im Tod des Gottessohnes erreicht die geschöpfliche Sünde, der Gemeinschaftsbruch, ihre bitterste Gestalt. In eigener Weise qualifiziert ist dieses Geschehen durch die Endgültigkeit des im Töten realisierten Beziehungsabbruchs. In der Auferweckung des bis in seinen Tod hinein beziehungswilligen Gottessohnes wird das Erlösungsgeschehen als erneu(er)te Einbeziehung der Geschöpfe in Gottes Leben offenbar: Gottes Geist bewirkt, dass mit Christus Jesus die gesamte Schöpfung auf ewig an Gottes Leben teilhat. Auch in dieser Stunde verschließt sich Gott nicht; er bleibt offen für die, die sich dem deutlichsten Zeichen seiner Liebe verschlossen haben. Im Geist Gottes bleibt die sich selbst der Gottesbeziehung verweigernde Schöpfung mit Gott in Beziehung. Das Leben steht denen offen, die sich von Gott ergreifen lassen. Die Erlösungsordnung hebt wie die Schöpfungsordnung die geschöpfliche Freiheit nicht auf.

Die Ermittlung der soteriologischen Relevanz der Weise Jesu, Beziehungen heilvoll zu gestalten, ist durch die Berücksichtigung des pneumatologischen Zusammenhangs erleichtert: In der Gemeinde Jesu Christi ist nicht nur eine Erinnerung an Jesu Beziehungshandeln gegenwärtig, er selbst ist in seinem Geist erfahrbar, wo immer Menschen Beziehungen so leben, dass ihnen darin Leben eröffnet ist. Die neutestamentliche Überlieferung der Begegnungen mit Jesus, in denen Menschen eine Wandlung ihrer unheilen Lebenswirklichkeit, ihrer Gefangenheit in den Fesseln der Selbstbezogenheit und der Krankheit, erfahren haben, können als geschichtliche Konkretionen der offen stehenden Möglichkeit betrachtet werden, sich auch heute vom Geist Jesu Christi zu einer Wandlung des Daseins ermutigen zu lassen.

Die Thematisierung der geisttheologischen Dimension einer auf relationale Kategorien zurückgreifenden Soteriologie vermag dieser ihre gesellschaftliche Bedeutung zu sichern: Das Heil, das für die offenbar ist, die Jesus begegnet sind, hat in seiner geschichtlichen Konkretheit universale Bedeutung. Dabei gilt: „Der Leib Christi, die Kirche, ist größer und weiter als die institutionellen Grenzen der Kirche; sie besteht von Anfang der Welt; zu ihr gehören alle, die sich in Glaube, Hoffnung und Liebe vom Geist Christi leiten lassen"[50]. Im Sprachspiel der Beziehungs-Soteriologie heißt dies: Erlöst sind alle, die sich im Leben – auch in Zeiten erfahrenen Unrechts und drohender Gefährdung des eigenen Daseins – darauf einlassen, für die Begegnung mit anderen offen zu sein und trotz allem Gemeinschaft unter den Geschöpfen zu leben. Mit einer solchen Bestimmung eröffnen sich im ökumenischen Kontext neue Fragen im Blick auf das Verhältnis von Erlösung und Ethik. Diesbezüglich stehen sehr dringlich noch weitere ökumenische Gespräche an.

4. Ein Ausblick – oder: Heil allein für uns (Christen) – und nicht für Andere?

4.1 Wer sind die Anderen? – Wer ist der Andere?

Das Stichwort „Andere, der" war und ist einen Lexikonbeitrag wert. Bernhard Casper hat dieses Lexem in der Neuauflage des „Lexikon für Theologie und Kirche" bearbeitet.[51] Er unterscheidet zu Beginn streng zwischen „das andere" und „der andere (Mensch)". In Abwehr von Versuchungen zu einer Vergegenständlichung des Menschen votiert er für die Achtung der vom freien Subjekt entworfenen Weltsicht, die sich jeder Objektivierung entzieht. Die tiefste Wurzel zur Bereitschaft zur Anerkenntnis des Lebens des Anderen liegt in der Annahme der Gottebenbildlichkeit jedes menschlichen Geschöpfes verborgen. Mit der Aufmerksamkeit auf den Anderen (als Gottes Geschöpf) wird auch die verantwortliche Sorge für ihn groß. Die Zeitlichkeit des Daseins setzt der Begegnung mit dem Anderen Grenzen. Im Sprechen miteinander, im Gegenüber Auge in Auge, wird der Andere (die Andere) zu einer unvertretbaren Person. Geduld miteinander ist eine theologische Tugend.

Bernhard Casper ist ein früher Vertreter einer Forschungsrichtung, die im Anschluss an Gedanken von Emmanuel Lévinas „die Spur des Anderen"[52] phänomenologisch aufgenommen haben. Inzwischen sind viele

---

[50] W. Kasper, Jesus der Christus, Mainz 1974, 322.
[51] Vgl. B. Casper, Art. „Andere, der", in: LThK³ 1 (1993) 618f.
[52] Vgl. E. Lévinas, Die Spur des Anderen. Untersuchungen zur Phänomenologie und Sozialphilosophie, Freiburg/München 1983.

Bücher mit Titeln erschienen, in denen der Begriff des „Anderen" leitend ist.[53] Eine Bezugnahme auf diesen religionsphilosophischen Diskurs erscheint mir in unserem christlich-ökumenischen Zusammenhang unverzichtbar. Er kann den Schrecken lehren – den Schrecken vor jeder Versuchung, sich selbst nicht als einen Anderen zu wissen – in den Augen der „Anderen" sind wir immer auch „Andere".

4.2 Eine Soteriologie in schöpfungstheologischer und eschatologischer Perspektive

Bei der Durchsicht der ökumenischen Dialoge fällt auf, wie selten schöpfungstheologische und eschatologische Perspektiven in soteriologischer Hinsicht angesprochen werden. Beide Themenbereiche haben eine Nähe zur Frage der Universalität der Erlösung. Die innere Verbundenheit von Protologie und Eschatologie ist in der römisch-katholischen Theologie seit der Mitte des 20. Jahrhunderts vielfach bedacht worden. Aus meiner Sicht bedarf es in diesem Zusammenhang auch einer neuen Betrachtung der theologischen Rede vom universalen Gericht. Das Gerichtsgleichnis in Mt 25,31–46 wird heute in vielfachen Kontexten neu in Erinnerung gerufen. Auch in diesem Zusammenhang sind es Fragen der Ethik im sozialen Sinn, die Anlass sind für die Nachfrage, wer selbst Heil erfährt oder den Anderen Unheil bereitet.

4.3 Jesus Christus – das Heil für alle

In der theologischen Tradition wird zwischen der Redemptio objectiva (der ohne Zutun des Menschen allein von Gott gewirkten Erlösung) und der Redemptio subjectiva (der persönlichen Annahme des Erlösungsgeschehens durch den gläubigen Menschen) streng unterschieden. Manche Einwände gegen eine solche scholastisch wirkende Differenzierung sind zwischenzeitlich vorgetragen worden. Aus meiner Sicht bleibt diese Unterscheidung wichtig: Gottes Tat in Christus Jesus – wirksam im Gedächtnis im Heiligen Geist – geschieht auch für die Anderen, die Nichtglaubenden, die Ungetauften. Wenn sie auf diese Kunde hörten und ihr Glauben schenkten, könnten sie getroster leben. Eigentlich ist jedoch alles schon getan. Das Heil hält Gott für alle bereit – je früher Menschen diese Gnadengabe annehmen, umso besser. Im Ernstfall kann die Nachfolge Jesu angesichts seiner unbedingten Versöhnungsbereitschaft allerdings das (irdische) Leben kosten. Ohne die Hoffnung auf das Eschaton bleibt die Rede vom Heil letztlich ohne Trost für die Leidenden.

---

[53] Vgl. B. Casper, Angesichts des Anderen. Emmanuel Lévinas – Elemente seines Denkens, Paderborn u.a. 2009.

Heil für Nichtchristen?

Paradigmatische Sichtweisen im Horizont
evangelischer Bekenntnistradition

Michael Beintker

1. Zur Aufgabe

In der Themenstellung kreuzen und überschneiden sich mehrere Fragerichtungen, die sowohl den Reiz als auch den Schwierigkeitsgrad des Themas ausmachen. Unmittelbarer Anlass des Nachdenkens ist das Bemühen um interkonfessionelle Verständigung auf dem weiten Feld des Interreligiösen: Was sagen und leisten unsere unterschiedlichen Bekenntnistraditionen im Hinblick auf das Verhältnis der Religionen, ihre Wahrheits- und Geltungsansprüche, die theologische Deutung religiöser Pluralität? Und was werden wir aus christlicher Sicht und Verantwortung zum Verhältnis von christlichem Glauben und nichtchristlichen Religionen *gemeinsam* sagen können?

Diese Problemstellung, die schon für sich betrachtet spannend genug wäre, wird nun freilich mit der Frage nach dem Heil verknüpft und in sie eingezeichnet. Die Wahrheitsfrage mutiert (gut biblisch) zur Heilsfrage – zu einer Frage, bei der es genaugenommen um letztes Bestehen und letztes Scheitern, um Leben und Tod, um Himmel und Hölle, um alles oder nichts geht. Die Theologie der Religionen erprobt sich normalerweise auf den heute soteriologisch eher unterkühlten Feldern der Fundamentaltheologie. Nun jedoch wird sie soteriologisch „geerdet" und mit den beziehungsreichen Themenbereichen der Soteriologie, der Erwählungslehre und der Eschatologie verbunden. Das entspricht ganz der Art, wie unsere theologischen Vorfahren, die eine eigentliche Theologie der Religionen noch nicht kennen konnten, mit dem Thema umgegangen wären. Was aus denjenigen werde, die Jesus Christus nicht erkannten oder erkennen konnten, das war die einzige Frage, die sie an diesem Punkt beschäftigte. Während ihnen differierende Wahrheitsansprüche als differierende Heilsansprüche erschienen, scheint es heute eher unüblich zu sein, differierende Wahrheitsansprüche als differierende Heilsansprüche zu interpretieren. Wir werden fragen müssen, weshalb das so ist, zumal wir nicht einfach voraussetzen können, was unter „Heil" überhaupt verstanden werden soll.

Denn auch das Verständnis von Heil und Heilsgeschehen ist perspektivisch gebunden. Das gilt nicht nur für die Christen, deren soteriologische Dissense bis zu Kirchenspaltungen führten. Das gilt erst recht für die Vertreter der verschiedenen Religionen im interreligiösen Dialog. Wollen wir mehr diesseitsbezogen oder mehr transzendenzbewusst vom Heil reden, mehr christozentrisch auf der Linie von Apg 4,12 oder mehr universal auf der Linie einer allgemeinen menschheitlichen Zukunftsperspektive? Reden wir eher vom Nirwana oder eher von der *visio beatifica*? Meinen wir, dass das *christlich* verstandene Heil auch für Nichtchristen wirksam werde? Oder wollen wir auf der Höhe eines echten religionstheologischen Pluralismus von einem nichtchristlich verstandenen Heil für Nichtchristen in Parallele zu einem christlich verstandenen Heil für Christen oder gar von einem *nichtchristlich* verstandenen Heil für *Christen* sprechen?

Wenn im Folgenden vom „Heil für Nichtchristen" gesprochen wird, bezieht sich die Rede vom Heil auf das *christlich* verstandene Heil. Zur Klärung wird also die Perspektive des christlichen Glaubens ausdrücklich beibehalten. Damit kann entweder die Position eines religionstheologischen Exklusivismus oder die eines religionstheologischen Inklusivismus eingenommen werden, wobei zu erwarten ist, dass der Inklusivismus in dem Maße in den Vordergrund tritt, wie wir uns bei der Auswahl von Texten der heutigen Gegenwart nähern. Da auch das christlich verstandene Heil in verschiedener Hinsicht deutungsoffen ist und immer wieder neu auf soteriologische Fundierung und Vergewisserung drängt, sei thetisch vorangestellt, in welchem Sinn nachfolgend von Heil die Rede ist:

Das Heil, das der dreieinige Gott dem Menschen zugedacht hat und auf dessen Eintreten der Glaube hofft, manifestiert sich im umfassendsten Sinne als „Erlösung" – als Erlösung von der Macht der Sünde und des Bösen, als Erlösung vom Leiden und von der Macht des Todes sowie als Erlösung aus dem Gericht Gottes zum ewigen Leben. Heil ist hier zutiefst als eine eschatologische Realität gedacht. Indem Christen den Advent des kommenden Christus erwarten, hoffen sie auf die Erlösung der von Leid und Tod gezeichneten Schöpfung. Das Heil ist freilich in dieser so gezeichneten Schöpfung verborgen präsent. Die der heutigen Lebenswirklichkeit zugewendete Seite des Heils charakterisiert man in unserer Zeit zumeist als „Versöhnung" und „Befreiung" – Versöhnung zwischen Gott und Mensch und Versöhnung zwischen Mensch und Mitmensch und darin Befreiung von allem, was den Menschen seiner selbst entfremdet. In der evangelischen Bekenntnistradition wurde an dieser Stelle bevorzugt von „Rechtfertigung" und „Heiligung" gesprochen. Aber Rechtfertigung und Heiligung stehen für spezifische Aspekte, keineswegs für das Ganze der christlichen Rede vom Heil. So hat die Christenheit über viele Jahrhunderte tatsächlich ohne eine prononcierte Akzentuierung von Rechtfertigung und Heiligung vom Heil zu reden gewusst, und für die orthodoxen Kirchen gilt das immer noch. Die damit bezeichnete Sache war deshalb nicht einfach abwesend: „Rechtfertigung" und „Heiligung" können präsent sein, ohne dass sie ausdrücklich thematisiert werden müssen.

In welcher Hinsicht und in welcher Weise können Nichtchristen – also Vertreter anderer Religionen und Weltanschauungen – am so verstandenen Heil Anteil gewinnen? Zur Klärung dieser Frage werden nachfolgend ausgewählte repräsentative Texte befragt werden. Ich gehe aus von einigen kirchlichen Äußerungen der jüngeren Gegenwart und blicke dann auf ihren theologiegeschichtlichen Hintergrund. Sodann werden einige maßgebliche Aussagezusammenhänge aus den reformatorischen Bekenntnisschriften angesprochen. Nach einer knappen Bestandsaufnahme zu den tektonischen Verschiebungen in der Erwählungslehre kommen wir mit einigen Beobachtungen zur Rolle bzw. Nicht-Rolle der Soteriologie in zeitgenössischen evangelischen Religionstheologien wieder in die Gegenwart zurück.

2. Jesus Christus und die Religionen

Unter den Texten, die von evangelischer Seite in den vergangenen Jahren zum Thema publiziert worden sind, ragen die „Theologischen Leitlinien" hervor, die die Kammer für Theologie der EKD im Jahr 2003 zum Verhältnis zwischen dem christlichen Glauben und den nichtchristlichen Religionen vorgelegt hat.[1]

---

[1] Kirchenamt der EKD (Hg.), Christlicher Glaube und nichtchristliche Religionen. Theologische Leitlinien. Ein Beitrag der Kammer für Theologie der Evangelischen Kirche in Deutschland (EKD-Texte 77), Hannover 2003.

Das Evangelische dieses Beitrags lässt sich mit Händen greifen. Die Argumentation orientierte sich nämlich an der kriteriologischen Funktion des Rechtfertigungsartikels für Theologie und Kirche. Das Kriterium, von dem her sich die evangelische Theologie der Frage nach der Bedeutung der Religionen zuwende, sei dasselbe, an dem sie auch alle kirchliche Lehre und Praxis messe: „Sie betrachtet die Religionen und die Menschen, die sie praktizieren, *im Lichte des Evangeliums von der Rechtfertigung des Sünders*, also im Lichte der Botschaft von der Liebe Gottes: Das Evangelium besagt, dass Gott schon als Schöpfer allen Menschen nahe ist. Menschsein heißt: in der Nähe Gottes sein. Darin sind alle Menschen gleich, welcher Religion sie auch immer angehören."[2] Die Betonung des damit verbundenen *solus Christus* und des *sola gratia* könnte exklusivistisch gelesen werden. Bei näherem Hinsehen aber stellt sich das Evangelium inklusivistisch dar. Denn es *inkludiert* den zur Rechtfertigung bestimmten Gottlosen bzw. Sünder – den Sünder, der der christlichen Kirche angehört, ebenso wie den Sünder außerhalb der Kirche. Alle Menschen – Christen wie Nichtchristen – leben als Gottes Geschöpfe in der durch seine Gnade bestimmten Gegenwart, und auf die Nähe des gnädigen Gottes sind alle Menschen „umso mehr angewiesen, als sie sich zu ihrem Verderben der Gegenwart Gottes entziehen und also als *Sünder* leben"[3]. Auch in diesem Angewiesensein unterscheiden sich Christen nicht von Menschen anderer Religionen: „Das Verhältnis zu ihnen ist also nicht dadurch bestimmt, dass hier Nicht-Sünder Sündern gegenüber treten. Gerade als Sünder sind Christen und Menschen, die eine andere Religion haben, ganz auf Gottes freie, gnädige Zuwendung angewiesen."[4]

Die „Leitlinien" reklamieren also die uneingeschränkte Geltung der Rechtfertigungsbotschaft für alle Menschen und eben deshalb auch für die Menschen anderer Religionen. Der Unterschied zwischen ihnen und den Christen besteht allerdings darin, dass nur der an Jesus Christus Glaubende die Erfahrung macht, dass die heilsame Zuwendung Gottes zur Menschheit in der Geschichte Jesu Christi gründet.[5] Das Christentum unterscheidet sich durch den Glauben an Jesus Christus von den anderen Religionen. Dieses Unterschiedensein stellt freilich Gottes gnädige Zuwendung zu allen Menschen nicht in Frage, „macht aber deutlich, dass andere Religionen die Erfahrung des in Jesus Christus allen Menschen nahe kommenden Gottes nicht vermitteln"[6].

---

[2] Ebd., 8.
[3] Ebd.
[4] Ebd.
[5] Vgl. ebd.
[6] Ebd.

Hinter der Argumentationslinie der „Leitlinien" stehen zwei für die evangelische Theologie bedeutsame Voraussetzungen. Einmal soll so sorgfältig wie möglich unterschieden werden zwischen dem, was Gott tut, und dem, was Menschen tun. Die angestrebte Unterscheidung wird in Form von Leit- bzw. Grunddifferenzierungen modelliert,[7] nämlich in der Unterscheidung von Gott und Mensch bzw. Schöpfer und Geschöpf. Diese Leitdifferenz steht allen menschlichen Versuchen, „wie Gott zu sein", entgegen. Wird sie freilich christologisch konkretisiert, dann wird deutlich, wie der gnädige Gott die sündigen Menschen annimmt. Wird sie nochmals pneumatologisch konkretisiert, dann zeigt sich, wie der Heilige Geist Menschen befähigt, „dem *Evangelium* von der zuvorkommenden Gnade Gottes in allen Lebenszusammenhängen das erste Wort zu geben und alle menschlichen Daseinsäußerungen von daher zu verstehen"[8].

Die zweite Voraussetzung besteht im *solus Christus* der reformatorischen Rechtfertigungslehre. Das *solus Christus* entlastet die Kirche und die Christen davon, die Wahrheit bei sich selbst suchen zu müssen und sich als Besitzer der Wahrheit in den Rang der absoluten Religion zu setzen.[9] Die rettende und heilende Wahrheit ist ein *Ereignis* und kann deshalb niemals menschlicher Besitz werden: „Sie betrifft Menschen in der freien Selbstvergegenwärtigung Gottes im Heiligen Geist. Man ‚hat' sie nur, weil und insofern man von ihr ergriffen, durch sie also für Gott frei und von Gott wahr *gemacht wird*."[10] Die religionstheologische Option des Exklusivismus würde nach diesem Wahrheitsverständnis in der Auffassung wurzeln, man „habe" die Wahrheit auf seiner Seite, während die Anderen total verblendet seien. Aber ein derartiger Exklusivismus, der dem Christentum allein die Wahrheit zuschreibt, würde das *solus Christus* gerade verfehlen. Denn dieses hält fest, dass *Christus allein* der Weg, die Wahrheit und das Leben ist und dass alles, was wir als rettende und heilende Wahrheit erfahren, von ihm, *nur* von ihm kommt.

Aus demselben Grund lässt sich der Anspruch des *solus Christus* nicht relativieren. Die Kirche Jesu Christi ist der Welt und damit auch den Religionen das Zeugnis von der rettenden und heilenden Christuswahrheit schuldig. Würde die Kirche, würden die Christen auf das Zeugnis von dieser Wahrheit verzichten, „dann hätten sie im Grunde aufgehört, Kirche oder Christen zu sein"[11]. Und weiter: „Denn das Zeugnis von dieser Wahrheit gehört unabdingbar zum christlichen Glauben selbst. Nur durch das Zeugnis des Glaubens kann die Christusgeschichte in der Welt be-

---

[7] Vgl. ebd., 11.
[8] Ebd.
[9] Vgl. ebd., 12.
[10] Ebd., 15.
[11] Ebd., 14.

kannt gemacht werden. Nur durch das Zeugnis des Glaubens vergegenwärtigt sich die rettende Wahrheit so, dass Glaube aufs Neue entsteht."[12]

Von daher sind die Möglichkeiten eines religionstheologischen Pluralismus, der von einer prinzipiellen Gleichrangigkeit unterschiedlicher religiöser Geltungsansprüche ausgehen möchte, beschränkt. Das *solus Christus* steht dieser Option im Wege. Wenn es in Jesus Christus wirklich um Wahrheit geht, dann kann der christliche Glaube auf die Pluralität der Religionen nicht so reagieren, dass er die Wahrheit des Christusgeschehens zu einer *Teil*wahrheit ermäßigt.[13] Wenn uns hier wirklich Wahrheit aufleuchtet, wenn wir hier die rettende Kraft des Evangeliums erfahren, dann wäre es verfehlt, die Wahrheit immer auch noch woanders zu suchen als dort, wo sie uns längst gefunden und ergriffen hat. Christus als Teilwahrheit wäre nicht mehr Christus als der Versöhner und Erlöser. „Ein bisschen Wahrheit ist gar keine Wahrheit", heißt es treffend.[14]

Die „Leitlinien" erkennen ausdrücklich den Ernst der Religionsausübung der Anderen an und erwähnen auch „religiöse Strömungen", die eine Offenheit für Gottes Wahrheit an den Tag legen können.[15] Aber mit dem Aspekt des Wahrheitsbezugs der Anderen wird überaus zurückhaltend umgegangen, und das Unterscheidende wird wesentlich nachhaltiger betont als das uns mit den Anderen Verbindende, wobei dieses Verbindende in der recht verstandenen Geschöpflichkeit[16] und in der Verwiesenheit auf das Evangelium, nicht aber in Konvergenzen des religiösen Ausdrucks oder der religiösen Deutung gesucht wird. Das wird dann sehr pointiert formuliert: „Das den christlichen Glauben mit den Menschen aller Religionen Verbindende (Gott ist allen Menschen gnädig nahe) ist insofern das sie zugleich Trennende."[17] Auf alle Fälle ist Christus in der Welt der Religionen hörbar zu bezeugen, wobei dadurch die Trennungen gerade überwunden werden können, weil *er* die Gegensätze und Grenzen unserer Welt, zu denen auch die religiösen Gegensätze und Grenzen gehören, mit der sündenvergebenden Nähe Gottes zu jedem Menschen überbietet und so dazu ermutigt, ihre oft sogar tödlichen Konfliktpotentiale zu befrieden und zu überwinden.

Die eindeutige Christozentrik der hier vertretenen Soteriologie führt zu einer christologisch zentrierten Ausrichtung der Religionen einschließlich des Christentums auf das Evangelium. Die Idee einer der christlichen Ökumene vergleichbaren „Ökumene der Religionen" wird

---

[12] Ebd.
[13] Vgl. ebd.
[14] Ebd.
[15] Ebd., 15.
[16] Vgl. ebd., 11–13.
[17] Ebd., 8.

als „Irrweg" abgewiesen[18] – eine Entscheidung, die bei den Akteuren der interreligiösen Begegnungen in vielen Fällen auf schroffe Ablehnung stieß. An der „Einzigartigkeit und Heilsuniversalität Jesu Christi" – um auf die für nicht wenige Evangelische konstruktive Seite von „Dominus Iesus" anzuspielen – ließ dieser Text nicht den geringsten Zweifel. Auch das Heil für die Nichtchristen kann nur durch Jesus Christus kommen – ob durch das christliche Zeugnis oder vielleicht dadurch, dass sich der endzeitliche Herr selbst den anderen Religionen als Ereignis der Wahrheit bekundet, wird nicht ausgeführt.

Vergleichbare christozentrische Argumentationslinien finden wir auch in anderen offiziellen evangelischen Texten, die sich zum Verhältnis der Religionen äußern. Allen voran muss die 1994 verabschiedete Studie „Die Kirche Jesu Christi" genannt werden, in der die zur Gemeinschaft der Evangelischen Kirchen in Europa verbundenen Kirchen erstmals eine gemeinsame Ekklesiologie vorgetragen haben.[19] Die Kirchen, so heißt es hier, können ihre Gotteserkenntnis nicht zugunsten einer neutralen Weltanschauung aufgeben.[20] Und weiter: „Was Christen von anderen Religionen und der Verehrung anderer Götter wahrnehmen und verstehen, sehen und beurteilen sie im Horizont ihrer Erkenntnis des als wahrer Gott und wahrer Mensch offenbaren Jesus Christus."[21] Der Dialog mit den Anderen, dessen Dringlichkeit und Wichtigkeit unterstrichen wird, kann nur unter dieser Voraussetzung geführt werden. Von grundlegender Bedeutung sind das Erste Gebot und seine christologische Präzisierung in Joh 14,6 oder Joh 10,7–9 und damit der religionskritische Grundzug des christlichen Glaubens. *„Glaube ist* und bleibt *Religionskritik"*[22], heißt es, wobei sofort hinzugefügt wird, dass sich solche Kritik auch gegen falsche Gottesverehrung *in* der Kirche richte.[23] Man sieht, wie der europäische Protestantismus mit erstaunlicher Selbstverständlichkeit auf Denkfiguren zurückgreift, die von Karl Barth entwickelt und in der Barmer Theologischen Erklärung von 1934 erprobt worden waren.

Deutlicher als in den „Leitlinien" wird in der Leuenberger Kirchenstudie von der „Wahrnehmung des Anliegens und Sinns im Kultus und in der Vorstellungswelt anderer Religionen, ja sogar von Wahrheitsmomen-

---

[18] Ebd., 19.
[19] W. Hüffmeier (Hg.), Die Kirche Jesu Christi. Der reformatorische Beitrag zum ökumenischen Dialog über die kirchliche Einheit (Leuenberger Texte 1), im Auftrag des Exekutivausschusses für die Leuenberger Kirchengemeinschaft, Frankfurt 1995.
[20] Vgl. ebd., 53.
[21] Ebd.
[22] Ebd.
[23] Vgl. ebd.

ten der Gottesverehrung und Gottesvorstellung in ihnen" gesprochen.[24] Synkretistische Harmonisierungen werden aber betont ausgeschlossen. Gottes Offenbarung erinnere ständig an die Grenze des Dialogs zwischen den Religionen. Christen schulden den Anderen auf jeden Fall die Klarheit ihres Glaubens- und Lebenszeugnisses.[25]

Ein weiterer Unterschied besteht darin, dass die Leuenberger Kirchenstudie explizit auf den Dialog mit dem Judentum eingeht, den sie dem Dialog mit den anderen Religionen bewusst voranstellt. Dieser Dialog berührt unmittelbar das Selbstverständnis der Kirche Jesu Christi, da das Verhältnis zu Israel für die Christen und Kirchen „unabdingbar zur Frage nach der Begründung ihres Glaubens" gehört.[26] Die Frage nach dem Heil für die Anderen lässt sich nicht auf einer Ebene mit der Frage nach dem Heil für Israel beantworten, denn Christen und Juden sind im Glauben an den Gott verbunden, der Israel *und* die Kirche erwählt hat. Das war der Impuls für die 2001 vorgelegte Studie der Leuenberger Kirchengemeinschaft zum Verhältnis von Kirche und Israel.[27]

Hier ging es um eine grundsätzliche Klärung des Verhältnisses von Kirche und Israel. Es kam der Studie, die sich selbst als Station auf einem unabgeschlossenen theologischen Denkweg begriff,[28] zugute, dass sie aus gesamteuropäischem Blickwinkel unter Einbeziehung einer jüdischen Stimme ausgearbeitet werden konnte und so auch bestimmte Aporien in den Verhältnisbestimmungen zwischen Kirche und Israel nicht zu verschweigen brauchte. Der dreieinige Gott, von dem das christliche Bekenntnis spreche, sei kein anderer als der, zu dem Israel bete: „Er ist der Schöpfer, der sich frei mit Israel verbunden hat und sich ihm in der Tora gnädig vergegenwärtigt. Nach christlichem Verständnis hat Gott in Christus die Welt mit sich versöhnt; durch den Heiligen Geist wird dieses Versöhnungshandeln Gottes zur Glaubensgewißheit, und in der Predigt wird es allen Menschen zugesprochen und vergegenwärtigt."[29]

Obwohl die gegenwärtige Beziehung Gottes zu Israel im Unterschied zu seiner Beziehung zur Kirche nicht als durch Christus vermittelt zu denken ist, obwohl Gott in Treue an Israel festhält und weiter festhalten wird und obwohl gezielte Bekehrungsabsichten der Kirche gegenüber Israel problematisiert werden,[30] gibt es auch Aussagen, aus denen eine

---

[24] Ebd. (im Original teilweise kursiv).
[25] Vgl. ebd., 54f.
[26] Ebd., 51 (im Original kursiv).
[27] H. Schwier (Hg.), Kirche und Israel. Ein Beitrag der reformatorischen Kirchen Europas zum Verhältnis von Christen und Juden (Leuenberger Texte 6), im Auftrag des Exekutivausschusses für die Leuenberger Kirchengemeinschaft, Frankfurt 2001.
[28] Vgl. ebd., 49f.
[29] Ebd., 59.
[30] Vgl. dazu ebd., 72.

Bedeutung Christi für Israel abgeleitet werden kann. So erkenne der Glaube im Licht der österlichen Ereignisse, „daß das am Kreuz vollendete Lebenszeugnis des Christus die Erfüllung der zentralen Erwartung Israels ist: Gott kommt zu seiner Herrschaft"[31]. Es kann also nicht einfach angenommen werden, dass der Bund Gottes mit Israel von Gottes Offenbarung in Christus unberührt bleibt, wenn es heißt, dass diese „das ihr voraufgehende Erwählungs- und Offenbarungsgeschehen voraus[setzt], bestätigt, vertieft und erweitert"[32]. Auch in der Erwartung des eschatologischen Heilsgeschehens gibt es Gemeinsamkeiten, obschon die Rede von einer gemeinsamen Hoffnung erkennbar vermieden wird. Immerhin: Man könne zwar nicht sagen, dass Kirche und Israel aufgrund des gemeinsamen Gottes gleichsam eine Einheit bilden. Aber: „Der christliche Glaube hofft [...], daß es in dem Einen Gott eine Einheit gibt, die Israel und die Kirche umfaßt und die endzeitlich sichtbar werden wird."[33] Wer diesen Satz auf dem Hintergrund der paulinischen Argumentation in Röm 9–11 liest, müsste ihn christologisch lesen, könnte also durchaus begründet sagen, dass jene Israel und die Kirche umfassende Einheit auf alle Fälle in Jesus Christus gründet und sich nur von ihm her zu bilden vermag.

3. Die Rolle der ersten These der Barmer Theologischen Erklärung

Kaum ein anderer Text hat die theologischen Grundentscheidungen der evangelischen Kirche im 20. Jahrhundert so markant geprägt wie die 1934 verabschiedete Theologische Erklärung der Bekenntnissynode von Barmen, mit der sich die innerkirchliche Opposition von der politischen Theologie der Deutschen Christen, d.h. der nationalsozialistisch gesinnten Protestanten, abgegrenzt hatte.[34] Für unseren Zusammenhang ist vor allem die erste der sechs Barmer Thesen (= Barmen I) wichtig. Die ihr vorangestellten Schriftworte aus Joh 14 und Joh 10 tauchten nicht zufällig in der oben erwähnten Bezugnahme auf den interreligiösen Dialog in der Leuenberger Kirchenstudie auf: „Ich bin der Weg und die Wahrheit und das Leben; niemand kommt zum Vater denn durch mich." (Joh 14,6) – „Ich bin die Tür; wenn jemand durch mich hineingeht, wird er selig werden." (Joh 10,9)[35] Die dann folgende These im eigentlichen Sinn

---

[31] Ebd., 51.
[32] Ebd.
[33] Ebd., 61.
[34] Vgl. A. Burgsmüller/R. Weth (Hg.), Die Barmer Theologische Erklärung. Einführung und Dokumentation, Neukirchen-Vluyn ⁶1998; C. Nicolaisen, Der Weg nach Barmen. Die Entstehungsgeschichte der Theologischen Erklärung von 1934, Neukirchen-Vluyn 1984.
[35] Barmen I zitiert als zweites Schriftwort Joh 10,1 und 9: „Wahrlich, wahrlich ich sage euch: Wer nicht zur Tür hineingeht in den Schafstall, sondern steigt anderswo hinein, der

ist als Auslegung dieser Schriftworte zu lesen: „Jesus Christus, wie er uns in der Heiligen Schrift bezeugt wird, ist das eine Wort Gottes, das wir zu hören, dem wir im Leben und im Sterben zu vertrauen und zu gehorchen haben."[36] Dieser Aussage schließt sich eine Lehrverurteilung an, mit der die Auffassung zurückgewiesen wird, „als könne und müsse die Kirche als Quelle ihrer Verkündigung außer und neben diesem einen Worte Gottes auch noch andere Ereignisse und Mächte, Gestalten und Wahrheiten als Gottes Offenbarung anerkennen"[37].

Die Lehrverurteilung galt primär den politisch-religiösen Synkretismen der damaligen Zeit, mit denen selbst Hitler in den Rang eines aktuellen Offenbarungsereignisses gehoben werden konnte. Aber sie traf natürlich *jeden* Synkretismus. Mit den Schriftworten und der ihr gewidmeten Auslegung wurde dezidiert das reformatorische *solus Christus* bekräftigt. Das Heil ist nur in ihm zu finden; wer Gott wirklich erkennen und selig werden will, muss durch die Tür gehen, die Christus versinnbildlicht. Damit sind andere Wege zu diesem Gott – jedenfalls für die Kirche – ausgeschlossen.

Man hat in Barmen die Implikationen dieser Aussagen weder im Blick auf andere Religionen noch im Blick auf die Juden reflektiert. Das Erste mag angesichts der erforderlichen Abgrenzung von der politisch-religiösen Ideologie hinnehmbar sein, das Zweite sollte sich angesichts der drängenden Aktualität des Problems bald als ein eindeutiger Mangel herausstellen. Die späteren Auslegungen von Barmen I standen unweigerlich vor der Frage, wie sie mit dieser doppelten Aufgabe umgehen sollten, wie sie also den Dialog mit den Religionen und den Dialog mit den Juden der exklusiv christozentrischen Perspektive ihrer Soteriologie zuordnen sollten. Der Versuch einer solchen doppelten Zuordnung begegnet in der Leuenberger Kirchenstudie. Seinen unmittelbaren Vorläufer fand er in dem umfassenden Votum zur ersten und sechsten These der Barmer Theologischen Erklärung, das im Rahmen der monographischen Kommentierungen der Barmer Thesen durch den Theologischen Ausschuss der Evangelischen Kirche der Union zwischen 1987 und 1992 unter der Leitung von Eberhard Jüngel erarbeitet worden war.[38]

---

ist ein Dieb und Räuber. Ich bin die Tür; wenn jemand durch mich hineingeht, wird er selig werden. (Jo 10,1.9)" (A. Burgsmüller/R. Weth[Hg.], Barmer Theologische Erklärung [Anm. 34], 36).
[36] Ebd.
[37] Ebd.
[38] W. Hüffmeier (Hg.), Das eine Wort Gottes – Botschaft für alle. Barmen I und VI, Bd. 2. Votum des Theologischen Ausschusses der Evangelischen Kirche der Union, Gütersloh 1993. Vgl. auch den dazugehörigen Band mit den im Ausschuss gehaltenen Vorträgen: ders. (Hg.), Das eine Wort Gottes – Botschaft für alle, Bd. 1. Vorträge aus dem Theologischen Ausschuß der Evangelischen Kirche der Union zu Barmen I und VI, Gütersloh 1994.

Nach einer eingehenden historisch-kritischen Erläuterung wird Barmen I angesichts der heutigen Herausforderungen an Theologie und Kirche erörtert.[39] Am Ende des 20. Jahrhunderts gehe es darum, „daß die Kirche und die Theologie die Verbindlichkeit der lebendigen Wahrheit der christlichen Botschaft für die Gemeinde und die Welt neu entdecken und zum Ausdruck bringen"[40]. Die Kommentierung zielte sowohl auf den Aktualitätserweis von Barmen I als auch auf die Aufgabe, mit Barmen I über Barmen I hinauszugehen und zu notwendigen „Weiterführungen" zu gelangen.[41] Zu den aktuellen Problemen gehörten neben der Frage nach den Anliegen der natürlichen Theologie und der Unterscheidung von Gesetz und Evangelium das Verhältnis von Barmen I zum Phänomen der Religion allgemein sowie zu den Religionen und zu Israel.

Die Frage, ob Barmen I die Möglichkeit von Wahrheitserkenntnis in anderen Religionen offenhalte,[42] wird bejaht, indem sie in die christozentrische Perspektive eingezeichnet wird. Kriterium ist immer die Christuserkenntnis des Glaubens. Im Dialog mit den Religionen sollten „solche Momente nichtchristlicher Gotteserkenntnis und Gottesverehrung, die der christlichen Gotteserkenntnis *entsprechen*" ans Licht gestellt werden.[43] So sei es im Blick auf die Formen religiösen Lebens – also im Blick auf die spirituelle Praxis gelebter Frömmigkeit – evident, dass hier die christliche Kirche schon immer „von den menschlichen Formen der Gotteserkenntnis Gebrauch gemacht hat, die auch in den Religionen vorkommen"[44]. Bis zu einem gewissen Grade gelte das sogar für die Gottesvorstellungen, „auch wenn solche Vorstellungen im Kontext des christlichen Gottesbekenntnisses neu werden"[45]. Im Dialog über solche Wahrheitsmomente werde die Kirche dieses Neuwerden nicht verschleiern, aber sie dokumentiere, dass sie „zwar nicht absolute, aber doch relative Verständigungsmöglichkeiten zwischen den Religionen" entdecken und freisetzen wolle.[46]

Die Verankerung der Argumentation im christologisch präzisierten Ersten Gebot folgt der Logik der ersten Barmer These. Das Erste Gebot richte sich in religionskritischer Stoßrichtung gegen alle falschen Götter, deshalb gehöre die „Kritik der Religionen" zur menschlichen Verantwortung des biblischen Gottesglaubens.[47] Aber damit solle keine Religion

---

[39] Vgl. W. Hüffmeier (Hg.), Das eine Wort Gottes, Bd. 2 (Anm. 38), 54–78.
[40] Ebd., 55.
[41] Vgl. die Überschrift zu Teil I, B. II, ebd., 61.
[42] Vgl. ebd., 59.
[43] Ebd., 70.
[44] Ebd.
[45] Ebd.
[46] Ebd.
[47] Vgl. ebd., 68f.

diskreditiert werden, denn nach Barmen I richte sich die Religionskritik des christlichen Glaubens zuerst gegen die christliche Kirche selbst.[48] Ganz im Sinne der Argumentation Barths im berühmten und heute meistens missverstandenen Paragraphen 17 seiner Kirchlichen Dogmatik („Gottes Offenbarung als Aufhebung der Religion")[49] wird dann gesagt, dass die christliche Kirche und die christliche Theologie in ihrer Kritik anderer Religionen selbst unter der Kritik Jesu Christi stehen und sich nicht über andere Menschen und ihre Erkenntnis erheben.[50] Ein wie auch immer gearteter „Wahrheitsbesitz" der christlichen Kirche wird damit ausgeschlossen, denn die Kirche unterliegt als erste der Religionskritik des christlichen Glaubens. Gegenüber den anderen Religionen vollziehe sich die Religionskritik so, dass im Lichte Jesu Christi als dem einen Wortes Gottes „die vielfältigen Wahrheitsmomente in den Religionen und der Religiosität entdeckt und für den Glauben an Jesus Christus in Anspruch genommen werden"[51].

Auch das besondere Verhältnis zu Israel, das für den christlichen Glauben keine andere Religion ist,[52] wird in christozentrischer Blickrichtung betrachtet. Recht verstandene Christozentrik bedeutet nämlich niemals eine Abwertung des Wahrheitsgehalts der im Alten Testament bezeugten Gottesoffenbarungen.[53] Jesus Christus sei bei aller im Neuen Testament bezeugten Spannung zwischen Evangelium und Gesetz, Neuem und Altem Bund „primär in seiner Kontinuität mit Israel als dem jüdischen Volk wahrzunehmen"[54]. Deshalb müsse eine Kirche, die zu Jesus Christus als zu ihrem Zentrum zurückfindet, die „Gemeinschaft mit dem Judentum leben und Solidarität mit bedrängten Juden üben"[55].

---

[48] Vgl. ebd., 69.
[49] Vgl. K. Barth, Die Kirchliche Dogmatik, Bd. I/2, Zollikon-Zürich 1938, 304–397. – Der damalige geschichtliche Kontext – KD I/2 wurde 1938 veröffentlicht – sollte nicht übersehen werden, wenn man sich an Barths Äußerungen reibt. Die Melange von nationalem Sendungsbewusstsein, völkischer Verblendung, Führerkult und aus ihrem Kontext gerissenen theologischen Versatzstücken, durch die sich die Deutschen Christen hervortaten, waren aus der Sicht Barths eindeutig als Erscheinungsformen einer pervertierten Religion zu bewerten. Das sollte man auf jeden Fall beachten, wenn man sich darüber ärgert, dass Barth dann den für viele anstößigen Satz drucken ließ: „Religion ist *Unglaube*; Religion ist eine Angelegenheit, man muß geradezu sagen: *die* Angelegenheit des *gottlosen* Menschen" (ebd., 327). Solch ein Satz, den Barth zuallererst auf das Christentum und die Religion im Gewande des Christentums bezogen wissen wollte, sollte nicht das Urteil des Christentums über die Welt der Religionen zum Ausdruck bringen, sondern „das Urteil der göttlichen Offenbarung über alle Religion" (ebd.).
[50] Vgl. W. Hüffmeier (Hg.), Das eine Wort Gottes, Bd. 2 (Anm. 38), 69 mit K. Barth, Kirchliche Dogmatik, Bd. I/2, Zollikon-Zürich ²1935, 327ff.
[51] W. Hüffmeier (Hg.), Das eine Wort Gottes, Bd. 2 (Anm. 38), 72.
[52] Vgl. ebd., 75.
[53] Vgl. ebd., 76.
[54] Ebd.
[55] Ebd.

Ähnlich wie in der Leuenberger Kirchenstudie wird auch hier der ekklesiologische Rang des Verhältnisses der Kirche zu Israel sichtbar, wenn gesagt wird, „daß die christliche Gemeinde nur in der bleibenden Beziehung auf das Alte Testament und auf Israel sie selbst sein kann"[56].

Die erste Barmer These erweist sich faktisch als wichtiger Bezugspunkt der jüngeren evangelischen Verlautbarungen zum Verhältnis zwischen dem christlichen Glauben und den Religionen. Die damit vollzogene christologische Zentrierung des göttlichen Offenbarungs- und Heilshandelns auf der Linie des reformatorischen *solus Christus*, der religionskritische Impetus des Ersten Gebots, der sich zuerst gegen die christliche Religion richtet, sodann die besondere Nähe zu Israel und die christologisch perspektivierte Identifikation von Wahrheitsmomenten bei den anderen erweisen sich als konstante Motive. Die expliziten soteriologischen Fragen bleiben zumeist im Schatten der genannten Motive. Das ist auffällig. Die Frage nach dem Heil für Nichtchristen wird expressis verbis nicht zum Thema. Das sieht in den theologischen Arbeiten der vergangenen 75 Jahre – und nur diesen Zeitraum haben wir bisher betrachtet – anders aus, wie denn auch über die Rolle des Ersten Gebots, des *solus Christus* und des weltanschaulichen und religiösen Pluralismus deutlich heterogener, kontroverser, aufgeregter und experimentierfreudiger geschrieben wurde als in den besprochenen Texten, die sich der Entfaltung der in der Kirche geltenden Lehre und damit der evangelischen Bekenntnistradition verpflichtet wussten.

4. Die Heilsfrage zwischen Endgericht mit doppeltem Ausgang und Allerlösung

Den Autoren der evangelischen Bekenntnisschriften des 16. Jahrhunderts würde die Frage, ob auch Nichtchristen in die ewige Seligkeit eingehen können, bis auf eine Ausnahme vermutlich widersinnig erschienen sein. Das konnte auch gar nicht anders sein. Wenn der Mensch „propter Christum per fidem"[57] gerechtfertigt und damit so (und *nur* so) in das Heilsgeschehen einbezogen wird, findet der Grundsatz Anwendung: „extra Christum nulla salus". Alle, die nicht an ihn glauben und die nicht durch die Taufe und den Heiligen Geist wiedergeboren werden, sind nach Confessio Augustana II unter den „ewigen Gotteszorn", ja unter die „aeterna mors" verdammt.[58] Der doppelte Ausgang des Endgerichts

---

[56] Ebd., 78. – Die für das heutige christlich-jüdische Gespräch wichtigen Themen und Fragen werden ebd., 136–141 angesprochen und aufgelistet.
[57] Confessio Augustana IV (BSLK 56,6).
[58] BSLK 53,11ff. u. 9. Confessio Augustana II: „Item docent, quod post lapsum Adae

wird in Confessio Augustana XVII bekräftigt, dass nämlich „unser Herr Jesus Christus am jungsten Tag kummen wird, zu richten, und alle Toten auferwecken, den Glaubigen und Auserwählten ewigs Leben und ewige Freude geben, die gottlosen Menschen aber und die Teufel in die Helle und ewige Straf verdammen"[59]. Die Verwerfungsaussagen dieses Artikels richten sich gegen die Wiedertäufer, „so lehren, daß die Teufel und verdammte Menschen nicht ewige Pein und Qual haben werden [qui sentiunt hominibus damnatis ac diabolis finem poenarum futurum esse]", und gegen die Lehre vom Tausendjährigen Reich.[60] Damit wurde der Gedanke an eine Befristung der Höllenstrafen oder gar an eine Allversöhnung, der bei Wiedertäufern wie Melchior Rinck und Hans Denck in Erwägung gezogen wurde, expressis verbis verurteilt.[61]

Auch die reformierten Bekenntnisse ließen keinen Zweifel am doppelten Ausgang des Gerichts. Auf die Frage, ob alle Menschen durch Christus selig werden, wie sie ja alle durch Adam in die Verlorenheit der Sünde stürzten, antwortete der Heidelberger Katechismus: „Nein: sonder allein diejenigen, die durch waren glauben jm werden eingeleibet, und alle seine wolthaten annemen."[62] Der an Christus Glaubende und sich auf seine Heilstat Verlassende darf freilich getröstet und erhobenen Hauptes vor Christus als seinen himmlischen Richter treten, der sich für ihn dem Gericht Gottes gestellt und alle Verurteilung von ihm weggenommen hat.[63] Er wird erfahren, dass Christus „alle seine unnd meine feinde, in die ewige verdammnuß werffe: mich aber sampt allen außerwehlten zu jm in die himlische freud und herrligkeyt neme"[64].

Eine Hoffnung auf die *apokatastasis panton* kann hier wahrlich nicht aufkeimen. Die bei den Reformierten im Anschluss an Calvin kunstvoll zur doppelten Prädestination ausgebaute Erwählungslehre schloss generell aus, dass den einmal Nichterwählten und damit Verworfenen irgendein Zugang zum Heil eröffnet werden könne. Nur wer von Gott kraft seines ewigen Ratschlusses dazu erwählt war, konnte dereinst die göttliche Herrlichkeit schauen. Den Nichterwählten bleiben nur das Gericht

---

omnes homines, secundum naturam propagati, nascantur cum peccato, hoc est, sine metu Dei, sine fuducia erga Deum et cum concupiscentia, quodque hic morbus seu vitium originis vere sit peccatum, damnans et afferens nunc quoque aeternam mortem his, qui non renascuntur per baptismum et spiritum sanctum." (BSLK 53,2–11).
[59] BSLK 72,3–9.
[60] Ebd., 72,10–18.
[61] Zu Hans Denck, der zur Allversöhnung tendierte, weil er sich eine ewige Parallelität von Gottes Reich und Höllenreich nicht vorstellen konnte, vgl. J.Ch. Janowski, Allerlösung. Annäherungen an eine entdualisierte Eschatologie, Neukirchen-Vluyn 2000, 123–138.
[62] BSRK 687,20–24 (Frage 20).
[63] Vgl. BSRK 696,10–13 (Frage 52).
[64] Ebd., 696,13–15.

und die ewige Verdammnis. Wer aber sind die Nichterwählten? Man musste sie zuerst unter den Christen bzw. den Angehörigen der eigenen Welt und Gesellschaft vermuten. Der Gedanke an eine Verwerfung der Heiden – wie man damals die Angehörigen fremder Religionen zu bezeichnen pflegte – legte sich zwar nahe, aber er wurde keineswegs mit der gleichen Aufmerksamkeit behandelt wie die Verwerfung im *corpus permixtum* der christlichen Kirche.

Wenn Gott Menschen nicht erwählte, die äußerlich als fromme Christenmenschen galten – konnte dann auch das Umgekehrte eintreten, dass Gott sich Heiden für das Heil erwählte, ohne dass diese in ihrer irdischen Lebenszeit je die Möglichkeit hatten, zum Glauben zu kommen und ein christliches Leben zu führen? In den Bekenntnistexten finden sich dazu unmittelbar keine Aussagen. Aber doch gibt es die oben erwähnte Ausnahme unter ihren Autoren, nämlich keinen geringeren als Huldrych Zwingli. In seiner an Franz I. von Frankreich gerichteten Erklärung des Glaubensbekenntnisses – der „Fidei expositio" von 1531[65] – kam er bei der Interpretation des ewigen Lebens auch auf die Frage zu sprechen, wen der König einstmals im Himmel sehen werde. Zuerst werde er natürlich Gott in seiner Herrlichkeit anschauen dürfen. Alsdann werde er darauf hoffen können, alle Heiligen, Weisen, Gläubigen, Standhaften, Tapferen und Ausgezeichneten sehen zu dürfen, „die seit Erschaffung der Welt einmal gelebt haben"[66]. Hierzu gehören Adam und Christus und die Fülle der biblischen Zeugen von Abel über die Gottesmutter bis zu Paulus. Und dann öffnet sich der Kreis: „dazu gehören Herkules, Theseus, Sokrates, Aristides, Antigonos, Numa, Camillus, die Catonen, die Scipionen"[67]. Zwingli versicherte dem französischen König, dass es keinen guten Mann gegeben habe noch geben werde „von Anfang der Welt bis zu ihrer Vollendung, die du nicht an diesem Ort zusammen mit Gott sehen wirst"[68]. War das ein Bevölkern des Himmels im Geist des Humanismus? War es Zwinglis spätes Outing als Heide und Freund der Heiden, wie Luther vermutete?[69] Oder war Zwinglis kühner Gedanke jener theologischen Idee entsprungen, die spätestens bei Schleiermacher die evangelische Eschatologie des doppelten Ausgangs in Richtung Allerlösung bewegen sollte? Vermutlich war es eine Konsequenz des Erwählungsglaubens, die Zwingli an die Seligkeit erwählter Heiden denken ließ: Gott ist in seiner Gnadenwahl so souverän, dass er auch Menschen erwählt, die ihn erst in

---

[65] H. Zwingli, Ausgewählte Schriften, hg. von E. Saxer, Neukirchen-Vluyn 1988, 132–175.
[66] Ebd., 163.
[67] Ebd.
[68] Ebd.
[69] Vgl. WA 54, 143,10–12.15–16.

seinem Reich erkennen werden.[70] Heinrich Bullinger hat dann Zwinglis Auffassung verteidigt, indem er den bei jenem nicht explizierten Christusbezug der Heiden für Zwinglis Argumentation reklamierte und unter Verweis auf Melchisedek, Ruth, die Königin von Saba, die Niniviten und andere biblische Grenzgänger die Frage aufwarf: „Söltind dann nit ouch eteliche fründ Gottes von Roemern unnd Griechen gewesen syn?"[71]

Auch Luther muss gelegentlich darüber gegrübelt haben, ob nicht auch Heiden in Gottes Reich Aufnahme finden könnten. So ist in den Tischreden die Hoffnung für den von Luther sehr geschätzten Cicero und seinesgleichen überliefert: „unser Hergott wirdt im vnd seins gleichen auch genedig sein, quamvis non est nostrum illud dicere et definire, sondern sollen bey dem verbo revelato bleiben: Qui crediderit et baptizatus fuerit etc."[72] Es handelt sich allerdings um eine singuläre Aussage. Luthers Auferstehungsglaube blieb eigentlich beim doppelten Ausgang des Gerichts, „daß ein jeglicher daselbs empfahe an seinem Leibe, wie ers verdienet hat, und also die Frummen ewiglich leben mit Christo und die Bösen ewiglich sterben mit dem Teufel und seinen Engeln. Denn ichs nicht halte mit denen, so da lehren, daß die Teufel auch werden endlich zur Seligkeit kommen"[73].

Auch wenn es sich um ganz vereinzelte und keineswegs signifikante Äußerungen handelt, lässt sich doch bei manchen Reformatoren ein gelegentliches Zögern gegenüber dem Gedanken einer ewigen Verdammnis für alle diejenigen erahnen, deren Vortrefflichkeit über den Zweifel erhaben war und die keine Gelegenheit hatten, Christus zu erkennen. Dieses Zögern hat sich im Laufe der folgenden Jahrhunderte deutlich verstärkt. So entwickelte sich im neuzeitlichen Protestantismus bei namhaften Theologen eine bemerkenswerte Tendenz zu der Vorstellung, dass Gott am Ende keinen Menschen vom eschatologischen Heil ausschließen werde. Diese Vorstellung wurde freilich niemals in den Rang einer offiziellen, allgemein kirchlich approbierten Lehraussage erhoben. Auch

---

[70] Vgl. R. Pfister, Die Seligkeit erwählter Heiden bei Zwingli. Eine Untersuchung zu seiner Theologie, Zollikon-Zürich 1952, bes. 78ff. – Vgl. auch G.W. Locher, Zu Zwinglis „Professio fidei". Beobachtungen und Erwägungen zur Pariser Reinschrift der sogenannten Fidei Expositio, in: Zwingliana 12 (1964–1968) 689–700, hier 698. – Die Bedeutung von Zwinglis Auffassung für die heutige Theologie der Religionen beleuchtet M. Hüttenhoff, Die Möglichkeit einer am Rechtfertigungsgedanken orientierten pluralistischen Theologie der Religionen, in: Ch. Danz/U.H.J. Körtner (Hg.), Theologie der Religionen. Positionen und Perspektiven evangelischer Theologie, Neukirchen-Vluyn 2005, 121–150, hier 125–129.

[71] H. Bullinger, Wahrhaffte Bekanntnuß der dieneren der kirchen zu Zürych, zitiert bei R. Pfister, Die Seligkeit erwählter Heiden (Anm. 70), 119.

[72] WA.TR 4,14,3ff., vgl. dazu M. Hüttenhoff, Die Möglichkeit einer am Rechtfertigungsgedanken orientierten pluralistischen Theologie der Religionen (Anm. 70), 128–130.

[73] WA 26, 509,13ff.

offene Bekenntnisse zur *apokatastasis panton* wurden in der Regel vermieden, selbst wenn alles – man denke nur an Barths Erwählungslehre – auf sie hinzulaufen schien. Die Zwiespältigkeit des dogmatischen Urteils hat Martin Kähler in seiner Eschatologievorlesung von 1911 sehr treffend empfunden, wenn er meinte: „Wer hätte nicht seine Stunden, in denen er sich sagte: es *muß* doch eine *apokatastasis panton* geben; – und wiederum Stunden, in denen er im Blick auf die Wirklichkeit des Lebens und seines eigenen Herzens sagen müßte: es ist unmöglich!"[74]

Der Gedanke an einen Universalismus des Heils lässt sich schwerlich auf die humanistischen Bedürfnisse der europäischen Aufklärung zurückführen, er formte sich vielmehr im württembergischen Pietismus des 18. Jahrhunderts, indem er in Johann Albrecht Bengel und Friedrich Christoph Oetinger seine entschiedenen Vorkämpfer fand. Es mag durchaus auch mit diesem pietistischen Quellgebiet zu tun haben, dass dann Friedrich Schleiermacher es für einen unauflöslichen Missklang hielt, „wenn wir uns unter Voraussezung einer Fortdauer nach dem Tode einen Theil des menschlichen Geschlechtes" von der Gemeinschaft der Erlösung „gänzlich ausgeschlossen denken sollen"[75]. Jedenfalls dürfe man keinen Menschen leichtfertig zu den Verworfenen rechnen, sondern müsse voraussetzen, dass Christus für das gesamte menschliche Geschlecht gesendet ist und dass man seiner hohepriesterlichen Würde und deren Erfolg nur dann gerecht wird, wenn die Vorherbestimmung der Menschen zur Seligkeit ganz allgemein gesetzt wird.[76] Schleiermachers Erlösungsuniversalismus fand seine Fortsetzung und zugleich christologische Neuprägung und Überbietung in der Erwählungslehre Karl Barths. Kaum je ist vormals so klar beschrieben worden, dass Gott Menschen erwählt, ohne gleichzeitig Menschen zu verwerfen, weil in der Erwählung Jesu Christi alle Menschen erwählt sind und in dem ihn am Kreuz treffenden Verwerfungsurteil die Verwerfung aller vollstreckt ist: „in der Erwählung Jesu Christi, die der ewige Wille Gottes ist, hat Gott dem Menschen das Erste, die Erwählung, die Seligkeit und das Leben, sich selber aber das Zweite, die Verwerfung, die Verdammnis und den Tod zugedacht"[77].

Im Grundsatz sind hier alle Voraussetzungen für die positive Entscheidung der Frage gegeben, ob es ein Heil für Nichtchristen geben

---

[74] M. Kähler, Manuskript der Eschatologievorlesung von 1911 (ungedruckt), 117f.

[75] F.D. Schleiermacher, Der christliche Glaube nach den Grundsätzen der evangelischen Kirche im Zusammenhange dargestellt. Zweite Auflage (1830/31) (Kritische Gesamtausgabe [KGA], Abt. I, Bd. 13/1 u. 13/2), hg. von R. Schäfer, Berlin/New York 2003, § 118, Leitsatz.

[76] Vgl. ebd., § 120, Zusatz.

[77] K. Barth, Die Kirchliche Dogmatik, Bd. II/2, Zollikon-Zürich 1942, 177 (im Original teilweise hervorgehoben). – Zu Barths Erwählungslehre vgl. H. Stoevesandt, Karl Barths Erwählungslehre als Exempel der „christologischen Konzentration", in: M. Beintker (Hg.), Gottes freie Gnade. Studien zur Lehre von der Erwählung, Wuppertal 2004, 93–117.

könne. Denn natürlich kann man Barth so verstehen, dass die Menschheit und damit die nichtchristlichen Religionen in den Genuss der Erwählung und damit des eschatologischen Heils kommen werden. Dann wäre die hier vollzogene Umprägung der Erwählungslehre die Begründungsfigur sowohl für den Wahrheitsanspruch des christlichen Glaubens als auch für die Einbeziehung der Nichtchristen in das von Christus gewirkte Heil. Die religionstheologische Option des Inklusivismus stünde auf einem erwählungstheologischen Unterboden. Analog stellen sich die Verhältnisse im Blick auf Schleiermachers Gedanken der universalen Ausbreitung der Erlösung dar. Und ähnliche Implikationen ergeben sich, wenn man die im jüngsten Votum des Theologischen Ausschusses der UEK gemachten Aussagen zur Hoffnung auf das ewige Leben beachtet.[78] Der universale Charakter der christlichen Hoffnung schließe es aus, die Hoffnung für Nichtchristen jemals aufzugeben. Und dann heißt es ausdrücklich: „Auch wenn sie sich dem Glauben an Jesus Christus verweigern, weil sie einer anderen Religion angehören oder sich als Atheisten verstehen, können sie im Horizont der Ewigkeit Gottes doch nicht als Verlorene betrachtet werden. Diese Hoffnung darf nicht aufgegeben werden, wenn Gott in Jesus Christus weiter glaubhaft als universales Ereignis für die Menschheit verkündigt werden soll. Da sich die Mehrheit der Menschheit aber weder zu Jesus bekannt hat noch sich nach menschlichem Ermessen zu ihm bekennen wird, wird sich die Hoffnung für sie darauf richten, dass Jesus Christus in der Ewigkeit auch *für sie eintritt.*"[79] Es sei eine widersinnige Vorstellung, dass gerade der, der für sündige Menschen gestorben ist, dann als der erwartet wird, der sie verdammt.[80]

Andererseits ist man sich in der evangelischen Dogmatik des Wagnischarakters solcher Aussagen in der Regel bewusst. Barth hat die naheliegende Konsequenz einer Allversöhnung ausdrücklich abgelehnt[81] und darauf hingewiesen, dass wir die Grenzen der göttlichen Erwählung von uns aus ebensowenig erweitern dürfen, wie wir sie nicht einengen dürfen.[82] Und auch das jüngste UEK-Votum widerspricht einer Vermischung der Lehre von der Wiederbringung aller mit der Formulierung der „Hoffnung für alle"[83]. Inwieweit das dem Bedürfnis nach folgerichtigem Ausziehen von Konsequenzen gerecht wird, ist allerdings eine Frage für sich. Die Zurückhaltung gegenüber einem allzu entschränkten, systematisierten Heilsuniversalismus scheint allerdings einer der Gründe

---

[78] Unsere Hoffnung auf das ewige Leben. Ein Votum des Theologischen Ausschusses der Union Evangelischer Kirchen in der EKD, Neukirchen-Vluyn 2006.
[79] Ebd., 94.
[80] Vgl. ebd., 96.
[81] Vgl. K. Barth, Die Kirchliche Dogmatik, Bd. II/2 (Anm. 77), 462.
[82] Vgl. ebd., 467.
[83] Vgl. Unsere Hoffnung auf das ewige Leben (Anm. 78), 98.

dafür zu sein, dass der Aspekt des endzeitlichen Ankommens der nicht-christlichen Religionen beim dreieinigen Gott eher angedeutet als konkret ausgearbeitet wird. Die Möglichkeit eines Heils für alle wird um Christi willen im Grundsatz behauptet, ohne dass sie religionstheologisch umgesetzt und konkretisiert wird.

5. Zu heutigen evangelischen Religionstheologien

Es beruht freilich nicht nur auf theologisch reflektierter eschatologischer Diskretion, sondern auch auf einer verbreiteten soteriologischen Enthaltsamkeit, dass die moderne Umprägung der Erwählungslehre kaum Eingang in die religionstheologischen Konzepte evangelischer Autoren findet. Denn diese Konzepte wenden sich gegen die Vereinnahmung der Anderen und favorisieren die grundsätzliche Anerkennung deren Eigen- und Andersseins, wohingegen auch die universal orientierte Erwählungslehre auf der Prärogative und Prävalenz der christlichen Soteriologie beharren muss und das, was sie stark macht, nämlich die Annoncierung des Heils für die Anderen, wiederum ihre religionstheologische Achillesferse zu werden droht, weil sich die Annoncierung als soteriologische Bevormundung herausstellen kann.

Die in den vergangenen Jahren vorgelegten Entwürfe und Konzepte evangelischer Autoren zur Theologie und zum Dialog der Religionen können hier freilich nicht einmal ansatzweise porträtiert werden.[84] Schon die Frage, ob es spezifisch *evangelische* Zugänge zur heutigen Theologie der Religionen gibt und ob sie auch als solche wahrgenommen werden, ist in Kürze kaum angemessen zu klären. Hier können lediglich einige Tendenzen angedeutet werden, die sich einem dogmatisch arbeitenden Beobachter der Szene ergeben.

Mit großer Einmütigkeit wird die Behauptung der ausschließlichen Wahrheit der eigenen Religion und damit der Exklusivismus zurückgewiesen.[85] Niemand möchte als Exklusivist gelten oder dem Exklusivismus Vorschub leisten. Mit hochsensiblem Argwohn werden noch die sublimsten Überlegenheits- und Überbietungsansprüche bei sich selbst und bei anderen christlichen Theologen registriert. Mit Überlegenheits- und Überbietungsansprüchen anderer Religionen kann man dagegen durchaus nachsichtiger verfahren. Die sich dann anbietende Alternative des Inklusi-

---

[84] Vgl. hierzu den instruktiven Sammelband von Ch. Danz/U.H.J. Körtner (Hg.), Theologie der Religionen (Anm. 70) sowie R. Bernhardt, Literaturbericht „Theologie der Religion", in: ThR 72 (2007) 1–35; 127–149.
[85] Zum Exklusivismus, Inklusivismus und Pluralismus sowie möglichen Zwischenformen vgl. die Darstellung bei M. Hüttenhoff, Der religiöse Pluralismus als Orientierungsproblem. Religionstheologische Studien, Leipzig 2001, 29–77.

vismus, der die Anderen als künftige Teilhaber an den Heilsverheißungen des Evangeliums betrachtet, ist für viele mit dem Makel behaftet, dass hier Überlegenheit und Überbietung unvermeidlich mitzulaufen scheinen.

So steckt der Inklusivismus in einem Dilemma: Wegen seiner universalen Heilsperspektive ist er auf eine komplexere und damit nolens volens „überlegenere" Soteriologie angewiesen; sonst könnte er die Anderen nicht „mitnehmen". Ohne diese integrative Soteriologie fiele der Inklusivismus in sich zusammen, mit ihm erzeugt man aber anscheinend eine Überlegenheit über die Anderen, in der man sich – jedenfalls als westeuropäischer oder nordamerikanischer Theologe – unwohl fühlt. Bleibt also, wenn man dem Dilemma nicht durch eine Option für den religiösen Agnostizismus entkommen möchte, die Option für den Pluralismus übrig, der im Grundsatz von der Gleichrangigkeit oder wenigstens Gleichberechtigung unterschiedlicher religiöser Wahrheitsansprüche ausgeht.

Doch auch hier tun sich erhebliche Schwierigkeiten auf. Die Gleichrangigkeit von Wahrheitsansprüchen kann man nicht nur behaupten, man muss sie auch denkerisch evident machen. Hier steht zu viel auf dem Spiel, als dass man bei formalen Ausgangsbehauptungen stehenbleiben könnte. Man müsste also zeigen, weshalb man unbeschadet der Verschiedenartigkeit der Religionen den ihnen innewohnenden Wahrheitsansprüchen Gleichrangigkeit zuerkennt. Mir ist kein Entwurf bekannt, der das auch nur annähernd geleistet hätte. Man kann sich der Aufgabe freilich auch so nähern, dass man fragt: Partizipieren die Religionen nicht alle an einer letzten Wirklichkeit, empfangen sie nicht alle ihren Wahrheitsanspruch von woandersher, ohne dass sie in ihrer geschichtlichen Ausprägung mit diesem Wahrheitsanspruch gleichgesetzt werden können? Aber auch hier entsteht ein Dilemma. Die gesuchte letzte Wirklichkeit erscheint uns ja nicht als solche. Sie ist für uns Menschen immer geschichtlich-konkret vermittelt. Als Pluralist muss ich unterstellen, dass sie mir in den geschichtlichen Ausprägungen von Religion, also in den einzelnen Religionen, begegnet. Begegnet sie mir in allen Religionen in gleicher Weise, bei den Schamanen Sibiriens genauso wie bei den Schiiten im Iran oder bei den Shintoisten in Japan? Muss ich nicht, wenn ich eine letzte Wirklichkeit unterstelle, an der die Religionen in gleicher Weise partizipieren, am Ende doch unterschiedliche Wahrheitsbezüge in Rechnung stellen und der Idee der Gleichrangigkeit von Wahrheitsansprüchen den Abschied geben, gerade *weil* ich den Religionen gerecht zu werden versuche?

So gesehen ist die Position, die sich der eigenen Standortbindung bewusst bleibt, nicht zu umgehen. Wir sind Christen, weil wir es als wahr erfahren haben, dass sich Gott uns durch Jesus Christus zuwendet und erschließt. Nirgends wird für uns deutlicher, dass der dreieinige Gott uns sucht und liebt, als in seiner Versöhnungstat am Kreuz und seiner

Lebenstat am Ostermorgen. In dieser Perspektive betrachten Christen die anderen Religionen. Eine reine Beobachterposition über den Religionen gibt es nicht, weil sich niemand von seiner eigenen Perspektive lösen kann und weil auch die Position *über* den Religionen auf einen *Über*bietungsanspruch hinausläuft. Michael Hüttenhoff hat für die Akzeptanz der eigenen Perspektivität den Begriff des „reflektierten Positionalismus" eingeführt[86] und dann die grundsätzliche Pluralität reflektierter Positionalismen aufweisen wollen. Andere Autoren haben die inklusivistische Option weiterentwickelt und sich für einen reflektierten, sich selbst gegenüber kritischen Inklusivismus ausgesprochen. So hat Reinhold Bernhardt einen „Inklusivismus auf Gegenseitigkeit" bzw. „mutualen Inklusivismus" ins Gespräch gebracht, der zwar der pluralistischen Position nahekommt, aber sich dadurch von ihr unterscheidet, dass er keine von den religiösen Traditionen unabhängige Erkenntnisposition für sich reklamiert, sondern sich zu seiner Verankerung in der eigenen Religion und Konfession bekennt.[87] Als Letztwirklichkeit gelte dem mutualen Inklusivismus „nicht ein numinoses Absolutum hinter allen Transzendenzerschließungen, auf die sich die Religionen gründen, sondern der Gott, wie er/sie/es in den grundlegenden und normativen Offenbarungen der eigenen Religion erfahren und konzeptualisiert ist"[88]. Das Bewusstsein einer soziokulturellen Prägung dieser Erfahrungen und Konzepte wird ausdrücklich eingeschlossen, potentiell auch das Zugeständnis, „daß sich der in der eigenen religiösen Tradition bezeugte und verehrte Gott auch in anderen Religionskulturen in anderer Weise, aber doch authentisch bekundet hat"[89].

Die Frage, ob und wie der in der eigenen religiösen Tradition bezeugte Gott auch in spezifischer und durchaus anderer Weise das Heil für andere Religionskulturen wirkt – ob also nicht nur eine Pluralität der Gotteserkenntnis, sondern auch eine Pluralität der Heilzuwendungen Gottes anzunehmen ist –, kommt allenfalls ansatzweise in den Blick.[90] Das könnte daran liegen, dass das Hauptaugenmerk den fundamentaltheologischen Klärungen bzw. der komparatistischen Arbeit an ausgewählten religiösen Phänomenen gilt und wir die thematische Hinwendung zum soteriologi-

---

[86] M. Hüttenhoff, Der religiöse Pluralismus (Anm. 85), 154ff.
[87] Vgl. R. Bernhardt, Protestantische Religionstheologie auf trinitätstheologischem Grund, in: Ch. Danz/U.H.J. Körtner (Hg.), Theologie der Religionen (Anm. 70), 107–120, hier 111f.; vgl. ders., Der Absolutheitsanspruch des Christentums. Von der Aufklärung bis zur Pluralistischen Religionstheologie, Gütersloh 1993, 236–239.
[88] R. Bernhardt, Protestantische Religionstheologie (Anm. 87), 112.
[89] Ebd.
[90] Beispiele findet man bei M. Hüttenhoff, Der religiöse Pluralismus (Anm. 85), 183–265; ders., Die Möglichkeit einer am Rechtfertigungsgedanken orientierten pluralistischen Theologie der Religionen (Anm. 70), 134–150.

schen Themenkreis noch vor uns haben. Die interreligiöse Soteriologie wäre dann ein noch weithin unbeschriebenes Blatt.[91] Aber auch das andere wäre denkbar, das unterschwellige Bewusstsein dafür, dass die Beschäftigung mit soteriologischen Fragen überaus heikel ist, weil sich die mühsam errungenen Einsichten in Verbindendes und Gemeinsames schlagartig zur Disposition stellen könnten, wenn das rettende und erlösende Gotteshandeln in der ihm gemäßen Intensität zum Thema wird.

Die heutigen religionstheologischen Debatten evangelischer Theologen bewegen sich unbestreitbar auf einer anderen Ebene als die kirchlichen Lehrtexte zum Thema. Letztere beharren unangefochten auf der geprägten Christozentrik der Heilszusage und Heilsaneignung, sprechen vorsichtig von Wahrheitsmomenten bei den Anderen, finden sich zu christologisch begründeten Korrekturen der Erwählungslehre bereit und dehnen behutsam die Heilszuwendung des Vaters Jesu Christi auf Nichtchristen aus. Sie denken inklusivistisch und vertreten jenen integrativen Inklusivismus, der aus Sicht der Religionstheologie von seiner – als problematisch eingeschätzten – Superiorität noch befreit werden muss. Zweifellos muss das beachtet werden. Aber es gibt auch gute Gründe, im Blick auf das Heil um Eindeutigkeit und höchste Authentizität besorgt zu sein und einer Changierbarkeit und Auswechselbarkeit der heilschaffenden Wege Gottes zum Menschen mit wohlerwogener Skepsis zu begegnen.

Anhang
Zusammenfassende Thesen

1. Evangelische Bekenntnistradition:

1.1 Die evangelischen Bekenntnisschriften des 16. Jahrhunderts fußen auf dem soteriologischen Grundsatz: „extra Christum nulla salus". Anteil am Heil gibt es nur im Glauben an den gekreuzigten und auferstandenen Christus. Alle, die nicht an ihn glauben und die nicht durch die Taufe und den Heiligen Geist wiedergeboren werden, werden dem „ewigen Gotteszorn" und der „aeterna mors" preisgegeben sein (Confessio Augustana II).

1.2 Der Chiliasmus und der Gedanke an eine Befristung der Höllenstrafen oder gar an eine Allversöhnung, der bei einigen Wiedertäufern in Erwägung gezogen wurde, werden ausdrücklich verworfen (Confessio

---

[91] Das gilt trotz der Ansätze bei H.-M. Barth, bei dem verschiedene soteriologische Topoi vergleichend abgehandelt werden (vgl. H.-M. Barth, Dogmatik. Evangelischer Glaube im Kontext der Weltreligionen. Ein Lehrbuch, Gütersloh 2001, bes. 525–577).

Augustana XVII). Der an Christus Glaubende darf getröstet und erhobenen Hauptes vor Christus als seinen himmlischen Richter treten, der sich für ihn dem Gericht Gottes gestellt und alle Verurteilung von ihm weggenommen hat. Er wird erfahren, dass Christus „alle seine unnd meine feinde, in die ewige verdammnuß werffe: mich aber sampt allen außerwehlten zu jm in die himlische freud und herrligkeyt neme" (Heidelberger Katechismus 52).

2. Evangelische Lehrentwicklung:

2.1 Im Verlauf der jüngeren evangelischen Theologiegeschichte wurde die Vorstellung entwickelt, dass Gott am Ende keinen Menschen vom eschatologischen Heil ausschließen werde. Sie wurde freilich niemals in den Rang einer offiziellen, allgemein kirchlich approbierten Lehraussage erhoben.

2.2 Friedrich Schleiermacher hielt es für einen unauflöslichen Missklang, „wenn wir uns unter Voraussezung einer Fortdauer nach dem Tode einen Theil des menschlichen Geschlechtes" von der Gemeinschaft der Erlösung „gänzlich ausgeschlossen denken sollen" (Der christliche Glaube, 2. Aufl. [1830/31], § 118, Leitsatz).

2.3 Solcher Erlösungsuniversalismus fand seine Fortsetzung und zugleich christologische Neuprägung bei Karl Barth, der die Erwählungslehre als „Summe des Evangeliums" (KD II/2, 1) thematisierte und den Gedanken entfaltete, dass in der Erwählung Jesu Christi alle Menschen erwählt sind und in dem Christus am Kreuz treffenden Verwerfungsurteil die Verwerfung aller bereits vollstreckt ist: „in der Erwählung Jesu Christi, die der ewige Wille Gottes ist, hat Gott dem Menschen das Erste, die Erwählung, die Seligkeit und das Leben, sich selber aber das Zweite, die Verwerfung, die Verdammnis und den Tod zugedacht" (KD II/2, 177).

2.4 Im Grundsatz sind hier alle Voraussetzungen für die positive Entscheidung der Frage gegeben, ob es ein Heil für Andere geben könne. Die so vollzogene Umprägung der Erwählungslehre kann als Begründungsfigur sowohl für den Wahrheitsanspruch des christlichen Glaubens als auch für seine soteriologische Entgrenzung in Anspruch genommen werden.

3. Autorisierte Äußerungen der evangelischen Kirche:

3.1 Die erste These der Barmer Theologischen Erklärung (1934) gilt bis heute als wichtiger Bezugspunkt der jüngeren kirchlichen Verlautbarungen zum Verhältnis zwischen dem christlichen Glauben und den nichtchristlichen Religionen.

3.2 Konstante Motive sind: die christologische Zentrierung des göttlichen Offenbarungs- und Heilshandelns auf der Linie des reformatorischen *solus Christus*, der religionskritische Impetus des Ersten Gebots, der sich zuerst gegen die *christliche* Religion selbst richtet, sodann die besondere Nähe zu Israel und die christologisch perspektivierte Identifikation von Wahrheitsmomenten bei den Anderen.

3.3 Dafür beispielhaft ist die Ekklesiologie-Studie der GEKE „Die Kirche Jesu Christi" (1994): „Was Christen von anderen Religionen und der Verehrung anderer Götter wahrnehmen und verstehen, sehen und beurteilen sie im Horizont ihrer Erkenntnis des als wahrer Gott und wahrer Mensch offenbaren Jesus Christus." (53) Die Wahrheitsmomente der Gottesverehrung und Gottesvorstellung in anderen Religionen werden ausdrücklich eingeräumt.

3.4 Das Verhältnis zu Israel ist vom Verhältnis zu den anderen Religionen ausdrücklich zu unterscheiden, denn Christen und Juden sind im Glauben an den *einen* Gott verbunden, der Israel und die Kirche erwählt hat. „Der christliche Glaube hofft [...], daß es in dem Einen Gott eine Einheit gibt, die Israel und die Kirche umfaßt und die endzeitlich sichtbar werden wird" (Kirche und Israel, 2001, 61).

3.5 Ähnlich betrachtet das Votum der Kammer für Theologie der EKD „Christlicher Glaube und nichtchristliche Religionen" (2003) die Religionen und die Menschen, die sie praktizieren, im Lichte des Evangeliums von der Rechtfertigung des Sünders. Das Evangelium inkludiert den zur Rechtfertigung bestimmten Gottlosen bzw. Sünder – den Sünder, der der christlichen Kirche angehört, ebenso wie den Sünder außerhalb der Kirche. In ihrem Angewiesensein auf die Nähe des gnädigen Gottes unterscheiden sich Christen nicht von Menschen anderer Religionen: „Das Verhältnis zu ihnen ist [...] nicht dadurch bestimmt, dass hier Nicht-Sünder Sündern gegenüber treten. Gerade als Sünder sind Christen und Menschen, die eine andere Religion haben, ganz auf Gottes freie, gnädige Zuwendung angewiesen." (8) Das *solus Christus* der reformatorischen Rechtfertigungslehre entlastet die Kirche und die Christen davon, die Wahrheit bei sich selbst suchen zu müssen und sich als Besitzer der Wahrheit in den Rang der absoluten Religion zu setzen. Ebenso widerstreitet das *solus Christus* einem entschränkten religionstheologischen Pluralismus: Wenn Menschen hier die rettende Kraft des Evangeliums und darin die Wahrheit erfahren, dann wäre es verfehlt, die Wahrheit immer auch noch woanders zu suchen als dort, wo sie uns längst gefunden und ergriffen hat. Christus als Teilwahrheit wäre nicht mehr Christus als der Versöhner und Erlöser. „Das den christlichen Glauben mit den Menschen aller Religionen Verbindende (Gott ist allen Menschen gnädig nahe) ist insofern das sie zugleich Trennende." (8)

4. Religionstheologische Konzepte:

4.1 Die heutigen religionstheologischen Entwürfe evangelischer Theologen bewegen sich auf einer anderen Ebene als die kirchlichen Lehrtexte zum Thema. Ihnen fehlt die Christozentrik der Heilszusage und Heilsaneignung, ebenso findet die universalistische Umprägung der Erwählungslehre kaum Eingang in ihre Konzepte. Auch der Gedanke des göttlichen Gerichts spielt keine Rolle.

4.2 Die Autoren wenden sich gegen die Vereinnahmung (Inklusion) der Anderen und favorisieren die grundsätzliche Anerkennung deren Eigen- und Andersseins. Mit großer Einmütigkeit wird die Behauptung der ausschließlichen Wahrheit der eigenen Religion und damit der Exklusivismus zurückgewiesen.

4.3 Die Alternative des Inklusivismus, der die Anderen als künftige Teilhaber an den Heilsverheißungen des Evangeliums betrachtet, ist für viele mit dem Makel behaftet, dass hier Überlegenheit und Überbietung unvermeidlich mitzulaufen scheinen.

4.4 Die Option für den Pluralismus, der im Grundsatz von der Gleichrangigkeit oder wenigstens Gleichberechtigung unterschiedlicher religiöser Wahrheitsansprüche ausgeht, ist freilich mit der Aporie belastet, dass sich diese Gleichrangigkeit mit den Mitteln des Denkens nicht erweisen lässt, ja dass man eigentlich der Idee der Gleichrangigkeit von Wahrheitsansprüchen den Abschied geben muss, gerade wenn man den Religionen gerecht zu werden versucht.

4.5 Eine reine Beobachterposition über den Religionen gibt es nicht, weil sich niemand von seiner eigenen Perspektive lösen kann und weil auch die Position *über* den Religionen auf einen Überbietungsanspruch hinausläuft. Für die Akzeptanz der eigenen Perspektivität ist der Begriff des „reflektierten Positionalismus" eingeführt worden (M. Hüttenhoff).

5. Der soteriologische Rang der Wahrheitsfrage:

5.1 Die Rede vom „Heil der Anderen" verdeutlicht die soteriologische Aufgabe, die sich im Blick auf das Verhältnis der Religionen stellt. Die zeitgenössische Theologie der Religionen erprobt sich normalerweise auf den soteriologisch unterkühlten Feldern der Fundamentaltheologie.

5.2 Wenn sie jedoch soteriologisch „geerdet" und mit den beziehungsreichen Themenbereichen der Soteriologie, der Erwählungslehre und der

Eschatologie verbunden wird, erscheint die Wahrheitsfrage (gut biblisch) als die Heilsfrage, der es um letztes Bestehen und letztes Scheitern, um Leben und Tod, um Himmel und Hölle, um alles oder nichts geht. Differierende Wahrheitsansprüche manifestieren sich als differierende Heilsansprüche.

5.3 Das Verständnis von Heil und Heilsgeschehen ist perspektivisch gebunden. Das gilt nicht nur für die Christen, deren soteriologische Dissense bis zu Kirchenspaltungen führten. Das gilt erst recht für die Vertreter der verschiedenen Religionen im interreligiösen Dialog.

5.4 Kann gesagt werden, dass das *christlich* verstandene Heil auch für Nichtchristen wirksam wird? Oder soll auf der Höhe eines bis zur letzten Konsequenz getriebenen Pluralismus von einem nichtchristlich verstandenen Heil für Nichtchristen in Parallele zu einem christlich verstanden Heil für Christen oder gar von einem *nichtchristlich* verstandenen Heil für *Christen* gesprochen werden?

6. Aspekte des christlichen Verständnisses von Heil und die soteriologische Nomenklatur:

6.1 Das Heil, das der dreieinige Gott dem Menschen zugedacht hat und auf dessen Eintreten der Glaube hofft, manifestiert sich im umfassendsten Sinne als „Erlösung" – als Erlösung von der Macht der Sünde und des Bösen, als Erlösung vom Leiden und von der Macht des Todes *und* als Erlösung aus dem Gericht Gottes zum ewigen Leben.

6.2 Heil im Vollsinn ist eine eschatologische Realität: Indem Christen den Advent des kommenden Christus erwarten, hoffen sie auf die Erlösung der von Leid und Tod gezeichneten Schöpfung.

6.3 Das Heil ist freilich in dieser so gezeichneten Schöpfung verborgen präsent. Die der heutigen Lebenswirklichkeit zugewendete Seite des Heils charakterisiert man in unserer Zeit bevorzugt als „Versöhnung" und „Befreiung" – Versöhnung zwischen Gott und Mensch und Versöhnung zwischen Mensch und Mitmensch und darin Befreiung von allem, was den Menschen seiner selbst entfremdet.

6.4 In der evangelischen Bekenntnistradition wird an dieser Stelle bevorzugt von „Rechtfertigung" und „Heiligung" gesprochen. Rechtfertigung und Heiligung stehen allerdings für spezifische Aspekte, keineswegs für das Ganze der christlichen Rede vom Heil. Und: Rechtfertigung und Heiligung können präsent sein, ohne dass sie ausdrücklich thematisiert werden müssen.

7. Hoffnung für die Welt:

7.1 Von der Freundlichkeit des dreieinigen Gottes profitieren schon heute *alle* Menschen, unabhängig von ihrer Religionszugehörigkeit und auch unabhängig von ihrer jeweiligen Kulturprägung (vgl. Apg 14,16f.). Es gibt einen Gottesbezug, der quer durch alle Religionen geht. Er wird gesetzt mit der Geschöpflichkeit des menschlichen Daseins.

7.2 Dieser Christen mit den Angehörigen anderer Religionen verbindende Gottesbezug potenziert sich auf der soteriologischen Ebene: Gott ist in Christus nicht nur für die Christen gestorben, sondern auch für die Menschen anderer Religionen. Auch sie werden von Gott geliebt, auch ihnen soll das Versöhnungsgeschehen des Kreuzes zugute kommen. Eine Rechtfertigung des Gottlosen allein aus Glauben wird es auch im Endgericht geben.

7.3 Christen sind Zeugen des Heilswillens Gottes, der in Jesus Christus offenbar geworden ist. Aber sie müssen nichts erzwingen, sie können warten und darauf vertrauen, dass der Vater Jesu Christi sich auch von denen finden lässt, denen er heute schon nahe ist, ohne dass sie es merken.

7.4 Vielleicht lässt er sich von den meisten Menschen überhaupt erst finden, wenn er sie in seiner Herrlichkeit „von Angesicht zu Angesicht" (1 Kor 13,12) schauen lässt. Dann wird Jesus Christus auch als das Alpha und das Omega der Welt der Religionen erfahrbar werden.

7.5 Vision der Hoffnung für die Welt: „Und der HERR Zebaoth wird auf diesem Berge allen Völkern ein fettes Mahl machen, ein Mahl von reinem Wein, von Fett, von Mark, von Wein, darin keine Hefe ist. Und er wird auf diesem Berg die Hülle wegnehmen, mit der alle Völker verhüllt sind, und die Decke, mit der alle Heiden zugedeckt sind. Er wird den Tod verschlingen auf ewig. Und Gott der HERR wird die Tränen von ihren Angesichtern abwischen und wird aufheben die Schmach seines Volks in allen Landen; denn der HERR hat's gesagt. Zu der Zeit wird man sagen: ‚Siehe, das ist unser Gott, auf den wir hofften, dass er uns helfe. Das ist der HERR, auf den wir hofften, lasst uns jubeln und fröhlich sein über sein Heil.'" (Jes 25,6–9)

Die Heilsmöglichkeiten für die Nichtchristen und für die Nichtglaubenden nach den Aussagen des 2. Vatikanischen Konzils

Karl Lehmann

1. Hinführung zur Thematik

Das Thema mag überraschen, weil zuerst ja die Frage auftauchen wird, ob denn das 2. Vatikanische Konzil eine erheblich andere Position in unserer Frage einnimmt im Vergleich zur Lehrüberlieferung der Kirche. In der Tat bin ich der Überzeugung, dass die Aussagen des Konzils den Rahmen der klassischen Gnadenlehre sprengen. Zwar ist dies kein unversöhnlicher Bruch, aber es ist doch notwendig, die Positionen miteinander gründlich zu vermitteln.

Dabei muss von Anfang an deutlich bleiben, dass ein Konzil zwar gewisse Lehrentscheidungen vornimmt, die theologische Einzelbegründung und Differenzierung jedoch nicht seine Aufgabe sein können. Im Fall des 2. Vatikanischen Konzils ist dies noch wichtiger, denn diese Kirchenversammlung wollte ja von Anfang an weniger dogmatische Entscheidungen treffen, sondern war von einer grundlegend pastoralen Ausrichtung bestimmt, wie immer man genauer diesen Begriff verstehen mag. Es wird also in den Texten selbst manches offen bleiben, was von der nachfolgenden Theologie auf ihre Weise eigens angegangen und vertieft werden muss.

Ich bin freilich der Meinung, dass die theologische Aufarbeitung der mit den Texten des Konzils über „Heil für alle?" gegebenen Aussagen gerade an dieser Stelle wenig unternommen worden ist. Man wird deshalb immer wieder auf die Konzilstexte selbst zurückgeworfen. Dies bringt die Gefahr mit sich, dass sie etwas unfruchtbar wiederholt werden, ohne dass die damit verbundenen Aussagen fortgeführt werden. Man wird aber auch nüchtern feststellen müssen, dass die zu verhandelnden Texte bald 50 Jahre nach dem Konzil keine besondere Aufmerksamkeit mehr hervorrufen und von vielen geradezu vergessen sind, obgleich sie eine große Bedeutung behalten haben. Karl Rahner hat von Anfang an – oft wie ein einsamer Rufer in der Wüste – immer wieder auf sie hingewiesen.

Unter diesem Vorbehalt kommt es mir zuerst darauf an, die Aussagen selbst zur Kenntnis zu bringen, ihre Hintergründe etwas auszuleuchten und den „Sitz im Leben" deutlich zu machen, der zum Verständnis notwendig ist. Es wird dann von der bleibenden Bedeutung dieser Aussagen für die Theologie und das praktische Leben der Kirche die Rede sein. Aber im Grunde ist dies alles nur ein erster Schritt zur Erschließung der Aussagen des Konzils selbst. Das bisher weitgehend unterbliebene ökumenische Gespräch darüber wird dabei sehr hilfreich sein können.

2. Hinweise in Schrift und Tradition

Ein erster Hinweis ergibt sich aus der klassischen Annahme, dass es einen allgemeinen Heilswillen Gottes gibt. Beim Heilswillen Gottes handelt es sich nicht um die metaphysisch notwendige Güte und Heiligkeit Gottes noch um eine zwingende Ableitung aus ihr, nicht um eine metaphysische Eigenschaft Gottes, sondern um ein ereignishaftes Verhalten Gottes, das in der konkreten Geschichte erfahren und bezeugt werden muss. Dieses freie personale Verhalten Gottes ist endgültig und unwiderruflich grundsätzlich in Jesus Christus offenbar geworden. Alle haben einen Erlöser (1 Tim 4,10), alle werden erleuchtet (Joh 1,29; 3,16f.; 4,12; 8,12; 1 Joh 2,2). Der klassische Text für die Universalität des Heilswillens Gottes ist 1 Tim 2,1–6.[1] Wenn auch die Schrift die machtvolle Kraft des erbarmenden Willens Gottes, der alles umfasst und die Sünde übermächtig „einschließt" (vgl. Röm 5,17; Röm 11,32), hervorhebt, so kennt sie doch keine objektiv-theoretische Aussage über eine Allerlösung. Es darf aber nicht übersehen werden, wie oft das Neue Testament sehr betont von „allen" spricht, wenn es um die Heilszuwendung Gottes geht.[2]

---

[1] Dieser Text wird sehr oft in den Dokumenten des 2. Vatikanischen Konzils zitiert: SC 5; LG 16; NA 1; DH 11; AG 7; AG 42.
[2] Eindrucksvoll zusammengestellt z.B. bei H.U. von Balthasar, Glaubhaft ist nur Liebe, Einsiedeln 1963, 55f.; 63ff.; 72f.

Die Bibel belässt den Menschen vor der Doppelung einer möglichen Endgültigkeit seiner Existenz und seiner Geschichte in Heil *und* Unheil (vgl. nur Mt 25,31–45). Die Schrift gebietet also dem Menschen einerseits Hoffnung für sich und alle, verbietet ihm aber die Sicherheit, die die „bloße" Hoffnung überholen würde, dass man weiß, was das Endgültige und alles Umfassende konkret ist. Damit ist auch der Entscheidungscharakter des Glaubens begründet.[3]

Die kirchliche Lehre kennt deshalb nur eine von der Hoffnung eingenommene Mitte zwischen der Lehre vom allgemeinen Heilswillen Gottes und dem Nichtwissen vom konkreten Ausgang der Geschichte für den einzelnen Menschen. Man kann in wenigen Sätzen die Lehre der Kirche zusammenfassend umschreiben: Jesus Christus ist für alle Menschen gestorben (Glaubensbekenntnisse); alle Gerechtfertigten erhalten hinreichende Gnade, jede formelle schwere Sünde zu meiden und so ihr Heil zu erlangen (vgl. DH 1536–1539; 1568). Es wäre ein theologischer Glaubensirrtum anzunehmen, dass Jesus Christus nur für die Prädestinierten (vgl. DH 2005), oder nur für die Gläubigen gestorben sei, oder dass Heiden, Häretiker usw. außerhalb der Kirche keine hinreichende Gnade empfingen (vgl. DH 2304; 2865–2867, LG 16).

Die Universalität des allgemeinen Heilswillens Gottes, die also schlechthin allen Menschen zukommt, ist freilich im Blick auf die Lehre der Kirche nicht definiert. Dies hängt gewiss mit der dogmengeschichtlichen Entwicklung zusammen, die besonders durch den späten Augustinus (mindestens seit 418) gekennzeichnet ist. Er kennt wohl in der theologischen Theorie für die „massa damnata" der Sünder keinen allgemeinen Heilswillen Gottes mehr. Gott will sein gerechtes Gericht offenbaren, in dem er viele in der Ursünde belässt.[4] Die Kirche ist Augustinus in

---

[3] In diesem Beitrag kann nicht die neue Diskussion zur „Allversöhnung" dargestellt werden, auch wenn sie ein sehr wichtiges Thema ist. Vgl. dazu J.Ch. Janowski, Allerlösung. Annäherungen an eine entdualisierte Eschatologie, 2 Bde. (Neukirchener Beiträge zur Systematischen Theologie 23), Neukirchen-Vluyn 2000; H.U. von Balthasar, Was dürfen wir hoffen? (Kriterien 75), Einsiedeln ²1989; ders., Kleiner Diskurs über die Hölle. Apokatastasis, Einsiedeln ²1999; dazu auch D. Engelhard, Im Angesicht des Erlöser-Richters. Hans Urs von Balthasars Neuinterpretation des Gerichtsgedankens, Mainz 1999; vgl. auch einige wichtige Texte in: Gnadenlehre, 2 Bde. Bearbeitet von G.L. Müller (Texte zur Theologie: Dogmatik, Bd. 7,1 A/B), Graz – Wien – Köln 1996. Vgl. dazu auch K. Lehmann, Communio – ein theologisches Programm, in: IKaZ 41 (2012) 233–250 (Interpretation eines gewichtigen Textes von H.U. von Balthasar aus dem Jahr 1972).
[4] Dazu in aller Kürze mit vielen Literaturangaben K. Lehmann, „Augustinus als ‚Lehrer der Gnade'. Ein Blick auf Wirkung und Rezeption in der Gegenwart", in: C. Mayer/A.E.J. Grote/C. Müller (Hg.), Gnade – Freiheit – Rechtfertigung. Augustinische Topoi und ihre Wirkungsgeschichte. Internationales Kolloquium zum 1650. Geburtstag Augustins vom 25.–27. November 2004 im Erbacher Hof zu Mainz (AAWLM.G 3), Mainz/Stuttgart 2007, 73–94; V.H. Drecoll (Hg.), Augustin Handbuch, Tübingen 2007, 340ff.; 500ff.; 558ff.; 570ff.; 628ff.; 655ff.

grundlegenden Entscheidungen des Gnadenverständnisses gefolgt, aber nicht in ihrer verbindlichen Lehrauffassung im Blick auf die verheerenden Konsequenzen der augustinischen Prädestinationslehre. Dies gilt auf jeden Fall für das Konzil von Orange (529) und besonders für das Konzil von Trient, ganz abgesehen von der Zurückweisung der düsteren Positionen des Mönches Lucidus (vgl. DH 331–335) im 5. und von Gottschalk (vgl. DH 621–624) im 9. Jahrhundert. Ich brauche an dieser Stelle nicht die Wirkung auf Wyclif und Hus sowie die Theologie vor allem der Reformatoren (bei Calvin, aber nicht in der CA und in der FC) und auf den Jansenismus[5] darzustellen. Man glaubte, der nicht mehr hinterfragbaren Souveränität des Willens Gottes, der Offenbarung seiner Gerechtigkeit und der unwiderstehlichen Macht der Gnade nur gerecht werden zu können, wenn man den Heilswillen Gottes partikularistisch beschränkt und so eine positive Prädestination zur Verdammnis im Voraus zu den Verfehlungen lehrt. Bekanntlich hat Karl Barth in dieser Frage die Lehre des klassischen Calvinismus aufgegeben.

Ein Sonderproblem ist die Frage, ob und wie die unmündig sterbenden Kinder, die ohne eigene und fremde Schuld ohne Taufe sterben, vom allgemeinen Heilswillen Gottes umfasst sind. Die Lehre vom Limbus, nach der diese Seelen nicht den Lohn der glückseligen Gottesschau erhalten, jedoch keinerlei Strafe unterworfen sind, weil sie keine persönlichen Sünden begangen haben, hat nie Eingang gefunden in die dogmatischen Definitionen des Lehramtes. So findet sich im Katechismus der Katholischen Kirche (KKK, 1992) diese theologische Hypothese nicht. Das Prinzip, wonach Gott das Heil aller Menschen will, gibt Anlass zur Hoffnung, dass es einen Heilsweg für ungetauft sterbende Kinder gibt (vgl. KKK 1261). Die Internationale Theologische Kommission beim Heiligen Stuhl hat in den Jahren 2006/2007 eine Studie „Die Hoffnung auf Rettung für ungetauft sterbende Kinder" abgeschlossen und kommt darin zu dem Ergebnis, „dass es theologische und liturgische Gründe zur Hoffnung gibt, dass ungetauft sterbende Kinder gerettet und zur ewigen Seligkeit geführt werden können, auch wenn sich zu dieser Frage keine ausdrückliche Lehre in der Offenbarung findet."[6]

Es ist hier nicht der Ort, um zu zeigen, wie die Kirche besonders auch im 20. Jahrhundert den Rigorismus ablehnte, mit der einzelne Gruppen den Satz „Außerhalb der Kirche kein Heil" („Extra Ecclesiam nulla

---

[5] Dazu die grundlegende Information von F. Hildesheimer, Le Jansénisme en France aux XVIIe et XVIIIe siècles, Paris 1991.
[6] Vgl. den italienischen Text „La speranza della salvezza per i bambini che muorono senza battesimo", Città del Vaticano 2007, 4. Eine deutsche Übersetzung ist erschienen: Internationale Theologische Kommission, Die Hoffnung auf Rettung für ungetauft sterbende Kinder (19.4.2007) (Arbeitshilfen 224), Bonn 2008.

salus") so auslegten, dass alle Menschen vom ewigen Heil ausgeschlossen sind, ausgenommen Katholiken und Katechumenen. Das heilige Offizium hat im bekannten Brief an den Erzbischof von Boston vom 8. August 1949 (vgl. DH 3866–3873) ein solches Denken mit aller Entschiedenheit zurückgewiesen und z.b. Leonard Feeney exkommuniziert, als er sich weigerte, die Lehre der Kirche anzunehmen.[7]

Es ist nicht zufällig, dass das 2. Vatikanische Konzil in der Kirchenkonstitution „Lumen gentium" (LG 16) diesen Boston-Brief zitiert (vgl. Anm. 33). Es ist eine lange und differenzierte Geschichte, in der sich im Verlauf des 20. Jahrhunderts diese Frage nach dem allgemeinen Heilswillen Gottes und einer Universalität der göttlichen Gnade hin zu dieser offeneren Position entspannt.[8]

Jedenfalls gab es auch in der katholischen Theologie, speziell im Blick auf den Atheismus, eine fest rezipierte Lehrmeinung. So schreibt K. Rahner 1982: „Als ich vor 50 Jahren Theologie studierte, war es eine uns jungen Theologen vorgetragene Lehre, die nicht bezweifelt werden durfte, daß ein positiver Atheismus auf längere Zeit in einem Menschen nicht ohne seine persönliche schwere Schuld existieren könne."[9]

3. Die Lehre des 2. Vatikanischen Konzils im Überblick

In der Tat hat das 2. Vatikanische Konzil einen bis heute in diesem Ausmaß wohl noch kaum voll wahrgenommenen Durchbruch erzielt, auch wenn man der Meinung sein kann, dass hier noch vieles zu klären ist. Diese Öffnung ist durch zahlreiche Veröffentlichungen vorbereitet und begleitet worden.[10]

---

[7] Zum zitierten Satz vgl. DH 802 mit Anm. 1 und statt einer umfangreichen Literatur vgl. B. Sesboüé, Hors de l'Eglise pas de salut, Paris 2004 (zu Feeney: 201ff.), dort auch eine thesenförmige abschließende Bilanz: 365–373, Lit.: 383–389.

[8] Vgl. dazu in aller Kürze ebd., 175ff.; 183ff.; 193ff.; 205ff.; ausführlicher H. Nys, Le Salut sans l'Evangile. Étude historique et critique du problème du „salut des infidèles" dans la littérature théologique récente (Parole et Mission 12), Paris 1966; vgl. auch M. Seckler, Die schiefen Wände des Lehrhauses. Katholizität als Herausforderung, Freiburg 1988, 50ff. ; 71ff.

[9] K. Rahner, Vergessene Anstöße dogmatischer Art des II. Vatikanischen Konzils, in: ders., Schriften zur Theologie, Bd. 16, Zürich – Einsiedeln – Köln 1984, 131–142, 132.

[10] Vgl. H. de Lubac, Die Tragödie des Humanismus ohne Gott, Salzburg 1950, Neuauflage: Über Gott hinaus, Einsiedeln 1984; J. Ratzinger, Die neuen Heiden und die Kirche, in: Hochl 51 (1958/59), 1–11, auch in: ders., Das neue Volk Gottes. Entwürfe zur Ekklesiologie, Düsseldorf 1969, 325–338; H.R. Schlette, Die „alten Heiden" und die Theologie, in: Hochl 52 (1959/60), 401–414; M. Seckler, Das Heil der Nichtevangelisierten in thomistischer Sicht, in: ThQ 140 (1960), 38–69; ders., Instinkt und Glaubenswille nach Thomas von Aquin, Mainz 1961; ders., Die schiefen Wände des Lehrhauses (Anm. 8), 50ff., 71ff.; Y. Congar, Außer der Kirche kein Heil, Essen 1961; H.U. von Balthasar, Die Gottesfrage des heutigen Menschen, Wien 1956, Einsiedeln ²2009; ders., Glaubhaft ist nur Liebe, Ein-

Gewiss ist durch viele Umstände die theologische Fragestellung reifer geworden, damit dieser Durchbruch erzielt werden konnte. Aber ohne das Gewicht der theologischen Motive zu mindern, haben gewiss auch eine Reihe von Einflüssen und Überlegungen mitgespielt, die mit der veränderten Situation der Kirche zu tun hatten. Immer schärfer wurde die Frage, wie im Blick auf das Heil die Situation derer zu beurteilen ist, die weder Jesus Christus noch die Kirche kennen.[11] Das christliche Bewusstsein musste sich immer mehr dieser Frage stellen, und zwar in einem Moment, wo die Kirche in einer pluralistischen Welt sich in einer Diasporasituation entdeckte, die immer stärker den Status der Christen als Minorität aufzeigte. Man kann in der zeitgenössischen Theologie der Konzilsära zeigen, wie sehr etwa die Konzeption des seit 1964 erscheinenden, aber vorher (1961–1964) konzipierten „Handbuches der Pastoraltheologie" diese Fragestellung aufgenommen hat.[12] Die heutige Kommentierung des 2. Vatikanischen Konzils zeigt in der von heute aus geleisteten Reflexion, dass diese Fragestellung in hohem Maß auch das 2. Vatikanische Konzil selbst bis in viele Texte hinein bestimmte.[13]

Es war vor allem der immer mehr um sich greifende „Atheismus",[14] der eine größere Aufmerksamkeit auch beim Konzil weckte. Dabei ist es

---

siedeln 1963. Allgemein hinweisen möchte ich nur auf die zu gleicher Zeit erschienenen Studien zu einer neuen Theologie der Weltreligionen von K. Rahner, J. Ratzinger, H.R. Schlette, G. Thiels, E. Benz, dazu J. Heislbetz, Theologische Gründe der nichtchristlichen Religionen, Freiburg 1967; J. Ratzinger, Kirche – Zeichen unter den Völkern, 1. Teilbd. (Gesammelte Schriften, Bd. 8/1), Freiburg – Basel – Wien 2010, 1021–1077; 1134ff.; 1143ff.; 1231ff.; 1255ff.; 1296ff.

[11] Man kann dies z.B. gut erkennen an dem frühen Aufsatz von K. Rahner, Der Christ und seine ungläubigen Verwandten (1954), in: ders., Kirche in den Herausforderungen der Zeit. Studien zur Ekklesiologie und zur kirchlichen Existenz (Sämtliche Werke, Bd. 10), Freiburg – Basel – Wien 2003, 274–289; für die Entwicklung Karl Rahners ist in dieser Hinsicht immer noch maßgebend N. Schwerdtfeger, Gnade und Welt. Zum Grundgefüge von Karl Rahners Theorie der „anonymen Christen" (FTS 123), Freiburg 1982; B. Sesboüé, Karl Rahner, Paris 2001, bes. 98ff.; 127ff.; 137ff.; 175ff. Vgl. aber auch die „Stimmungslage" bei J. Ratzinger, Das neue Volk Gottes (Anm. 10), 348f. (aus dem Jahr 1965), auch in: ders., Kirche – Zeichen unter den Völkern, 2. Teilbd. (Gesammelte Schriften, Bd. 8/2), 1062ff.

[12] Heute weitgehend zugänglich bei K. Rahner, Selbstvollzug der Kirche. Ekklesiologische Grundlegung praktischer Theologie (Sämtliche Werke, Bd. 19), Freiburg 1995, XXVIff.; 30ff.; 343ff.; 430ff.; 474ff.; 494; 516ff.

[13] Zum Beleg vgl. Herders Theologischer Kommentar zum Zweiten Vatikanischen Konzil, Bd. 5. Die Dokumente des Zweiten Vatikanischen Konzils. Theologische Zusammenschau und Perspektiven, hg. von P. Hünermann/B.J. Hilberath, Freiburg – Basel – Wien 2005; grundlegend auch das kleine Buch von G. Alberigo, Die Fenster öffnen. Das Abenteuer des Zweiten Vatikanischen Konzils, Zürich 2006.

[14] Zum Begriff vgl. besonders H. Ley, Geschichte der Aufklärung und des Atheismus, 5 Bde., Berlin 1966–1989; H.-W. Schütte, Art. „Atheismus", in: HWP 1 (1971) 595–599 (Lit.); E. Coreth/J.B. Lotz (Hg.), Atheismus kritisch betrachtet, München 1971 (vgl. Bibliografie von H. Figl: ebd., 269–306); H.-M. Barth, Atheismus – Geschichte und Begriff (Claudius Thesen 6), München 1973; W. Kern, Atheismus – Marxismus – Christentum,

von großer Bedeutung, in welch großer Breite das Phänomen des Atheismus besonders in der Pastoralkonstitution über die Kirche in der Welt von heute gesehen wird (vgl. GS 19). „Manche leugnen Gott ausdrücklich; andere meinen, der Mensch könne überhaupt nichts über ihn aussagen; wieder andere stellen die Frage nach Gott unter solchen methodischen Voraussetzungen, dass sie von vornherein sinnlos zu sein scheint. Viele überschreiten den Zuständigkeitsbereich der Erfahrungswissenschaften und erklären, alles sei nur Gegenstand solcher naturwissenschaftlicher Forschung, oder sie verwerfen umgekehrt jede Möglichkeit einer absoluten Wahrheit. Manche sind, wie es scheint, mehr interessiert an der Bejahung des Menschen als an der Leugnung Gottes, rühmen aber den Menschen so, dass ihr Glaube an Gott keine Lebensmacht mehr bleibt. Andere machen sich ein solches Bild von Gott, dass jenes Gebilde, das sie ablehnen, keineswegs der Gott des Evangeliums ist. Andere nehmen die Fragen nach Gott nicht einmal in Angriff, da sie keine Erfahrung der religiösen Unruhe zu machen scheinen und keinen Anlass sehen, warum sie sich um Religion kümmern sollen. Der Atheismus entsteht außerdem nicht selten aus dem heftigen Protest gegen das Übel in der Welt oder aus der unberechtigten Übertragung des Begriffs des Absoluten auf gewisse menschliche Werte, sodass diese anstelle Gottes treten. Auch die heutige Zivilisation kann oft, zwar nicht von ihrem Wesen her, aber durch ihre einseitige Zuwendung zu den irdischen Wirklichkeiten, den Zugang zu Gott erschweren." (GS 19)

Hier darf man auch die Einsicht in die Notwendigkeit einer intensiveren Auseinandersetzung mit dem Atheismus, der durch die kommunistischen Staatsdiktaturen im Osten Europas gefördert wurde, nicht unterschätzen. Es waren nicht nur systematische Theologen (vgl. dazu auch GS 20), die auf diese Auseinandersetzung drängten, sondern es waren nicht zuletzt auch wache und sensible Bischöfe aus dem kommunistischen Herrschaftsbereich, die sich in pastoraler Hinsicht Gedanken machten über die Wirkungen des Atheismus und über angemessene Formen der kirchlichen Reaktion. Man sieht dies besonders auch bei dem theologisch eher konservativ eingestellten Erzbischof von Zagreb, dem späteren Kardinal und Präfekten der Glaubenskongregation (1968–1981), Franjo Šeper, der sich hier bemerkenswert hervortat.[15]

Innsbruck 1976; J. Figl, Atheismus als theologisches Problem (TTS 9), Mainz 1977 (Lit.); A. Wucherer-Huldenfeld (Hg.), Weltphänomen Atheismus, Wien 1979; in Kürze: M.J. Fritsch, Atheismus, in: A. Franz u.a. (Hg.), Lexikon philosophischer Grundbegriffe der Theologie, Freiburg – Basel – Wien ²2007, 45f.

[15] Vgl. meinen Beitrag in: F. Kardinal Šeper, Predsjednik Medunarodne Teoloske Komisije (= Il Cardinal Franjo Šeper, Presidente della Commissione Teologica Internazionale), in: Šeper. Veritatem facientes in caritate. Zbornik Radova Medunarodnoga Simpozija o Kardinalu Franji Seperu Povodom 20. Obljetnice Smrti (Dokumentation des internationalen Symposions über Franjo Šeper – anl. seines 20. Todestages), jeweils italienische und kroa-

Dazu gehört auch, dass man bei der Frage nach den Gründen für die Entstehung und das Wachsen des Atheismus die Schuld nicht nur bei den „Gottlosen" und den gesellschaftlich-politischen Verhältnissen suchte, sondern sich auch ehrlich nach einer Mitverantwortung des Christentums und auch der Kirche fragte: „Gewiss sind die, die in Ungehorsam gegen den Spruch ihres Gewissens absichtlich Gott von ihrem Herzen fernzuhalten und religiöse Fragen zu vermeiden suchen, nicht ohne Schuld; aber auch die Gläubigen selbst tragen daran eine gewisse Verantwortung. Denn der Atheismus, allseitig betrachtet, ist nicht eine ursprüngliche und eigenständige Erscheinung; er entsteht vielmehr aus verschiedenen Ursachen, zu denen auch die kritische Reaktion gegen die Religionen, und zwar in einigen Ländern vor allem gegen die christliche Religion, zählt. Deshalb können an dieser Entstehung des Atheismus die Gläubigen einen erheblichen Anteil haben, insofern man sagen muss, dass sie durch Vernachlässigung der Glaubenserziehung, durch missverständliche Darstellung der Lehre oder auch durch die Mängel ihres religiösen, sittlichen und gesellschaftlichen Lebens das wahre Antlitz Gottes und der Religion eher verhüllen als offenbaren." (GS 19, vgl. auch GS 21)

So konnte Karl Rahner bald nach dem Konzil (1967) im Artikel „Atheismus" in „Sacramentum Mundi" (Bd. 1) schreiben: „Wirklich ernsthaft mit dem Atheismus als neuer, weltweiter und gesellschaftlicher Massenerscheinung beschäftigte sich die Kirche erst auf dem Vaticanum II. Zunächst mehr am Rand in ‚Lumen gentium' (Nr. 16) [...] Der wichtigste (mehr pastoral als lehrhaft zu interpretierende) Text über den Atheismus ist aber in nn. 19–21 des ersten Kapitels von ‚De Ecclesia in mundo huius temporis' gegeben [...] Die heutige Dringlichkeit des Atheismusproblems wird anerkannt [...] Es wird also ein existenziell umfassenderes Gottesverhältnis des Menschen anzielt, das nicht erst gegeben ist, wo in theoretischer Reflexion nach Gott gefragt wird. Aber diese Ansätze des Vaticanum II bleiben doch eben nur erste Ansätze."[16]

Dabei darf im Sinne des Konzils nicht vergessen werden: „Dieser ‚Kampf' kann nicht bloß auf der Ebene der Lehre ausgetragen werden; er geschieht vielmehr vor allem im Zeugnis des Lebens des einzelnen Christen und der ganzen Kirche, durch ständige Selbstkritik, Reinigung und Erneuerung, durch den Ausweis eines religiösen Lebens, frei von Aberglauben und falscher Sicherheit. Durch den Erweis wahrer Gerechtigkeit,

---

tische Fassung, 384–391.

[16] Zit. nach: ders., Enzyklopädische Theologie. Die Lexikonbeiträge der Jahre 1956–1973, 2. Teilbd. (Sämtliche Werke, Bd. 17/2), Freiburg – Basel – Wien 2002, 908–917, 910f.; vgl. dazu den früheren Art. „Atheismus", in: ders., Enzyklopädische Theologie. Die Lexikonbeiträge der Jahre 1956–1973, 1. Teilbd. (Sämtliche Werke, Bd. 17/1), 131–137 (dazu der editorische Hinweis in Bd. 17/2, 917 im Blick auf die Änderungen zwischen beiden Artikeln).

Liebe und Einheit und durch das Zeugnis, daß ein Mensch die Finsternis des Daseins hoffend und glaubend annehmen kann als Aufgang eines unendlichen Sinnes des Daseins, der eben der absolute Gott ist, der sich selbst mitteilt."[17] Karl Rahner hat rasch die Wichtigkeit dieser Konzilsaussagen erkannt.[18] Aber auch über ihn hinaus fanden diese Aussagen zuerst eine große Aufmerksamkeit, sowohl in theologischer als auch in praktischer Hinsicht.[19] Ich habe selbst in einigen meiner ersten Aufsätze dabei mitzuwirken versucht.[20]

4. Detaillierte Analyse einzelner Konzilstexte

Es ist im Rahmen dieses Beitrags nicht möglich, alle Texte des 2. Vatikanischen Konzils über den Atheismus eingehend zu analysieren. Die Hauptaussagen finden sich in LG 16 und GS 19–21, aber auch in GS 19–22 (V. Abschnitt). Wichtige Hinweise gibt es noch in AG 3, 7 und 10, in PO 4, CD 11 und 13 sowie im Sinne einzelner Äußerungen in GS 7, 13, 36, 92–93. Das Konzil macht vor allem wichtige Äußerungen zum allgemeinen Heilswillen Gottes in AG 7, NA 1 und 4, AA 6, GS 40 und 57, LG 2 und LG 9 sowie in DV 3. Dabei können wir uns im Wesentlichen auf die Texte in GS 19–21/22 und besonders auf LG 16 beschränken. Wir wenden uns vor allem auch diesem Text zu, nachdem wir das erste Kapitel von GS (12–22) bereits kursorisch behandelt haben.

---

[17] Ders., Enzyklopädische Theologie, 2. Teilbd. (Anm. 16), 916 (vgl. dazu GS 21). Aufschlussreich sind die Lexikonbeiträge Karl Rahners aus dieser Zeit, bes. in SM 1–4 (1967–1969), nun abgedruckt in: ders., Enzyklopädische Theologie, 2. Teilbd. (Anm. 16), 874–1389.

[18] Vgl. K. Rahner, Zur Lehre des II. Vatikanischen Konzils über den Atheismus. Versuch einer Interpretation, in: Conc(D) 3 (1967) 171–180, vgl. auch ders., Konziliare Lehre der Kirche und künftige Wirklichkeit christlichen Lebens, in: ders., Schriften zur Theologie, Bd. 6, Einsiedeln – Zürich – Köln 1965, 479–498; ders., Atheismus und implizites Christentum, in: Schriften zur Theologie, Bd. 8, Einsiedeln – Zürich – Köln 1967, 189–216.

[19] Als Belege dafür vgl. das Heft 6 des zweiten Jahrgangs (1966) und das Heft 3 des dritten Jahrgangs (1967) der Zeitschrift Concilium.

[20] K. Lehmann, Pastoraltheologische Maximen christlicher Verkündigung an den Ungläubigen von heute, in: Conc(D) 3 (1967) 208–217 (zugleich in sieben Übersetzungen); ders., Kirche und Atheismus heute, in: KatBl 92 (1967) 148–159; eine ausführlichere Fassung findet sich unter dem Titel „Die kirchliche Verkündigung angesichts des modernen Unglaubens", in: F.X. Arnold/F. Klostermann/K. Rahner u.a. (Hg.), Handbuch der Pastoraltheologie, Bd. 3, Freiburg 1968, 636–671 (Lit.); Freiburg ²1972, 637–672 (Text nochmals durchgesehen); in sehr knapper Form: ders., Art. „Gottlosigkeit", in: B. Stoeckle (Hg.), Wörterbuch christlicher Ethik, Freiburg – Basel – Wien 1975/²1980/³1983, 127–129; ders., Identitätskrise nach innen? Die Kirche und der Atheismus, in: S. Pauly (Hg.), Kirche in unserer Zeit, Stuttgart – Berlin – Köln 1999, 37–50. Vgl. auch K. Lehmann (Hg.), Weltreligionen. Verstehen – Verständigung – Verantwortung, Frankfurt 2009.

Dabei muss man vor allem den näheren und entfernteren Kontext von LG 16 genauer betrachten. Das zweite Kapitel von LG ist überschrieben mit „Das Volk Gottes". Es geht also nicht nur und allein um die Heilsmöglichkeit von Nichtchristen und Nichtglaubenden. Im Vordergrund steht der Aufbau und die Struktur des Volkes Gottes. Es wird von innen her, vom Wesen des Gottesvolkes her schrittweise argumentiert und entfaltet. Dieser methodische Ansatz ist nicht selbstverständlich, dass man nämlich von innen nach außen, vom Zentrum an die Peripherie, von größerer Nähe zu größerer Ferne geht. Die Erklärung über das Verhältnis der Kirche zu den nichtchristlichen Religionen geht hier einen anderen Weg (vgl. NA[21] 2). Früher (1963) lautete die Überschrift: Von den Nichtchristen, die zur Kirche zu führen sind. Nun wird Artikel 16 als Fortführung von 14/15 aufgefasst und die verschiedene *Zuordnung* der einzelnen nichtchristlichen Gruppen zum „Gottesvolk" zum Thema gemacht. Die Relatio zu Artikel 16 hebt die elementaren Voraussetzungen hervor: Jesus Christus hat objektiv alle Menschen erlöst; er beruft und führt sie alle zur Kirche hin. Die Gnade Christi hat also eine gemeinschaftsbezogene und kirchliche Grundstruktur. Hier versucht man die Kritik an der alten Fassung von 1963 zu überwinden, wo man besonders den individualistischen Grundzug negativ beurteilte.

Der gegenüber 1963 bedeutend erweiterte Text handelt – aber unter diesen Voraussetzungen – von den Nichtchristen, und zwar in folgender Abstufung:

1. Von den Juden,
2. von den Anhängern des Islam,
3. von den Völkern, welche die jüdisch-christliche Offenbarung nicht kennen, aber dennoch den Gott der Vorsehung und des Gerichtes verehren,
4. von den Atheisten oder vielmehr von solchen, die sich zwar als „religionslos" bezeichnen, in Wirklichkeit aber so etwas wie absolute Werte suchen und bejahen, wie z.B. Gerechtigkeit um jeden Preis und ungestörten Frieden.

Die Ausführungen zu den Juden werden in vieler Hinsicht durch Röm 11,25–32 getragen. Die Erklärung über die nichtchristlichen Religionen ergänzt die Aspekte. Hier geht es vor allem um die theologische Basis der Beziehung zwischen dem Volk Gottes und dem Judentum in der Perspektive des Heils.

---

[21] Zu „Nostra aetate" vgl. K. Lehmann, Die katholische Kirche und das Judentum – 40 Jahre nach Nostra Aetate, in: H.-H. Henrix (Hg.), Nostra Aetate – Ein zukunftsweisender Konzilstext. Die Haltung der Kirche zum Judentum 40 Jahre danach, Aachen 2006, 197–215; ders., Kleine Nachlese – Bleibende Aufgaben. Schlusswort bei der Tagung „40 Jahre Nostra Aetate" (Botschaft des Staates Israel, Berlin), in: R.D. Rosen, Jewish-Catholic Relations since Nostra Aetate. An unfinished Agenda, with a remark by Karl Cardinal Lehmann (Kleine Texte 16), Berlin 2007, 21–24.

Der Glaube an den Schöpfer, den Barmherzigen und den Richter sowie eine Teilhabe an der an Abraham ergangenen Offenbarung eint Juden, Christen und Muslime. Dabei spielt die Gemeinsamkeit in der Beziehung auf Abraham eine große Rolle. In NA 4 geht es mehr um die Gemeinsamkeit zwischen dem Islam und der Kirche, um so auch die Notwendigkeit und Möglichkeit einer gegenseitigen menschlichen Annäherung und Anerkennung zu erleichtern.

Mit diesen beiden Hinweisen ist der Kreis der Religionen im Blick auf die Offenbarung Gottes geschlossen. In Anspielung auf die Areopagrede des Paulus in Athen (vgl. Apg 17,16–34[22]) heißt es: „Aber auch den anderen, die in Schatten und Bildern den unbekannten Gott suchen, auch solchen ist Gott nicht ferne, da er allen Leben und Atem und alles gibt (vgl. Apg 17,25–28) und als Erlöser will, dass alle Menschen gerettet werden. Wer nämlich das Evangelium Christi und seine Kirche ohne Schuld nicht kennt, Gott aber aus ehrlichem Herzen sucht, seinen im Anruf des Gewissens erkannten Willen unter dem Einfluss der Gnade in der Tat zu erfüllen trachtet, kann das ewige Heil erlangen." Im eigenen Gewissen vernehmen solche Menschen Gottes Stimme und können unter dem Einfluss der heilenden, helfenden und inneren Gnade seinen Willen erfüllen. Es wird mit vielen philosophischen und ethischen Überlegungen darauf angespielt, dass der Mensch im Gehorsam gegen einen unbedingten Spruch des Gewissens, ob er es weiß oder nicht weiß, an Gott grenzt und so gleichsam dem unbekannten Messias begegnet. Dies ist aber nicht nur der Gott der Schöpfung, sondern der eine Gott von Schöpfung und Heil. Es ist ein anderer Ausgangspunkt, der durchaus implizit etwas mit Jesus Christus und der Kirche zu tun hat. Alle Verbindung mit Gott zielt schon auf die Annahme des Gottes des Heils. Damit ist auch eine Hinordnung auf das Gottesvolk gegeben. Der eigentliche Heilsweg ist und bleibt Jesus Christus (vgl. auch NA 2).[23]

Schließlich aber umschreibt unser Text nochmals eine eigene Gruppe: „Die göttliche Vorsehung verweigert auch denen das zum Heil Notwendige nicht, die ohne Schuld noch nicht zur ausdrücklichen Anerkennung Gottes gekommen sind, jedoch, nicht ohne die göttliche Gnade, ein rechtes Leben zu führen sich bemühen. Was sich nämlich an Gutem und Wahrem bei ihnen findet, wird von der Kirche als Vorbereitung für die Frohbotschaft und als Gabe dessen geschätzt, der jeden Menschen er-

---

[22] Apg 17 wird auch angeführt in LG 16, AG 3 und 13, AA 4, NA 1, GS 24. Vgl. dazu K. Lehmann, „Einem unbekannten Gott": Zur Missionspredigt des heiligen Paulus auf dem Areopag (Apostelgeschichte 17,16–34), in: J. Kreidler/Th. Broch/D. Steinfort (Hg.), Zeichen der heilsamen Nähe Gottes: Auf dem Weg zu einer missionarischen Kirche (Bischof Gebhard Fürst zum 60. Geburtstag), Ostfildern 2008, 47–62.
[23] Vgl. dazu auch K. Rahner, Atheismus und implizites Christentum (Anm. 18), 207ff. (Anm. 14); 210 (Anm. 17).

leuchtet, damit er schließlich das Leben habe. Vom Bösen getäuscht, wurden freilich die Menschen oft eitel in ihren Gedanken, vertauschten die Wahrheit Gottes mit der Lüge und dienten der Schöpfung mehr als dem Schöpfer (vgl. Röm 1,21 und 25) oder sind, ohne Gott in dieser Welt lebend und sterbend, der äußersten Verzweiflung ausgesetzt." (LG 16). Im Kommentar von A. Grillmeier heißt es zu dieser Stelle: „Es wird über sie [die Menschen dieser Gruppe] nur gesagt, daß ihnen die *heil*schaffende Gnade nicht versagt wird. *Wie* diese das Heil wirkt, ob dies auch möglich ist *innerhalb* dieses schuldlosen theoretischen Atheismus (etwa durch einen Theismus im unreflexen sittlichen Daseinsvollzug unter der Gnade, die Offenbarung und Glaube impliziert) oder nur dadurch, daß die Gnade aus diesem Atheismus herausführt (wann?), darüber schweigt der Text. Wenn auch außerhalb des Bereichs des explizit gepredigten Evangeliums heilschaffende Gnade möglich ist, so ist wohl auch hier die erste Möglichkeit nicht ausgeschlossen. Jedenfalls wird die sittliche Einstellung eines solchen Atheisten eine ‚praeparatio evangelica' genannt. *Wie* von diesen Voraussetzungen her die Gnade Gottes die Menschen ergreift, ist nicht gesagt. Daß ein innerer Prozeß der Hinführung angenommen wird, folgt aus dem Wortlaut, der von dem ‚Guten und Wahren' spricht ‚als Gabe dessen, [...] der jeden Menschen erleuchtet, damit er *schließlich* (tandem) das Leben habe'."[24]

Es erfolgt hier keine naive Überschätzung und theologische Freisprechung nichtchristlicher Religionen. Es wird nämlich in aller Deutlichkeit gesagt: „Vom Bösen getäuscht, wurden freilich die Menschen oft eitel in ihren Gedanken, vertauschten die Wahrheit Gottes mit der Lüge und dienten der Schöpfung mehr als dem Schöpfer [...] oder sind, ohne Gott in dieser Welt lebend und sterbend, der äußersten Verzweiflung ausgesetzt." (LG 16) Damit wird ein sehr realistisches Verhältnis zu allen Religionen formuliert, die eben oft nur Idole und Fratzen des wahren Gottes sind, ihn mehr verhüllen als offenbaren. Gerade für das ökumenische Gespräch ist diese Einschätzung von größter Bedeutung.[25]

In diesem Zusammenhang formuliert nun der Text – in Wiederaufnahme der Absicht im Entwurf (Schema) von 1963, nämlich die Missionsaufgabe der Kirche gegenüber allen Nichtchristen – eine letzte Schlussfolgerung, die zugleich hinüberführt zum folgenden Artikel 17 (und damit auch zum Ende dieses zweiten Kapitels), in dem die Not-

---

[24] A. Grillmeier, Dogmatische Konstitution über die Kirche. Kommentar zum 2. Kapitel, in: LThK.E 1 (1966) 176–207, 207.

[25] Vgl. dazu K. Lehmann, Das Christentum – eine Religion unter anderen? Zum interreligiösen Dialog aus katholischer Perspektive, in: ders., Zuversicht aus dem Glauben. Die Grundsatzreferate des Vorsitzenden der Deutschen Bischofskonferenz mit den Predigten der Eröffnungsgottesdienste, Freiburg – Basel – Wien 2006, 401–435 (Lit.).

wendigkeit der Mission hervorgehoben wird. Es heißt am Ende von LG 16, wo das Unwesen und der Verfall nichtchristlicher Religionen erwähnt wird, die den Menschen „ohne Gott in dieser Welt lebend und sterbend" der äußersten Verzweiflung aussetzen: „Daher ist die Kirche eifrig bestrebt zur Ehre Gottes und zum Nutzen des Heils all dieser Menschen die Missionen zu fördern, eingedenk des Befehls des Herrn, der gesagt hat: ‚Predigt das Evangelium der ganzen Schöpfung' (Mk 16,16)." Es ist von großer Wichtigkeit, dass der Text hier auf die unersetzliche Notwendigkeit der Evangelisierung hinweist. Es geht um keine billige Gnade, aber auch nicht um ein allgemeines Heilsverständnis, eventuell im Sinne der Integrität und Identität des „natürlichen" Menschen. Es geht auch nicht um eine individualistische Konzeption von Heil und Gnade. Dies zeigt besonders dieser letzte Satz mit dem Übergang zu LG 17, was selbstverständlich nochmals besonders ergänzt wird durch das Dekret über die Missionstätigkeit der Kirche „Ad gentes" (vgl. AG 6, 7, 16, 17, 35–36). Mk 16,16 wird übrigens auch angeführt in LG 14, 16; DH 11; AG 7 und 14; PO 4.

Damit schließt sich natürlich auch ein Kreis. Wie das Kapitel im Zusammenhang der Hinordnung der verschiedenen Gruppen auf das Gottesvolk hin gesehen werden muss („Zuordnung") und wie auch der Gemeinschaftscharakter des Heils betont wird, so erscheint nun in der Notwendigkeit der Mission ein Hinweis auf die bleibende Bedeutung der Kirche, gerade auch wenn das Heil weit über ihre Grenzen hinausreicht. Sie ist gerade auch in dieser Bedeutung für alle das Sakrament des Heils der Welt, eine wichtige Grundbestimmung der Kirche im Konzil. Sie fällt also nicht einfach auf sich und die Erwählten zurück, sondern ist gerade in ihrer Bedeutung, die in diesem zweiten Kapitel aufgezeigt worden ist (vgl. LG 7 und 8), um der Anderen willen da. Kirche ist deshalb grundlegend missionarisch.[26] Von da aus ist es auch ganz selbstverständlich, warum die Verkündigung an die Nichtevangelisierten und die „Heiden" eine fundamentale Aufgabe nicht nur der Kirche im Ganzen, sondern auch der Priester (vgl. PO 4) und der Bischöfe (vgl. CD 11 und 13) ist.

Ich bin fest überzeugt, dass man bisher in der Ausarbeitung einer Theologie der nichtchristlichen Religionen, wo man sich auch weithin auf die Konzilstexte berufen hat, diese theologischen Dimensionen zu wenig beachtet hat, wo es in ganz entscheidender Weise um die Verklammerung der Gotteslehre und der Gnadenlehre, der Christologie und der Ekklesiologie geht. Wenn man dies nicht beachtet, gefährdet man auch grundlegend jede Rede von einem „Heil für die Anderen". So ge-

---

[26] Vgl. S. Mazzolini, La Chiesa è essenzialmente missionaria. Il rapporto „natura della Chiesa" – „missione della Chiesa" nell'iter della costituzione de Ecclesia (1959–1964) (AnGr 276), Roma 1999.

hört also die Vermittlung der Universalität des Heils und der Frucht des Todes Jesu sowie der Hingabe seines Lebens „für alle" ganz eng damit zusammen, dass die Kirche tief mit ihrem Herrn verbunden ist. Sonst kann sie nicht Stadt auf dem Berg und Licht der Welt sein (vgl. Mt 5,14). In besonders schöner Weise zeigt der letzte Artikel von GS, nämlich 92, diese Synthese. Die Kirche gewährt den Suchenden alle Hilfen zum Erreichen des Heils (vgl. auch LG 2 und dazu GS 40 und 57). Nur so kann die Kirche auch den Menschen in ihren größten Nöten beistehen, zu denen Leiden und Tod gehören (vgl. GS 22, bes. V. Abschnitt).[27]

5. Perspektiven im Sinne des 2. Vatikanischen Konzils

An dieser Stelle muss noch von einigen Verständnishilfen die Rede sein, die notwendig sind, um die Atheismus-Aussagen des Konzils richtig einzuordnen. Wir haben dies bisher schon versucht. Aber es ist mit diesen Aussagen oft so umgegangen worden, als ob sie freischwebende Texte seien, die man relativ beliebig auslegen kann. Darum muss man nun nochmals den größeren Horizont erschließen.

Zunächst darf man nicht vergessen, wie oben schon gezeigt wurde, dass im Verlauf des 19. und besonders des 20. Jahrhunderts schon manches für die dargestellte Lehrentwicklung vorbereitet wurde. Dies ist nicht immer leicht zu erkennen, da es zwischenzeitlich in den Lehräußerungen auch Verschärfungen gibt, wie z.b. durch den Syllabus (vgl. z.B. DH 2917 zur Deutung des „Außerhalb der Kirche kein Heil", 1864), die freilich später wieder aufgelöst worden sind. Schon damals musste z.B. gegen den „Indifferentismus" die Meinung zurückgewiesen werden, wonach in jeder beliebigen Religion der Weg zum ewigen Heil gefunden werden könne und alle Religionen im Grunde nur Formen und Chiffren für das Unsagbare und Unfassbare seien. Wir haben schon gezeigt, wie der Brief des Heiligen Offiziums an den Erzbischof von Boston (08. August 1945, vgl. DH 3866–3873) den weiteren Weg ebnete. In ihm wird freilich z.t. auch wiederholt, was in der Enzyklika „Mystici Corporis" (29. Juni 1943, vgl. DH 3802 und 3821) bereits grundgelegt wurde. Auf diesem Weg spielt besonders das bekannte Buch „Catholicisme" von Henri de Lubac eine große Rolle, erstmals erschienen 1938.[28]

---

[27] Dazu M. Striet (Hg.), Gestorben für wen? Zur Diskussion um das „pro multis", Freiburg – Basel – Wien 2007.

[28] 1943 deutsch übersetzt „Katholizismus als Gemeinschaft", später (Einsiedeln 1970) unter dem Titel „Glauben aus der Liebe" neu aufgelegt. Eine letzte französische Ausgabe „Catholicisme" erschien in der französischen Edition der Gesammelten Werke (Œuvres Complètes, Bd. 7), Paris 2003, wobei vorbereitende und gleichzeitige Arbeiten beigefügt worden sind, darunter auch ein wichtiger Text aus dem Jahr 1969: 453–456; vgl. besonders

Zusammenfassend schreibt Joseph Ratzinger, der heutige Papst Benedikt XVI.: „Nachdem jahrhundertelang der Gestus der Abwehr überwogen hatte, der Universalismus des Glaubens vor allem als Anspruch und als Forderung begriffen worden war, versuchte dieses Konzil [Vaticanum II; K.L.], Universalismus gerade auch als Hoffnung, als Verheißung, als Zusage an alle zu verstehen und demgemäß die positiven Elemente der Religionen der Welt herauszustellen – das, worin auch sie ‚Weg' sind. Auch für das Zweite Vaticanum blieb unbestritten und unbestreitbar, daß nur Christus ‚der' Weg ist, aber daraus folgerte es nicht, daß alles, was – scheinbar – außer Christus ist, nur Un-Weg sei, sondern daß alles, was außer ihm Weg ist, es von ihm her ist – also in Wirklichkeit ihm zugehört, Weg vom Weg."[29] Das Konzil und auch namhafte Theologen haben entgegen vulgärtheologischen Trends, die leider auch ein Echo in den pluralistischen Religionstheologien gefunden haben, nicht davon gesprochen, dass die nichtchristlichen Religionen „Heilswege" sind.[30]

Wohl aber – und dies ist in differenzierter Weise festzuhalten – können die nichtchristlichen Religionen konkret auch Wege sein, in denen der Einzelne unter bestimmten Voraussetzungen das Heil erlangen kann. An dieser Stelle spitzt das 2. Vatikanische Konzil die Aussagen zu und vereinfacht in gewisser Weise die bei Pius XII. noch „komplizierte Systematik"[31] und führt zu der Aussage in LG 16: „Wer nämlich das Evangelium Christi und seine Kirche ohne Schuld nicht kennt, Gott aber aus ehrlichem Herzen sucht, seinen im Anruf des Gewissens erkannten Willen unter dem Einfluss der Gnade in der Tat zu erfüllen trachtet, kann das ewige Heil erlangen. Die Göttliche Vorsehung verweigert auch denen das zum Heil Notwendige nicht, die ohne Schuld noch nicht zur ausdrücklichen Anerkennung Gottes gekommen sind, jedoch, nicht ohne die göttliche Gnade, ein rechtes Leben zu führen sich bemühen." Hier erscheinen das Gewissen und die „Führung eines rechten Lebens" als po-

---

auch den Abschnitt „Die Allein-seligmachende Kirche": 189–215, frz. Ausgabe: 179–205.
[29] J. Ratzinger, Das neue Volk Gottes (Anm. 10), 351 (vgl. auch 350f. mit wichtigen Anmerkungen zur Lehrentwicklung); ders., Kirche – Zeichen unter den Völkern, 2. Teilbd. (Anm. 11), 1065f.
[30] Vgl. dazu D. Ziebritzki, „Legitime Heilswege". Relecture der Religionstheologie Karl Rahners (Innsbrucker theologische Studien 61), Innsbruck – Wien 2002, 64ff., 75ff.; J. Ratzinger, Der christliche Glaube und die Weltreligionen, in: H. Vorgrimler (Hg.), Gott in Welt. Festgabe für Karl Rahner, Bd. 1, Freiburg 1964, 287–305; ders., Das neue Volk Gottes (Anm. 10), 325–403 (IV. Teil: Die Kirche und die nichtchristliche Welt); ders., Die Vielfalt der Religionen und der Eine Bund, Bad Tölz ⁴2005; jetzt alle auch in: ders., Kirche – Zeichen unter den Völkern, 1. Teilbd. (Anm. 10) u. 2. Teilbd. (Anm. 11); Dokument der internationalen Theologenkommission beim Heiligen Stuhl „Christentum und Religionen" (1997), in: Commissione Teologica Internazionale, Documenti 1969–2004, Bologna 2006, 543–597; deutsch: Das Christentum und die Religionen (Arbeitshilfen 136), Bonn 1997.
[31] J. Ratzinger, Das neue Volk Gottes (Anm. 10), 351.

tenzielle Orte eines möglichen „Kontaktes" mit Gott und seiner Gnade. Dies ist in gewisser Weise in der klassischen Theologie und Ethik vorgezeichnet, wo es darum geht, den Zusammenhang der moralischen Verpflichtung mit der Gottesfrage als deontologisches Argument in der Religionsphilosophie aufzudecken[32], der auch der heutigen ethischen Fragestellung nicht ganz fremd ist.[33]

Im Unterschied zu den bisherigen Überlegungen, besonders auch zur Annahme einer außerchristlichen Pluralität legitimer Heilswege, sind es zwei Elemente, die konstitutiv zur Heilsmöglichkeit von Nichtglaubenden gehören, nämlich auf der einen Seite zuerst der allgemeine Heilswille Gottes, der ernsthaft alle retten möchte, und auf der anderen Seite das selbstlose Hören auf die objektive Stimme des Gewissens, dessen Vollzug sich in einem „guten Leben" bezeugt. Vor allem Liebe und Glaube sind dafür die Wege. Die Religionen helfen so weit zum Heil, wie sie in diese Haltung hineinführen. Sie sind Heilshindernisse, wenn sie den Menschen in diesen Haltungen hindern. Also nicht das religiöse „System" als solches rettet die Menschen. Hier kommt es in der Tat auf das Individuum an.

Dieser Weg ist möglich geworden, weil die katholische Theologie in der Zwischenzeit eine größere Klarheit in der Zuordnung von Natur und Gnade fand und man darum auch auf verschiedene Ersatzlösungen, wie z.B. die „Begierdetaufe" und ein „Votum implicitum" (einschlussweises Verlangen nach dem Heil und nach der Kirche), verzichten konnte.[34] Freilich war auch eine ekklesiologische Klärung notwendig, wie sie vor allem in LG, besonders im 2. Kapitel „Das Volk Gottes" (9–17), stattfand. Damit war auch geklärt, dass die nichtkatholischen Christen und Kirchen bzw. kirchlichen Gemeinschaften zur Kirche gehören, wie immer diese Form der Zugehörigkeit näher geklärt werden muss.[35] Es gibt im Blick auf die Nichtchristen einen grundlegenden Unterschied, der in LG 16 dadurch gekennzeichnet ist, dass sie auf die Kirche *hingeordnet* (ordinatio) sind und dass sie im Sinne der berühmten Aussage des Kir-

---

[32] Vgl. dazu C. Desjardins, Dieu et l'obligation morale (Studia 14), Bruges 1993; vgl. dazu auch die zahlreichen Studien von J. de Finance, z.B. Éthique générale, Rom 1988; ders., Essai sur l'agir humain (AnGr126), Rom 1962.

[33] L. Honnefelder (Hg.), Sittliche Lebensform und praktische Vernunft (Lit.); W. Vossenkuhl, Die Möglichkeit des Guten. Ethik im 21. Jahrhundert, München 2006.

[34] Vgl. dazu immer noch: U. Valeske, Votum ecclesiae, München 1962; D. Sattler, Art. „Begierdetaufe", in: LThK³ 2 (1994) 143f.; G. Koch, Art. „Votum sacramenti", in: LThK³ 10 (2001) 909f.

[35] Vgl. K. Lehmann, Zum Selbstverständnis des Katholischen. Zur theologischen Rede von Kirche, Eröffnungsreferat des Vorsitzenden der Deutschen Bischofskonferenz, Karl Kardinal Lehmann, bei der Herbst-Vollversammlung der Deutschen Bischofskonferenz am 24. September 2007 in Fulda, in: Pressemitteilungen der Deutschen Bischofskonferenz Nr. 065a vom 24.09.2007, Bonn (wird in erweiterter Form später erscheinen).

chenvaters Eusebius in der Situation der „Praeparatio evangelica" sind (auch wenn der in LG 16 zitierte Eusebius damit etwas anderes gemeint haben sollte). Das Konzil formuliert: „Was sich nämlich an Gutem und Wahrem bei ihnen findet, wird von der Kirche als Vorbereitung für die Frohbotschaft und als Gabe dessen geschätzt, der jeden Menschen erleuchtet, damit er schließlich das Leben habe." Noch wichtiger freilich ist die schon erwähnte wichtige Zitation von 1 Tim 2,4 in LG 16 und AG 7.

Es ist für das Verständnis der Texte von fundamentaler Bedeutung, dass diese Offenheit für die Heilsmöglichkeit der Nichtchristen und der Nichtglaubenden, ja sogar der Atheisten, in keiner Weise die Kirche entlastet, allen Menschen die Frohbotschaft zu verkünden, wie es unüberhörbar im letzten Satz von LG 16 unter Hinweis auf Mk 16,16 „Predigt das Evangelium der ganzen Schöpfung" zum Ausdruck kommt. Die Kirche darf nicht sorglos werden, weil es diese authentischen Chancen der Heilsmöglichkeit gibt. Dies ist gewiss vielfach missverstanden worden: Die Kirche muss sich nicht so sehr um die Nichtglaubenden sorgen – dies tut der gute Gott schon selbst ...

Das Konzil aber hat von Anfang an, besonders am Ende von LG 16 und in LG 17, aber auch in AG und NA, die unverminderte Notwendigkeit der missionarischen Verkündigung herausgestellt. J. Ratzinger hat in einem heute noch bemerkenswerten Beitrag unmittelbar nach dem Konzil (1967) aufgezeigt, wie zahlreich und dringlich die Aussagen des Konzils über die Mission sind, im Missionsdekret selbst, aber auch außerhalb dieses Textes.[36] Man wird wohl sagen dürfen, dass die Rezeption des Konzils über einige Zeit den bleibenden Vorrang und dringenden Imperativ dieser missionarischen Verkündigung nicht ausreichend erkannt hat, dass aber schließlich durch die oberste Leitung der Kirche und auch in unserem Land schon länger ein Umdenken stattgefunden hat.[37]

Dies darf aber nicht im Sinne eines ekklesiologischen Zentrismus oder gar Autismus verstanden werden, wie die intensive Rede von der Kirche in diesem Zusammenhang nahelegen könnte. Zwar erscheint die Kirche im Konzil ja ganz herausragend als „Sakrament des Heils der Welt" (vgl. schon LG 1), aber dies ist sie ja nur *für* die Welt. Deshalb darf sie auch

[36] Vgl. J. Ratzinger, Konzilsaussagen über die Mission außerhalb des Missionsdekrets, in: J. Schütte (Hg.), Mission nach dem Konzil, Mainz 1967, 21–47; später auch in: J. Ratzinger, Das neue Volk Gottes (Anm. 10), 376–403.
[37] Vgl. mit vielen Belegen: K. Lehmann, Umkehr zum Leben für alle – Ursprung und Tragweite der missionarischen Grunddimension des christlichen Glaubens, in: ders., Zuversicht (Anm. 25), 476–498, dazu auch 472ff. Besonders erwähnenswert ist das im Zusammenhang dieses Eröffnungsreferates vorgestellte Dokument der Deutschen Bischofskonferenz, Allen Völkern sein Heil. Die Mission der Weltkirche heute (Die deutschen Bischöfe 76), Bonn 2004; vgl. auch: Missionarisch Kirche sein. Offene Kirchen – Brennende Kerzen – Deutende Worte (Die deutschen Bischöfe 72), Bonn 2003 und „Zeit zur Aussaat". Missionarisch Kirche sein (Die deutschen Bischöfe 68), Bonn 2000.

überhaupt nicht in irgendeine Form von Selbstgenügsamkeit auf sich zurückfallen, sondern um ihrer Sendung willen muss sie sich auch immer überschreiten und sich selbst darum auch in die Mission hinein verlassen. Die Kirche ist Ereignis und Institution, ganz hingeordnet auf das universale Heil. Nur unter dieser Bedingung können wir auch in der Geschichte der Formel „Extra Ecclesiam nulla salus" von Cyprian von Karthago über das Konzil von Florenz bis zum 2. Vatikanischen Konzil bei allen Spannungen eine gemeinsame Zielrichtung erkennen.[38] Dieses von der Sendung her bestimmte Verständnis von Kirche zeigt ihre Kenosis, ihr ständiges Unterwegssein, die Notwendigkeit der Umkehr und der Erneuerung. Hier haben wir gewiss noch manchen ökumenischen Gesprächsbedarf.

Es muss noch, gerade in diesem Zusammenhang, auf einen wichtigen Text aufmerksam gemacht werden: Es geht dabei besonders um die Ausführungen in GS 19–21 und nun vor allem um GS 22. Hier wird unser Thema besonders angesprochen in einer anthropologischen Perspektive („Christus, der neue Mensch"). Dieser Text sieht die Mitte des christlichen Glaubens im Ostergeheimnis, das heißt in dem „Übergang" von Passion und Kreuz zu unzerstörbarem Leben und Auferstehung. Dies bringt eben im „Pascha" zwischen dieser grundlegenden Mitte des Christlichen und auch unserem Thema eine Gemeinsamkeit zum Vorschein, indem man sich selbst überschreitet und ein ganz aus der Liebe gelebtes Dasein führt. So ist der christliche Heilsweg mit dem Ostermysterium identisch. In GS 22 heißt es: „Dies gilt nicht nur für die Christgläubigen, sondern für alle Menschen guten Willens, in deren Herzen die Gnade unsichtbar wirkt. Da nämlich Christus für alle gestorben ist und da es in Wahrheit nur eine letzte Berufung des Menschen gibt, die göttliche, müssen wir festhalten, dass der Heilige Geist allen die Möglichkeit anbietet, diesem österlichen Geheimnis in einer Gott bekannten Weise verbunden zu sein. – Solcher Art und so groß ist das Geheimnis des Menschen, das durch die christliche Offenbarung den Glaubenden aufleuchtet. Durch Christus und in Christus also wird das Rätsel von Schmerz und Tod hell, das außerhalb seines Evangeliums uns überwältigt. Christus ist auferstanden, hat durch seinen Tod den Tod vernichtet und uns das Leben geschenkt, auf dass wir, Söhne im Sohn, im Geist rufen: Abba, Vater!"[39] Ich will hier innehalten, obgleich noch viele Fragen zu stellen und zu beantworten sind. Besonders Karl Rahner hat immer wieder die Aussa-

---

[38] Vgl. das schon zitierte wichtige Buch von B. Sesboüé (Anm. 7), das wohl eine glückliche Synthese dieser Entwicklung zur Sprache bringt; dazu auch: J. Ratzinger, Das neue Volk Gottes (Anm. 10), 339ff., 362ff.; ders., Kirche – Zeichen unter den Völkern, 2. Teilbd. (Anm. 11), 1051ff., 1035ff.; Y. Congar, Außer der Kirche kein Heil, Essen 1961.

[39] Vgl. zu GS den ausführlichen Kommentar von J. Ratzinger, Pastoralkonstitution über die Kirche in der Welt von heute. Kommentar zum ersten Kapitel des ersten Teils, in: LThK.E 3 (1968) 313–354, 351–354.

gen des Konzils mit den bisherigen theologischen Äußerungen konfrontiert. Er weist darauf hin, dass hier wirklich etwas Neues gesagt wird und dass die bisherige Linie, begonnen bei Pius IX. (vgl. DH 2865–2867), insofern auch weitergeführt wird, weil viel deutlicher als bisher sogar die Atheisten in diese „Heilszuversicht" ausdrücklich einbezogen werden. Er weist auf die Unzulänglichkeit bisheriger Antworten hin. Es geht nicht um ein „natürliches" Heil, ähnlich wie man es früher den ungetauft sterbenden Kindern zuzuerkennen pflegte. Jetzt wird mit AG 7 ausdrücklich erklärt, dass auch solche Menschen durch die Gnade Gottes auf Wegen und Weisen, die wir nicht genau kennen, auch ohne die explizite Predigt des christlichen Evangeliums angenommen zu haben, zu einem wahren heilschaffenden Heil im übernatürlichen Sinne gelangen können. Ausdrücklich wird auch erklärt, es gebe nur *eine* Berufung zum Heil für alle Menschen. Nicht jeder einzelne Atheist kann als schwer schuldhafter Sünder betrachtet werden. Karl Rahner selbst wollte sich nicht mit Wegen, die nur Gott allein bekannt sind, zufrieden geben, sondern fragt, ob es nicht so etwas wie ein „implizites Christentum" im Atheisten geben könne.[40] Gewiss wird gerade hier eine weitere Diskussion in ökumenischer Hinsicht notwendig sein.

Ich will jedoch die weiteren Fragen, die sich hier ergeben, nicht mehr verfolgen. Dazu würde auch gehören, Karl Rahners Interpretation in den Gesamtkontext seiner Theologie zurückzustellen und seine Herkunft aufzuklären.[41] Dies würde aber einen eigenen Beitrag nötig machen.[42] Ei-

---

[40] Ich verweise besonders auf den umfangreichen Artikel „Atheismus und implizites Christentum" in: ders., Schriften zur Theologie, Bd. 8, 187–212, ganz besonders 196ff. Die früheren und späteren Arbeiten Karl Rahners sowie die Sekundärliteratur zum Thema sind verzeichnet bei: D. Ziebritzki, „Legitime Heilswege" (Anm. 30), 228–240. Das Bemühen Karl Rahners reicht bis in seine späteren und auch letzten Arbeiten, vgl. z.B. Grundkurs des Glaubens, Freiburg ¹⁰2004, 132ff., 157ff., 303ff., 425ff., vgl. auch 56ff., 172; ders., Schriften zur Theologie, Bd. 14, Zürich – Einsiedeln – Köln 1980, 287–381; ders., Vergessene Anstöße dogmatischer Art des II. Vatikanischen Konzils, in: ders., Schriften zur Theologie, Bd. 16, Zürich – Einsiedeln – Köln 1984, 131–142, bes. 132ff., 139ff., 141.

[41] Zu Rahners Ekklesiologie im Zusammenhang des 2. Vatikanischen Konzils vgl. K. Lehmann, Karl Rahner und die Kirche, in: ders. (Hg.), Vor dem Geheimnis Gottes den Menschen verstehen. Karl Rahner zum 80. Geburtstag, Freiburg 1984 u.ö., 120–134; P. Rulands, Menschsein unter dem An-Spruch der Gnade, Innsbruck 2000; G. Wassilowsky, Universales Heilssakrament Kirche, Innsbruck 2001; A. Schulte-Herbrüggen, Ekklesiologie mit Blick auf Ökumene, Innsbruck 2002 (alle erschienen in der Reihe: Innsbrucker theologische Studien 55, 59, 60).

[42] Vgl. das schon genannte Buch von N. Schwerdtfeger, Gnade und Welt (Anm. 11); R. Siebenrock, Gnade als Herz der Welt. Der Beitrag Karl Rahners zu einer zeitgemäßen Gnadentheologie, in: M. Delgado/M. Lutz-Bachmann (Hg.), Theologie aus Erfahrung der Gnade. Annäherungen an Karl Rahner, Berlin 1994, 34–71 (darin auch N. Schwerdtfeger, Der „anonyme Christ" in der Theologie Karl Rahners, 72–94); P. Rulands, Selbstmitteilung Gottes in Jesus Christus: Gnadentheologie, in: A.R. Batlogg u.a. (Hg.), Der Denkweg Karl Rahners. Quellen – Entwicklungen – Perspektiven, Mainz 2003, 161–196 (Lit.). Im selben

ne solche Deutung müsste weiter ausholen und auf viele Einwände eingehen.[43] Auch übergehe ich die praktischen und pastoralen Probleme, die ich schon früher in meinen eigenen Arbeiten angesprochen habe.

Ich habe schon darauf hingewiesen, dass gerade Karl Rahner überzeugt ist, dass das 2. Vatikanische Konzil in den Texten über die Heilsmöglichkeit der Nichtglaubenden etwas Neues gesagt hat. Freilich habe ich aufzuweisen versucht, wenn freilich nur andeutungsweise und punktuell, wie manches auch seit der Mitte des 19. Jahrhunderts vorbereitet war, wie vor allem die Arbeiten von B. Sesboüé und H. Nys gezeigt haben.[44] Gewiss bedarf es auch einer Integration und Vermittlung dieser neuen Perspektiven mit der Struktur und den Aussagen der klassischen Gnadenlehre.[45] Unabhängig davon wird man K. Rahner und H. Vorgrimler zustimmen, wenn sie im Blick auf GS 19–21 sagen: „Damit ist ein würdiges Wort an die Atheisten gerichtet, das weder von Apologetik und Angst noch von Kreuzzugsstimmung diktiert ist. Es betrifft hier in diesem Kapitel (GS 19–21) mehr das Grundsätzliche und ist nicht das einzige Wort des Konzils an den heutigen Atheismus."[46]

Band findet sich die kommentierte erste Gnadenvorlesung K. Rahners, „Der Heilswille Gottes berührt uns in Christus Jesus und der Kirche", 106–143. Hier ist besonders aufschlussreich der Vergleich zwischen Rahners Gnadentraktat und den klassischen Lehrbüchern von H. Lange und L. Lercher, auf denen K. Rahner aufbaut. Verfasser sind P. Rulands und W. Schmolly. Für eine tiefere Durchdringung des Rahnerschen Denkens ist die Veröffentlichung der Gnadenvorlesung „De Gratia Christi", die bisher nur in hektographierter Form vorliegt, unbedingt notwendig. Sie ist für die Reihe der Sämtlichen Werke vorgesehen. K. Rahner hat den Gnaden-Traktat 1937/38 zum ersten Mal gelesen. Die 5. und letzte Auflage des Textes stammt aus dem Jahr 1959/60 und hat 370 Seiten.

[43] Vgl. dazu J.-H. Jhi, Das Heil in Jesus Christus bei Karl Rahner und in der Theologie der Befreiung (Forschungen zur systematischen und ökumenischen Theologie 116), Göttingen 2006 (Lit.); S. Seckinger, Theologie als Bekehrung. Der konversorische Charakter der Theologie nach Bernard J.F. Lonergan SJ und Karl Rahner SJ (Eichstätter Studien, NF 53), Regensburg 2004 (Lit.); L. Ibekwe, The universality of Salvation in Jesus Christ in the Thought of Karl Rahner (Bonner dogmatische Studien 42), Würzburg 2006 (Lit.).

[44] Zur Sache vgl. auch S. Anneser, Glaube im Ungläubigen – Unglaube im Gläubigen (Eichstätter Studien. NF 8), Kevelaer 1972; F.J. Couto, Hoffnung im Unglauben. Zur Diskussion über den allgemeinen Heilswillen Gottes (Abhandlungen zur Philosophie, Psychologie, Soziologie der Religion und Ökumene, NF 28), München 1973 („Begleitwort" von K. Rahner, XIII–XVI); K.-H. Menke, Das Kriterium des Christseins. Grundriss der Gnadenlehre, Regensburg 2003; G. Greshake, Geschenkte Freiheit. Einführung in die Gnadenlehre, Freiburg 1992 u.ö.; Th. Pröpper, Erlösungsglaube und Freiheitsgeschichte. Eine Skizze zur Soteriologie, München ²1988.

[45] Vgl. dazu H. Mühlen, Gnadenlehre, in: H. Vorgrimler/R. Vander Gucht (Hg.), Bilanz der Theologie im 20. Jahrhundert, Bd. 3, Freiburg , 1970, 148–192; K. Lehmann, Heiliger Geist, Befreiung zum Menschsein – Teilhabe am göttlichen Leben. Tendenzen gegenwärtiger Gnadenlehre, in: W. Kasper (Hg.), Gegenwart des Geistes. Aspekte der Pneumatologie (QD 85), Freiburg 1979 u.ö., 181–204 (Lit.).

[46] K. Rahner/H. Vorgrimler (Hg.) Kleines Konzilskompendium, Freiburg 1966 u.ö., 429; dazu auch O.H. Pesch, Das Zweite Vatikanische Konzil (1962–1965). Vorgeschichte –

Ich wollte in diesem Zusammenhang zeigen, wie uneingelöst und unabgegolten diese Texte auch heute noch sind. Dies gilt gerade auch für die ökumenische Diskussion, die besonders nach dem Dokument zu den Grundwahrheiten der Rechtfertigungslehre vom 31.10.1999 im Bereich der Gnadenlehre noch einiges aufzuarbeiten hat, nicht zuletzt auch im Verhältnis von Rechtfertigungsbotschaft und Kirche.[47] Die Diskussion besonders über unser Thema und vor allem über die Pastoralkonstitution „Gaudium et spes" steckt auch ökumenisch noch in den allerersten Anfängen.[48] Dies gilt aber nicht nur für die Praktische Theologie, sondern gilt z.b. auch für das evangelische Echo auf das Konzil bei E. Schlink und K. Barth.[49]

Das Thema ist dringend und spannend.[50] Auch die Enzyklika von Papst Benedikt XVI. „Spe salvi" vom 30. November 2007 macht uns vielfach auf das Thema aufmerksam, das uns während der vergangenen Jahrzehnte in den verschiedenen Entwürfen einer Theologie der Zuversicht intensiv beansprucht hat, und dies gerade im Sinne einer universalen Hoffnung.[51]

Verlauf – Ergebnisse – Nachgeschichte, Würzburg 1993, 334f., 377f.; 3. Auflage der Taschenbuch-Neuauflage, Würzburg 2011.

[47] Vgl. dazu K. Lehmann, Rechtfertigung und Kirche, in: W. Härle/P. Neuner (Hg.), Im Licht der Gnade Gottes, Münster 2004, 201–225 (Lit.). Vgl. ders., Die Gemeinsame Erklärung als Meilenstein und Aufbruchsignal. Festvortrag zu zehn Jahre „Gemeinsame Erklärung zur Rechtfertigungslehre" am 31. Oktober 2009 in Augsburg, in: 10 Jahre Gemeinsame Erklärung zur Rechtfertigungslehre. Dokumentation der Jubiläumsfeier in Augsburg 2009/10 Years Joint Declaration on the Doctrine of Justification. Documentation of the Jubilee Year Celebration, hg. vom Lutherischen Weltbund und vom Päpstlichen Rat zur Förderung der Einheit der Christen, Paderborn 2011, dt. 77–104; engl. 105–130.

[48] Vgl. als Ausnahme Ch. Grethlein, Die Rezeption der Pastoralkonstitution aus Perspektive evangelischer Praktischer Theologie, in: „Der halbierte Aufbruch". 40 Jahre Pastoralkonstitution „Gaudium et spes", PThI 25 (2005) H. 2, 75–86.

[49] Vgl. z.B. E. Schlink, Nach dem Konzil, München 1966 (auch in: ders., Schriften zu Ökumene und Bekenntnis, Bd. 1. Der kommende Christus und die kirchlichen Traditionen, Göttingen 2004, 3–253); ders., Schriften zu Ökumene und Bekenntnis, Bd. 2. Ökumenische Dogmatik, Göttingen ³2005 (vgl. Reg. zum 2. Vatikanischen Konzil: 828); K. Barth, Ad limina apostolorum, Zürich 1967; dazu E. Busch, Karl Barths Lebenslauf, München ³1978, 497ff.

[50] Vgl. zum geschichtlichen Ort des Konzils besonders F.-X. Kaufmann/A. Zingerle (Hg.), Vatikanum II und Modernisierung, Paderborn 1996; P. Hünermann (Hg.), Das II. Vatikanum – christlicher Glaube im Horizont globaler Modernisierung, Paderborn 1998; dazu in knapper Form K. Lehmann, Neuer Mut zum Kirchesein, Freiburg 1982.

[51] Benedikt XVI., Auf Hoffnung hin gerettet. Die Enzyklika „Spe salvi". Ökumenisch kommentiert von Bischof Wolfgang Huber, Metropolit Augoustinos Labardakis, Karl Kardinal Lehmann, Freiburg 2008, Art. 24–31, 32–48.

Anhang I
Ausgewähltes Literaturverzeichnis zu den Texten des 2. Vatikanischen Konzils

1. Die Konzilstexte

Francisco Gil Hellín hat in einer Reihe „Studi sul Concilio Vaticano II" mit dem Haupttitel „Concilii Vaticani II Synopsis" von wesentlichen Texten umfangreiche Bände herausgegeben, die die einzelnen Entwürfe (Schemata) mit den offiziellen Berichten, den Reden der Konzilsväter und allen Anmerkungen und Modi enthalten. Diese können gewiss die umfangreichen Konzilsakten nicht ersetzen, erlauben aber eine sehr genaue Nacharbeit des Entstehens der Texte. Von den bisher erschienenen Bänden sind für diesen Beitrag wichtig:

- Constitutio dogmatica de Ecclesia „Lumen Gentium", Vol. 2, Città del Vaticano 1995 (2186 Seiten).

- Constitutio pastoralis de Ecclesia in mundo huius temporis „Gaudium et spes", Vol. 4, Città del Vaticano 2003 (1658 Seiten).

Die Bände sind auch durch umfangreiche Register gut erschlossen. Sie enthalten selbstverständlich auch die authentischen, verbindlichen Schlusstexte der beschlossenen Dokumente.

Diese sind auch zugänglich in der offiziellen Ausgabe: Sacrosanctum Oecumenicum Concilium Vaticanum II. Constitutiones, Decreta, Declarationes, Città del Vaticano 1966 u.ö. (existiert auch als kleine Handausgabe, Register).

Deutsche Übersetzung: K. Rahner/H. Vorgrimler (Hg.), Kleines Konzilskompendium. Sämtliche Texte des Zweiten Vatikanums. Allgemeine Einleitung – 16 spezielle Einführungen – ausführliches Sachregister, Freiburg 1966 u.ö., zuletzt 35. Auflage 2008.

Eine weitere deutsche Übersetzung, die als Studienausgabe bezeichnet werden kann, befindet sich in: Herders Theologischer Kommentar zum 2. Vatikanischen Konzil, hg. von P. Hünermann/B.-J. Hilberath, Bd. 1. Die Dokumente des Zweiten Vatikanischen Konzils. Konstitutionen, Dekrete, Erklärungen, Freiburg – Basel – Wien 2005/²2006 (umfangreiche Register).

2. Kommentare zu „Lumen Gentium" und „Gaudium et spes"

Im Anschluss an die zweite Auflage des Lexikon für Theologie und Kirche erschien bald nach dem Abschluss des 2. Vatikanischen Konzils ein dreibändiger Kommentar: Lexikon für Theologie und Kirche. Das Zweite Vatikanische Konzil. Dokumente und Kommentare, hg. von H.S. Brechter u.a., 3 Bde., Freiburg 1966–1968. Die Bände 1 und 3 enthalten die Kommentare zu LG (Bd. 1, 137–359) und zu GS (Bd. 3, 241–592).

Nach fast vierzig Jahren seit der eben genannten Kommentierung erschien ein Kommentarwerk, das die bisherigen Studien und die Wirkungsgeschichte berücksichtigen konnte. Deshalb ist es unerlässlich, diese Neuerscheinung zu konsultieren: Herders Theologischer Kommentar zum Zweiten Vatikanischen Konzil, hg. von P. Hünermann/ B.J. Hilberath:

- Bd. 1. Die Dokumente des Zweiten Vatikanischen Konzils. Konstitutionen, Dekrete, Erklärungen, Freiburg – Basel – Wien 2005/²2006.

- Bd. 2. Sacrosanctum Concilium – Inter mirifica – Lumen gentium, Freiburg – Basel – Wien 2005/²2006.

- Bd. 3. Orientalium Ecclesiarum – Unitatis Redintegratio – Christus Dominus – Optatam Totius – Perfectae Caritatis – Gravissimum Educationis – Nostra Aetate – Dei Verbum, Freiburg – Basel – Wien 2005.

- Bd. 4. Apostolicam actuositatem – Dignitatis humanae – Ad gentes – Presbyterorum ordinis – Gaudium et spes, Freiburg – Basel – Wien 2005.

- Abschließend erschien ein fünfter Band: Bd. 5. Die Dokumente des Zweiten Vatikanischen Konzils. Theologische Zusammenschau und Perspektiven, Freiburg – Basel – Wien 2005.

Alle Bände enthalten ausführlichere Literaturverzeichnisse und Register. So finden sich Literaturverzeichnisse zu LG in: Bd. 1, 565–582; Register 583–611, und zu GS in Bd. 4, 870–886 bzw. 887–916.

Von den Einzelkommentaren seien in diesem Zusammenhang nur erwähnt:

- G. Baraúna (Hg.), De Ecclesia. Beiträge zur Konstitution „Über die Kirche" des Zweiten Vatikanischen Konzils, 2 Bde., Freiburg – Frankfurt 1966.

- J. Schütte (Hg.), Mission nach dem Konzil, Mainz 1967.

- L'Église dans le monde de ce temps. Constitution „Gaudium et spes", Paris 1967 (ursprünglich holländisch).

- G. Philips, L'Église et son Mystère au IIe Concile du Vatican. Histoire, texte et commentaire de la Constitution Lumen Gentium, 2 Bde., Paris 1968.

- G. Pozzo, Lumen Gentium. Costituzione dogmatica sulla Chiesa, 1. Aufl. 1988, Nachdruck 1992, Casale Monferratto 1992.

- R. Latourelle (Hg.), Vaticano II, Bilancio e prospettive venticinque anni dopo, 1962–1987, 2 Bde., im Auftrag der Päpstlichen Universität Gregoriana, des Päpstlichen Bibelinstitutes und des Päpstlichen Orientalischen Institutes in Rom, Asissi 1987.

- F.X. Bischof/S. Leimgruber (Hg.), Vierzig Jahre II. Vatikanum. Zur Wirkungsgeschichte der Konzilstexte, Würzburg 2004.

3.   Historisch-Theologische Gesamtdarstellungen

- G. Alberigo/K. Wittstadt (Hg.), Geschichte des Zweiten Vatikanischen Konzils (1959–1965), Mainz 1997ff. Inzwischen sind alle fünf Bände auch in deutscher Sprache erschienen (Bd. 5: Mainz 2008). Ab Bd. 4 ist G. Wassilowsky der deutsche Mitherausgeber.

- O.H. Pesch, Das Zweite Vatikanische Konzil. Vorgeschichte – Verlauf – Ergebnisse – Nachgeschichte, Würzburg 1993, 3. Aufl. der Taschenbuch-Neubearbeitung 2011.

- K. Wenzel, Kleine Geschichte des Zweiten Vatikanischen Konzils, Freiburg – Basel – Wien 2005.

- G. Alberigo, Die Fenster öffnen. Das Abenteuer des Zweiten Vatikanischen Konzils, Zürich 2006/²2007.

- G. Alberigo, Transizione Epocale, Studi sul Concilio Vaticano II, Bologna 2009 (Gesammelte Aufsätze, 895 Seiten, vgl. mein Geleitwort: 17–21).

- Ch. Theobald, La réception du concile Vatican II, Bd. 1. Accéder à la source, Paris 2009 (ein zweiter Band „L'Église dans l'histoire et la société" ist angekündigt, vgl. die Vorschau auf den Inhalt: 10 und 15–30).

- F.X. Bischof (Hg.), Das Zweite Vatikanische Konzil (1962–1965). Stand und Perspektiven der kirchenhistorischen Forschung im deutschsprachigen Raum (Münchener Kirchenhistorische Studien. NF 1), Stuttgart 2012.

Karl Lehmann

Anhang II
Zusammenfassende Thesen

Vorbemerkung: Zur Diskussion des Themas erschien es förderlich, zum Vortrag vom Frühjahr 2008 Thesen zu formulieren, die im Frühjahr 2009 bei der Arbeitstagung im Kontext zusätzlicher Referate miteinfließen sollten. Diese Thesen können freilich den umfangreichen Vortrag und auch die zahlreichen Begründungen in den Anmerkungen und in der Literatur nicht ersetzen. Sie können auch die notwendige ökumenische Diskussion, vor allem in systematischer Hinsicht, nicht vorwegnehmen. Ich möchte jedoch durch die Thesen das Gespräch erleichtern und noch einige zusätzliche Hinweise geben.

1. Es gibt zwischen dem sich steigernden Heilsuniversalismus im Alten und noch mehr im Neuen Testament sowie den späteren systematischen Überzeugungen eine erhebliche Spannung, die eine bewegte Geschichte ausgelöst hat, wie an einigen Brennpunkten immer wieder erkennbar wird (z.B. Prädestination, „Extra ecclesiam nulla salus", Jansenismus usw.). Gegenüber der Gefahr dogmatischer Verengungen gibt es in der Kirche immer wieder die Überzeugung vom möglichen Heil der Nichtevangelisierten.

2. Das kirchliche Lehramt nimmt erst relativ spät zur Heilsfrage der Nichtchristen Stellung. Vorbereitende Entscheidungen betreffen die Notwendigkeit der Gnade für den geringsten Anfang des Heils, die Ablehnung der Prädestination zur Hölle, die Feststellung des allgemeinen Heilswillen Gottes und Heilstodes Jesu Christi (gegen Gottschalk), die Gleichstellung aller Menschen gegenüber dem Heil. Auch Heiden, Juden und Häretiker empfangen eine Einwirkung von Jesus Christus her; nicht alle ihre Werke sind Sünde. Die durch Klemens XI. verurteilten Sätze Quesnels (1713) bestärken den Heilsuniversalismus (vgl. z.B. den abgelehnten Satz: „Extra ecclesiam nulla conceditur gratia"). Wichtig ist auch die Entscheidung gegen Feeney (1949/1952), der 1953 exkommuniziert wurde wegen seiner Behauptung, vom Heil seien alle ausgeschlossen, die sich außerhalb der Kirche befinden.

3. So bezeugen die Entscheidungen des Lehramtes über den universalen Heilswillen Gottes, die allgemeine Wirksamkeit der Gnade und die latente Zugehörigkeit zur Kirche grundsätzlich eine positive Beurteilung der Situation der Nichtchristen gegenüber dem Heil, wenigstens als reale Möglichkeit. Es gibt dabei verschiedene Stationen, wo dies deutlicher wird, so z.B. bei Thomas von Aquin, zu Beginn der Neuzeit nach der Entdeckung anderer Kontinente (Suarezianer), Natur-Gnade-Diskussion im 20. Jahr-

hundert (H. de Lubac), Auseinandersetzungen mit dem Atheismus im 20. Jahrhundert, pastorale Erfahrungen im Umgang mit den Menschen von heute (K. Rahner: „Der Christ und seine ungläubigen Verwandten").

4. Der allgemeine Heilswille Gottes und die Heilszuwendung erscheinen, obwohl Jesus Christus für alle Menschen gestorben ist, nicht in irgendeiner unterschiedslosen Mitteilung von Gnade, sondern heben immer auf den Entscheidungscharakter des Glaubens ab. Eine wichtige Rolle spielen dabei die Frage eines „ersten" moralischen Aktes als Modellfall eines Heilsaktes ohne Evangelisation und die Wirklichkeit sowie Tragweite der „fides implicita". Lehramt und Theologie versuchen zwischen dem Heilsuniversalismus und einem Pessimismus im Blick auf das Heil der Anderen immer eine vertiefte Mitte einzuhalten, auch wenn es nicht leicht ist, diese begrifflich zu formulieren.

5. Vor diesem Hintergrund muss man die Texte des 2. Vatikanischen Konzils verstehen (vor allem LG 16, AG 7, GS 19–21). Dies gilt für die Gemeinsamkeit und die Anstöße aus der Tradition (vgl. Thesen 1–2), aber auch für die eben doch qualitativ gesteigerten Aussagen des 2. Vatikanischen Konzils (vgl. IV. im Beitrag). Dabei spielten auch praktische und pastorale Fragen, so z.B. der Umgang mit den Menschen in den östlichen Staatsdiktaturen, eine Rolle. Das Konzil unterschlägt nicht die Bedeutung von Umkehr und Glaube des Einzelnen, vermeidet aber in der Ausarbeitung der Aussagen eine individualistische Konzeption. Dabei muss man vor allem zum Verständnis von LG 16 den Kontext und den Umkreis der Gruppen sehen, die auf das Volk Gottes hingeordnet sind. Deswegen muss man die Aussagen in ihren jeweiligen Differenzierungen zu den einzelnen Gruppen lesen.

6. Dabei muss man zwei grundlegende Gesichtspunkte beachten. Es gibt für die Kirche eine unersetzliche Notwendigkeit der Evangelisierung. Dies ergibt ein vertieftes Kirchenbild, weil nämlich die Kirche sich selbst immer schon überschreiten muss (doppelte Transzendenz auf Gott und alle Menschen hin). Die Kirche ist grundlegend um der Anderen willen da. Deshalb hat die Mission – was oft in den Texten des 2. Vatikanischen Konzils übersehen wird – eine konstitutive Rolle im Verständnis von Kirche. Kirche ist in ihrem Wesen missionarisch (vgl. hier den Anschluss von LG 16 auf LG 17 und die zahlreichen Aussagen zu dieser missionarischen Struktur). Darum entlastet auch die Heilszuversicht mit ihrer Offenheit keineswegs die Kirche oder gar die Notwendigkeit der Verkündigung, sondern stärkt den Imperativ zur Evangelisierung, wie dies in den theologischen und pastoralen Bemühungen der Kirche nach dem Konzil,

besonders auch im Zusammenhang der Jahrtausendwende, offenbar wird, besonders aber auch im Blick auf die Aufgabe der „Neu-Evangelisierung", Thema einiger Bischofssynoden, nämlich 1967, 1974, 1977, 1988, 1991, 2012.

7. Die Kirche darf nicht in sich selbst zentriert sein und auf sich zurückfallen. Sonst kann sie nicht „allumfassendes Heilssakrament" (LG 48) sein. Dabei ist in den Konzilstexten über LG 16 und GS 19–21/22 hinaus die Konzentration auf eine christologische Vertiefung einer solchen Ekklesiologie nicht zu übersehen (bes. AG 7). Dies hat zur Konsequenz, dass die Kirche in der Heilszuwendung zu den Anderen nur ihren christologisch gemäßen Ort findet, wenn sie immer wieder die Umkehr, Erneuerung und „Kenosis" vollzieht und ihre universale Sendung nicht verrät. Nicht zuletzt darum ist heute auch und gerade der „geistliche Ökumenismus" notwendig (vgl. immer schon die Gruppe von Dombes, aber auch neuere Veröffentlichungen von W. Kasper und P.-W. Scheele).

8. In diesem Zusammenhang bedarf es einer neuen ökumenischen Diskussion, die nur spärlich begonnen hat. Dem ersten Ansatz nach scheint es hier zwischen dem reformatorischen Bekenntnis und der katholischen Glaubensüberzeugung eine erhebliche Spannung zu geben. Die auf katholischer Seite gegebenen, aus der weiteren Tradition stammenden Zugänge scheinen evangelischerseits nicht im Sinne der Kenntnis, sondern einer Zustimmung und Aneignung eher fremd zu sein (mit Ausnahmen, z.B. „Ecclesia ab Abel"). Dies gilt vor allem für die lutherische Tradition, die die Rechtfertigung „allein aus Glauben" strikt mit der Verkündigung des Evangeliums verbindet. Diese engste Zusammengehörigkeit muss in ihrem Spektrum besonders auf lutherischer Seite ausgelotet werden. Dies bedeutet auch ein kritisches Gespräch mit dem späten Augustinus und seiner Bedeutung für die Reformation, besonders auch für die calvinische Prädestinationslehre (vgl. K. Barth). In der neueren Diskussion um die Rechtfertigung scheint diese Problematik insgesamt durch das Übergewicht traditioneller Kontroversen weniger bewusst gewesen zu sein (vgl. Die Gemeinsame Erklärung zur Rechtfertigungslehre vom 31.10.1999 in Augsburg). Es wird Zeit, die Thematik auf diese Fragen auszudehnen.

9. Doch gibt es wohl auch noch diesseits aller theologischen Einzelfragen das Bewusstsein, dass die Frage der Heilsmöglichkeit der Nichtchristen heute praktisch unausweichlich ist und wird. So spricht ja z.B. K. Barth von einem „christianus designatus" bzw. „christianus in spe" (KD IV/3, 927; KD IV/2, 305), P. Tillich von einer „latenten Kirche" und von einem „christlichen Humanismus außerhalb der christlichen Kirche" (Ges.

Werke XII, 41). Die oft polemische Auseinandersetzung mit K. Rahners Konzeption der „anonymen Christen" darf nicht darüber hinwegtäuschen, dass ungeachtet einzelner Differenzen ähnliche Grundtendenzen zu finden sind bei Theologen, die den Begriff „anonymer Christ" ablehnen (z.B. H. de Lubac, H.U. von Balthasar). Dabei geht es natürlich auch um die Frage, ob es *eine* letzte Berufung des Menschen gibt und wie sich die sittliche Einstellung (Option) des Menschen zu der schon in der Alten Kirche wichtigen Perspektive einer „Praeparatio Evangelii" verhält.

10. Eine wirklich neue Situation und damit eine wichtige Chance ergibt sich aus der Problementwicklung für beide Kirchen und Theologien. Während die Heilszuversicht für die Anderen lange Zeit als Abwehr und Forderung, manchmal rigoristisch, verstanden worden ist, wird sie jetzt stärker – gerade auch in der Theologie der letzten 70 Jahre – als Hoffnung und Verheißung, Zusage und Einladung verstanden, die freilich durch Umkehr und Annahme des Glaubens individuelle Wirklichkeit werden muss. Dabei spielen auch ethische Fragen, wie die Wertung des Gewissens und die „Führung eines rechten Lebens" einschließlich der moralischen Verpflichtungen des Menschen, eine wichtige Rolle. Dies verlangt einen stärkeren Dialog zwischen Ethik und Dogmatik unter Einschluss der Praktischen Theologie und im Horizont des Verständnisses von Kirche – und dies in einer ökumenischen Perspektive und im Horizont des Dialogs mit den nichtchristlichen Religionen und den Religionswissenschaften.

Anhang III
Zusätzliche bibliografische Hinweise
zum ökumenischen Gespräch über das Thema

In ökumenischer Hinsicht sollen, unabhängig von den Literaturangaben im Beitrag, einige zusätzliche Hinweise gegeben werden.

- M. Beintker, Rechtfertigung in der neuzeitlichen Lebenswelt. Theologische Erkundungen, Tübingen 1998.

- H. Bouillard, Vérité du christianisme, Paris 1989 (dort auch Hinweise auf die anderen Werke des Autors: 357ff., bes. Blondel und das Christentum, Mainz 1963).

- P. Coda, L'Agape come grazia e libertà. Alla radice della teologia e prassi dei cristiani, Rom 1994.

- A. Dekker, Homines bonae voluntatis. Das Phänomen der profanen Humanität in Karl Barths kirchlicher Dogmatik, Zürich 1969.

- W. Kasper, Die Kirche Jesu Christi (Gesammelte Schriften, Bd. 11), Freiburg – Basel – Wien 2008.

- W. Kasper, Katholische Kirche. Wesen – Wirklichkeit – Sendung, Freiburg – Basel – Wien 2011, 439ff., 452ff., 476ff.

- E. Klinger (Hg.), Christentum innerhalb und außerhalb der Kirche (QD 73), Freiburg – Basel – Wien 1976 (darin für die ökumenische Sicht bes. die Artikel von H. Ott, E. Jüngel, F.W. Kantzenbach, K.G. Steck).

- U. Kühn, Christentum außerhalb der Kirche?, in: J. Lell (Hg.), Erneuerung der Einen Kirche. Arbeiten aus Kirchengeschichte und Konfessionskunde. Festschrift für Heinrich Bornkamm zum 65. Geburtstag (Kirche und Konfession 11), Göttingen 1966, 275–305.

- U. Kühn (Hg.), Handbuch Systematischer Theologie, Bd. 10. Kirche, Gütersloh 1980, 160ff.

- G.A. Lindbeck, „Fides ex auditu" und die Erlösung der Nicht-Christen. Wie denken der Katholizismus und der Protestantismus der Gegenwart darüber?, in: V. Vajta (Hg.), Das Evangelium und die Zweideutigkeit der Kirche. Die Verwirklichung der Kirche im Spannungsfeld von Sendung und Sein (Evangelium und Geschichte 3), Göttingen 1973, 122–157.

- L. Malevez, Pour une théologie de la foi, Paris 1969.

- O.H. Pesch, Katholische Dogmatik. Aus ökumenischer Erfahrung, Bd. 1. Die Geschichte der Menschen mit Gott, Teilband 1/2, Ostfildern 2008 (dort weitere Literatur).

- J. Ratzinger, Kirche – Zeichen unter den Völkern (Gesammelte Schriften, Bd. 8/1–2), Freiburg – Basel – Wien 2010.

- O. Schuegraf, Der einen Kirche Gestalt geben. Ekklesiologie in den Dokumenten der bilateralen Konsensökumene, Münster 2001.

- M. Seckler, Das Heil der Nichtevangelisierten in thomistischer Sicht, in: ThQ 140 (1960) 38–69.

- M. Seckler, Instinkt und Glaubenswille nach Thomas von Aquin, Mainz 1961.

- B. Sesboüé, Hors de l'Eglise pas de salut, Paris 2004.

- G. Wenz, Kirche. Perspektiven reformatorischer Ekklesiologie in ökumenischer Absicht (Studium Systematische Theologie, Bd. 3), Göttingen 2005.

Alttestamentliche Aspekte der Thematik „Das Heil der Anderen"

Frank-Lothar Hossfeld

1. Vorüberlegungen

Für einen Exegeten ist das Andocken des Themas an den Sprachgebrauch der Bibel schwierig: Das Stichwort „der/die/das andere" gehört nicht zu den etablierten Stichwörtern der theologisch ausgerichteten Bibellexika. Dem entspricht, dass „der andere" in den theologischen Standardlexika nur philosophisch und systematisch-theologisch abgehandelt wird (Gott der [ganz] Andere, die Schöpfung als das Andere, der Mensch als der Andere des Menschen)[1]. Viel hängt davon ab, wer der Eine und der Andere jeweils konkret sind: ob es sich z.B. beim Menschen um ein Familienmitglied, ein Mitglied des Volkes oder einen Fremden/Ausländer handelt oder noch allgemeiner um einen Außenstehenden. Solche Verhältnisse sind auf die unterschiedlichsten Gruppen übertragbar. Ebenso offen ist die Qualität des Verhältnisses zwischen dem Einen und dem Anderen; man kann es gestuft zwischen zwei Pole stellen: auf der einen Seite ein „Verhältnis der Abgrenzung", bei dem der Andere der abzulehnende Fremde ist, oder gar – z.B. in der Sprache der Psalmen – der herausfordernde und lebensgefährliche Feind; auf der anderen Seite ein „Verhältnis der gleichstellenden Nähe", bei dem der andere der Nahe, der Mitmensch ist, dem man begegnet, der dazugehört und um den man sich kümmert.

Biblisch gesehen kann man das angesprochene Verhältnis auf drei Ebenen bzw. in dreierlei Hinsicht betrachten: auf der Ebene von Gott

---

[1] Vgl. z.B. K. Huizing/H.J. Adriaanse/O. Bayer, Art. „Andere/Andersheit", in: RGG⁴ 1 (1998) Sp. 464–468.

und Göttern, auf der Ebene von Gott und Mensch sowie auf der Ebene von Mensch und Mensch. Die Thematik[2] überschneidet sich mit der klassischen Spannung von Universalismus und Partikularismus sowie vor allem mit den modernen Diskussionen um „Religion zwischen Krieg und Frieden", „Monotheismus und Gewalt", „Toleranz im Christentum?" und Arbeiten zum Thema „Identität".[3]

2. Der eine Gott und die anderen Götter

Das umgangssprachliche Verhältniswort „der/die/das andere" kann kontextgebunden etwas Hinzukommendes im Sinne von „noch etwas" oder etwas, was Vorheriges ersetzt, d.h. an dessen Stelle tritt, bezeichnen. Ebenso kann es im zeitlichen Kontext etwas Zukünftiges sowie etwas im Sinne der oben schon genannten Qualität Andersartiges von gleicher oder abartiger/fremder Qualität benennen. Ausgehendend von diesen Bedeutungen ergibt sich aus dem alttestamentlichen Textbestand bei dem hebräischen Äquivalent אחר ein wichtiger theologischer Befund: „Das Wort אחר kommt im AT 161 mal vor, davon 62 mal in der Kombination אחרים אלהים vorwiegend in Deut und Jer."[4] Dieser spezifische Sprachgebrauch (mehr als ein Drittel aller Vorkommen) gehört der Sache nach zum bekannten 1. Dekaloggebot, dem biblischen Hauptgebot „Du sollst keine anderen Götter neben mir haben." Eine vorexilische, alte Formulierung lautet (Ex 34,14): „Du darfst dich nicht vor einem anderen Gott niederwerfen. Denn Jahwe trägt den Namen ‚der Eifersüchtige'; ein eifersüchtiger Gott ist er." Eine einschlägige Formulierung aus Hos 13,4 lautet: „Ich aber, ich bin der Herr, dein Gott, seit der Zeit in Ägypten; du sollst keinen anderen Gott kennen als mich. Es gibt keinen Retter außer mir." Diese letzte Textstelle lotet die Konnotationen aus: Der andere Gott ist Israel fremd, weil es keinen anderen Gott seit Beginn der gemeinsamen Ge-

---

[2] Vgl. meine Behandlung der Thematik, Das Heil der Anderen. Das Vorbild der JHWH-Verehrer aus den Völkern im Psalter, in: H. Frankemölle/J. Wohlmuth (Hg.), Das Heil der Anderen. Problemfeld „Judenmission" (QD 238), Freiburg – Basel – Wien 2010, 170–183.

[3] Aus sektoraler alttestamentlicher Sicht ist in jüngerer Zeit zu verweisen auf: E. Otto, Krieg und Frieden in der Hebräischen Bibel und im Alten Orient. Aspekte für eine Friedensordnung der Moderne (ThFr 18), Stuttgart 1999; D. Tessore, Der Heilige Krieg im Christentum und Islam, Düsseldorf 2004; Th.R. Elßner, Josua und seine Kriege in jüdischer und christlicher Rezeptionsgeschichte (ThFr 37), Stuttgart 2008; in Nachfolge und Diskussion von J. Assmanns „mosaischer Unterscheidung" jetzt M.S. Smith, God in Translation. Deities in Cross-Cultural Discourse in the Biblical World (FAT 57), Tübingen 2008; zur Toleranzfrage A. Angenendt, Toleranz und Gewalt. Das Christentum zwischen Bibel und Schwert, Münster ²2007; S. Pellegrini, War Jesus tolerant? (SBS 212), Stuttgart 2007; schließlich H. Irsigler, Die Identität Israels. Entwicklungen und Kontroversen in alttestamentlicher Zeit (HBS 56), Freiburg 2009.

[4] S. Erlandsson, Art. „אָחַר", in: ThWAT 1 (1970) Sp. 218–220, 218.

schichte im Exodus kennt. Deswegen kann Ps 81,10 („Für dich gibt es keinen anderen Gott. Du sollst keinen fremden Gott anbeten.") für das Adjektiv „anderer" die Eigenschaft „fremder bzw. ausländischer" Gott einsetzen. Die anderen Götter sind Gottes exklusivem Verhältnis zu Israel wesensfremd; Israel hat keine gewachsene Beziehung zu ihnen.

Eine weitere Konnotation ergibt sich aus der sachlichen Nähe des Hauptgebotes und der Formulierung des Sch^{e}ma Jisrael in Dtn 6,4f. zur zentralen Vorschrift der Kultzentralisation in Dtn 12. Der eine und einzige Gott steht dem sog. Polyjahwismus, der vielen JHWH-Verehrungsformen, der Landheiligtümer gegenüber; deswegen soll es hier im gelobten Land eine legitime Kultstätte im Tempel von Jerusalem geben. Der eine Gott darf nicht den vielen Göttern ähnlich werden; deshalb klagt Gott Juda in Jer 2,28 an: „Wo sind denn deine Götter, die du dir gemacht hast? Sie mögen aufstehen, ob sie dir helfen in der Zeit deiner Not! Denn wie die Zahl deiner Städte ist die Zahl deiner Götter, Juda!" Der Singular des einen Gottes steht dem Plural der anderen Götter diametral entgegen. Der eine und einzige Gott duldet auf seinem Niveau keine Andersheit und wer mit ihm Beziehung aufnimmt, muss sich entsprechend verhalten. Der sich in Israel durchsetzende Monotheismus hat die anderen Götter für entmachtet und nichtig erklärt, so beispielhaft in Ps 82 mit der Verkündigung des Göttersturzes oder in Ps 96,5: „Alle Götter der Heiden sind nichtig, der Herr aber hat den Himmel geschaffen." Für den kommenden „Tag des Herrn" sagt Sach 14,9 voraus: „Dann wird der Herr König sein über die ganze Erde. An jenem Tag wird JHWH der Einzige sein und sein Name der Einzige." Der Vers nimmt Dtn 6,4 auf und interpretiert diesen monotheistisch. JHWH ist nicht mehr für Israel der Einzige, sondern universal für die ganze Erde; er alleine herrscht weltweit als König.

Der in Zeit und Raum entschränkte Anspruch JHWHs auf Allein- und Weltherrschaft ruft die Frage nach seiner Realisierung und Durchsetzung in der Geschichte auf. D.h. unser Thema „Das Heil der Anderen" verbindet sich mit den klassischen biblischen Themen von Erwählung und Beauftragung/Sendung sowie Partikularismus und Universalismus. Das ist ein weites Feld. Die verzweigte Diskussion wird heutzutage noch erweitert um die moderne Nuance der Toleranz des biblischen Gottes.

3. Die bleibende Spannung von Abgrenzung und Öffnung

Im Folgenden möchte ich einige Beispiele für Tendenzen zur gleichzeitigen Abgrenzung und Öffnung darstellen. Ich schließe mich damit tendenziell dem Urteil von Werner H. Schmidt an: „,Partikularismus' und ,Universalismus' bilden im AT keine sich ausschließenden Gegensätze, sondern werden zusammengedacht (Gen 12,3; Am 3,2 u.a.). Das Wie der

Verhältnisbestimmung steht in der Geschichte Israels aber immer neu in Frage. Mit der Zeit wächst die Tendenz zum Universalismus, setzt sich aber nie völlig durch. Ein gewisser Partikularismus im Gottesverhältnis ist ja mit der Ausschließlichkeit und der Bildlosigkeit wesensmäßig gegeben. Sie begründen die Aussonderung Israels, schließen fremdreligiöse Bräuche und Riten aus (vgl. Dtn 10,12ff.; 14; Lev 11,43ff.; 19; Ez 20,5ff. u.a.) und lassen eine Erwählung ohne Verpflichtung undenkbar erscheinen. So bleibt Gott zugleich ein Gott des Volkes."[5]

Israel behauptet eine Sonderstellung. In der Wahrnehmung von außen zeigen dies zwei bekannte Stellen: die Wahrnehmung Bileams in Num 23,9: „Denn vom Gipfel der Felsen sehe ich es, von den Höhen aus erblicke ich es: Dort, ein Volk, es wohnt für sich, es zählt sich nicht zu den Völkern"[6] und das Urteil Hamans in Est 3,8: „Darauf sagte Haman zu König Artaxerxes: Es gibt ein Volk, das über alle Provinzen deines Reiches verstreut lebt, aber sich von den anderen Völkern absondert. Seine Gesetze sind von denen aller anderen Völker verschieden; auch die Gesetze des Königs befolgen sie nicht. Es ist nicht richtig, dass der König ihnen das durchgehen lässt." Die ethnische Grenze aber kann nicht so scharf gezogen werden. Es gibt eine Erinnerung, dass beim Exodus auch ein anderes Mischvolk beteiligt war (Ex 12,38 vgl. Num 11,4), wobei die Andersheit mindestens der Abstammung nach begründet ist. Das komplexe Gemeindegesetz Dtn 23,2–9 regelt die Mitgliedschaft in der Versammlung JHWHs.[7] Als Versammlung JHWHs ist sie religiös konnotiert, gibt aber auch Hinweise zu anderen Kriterien der Zugehörigkeit. Ausgeschlossen ist, wer keine Nachkommen haben kann, wer unklarer Herkunft ist (Hans M. Bastard) und/oder wer in der Abstammungslinie den in Dtn 23,1 verbotenen Fall der Blutschande verzeichnet (Gen 19,30–38) – so die Moabiter und Ammoniter. Die Edomiter hingegen sind abstammungsmäßige Brüder und deswegen willkommen.

Verwirrend ist das Nebeneinander der Zugehörigkeits- bzw. Abgrenzungskriterien: das der legitimen Abstammung, dann das der Erinnerung an eine gemeinsame Geschichte und das der Wahrung von Familiengesetzen.

Von enormem Gewicht sind die deuteronomisch-deuteronomistischen

---

[5] W.H. Schmidt, Alttestamentlicher Glaube, Neukirchen-Vluyn ⁹2004, 157.

[6] Diskutiert wird das hohe oder relativ hohe Alter von Num 23,7–10 – auf jeden Fall vorexilisch. Entscheidend ist die Frage, was die Separation Israels einschließt, nämlich wirtschaftliche Autarkie, politische Autonomie und vielleicht auch die kulturell-religiöse Sonderstellung. Dies lässt sich aus dieser Stelle heraus nicht beweiskräftig klären; vgl. M.S. Smith, God (Anm. 3), 93–98. Deutlich ist die Differenz von Num 23,9 zu Est 3,8. Hier ist der Grund der Sonderstellung das Gesetz/die Tora.

[7] Dazu U. Rüterswörden, Das Buch Deuteronomium (NSK.AT 4), Stuttgart 2006, 151: „Mit der ‚Versammlung des Herrn' hätten wir keine stilistische Variante des Deuteronomiums vor uns [vgl. Mich 2,5; F.-L.H.], sondern die Aufnahme eines Begriffs, dessen Bandbreite einen religiösen Anspruch und einen Aspekt der Landverfassung umgreift."

Vorschriften zur Wahrung der exklusiven religiösen Bindungen an JHWH – sie gehören heute zu den stark belastenden Passagen der Bibel. Ich nenne nur eine Auswahl: Die Bann- und Mischehenvorschriften bzw. Bündnisverbote Ex 34,12–16 und Dtn 7,1–5, die Gesetze zum Glaubensabfall in Dtn 13,2–19 (Abfall des Propheten, eines Familienmitglieds, einer ganzen Stadt), die Restriktionen im Königsrecht Dtn 17,14ff. (kein Ausländer auf dem Thron) und im Prophetengesetz Dtn 18,9ff. (Ablehnung der gesamten Mantik zugunsten der Prophetie) sowie die Vernichtung fremder Kultstätten Dtn 12,2f.29–31 und fremder Bräuche Dtn 14,1f.; 16,21f.; 17,2–4; 26,13–15.

An diese Liste der ethnisch-religiösen Abgrenzung anschließend einige Hinweise zur punktuellen und übergreifenden Öffnung: Nachdem Jitro, der Schwiegervater des Mose und Priester von Midian, von Mose die Exodustaten JHWHs erfahren hatte, bekannte er sich zu JHWH, pries ihn als größer als alle Götter und amtierte anschließend als Priester bei Brand- und Schlachtopfern (Ex 18,8–12). Der ausländische Feldherr Naaman wird durch den Propheten Elischa vom Aussatz geheilt, bekennt sich zu JHWH und erhält nach Schilderung seiner spezifischen Funktionen in Damaskus die Erlaubnis Elischas, am Kult des Fremdgottes Rimmon teilnehmen zu können (2 Kön 5,18f.: „Nur dies möge Jahwe deinem Knecht verzeihen: Wenn mein Herr zur Anbetung in den Tempel Rimmons geht, stützt er sich dort auf meinen Arm, ich muss mich dann im Tempel Rimmons niederwerfen, wenn er sich dort niederwirft. Dann möge Jahwe deinem Knecht verzeihen. Elischa antwortete: Geh in Frieden!"). Auch müssen die ortsansässigen Fremden in Israel sich nicht an die Speisetabus halten; ebenso wie die durchreisenden Ausländer dürfen sie das Fleisch unreiner Tiere verzehren (vgl. Dtn 14,21). Sie sollen an der Festfreude von Wochenfest und Laubhüttenfest teilhaben (vgl. Dtn 16,11.14), sollen die Sabbatruhe halten (vgl. Dtn 5,14) und sollen sogar am Laubhüttenfest jedes siebten Jahres an der öffentlichen Toraunterweisung mit allen anderen Israeliten teilnehmen (wohl ein späterer Nachtrag in Dtn 31,12f.).

Die Moabiterin Rut bekennt sich zu JHWH, dem Gott ihrer Schwiegermutter Noomi (nach Rut 1,16: „Rut antwortete: Dränge mich nicht, dich zu verlassen und umzukehren. Wohin du gehst, dahin gehe auch ich, und wo du bleibst, da bleibe auch ich. Dein Volk ist mein Volk, und dein Gott ist mein Gott.") und wird, entgegen der Vorschrift von Dtn 23,4, in das auserwählte Volk aufgenommen und wird zur Ahnin Davids (vgl. Mt 1,5).

Mit dem Untergang Jerusalems im Jahre 586 v. Chr. und mit dem Verlust von Land und Einheit des Volkes verstärkt sich für die exilische und nachexilische Zeit die Wahrnehmung der Völker, ihre Beziehung zu JHWH und die Erörterung ihrer Teilhabe am Heil.

Es findet sich eine erstaunliche Toleranz der Gottesverehrung der Völker; sie ist für Israel unmöglich, aber für die Völker vom Schöpfer zugewiesen (vgl. Dtn 4,19; [29,25]; 32,8f.: „Als der Höchste [den Göttern] die Völker übergab, als er die Menschheit aufteilte, legte er die Gebiete der Völker nach der Zahl der Götter fest; der Herr nahm sich sein Volk als Anteil, Jakob wurde sein Erbland."[8]). Diese Toleranz steht im deutlichen Gegensatz zu den Verurteilungen des Götzendienstes der Völker in den nachexilischen Texten der Götzenbildpolemik (vgl. Jes 40,18ff.; Jer 10; Ps 115 und 135; Bar 6 und Weish 13–15).

Die Öffnung für die Völker kennzeichnet vor allem das Jesajabuch. Hier begegnet uns die bekannte Thematik der Völkerwallfahrt zum Zion Jes 2 (Mich 4), in denen die Völker freiwillig zum Zion wallfahren, um mit Hilfe der Tora ihre Konflikte beizulegen.

Eine Passage wie Jes 19,19–25 macht die Erzfeinde Ägypten und Assur im Dreierbund mit Israel zu legitimen Verehrern JHWHs, Texte in Deuterojesaja und Tritojesaja (wie Jes 40,20–25 und die Lieder vom Gottesknecht Jes 42.49) geben davon Zeugnis. Jes 56,1–8 integriert gegen das deuteronomische Gemeindegesetz Dtn 23 die Fremden und Verschnittenen aus den Völkern in den Kult auf dem Tempelberg – zurecht ein Fall von Abrogation von traditionsreichen Gesetzen. Ps 87 verkündet das Bürgerrecht von Menschen aus den Völkern auf dem Zion. Dem gleichzustellen ist die Aufforderung an die Völker, am Tempelkult teilzunehmen und dem Königsgott zu huldigen (vgl. die Hymnen Ps 96,7ff. und vor allem Ps 100). Die Linie der Integration wird fortgesetzt (z.B. in Mal 1,11 und Jes 66,21), in denen sogar Priester und Leviten aus den Völkern ausgewählt werden. Dieser Tendenz zuzugesellen sind das Jonabuch und die Verse 1 Kön 8,41–43 im Gebet Salomos zur Einweihung des Tempels.

Und wiederum muss die Gegenreaktion der Abgrenzung mitberücksichtigt werden. Ps 83 vergisst nicht die Antagonie der anderen Völker. Die Völker werden von JHWH besiegt und zur Anerkennung seiner Herrschaft gezwungen. Aber auch zu beachten sind Esr 9–10 sowie Neh 13,23–31, in denen aus Sorge um den eigenen Bestand des auserwählten Volkes die exogamen Mischehen verboten und die bestehenden Mischehen aufgelöst werden. Es kommt daher zu einer restaurativen Repristination der Bündnis- und Völkervermischungsverbote von Ex 34,16; Dtn 7,1–5 und 23,2–9 mit ihrem Einschärfen der Endogamie. Die vom deute-

---

[8] Die Textkritik von Dtn 32,8 stellt, grob gefasst, die Alternative zur Wahl, entweder mit dem masoretischen Text „nach der Zahl der Söhne Israels" oder „nach der Zahl der Götter" mit 4 Q Deut und LXX zu lesen. Der MT wird als monotheistische Korrektur bzw. Zensur polytheistischer Anklänge gedeutet, die 4 Q Deut und LXX ihrerseits aufbewahrt haben. „In the end, it would seem that the uncensored version of Deuteronomy, 32:8–9 [...] likely preserves an older, perhaps even ‚original' reading strategy for this passage." (M.S. Smith, God [Anm. 3], 211).

ronomischen Gesetz erlaubte Heirat einer nicht-israelitischen Kriegsge-
fangenen (vgl. Dtn 21,10–14) und das Rut-Buch werden nicht rezipiert.

Zum Abschluss des groben Durchgangs durch das Alte Testament
möchte ich das Nebeneinander von „Öffnung" und „Abgrenzung" am
Beispiel des synchron nebeneinanderstehenden sowie diachron benach-
barten Psalterabschlusses demonstrieren. Der fünfte Davidpsalter (Ps
138–145) ist der Abschluss eines davidisch-orientierten Gesamtpsalters
(Ps 2–145) – wahrscheinlich vom Ende des 4. Jh. v. Chr. Ihm folgt als
zweiter Abschluss das vorliegende Finale des Schluss-Hallels (Ps 146–
150) – wahrscheinlich aus dem 3./2. Jh. v. Chr. Der ältere David-
Gesamtpsalter wird durch den einflussreichen Ps 145 beendet. Dieser
Psalm hat bis heute einen besonderen Einfluss auf die jüdische Liturgie.
Aus christlicher Sicht ist er ein Psalm als Vorstufe auf dem Weg zum
Vaterunser. Er fasst das Wirken Gottes in Schöpfung und Geschichte
unter den Leitbegriffen „der (heilige) Name JHWHs" und „die universale, ewige Königsherrschaft JHWHs" zusammen. Er erteilt der Gemeinschaft der Frommen, d.h. unter Einschluss Israels, die dauerhaft-
beständige Aufgabe, das Lob mit seinen Inhalten der Treue und Gerechtigkeit JHWHs den Menschenkindern zu übermitteln und weiterzuge-
ben (V 10–12). Eine solche Weitergabe des Glaubens korrespondiert mit
der Beteiligung „aller Könige der Welt" am universalen Lob der Geset-
zeswege und der Herrlichkeit JHWHs im Eröffnungspsalm 138,4–6.
Diese Beteiligung kommt dem Motiv der Völkerwallfahrt zum Zion nahe. Gott liebt alle Geschöpfe bzw. Menschen und gewährt ihnen die
notwendige Grundversorgung (vgl. das Tischgebet V 15f.); aber er liebt
nicht jeden Menschen, weil er in seiner Gerechtigkeit Prädilektionen
vornimmt: Er kümmert sich in besonderer Weise um die Armen und
behütet diejenigen, die ihn lieben, d.h. seine Gebote befolgen (V 14.18–
20). Hier wird eine universale Weite verkündet, jedoch auf der Basis des
unaufgebbaren Bekenntnisses der Menschen zu diesem Gott mit den
entsprechenden moralischen Folgen. Die Gottesliebe bleibt ein Gebot.

In der zeitlich nachfolgenden Schlussredaktion des Gesamtpsalters im
sogenannten Schlusshallel wird diese sich öffnende Konzeption umgesetzt, konkretisiert und mit einer Tendenz der Abgrenzung versehen.
Die in Ps 145,14 angedeutete Armentheologie wird ausgebaut (vgl. Ps
146,3–4.7–9). JHWH ist Schöpfer und König nun auf dem Zion (Ps
146,10). Ps 147,19f. streicht partikularisierend die Sonderstellung Israels
in seiner singulären Geschichte wie in seinen singulären Gesetzen und
Rechten heraus (vgl. auch Ps 148,14). Ps 149 geht noch weiter: Israel ist
das primäre Subjekt des Lobens. Die Loblieder sind ein zweischneidiges
Schwert, um an den Völkern Vergeltung zu üben, ihre Könige und Fürsten in Fesseln zu legen und so an ihnen das Gericht zu vollziehen (V 6–

9). Die aus manchen vorhergehenden Psalmen bekannte Antagonie von Israel zu den Völkem erhebt zum Psalterschluss noch einmal ihre Stimme, bevor Ps 150 mit dem Lobfinale der Geschöpfe schließt. Eine Analogie zum Nebeneinander von „Abgrenzung" und „Öffnung" im Psalterschluss sei hier abschließend wenigstens erwähnt, wenn auch nicht behandelt. Es sind die prophetischen Ansagen einer fernen, endzeitlichen Zukunft in den sogenannten protoapokalyptischen Texten Ez 38–39; Joel 3–4 und Sach 12–14. Umkehr Israels und endgültiges Heil für Gottes Volk werden zusammengedacht (vgl. Ez 39,23–29; Joel 2,12–15; 3,1–2; Sach 12,10–14; 13,1f.7–9; 14,2) und zugleich mit Gericht und Heil für die Völker verbunden (vgl. Ez 39,27; Joel3,5; Sach 14,16.17–19).

4. Fazit

Der überblickartige Durchgang bestätigt eine Einsicht der Kulturanthropologie: „Die Kategorie des Fremden/Andersartigen (gegenüber dem Einheimischen/Vertrauten) ist problematisch und von einer Vielzahl von Voraussetzungen abhängig, die sowohl gesellschaftlich wie individuell vorgegeben sind und die Anwendung der Begrifflichkeit prägen. Dabei ist zwischen der Innen- und Außenperspektive, der Eigen- und Fremdbezeichnung zu unterscheiden. Eine Gemeinschaft kann z.B. Menschen als abweichend/fremd marginalisieren, obwohl dieselben selbst durchaus der Ansicht sind, dieser Gemeinschaft zuzugehören. Wer die Grenzen zwischen üblich/einheimisch und abweichend/fremd(-artig) zieht, mit welcher Absicht, in welchem Kontext und zu welchem Zeitpunkt, ist daher jeweils kritisch zu hinterfragen. […] Wer ein Fremder oder Ausländer war oder nicht, war in Palästina, das zu allen Zeiten eine sozial, politisch, ethnisch wie geographisch stark fragmentierte multikulturelle Gesellschaft war, kaum eindeutig festzulegen."[9]

Die im vorhergehenden Zitat dargelegte Skepsis bezüglich der Grenzen ist etwas zu dämpfen. Das Kriterium der exklusiven Beziehung zu dem einen und einzigen Gott JHWH mit den Implikaten seines Wirkens in der Schöpfung und der Geschichte Israels prägt die jüdisch-christliche Frage nach dem Heil der Anderen. In dieser Frage ist es das konstante und unverzichtbare Kriterium, wenn nach dem Inhalt des Heils und nach der Bestimmung des Anderen gefragt wird. Die Bibel öffnet sich ins unüberbietbar Universale, wenn sie von Schöpfung redet. Sie betont das Partikulare, wenn sie sich um die (konkrete) Geschichte kümmert und sich um die Tora JHWHs sorgt. Gott selbst wirkt universal als Schöpfer.

[9] A. Berlejung, Art. „Fremder", in: dies./Ch. Frevel (Hg.), Handbuch theologischer Grundbegriffe zum Alten und Neuen Testament, Darmstadt 2006, 192–195, 192f.

In der Geschichte und der Verkündigung der Tora wirkt er partikular mit universalem Horizont. In diesem Bereich seines Wirkens kennt er Erwählung zur Nähe mit ihm, kennt er Duldung von Andersartigem, wobei diese Duldung von vorübergehender Art ist, und vor allem kennt er auch Feindschaft, d.h. nicht zu duldende Fremdartigkeit und Andersheit, die sich im Kontext der Gerichtsansagen verfolgen lässt. Das Verhalten Gottes färbt auf seine Anhänger ab. So bietet z.B. der Psalter eine Reihe von Aussagen, in denen der Beter und Gott sich solidarisieren gegen Feinde, die in Todfeindschaft der Gemeinschaft von Gott und Israel, Gott und Beter gegenübertreten. An erster Stelle ist Ps 69,8–10 zu nennen, ein herausragendes Beispiel für den einsamen, leidenden Gerechten. Der Beter übernimmt eine dem Propheten Jeremia vergleichbare Position. Er grenzt sich von den Feinden ab, die sich sogar in den Reihen der eigenen Familie befinden. In seiner Haltung für den Tempel und für den Glauben an JHWH weiß er Gott auf seiner Seite; Gottes Feinde sind seine Feinde. Darum fordert er persönliche Rettung und das Gericht über die Feinde. Eine analoge Position vertritt der Beter von Ps 139,19–22. In solidarischer Gemeinschaft mit JHWH steht er gegen die Frevler, Mörder, die Empörer gegen Gott und Götzenverehrer. Die gemeinsame Trennung von ihnen lässt eine Duldung der gemeinsamen Feinde nicht zu.

Ps 83,5–6 (Ps 83 ist einer der drei Psalmen, die aus dem allgemeinen Stundengebet gestrichen wurden) zeichnet die Feinde Israels, die zugleich Gottes Feinde sind. Es ist eine Feindschaft, die nur ein „Entweder-oder" zulässt: entweder Israel oder die Feinde. Weil Gott direkt betroffen ist, soll er sie bestrafen – hier allerdings, in der Endgestalt des Psalms, nicht mit vollkommener Vernichtung, sondern mit Überleben und der Erkenntnis der Herrschaft Gottes durch diese Feinde – (vgl.: „nicht durch ihren physischen Tod, sondern durch Erkenntnis und Anerkenntnis der von JHWH gesetzten Weltordnung [...]"[10]).

In der Konkretion der Bestimmung des Anderen ist biblisch gesehen die Grenze, wann der andere zum Anderen wird, nicht eindeutig festgelegt. Sie kann je nach Tendenz der Öffnung ins Universale oder der Abgrenzung ins Partikulare schwanken, je nachdem, ob man primär von der Schöpfung oder von der konkreten Geschichte und der Tora her denkt.

---

[10] F.-L. Hossfeld/E. Zenger, Die Psalmen 51–100 (HThKAT), Freiburg – Basel – Wien 2002, 503.

Heil

Neutestamentliche Perspektiven

Jörg Frey

Vorbemerkung

Nachdem Michael Theobald in der Arbeitstagung des vergangenen Jahres über „das Heil der Anderen" aus neutestamentlicher Perspektive gesprochen hat, möchte ich noch einmal einen Schritt zurückgehen und die Frage reflektieren, wie eigentlich aufgrund des Neuen Testaments (und darüber hinaus im gesamtbiblischen Horizont) von „Heil" gesprochen werden kann und was die Rede vom ‚Heil' bezeichnet und impliziert. Schon diese Frage ist komplex genug.

Das gestellte Thema hat sprachlich-semantische, religionsgeschichtliche und theologische Dimensionen: Ich beginne mit der sprachlichen (die bereits auf die religionswissenschaftliche und religionsgeschichtliche Dimension hinführt): Was heißt eigentlich „Heil"? Und welche Termini und Vorstellungen der biblischen Überlieferung sind damit – evtl. auch nur teilweise, verkürzend oder summarisch und ausweitend – erfasst? Ein kurzer Streifzug durch theologische Lexika zeigt die Offenheit und Unklarheit des Begriffs in seinem theologischen und exegetischen Gebrauch.

1. Der deutsche Terminus „Heil" und seine biblischen Korrespondenzbegriffe

1.1 Eine Umschau in neueren theologischen Lexika

Schaut man in die aus liberal-protestantischer Tradition geprägte RGG, so fällt zunächst auf, dass das Stichwort als eigener Eintrag erst in der neuesten 4. Auflage begegnet. In den drei älteren Auflagen wurde ‚Heil' noch nicht als eigenständiges Stichwort bearbeitet, sondern unter dem Oberbegriff ‚Erlösung' thematisiert.[1] Dass die 4. Auflage für ‚Heil' keinen biblischen Unterartikel bietet, mag auf Zufällen und v.a. Autoren-Ausfällen beruhen, könnte aber auch darauf hindeuten, dass ‚Heil' kein eigentlich biblischer Begriff bzw. als solcher nicht präzise fassbar ist. Der dogmatische Artikel lässt jedoch von den damit gegebenen Problemen wenig erkennen: „Mit dem dt. Wort H. (gotisch „hails", von der indogerm. Wurzel „kailo": „ganz", „vollständig") wird der griech. Begriff sōteria übers., der in allen Überlieferungsschichten des NT vorkommt."[2]

---

[1] Die erste Auflage der RGG verwies unter dem Stichwort auf a) „Erlösung" und b) „Heiland im NT", wo dann auf Luthers Bibelübersetzung verwiesen wird, die *sōteria* oft mit ‚Seligkeit' und *sōzein* auch mit ‚helfen', ‚gesundmachen', aber zumeist mit ‚seligmachen' bzw. passivisch ‚seligwerden' wiedergibt (J. Weiss, Art. „Heiland im NT", in: RGG 2 (1910) Sp. 2019–2022, Sp. 2019. Auch die 2. Auflage der RGG bot noch kein Stichwort ‚Heil', aber nach wie vor ‚Heiland'. In der 3. Auflage der RGG fehlte das Stichwort „Heil" völlig, auf den ausführlichen Eintrag ‚Erlösung' wird nicht verwiesen.

[2] J. Zehner, Art. „Heil. III. Dogmatisch", in: RGG⁴ 3 (2000) Sp. 1524–1526, Sp. 1524.

Dies vereinfacht den biblischen Sachverhalt stark. Denn σωτηρία ist im Neuen Testament noch längst nicht im gleichen Sinn gebraucht wie das deutsche ‚Heil‘. Und die biblischen Begriffe σωτηρία bzw. σῴζειν bzw. hebr. ישׁע (jš‘) werden in den Bibelübersetzungen (nicht zuletzt bei Luther) oft mit ganz anderen deutschen Worten und Wendungen übersetzt. Wo und wie σωτηρία vorkommt und welche anderen Termini und Vorstellungen das deutsche Wort ‚Heil‘ mit erfasst, muss differenzierter betrachtet werden.

Das römisch-katholisch geprägte LThK bietet in seiner 3. Auflage unter diesem Stichwort nach den religionsgeschichtlichen und religionsphilosophischen Aspekten einen biblischen Abschnitt, dessen Autor Joachim Gnilka jedoch recht wolkig formuliert, ‚Heil‘ umschreibe „das dem Menschen v. Gott gewährte endgültige, absolute Gut, seine Rettung, Befreiung, Erlösung.“[3] Für das Alte Testament rekurriert er dabei v.a. auf die hebr. Wurzel ישׁע (jš‘), die in der LXX meist mit σῴζειν und Derivaten wiedergegeben wird, für das NT behandelt er aber gerade nicht die Belege von σῴζειν und σωτηρία, sondern hält sich stattdessen an die Zentralvorstellungen von der Gottesherrschaft (bei Jesus), der Rechtfertigung des Sünders (bei Paulus), dem ‚ewigen Leben‘ (bei Johannes), der universalen Versöhnung (in den Deuteropaulinen) und der Teilhabe an der Sabbatruhe Gottes (im Hebräerbrief).[4]

Die TRE thematisiert ‚Heil‘ interessanterweise in einem Begriffspaar ‚Heil und Erlösung‘ und bietet nach dem religionsgeschichtlichen einen alttestamentlichen und einen neutestamentlichen Artikel. Zuvor weist der Religionswissenschaftler auf das Problem des – sicher von den Herausgebern vorgegebenen – Doppelbegriffs hin: Die Koordination von ‚Heil und Erlösung‘ impliziere „das Verständnis eines Heilsgedankens, der durch die Erlösung aus einem [...] Unheilszustand qualifiziert ist,“[5] was nicht für alle Religionen gilt, sondern neben dem Christentum für „die in Indien entstandenen Religionen [...], ferner die antiken Mysterien, [...] Parsismus und [...] Manichäismus.“[6] Das Begriffspaar ‚Heil und Erlösung‘ repräsentiert also eine ganz christlich geprägte Konzeption. Ob und inwiefern so auch im Blick auf das Alte Testament gesprochen werden kann, erscheint von hier aus fraglich. Der hier referierte Beitrag thematisiert dies nicht, wohl aber den religionswissenschaftlichen Vorbehalt im Allgemeinen: Von ‚Heil‘ kann auch gesprochen werden im Bezug auf Religionen, die nicht als ‚Erlösungsreligionen‘ zu klassifizieren

---

[3] J. Gnilka, Art. „Heil. III. Biblisch“, in: LThK³ 4 (1995) Sp. 1260–1262, Sp. 1260.
[4] Vgl. ebd., Sp. 1261f.
[5] G. Lanczkowski, Art. „Heil und Erlösung. I. Religionswissenschaftlich“, in: TRE 14 (1985) 605–609, 605f.
[6] Ebd., 606.

sind. „Der Erlösungsgedanke fehlt, wenn das Heil in der Erhaltung gegenwärtiger Zustände gesehen wird,"[7] d.h. wenn z.b. durch einen gemeinschaftlichen Kult die Fruchtbarkeit oder der Lauf der Gestirne erhalten oder mit exorzistischen Riten eine vermeintlich durch Dämonen verursachte Krankheit oder substantiell verstandene Befleckung beseitigt werden soll.[8] In diesen Fällen kann nicht von Erlösung die Rede sein, wohl aber von Heil.

Der alttestamentliche Beitrag begegnet dem Problem mit einer sehr weiten Definition: „Heil bzw. Erlösung ist hier im umfassenden religionsgeschichtlichen Sinn als Sein ohne Negativität bzw. als Zugang zu solchem Sein verstanden."[9] Nach dieser sehr offenen Bestimmung beschreibt der Beitrag nicht die Geschichte einzelner Begriffe, sondern umfassender Begriffe, Bilder und Aussagen zum „Sein bzw. Werden ohne Negativität"[10] in ihrem jeweiligen geschichtlichen Kontext. Der neutestamentliche Beitrag bleibt ähnlich unpräzise: „Heil und Erlösung" bezeichne im Neuen Testament ein Geschehen und zugleich einen Zustand, nämlich einerseits die Befreiung aus einer bedrückenden Wirklichkeit, andererseits die Hineinnahme in ein neues, erfülltes Dasein."[11] Das Fazit aus den terminologisch nicht sehr klar erhobenen Befunden zieht der Dogmatiker: „Heil" sei „ein soteriologisches Schlüsselwort von umfassendem Charakter" mit eigener Metaphorik, es sei zu einem „verhältnismäßig unbestimmten," aber „vielfältig anwendbaren Grundwort" geworden, das neben dem Vorstellungsbereich der Erlösung (Loskauf, Befreiung) auch andere biblische Bilder wie Versöhnung, Rechtfertigung u.a. umgreife.[12] ‚Heil' scheint als extrem dehnbarer Begriff alles zu umfassen, nahezu die ganze biblische Botschaft. Im Englischen ist die Situation im Blick auf ‚salvation' kaum besser.[13]

Blickt man noch etwas weiter in die *Religionswissenschaft*, so zeigt sich ein analoges Bild. Während manche Enzyklopädien unter dem Stichwort ‚salvation' schlicht auf ‚redemption', ‚justification' oder ‚soteriology'

[7] Ebd.
[8] Ebd.
[9] A. Schenker, Art. „Heil und Erlösung. II. Altes Testament", in: TRE 14 (1985) 609–616, 609.
[10] Ebd.
[11] E. Larsson, Art. „Heil und Erlösung. III. Neues Testament", in: TRE 14 (1985) 616–622, 614.
[12] M. Seils, Art. „Heil und Erlösung. IV. Dogmatik", in: TRE 14 (1985) 622–637, 622.
[13] Das ‚Anchor Bible Dictionary' bietet einen ausführlichen Artikel ‚Salvation' (G.G. O'Collins, Art. „Salvation", in: AncB.D V [1992] 907–914) mit dem Hinweis, dass eine Vielfalt von Termini mit unterschiedlichen Nuancen im Alten und Neuen Testament zum Ausdruck dieses Zentralthemas der biblischen Botschaft verwendet werden (907). S. auch J. van der Watt (Hg.), Salvation in the New Testament. Perspectives on Soteriology (NT.S 121), Leiden 2005.

verweisen[14] und damit dem christlich-traditionellen Begriff folgen, thematisieren andere ‚Heil' als „zentrale Vorstellung aller Religionen"[15], was freilich nur mit einer breiten Begriffsbestimmung möglich ist, da eben keineswegs alle Religionen Erlösungsreligionen sind.[16]

1.2 Alltagsfremde Theologensprache und alltägliche Surrogate?

Man kann spekulieren, warum gerade dieser Terminus in der *neueren* Theologie so zum Zentral- und Grundbegriff avancierte und ausgeweitet gebraucht wurde (und somit in Lexika neben oder gar an die Stelle von ‚Erlösung' treten konnte). Ein Grund dafür könnte sein, dass ‚Heil' weniger ein konkretes Bildfeld impliziert als z.B. ‚Erlösung' oder ‚Versöhnung' oder gar ‚Sühne' und insofern vorstellungsoffener und somit allgemeiner zugänglich ist. Ein zweiter Aspekt ist, dass ‚Heil' schon von der deutschen Semantik her die „Vorstellung von Ganzheit und Unversehrtheit einschließt", die z.B. auch die alttestamentliche Rede vom שׁלוֹם (šālōm) bestimmen.[17] ‚Heil' hat einen „Zug ins Materielle" und „lässt [...] sich nicht einseitig ins Transzendente abschieben."[18] Für die theologische Sprache ist diese semantische Breite und ‚Dehnbarkeit' gut brauchbar – doch führt sie zugleich zu Unklarheiten.

Andererseits kommt ‚Heil' in der deutschen Alltagssprache abgesehen von Glückwunschformeln[19] kaum mehr vor. Es ist ein „weitgehend verdrängter Begriff", die Frage nach dem ‚Heil' spielt nur an „szenischen Randbezirken noch eine Rolle."[20] So begegnet der Terminus im „Neuen Handbuch theologischer Grundbegriffe" (auch erst in der neuesten Bearbeitung!) im Konnex mit ‚Heilung', was die Einsicht spiegelt, dass an die Stelle der Frage nach dem ‚Heil' in unserem westlichen, ökonomisch privilegierten Gesellschaftskontext die Hoffnung auf medizinische Heilung getreten ist.[21] Andere Autoren machen darauf aufmerksam, dass die Rede vom ‚Heil' klassisch mit ‚Glück' oder ‚Glückseligkeit' (εὐδαιμονία,

---

[14] So z.B. der Querverweis in: L. Jones (Hg..), Encyclopedia of Religion, 2nd edition, Bd. 12, Detroit 2005, 8063, wo außerdem noch auf ‚eschatology' und ‚enlightenment' verwiesen wird. Ebenso bereits die erste Ausgabe dieser Enzyklopädie unter der Hauptherausgeberschaft von Mircea Eliade.
[15] So R. Flasche, Art. „Heil", in: H. Cancic/B. Gladigow/K.-H. Kohl (Hg.), Handbuch religionswissenschaftlicher Grundbegriffe, Bd. 3, Stuttgart 1993, 66–74, 66. Ebd., 67: „Der Begriff Heil deckt das ab, worum es in allen Religionen geht."
[16] Vgl. ebd., 73, gegen G. van der Leeuw, Phänomenologie der Religion, Berlin 1933, 781.
[17] G.M. Hoff, Art. „Heil/Heilung", in: P. Eicher (Hg.), Neues Handbuch Theologischer Grundbegriffe, Bd. 2, München NA 2005, 84–93, 87.
[18] Ebd., 84f.
[19] Z.B. „Petri Heil!" bei Fischern, „Waidmanns Heil" bei Jägern , „Berg Heil!" bei Bergsteigern, „Ski Heil!" bei Skifahrern.
[20] G.M. Hoff, Art. „Heil/Heilung" (Anm. 17), 84.
[21] Vgl. ebd.

beatitudo) assoziiert war, dass jedoch in der heutigen Alltagssprache wie auch in der theologischen Sprache ,Glück' und ,Heil' auseinandergetreten sind.[22] In dieser Entgegensetzung kann Glück als säkulare Transformation die Stelle von ,Heil' einnehmen, während die Rede von ,Heil' dann dezidiert in Absetzung von einem rein immanenten Glücksbegriff gewählt wird. Allerdings sperrt sich der theologische Zentralbegriff ,Heil' gerade gegen solche Alternativen, insofern er sowohl die irdisch-materielle und soziale Dimension (Glück, Wohl) als auch die von jeder irdischen Realisierung letztlich unabhängige Dimension der endgültigen und vollkommenen Gottesgemeinschaft zu thematisieren erlaubt.[23] Insofern sollte man, gerade wenn man von ,Heil' spricht und nicht von ,Glück', ,Heilung' oder ,Rettung', mit der Unterscheidung von ,profanem' und ,religiösem' Sinn[24] vorsichtig sein.

1.3 Heil und σωτηρία

Fragen wir terminologisch noch etwas genauer zurück, so ist mit ,Heil' nach dem Grimm'schen Wörterbuch[25] ein semantischer Bereich umgriffen, der im Adjektiv von *„unverletzt, frei von krankheit oder wunden"*, *„geheilt hergestellt von leibesschäden"* über *„ganz, vollständig, unzerrissen"* reicht und übertragen auch auf die Erlösung der Seele von den Sünden gebraucht wird.[26] Das Nomen umfasst den Bereich von *„gesundheit, genesung von krankheit"* über *„wolfahrt, wolergehen, wolbefinden"* im körperlichen, aber auch sozialen und wirtschaftlichen Sinn bis hin zu *„rettung aus irgend welcher gefahr oder not"* und dann auch wieder *„freisein oder erlösung der seele vom zustande der sünde"*[27]. Im altgermanischen Traditionsraum verband sich der Wortstamm *hail wohl mit der Vorstellung vom ,Königsheil', d.h. Charisma eines Königs, das menschliche und über-

---

[22] Vgl. K. Kienzler, Art. „Heil. II. Religionsphilosophisch", in: LThK³ 4 (1995) Sp. 1259f., Sp. 1259, unter Verweis auf G. Greshake, Glück und Heil, in: F. Böckle u.a. (Hg.), Christlicher Glaube in moderner Gesellschaft, Bd. 9, Freiburg 1981, 101–146. S. dort 138ff. zur Dissoziation von Glück (immanenzorientiert) und Heil (transzendenzorientiert). Zu Glück s. J. Lauster, Gott und das Glück, Gütersloh 2004.

[23] Vgl. A. Willems, Art. „Heil", in: V. Drehsen u.a. (Hg.), Wörterbuch des Christentums, Gütersloh 1988, 461f., verweist explizit auf die „Neubesinnung auf das AT" sowie „Einsichten der politischen Theologie", die der Spiritualisierung und Privatisierung des Heilsbegriffs entgegentraten und den Zusammenhang von Heil und Glück wieder deutlich machten.

[24] So etwa Werner Foerster in ders./G. Fohrer, Art. „σῴζω – σωτήριος", in: ThWNT 7 (1964) 966–1024, 990, der die Verwendung für die Heilungswunder Jesu vom „eigentlich religiösen Sprachgebrauch" unterschied.

[25] J. Grimm/W. Grimm (bearb. M. Heyne), Deutsches Wörterbuch, Bd. IV/2, Leipzig 1877, 815–820.

[26] Ebd., 815–817.

[27] Ebd., 817–819.

menschliche Fähigkeiten, so z.B. auch Unverwundbarkeit in Schlachten sowie die Fähigkeit, Fruchtbarkeit der Felder und Heilkraft zu spenden einschloss[28] und somit Elemente der lat. Termini *,salus'* (Gesundheit, Wohlergehen), *,felicitas'* (Glückseligkeit, Erfolg) und *,fortuna'* (wohlgesonnenes Schicksal, Kriegsglück) umfasste.

Eine eigene Untersuchung würde die Verwendung von ‚Heil' in Bibelübersetzungen erfordern. Ein erster Blick in die ursprüngliche Luther-Übersetzung von 1545 (und auch ihre Revisionen) zeigt, dass dort keineswegs alle Vorkommen von σωτηρία (LXX) mit ‚Heil' wiedergegeben sind, vielmehr scheint hier einerseits die hebräische Grundlage stärker beachtet,[29] andererseits auch entsprechend dem jeweiligen Subjekt unterschiedlich verfahren zu sein: Kommt die σωτηρία von Gott, so ist sie ‚Heil', handelt der Terminus von einer menschlichen Hilfs- oder Friedenszusage, so sind andere Termini verwendet.[30] Aber auch für das göttliche Handeln wird oft ‚Hilfe', ‚helfen' etc. verwendet. ‚Heil' ist hier noch nicht der alles umfassende Zentralbegriff.

In der *Gräzität* ist σῴζειν in einer gleichfalls großen Sinnbreite belegt, die vom Retten aus akuter Lebensgefahr über das Bewahren und Schützen bis zum Wohltun reicht und auch die Erhaltung des inneren Wesens einbezieht.[31] Insofern ist das Bedeutungsspektrum des griechischen σῴζειν bzw. des Nomen σωτηρία nicht unähnlich dem der deutschen Rede vom ‚Heil'.

Im *neutestamentlichen* Sprachgebrauch fällt demgegenüber auf, dass die Aspekte des Bewahrens, Schützens oder Wohltuns zurücktreten und σῴζειν ganz überwiegend die Rettung aus einer prekären Situation bezeichnet, sei dies nun die Rettung aus Krankheit (so häufig in den Synoptikern), aus Seenot (Apg 27,20; vgl. Mt 8,25; 14,30), aus der Todesbedrohung (Joh 12,27; Hebr 5,7), eschatologischen Drangsalen (Mk 13,20), oder Sündenverfallenheit (Mt 1,21) und die Bewahrung vor dem eschatologischen Verderben (Joh 3,16), dem Gerichtsfeuer (Jud 23). Dass mit

---

[28] Dazu grundlegend die Studie des dänischen Religionswissenschaftlers Vilhelm Grønbech, Vor folkeæt i oldtiden, 4 Bde., Kopenhagen 1909–1912, ²1955; dt.: ders., Kultur und Religion der Germanen, 2 Bde., Darmstadt 1954. Dessen Thesen vom germanischen ‚Königsheil' blieben zwar nicht unumstritten (insbesondere weil sie in der NS-Zeit instrumentalisiert wurden), sind aber doch im Blick auf semantische Grundvorstellungen der Wurzel *hail zu beachten. S. auch M. Bloch, Die wundertätigen Könige, München 1998.

[29] Wo σωτηρία z.B. das hebr. שָׁלוֹם (šālōm) wiedergibt, wird z.B. in Gen 26,31; 28,21; 44,17 etc. mit „Frieden" übersetzt.

[30] Nur wenige Beispiele: 1 Sam 14,45 MT: יְשׁוּעָה; LXX: σωτηρία; Luther: Heil (vom Herrn) – 2 Sam 10,11: MT: יְשׁוּעָה; LXX: σωτηρία; Luther: Hilfe (von Menschen). Oder 1 Sam 11,13: MT: תְּשׁוּעָה; LXX: σωτηρία; Luther: Heil (vom Herrn) – 2 Sam 19,3: MT: תְּשׁוּעָה; LXX: σωτηρία; Luther: Sieg (König, Heer).

[31] Vgl. W. Foerster/G. Fohrer, Art. „σῴζω – σωτήριος" (Anm. 24), 967–996.

σωθῆναι dann auch andere Aspekte wie die der ‚Erkenntnis der Wahrheit'
(1 Tim 2,4), der gläubigen Annahme der Verkündigung (Lk 8,12) oder
der Eingliederung in die Gemeinde durch die Taufe (Apg 2,40f.; 11,14–16
etc.) gleichgesetzt werden, zeigt nur, dass in diesen Vorgängen der Aspekt
der Rettung aus Sünde, Tod und (eschatologischem) Verderben zentral
mitgesetzt ist. Gerade da, wo das Verbum σῴζειν den Akt des *Gerettet-
werdens* bezeichnet, ist dies deutlich.

In der Verwendung des Nomens σωτηρία als Bezeichnung des heilvollen Zustandes ist dies nicht immer erkennbar, so ist in den stark alttestamentlich geprägten Stellen Lk 1,69.71 noch der Aspekt der Rettung aus
der Hand nationaler Feinde im Vordergrund (aber dieser wird gleich
darauf in 1,77 ebenfalls vom Aspekt der Erlösung aus Sünde überlagert),
aber an den allermeisten Stellen ist auch σωτηρία Heil im eschatologischen Sinn[32] – das dann in anderen Begriffen und Bildern (Gottesherrschaft, Gerechtigkeit, Friede, Versöhnung, Leben) weiter ausgeführt
wird. Dass Heil ‚Rettung' oder ‚Erlösung' impliziert, ist im Neuen Testament stärker akzentuiert als in manchen alttestamentlichen Vorstel-
lungskomplexen. Das Verständnis dieses eschatologischen Bezuges erschließt sich aus dem Denken des zeitgenössischen bzw. zwischentesta-
mentarischen Judentums.

1.4 Zum weiteren Vorgehen

Für die folgende Darstellung möchte ich aus der terminologischen Orientierung eine Vorgehensweise wählen, die sich – v.a. im NT an der Verwendung des griechischen Terminus σωτηρία bzw. des Verbums σῴζειν
orientiert, aber zugleich nach den Verbindungen sucht, die zwischen
diesen Termini und anderen, für einzelne Autoren und Schriften bestimmenden ‚Heilsvorstellungen' bestehen. Bevor ich dies – konzentriert
auf die synoptische Tradition, die paulinische und die johanneische
Theologie beginne, möchte ich nur ganz skizzenhaft einige Aspekte zum
alttestamentlichen und v.a. frühjüdischen Heilsverständnis vorausschi-
cken, weil dieses die urchristliche Rede von ‚Gerettetwerden' bzw. ‚Heil'
in wesentlichen Aspekten bestimmt.

---

[32] S. dazu K.H. Schelkle, Art. „σωτηρία", in: EWNT² 3 (1992) Sp. 784–788, Sp. 785: „Heil
in übernatürlich-endzeitlichem Sinn".

2. Heil und Rettung in der alttestamentlich-frühjüdischen Tradition: Eine Skizze

2.1 Einige Perspektiven zu alttestamentlichen Vorstellungen vom ‚Heil'

Ausgangspunkt bietet die sprachliche Beobachtung, dass in der LXX σῴζειν bzw. σωτηρία zur Wiedergabe einer Vielzahl von hebr./aram. Lexemen und Wurzeln verwendet wird. Zahlenmäßig dominiert dabei יָשַׁע (jš') („helfen") mit den Nomina יֵשַׁע (jēša') und יְשׁוּעָה (j°šū'ah), hinzu kommen andere Verben מלט pi., פלט pi., נצל und שׁלם (mit dem Nomen שָׁלֹום).[33] Wenn es angeht, die Fülle dieser Aussagen unter dem Oberbegriff ‚Heil' zusammenzufassen, dann ergeben sich – ganz skizzenhaft – einige wichtige Aspekte:[34]

1. Die religionswissenschaftliche Einsicht, dass nicht jeder ‚heilvolle' Zustand aus einer ‚Erlösung' oder ‚Rettung' resultiert, ist für die Wahrnehmung der Phänomene im Alten Testament und in der israelitischen Religion grundlegend: Wesentliche Texte und Traditionen transportieren ein Bild des gedeihenden Lebens in Familie, Stamm und Volk, das von dem segnenden und erhaltenden Wirken Gottes (in Fruchtbarkeit, Gesundheit, Nachkommenschaft, friedvollem Leben im Lande) etc. geprägt ist. Dabei ist ein Wissen um die Gefährdung dieses Zustandes durch äußere Feinde, Naturereignisse (Dürre, Unfruchtbarkeit) sowie menschliches Handeln und Schuldigwerden durchaus vorhanden. Sofern sich der Mensch vor Gott versteht, wird die Abwehr solcher Gefährdungen und die Bewältigung von Störungen dieser Gefährdung (in Gebet, Segen, Opferkult etc.) als heilvolles Handeln Gottes verstanden.

2. Damit verbindet sich die für den israelitischen Glauben fundamentale und kollektiv erinnerte Erfahrung, dass Jahwe Israel ‚aus Ägypten herausgeführt' und vor den damit verbundenen Feinden ‚gerettet' hat. Die erzählerische (Exodus), hymnische (Psalmen) und kultische (Pesachfeier) Kommemoration dieses ‚Urereignisses' lässt die ‚Hilfe' Gottes als eine Hilfe gegen Todesbedrohung (Schilfmeer, Hunger und Durst in der Wüste) und Feinde erwirkte und ‚Heil' als ein verdanktes, von Gott gewirktes und Israel zugewandtes erscheinen. Der Zustand

---

[33] Vgl. E. Hatch/H.A. Redpath, A Concordance to the Septuagint, Bd. 2, Reprint Grand Rapids 1987, 1328–1332.

[34] Ich muss in diesem Abschnitt auf Stellenbelege, weitergehende Diskussionen und Referenzen auf die Fachliteratur weitgehend verzichten. Auch ist eine chronologische Aufschlüsselung der jeweiligen Vorstellungen mit wenigen Ausnahmen nicht möglich. S. zum Ganzen auch die anders gegliederte Skizze bei A. Schenker, Art. „Heil und Erlösung. II. Altes Testament" (Anm. 9), sowie den Beitrag von F.-L. Hossfeld in diesem Band.

‚ohne Negativität' ist in diesem Horizont alles andere als ein ‚Naturzustand', sondern ein geschenkter, teilweise (mit Gottes Hilfe) erkämpfter und stets aufs Neue bedrohter Zustand.

3. Die Verbindung Israels mit Jahwe wird in den Traditionen von Erwählung und ‚Bund' als eine exklusive, Israel unverdient (Dtn 7,7) geschenkte, es aber auch in Beschlag und in Pflicht nehmende Beziehung dargestellt. Die Zuwendung dieses Gottes ist Heilserfahrung besonderer Art; zugleich impliziert dieses Heil auch die exklusive Bindung an den Bundesgott und die Berufung, Jahwes Gebote zu bewahren. Das Sein im Bund und das Leben mit Jahwes Tora ist insofern als heilvoller Zustand zu verstehen, und auch der Kult ist nach dem Verständnis z.b. der Priesterschrift als ein von Gott gewährtes Mittel zu verstehen, diesen Zustand aufrecht zu erhalten bzw. (z.b. durch die kultische Sühne) immer wieder zu restituieren. Insofern ist auch das kultische Geschehen ein Unheil abwendendes, den ‚heilen' Zustand der Gottesbeziehung Israels wieder herstellendes ‚Heilsgeschehen'.[35]

4. In den bislang genannten Bezügen ist ‚Heil' bzw. שָׁלוֹם (šālôm) wesentlich in irdischen, materiellen und politischen Dimensionen verstanden. Es geht um irdisches, physisches und familiäres Wohlergehen, um ein langes Leben in dem gewährten Lebensraum, Frieden nach außen und – *last but not least* – die im privaten und öffentlichen Kult aufrecht erhaltene Beziehung zu dem Bundesgott. Eine Trennung zwischen irdisch-,diesseitigem' und ‚jenseitigem' Heil ist für weite Teile des Alten Testaments nicht sachgemäß, insbesondere solange sich der israelitische Glaube gegenüber dem Bereich des Todes und der Toten aus vielfältigen Gründen noch ausgesprochen distanziert verhielt. Erst mit der „Kompetenzausweitung JHWHs"[36] auf den Bereich der Unterwelt und des Todes hin lassen sich dann auch Vorstellungen von einem ‚Heil' bzw. einer Gottesgemeinschaft jenseits des irdisch-leiblichen Lebens formulieren.

5. Ein für die Rede von der Hilfe oder vom ‚Heil' Gottes zentraler Textkomplex sind die Psalmen. Hier wird in Gebeten einzelner und des Volkes Leid und Bedrängnis Gott geklagt und mit der Bitte um Rettung verbunden: So vielfältig wie die Notsituationen sind die Hoffnungen auf Rettung: aus Krankheit (die schon selbst als Todesbereich verstanden

---

[35] S. grundlegend B. Janowski, Sühne als Heilsgeschehen (WMANT 55), Neukirchen-Vluyn 1982.

[36] So B. Janowski, JHWH und die Toten. Zur Geschichte des Todes im Alten Israel, in: A. Berlejung/B. Janowski (Hg.), Tod und Jenseits im Alten Israel und seiner Umwelt (FAT 64), Tübingen 2009, 447–477, 463ff. S. auch H. Gese, Der Tod im Alten Testament, in: ders., Zur biblischen Theologie, Tübingen ³1989, 31–54.

wurde[37]), aus sozialer Isolation, vor persönlichen Feinden – auch innerhalb des eigenen Volkes – oder aus sehr allgemein beschriebener ‚Angst' oder Bedrängnis. Ob die Rettung nun (am Tempel) zugesagt wurde[38] oder ob die Gewissheit der Rettung in der Dynamik des vertrauensvollen Gebets aufkeimte[39] – da und dort wurde Gesundung, Wiedereingliederung in die sozialen Gefüge, Schutz vor Widersachern und Befreiung von Bedrängnissen erfahren und im Dank als von Gott her kommend bekannt: Er „hat mich gerettet" bzw. „hat mir geholfen". Die Heilserfahrung bekommt hier eine persönliche Dimension (wenngleich keine ‚individuelle'), und sie steht gelegentlich auch in Verbindung mit der Erfahrung von Vergebung von Schuld. Gleichwohl ist auch hier die Rede vom Heil bzw. von der Rettung mit ganz irdischen Dimensionen wie Gesundheit, wirtschaftlichem und sozialem Wohlergehen engstens verbunden. Nur vereinzelt, in Grenzaussagen relativ später Psalmen (16, 49, 73) findet sich dann die Zuversicht, dass die Gottesbeziehung selbst im Tod nicht an ein Ende kommt und dass Gott auch im Tod und darüber hinaus zu dem steht, der sich an ihn hält. Erst hier wird die Vorstellung vom Gottesheil in Grenzfällen von der Realisierung irdischen Wohlergehens unabhängig.

6. Mit dem Psalter insgesamt und mit den zuletzt genannten Psalmen im Besonderen befinden wir uns freilich schon in nachexilischer Zeit.[40] Daher ist zunächst ganz allgemein festzuhalten, dass die Katastrophen Israels und die Erfahrung von Exil und Fremdherrschaft die theologische Wahrnehmung und auch die Vorstellungen von ‚Heil' grundlegend transformiert haben:

a) Mit dem Exil ist v.a. in den Reflexionen des Deuteronomismus (und damit in der Geschichtsdarstellung wie auch in der Ausgestaltung wesentlicher prophetischer Traditionen) die Frage von Schuld und Schuld-Aufarbeitung neu ins Zentrum der theologischen Reflexion

---

[37] Dazu grundlegend Ch. Barth, Die Errettung vom Tode in den individuellen Klage- und Dankliedern des Alten Testaments, Zollikon 1947; Neuausgabe, herausgegeben von B. Janowski, Stuttgart – Berlin – Köln 1997.

[38] So eine in der alttestamentlichen Wissenschaft seit J. Begrich, Das priesterliche Heilsorakel (1934), in: ders., Gesammelte Studien zum Alten Testament (Theologische Bücherei 21), München, 1964, 217–231, verbreitete These zur Erklärung des sogenannten ‚Stimmungsumschwungs' in den individuellen Klage- bzw. Dankliedern.

[39] Mit dieser Möglichkeit rechnet B. Janowski, Konfliktgespräche mit Gott. Eine Anthropologie der Psalmen, Neukirchen-Vluyn ³2009, 75–84, insofern im Gebet „in der Spannung zwischen erfahrener Gottverlassenheit und erhoffter Gottesnähe" (ebd. 77) die Gewissheit der Erhörung entsteht und die Erhörung vorwegnehmend realisiert wird.

[40] B. Janowski, JHWH und die Toten (Anm. 36), 467–469, datiert diese Aussagen noch in die persische Zeit, und stellt fest, dass der Diskurs über Jahwes todüberwindende Macht noch in persischer Zeit begann und dann aber v.a. in hellenistischer Zeit (4./3. Jh.) weitergeführt wurde (467).

getreten. Das eingetretene Unheil wird als Folge der Schuld verstanden, umgekehrt hängt Heil damit auch an einem von Gott wieder neu zu gewährenden Anfang. Auch das priesterliche Verständnis des Sühnekults als ein von Gott gewährtes, die Sündenfolgen überwindendes und die Gottesbeziehung Israels restitutierendes Geschehen setzt wohl diese Erfahrung voraus.

b) Mit dem Ende des ersten Tempels musste die Vorstellung von Gottes Gegenwart im Tempel bzw. auf dem Zion in eine Krise geraten: Einerseits wächst die Erfahrung der Fremdheit und die Sehnsucht nach dem Zion in der Fremde (Ps 126), andererseits wird bei Ezechiel eine wichtige Denkmöglichkeit angedeutet, dass nämlich Gott mit seinem exilierten Volk in die Fremde mitgeht: Der Gottesthron bekommt Räder (Ez 1), die Gegenwart Gottes bei seinem Volk, die ‚Schechina‘, ist mobil und nicht mehr an einen bestimmten Ort gebunden (Ez 34,11–16). Trotz der nach wie vor bestehenden Bindung an den Zion wird die Herrschaft Gottes mehr und mehr universal gedacht, so dass auch ‚die Völker‘ in einer noch näher zu bestimmenden Weise an ihr teilhaben.

c) Auch nach der Rückkehr eines Teils der Exulanten bleibt eine Diaspora in Babylon und anderswo. ‚Heil‘ im Sinne von Gottesgegenwart, oder auch die Feier von Gottesdiensten kann nun grundsätzlich auch außerhalb des Landes erfahren werden. In der jüdischen Diaspora, nicht nur im Zweistromland, sondern dann auch in Ägypten, Kleinasien und anderen Gebieten bilden sich Lebensformen des israelitisch-jüdischen Glaubens heraus, die nicht mehr von der Gegebenheit des Landes, vom heiligen Ort Jerusalem und seinem Tempel abhängig sind – so sehr dieser nach wie vor zentral ist. Für die jüdische Diaspora, in der sich wohl zunächst in Ägypten der opferlose Wortgottesdienst entwickelte, ist dies von größter Bedeutung.[41]

d) Mit der erhofften und verheißenen Restitution Israels im Land verbanden sich neue Heilsvorstellungen, die z.T. die alten Motive (z.B. das Motiv des Exodus) typologisch wiederaufnehmen, z.T. auch weit über diese hinausgehen (Dtjes, Trjes) und letztlich auf die Erneuerung des ganzen Kosmos zielen. Gerade die Wahrnehmung von Unrecht, sozialer Verwerfung und Fremdherrschaft dürfte unter den an Jahwe und seinem Gebot Festhaltenden die Glaubenshoffnung entlockt haben, dass Gottes Gerechtigkeit und sein Heil sich letztlich durchsetzen werden und dass das Unrecht nicht definitiv die Oberhand haben kann.

e) Damit ist eine ‚Eschatologisierung‘ der Heilsvorstellungen angesprochen, die sich nicht nur in Vorstellungen eines neuen, messianischen Königs und eines umfassenden eschatologischen Friedensreichs (Jes 11)

---

[41] An diese Entwicklung sollte nicht zuletzt auch das später sich ausbreitende Christentum anknüpfen.

niederschlägt, sondern auch in der Erwartung eines besonderen heilvollen Wirkens Gottes gegenüber den Kranken (Blinde, Lahme), den Armen und auf ihn Vertrauenden. Solches Heil gilt zunächst dem Zion und Israel, aber auch immer stärker einzelnen in Israel, zumal angesichts der sozialen und religiösen Differenzierungen in der späteren nachexilischen Zeit. Es bezieht in einigen Traditionen auch die Völker ein (Motiv der Völkerwallfahrt) und soll letztlich die ganze Schöpfung, den Kosmos umfassen, so dass in Jes 65,17 von einem neuen Himmel und einer neuen Erde gesprochen werden kann. „Der Charakter des Wunderbaren [...] tritt gesteigert hervor."[42]

2.2 Die Bedeutung der frühjüdischen Apokalyptik

Damit sind wir bei dem, was sich in der Spätzeit des Alten Testaments (Jesaja 24–27 und 65–66; Sacharja 12–14; Daniel) und etwa gleichzeitig in nicht in den hebräischen Kanon aufgenommenen frühjüdischen Traditionen wie z.b. der Henochüberlieferung (Wächterbuch 1 Hen 1–36) herausbildet und mit dem Forschungsbegriff „Apokalyptik" bezeichnet wird: Diese oft (und bis heute in exegetischen Handbüchern) grob verkannte und zu Unrecht als bloße illusionäre ‚Spekulation' oder als Verfallsform des israelitischen Glaubens abgewertete Traditionslinie[43] bildet die wichtigsten Grundlagen heraus für die neutestamentlichen Vorstellungskomplexe von der Königsherrschaft Gottes, von der Heil schaffenden Gerechtigkeit (und dem Gerichtshandeln Gottes), von der Auferstehung der Toten und von der Neuschöpfung bzw. Erneuerung der Welt. Ohne diesen Hintergrund lässt sich die neutestamentliche Rede vom Heil daher nicht verstehen: Vom Begriff und der Gestalt des Menschensohns und Jesu Rede von der Gottesherrschaft bis hin zur Rede vom ewigen Leben und vom Neuen Jerusalem ist das Neue Testament in seinen Heilsaussagen sprachlich und auch sachlich durchgehend in der frühjüdischen Apokalyptik verankert, und die Forschung hat zu Unrecht aus bestimmten systematisch-theologischen Interessen heraus immer wieder versucht, Jesus und die Apostel nach Möglichkeit von der Apokalyptik abzurücken.[44]

---

[42] So A. Schenker, „Heil und Erlösung. II. Altes Testament" (Anm. 9), 613.
[43] Zur forschungsgeschichtlichen Abwertung der Apokalyptik s. J. Frey, Die Apokalyptik als Herausforderung der neutestamentlichen Wissenschaft. Zum Problem: Jesus und die Apokalyptik, in: M. Becker/M. Öhler (Hg.), Apokalyptik als Herausforderung neutestamentlicher Theologie (WUNT II/214), Tübingen 2006, 23–94; zum Neuverständnis der Apokalyptik, das v.a. durch die Schriftenfunde vom Toten Meer gefördert wurde, s. J. Frey, Die Bedeutung der Qumran-Funde für das Verständnis der Apokalyptik im Frühjudentum und im Urchristentum, in: ders./M. Becker (Hg.), Apokalyptik und Qumran, Paderborn 2007, 11–62.
[44] S. die provokative Rede über „das angestrengte Bemühen, Jesus vor der Apokalyptik zu

Die Entwicklungen in der apokalyptischen Tradition begründen die Differenz zwischen den im Alten Testament noch weithin dominierenden irdisch-weltlichen Heilskonzeptionen und den im Neuen Testament überwiegenden Konzeptionen eines als Rettung bzw. Erlösung verstandenen, nicht mehr nur innerweltlich konzipierten Heils. Denn die apokalyptische Überlieferung ist von ihren Anfängen an geprägt von der Wahrnehmung eines fundamentalen Unheilszustandes, von der Störung der göttlichen Weltordnung, wie sie z.b. in der Herrschaft fremder Mächte über Israel, in der Bedrückung der Gerechten durch ‚Frevler' oder überhaupt im Überhandnehmen von Sünde und Gesetzlosigkeit gesehen werden konnte.

Diese Wahrnehmung bzw. Erfahrung der Störung der göttlichen Ordnung verlangt einerseits nach einer Erklärung, wie sie historisch zuerst wohl durch den Wächtermythos (1 Hen 6–11) geboten wird.[45] Der ‚Dammbruch', durch den Sünde und Unrecht auf die Erde gebracht wurde, so dass sich diese auch unter den Menschen ausbreiteten, wird hier in der urzeitlichen ‚Grenzüberschreitung' der Wächterengel gesehen, die sich gegen ihre ‚Natur' menschliche Frauen nahmen, die dann Giganten zur Welt brachten, welche die Erde kahlfressen und sich schließlich gegenseitig töten und fressen sollten (1 Hen 6,1–7,6; vgl. Gen 6,1–4), so dass infolgedessen auch die Menschen zu unreiner Nahrung und zum Blutgenuss verführt wurden (1 Hen 7,5). Ein zweiter Erzählstrang sieht eine (weitere) Ausbreitung des Bösen begründet in der Vermittlung von ‚gefährlichem' Kulturwissen (magische und mantische Praktiken; Waffen und Kriegsführungstechnik, Schmuck und Schminke) durch diese Engelwesen (1 Hen 7,1; 8,1–3). Andere urzeitlich-mythologische Erklärungen über den Ursprung des Bösen in einer ‚heilsgeschichtlich' noch früheren Phase durch den ‚Fall' Adams im Paradies (zuerst Röm 5,12; dann 4 Esra 7,118; 2 Bar 17,1–18,2; 48,42f.; 54,15) oder durch einen noch vor der ‚Verführung' Adams liegenden ‚Fall' Satans (VitAd 11–17; 2 Hen 31,3–6; vgl. 3 Bar 4,8 [gr.])[46] werden etwas später in anderen apokalyptischen Traditi-

---

retten" bei K. Koch, Ratlos vor der Apokalyptik. Eine Streitschrift über ein vernachlässigtes Gebiet der Bibelwissenschaft und die schädlichen Auswirkungen auf Theologie und Philosophie, Gütersloh 1970, 55. Auch die häufig bemühte Unterscheidung zwischen (jüdischer) Apokalyptik und (christlicher) Eschatologie stellt eine Alternative auf, die sich an den Texten nicht begründen lässt und ihrerseits v.a. der theologischen Ablehnung bestimmter Formen (futurischer) Eschatologie entstammt.

[45] S. dazu grundlegend J.J. Collins, The Origin of Evil in Apocalyptic Literature and in the Qumran Community, in: ders., Seers, Sibyls and Sages in Hellenistic-Roman Judaism (JSJ.S 54), Leiden 1997, 284–300; L.T. Stuckenbruck, The Origins of Evil in Jewish Apocalyptic Tradition: The Interpretation of Genesis 6:1–4 in the Second and Third Centuries B.C.E., in: Ch. Auffarth/L.T. Stuckenbruck, The Fall of the Angels (Themes in Biblical Narrative 6), Leiden/Boston 2004, 87–118.

[46] S. dazu ausführlich J. Dochhorn, Schriftgelehrte Prophetie. Der eschatologische Teu-

onen entwickelt und in einzelnen Texten wie z.B. 2 Hen 18,3 mit der Wächterüberlieferung verbunden,[47] während sie diese in anderen Überlieferungen verdrängen und ersetzen.[48]

Diese mythologischen Erklärungen sind nicht einfach fromme Spekulation, sondern eine narrative Verarbeitung von Erfahrungen von Unrecht und Gewalt in einer offenkundig nicht mehr dem gottgewollten Zustand entsprechenden Welt. Man könnte insofern von Versuchen der Verarbeitung einer Diskrepanzerfahrung (zwischen dem tradierten Gottesglauben und der Welterfahrung) sprechen, die angesichts von Leid und Unrecht daran festhalten, dass Gottes Herrschaft besteht und die Verletzung seiner Ordnungen bzw. das geschehene Unrecht letztlich nicht ungeahndet bleiben kann. Vielmehr sollen die ‚korrumpierte‘ Welt wieder restituiert und der ‚heile‘ Zustand – wie auch immer man sich diesen vorstellt – letztendlich wieder hergestellt werden. Der Glaube, der daran festhält, dass ‚Gott im Regiment sitzt‘, beginnt somit auch die Hoffnung auf eine letztendliche Beseitigung von Unrecht und Leid bzw. von der diese verursachenden Akteure und Mächte sowie auf eine universale Heraufführung des göttlichen ‚Heils‘ zu denken. Auch das ‚Gericht‘, von dem die apokalyptischen Texte z.T. ausführlich und detailliert handeln, ist somit Heilsgeschehen, das im Interesse der (Wieder-)Aufrichtung der Gerechtigkeit Gottes bzw. seiner universalen Herrschaft geschieht.

Dieses eschatologische Geschehen der Wiederherstellung der göttlichen Ordnung bzw. der Heraufführung des endgültigen Heilszustandes kann in sehr unterschiedlicher Weise konzipiert werden. Während ein stark weisheitlich geprägter, anthropologisch orientierter Text wie die (vorqumranische) Zweigeisterlehre[49] von der Reinigung der Frommen durch Gottes Geist und der Vertilgung von allem Ungeist aus deren Innerem spricht (1QS 4,20–23; vgl. Ps. 51); sprechen andere Texte – beginnend mit der frühen Henochtradition – ausgiebiger von der Vernichtung aller gottwidrigen Mächte (vgl. 1 Hen 1; zitiert in Jud 14). Die Heraufführung des endgültigen, zeitlich unbegrenzten Heilszustandes kann

---

felsfall in ApcJoh 12 und seine Bedeutung für das Verständnis der Johannesoffenbarung (WUNT 268), Tübingen 2010, 256–260.

[47] Dazu J.J. Collins, Origin (Anm. 45), 297f.

[48] Dazu J. Dochhorn, The Motif of the Angels' Fall in Early Judaism, in: F.V. Reiterer/T. Nicklas/K. Schöpflin (Hg.), Angels. The Concept of Celestial Beings – Origins, Development and Reception (Deuterocanonical and Cognate Literature, Yearbook 2007), Berlin – New York 2007, 477–495.

[49] Zu deren Interpretation s. H. Lichtenberger, Studien zum Menschenbild in Texten der Qumrangemeinde (StUNT 15), Göttingen 1980, 123ff.; J. Frey, Different Patterns of Dualism in the Qumran Library, in: M.J. Bernstein/F. García Martínez/J. Kampen (Hg.), Legal Texts and Legal Issues. Proceedings of the Second Meeting of the International Organization of Qumran Studies, Cambridge 1995 (StTDJ 25), Leiden 1997, 275–335, 289–307.

dabei als eine mehrstufige (und lange dauernde) Folge von Gerichten (so in der Zehnwochenapokalypse 1 Hen 93,3–10 und 91,12–17) oder gar als ein wechselhaftes Kampfgeschehen (so die ,Kriegsregel' 1QM) vorgestellt werden. Der endgültige Heilszustand wird in manchen Texten noch relativ ,irdisch' als ein langes Leben (z.B. nach Jub 23,27 von wieder fast 1000 Jahren)[50] auf der gereinigten und erneuerten Erde verstanden, und auch wenn von einer ,neuen Schöpfung' die Rede ist (z.B. Jub 1,26.29; vgl. 50,5), bleibt nicht ausgeschlossen, dass hier an eine eschatologische Erneuerung der bestehenden Erde gedacht ist. Andere Texte bieten ein klareres Bild der Diskontinuität, besonders eindrücklich 4 Esra 7,26–34, wo mit dem Tod des Messias die ganze Welt in ein siebentägiges Schweigen versinkt, bevor dann die neue Welt, der neue Äon entsteht und die Auferstehung der Toten und das Gericht erfolgen.

Ungeachtet dieser Differenzen im Detail ist die Heraufführung des eschatologischen Heils durchgehend als ein göttliches, schöpferisches Handeln verstanden, das auf dem Hintergrund einer tiefen Krise erfolgt. Es entsteht nicht durch einen innerweltlichen evolutiven Prozess, auch nicht durch menschliche Aktivitäten, sondern durch ein Eingreifen Gottes bzw. seiner eschatologischen Beauftragten. In vielen Texten erscheint gerade die Gegenwart des Autors und der Adressaten als eine solche ,heillose', zutiefst von Unrecht, Gewalt und Gesetzlosigkeit geprägte Zeit, so dass die Hoffnung auf das eschatologische Heilshandeln Gottes – als Restitution oder völlige Neuschöpfung – auf dem Hintergrund dieses Krisenbewusstseins entfaltet wird. Dies ist besonders deutlich in der biblischen Danielapokalypse, deren Hintergrund in der Religionsnot der Makkabäerzeit zu sehen ist,[51] wo in Dan 12,1 explizit von einer (noch bevorstehenden) unvergleichlichen Bedrängnis gesprochen wird, in der dann Michael zur Rettung des Gottesvolkes ,aufstehen' soll. Mit diesem letzten Rettungshandeln sind dann die Topoi der (doppelten) Auferstehung der Toten[52] verbunden und implizit auch eines Gerichtshandelns mit der Scheidung von Teilhabern am ,ewigem Leben' und solchen, die ins Verderben gehen. Es ist möglich, dass spätere apokalyptische Texte auch solche Settings lediglich als Tradition rezipiert haben und nicht selbst einer

---

[50] Gemeint ist die Wiederkehr der in der Urgeschichte den ältesten Patriarchen zugemessenen Lebenszeit.

[51] Dazu neuerdings A. Portier-Young, Apocalypse against Empire. Theologies of Resistance in Early Judaism, Grand Rapids 2011, 176–279.

[52] Dabei dürfte es sich in Dan 12,2 noch nicht um eine Auferstehung aller Toten handeln, sondern eher um die Auferstehung, die die Märtyrer bzw. die in der Religionsnot Getreuen einerseits (12,3) und die besonderen Frevler andererseits betrifft. Vgl. etwa den etwas früher anzusetzenden Text 1 Hen 22, wo gleichfalls verschiedene Gruppen von Verstorbenen unterschieden werden, wobei ein nachtodlicher ,Ausgleich' nicht für alle erforderlich scheint.

akuten Krisensituation entstammen. Dennoch bleibt der Sachverhalt, dass das Verständnis des eschatologischen Heils – sowohl in seiner universal-kosmischen Dimension als auch hinsichtlich der Partizipation der einzelnen an diesem Heil nur als ‚Rettung' aus der Herrschaft bedrückender Mächte, aus Sündenverfallenheit oder Todesnot zu verstehen ist.

Dies zeigt sich auch in der Verwendung der Lexeme σωτηρία und σῴζειν in den griechisch erhaltenen Texten der Pseudepigraphen. In der Henochtradition steht die Rettung (σωθῆναι) der Gerechten der Vernichtung der Gottesfeinde gegenüber (1 Hen 1,1), die Rettung (σωτηρία) der Erwählten ist nach 1 Hen 5,6 mit Freude, Frieden, Vergebung der Sünden und Licht sowie mit dem „Erben der Erde" (vgl. Mt 5,5) verbunden; 1 Hen 102,1 spricht von der Rettung (σωθῆναι) aus dem Feuergericht; 1 Hen 106,8 von der Rettung (σωθῆναι) der Söhne Noahs aus dem Tod (der Sintflut). Andere Texte bieten weithin dasselbe Bild: In VitAd 25,3 ist Rettung mit dem Nichtberücksichtigen der Sünde verbunden; nach Test Abr (Rez. B: 12,13) kehren die Sünder von ihrer Sünde um und werden gerettet (σωθῆναι); nach einer anderen Passage (Rez. A: 11,10f.) gehen die Seelen der Gerechten, die gerettet (σωθῆναι) werden, ins Paradies ein, während die Sünder der Vernichtung entgegensehen (vgl. auch 14,2–4). Nach PsSal 6,1 und 15,1 ist Rettung (σωθῆναι) Folge der Anrufung des Herrn; 13,2 fasst die Rettung vor Hunger, Schwert und Tod in Sünden zusammen.

Diese Skizze mag hier genügen: Das Verbum σῴζειν bzw. σωθῆναι wird in den Texten aus der palästinisch-jüdischen Tradition zwar nicht durchgehend, aber doch immer häufiger im Sinne der Rettung vor Sünden und Tod bzw. der Teilhabe am eschatologischen Heil gebraucht. Dies ist dann auch in der neutestamentlichen Rede von der σωτηρία bzw. vom σῴζεσθαι weithin vorausgesetzt.

3. Heil und ‚Rettung' im Neuen Testament: Die Rede von der σωτηρία und ihr Zusammenhang mit anderen zentralen Heilsvorstellungen

Methodisch möchte ich im Folgenden von der Verwendung des Terminus σωτηρία und den damit verbundenen Lexemen σῴζειν, σωτήρ und σωτήριος ausgehen.[53] Die Tragweite und Implikationen der mit diesem Terminus bezeichneten Heils-Vorstellungen bzw. -aussagen ist näher zu

---

[53] S. dazu W. Foerster/G. Fohrer, Art. „σῴξω – σωτήριος" (Anm. 24), 989–1024; W. Radl, Art. „σῴζω", in: EWNT² 3 (1992) Sp. 765–770; K.H. Schelkle, Art. „σωτήρ", in: EWNT² 3 (1992) Sp. 781–784; ders., Art. „σωτηρία" (Anm. 32); ders., Art. „σωτήριος", in: EWNT² 3 (1992) Sp. 789.

bestimmen. Doch sollen die so formulierten Aussagen dann auch mit weiteren, für den jeweiligen Traditionskreis charakteristischen Heilsvorstellungen anderer Begrifflichkeit in Beziehung gesetzt werden. Damit kommen dann auch die Heilsbegriffe der ‚Königsherrschaft Gottes‘, der ‚Erlösung‘ oder ‚Versöhnung‘ und des ‚ewigen Lebens‘ mit in Betracht,[54] ohne die die Rede vom ‚Heil‘ im Neuen Testament unvollständig und blass wäre.

Nur am Rande kann ich dann auf den Titel σωτήρ eingehen, der sowohl in seinem Bezug auf Gott (Lk 1,47; 1 Tim 1,1; 2,3; 4,10; Tit 1,3; 2,10; 3,4; Jud 25) als auch in seinem Bezug auf Christus (Lk 2,11; Joh 4,42; Apg 5,31; 13,23; Eph 5,23; Phil 3,10; 2 Tim 1,10; Tit 1,14; 2,13; 3,6; 2 Petr 1,1.11; 2,20; 3,2.18; 1 Joh 4,14) mit zwei signifikanten Ausnahmen erst in den neutestamentlichen Spätschriften auftritt und dort (sowie weiter in den Apostolischen Vätern) zu einer formelhaft gebrauchten Gottes- und v.a. Christusbezeichnung wird.[55] Angesichts der breiten Verwendung der σωτήρ-Prädikation als ‚Ehrentitel‘ in der griechisch-römischen Welt[56] zeigt die gehäufte Verwendung dieses Titels bereits eine starke hellenistische Beeinflussung.[57] Dies gilt auch angesichts der Verwendung der Prädikation für Gott – und nur für ihn[58] – als Retter in der LXX und dort v.a. in den griechisch konzipierten Spätschriften.[59] Ältere Überlieferung im Neuen Testament dürfte der Titel in dem stark atl. geprägten individuellen Danklied der Maria in Lk 1,46 repräsentieren, außerdem natürlich die einzige paulinische Verwendung in Phil 3,20, wo Paulus in einer epideiktischen Passage von der Erwartung des σωτήρ vom Himmel spricht und dabei eine Fülle von Aspekten der erhofften Rettung auf den Parusiechristus, den Retter, bezieht. Insofern ist es gerechtfertigt,

---

[54] So das sachlich berechtigte Anliegen des LThK-Artikels von J. Gnilka.

[55] S. dazu J. Frey, Retter, Gott und Morgenstern. Metaphorik und Christologie im zweiten Petrusbrief, in: ders./J. Rohls/R. Zimmermann (Hg.), Metaphorik und Christologie (TBT 120), Berlin – New York 2003, 131–148, 141–144; ausführlicher M. Karrer, Jesus, der Retter (*Sôtêr*). Zur Aufnahme eines hellenistischen Prädikats im Neuen Testament, in: ZNW 93 (2002) 153–176; F. Jung, ΣΩΤΗΡ. Studien zur Rezeption eines hellenistischen Ehrentitels im Neuen Testament (NTA 39), Münster 2002.

[56] Dazu s. die beiden in der vorigen Anm. genannten Arbeiten von Jung und Karrer.

[57] Oscar Cullmann hat bereits darauf hingewiesen, dass im palästinischen Kontext σωτήρ nicht als Titel für Jesus gebraucht werden konnte, „da man ja den Eigennamen ‚Jesus‘ einfach hätte wiederholen müssen: dem ‚Jesus Soter‘ würde ja ein ‚Jeschua Jeschua‘ entsprechen" (O. Cullmann, Die Christologie des Neuen Testaments, Tübingen ³1963, 252).

[58] „Menschen kommen nicht als Soteres in Frage, schon gar nicht Herrscher oder Könige, mit Ausnahme der Richter", deren Auftreten aber ganz an Gottes Initiative zurückgebunden ist (F. Jung, ΣΩΤΗΡ [Anm. 55], 238).

[59] Ebd.: Die „historischen Erzählungen" und weisheitlichen Schriften […] kommen darin überein, Gott als weisen und guten Weltherrscher zu zeichnen, der sein bedrohtes Volk aus allen Gefahren errettet (Jud/Est) und seine Feinde, die von ihm abfallen (3Makk) oder sich an seinem Volk vergreifen, […] bestraft (Weish)."

in der Rekonstruktion der neutestamentlichen Rede von der σωτηρία zunächst von den Aussagen über die Rettung (σῴζειν, σωτηρία) auszugehen und die Retter-Prädikation als eine erst punktuell, dann immer breiter daraus gewonnene Folgeaussage vorerst zurückzustellen.

Beginnen wir mit dem Abstrakt-Nomen σωτηρία. Es begegnet im NT in ungleichmäßiger Verteilung. Während es bei Mk[60] und Mt (und damit wohl auch in der Q-Tradition) fehlt, findet es sich 10x in Lk/Apg, einmal (prominent in Joh 4,42) bei Joh, 14x bei Paulus, 4x in den Dtpln, 7x im Hebr, 4x im 1 Petr, je 1x in Jud und 2 Petr sowie 3x in der Offb. Mit Ausnahme der zahlreichen Pls-Belege erscheint auch σωτηρία als ein erst später verbreiteter Terminus: das Fehlen in der ältesten synoptischen Tradition ist signifikant. Hingegen ist das Verbum σῴζειν „ziemlich gleichmäßig verteilt"[61] (Mk 13x, Mt 15x, Lk 16x, Joh 6x, Apg 13x, Pls 19x, Dtpln und Past 10x, Hebr 2x, Jak 5x, 1 Petr 2x, Jud 2x); mit einem besonderen Schwerpunkt in der synoptischen Überlieferung, wobei auch hier die Logienüberlieferung eine Fehlanzeige bietet.

3.1 Synoptische Evangelien und Jesusüberlieferung

3.1.1 Der Zusammenhang von Heilung, Rettung, Glauben und Gottesherrschaft in der markinischen Soteriologie

Setzen wir also bei Markus ein, wo die Termini σωτηρία und σωτήρ fehlen und die ‚Soteriologie' klassisch ausgehend von der Christologie und den Titeln *Christos* und *Sohn Gottes* entwickelt werden könnte oder – im Trend der neueren Forschung – eher aus der erzählten Gesamthandlung.[62] Doch soll im vorliegenden Zusammenhang die Verwendung von σῴζειν zum Ausgangspunkt genommen werden.

Das Verbum ist – mit Ausnahme einiger Logien (Mk 3,4; 8,35) und zweier Belege in Mk 13 (Mk 13,13.20) primär mit der Erzählüberlieferung und insbesondere mit den Krankenheilungen Jesu verknüpft, besonders prominent in dem formelhaft wiederholten Satz: „Dein Glaube hat dich gerettet" (Mk 5,34par; 10,52par; auch Lk 7,50; 17,19), mit dem der synoptische Jesus einzelne Heilungen kommentiert und interpretiert. Der

---

[60] Im Anschluss an Mk 16,8 begegnet es nur in dem textlich sicher nicht ursprünglichen, nur in wenigen Handschriften belegten kurzen Markusschluss, der in einem deutlich späteren Sprachgebrauch von der „ewigen σωτηρία" spricht.

[61] W. Radl, Art. „σῴζω" (Anm. 53), 765.

[62] K. Backhaus, „Lösepreis für viele" (Mk 10,45): Zur Heilsbedeutung des Todes Jesu bei Markus, in: Th. Söding (Hg.), Der Evangelist als Theologe (SBS 63), Stuttgart 1995, 91–118, 93, s. auch H.J.B. Combrink, Salvation in Mark, in: J.G. van der Watt (Hg.), Salvation in the New Testament. Perspectives on Soteriology (NT.S 121), Leiden 2006, 33–66, 34f., der dann einen Durchgang durch die erzählte Handlung bietet.

Zusammenhang von Glaube und ‚Rettung' ist damit elementar vorgegeben, wobei in dem formelhaften Satz die präzisen Implikationen der Rettung noch offen bleiben. Dass es dabei um mehr als nur um physische Wiederherstellung geht, legt sich in beiden so kommentierten markinischen Wundererzählungen nahe: Die Heilung der Frau mit dem Blutfluss schließt mit den Worten (Mk 5,34): „Tochter, dein Glaube hat dich gerettet; geh hin in Frieden und sei gesund von deiner Plage!" Das ὕπαγε εἰς εἰρήνην – das auf ein semitisches לְשָׁלוֹם oder בְּשָׁלוֹם zurückweist (vgl. 1 Sam 1,17; 2 Sam 15,9) – führt schon über die einfache Beseitigung von Krankheit hinaus und signalisiert, „daß das σῴζειν Jesu nicht nur körperliche ‚Heilung', sondern Heil im umfassenderen Sinn zur Folge hat"[63]. Das Gleiche zeigt sich an der zweiten Stelle, an der Markus die formelhafte Aussage: „Dein Glaube hat dich gerettet" bietet, bei der Heilung des blinden Bartimäus, wo direkt anschließend gesagt wird, dass der von Jesus so Angeredete „sofort wieder sehen konnte und Jesus auf dem Weg nachfolgte" (10,52). Die Rettung lässt den nun Sehenden zum Nachfolger werden (Mk 10,52), sie führt insofern über die physische Wiederherstellung in einen umfassenderen Schalom-Zustand bzw. in die Nachfolge Jesu, die Gemeinschaft mit dem Retter, dem ‚Sohn Davids' (Mk 10,47).

Fragt man nach den semantischen Implikationen dieser ‚Rettung', so ist zunächst bei der ersten Verwendung von σῴζειν/σῴζεσθαι im Streitgespräch um die Heilung des Menschen mit der verdorrten Hand in Mk 3,4 die Alternative aufgestellt zwischen Leben retten und (Leben) töten (σῶσαι/ἀποκτεῖναι). D.h. die ‚Rettung', die hier konkret in einer physischen Heilung (und der damit verbundenen sozialen Integration)[64] besteht, tritt in Gegensatz zum Tod. ‚Heil' ist hier eindeutig Errettung aus einem negativen, zumindest todesähnlichen Zustand, und derjenige, der solches programmatisch und habituell tut (Mk 6,56), agiert als ‚Retter' (auch wenn der Terminus σωτήρ nicht gebraucht wird). In demselben Sinne ist in Mk 5,23 die Bitte des Jairus um Heilung seiner Tochter formuliert, die schließlich in ihrer Erweckung vom Tode resultiert (Mk 5,35–43). In diese Szene ist eben die kurze Episode von der Frau mit dem

---

[63] W. Radl, Art. „σῴζω" (Anm. 53), 767.
[64] Dies wird in einer judenchristlichen Variante zu dieser Erzählung deutlich, die dem Hebräerevangelium zugeschrieben wird. Dort wird der Kranke als Maurer vorgestellt, der sich mit seiner Hände Arbeit das Leben verdiente und nun um Heilung bittet, um nicht schimpflich betteln zu müssen. Deutlich wird hier, dass es in der frühen Christenheit als schändlich galt, aufs Betteln angewiesen zu sein. Die Heilung stellt somit nicht nur die Arbeitskraft, sondern auch die soziale Ehre des Betroffenen wieder her. Auch wenn dies nur in der judenchristlichen Erzählvariante steht, wird damit doch expliziert, was implizit in der synoptischen Erzählung mitzulesen ist. S. zu diesem Text J. Frey, Hilfe zur Selbständigkeit: Der Kranke mit der ‚verdorrten Hand' als Maurer (EvNaz 4 = Hieronymus, comm. in Matt. zu Mt 12,13), in: R. Zimmermann (Hg.), Kompendium urchristlicher Wundergeschichten, Bd. I, Gütersloh 2012 (im Druck).

Blutfluss eingebettet, die explizit mit dem Satz: „Dein Glaube hat dich gerettet" kommentiert wird, so dass dieser Satz dann im Kontext auch auf Jairus zu beziehen ist, dessen Bitte um Heilung seiner Tochter gleichfalls solchen ‚Glauben' spiegelt und letztlich auch die ‚Rettung' seiner Tochter vom Totenbett zur Folge hat. σωθῆναι bedeutet somit in all diesen Passagen nicht lediglich ein leibliches Gesundwerden (vgl. Mk 5,28), sondern zugleich die Rettung aus einem todgleichen Zustand.

Dass ‚Gerettetwerden' über die Dimension der Wiederherstellung leiblicher Gesundheit hinausgeht, verdeutlicht das Doppellogion Mk 8,35 vom Erhalten und Verlieren des eigenen Lebens: „Denn wer immer sein Leben erhalten (σῶσαι) will, wird es verlieren, wer sein Leben aber verlieren wird um meinetwillen und um des Evangeliums willen, wird es retten (σώσει)." Die Rettung des eigenen Lebens – hier aktiv mit dem jeweiligen Menschen als Subjekt formuliert – erfolgt angesichts des Lebensverlustes bzw. der Lebenshingabe und reicht offenbar über diese hinaus. D.h., zumindest im zweiten Stichos spricht auch dieses Logion nicht nur von der Bewahrung eines Zustands, sondern von einer Errettung, d.h. einem Lebensgewinn angesichts des Lebensverlustes bzw. der Hingabe um Jesu willen. Der Zusammenhang mit den folgenden Versen, in denen die Paradoxie weitergeführt wird, verdeutlicht dies:

8,35 a	Leben retten (= erhalten)	Leben verlieren		
8,35 b			Leben verlieren um Jesu bzw. des Evangeliums willen	Leben retten
8,36	die Welt gewinnen	Schaden nehmen an seinem Leben (ψυχή)		
8.37				Mensch hat keine Ersatzgabe für sein Leben (ψυχή)
8,38	sich meiner und meiner Worte schämen	der Menschensohn wird sich dessen schämen bei d. Parusie		
9,1			(nicht) den Tod schmecken	die Königsherrschaft in Kraft sehen

Mk 8,36 bietet einen analogen Kontrast in anderen Begriffen: die Welt gewinnen/Schaden leiden am Leben (ψυχή), 8,37 redet (negativ, im Sinne einer menschlichen Unmöglichkeit) vom ‚Auslösen‘ des Lebens (ψυχή) durch eine Gegengabe (ἀντάλλαγμα) und verbindet somit den Aspekt der Rettung mit dem des ‚Loskaufs‘ oder der ‚Erlösung‘. Mk 8,38–9,1 verbinden einerseits den Lebensverlust ‚um meinetwillen‘ mit dem Bekenntnis zum Menschensohn und andererseits die Lebenserhaltung mit der Haltung, die sich Jesu und seiner Worte schämt, während der definitive Lebensverlust nun darin besteht, dass sich der Menschensohn bei seiner Parusie jenes Menschen ‚schämen wird‘. Andererseits wird der Lebensgewinn hier in einer eigenartigen Weise formuliert: als ‚nicht den Tod schmecken‘ und ‚die Königsherrschaft Gottes sehen‘. So ist in dieser Passage ‚Heil‘ mit dem Aspekt der Erlösung (Loskauf), dem Handeln des Menschensohns und nicht zuletzt mit der machtvollen Aufrichtung der Gottesherrschaft und der Teilhabe an dieser verknüpft.

Die Verbindung von Rettung bzw. Heil und Gottesherrschaft wird schließlich in Mk 10,26 noch weiter vereindeutigt, wenn die entsetzte Antwort auf den Spruch vom Kamel und dem Himmelreich lautet: „Wer kann (dann) gerettet werden?“ Das Eingehen in die Gottesherrschaft ist somit parallelisiert mit der Rettung bzw. dem Gerettetwerden: Gerettetwerden bzw. Heil ist Teilhabe an der Gottesherrschaft. Insofern ist es auch berechtigt, in die Betrachtung der Rede vom Gerettetwerden (σωθῆναι) die Aussagen über die Gottesherrschaft einzubeziehen, womit die erkannten Zusammenhänge noch vertieft werden:

Schon das erste, programmatische Summarium über Jesu Auftreten Mk 1,14 lässt ihn „das Evangelium von der Gottesherrschaft“ verkündigen[65], konkret die Botschaft von der Nähe der Gottesherrschaft, die Umkehr und ‚Glauben‘ an diese Botschaft fordert (Mk 1,15). Richtet sich der Glaube somit hier auf die Gottesherrschaft, so wird ihm nach dem formelhaften Satz „dein Glaube hat dich gerettet“ selbst eine wesentliche Rolle darin zugesprochen, dass diese Gottesherrschaft sich in der Rettung eines Menschen aus dem Krankheits- oder Todesbereich manifestiert. Doch übergreift die Rettung die Dimension der physischen Wiederherstellung: Die Heilungen zielen in vielen Fällen darauf, dass die physisch Wiederhergestellten nun auch zu Nachfolgern werden – wie dies eine Reihe von Beispielen von der Schwiegermutter des Petrus (Mk 1,31) bis zum Blinden Bartimäus (Mk 10,52) vor Augen führen. Die Rettung zielt letztlich auf die Überwindung des Todes und die Wahrnehmung (und Teilhabe an) der machtvoll sich durchsetzenden Gottesherrschaft (Mk 9,1).

---

[65] Spätere Summarien wie Mk 6,56 fügen dann die Krankenheilungen hinzu.

Eine zweite Vertiefung knüpft an den Zusammenhang von Lebensverlust um Jesu willen und Lebensgewinn bzw. -rettung in Mk 8,35 an: Der in dieser Passage etwas kryptische Fragesatz Mk 8,37 „Denn was könnte ein Mensch als Gegenwert (ἀντάλλαγμα) seines Lebens geben?" bereitet implizit den Zusammenhang vor, dass die Auslösung des menschlichen Lebens nicht durch eine menschliche Tat oder Gabe erfolgen kann, sondern nur durch das rettende Handeln des Menschensohns, durch seinen Dienst und seine Lebenshingabe, wie dies die soteriologische Spitzenaussage des Markusevangeliums in Mk 10,45 formuliert. Das ‚Lösegeld' seines eigenen Lebens ist es, das das Leben der vielen rettet – und hier ist zuletzt deutlich, dass der ‚Dienst' des Menschensohns über sein Wirken als Verkündiger der Gottesherrschaft und Heiler der Kranken und Besessenen hinaus in der ‚Proexistenz', der Hingabe seines eigenen Lebens zugunsten der Vielen besteht. Die markinischen Mahlworte bekräftigen dies weiter und stellen erneut den Bezug auf die nahe und in ihrer Vollendung erwartete Gottesherrschaft her (Mk 14,26).

Zusammenfassend lässt sich zum dargestellten Befund festhalten:

1. Heil ist in der Jesusüberlieferung und konkret in der markinischen Erzählung elementar und untrennbar mit der Erfahrung leiblicher Heilung und sozialer Restitution verbunden. Gerade in der Heilung der Kranken, der Befreiung der Besessenen als Rettung aus dem Todesbereich heraus manifestiert sich die ‚rettende' Wirkung des ‚Messias' bzw. Gottessohns, der als solcher die Rolle des ‚Retters' einnimmt[66] (auch wenn er nicht σωτήρ genannt wird).

2. Heil bzw. ‚Rettung' geht über die Dimension der leiblichen Heilung bzw. Erhaltung des Lebens hinaus, es impliziert die Überwindung des leiblichen Todes und die Teilhabe an der Gottesherrschaft.

3. In dem paradoxen Spruch Mk 8,35 ist die Rettung bzw. der Lebensgewinn explizit mit dem Verlieren des eigenen Lebens um Jesu bzw. des Evangeliums willen verbunden. Heil bzw. ‚Rettung' des Lebens steht somit in engstem Zusammenhang mit dem Evangelium (als der heilvollen Botschaft) und dem Glauben an diese bzw. aufgrund dieser Botschaft (Mk 1,15).

4. Die Rettung des Lebens, als ‚Erlösung' wurzelt letztlich in Jesu eigener Lebenshingabe (Mk 10,45; 14,23f.).

---

[66] So H.J.B. Combrink, Salvation (Anm. 62), 37f.

3.1.2 Ein Blick in die älteste Jesustradition: Jesu Heilungen und
Exorzismen und die Gegenwart der heilvollen Gottesherrschaft

Es ist für unseren Zusammenhang nicht entscheidend, welche dieser
Deutungsansätze sich historisch als Teil der Verkündigung und der Praxis des irdischen Jesus wahrscheinlich machen lassen. Sowohl für den
paradoxen Doppelspruch Mk 8,35[67] als auch für das Lösegeldwort
Mk 10,45[68] ist bekanntlich die Authentizität strittig. Auch der Zuspruch
‚Dein Glaube hat dich gerettet‘ lässt sich schwerlich als jesuanisch erweisen – doch zeigt dies mehr die methodischen Probleme unserer historischen Rückfrage, die nur einen relativ kleinen Bestand an jesuanischem
Gut einigermaßen sicherstellen kann. Es bleibt mithin offen, ob der irdische Jesus terminologisch explizit von ‚Rettung‘ (σῴζειν) gesprochen
hat. Dennoch ist auf einige Bestandteile der ältesten Jesusüberlieferung
hinzuweisen, die die weitere Deutung seines Wirkens als ein Heil schaffendes Wirken stützen:

a) In Jesu Verkündigung sind die Exorzismen und Heilungen explizit
mit der Nähe der Gottesherrschaft verbunden: Insbesondere das ziemlich sicher authentische Logion Lk 11,20[69] (par. Mt 12,28) bietet einen
‚Kommentar‘ zu Jesu exorzistischer Wirksamkeit, die somit nicht nur in
Erzähltraditionen, sondern auch in der Logienüberlieferung in Worten
Jesu wie auch in Worten seiner Gegner (Mk 3,22 etc.) bezeugt ist. Zugleich verbindet dieses Wort auf höchst eindrückliche Weise „Jesu Vollmacht und die Gottesherrschaft“.[70] Damit erhebt Jesus – zugleich in
subtiler Anspielung an die Schrift[71] – den Anspruch, dass in seinem Wirken Gott selbst befreiend und zum Heil der Menschen am Werk ist und
sich dadurch die Gottesherrschaft zeichenhaft – aber keineswegs ‚nur‘

---

[67] S. dazu J. Gnilka, Das Evangelium nach Markus, 2. Teilband (Mk 8,27 – 16,20) (EKK
II/1), Zürich – Düsseldorf – Neukirchen-Vluyn ³1989, 22f., der in Mk 8,35 zumindest die
Wendung „und meiner Worte“ für markinisch hält. In der Substanz aber könnte der
Spruch auf den irdischen Jesus zurückgehen.
[68] Vgl. dazu ebd. 100. Für die jesuanische Authentizität hat sich mit gewichtigen Argumenten v.a. Peter Stuhlmacher eingesetzt, s. zunächst P. Stuhlmacher, Existenzstellvertretung für die Vielen: Mk 10,45 (Mt 20,28), in: ders., Versöhnung, Gesetz und Gerechtigkeit, Göttingen 1981, 27–42.
[69] „Wenn ich mit dem Finger Gottes die Dämonen austreibe, dann ist die Gottesherrschaft schon zu euch gekommen.“ Zur Authentizität dieses Logions s. M. Hengel, Der
Finger und die Herrschaft Gottes in Lk 11,20, in: R. Kieffer/J. Bergman, La Main de
Dieu. Die Hand Gottes (WUNT 94), Tübingen 1997, 87–106; M. Labahn, Jesu Exorzismen (Q 11,19–20) und die Erkenntnis der ägyptischen Magier (Ex 8,15), in: A. Lindemann (Hg.), The Sayings Source Q and the Historical Jesus (BEThL 158), Leuven 2001,
617–633, 618–626; auch J. Frey, Der historische Jesus und der Christus der Evangelien, in:
J. Schröter/R. Brucker (Hg.), Der historische Jesus. Tendenzen und Perspektiven der
gegenwärtigen Forschung (BZNW 114), Berlin – New York 2002, 273–336, 313f.
[70] So M. Hengel, Der Finger und die Herrschaft Gottes (Anm. 69), 87.
[71] Vgl. auch M. Labahn, Exorzismen (Anm. 69), 626–633.

symbolisch – manifestiert. Signifikant ist dabei die Verknüpfung zwischen dem exorzistischen Wirken Jesu und der Gottesherrschaft, die in diesem Logion gerade nicht ausschließlich als zukünftige Größe verstanden wird, sondern sich in den Exorzismen Jesu „bis in die Gegenwart hinein ausdehnt", ja „in seinem Reden und Wirken präsent" ist, „dynamisch Raum greift."[72]

b) Die Frage Johannes des Täufers nach dem Kommenden scheint auf das in Verbindung mit einer messianischen Gestalt erwartete Heil bezogen zu sein: Jesu Antwort verweist auf seine Taten: „Blinde sehen wieder, und Lahme gehen umher, Aussätzige werden rein und Taube hören, Tote werden erweckt, und Armen wird eine gute Botschaft verkündigt. Und selig ist, wer an mir nicht Anstoß nimmt" (Q 7,22f.). Dabei wird ein Cluster alttestamentlicher, v.a. jesajanischer Aussagen aufgenommen, die von der kommenden Heilszeit und den erwarteten Heilstaten Gottes sprachen und auch im zeitgenössischen Judentum ‚messianisch' interpretiert wurden, wie insbesondere die Rezeption in Texten aus der Qumran-Bibliothek (4Q521 und 11QMelch) zeigt.[73] Das Logion bringt nichts anderes zur Sprache als den auch in Lk 11,20 belegten Anspruch, dass sich in Jesu Taten, seinen Heilungen und Exorzismen, das für die kommende Heilszeit erwartete Heil schon jetzt Bahn bricht. Mit der andeutenden Aufnahme der jesajanischen Verheißungen identifiziert sich Jesus indirekt, aber doch erkennbar mit dem prophetischen, gesalbten Verkündiger des Heils aus Jes 61,1f.

c) Dieser Bezug auf Jes 61,1f. zeigt sich auch in den drei (vermutlich in der lukanischen Fassung Lk 6,20f.) authentischen Seligpreisungen: Hier begegnet ein Zuspruch an die Armen, Hungernden und Weinenden, der die Erwartung des heilvollen Wirkens Gottes in der Endzeit, besonders dicht Jes 61,1f., aufnimmt und damit Jesu Wirken ebenfalls in den Horizont dieses endzeitlichen Gotteshandelns stellt.[74]

Wir können hier die Frage nach einem ‚messianischen' Selbstanspruch Jesu nicht vertiefen,[75] aber es ist deutlich, dass das, was in seinem Wirken

---

[72] Ebd., 632.

[73] Zu 4Q521 s. insbesondere M. Becker, Die ‚messianische Apokalypse' 4Q521 und der Interpretationsrahmen der Taten Jesu, in: J. Frey/M. Becker (Hg.), Apokalyptik und Qumran (Einblicke 10), Paderborn 2007, 237–303, sowie J. Frey, Die Textfunde von Qumran und die neutestamentliche Wissenschaft. Eine Zwischenbilanz, hermeneutische Überlegungen und Konkretionen zur Jesusüberlieferung, in: S. Beyerle/J. Frey (Hg.), Qumran aktuell (BThSt 120), Neukirchen-Vluyn 2011, 225–293, 287–289.

[74] Zur Rezeption von Jes 61,1ff. in den Seligpreisungen s. grundlegend W.D. Davies/D.C. Allison, A Critical and Exegetical Commentary on the Gospel of Matthew, Bd. 1, Edinburgh 1988, 436–439.

[75] Dazu s. J. Frey, Der historische Jesus und der Christus der Evangelien, in: J. Schröter/R. Brucker (Hg.), Der historische Jesus. Tendenzen und Perspektiven der gegenwärtigen Forschung (BZNW 114), Berlin/New York 2002, 273–336, 313–319; grundlegend

geschah und was für ihn die Nähe, das Gekommensein der Gottesherrschaft verbürgte, nur im Rückgriff auf biblische Heilsaussagen und Heilshoffnungen, als deren Erfüllung, ja Steigerung zu beschreiben war: Hier ist „mehr als Jona" (Mt 12,41) und „mehr als Salomo" (Mt 12,42 par Lk 11,31), und was die Propheten zu sehen begehrten, geschieht jetzt vor den Augen der Zeitgenossen Jesu.

Es ist deutlich, dass die im markinischen Werk beobachtete Verbindung von Heil/Rettung mit der Heilung von Kranken sich auch in anderen Bereichen der ältesten Jesusüberlieferung zeigt, auch wenn dort der Terminus σῴζειν nicht begegnet. Jesu Heilungen und Exorzismen werden hier als Erfüllung der alttestamentlich-frühjüdischen Hoffnungen auf das endzeitlich-heilschaffende Wirken Gottes verstanden. In den Taten Jesu kommt die Gottesherrschaft nahe, und Jesus selbst spricht als der eschatologische Freudenbote von Jes 52,7 oder der geistgesalbte Künder des Erlassjahrs von Jes 61,1ff. Das den Menschen zugewandte Heil ist dabei einerseits ganz ,theozentrisch', von Gott her kommend verstanden, andererseits ist es doch unlöslich mit der Person Jesu verbunden: „Selig ist, wer nicht Anstoß nimmt an mir", heißt es in der Antwort an den Täufer (Lk 7,23 par). Derselbe Zusammenhang ist auch in zwei miteinander verwandten Logien zur Sprache gebracht, dem in der Logienquelle überlieferten Logion Lk 12,8f.: „Wer mich bekennt vor den Menschen, den wird auch der Menschensohn bekennen vor den Engeln Gottes; wer mich aber verleugnet vor den Menschen, der wird auch vor den Engeln Gottes verleugnet werden", sowie in dem bereits erörterten Wort Mk 8,38.[76] Beide Logien zeigen, wie das Verhalten gegenüber Jesus eine entsprechende Reaktion des Menschensohns in der Situation des eschatologischen Gerichts nach sich zieht. Wenn diese Logien im Kern authentisch sind, dann ist nach Jesu eigenem Anspruch das eschatologische Heil „untrennbar mit der Haltung zu seiner Person und zu seinem Handeln verbunden".[77]

M. Hengel, Jesus der Messias Israels, in: ders./A.M. Schwemer, Der messianische Anspruch Jesu und die Anfänge der Christologie (WUNT 138), Tübingen 2001, 1–80; jetzt auch dies., Jesus und das Judentum (Geschichte des frühen Christentums, Bd. 1), Tübingen 2007, 461–548.

[76] Das Logion Lk 12,8f. ist verständlicherweise heftig umstritten (s. den Überblick mit m.E. allzu skeptischer Tendenz bei A. Vögtle, Die „Gretchenfrage" des Menschensohnproblems (QD 152), Freiburg – Basel – Wien 1994, 22ff., sie kann aber aufgrund ihrer Sprachgestalt, vor allem der verhüllenden Rede von den „Engeln Gottes" (anders als in Mt 10,32f. und Mk 8,38) nicht einfach als nachösterliche christologisch-eschatologische Aussage gewertet werden, auch ist die Identifikation von Jesus und dem Menschensohn nicht so fest, wie dies bei einer nachösterlichen Bildung anzunehmen wäre.

[77] M. Hengel/A.M. Schwemer, Jesus und das Judentum (Anm. 75), 539.

3.1.3 „Er wird sein Volk retten von ihren Sünden" –
Die Rede von der Rettung bei Lk und Mt

Blicken wir wenigstens kurz von Markus aus zu den synoptischen Seiten-referenten, so ist zunächst festzustellen, dass die wesentlichen Aspekte der Rede von der Rettung aus der markinischen Darstellung hier aufge-nommen und weitergeführt werden. Auch hier ist σῴζειν für die Rettung aus dem Todesbereich gebraucht (Mt 8,25; 14,30), auch hier ist σῴζεσθαι mit dem Eingehen ins Gottesreich parallelisiert,[78] auch hier ist die Erfah-rung der Rettung wesentlich mit Jesu Heilungstätigkeit verbunden, und auch hier wird formelhaft gesagt: „dein Glaube hat dich gerettet"[79]. Frei-lich begegnet diese Formulierung über die markinischen Beispiele hinaus nun auch in einer Erzählung, in der es gar nicht mehr um eine physische Heilung geht, nämlich bei der Sünderin, die Jesus mit Duftöl salbt, in Lk 7,50: Rettung ist somit erstens mehr und zweitens auch unabhängig von der heilvollen Erfahrung einer physischen Restitution. Sie ist im tieferen Sinne Rettung aus Sünden.[80]

Dem entspricht die Rede von der Rettung in der Episode über Zachäus: Hier begegnet neben dem Verbum σῴζειν nun auch das Nomen σωτηρία. Dem summarisch die Erzählung kommentierenden Logion, dass der Menschensohn kam, um das Verlorene zu suchen und zu retten (Lk 19,10), geht die noch direkt mit der Episode verbundene Feststellung voraus (Lk 19,9): „Heute ist diesem Hause σωτηρία geschehen!" Diese Rettung bzw. das Heil ist erzählerisch dargestellt durch die Einkehr Jesu bei einem Sünder, sie geschieht also dadurch, dass Jesus einen verlorenen Abrahamssohn zurückbringt, zur Umkehr führt, ihm Vergebung der Sünden gewährt und ihn somit ‚rettet'. In der Rettung des Verlorenen (vgl. Lk 15) vollbringt Jesus eben das, was nach alttestamentlichen Aussa-gen „als Gottes Handeln für Israel zum Heil angekündigt war."[81]

Dieser besonders bei Lukas breit ausgeführte Sachverhalt[82] begegnet insbesondere schon in den stark alttestamentlich bzw. judenchristlich geprägten Vorgeschichten des Lukas- und des Matthäusevangeliums. In der lukanischen Vorgeschichte wird dafür auch der Terminus σωτηρία

---

[78] In Lk 13,23 begegnet die Frage: „Werden wohl wenige gerettet werden?", worauf Jesus mit einem Spruch über das ‚Eingehen' antwortet – also den Begriff der Gottesherrschaft assoziiert. Dies führt den in Mk 10,26 beobachtbaren Zusammenhang von Rettung und Gottesherrschaft fort.

[79] Mt 9,22 (par Lk 8,48) sowie Lk 7,50; 17,19 und 18,42.

[80] Dabei ist der Akt der Frau nicht als ein Akt der Reue, sondern als ein Akt des Bekennt-nisses zu sehen, die in Jesus ihren Retter sieht. Darin liegt für Lukas auch der „Glaube", den Jesus schließlich lobt; s. dazu M. Wolter, Das Lukasevangelium (HNT 5), Tübingen 2008, 297.

[81] Ebd., 616; vgl. z.B. Ez 34,22: „und ich werde meine Schafe retten".

[82] Vgl. auch noch Apg 2,40: Vergebung für das Volk.

verwendet (im Benediktus: Lk 1,69.71.79), den Lukas danach in der Zachäus-Episode und dann wieder in der Apostelgeschichte (Apg 4,12; 13,26.47; 16,17) gebraucht.[83] Matthäus verwendet diesen Begriff nicht. Lukas bietet außerdem die Prädikation σωτήρ, und zwar nicht nur im alttestamentlichen Sinne für Gott (Lk 1,47), sondern auch – in der Verkündigung der Geburt – für den neugeborenen ‚Retter' Jesus (Lk 2,11; vgl. noch Apg 5,31; 13,23), wobei Lukas ganz in der alttestamentlichen Tradition steht und die Differenzen zu den paganen und v.a. kaiserlichen Retter-Aussagen die Parallelen überwiegen.[84]

Auch die im Benedictus konzentriert begegnende Rede von der σωτηρία steht „ganz im alttestamentlichen Rahmen."[85] Sie geht aus vom Gott Israels, der sein Volk ‚angesehen' (ἐπεσκέψατο) oder ‚besucht' und ihm ‚Erlösung' (λύτρωσις) geschaffen hat. Sie gilt also dem ‚Volk Gottes' (Lk 1,68) und wird zunächst in der Sprache der Psalmen näher beschrieben als Rettung vor den Feinden, den Hassenden (Lk 1,73.75) und – unter Verweis auf Abraham – als Erweis der Bundestreue Gottes.[86] Dabei ist auch die Rolle des Täufers thematisiert, der γνῶσις σωτηρίας (Lk 1,77) vermitteln soll durch die Vergebung der Sünden: Darin also wird ‚Rettung' erkannt bzw. erfahren, dass – konkret in der Umkehrtaufe des Johannes – Vergebung von Sünden erfolgt. Freilich ist gerade in diesem sehr alttestamentlich geprägten Text klar, dass eine solche Rettung keinesfalls auf eine spirituelle oder ‚jenseitige' Dimension begrenzt sein kann: Die ‚Rettung' bzw. der daraus resultierende Zustand des Heils impliziert eben das unangefochtene und unbedrängte Leben vor Gott „in Heiligkeit und Gerechtigkeit" (Lk 1,75), und am Ende des Benedictus steht kaum zufällig die Wendung „zu richten unsere Füße auf den Weg des Friedens" (Lk 1,79). Die Vorstellung des heilvollen Schalom-Zustandes bestimmt als Ziel die Rede von der Rettung, wobei jedoch völlig klar ist, dass dieses Heil keinesfalls im innerweltlichen Wohl aufgeht, sondern die Rettung aus Schuldverfallenheit impliziert. Es ist das Erscheinen Gottes (ἐπιφᾶναι) unter denjenigen, die „in Finsternis und Todesschatten sitzen" (Lk 1,79). Die metaphorische Sprache des Benedictus lässt dabei noch offen, wie diese Rettung geschehen soll, sie redet

---

[83] Lukas bietet in Lk 2,30 und 3,6 sowie Apg 28,28 auch noch das seltenere Nomen τὸ σωτήριον. Das hier gemeinte Heil, das Simeon im Messias (Lk 2,26) erblickt, ist nichts anderes als das Heil Gottes selbst. Vgl. M. Wolter, Lukasevangelium (Anm. 80), 139, der auf Jes 40,5 LXX und zahlreiche weitere Stellen verweist. Jes 40,5 wird in Lk 3,6 zitiert.

[84] So F. Jung, ΣΩTHP (Anm. 55), 293.

[85] W. Foerster/G. Fohrer, Art. „σώζω – σωτήριος" (Anm. 24), 991.

[86] Zum biblischen Hintergrund des Benedictus s. grundlegend U. Mittmann-Richert, Magnificat und Benedictus (WUNT II 90), Tübingen 1996; s. auch den Kommentar zur lukanischen Vorgeschichte von W. Radl, Der Ursprung Jesu. Traditionsgeschichtliche Untersuchungen zu Lukas 1–2 (HBS 7), Freiburg u.a. 1996.

von der durch den Täufer als Vorläufer vermittelten Erfahrung der Vergebung der Sünden, aber sagt noch nicht, vor welchem Kyrios der Täufer als „Prophet des Höchsten" hergehen soll (Lk 1,76). Erst die anschließende ‚Weihnachtsgeschichte' formuliert in der Botschaft an die Hirten, dass Jesus der von Gott selbst eingesetzte σωτήρ ist, der nun zudem die Epitheta ‚der Messias' und ‚der Herr' (χριστὸς κύριος) bekommt (Lk 2,11). Ab hier ist dann klar, dass die von Gott ausgehende Rettung durch Jesus geschieht, dass sie konkreten Adressaten – den Hirten, die ja auch Teil des Bundesvolks sind, und Zachäus als einem Sohn Abrahams – oder eben insgesamt ‚seinem Volk' gilt, und dass sie Ausdruck der barmherzigen ‚Heimsuchung' Gottes ist. Sie wird wesentlich in der Sündenvergebung erfahren, aber zielt auf eine durchaus ganzheitliche, leiblich-konkrete Form des heilvollen, ‚ganzen' Lebens in Frieden vor Gott.

In einer bemerkenswerten Parallele begegnet die Rede von der σωτηρία[87] dann auch in der matthäischen Vorgeschichte, wo der Name Jesu etymologisch ausgedeutet wird: denn „er wird sein Volk retten von ihren Sünden" (Mt 1,21). In der matthäischen Vorgeschichte ist dies die einzige Stelle, in der von ‚Rettung' die Rede ist, aber sie ist programmatisch genug im Rahmen der ‚Namensgebung' an Jesus positioniert: Jesus ist gemäß der Bedeutung seines Namens (Joshua bzw. Jeshua = ‚JHWH ist Rettung' bzw. ‚JHWH rettet') derjenige, der im Auftrag des biblischen Gottes ‚sein Volk rettet' bzw. durch den der biblische Gott als „Gott mit uns" (Mt 1,23; vgl. 28,20) sein Volk rettet – und zwar – „von ihren Sünden". Wie dies näherhin zu verstehen ist, bleibt auch hier zunächst noch offen, wird aber dann im Verlauf der matthäischen Erzählung deutlicher: In der Sendung Jesu, die ja bei Matthäus zunächst nur den „verlorenen Schafen des Hauses Israel" (Mt 15,24) gilt, wird Rettung zuteil – zunächst für Israel, aber dann auch für ‚die anderen', „alle Heidenvölker" (Mt 28,18–20), denen diese rettende Botschaft von der Zuwendung Gottes und vom „Gott mit uns" vermittelt werden soll.

Insofern stehen auch in matthäischer Perspektive letztlich nicht die physischen Heilungen Kranker im Zentrum, sondern die Rettung, die in der Vergebung von Sünden und der Rückführung Israels in den Gottesbund unter Einschluss der hinzukommenden Heiden, und letztlich in der durch Jesu Selbsthingabe vermittelten Gottesgemeinschaft besteht. Dies zeigt auch die zweite Stelle an, an der Mt das Verbum σῴζειν gebraucht. Die markinische Erzählung vom Seesturm (Mk 4,35–41) wird bei Mt bekanntlich symbolisch-transparent ausgestaltet im Blick auf die ‚Stürme', die die Jüngergemeinde in der Nachfolge erfährt.[88] Insofern ist auch

---

[87] Freilich ohne das Nomen, das bei Mt nicht verwendet wird.

[88] Zu diesem Charakter der Erzählung als Nachfolgeerzählung s. grundlegend G. Bornkamm, Die Sturmstillung im Matthäusevangelium, in: G. Bornkamm/G. Barth/H.J. Held,

der Hilferuf, der hier im Zentrum steht: „Herr, rette! Wir kommen um!" (κύριε, σῶσον, ἀπολλύμεθα) ein sehr umfassender Schrei nach Rettung aus Todesnot (Mt 8,25). Der gleiche Ruf begegnet dann noch einmal in der Erzählung vom sinkenden Petrus (Mt 14,30: κύριε, σῶσόν με), aber bei beiden Erzählungen ist festzuhalten, dass es in ihnen nicht allein um die Rettung des physischen Lebens geht, sondern dass diese transparent für die Rettung aus dem eschatologischen Verderben ist, die im glaubenden Vertrauen auf Jesus ergriffen wird.

Wesentlich ist daher auch bei Matthäus, dass die Rettung als eine eschatologische verstanden wird: Das Gerettetsein hat mit dem Ende zu tun. Die Aussage „wer durchhält bis zum Ende, wird gerettet werden" übernimmt Matthäus aus Mk 13,13 in der Endzeitrede Mt 24,13, aber er bietet sie ein zweites Mal bereits in Mt 10,22 in Verbindung mit dem Gehasstwerden der ausgesandten Jünger. Die Rettung am Ende setzt insofern nach Matthäus Bewährung in der Jüngerschaft, eben das glaubende Durchhalten voraus. In dem Aspekt der ‚Konditioniertheit' des Heils – dass die Rettung im Glauben unter dem ‚Vorbehalt' der Bewährung steht – unterscheidet sich Matthäus etwa von den Konzeptionen des Paulus oder auch des Johannes.[89] Doch kann dies im vorliegenden Rahmen nicht weiter vertieft werden, wenn nun noch relativ knapp das paulinische und das johanneische Verständnis von ‚Heil' ins Blickfeld kommen.

3.2 „Gerettetwerden" und „Rettung" bei Paulus im Zusammenhang mit anderen paulinischen Heilsbegriffen

In den paulinischen Briefen begegnet die Wortfamilie σῴζω κτλ. etwas häufiger als in den Synoptikern und mit anderen Schwerpunkten: Das Verbum findet sich 19mal in den Homologumena, das Nomen σωτηρία immerhin 12mal, und auch das Prädikat σωτήρ begegnet einmal im Blick auf den zur Parusie erwarteten Christus, in Philipper 3,20.

Zunächst ist natürlich auffällig, dass ‚Gerettetwerden' bei Paulus nirgendwo mit der Heilung Kranker oder anderen Wundertaten verbunden ist, so sehr auch Paulus solche begleitenden Zeichen der christlichen Missionsverkündigung kennt.[90] Das Verbum begegnet vielmehr in zwei un-

---

Überlieferung und Auslegung im Matthäusevangelium (WMANT 1), Neukirchen-Vluyn 1968, 48–53; sowie neuerdings U. Luz, Das Evangelium nach Matthäus, 2. Teilbd. Mt 8–17 (EKK I/2), Zürich – Düsseldorf – Neukirchen-Vluyn 1990, 20–30.

[89] Dazu s. die sehr kritische Beurteilung der matthäischen Theologie bei Ch. Landmesser, Jüngerberufung und Zuwendung zu Gott. Ein exegetischer Beitrag zum Konzept der matthäischen Soteriologie im Anschluß an Mt 9,9–13 (WUNT 133), Tübingen 2001, dort insbesondere 141ff.

[90] Die Heilungen Jesu als Zeichen der Gegenwart der Heilszeit sind offenbar noch einmal anders qualifiziert als beliebige ‚charismatische' Heilungen Kranker in der Zeit der späte-

terschiedlichen Bezügen: a) im Blick auf die gegenwärtigen missionarischen Bemühungen des Apostels und anderer Christen, die Predigt des Evangeliums und ihre Wirkungen wie Glaube bzw. Eingliederung in die Gemeinde, sowie b) im Bezug auf ein noch künftiges Geschehen der Rettung vor dem eschatologischen Zorn bzw. dem Gericht.[91] Beides verbindet sich sowohl mit dem Verbum σῴζειν wie dem Nomen σωτηρία.[92] Nur am Rande zu bemerken ist, dass Paulus die Termini auch in einem eher ‚profanen' Sinn gebrauchen kann, so ist σωτηρία in Phil 1,19 das erhoffte Freikommen aus der Haft. Aber dies ist angesichts der Zahl der Belege eine fast zu vernachlässigende Ausnahme.

Das Prädikat σωτήρ, das ja erst in der neutestamentlichen Spätzeit häufiger gebraucht wird, begegnet bei Paulus nur ein einziges Mal – aber damit erstmals bei einem christlichen Autor –, vielleicht nicht zufällig in dem stark hellenistisch und v.a. römisch geprägten Philipperbrief, wo es in 3,20 heißt, dass wir (die Glaubenden) vom Himmel als Retter (σωτήρ) den Herrn Jesus Christus erwarten, der dann unseren „nichtigen Leib verwandeln", d.h. uns von der Vergänglichkeit retten wird. Mit der Rede vom Retter verbindet Paulus insbesondere die Rede von der Herrlichkeit Christi und seiner Macht, „mit der er sich alles zu unterwerfen vermag" (Phil 3,21); außerdem erfolgt die Rettung im Blick auf ein bestimmtes πολίτευμα, dem die Glaubenden zugehören, d.h. sozial bezogen auf die „Gemeinschaft der Geretteten, und nicht als individuelles Geschehen."[93]

In der hier vorliegenden epideiktischen Redeweise[94] steht der Titel σωτήρ durchaus in einer gewissen Analogie zu den Ehrentiteln in der hellenistisch-römischen Welt: Auch diese stehen in der Regel in einem ‚politischen' Horizont, und auch der Sachverhalt, „dass der Retter vom Himmel her kommt, zumindest seine göttliche Macht vom Himmel bezieht, ist Gemeingut der Retter-Ehrungen."[95] Paulus spricht hier durchaus auffällig anders als sonst von der Parusie: Weder die Unterwerfung der Mächte noch die Gerichtsvorstellung werden hier thematisiert, sondern nur die alles verwandelnde Macht des Retters; umgekehrt ist die Prädikation Christi als des Retters ganz anders konnotiert als z.B. in Lk 2,11 oder in Joh 4,42, und es liegt auch nicht einfach eine Übertragung des auf Gott bezogenen alttestamentlichen Wortgebrauchs vor: Die ‚ret-

---

ren Gemeinde.

[91] Etwas missverständlich redet W. Radl, Art. „σῴζω" (Anm. 53), 769 hier von der „zukünftige(n) Entscheidung Gottes".

[92] Paulus kann in 2 Kor 6,2 aktualisierend sagen „jetzt ist die Zeit der σωτηρία ", während er sie in Röm 13,11 klar als chronologisch noch ausstehend, charakterisiert: „Unsere σωτηρία ist jetzt näher als zu dem Zeitpunkt, an dem wir zum Glauben kamen."

[93] F. Jung, ΣΩΤΗΡ (Anm. 55), 312f.

[94] Vgl. ebd., 310.

[95] Ebd., 313.

tende' Tätigkeit Christi, die hier thematisiert wird, ist ein rein eschatologisches Geschehen, es ist die definitive Rettung aus der ‚Vergänglichkeit' dieses irdischen Leibes,[96] die Paulus im Kontext der Parusie Christi erwartet.

Dieser *eschatologische Kontext* tritt bekanntlich besonders stark im ältesten Paulusbrief, dem 1. Thessalonicherbrief, hervor. Hier spricht Paulus in 1 Thess 5,8 von der „Hoffnung auf Rettung" (ἐλπὶς σωτηρίας), und im folgenden Vers wird diese Rettung dem eschatologischen Verderben alternativ gegenübergestellt: „Denn Gott hat uns nicht bestimmt zum Zorn, sondern zum Erlangen der σωτηρία durch unseren Herrn Jesus Christus" (1 Thess 5,9). Hier ist der ‚dualistische' Kontext der Rede von der Rettung klar erkennbar: Rettung steht dem Zorn(gericht) entgegen und ist verstanden als Rettung aus bzw. vor diesem (künftigen) Verderben bzw. als der positive Ausgang jener Entscheidung, die sich zwar schon hier und jetzt in der Begegnung mit dem Evangelium ereignet, aber eben ‚auf Hoffnung hin' (Röm 8,24), da sie erst endgültig mit der Parusie Christi, d.h. am Ende wirksam wird.

3.2.1 Der futurische Bezug: Rettung aus dem Gerichtszorn

Der futurische Bezug des σωθῆναι bzw. dessen Verbindung mit dem Geschehen der Parusie oder des Endgerichtes geht aus einer Reihe von paulinischen Passagen hervor. Am deutlichsten ist Röm 5,9: „Um wieviel mehr werden wir nun durch ihn gerettet werden vor dem Zorn, nachdem wir jetzt durch sein Blut gerecht geworden sind!" Wo die Luther-Übersetzung wohl etwas zu schwach mit „bewahrt werden" übersetzt, steht im Griechischen σωθησόμεθα: Es geht um die durch Christus bzw. wegen Christus erfolgende Verschonung vor dem Gerichtszorn, die man füglich als Rettung bezeichnen kann. Der anschließende Vers formuliert in einer parallelen Konstruktion erneut unter Verwendung des Futur Passiv σωθησόμεθα: „Denn wenn wir mit Gott versöhnt worden sind durch den Tod seines Sohnes, als wir noch Feinde waren, um wieviel mehr werden wir gerettet werden durch sein Leben, nachdem wir nun versöhnt sind" (Röm 5,10). Das Gerettetwerden[97] ist hier in der (Macht der) Auferweckung Christi begründet und gleichfalls eindeutig futurisch vorgestellt, aber in der Gegenwart in der geschehenen Gerechtsprechung und Versöhnung begründet und verbürgt. Ein weiterer klarer Beleg für das zukünftige, eschatologische Rettungsgeschehen ist der von der Rettung ‚ganz Israels' sprechende Vers Röm 11,26: Wenn es hier heißt: Durch den Retter (hier: ὁ ῥυόμενος = der ‚Herausreißende') vom Zion,

---

[96] Vgl. zur Problematik der Vergänglichkeit auch 1 Kor 15,42.50.53 u.ö.
[97] Die Luther-Bibel übersetzt hier „selig werden".

d.h. den Parusiechristus „wird ganz Israel gerettet werden", dann ist hier unzweideutig an ein künftiges Geschehen gedacht, durch das bei der Parusie Christi Israel das Heil zuteilwerden soll. Dass in solchen Aussagen auch eine durchaus lineare Zeitvorstellung im Hintergrund steht, macht Röm 13,11 deutlich: Für die Adressaten ist ihr ‚Heil' (σωτηρία) jetzt näher als zu dem Zeitpunkt, da sie zum Glauben kamen. D.h., es ist eine Rettung oder ein Heilszustand, der noch zu erwarten ist – mit dem Kommen des Parusiechristus.

Weitere Belege für den Bezug von σωθῆναι auf ein futurisches bzw. endgerichtliches Geschehen sind 1 Kor 3,15 und 1 Kor 5,5: Der ‚Geist' des ‚Blutschänders' oder die Person des Mitarbeiters, dessen Werk verbrennt, sollen ‚gerettet' werden. Dabei ist in 1 Kor 3,15 der Aspekt des Feuergerichts im Kontext verarbeitet: es geht hier klar um eine eschatologische Beurteilung und um die eschatologischen Konsequenzen des gegenwärtigen Wirkens der Gemeindemitarbeiter.[98] Im Fall des ‚Blutschänders' ist das von Paulus angeordnete vollmächtige Handeln eines Ausschlusses aus der Gemeinde offenbar gerade im Blick auf eine mögliche endzeitliche Rettung des ‚Geistes' dieses Gemeindeglieds gedacht.[99]

3.2.2 Der präsentische Bezug des σωθῆναι

Ohne dass dieser eschatologische Horizont negiert wäre, tritt der Gegenwartsbezug der ‚Rettung' in anderen paulinischen Aussagen hervor: Dabei erscheint die Hinwendung zu Christus bzw. die Eingliederung in die Gemeinde (durch die Taufe) als Rettung (die ihrerseits die eschatologische Rettung nach sich zieht bzw. in der Hoffnung auf diese geschieht): Rettung geschieht insofern durch die Predigt bzw. die missionarische Bemühung (1 Kor 9,22; 10,33; vgl. auch 1 Thess 2,16)[100] bzw. dementsprechend in der glaubenden Hinkehr zu Christus, die sich im Bekenntnis zu ihm konkretisiert: Dies ist bereits in der vorpaulinischen Bekenntnisformel Röm 10,9 ausgesprochen: „Denn wenn du bekennst in deinem Mund als Herrn Jesus und glaubst in deinem Herzen, dass Gott ihn aus Toten erweckt hat, wirst du gerettet werden" (σωθήσῃ).[101] Diese

---

[98] Dies zeigt im Kontext auch die weitere eschatologische Drohung 1 Kor 3,16f.
[99] Auf die Details und Probleme dieser Vorstellung kann hier nicht näher eingegangen werden.
[100] S. auch 1 Kor 7,16, wo ein missionarisches Bemühen um den nicht glaubenden Ehepartner im Blick ist.
[101] Natürlich ist die Rettung ein eschatologisches Gut; dennoch wird man es hier nicht ausschließlich auf eine zukünftige Rettung beziehen dürfen (gegen J.D.G. Dunn, Romans 9–16 [Word Bible Commentary 38B], Dallas 1988, 609), vielmehr erklärt sich das Futur bereits aus der Satzstruktur, der Apodosis im Konditionalsatz. Die Rettung ist hier eher (zumindest auch) präsentisch zu denken.

Rettung wird zugleich als Erfüllung der eschatologischen Verheißung des Joelbuches verstanden, wie das in 10,13 angefügte Schriftzitat aus Joel 3,5 zeigt: „Jeder, der den Namen des Herrn anrufen wird, wird gerettet werden." Allerdings geschieht die dort eschatologisch verheißene Rettung nun in der Gegenwart der Verkündigung des Christusevangeliums: Den Heiden, die zum Glauben gekommen sind, ist (schon) Rettung widerfahren (Röm 11,11), während die Rettung Israels noch aussteht (Röm 10,1; vgl. 11,26).

Die Ursache der Rettung ist nach Paulus allerdings streng bei Gott selbst und in seinem machtvollen Handeln zu suchen: Das Evangelium ist „Kraft Gottes zur Rettung für jeden Glaubenden" (δύναμις γὰρ θεοῦ ἐστιν εἰς σωτηρίαν: Röm 1,16); gerettet wird man „durch das Evangelium" (1 Kor 15,1f.: τὸ εὐαγγέλιον [...] δι' οὗ καὶ σῴζεσθε), die grundlegende Botschaft vom Heilsgeschehen in Christi Kreuz und Auferweckung (1 Kor 15,3–5), und nach der für den ganzen ersten Korintherbrief grundlegenden Passage über das „Wort vom Kreuz" (1 Kor 1,18ff.) ist es eben die Verkündigung, die rettet: Der Kreuzeslogos ist „uns, die wir gerettet werden", keine Torheit, sondern die *rettende* „Kraft Gottes" (1,18: τοῖς δὲ σῳζομένοις ἡμῖν δύναμις θεοῦ ἐστιν), weil es Gott gefallen hat, durch die ,törichte' Verkündigung die Glaubenden zu retten (1,21: σῶσαι τοὺς πιστεύοντας).

Das temporale Verhältnis zwischen dem Präsens der Rettung und dem Futurum ihrer eschatologischen Manifestation bringt Röm 8,24 zusammenfassend zur Sprache: Auf *Hoffnung* hin sind wir gerettet (τῇ γὰρ ἐλπίδι ἐσώθημεν): D.h. die Rettung ist (bereits) erfolgt, aber mit einem eschatologischen Vorbehalt auf jenen eschatologischen Heilszustand bezogen, in dem die Angefochtenheit des menschlichen und christlichen Lebens und auch die Vergänglichkeit der Schöpfung ein Ende haben werden. Umgekehrt ist die Teilhabe an dieser endgültigen ,Erlösung' von der Vergänglichkeit in der Jetztzeit z.B. durch die Gabe des Pneuma (als ,Anzahlung' und Unterpfand dieser ,Hoffnung') verbürgt.[102]

Dass Rettung bereits in der Gegenwart, in der Annahme der Heilsbotschaft, erfolgt, dürfte auch in der problematischen Passage über die Juden in 1 Thess 2,16 impliziert sein, wo Paulus ausführt, dass die Juden „uns", d.h. Paulus und seine Mitverkündiger, „behinderten [...], zu den Heiden zu reden, dass sie gerettet werden". Paulus verbindet auch hier

---

[102] Ein Sonderfall dürfte wohl in 2 Kor 6,2 vorliegen: „Siehe, jetzt ist die ersehnte Zeit, jetzt ist der Tag der Rettung." Das Jetzt ist hier nicht auf das Gläubigwerden bezogen, sondern aktualisiert im Blick auf die konkrete Versöhnung der Korinther mit Paulus, so dass die Dringlichkeit der Annahme der Versöhnungsbotschaft zur Sprache gebracht wird (s. dazu E. Gräßer, Der zweite Brief an die Korinther, Kapitel 1,1–7,16 [ÖTK 8/1], Gütersloh – Würzburg 2002, 238f.).

die definitive (und letztlich endgerichtliche) Rettung mit der gegenwärtigen Mission und Verkündigung. Damit ist zugleich verdeutlicht, wie sich nach Paulus ‚das Heil der Anderen' (nämlich der nichtjüdischen Menschen) allein ereignen kann, nämlich in der Hinwendung der Paganen „von den Götzen" zu dem „lebendigen und wahren Gott" (1 Thess 1,9).

3.2.3 Zur Verbindung von σῴζειν/σωτηρία mit anderen paulinischen Begriffen

Die zitierten Passagen, in denen die Lexeme σῴζειν/σωτηρία begegnen, haben schon eine Reihe anderer Heilsvorstellungen und Heilsbegriffe anklingen lassen, so dass sich auch hier feststellen lässt, dass die Rede vom ‚Heil' kein separater Sprach- und Vorstellungskomplex ist, sondern intensiv vernetzt ist mit anderen soteriologischen Redeformen, die Paulus teilweise aus der ihm vorgegebenen Tradition aufnimmt und zusammenfügt, teilweise sehr eigenständig ausgestaltet. Dies kann hier natürlich nicht in extenso entfaltet oder systematisiert werden.[103] Ich kann nur einige Bezüge benennen, die in den σῴζειν/σωτηρία-Passagen begegnen und insofern mit der Rede von der Rettung bzw. dem ‚Heil' verknüpft sind.

Grundlegend ist zunächst die Verbindung mit dem Terminus εὐαγγέλιον bzw. λόγος τοῦ σταυροῦ (Röm 1,16; 1 Kor 1,18), und über die Rede vom εὐαγγέλιον ist zugleich die Verbindung mit dem grundlegenden Zeugnis von der heilvollen Wirksamkeit des Todes und der Auferweckung Jesu im Blick: Die rettende Kraft ist eben die Botschaft, dass Christus „für unsere Sünden gestorben ist nach der Schrift [...] und dass er auferweckt wurde am dritten Tage nach der Schrift" (1 Kor 15,3f.). Sein Sterben „für unsere Sünden" bzw. „für uns" oder auch seine Auferweckung „zu unserer Gerechtmachung" (Röm 4,25b) sind der Grund der Rettung, die Heilstat Gottes, die dann im Heilswort, in der Verkündigung des Evangeliums, rettend zur Wirkung kommt und Glauben schafft. Dabei ist in der Struktur des paulinischen Denkens konstitutiv, dass dieses Evangelium eben nicht nur eine ‚Botschaft' im Sinne einer Information ist, die dann vom Menschen zur Kenntnis zu nehmen oder in einem eigenen willentlichen Akt anzuerkennen wäre. Als „Kraft zur Rettung" ist das Evangelium vielmehr selbst rettungsmächtiges Gotteswort, das Glauben schafft und dadurch rettet, so dass dieser Glaube nach Paulus ebenfalls Gottes Werk und Gabe ist.[104] Wo man Glauben hinge-

---

[103] S. zum Ganzen der paulinischen Soteriologie jetzt M. Wolter, Paulus. Ein Grundriss seiner Theologie, Neukirchen-Vluyn 2011; vgl. auch U. Schnelle, Theologie des Neuen Testaments, Göttingen 2007, 199–258; Eine Subsumption der paulinischen Rede vom Heil unter den Begriff der Gerechtigkeit Gottes bietet Gnilka in seinem LThK-Artikel.
[104] Vgl. grundlegend Röm 10,17; auch 1 Kor 12,3, sowie 1 Kor 2,4 und Phil 1,29. Zum paulinischen Glaubensverständnis in einem systematisch-theologischen Horizont s. zu-

gen aufgrund bestimmter theologischer Traditionen oder auch im Trend neuzeitlichen Autonomiedenkens nur als ein zustimmendes Zur-Kenntnis-Nehmen oder gar ‚autonomes' Fürwahrhalten einer Information, als Annahme eines ‚Angebots' oder gar als „freie Tat der Entscheidung"[105] versteht, ist der Zugang zum paulinischen (und auch zum johanneischen) Verständnis des Heils verbaut.

In Röm 5,9f. wird darüber hinaus eine Reihe anderer soteriologischer Grundbegriffe mit der Rede vom (eschatologischen) Gerettetwerden verknüpft: Die definitive Rettung ist hier verstanden als Implikat und Konsequenz der jetzt schon zugeeigneten Gerechtsprechung bzw. Gerechtmachung bzw. der schon erfolgten Versöhnung der ehemaligen ‚Feinde' mit Gott. Im zur Rettung mächtigen Evangelium wird die heilschaffende Gerechtigkeit Gottes schon jetzt offenbart (Röm 1,17, die eben darin besteht, dass Gott den gerecht macht und vor ihm selbst ‚recht' sein lässt, der aus dem Glauben an Christus lebt (Röm 3,26). Insofern besteht auch eine Verbindung von σωτηρία bzw. σωθῆναι und dem Gedanken der im Glauben und durch das Evangelium zugeeigneten ‚Rechtfertigung' und Versöhnung.

Andere nicht unmittelbar im Kontext von σῴζειν/σωτηρία erwähnten Aspekte des in Christus geschenkten Heils lassen sich hier ergänzen: Aufgrund des Heilswirkens Christi und im Glauben „haben wir Frieden mit Gott" (Röm 5,1), ist der Geist Gottes in die Herzen gegeben (Röm 5,5) und damit das neue, durch die Vater-Anrede charakterisierte Gottesverhältnis begründet (Röm 8,14). Insbesondere ist damit aber die Befreiung von den Mächten der Sünde (Röm 6) und von der verdammenden Wirksamkeit des Gesetzes (Röm 8,1) gegeben. Durch den Glauben – und in der Regel dann auch durch die Taufe – bekommt der Mensch Anteil an diesem von Gott her zugewandten Heil, das seinerseits die Hoffnung auf seine eschatologische Vollendung, die Auferweckung von den Toten (1 Kor 15) und die Verwandlung in die Herrlichkeit Christi (Röm 8,17; Phil 3,20f.) impliziert.

3.2.4 Zusammenfassung

Auch im paulinischen Denken ist ‚Heil' als Rettung verstanden, aus der Voraussetzung einer eschatologischen Alternative von ‚Heil' und Verderben, als Rettung aus dem Machtbereich von Sünde und Tod. Die Rede

---

letzt B. Schliesser, Was ist Glaube? Paulinische Perspektiven (ThSt 3), Zürich 2011. Grundlegend u.a. G. Friedrich, Glaube und Verkündigung bei Paulus, in: F. Hahn/H. Klein (Hg.), Glaube im Neuen Testament (BThSt 7), Neukirchen-Vluyn 1982, 93–113.
[105] So das existentialtheologische Glaubensverständnis bei R. Bultmann, Theologie des Neuen Testaments, Tübingen ⁹1984, 317.

von der σωτηρία bzw. vom σωθῆναι ist dabei verknüpft mit den von Paulus aus seiner Tradition übernommenen soteriologischen Formeln von Christi Tod ‚für uns' oder ‚für unsere Sünden' und von seiner Auferweckung, sie ist gleichfalls verbunden mit der Rede von der Rechtfertigung und Versöhnung und eignet sich daher – bei aller inneren Differenzierung – bei Paulus noch mehr als in der synoptischen Überlieferung als soteriologischer ‚Integralbegriff'.

Das in Christus erwirkte Heil ist zugleich bestimmt von dem eigentümlichen Verhältnis von ‚schon jetzt' und ‚noch nicht', das die neutestamentliche Eschatologie im Ganzen kennzeichnet.[106] Weniger als in den Synoptikern kommt bei Paulus der irdisch-leibliche Aspekt zum Tragen, wobei dies z.T. der Thematik der Paulusbriefe verdankt ist. Implizit v.a. in Röm 8,18–27, in der Hoffnung auf die Erlösung von der Vergänglichkeit und von dem die ganze Schöpfung einschließenden Leiden, dieser für die apokalyptische Tradition grundlegende ‚ganzheitliche', kosmische Aspekt mitgedacht. Paulinisch ist Rettung allerdings ohne den Aspekt der Rettung aus Sünde und Tod nicht zu denken. Dies schließt nicht aus, sondern ein, dass sich das Heil im Hier und Jetzt der Glaubenden gestaltend auswirken soll, im Leben der Gemeinde und in der Liebe und der Hoffnung der Einzelnen. Dennoch ist in der paulinischen Soteriologie eine Denkstruktur ausgeprägt, die das ‚Heil' unabhängig von der irdisch-leiblichen Realisierung zu erfassen vermag – dies konnte später einerseits einer problematischen ‚Spiritualisierung' Vorschub leisten, andererseits liegt darin auch eine Konsequenz der radikalen Veränderung der Denkmaßstäbe im Kreuz Christi, aufgrund dessen dem ‚Vorfindlichen' und vor Augen Stehenden gerade nicht mehr der Status des Letztgültigen zuerkannt werden darf, ja Gottes Handeln gerade im Gegensatz zu dem weltlich Vorzeigbaren verstanden werden kann.

Es muss nach dem Gesagten nicht mehr eigens betont werden, dass das Heil auch für Paulus exklusiv von Gott ausgeht und exklusiv an Christus und sein Heilswirken gebunden ist. Ein Heil unter Absehung von Christus ist nicht zu denken, selbst Israel hat in seinem von Paulus erhofften eigenen Weg zur Rettung mit dem Parusiechristus (als seinem ‚Messias') zu tun (Röm 11,25f.). Ein ‚Heil der Anderen' zu reflektieren hat in Paulus kaum einen Ansatzpunkt. Zwar kann Paulus den Heiden eine begrenzte Gottes- und Gesetzeserkenntnis zuerkennen (Röm 1–2) und wohl in manchen Passagen auch für die ‚Sünder aus den Heiden' (Gal 2,14) ein ethisches Verhalten feststellen, doch die Erkenntnis der Zuwendung und Liebe Gottes in Christus ist allein im Evangelium gege-

---

[106] S. dazu jetzt J. Frey, New Testament Eschatology – An Introduction: Classical Issues, Disputed Themes, and Current Perspectives, in: J.G. van der Watt (Hg.), Eschatology of the New Testament and Some Related Documents (WUNT II/315), Tübingen 2011, 3–32, 19f.

ben, und allein dieses ist die Macht der Rettung aus den Mächten von Sünde und Tod, denen die ‚Anderen' ohne Christus rettungslos versklavt bleiben (ob sie es wissen und ‚anerkennen' oder nicht).

3.3 Rettung und Leben durch den ‚Retter der Welt' nach dem johanneischen Denken

Ein letzter, hier nur noch kurz zu besprechender Schriftenkreis ist das Johannesevangelium mit den Johannesbriefen, die als die nächstliegende Verständnishilfe zum Verständnis der Aussagen des Evangeliums mit hinzugenommen werden müssen.[107] Die Wortfamilie σῴζειν/σωτηρία/ σωτήρ ist hier eher selten gebraucht und tritt deutlich hinter anderen Heilsaussagen zurück, insbesondere hinter der Rede vom ‚Leben' bzw. dem ‚ewigen Leben'. Das Prädikat σωτήρ begegnet als Christusprädikat in der Verbindung ὁ σωτὴρ τοῦ κόσμου in Joh 4,42 und 1 Joh 4,14. Das Nomen σωτηρία findet sich im Evangelium nur ein einziges Mal in der prononcierten Aussage: „Das Heil kommt von den Juden" (Joh 4,22), und auch das Verbum σῴζειν bzw. σωθῆναι findet sich nur sechsmal im Evangelium und fehlt in den Briefen völlig. Dieser Wortgebrauch ist zudem relativ uneinheitlich: Die Formulierung kann für die Bitte Jesu um Verschonung bzw. Errettung aus dem Todesgeschick verwendet werden (Joh 12,27), die der johanneische Jesus bekanntlich zurückweist[108] und in Joh 11,12 kann das Verbum für die erhoffte Gesundung des kranken Lazarus verwendet werden, wobei diese Aussage der (nach V. 13 unverständigen) Jünger („wenn er schläft, wird es besser mit ihm werden")[109] im Sinne des Evangelisten wohl schon so ‚doppeldeutig' angelegt ist, dass der tiefere soteriologische Sinn der Lazarus-Erzählung durchscheint.[110]

---

[107] Zu den Grundentscheidungen meiner Johannesinterpretation s. J. Frey, Grundfragen der Johannesinterpretation im Spektrum neuerer Gesamtdarstellungen, in: ThLZ 133 (2008) 743–760, sowie meine Aufsatzsammlung J. Frey, Die Herrlichkeit des Gekreuzigten (Studien zu den johanneischen Schriften, Bd. 1), hg. von J. Schlegel (WUNT), Tübingen 2012.

[108] Joh 12,27: πάτερ, σῶσόν με ἐκ τῆς ὥρας ταύτης („Vater, rette mich aus dieser Stunde") ist die johanneische Rezeption der Bitte des synoptischen Jesus in Gethsemane, die im vierten Evangelium in Joh 12,27f. („Nein, darum bin ich in diese Stunde gekommen!") und 18,10f. („Soll ich den Becher nicht trinken, den mir mein Vater gegeben hat?") schroff zurückgewiesen wird. S. dazu J. Frey, Das vierte Evangelium auf dem Hintergrund der älteren Evangelientradition. Zum Problem: Johannes und die Synoptiker, in: Th. Söding (Hg.), Johannesevangelium – Mitte oder Rand des Kanons? Neue Standortbestimmungen (QD 203), Freiburg – Basel – Wien 2003, 60–118, 86–93.

[109] In dieser Weise übersetzt die Lutherbibel: „Herr, wenn er schläft, wird's besser mit ihm", während die Neue Zürcher Bibel das σωθῆναι nun mit „gerettet werden" wiedergibt: „Herr, wenn er schläft, wird er gerettet werden."

[110] Zur Interpretation der Lazarus-Erzählung s. J. Frey, Die johanneische Eschatologie, Bd. 3. Die eschatologische Verkündigung in den johanneischen Texten (WUNT 117), Tübingen 2000, 403–462.

In Joh 5,34 ist für das ganze Zeugnis Jesu (gegenüber seinen Zeitgenossen) der Zweck angegeben: „damit ihr gerettet werdet." Zweimal ist summarisch das Retten (der Welt!) als Ziel der gesamten Sendung Jesu angegeben, und zwar im antithetischen Gegensatz zum ‚Richten' (Joh 3,17; 12,47). Schließlich wird in der Bildrede Joh 10 im Kontext des Tür-Bildes von der Rettung gesprochen: „Wenn jemand durch mich hineingeht, wird er gerettet werden und wird ein- und ausgehen und eine Weide finden" (Joh 10,9). „Rettung" und „Heil" (hier im Bild des ‚Weide Findens') ist insofern exklusiv an Christus gebunden, der sich hier als ‚die Tür' zu einem neuen Lebens-‚Raum' (im Bild der Weide) präsentiert.[111] Dieser Beleg lässt ebenso wie der Beleg in der Lazarus-Episode erkennen, dass die Rede vom Heil (σωθῆναι/σωτηρία) bei Johannes mit dem soteriologischen Zentralbegriff des (ewigen) Lebens verschränkt ist.

3.3.1 Rettung als Ziel und Inhalt der Sendung Jesu

Dies zeigt sich in der an hervorgehobener Stelle, in der ersten Jesusrede im Evangelium (Joh 3,11–21), ja auf deren Höhepunkt präsentierten kerygmatischen Zusammenfassung und dem unmittelbar folgenden, begründend angeschlossenen Satz: „Denn so hat Gott die Welt geliebt, dass er den einzigen Sohn gab, damit jeder, der an ihn glaubt, nicht verloren gehe, sondern ewiges Leben habe. Denn Gott hat den Sohn nicht in die Welt gesandt, dass er die Welt richte, sondern dass die Welt durch ihn gerettet werde" (Joh 3,16f.).[112] Beide, in ihrer Grobstruktur parallelen Sätze basieren traditionsgeschichtlich auf älteren Sendungsaussagen[113], in denen der heilvolle Zweck der Sendung Jesu formuliert wurde. Joh 3,16 modifiziert diese Gemeindetradition durch die Rede vom ‚Geben' des Sohnes,[114] so dass über die Sendung (bzw. Inkarnation) hinaus hier be-

---

[111] Das Bild der Tür ist in Joh 10 nicht völlig kohärent gebraucht. Während es in einer polemischen Wendung in Joh 10,7f. (vgl. 10,1–5) um die Entgegensetzung des guten Hirten zu den ‚Dieben und Räubern' und um die richtige Tür zu den Schafen geht, bietet 10,9 eine Wendung des Bildes, in der es um die Tür zum Heil geht, als die sich der johanneische Jesus in betonter Ausschließlichkeit präsentiert.

[112] Zur Interpretation dieser Verse s. J. Frey, Die johanneische Eschatologie, Bd. 3 (Anm. 110), 283–300.

[113] Die gemeinsame Struktur ist: Gott als Subjekt + Sendungsaussage + ἵνα- Satz + Heilsaussage. Innerhalb der johanneischen Tradition bietet 1 Joh 4,9.10 den Beleg für die Formelhaftigkeit dieser Aussagen, im Hintergrund steht (direkt oder indirekt) das Schema der Sendungsaussagen aus der (vor)paulinischen Überlieferung (Gal 4,4; Röm 8,3), vgl. J. Frey, Die johanneische Eschatologie, Bd. 3 (Anm. 110), 286–288; vgl. auch ders., „God is Love." On the Textual Tradition and Semantics of a Core Expression of the Christian Notion of God, in: R.G. Kratz/H. Spieckermann (Hg.), Divine Wrath and Divine Mercy in the World of Antiquity (FAT II/33), Tübingen 2008, 203–227, 217f.

[114] Da der Evangelist gerne Verben ohne Präfix auch im Sinne präfigierter Verben verwendet, kann das ἔδωκεν auch im Sinne eines παρέδωκεν gelesen werden, so dass die Hingabe

reits ein Hinweis auf seine Hingabe in den Tod impliziert ist, die nun sehr spezifisch als Ausdruck der Liebe Gottes zur Welt prädiziert wird.[115] Joh 3,17 formuliert eine reine Sendungsaussage, in der die Intention der Sendung Jesu nun dezidiert im Sinne der *Rettung* des κόσμος (d.h. der Menschenwelt) bestimmt ist, während ein richtender, also negativer Zweck negiert wird (ohne dass freilich eine solche Wirkung der Erscheinung Jesu ausgeschlossen wäre). Doch gerade angesichts der Wahrnehmung einer solchen differenzierenden Wirkung, d.h. des Auseinandertretens von Glaube und Unglaube und damit Heil und Unheil, hält Joh 3,17 an der „Präponderanz des göttlichen Heilswillens"[116] dezidiert fest und entspricht damit der vorausgehenden Aussage der Liebe Gottes zur Welt.

In paralleler Stellung zu dieser Rettungsaussage steht in V. 16 die Rede von der Gabe der ζωὴ αἰώνιος an alle Glaubenden. Die Rettung steht dem (als Aburteilung oder Vernichtung verstandenen) Gericht ebenso antithetisch gegenüber wie die Gabe des Lebens dem eschatologischen Verderben. Was mit „Rettung" gemeint ist, bringt der vierte Evangelist im Übrigen mit seiner Rede von der Gabe bzw. vom Haben des (ewigen) Lebens zur Sprache. Dieser für Johannes ganz zentrale Heilsbegriff wird hier im Evangelium erstmals verwendet und somit eingeführt, auffälligerweise in einem Zusammenhang, in dem vorher zweimal von der βασιλεία τοῦ θεοῦ die Rede war (Joh 3,3.5). Dieser aus der älteren Jesustradition bekannte Heilsbegriff wird bezeichnenderweise im Johannesevangelium später nicht mehr verwendet, so dass gerade die Aussagen in Joh 3,15 und 3,16 als eine „Übersetzung" des alten jesuanischen Terminus in die johanneische Sprache und zugleich als eine Näherbestimmung des johanneischen Lebensbegriffs erscheinen müssen.[117] Dieses „Leben"[118] ist jedoch nach Johannes nicht mit dem kreatürlichen Leben identisch, es ist ein Leben, das der Mensch nicht von sich aus ,hat' oder haben könnte, sondern allein von dem, der das Leben ,in sich hat' (Joh 5,26), ja ,das Leben' ist (Joh 11,25), erhalten kann. Es ist Leben aus dem Tod, Befreiung aus der Sklaverei der Sünde (Joh 8,34–36), der Gottferne. So kann der Zweck der

---

in den Tod hier zumindest eingeschlossen ist und nicht – wie etwa in Joh 3,17 oder 1 Joh 4,9f. – eine bloße Sendungsaussage vorliegt; s. dazu J. Frey, Die johanneische Eschatologie, Bd. 3 (Anm. 110), 287f.

[115] S. dazu ders., „God is Love" (Anm. 113), 214–218; auch E.E. Popkes, Die Theologie der Liebe Gottes in den johanneischen Schriften (WUNT II/197), Tübingen 2005.

[116] So die präzise Charakterisierung bei J. Blank, Krisis. Untersuchungen zur johanneischen Christologie und Eschatologie, Freiburg 1964, 88.

[117] S. dazu J. Frey, Die johanneische Eschatologie, Bd. 3 (Anm. 110), 254–261; ders., Das vierte Evangelium auf dem Hintergrund der älteren Evangelientradition (Anm. 108), 102–104.

[118] Zum johanneischen Lebensbegriff s. ders., Die johanneische Eschatologie, Bd. 3 (Anm. 110), 261–270; sowie neuerdings M. Stare, Durch ihn leben. Die Lebensthematik in Joh 6 (NTA 49), Münster 2004.

Sendung Jesu zusammenfassend so benannt werden, dass in ihr die Rettung der Menschen aus diesem Zustand der Gottferne und damit aus dem eschatologischen Verderben erfolgt, bzw. dass ihnen das „ewige Leben" schon jetzt (Joh 5,24) in der glaubenden Begegnung mit Jesus und seinem Wort zuteilwird. Auch wenn futurisch-eschatologische Dimensionen, nicht zuletzt die Auferweckung am letzten Tag (Joh 6,39.40.44.54; 12,48), dadurch nicht ausgeschlossen sind,[119] ist das Leben im Johannesevangelium doch als eine dezidiert gegenwärtige und nicht erst als eine am Ende, im ‚Gericht' zu empfangende Gabe verstanden.

Die Antithetik von Leben und Tod, Licht und Finsternis oder auch Wahrheit und Lüge ist dabei sowohl im Evangelium als auch in den Johannesbriefen grundlegend. Dass die Alternative zum Leben nur der Tod, zur Rettung nur das Verderben sein kann, ist für Johannes selbstverständlich – *tertium non datur!* In dieser Intoleranz des johanneischen Wahrheitsanspruchs – verbunden mit einem steilen christologischen Exklusivismus – besteht das ‚Ärgernispotential' des johanneischen Denkens, und die Exegese hat verständlicherweise, aber vergeblich versucht, dieses Denken zu ‚entschärfen'. Ein Missverständnis ist allerdings auszuräumen: Der hier sprachlich vorliegende ‚Dualismus' ist nicht einfach – wie man auf dem Hintergrund der Gnosis oder auch von Qumrantexten meinte – eine festgefügte, starre ‚Weltanschauung',[120] gar noch in dem Sinne, dass die Zuordnung zu Heil und Unheil bereits vorab deterministisch festgelegt wäre. Vielmehr ist die Rede von Licht und Finsternis, Tod und Leben etc. im Evangelium durchgehend in eine dynamische Bewegung eingefügt,[121] in der es darum geht, dass das Licht in die Finsternis kommt und in sie hineinscheint (Joh 1,5) und dass Menschen aus

---

[119] Dazu grundlegend (in kritischer Wendung gegen die in der Forschung beliebte Eliminierung dieser Aussagen bzw. ihre Zuordnung zu einer nachträglich ‚korrigierenden' Redaktion) J. Frey, Die johanneische Eschatologie, Bd. 3 (Anm. 110), passim.

[120] In der Forschung wurden entweder eine Herleitung aus einem gnostischen Milieu (so Rudolf Bultmann und seine Schule mit unterschiedlichen Akzentuierung) oder eine Herleitung aus dem Schrifttum von Qumran (so zunächst Karl Georg Kuhn, später etwa Roland Bergmeier) vorgeschlagen, doch stets in dem Sinne, dass mit der dualistischen Sprache die Weltanschauung eines bestimmten Milieus vorausgesetzt sei. Zu alternativen Ableitungen s. J. Frey, Licht aus den Höhlen? Der johanneische ‚Dualismus' und das Schrifttum von Qumran, in: J. Frey/U. Schnelle (Hg., unter Mitwirkung von J. Schlegel), Kontexte des Johannesevangeliums. Das vierte Evangelium in religions- und traditionsgeschichtlicher Perspektive (WUNT 175), Tübingen 2004, 117–203; ders., Recent Perspectives on Johannine Dualism and Its Background, in: R. Clements/D.R. Schwartz (Hg.), Text, Thought, and Practice in Qumran and Early Christianity (StTDJ 84), Leiden – Boston 2008, 127–157.

[121] Zum Verständnis des johanneischen Dualismus s. J. Frey, Zu Hintergrund und Funktion des johanneischen Dualismus, in: D. Sänger/U. Mell (Hg.), Paulus und Johannes. Exegetische Studien zur paulinischen und johanneischen Theologie und Literatur (WUNT 198), Tübingen 2006, 3–73, sowie E.E. Popkes, Theologie der Liebe Gottes (Anm. 115), passim.

der Finsternis zum Licht sowie aus dem Tod zum Leben kommen.[122] Diese Asymmetrie des göttlichen Rettungshandelns in Christus[123] durchzieht das Evangelium von der Aussage über die göttliche Liebe zur Welt in Joh 3,16 bis zum Abschluss des Gebets in Joh 17, demzufolge selbst der in den Abschiedsreden so negativ charakterisierte κόσμος zur Erkenntnis der Liebe Gottes in Christus, ja zum Glauben kommen soll (Joh 17,21.23).[124] Ein ‚geschlossener' Dualismus gleich welcher Provenienz liegt gerade nicht vor, vielmehr reflektiert die dualistische Sprache das faktische Problem, dass die Zeitgenossen Jesu mehrheitlich eben nicht glaubten und das Zeugnis der johanneischen Zeugen ebenfalls Ablehnung erfuhr, was Joh 12,38–40 nur durch ein ‚verblendendes' Handeln Gottes zu erklären vermag. Doch hält gerade gegen die hier naheliegende ‚Verfinsterung' des Gottesbildes Joh 3,17 (wie Joh 12,47) die heilvolle Zielsetzung der Sendung Jesu und die Perspektive der letztlichen Rettung der Menschenwelt fest. Noch weitergehend wagt es Joh 3,16, als Urgrund des gesamten Christusgeschehens, der Sendung (und Dahingabe) des Sohnes, die vorzeitliche Liebe Gottes zu seiner Schöpfung zu postulieren, und nach 1 Joh 4,9f. erwies sich gerade im Christusgeschehen jene Liebe, die nach der johanneischen Spitzenaussage in 1 Joh 4,8.16 das innerste Wesen Gottes ausmacht.[125]

3.3.2 Heil „von den Juden" und für die Welt

Ein Zusammenhang ist noch eigens zu beachten: Im Kontext der Samaritaner-Episode in Joh 4 findet sich nicht nur der (einzige) Beleg von σωτηρία, sondern auch (das einzige Mal im Evangelium) das Christusprädikat σωτήρ, zumal mit der Erweiterung τοῦ κόσμου, die angesichts der sonst weithin negativen Konnotationen von κόσμος ähnlich herausragt wie die kerygmatische Spitzenaussage von der Liebe Gottes zum κόσμος in Joh 3,16. Die beiden ‚Heils'-Aussagen begegnen an hervorgehobenen Stellen und sind miteinander verknüpft:

Die Rede vom „Heil von den Juden" (Joh 4,22) findet sich im letzten Teil des Dialogs zwischen Jesus und der Samaritanerin, in dem sich Jesus abschließend durch sein ‚Ich bin' als der erwartete Messias offenbart (Joh

---

[122] Die Erfahrung, dass dies nicht immer gelingt, dürfte eines der großen Rätsel für die johanneische Schule gewesen sein; sie wird im Evangelium (Joh 12,38ff.) wie dann auch im ersten Brief (1 Joh 2,18ff.; vgl. Joh 6,60ff.) prädestinatianisch gedeutet – als Indiz einer von Gott gewirkten Verblendung.

[123] Vgl. H. Weder, Die Asymmetrie des Rettenden. Überlegungen zu Joh 3,14–21 im Rahmen johanneischer Theologie, in: ders., Einblicke ins Evangelium, Göttingen 1992, 435–465.

[124] Dazu s. E.E. Popkes (Anm. 115), Theologie der Liebe Gottes, 342–348.

[125] Dazu ausführlicher J. Frey, „God is Love" (Anm. 113).

4,26); das Bekenntnis der Samaritaner zu ihm als dem „Retter der Welt" findet sich in der klimaktischen Schluss-Szene, in der nach dem Jünger-gespräch (V. 27–38) die samaritanischen Dorfbewohner insgesamt Jesus begegnen und ihm Glauben schenken. Dieser Glaube der Samaritaner steht in markantem Kontrast zu dem in Joh 2,23–25 mit Vorbehalt be-richteten Zeichenglauben der Festbesucher in Jerusalem und zu dem letztendlichen Unverständnis des Nikodemus in Joh 3,10. Während Jesus in Jerusalem, dem religiösen Zentrum ‚der Juden'[126] und auch im jüdi-schen Galiläa (vgl. Joh 6) auf Unverständnis und später zunehmend auf Widerstand stößt, treten ihm die von den Juden als ‚halbheidnisch' be-trachteten und gemiedenen (vgl. Joh 4,9) Samaritaner mit offener Sym-pathie und Glauben entgegen. Mit diesem ‚Erfolg' des ‚Juden' (Joh 4,9) Jesus bei den Samaritanern[127] bietet die Episode einen ersten Hinweis auf die spätere universale Wirksamkeit des Evangeliums unter den Heiden, die dann spätestens mit dem Kommen der ‚Griechen' in Joh 12,20 und der ‚Griechenrede' (Joh 12,23ff., insbesondere 12,32) thematisiert wird.[128] Diese Tendenz hin zur universalen Ausbreitung der Jesusbot-schaft wird auch in Joh 4 deutlich und mit der christologischen Prädika-tion ὁ σωτὴρ τοῦ κόσμου (Joh 4,42) markiert:

Im Gespräch mit der Samaritanerin nimmt Jesus eine klar judäische bzw. jüdische Perspektive ein und vertritt die Linie der biblischen Got-tesoffenbarung, derzufolge die Samaritaner keine richtige Gotteserkennt-nis besitzen. „Wir (die Juden) wissen, was wir anbeten [...]", denn „die σωτηρία kommt aus den Juden" (Joh 4,22). Diese Aussage ist zunächst auf die Linie der biblisch-judäischen Gottesoffenbarung bezogen, die im Johannesevangelium wie im ganzen Neuen Testament rezipiert wird (und der israelitisch-samaritanischen Traditionslinie damals wie heute entge-gensteht), zum anderen und noch konkreter auf Jesus selbst, der als Irdi-scher ein jüdischer Mensch war und gerade hier der samaritanischen Frau in einer zeitgenössische Rollenkonventionen durchbrechenden Weise als jüdischer Mann begegnet (vgl. Joh 4,9). Zugleich gibt sich Jesus hier als

---

[126] M.E. ist der Terminus Ἰουδαῖοι im Johannesevangelium durchgehend mit „die Juden" (d.h. in einer religiösen Konnotation) zu verstehen und nicht (abschwächend, um einer politischen Korrektheit willen) bloß geographisch im Sinne von ‚Judäern' zu fassen. Auch in Galiläa (Joh 6) steht Jesus den Ἰουδαῖοι gegenüber, und die Darstellung in Joh 9 ist in vielem wohl transparent für die Verhältnisse der Diasporasynagoge zur Zeit des Evange-listen.

[127] Zur Interpretation der Samaritanerperikope s. jetzt auch J. Frey, „Gute" Samaritaner? Das neutestamentliche Bild der Samaritaner zwischen Juden, Christen und Paganen, in: J. Frey/U. Schattner-Rieser/K. Schmid (Hg.), Die Samaritaner und die Bibel (Studia Sama-ritana), Berlin – New York 2012.

[128] Vgl. ausführlich J. Frey, Heiden – Griechen – Gotteskinder. Zu Gestalt und Funkti-on der Rede von den Heiden im 4. Evangelium, in: R. Feldmeier/U. Heckel (Hg.), Die Heiden. Juden, Christen und das Problem des Fremden (WUNT 70), Tübingen 1994, 228–268.

der ‚Messias' zu erkennen, der die religiösen Streitfragen – etwa um den rechten Ort der Anbetung – durch seine Weisung eschatologisch auflöst: Das heißt freilich, dass bereits in Jesu Gegenwart bzw. im Glauben an ihn die Überschreitung der Grenzen der bisherigen Kultgemeinschaften erfolgt und die wahre Verehrung Gottes nicht mehr an Jerusalem noch an den Garizim (noch an irgend einen anderen heiligen Ort) gebunden ist, sondern in Geist und Wahrheit universal möglich ist.

Diese Universalität kommt zur Sprache, wenn die zum Glauben gekommenen Samaritaner nun – in der Klimax der Episode – auch für die johanneischen Leser stellvertretend und einladend das Bekenntnis aussprechen: Dieser ist „wahrhaftig der Retter der Welt" (Joh 4,42). Dass Jesus hier und parallel dazu in 1 Joh 4,14 als σωτήρ τοῦ κόσμου prädiziert wird, bringt die Universalität seiner Sendung (in Entsprechung zur Aussage der Liebe Gottes zum κόσμος und der Intention der Rettung des κόσμος in 3,16f.) zur Sprache: Die Rettung gilt nicht nur der Welt – er ist selbst der Retter der Welt, insofern Menschen aus diesem κόσμος, d.h. der Menschenwelt, auch über den israelitisch-jüdischen Rahmen hinaus zum Glauben an ihn gelangen und darin am Heil bzw. am „ewigen Leben" Anteil bekommen: erst Samaritaner, dann die ‚Griechen' (Joh 12,20; vgl. 7,35f.) und – durch sie erzählerisch repräsentiert – letztlich „alle", in universaler Weite, nicht zuletzt die Leserinnen und Leser des Evangeliums in der kleinasiatischen Diaspora. Die Prädikation σωτήρ, die in der LXX allein Gott zukommt[129], wird einmal bei Paulus (Phil 3,20 für den Parusiechristus) und dann erst in den ntl. Spätschriften auf Christus übertragen. Sie reklamiert für ihn ein Prädikat, das in der hellenistisch-römischen Welt nicht nur in Ehrendekreten für Wohltäter und Herrscher, sondern auch für Gottheiten wie Asklepios verwendet wurde. Ob und inwiefern der johanneische Gebrauch auf eine dieser Verwendungsweisen bezogen werden soll, bleibt im Text offen – deutlich ist jedoch, dass Christus als der σωτήρ τοῦ κόσμου allen anderen vermeintlichen Rettern ihre Würde streitig macht: Er ist *wahrhaftig* der Retter der Welt, wie auch seine Herrschaft auf einer ganz anderen Ebene als die des Kaisers steht und sein Heil das von anderen Herren gewährte bei weitem überragt. Diese Exklusivität gründet in der christologischen Exklusivität, in der Jesus als der ‚Einziggezeugte' (Joh 1,14.18) die gültige Offenbarung des sonst und ohne ihn nicht erkennbaren Gottes (Joh 1,18), ja in der Einheit mit dem Vater (Joh 10,30) dessen (einziges und wahres) Bild ist. Dies ist der sachliche Anspruch der johanneischen Texte, der keine Relativierung duldet: Die – für heutige Religionsdialoge ärgerliche – christologische Exklusivität lässt sich theologisch verantwortlich nicht umgehen.

---

[129] Vgl. auch Weish 16,7.

Jörg Frey

4. Einige abschließende Thesen

So vielfältig die Bilder und Vorstellungen des Heils im NT auch sind, in einigen zentralen Aspekten besteht zwischen den neutestamentlichen ‚Hauptzeugen' – der synoptischen Jesusüberlieferung, der paulinischen und der johanneischen Theologie – sachliche Übereinstimmung:

1. Heil ist im NT primär als *Errettung* verstanden aus einem Zustand des Unheils, der einerseits als für die Gegenwart kennzeichnend verstanden wird und andererseits als eschatologisches Verderben bedrohlich vor Augen steht. Sünde und Tod sind die beherrschenden Unheilsmächte, und in den Synoptikern sind die Besessenheiten und Krankheiten ebenso Zeichen des Unheils, dem Gottes Heil machtvoll entgegentritt. Hier zeigt sich deutlich der Vorstellungshorizont der frühjüdischen Apokalyptik im Hintergrund der neutestamentlichen Soteriologie. Mit ihr kommt die sachliche Einsicht zum Ausdruck, dass die Rettung etwas ist, das der Mensch nicht bewerkstelligen kann und das dem Menschen und dieser Welt von Gott her bzw. von Christus her zukommen muss, eben weil der Zustand von Welt und Mensch derartig im Unheil verstrickt ist, dass sich dieses nicht durch menschliches Wollen und Wirken, durch Erziehung, Moral oder ‚Weltverbesserungs'-Aktivismus beheben lässt.

2. Biblisch-theologisch ist zu bedenken, dass die Heilsaussagen v.a. auf alttestamentlich-jüdischer Grundlage gegenüber einer naheliegenden ‚Spiritualisierung' sperrig sind. Die *leibliche Konkretheit* des Heils wird in den Heilungen Jesu festgehalten (und ist, wenn man die Fortwirkung des Heilungsauftrags Jesu im frühen Christentum einbezieht) auch später in vielfältiger Weise noch wahrgenommen worden. Es ist zutreffend (und eine aus dem Kreuzesgeschehen folgende sachliche Einsicht), dass Heil nicht in seinen irdischen (physischen, sozialen oder politischen) Realisierungen aufgeht und nicht an diesen gemessen oder verifiziert werden kann. Umgekehrt wäre eine Einschränkung der Rede vom Heil auf den Aspekt von Sünde und Vergebung bzw. auf die Dimension eines bloß ‚jenseitigen' Heils eine im Rahmen des gesamtbiblischen Denkens nicht zu verantwortende Verkürzung.

3. Heil ist nach neutestamentlichem Zeugnis klar *theozentrisch* als ein von Gott gewirktes, gewährtes und geschenktes zu verstehen. Dies gilt sowohl für die synoptische Rede von der Nähe der βασιλεία in Jesu Wirken als auch für die paulinische und johanneische Rede von der Rettung durch die Sendung Jesu (Joh 3,16) oder durch den Parusiechristus (Röm 11,26 u.a.). Es ist Gottes Heil, das sich unter den Menschen ereignet bzw. zu den Menschen gelangt, und nicht zuletzt die biblischen Aussa-

gen über die eschatologische Vollendung (1 Kor 15,28; Offb 21,1–5) halten diesen Horizont fest.

4. Dabei ist von den Synoptikern über Paulus bis zu Johannes völlig klar, dass dieses Heil *allein durch Christus* bzw. in dem von Gott ausgehenden Christusgeschehen ermöglicht ist und durch ihn bzw. in seinem Namen gegeben wird (Apg 4,12) und dass allein in der glaubenden Verbindung mit ihm eine Teilhabe an diesem Heil denkbar ist.

5. Ein *‚Heil der Anderen'* kommt im Neuen Testament somit kaum ins Blickfeld. Es ist m.E. auch durch das neutestamentliche Gesamtzeugnis schwerlich als Thema des theologischen Nachdenkens zu begründen. Die ‚Anderen', in neutestamentlicher Sprache die ‚Heiden', sind darauf gewiesen, sich von den Göttern bzw. ihrer religiösen Praxis weg und dem einen und wahren Gott Israels bzw. dem Messias und Gottessohn zuzuwenden. Der neutestamentlich gewiesene Weg zu dem (von Gott gewollten) Heil dieser ‚Anderen' ist insofern die Mission. Zwar mag den ‚Anderen' nach einzelnen neutestamentlichen Aussagen eine (einge-schränkte) Gottes- und Gesetzeserkenntnis zukommen, aber das (es-chatologisch verstandene) Heil ist neutestamentlich exklusiv an die Gottesherrschaft bzw. an das Evangelium und an den Namen Jesu ge-bunden. Den Anliegen einer (post)modernen Religionstheologie setzt das NT schroffsten Widerstand entgegen, und eine christliche Theolo-gie, die sich dem identitätsstiftenden Grundzeugnis verpflichtet weiß, kann diese Exklusivität nicht preisgeben, wenn sie damit nicht auch ihre christliche Identität preisgeben möchte. Weder die phänomenologische Vergleichung der Heilsvorstellungen noch die Konstruktion einer In-klusion der ganzen Schöpfung über das Konstrukt eines kosmischen Christus kann dazu führen, dass ein Heil an Christus vorbei, als valide anerkannt werden könnte.

6. Eine Ausnahme bietet allenfalls *Israel*, dessen besonderes Gottesver-hältnis im NT in unterschiedlicher Weise bedacht wird. Polemische Be-streitung traditioneller Heils-ansprüche steht dabei neben der demüti-gen Trauer über die mehrheitliche Nichtanerkennung des Messias Jesu durch seine jüdischen Zeitgenossen. Der – im Unterschied zu anderen, in der konflikthaften Begegnung verbleibenden Aussagen – am weites-ten reichende Ansatz bei Paulus (Röm 9–11) spricht von einer eschato-logischen Rettung ganz Israels. Dabei ist bemerkenswerterweise weder von ‚Bekehrung' noch von Mission die Rede, sondern von einer nicht näher explizierten Rettung ‚ganz Israels', die durch den Parusiechristus gewirkt wird.

Das Heil der Anderen

Neutestamentliche Perspektiven

Michael Theobald

Das äußerst komplexe Thema, das zu bearbeiten sich der Ökumenische Arbeitskreis vorgenommen hat, möchte ich aus der Perspektive meines Faches in zweifacher Hinsicht bearbeiten: als Frage, ob und wie *Andere* mit ihren eigenen Geltungsansprüchen im Neuen Testament vorkommen (unter 2.), und ob und wie das Neue Testament vom *Heil* Anderer spricht, das heißt: von Menschen, die außerhalb der Nachfolgegemeinschaft Jesu stehen (unter 3.). Dass eine Spurensuche solcher Art, die dem Interesse an Fragen geschuldet ist, die uns heute umtreiben, dem Neuen Testament so aber noch unbekannt sind, ein hermeneutisches Wagnis ist, sei eingangs an seiner Sperrigkeit gegenüber diesen Fragen aufgezeigt (unter 1.).

1. Die Fremdheit des Neuen Testaments gegenüber der Fragestellung

(1) Zunächst halten wir uns die *perspektivische Begrenztheit* des Neuen Testaments, wie sie sich aus der Art der hier versammelten Literatur ergibt[1], vor Augen.

(a) Diese Literatur ist „nach innen" gerichtet, sie gilt Insidern, deren Identitätsfindung und -festigung sie dienen will[2]. Zumindest die frühen Schriften des Neuen Testaments sind *Konvertitenliteratur*, welche die Bekehrten angesichts mannigfacher Herausforderungen in ihrem neuen Lebensstand stärken will[3]. Von daher erklärt sich auch ein Phänomen, das des öfteren in diesen Texten begegnet und das die Religionssoziologie „Konvertitensyndrom" nennt, nämlich der Zwang, den vorgängigen Lebensentwurf pauschal abzuwerten und permanent zu verwerfen, um sich je neu zu versichern, dass die einmal getroffene Entscheidung richtig und gut gewesen ist[4].

(b) Gegenüber dem *Judentum* bzw. in seinem Rahmen ist die frühe „christliche" Identitätsvergewisserung oft genug von Polemik bestimmt, deren Schärfe, soweit sie von Jesus-gläubigen Juden kommt, dem Konflikt zwischen den Geschwistern um das rechte Erbe geschuldet ist[5]. Die kanonischen Evangelien sind *strukturell* davon betroffen, da sie alle vier – wenn auch in sehr verschiedener Weise – den Trennungsprozess von Kirche und Israel nach 70 n. Chr. im Blick auf die in die Passion mündende Vita Jesu „bearbeiten". Es versteht sich von selbst, dass sie die Frage nach

---

[1] Vgl. zuletzt G. Theißen, Die Entstehung des Neuen Testaments als literaturgeschichtliches Problem (Schriften der Philosophisch-historischen Klasse der Heidelberger Akademie der Wissenschaften 40), Heidelberg 2007 (bezieht auch die Phase der Kanonwerdung des Neuen Testaments in seine Literaturgeschichte mit ein), außerdem M. Reiser, Art. „Literaturgeschichte/Literaturgeschichtsschreibung III. Neues Testament", in: RGG⁴ 5 (2002) Sp. 408f.

[2] Nach außen adressiert sind erst Schriften des 2. Jh.s, so die an Kaiser Hadrian gerichtete Apologie des Quadratus (vgl. das kleine Fragment bei Eusebius, Hist. Eccl IV 3,1f.) oder die beiden Apologien des *Justin*. Von der Apostelgeschichte des Lukas lässt sich das noch nicht sagen (siehe unten).

[3] Signifikant ist das in der Briefliteratur vielfältig eingesetzte „Einst-Jetzt"-Schema, das Vergangenheit und Gegenwart der Getauften wie hell und dunkel entgegensetzt; vgl. Röm 6,20f.; 7,5f.; Eph 2,1–10; 5,8; etc.; grundlegend dazu: E. Tachau, ‚Einst' und ‚Jetzt' im Neuen Testament (FRLANT 105), Göttingen 1972. Vgl. auch M. Wolter, Die Entwicklung des paulinischen Christentums von einer Bekehrungsreligion zu einer Traditionsreligion, in: Early Christianity 1 (2010) 15–40.

[4] Vgl. R. Kampling, Intoleranz in der Bibel – Toleranz aus der Bibel. Zur biblischen Begründung der Toleranzpraxis – ein Versuch, in: C. Schwöbel/D. von Tippelskirch (Hg.), Die religiösen Wurzeln der Toleranz (Alfred Herrhausen Gesellschaft für internationalen Dialog), Freiburg u.a. 2002, 212–222, 216.

[5] Zur gegenwärtigen Forschungssituation, die sich vom „Mutter-Tochter-Paradigma" hin zum Paradigma wechselseitiger Bezüge (Judentum und Christentum als „Zwillinge") bewegt, vgl. G. Rouwhorst, Christlicher Gottesdienst und der Gottesdienst Israels, in: Handbuch der Liturgiewissenschaft, Teil 2, Bd. 2, Regensburg 2008, 490–572, 506–510.

dem „Heil" Israels, genauer: dem „Heil" derer in Israel, die Nein zum Messias Jesus gesagt haben, höchstens am Rand thematisieren[6]. Einige Spätschriften des Neuen Testaments zeigen bereits Spuren einer einsetzenden „Israelvergessenheit"[7]. Paulus, der sich in der Phase vor der Tempelzerstörung 70 n.Chr. als vom Messias Jesus zum Apostel berufener Jude noch in ganz anderer Weise seinem Volk zugehörig wusste[8], verlieh seiner Gewissheit der Rettung „ganz Israels" im Vorfeld seiner letzten Jerusalemreise in Röm 11 Ausdruck, einem Text, der hier besonderes Interesse verdient (siehe unten 3.2).

(c) Was *die Religionen der hellenistisch-römischen Welt in ihrer Vielfalt* betrifft, so ist ihre Abblendung aus der Konvertitenperspektive vieler neutestamentlicher Texte offenkundig. Diese konstruieren die Welt noch ganz aus jüdischer Sicht, das heißt: von der Opposition Juden und „Heiden(-Völker)" her, und subsumieren die alten und neuen Götter der Griechen und Römer unterschiedslos unter dem Oberbegriff der „Götzen" (εἴδωλα) oder „Dämonen" (δαιμόνια), die sie vom „lebendigen Gott" Israels scharf unterscheiden[9]. Dass in den Religionen der Umwelt auch *Wahrheitsmomente* enthalten sein könnten, wird nur begrenzt angedacht. Wenn etwa Wiedergeburtsvorstellungen aus Mysterienkulten in Tauftheologie[10] oder Motive aus dem Dionysoskult in die Christusverehrung

[6] Immer wichtiger in diesem Kontext wird das lukanische Doppelwerk, zu dem anlässlich von Apg 1,6–8 und 3,20f. schon vor Jahren F. Mußner, Traktat über die Juden, München ²1988 (Nachdruck Göttingen 2009), 67, erklärte, „daß auch Lukas die endzeitliche Rettung Israels kennt, wenn er sie auch in anderer Terminologie als etwa Paulus ausspricht". Eine umfassende Darstellung der lukanischen Sicht im Horizont alttestamentlicher Israel-Theologie bietet jüngst C. Schaefer, Die Zukunft Israels bei Lukas. Studien zur Rezeption biblisch-frühjüdischer Zukunftsvorstellungen im lukanischen Doppelwerk in Auseinandersetzung mit der Sicht des Römerbriefs (BZNW), Berlin 2012 (dort auch die jüngere Lit. zum Thema).
[7] Vgl. etwa N. Brox, „Sara zum Beispiel ...". Israel im 1. Petrusbrief, in: P.-G. Müller/W. Stenger (Hg.), Kontinuität und Einheit (FS F. Mußner), Freiburg u.a. 1981, 484–493, 493: „Der 1. Petrusbrief befindet sich auf dem Weg einer theologischen Vergessenheit Israels im Christentum, ohne Polemik und ohne Interesse".
[8] Vgl. M. Theobald, Von Saulus zu Paulus? Vom Juden zum Christen? Das Jüdische am Apostel als bleibende Herausforderung, in: Welt und Umwelt der Bibel 1/2009, 23–27; ders., „Geboren aus dem Samen Davids ..." (Röm 1,3). Wandlungen im paulinischen Christus-Bild?, in: ZNW 102 (2011) 235–260.
[9] Vgl. 1 Thess 1,9; 1 Kor 8,4.7; 10,19; 12,2; 2 Kor 6,16; Röm 2,22; 1 Joh 5,21; Offb 9,20. – H.-J. Klauck, Magie und Heidentum in der Apostelgeschichte des Lukas (SBS 167), Stuttgart 1996, 90: „Das Grundwort *eidolon* [Götze, Götzenbild] zeigt bereits einen Seinsverlust an, weil es für leblose Seelen, für Schatten- und Trugbilder gebraucht wird. Die Septuaginta und das Diasporajudentum haben es adaptiert, um damit die Götter und Götterbilder in ihrer Umwelt nicht nur zu benennen, sondern sie zugleich als heidnische Götzen zu attackieren".
[10] Vgl. A. Fürst, Die Liturgie der Alten Kirche. Geschichte und Theologie, Münster 2008, 101–104.

übernommen werden[11], dann äußert sich darin nicht der Wille zum Gespräch mit diesen Kulten, sondern der Versuch, Erwartungen und Sehnsüchte der Menschen missionarisch auf die eigenen Mühlen umzulenken. Bei den „Apologeten" beginnt sich die Situation zu verändern. Justin z.b. kommt als erster ausdrücklich auf die „Mysterien" zu sprechen und bezeichnet ihre Riten, insofern sie mit christlichen vergleichbar sind, als deren dämonische „Nachäffung"[12]. Seine stoisch geprägte Theorie von den *Logoi spermatikoi* und dem *Logos ensarkos* erlaubt ihm aber, „Fragmente und Brocken" der christlichen Wahrheit auch schon außerhalb der biblischen Offenbarungsgeschichte vor Christus zu finden[13]. Für diesen Wandel sind institutionelle Voraussetzungen zu nennen, die auf eine Konsolidierung der Kirche hindeuten[14]. Gegenüber dem 1. Jh. ist dies ein Paradigmenwechsel, auch wenn nicht zu übersehen ist, dass schon das lukanische Doppelwerk Elemente enthält, die eine christliche Apologie im Kontext der hellenistischen Bildungstradition ankündigen (dazu unten 2.2.3). Aber das Werk ist noch nach innen gerichtet und dient der Selbstvergewisserung christlicher Leser[15].

(2) Wer vom Neuen Testament zum anderen Pol der Debatte hinüberwechselt – dem gegenwärtigen Ringen um den absoluten Wahrheitsanspruch des Christlichen im Religionsdialog zwischen Exklusivismus, In-

---

[11] M. Theobald, Das Evangelium nach Johannes. Kap. 1–12 (RNT), Regensburg 2009, 200–220; W. Eisele, Jesus und Dionysos. Göttliche Konkurrenz bei der Hochzeit zu Kana (Joh 2,1–11), in: ZNW 100 (2009) 1–28; anders C. Claußen, Turning Water into Wine: Re-reading the Miracle at the Wedding in Cana, in: J.H. Charlesworth/P. Pokorny (Hg.), Jesus Research. An international Perspective: The first Princeton-Prague Symposium on Jesus Research, Grand Rapids 2009, 73–97.

[12] Justin, Apol I 66: „Die bösen Dämonen aber haben auch diesen [d.h. den eucharistischen] Brauch nachgeahmt und Anleitung dazu gegeben, dass er auch bei dem Geheimdienst des Mithras eingeführt wurde. Denn ihr wisst ja oder könnt es erfahren, dass dort bei der feierlichen Einweihung eines neuen Jüngers unter gleichzeitigem Vorsagen gewisser Sprüche Brot und ein Becher mit Wasser vorgesetzt werden".

[13] H. von Campenhausen, Griechische Kirchenväter (Urban Bücher 14), Stuttgart 4 1967,17: „Das Christentum ist für ihn [sc. Justin] die philosophische Wahrheit selbst; Plato stimmte mit dieser nur schon weithin überein. Gott wirkte zu allen Zeiten und bei allen Völkern. Er ließ ihnen durch Christus von jeher und auch außerhalb des jüdischen Volkes Fragmente und Brocken seiner Wahrheit zuteil werden. Aber in Jesus Christus ist seine ewige Vernunft endgültig erschienen". – Vom Johannesprolog wird man die Justinsche Logos-Konzeption noch fernhalten müssen, vgl. M. Theobald, Im Anfang – das Wort. Zum Johannesprolog, in: ders., Studien zum Corpus Iohanneum (WUNT 267), Tübingen 2010, 33–40.

[14] Vgl. C. Markschies, Kaiserzeitliche christliche Theologie und ihre Institutionen. Prolegomena zu einer Geschichte der antiken christlichen Theologie, Tübingen 2007, vor allem 43–109 („Die freien Lehrer und der christliche Schulbetrieb").

[15] R.I. Pervo, Acts. A Commentary (Hermeneia), Minneapolis 2009, 21: „The ostensible addressees of formal apologies are ‚outsiders'. Luke and Acts speak to insiders, believers in Jesus, rather than to polytheists or to Jews who did not accept Christian claims".

klusivismus, Pluralismus und Relativismus –, wird vor Kurzschlüssen gefeit sein, wenn er die Einsicht in die *perspektivische Begrenztheit* des Neuen Testaments beherzigt. Denn auf den ersten Blick scheint sich ja der so genannte Exklusivismus[16] unmittelbar aus dem Neuen Testament herleiten zu lassen, denken wir nur an Kernsätze wie Apg 4,12[17] oder Joh 14,6[18]. Von ihnen lassen sich auch so vehemente Bekämpfer christlichen Exklusivismus beeindrucken wie K. Henrich, den sein „Unbehagen bei der Lektüre des Johannesevangeliums" zu folgenden bösartigen Sätzen hinreißen lässt: „Das Mosaische Gesetz, das will uns der Verfasser des Johannes-Evangeliums nahe legen, ist ohne Wahrheit und gnadenlos. Das führt zu einer mörderischen Konsequenz, vor der das Wort ‚die Wahrheit wird euch freimachen' […] wie ein erster Aufruf zum Pogrom erscheint […]. Die Juden also sind und waren immer schon Wahrheitsmörder"[19]. Was bei einem solchen Frontalangriff auf der Strecke bleibt, ist die historische Gerechtigkeit, die man dem Buch als Dokument eines traumatischen Trennungsprozesses der Kirche von der Synagoge zubilligen sollte. Wenn seine „Dialoge" keine offenen, sondern von Anfang an in ihrem Ergebnis feststehende „Dialoge" sind, dann hängt das mit den konkreten historischen Erfahrungen zusammen, die hinter ihm stehen[20]. Das darf nicht der anderweitig begründeten Behauptung[21] zum Vorwand dienen,

---

[16] Gängige Definitionen bietet H. Kessler, Pluralistische Religionstheologie und Christologie. Thesen und Fragen, in: R. Schwager (Hg.), Christus allein? Der Streit um die pluralistische Religionstheologie (QD 160), Freiburg 1996, 158–173, 160 Anm. 5: *„Exklusivismus* besagt: wahr ist nur die christliche Religion, außerhalb Jesu Christi gibt es weder Offenbarung noch Heil, oder gemäßigter: außerhalb Jesu Christi gibt es zwar Offenbarung, aber kein Heil; echter Dialog ist hier unmöglich. *Inklusivismus* (mit großer Bandbreite) meint grob gesprochen: Gottes Selbstoffenbarung ist in Jesus konzentriert, aber nicht auf ihn begrenzt; andere Religionen können Offenbarungs- und Heilswege sein, Jesus Christus ist die unüberbietbare Offenbarung, der Weg, letztgültiger Maßstab für alle Religion."
[17] Apg 4,12: „Und in keinem anderen ist das Heil, auch ist kein anderer Name unter dem Himmel den Menschen gegeben, durch den wir gerettet werden sollen".
[18] Joh 14,6: „Ich bin der Weg, die Wahrheit und das Leben. Keiner kommt zum Vater, es sei denn durch mich". Hierzu vgl. zuletzt P.G. Kirchschläger, Nur ich bin die Wahrheit. Der Absolutheitsanspruch des johanneischen Christus und das Gespräch zwischen den Religionen (HBS 63), Freiburg 2010.
[19] K. Heinrich, Wie eine Religion der anderen die Wahrheit wegnimmt. Notizen über das Unbehagen bei der Lektüre des Johannes-Evangeliums, in: ZRGG 49 (1997) 345–363, 348; den christologischen Absolutheitsanspruch des Joh meint er als Ausdruck eines ödipalen Konflikts demaskieren zu können, weil die Sohnesreligion hier unverhohlen über die der Väter triumphiere.
[20] Der Grund ist der, dass sie die bereits im Vorfeld des Buches gescheiteren „Dialoge" zwischen johanneischen Jesusgläubigen und Mitgliedern der Synagoge „abbilden" und verarbeiten, indem sie ihr Scheitern durch fiktiven Rekurs auf Jesus legitimieren. – Zu Joh vgl. auch Th. Söding, Die Wahrheit des Evangeliums. Anmerkungen zur johanneischen Hermeneutik, in: EThL 77 (2002) 318–355.
[21] Vgl. nur H. Blumenberg, Wirklichkeitsbegriff und Wirkungspotential des Mythos, in: M. Fuhrmann (Hg.), Terror und Spiel. Probleme der Mythenrezeption, München 1971, 11–66, 31f., der das Projekt der Moderne in der Befreiung vom Dogma des biblischen

die von diesem Buch bezeugte christologische Wahrheit sei prinzipiell „dialogunfähig".

Insgesamt, so scheint mir, wird man bei der Auslegung neutestament-licher Texte auf ihre *eigenen* Denkformen achten müssen, wofür ich zwei Beispiele aus Paulus vorweg nennen möchte, weil sie so etwas wie „inklu-sives" Denken verraten: einmal sein Missionskonzept, mit dem er das Ziel verfolgte, in den Zentren der römischen Provinzen vor der baldigen Parusie Christi „Namen" aufzurichten – in kleinen christlichen Zellen, von denen er hoffte, dass sie in ihr Umland ausstrahlen, und vielleicht annahm, dass durch sie gemäß Röm 11,16 auch das Ganze geheiligt wer-de: *„Ist die Erstlingsgabe vom Teig heilig, so ist es auch der ganze Teig"*[22]. Das zweite Beispiel ist 1 Kor 7,14, wo es von einer Mischehe zwischen einem Christen und einem Heiden heißt: *„Der ungläubige Mann ist durch die Frau geheiligt, und die ungläubige Frau ist durch den Bruder geheiligt. Sonst wären eure Kinder unrein; sie sind aber heilig"*[23]. Selbst wenn sich jemand – wie hier vorausgesetzt – bewusst gegen Christus entschieden hat, steht er nach Überzeugung des Apostels wegen seines gläubig ge-wordenen Partners doch im Kraftfeld des Heiligen, fällt also aus dem

---

Monotheismus und dessen neutestamentlicher Spielart verortet, die nach seiner Einschät-zung im absoluten johanneischen *„Ich bin"* ihren signifikanten Ausdruck gefunden habe. Nur dort, wo die Beschränkung auf *einen* Gott und *einen* Kyrios, auf *einen* Weg und *eine* Wahrheit verabschiedet werde, könne die Freiheit des Geistes Platz greifen, die notwen-dig sei, um den Menschenrechten Raum zu verschaffen. Zum Hintergrund vgl. O. Mar-quard, Lob des Polytheismus. Über Monomythie und Polymythie, in: ders., Abschied vom Prinzipiellen. Philosophische Studien (UB Nr. 7724), Stuttgart 1987, 91–116.

[22] Die Brücke bilden Röm 16,5 („Epänetus, der *die Erstlingsgabe* der Provinz Asien für Christus ist") und 1 Kor 16,15 („das Haus des Stephanas, dass sie *die Erstlingsgabe* Achaias sind").

[23] Der Satz ist nicht eindeutig. Vom Kontext her ist wichtig, dass „Paulus hier eine korin-thische These, nach der Mischehen Verunreinigung und Entheiligung implizieren, pole-misch um[dreht]", so W. Schrage, Der erste Brief an die Korinther, 2. Teilband: 1 Kor 6,12–11,16 (EKK VII/2), Solothurn/Neukirchen-Vluyn 1995, 106; ebenso J. Kremer, Der erste Brief an die Korinther (RNT), Regensburg 1997, 140; dieser nennt drei Möglichkei-ten, die Rede von der „Heiligung" zu deuten: „Möglich ist eine Interpretation im Sinn des damals verbreiteten und vielleicht auch Paulus nicht fremden magischen Denkens. Da-nach wirkt sich die durch die Taufe verliehene Heiligkeit des christlichen Ehepartners ir-gendwie auf den ungetauften Partner aus, ohne daß dieser sie sich durch einen Glaubens-akt selbst zu eigen macht. Der nicht getaufte Ehepartner würde demnach aber durch das Zusammenleben mit einem Getauften sozusagen dem Bereich des Dämonischen entzogen und in den Bereich des Sakralen versetzt [...].
Möglich ist aber auch die damit verwandte Deutung, daß die Ehe beider durch das Zu-sammenleben und Gebet des christlichen Partners zu einer heiligen Ehe werde, so wie nach 1 Tim 4,4f alles Geschaffene und somit jede Speise durch Gottes Wort und durch Gebet geheiligt ist.
Eine weitere Erklärung geht davon aus, daß ‚geheiligt' hier eine sittliche Qualität be-zeichne, die dem nicht getauften Ehepartner durch den heiligmäßigen Wandel des Getauf-ten zuteil werde (vgl. 1 Petr 3,1f.), so daß er als Heide nicht mehr wie ein Heide lebt, sondern bereit ist, auf seinen christlichen Partner einzugehen".

Heilswillen Gottes nicht heraus. Starke Sätze hierzu formuliert W. Schrage: „Im Gegensatz zu einer Bunker- und Abgrenzungsmentalität vertraut Paulus auf die heiligende Macht des Christus". „Gottes Macht" braucht „sich nicht in ein abgeschlossenes Ghetto zurückzuziehen", sondern greift „als heiligende Kraft auch auf ‚Profanes' über". Und: „Der heilige Geist" führt „keine Rückzugsgefechte, sondern (ist) allemal heiliger als alle Unheiligkeit"[24].

Damit lasse ich es zunächst bewenden[25] und halte als Warnung nur

---

[24] W. Schrage, 1 Kor II (Anm. 23), 104–106; er sieht sich aber auch genötigt zu betonen: „Daß der nichtchristliche Ehegatte durch den Christen *gerettet* werde, hat Paulus nicht gesagt. Bei aller Hoffnung, daß auch solche Rettung durch den Christen geschehen kann [...], erfolgt sie doch nicht ohne Glauben, und einen stellvertretenden Glauben gibt es nicht" (106); A. Lindemann, Der erste Korintherbrief (HNT 9/I), Tübingen 2000, 165, meint, dass „Gottes heiligende Kraft (ἡγίασται; Pass. Divinum) stärker ist als der Unglaube des anderen (zur Vorstellung vgl. Lev 21,8)" und verweist noch auf das apokryphe Zitat 1 Clem 64,2; der ganze Text dort, 1 Clem 64,1–4, lautet: „An solche Vorbilder müssen daher auch wir uns halten, Brüder. Denn es steht geschrieben: Haltet euch an die Heiligen, denn die sich an sie halten, werden geheiligt werden (κολλᾶσθε τοῖς ἁγίοις, ὅτι οἱ κολλώμενοι αὐτοῖς ἁγιασθήσονται)! Und wiederum an anderer Stelle heißt es: Mit einem unschuldigen Manne wirst du unschuldig sein, und mit einem Auserwählten wirst du auserwählt sein, und mit einem Verkehrten wirst du verkehrt handeln. Halten wir uns deshalb an die Unschuldigen und Gerechten; diese sind Gottes Auserwählte". – Vgl. auch K. Rahner, Der Christ und seine ungläubigen Verwandten, in: ders., Schriften zur Theologie, Bd. 3. Zur Theologie des geistlichen Lebens, Zürich – Einsiedeln – Köln ⁴1961, 419–439, 425: „Es ist für unser Problem beachtlich, daß Paulus die Ehegemeinschaft aufrechterhalten wissen will, wenn einer der Ehepartner Christ wird und eine Initiation [gemeint ist wohl: Initiative] zur Scheidung nur dem unchristlichen Teil zugesteht. Der Christ soll sich offenbar als Christ gerade durch die größere Treue zu den natürlichen Ordnungen bewähren, in denen ihn die Gnade des Glaubens von oben fand (1 Kor 7,12–16). Der Apostel erwartet sich davon einen heiligenden Segen für die Verwandtschaft, selbst wenn diese nicht oder noch nicht christlich geworden ist (1 Kor 7,14). Solche Gleichzeitigkeit der Treue gegen den neuen Ruf Gottes zum Glauben und der Treue zu den alten Menschen mag wie ein Speer durch das eigene Herz gehen. Er muß ausgehalten werden [...]".

[25] Erwähnenswert ist wegen weitergehender Implikationen auch 1 Kor 15,29: „Was machen denn dann die, die sich für die Toten (ὑπὲρ τῶν νεκρῶν) taufen lassen (οἱ βαπτιζόμενοι)? Wenn überhaupt der Toten nicht auferweckt werden, was lassen sie sich noch für sie taufen (βαπτίζονται ὑπὲρ αὐτῶν)?" Hierzu bietet D. Zeller, Der erste Brief an die Korinther (KEK 5), Göttingen 2010, 499f., folgende Hinweise: (1) „Die für die einmalige Taufe ungebräuchliche Präsensform βαπτίζονται (vgl. auch das Partizip Präsens) verrät, dass es sich um einen von der eigenen Taufe verschiedenen, wiederholbaren Ritus handelt". (2) „Schon Getaufte haben sich offenbar anstelle ungetauft Verstorbener einer Taufe unterzogen, um die Heilswirkung der Taufe für die – ihnen wohl nahe stehenden – Toten zu erreichen. Ὑπέρ heißt hier nicht nur ‚anstelle von', sondern auch ‚zugunsten von'. Damit scheiden die Interpretationen aus, bei denen die Verstorbenen von dem Akt keinen Nutzen haben". (3) „Man kommt nicht darum herum, dass der korinthische Brauch aus einer für die Volksfrömmigkeit typischen automatischen Auffassung der Sakramente entspringt". – Dass Paulus diesen Brauch, auch wenn er ihn in Korinth nicht eingeführt hat, doch akzeptiert und als Argument in seinem Gedankengang einsetzt, hat eine für ihn selbst nicht unwichtige theologische Implikation: Er rechnet mit einem Gott, der *Ungetauften* aufgrund einer „fürsprechenden" Praxis von ihnen nahe stehenden Menschen das Heil zuwenden kann; vgl. in diesem Zusammenhang auch 2 Makk 12,43–45, das Sündopfer für die gefallenen *göt-*

fest, dass das Neue Testament nicht *unvermittelt* in der gegenwärtigen Debatte positioniert werden, man vor allem nicht in die Falle des „Exklusivismus" samt seinen vorgespurten Bahnen tappen sollte.

2. Wer sind die Anderen im Neuen Testament?

Vor allem *Paulus* spricht im Neuen Testament mehrfach mit Bedacht vom „Anderen", und zwar durchweg in ekklesiologischen Zusammenhängen[26]. Da er um die Vielfalt *unterschiedlicher* Charismen und Dienste in der Gemeinde wie um die Vielfalt der Geistesäußerungen in ihren gottesdienstlichen Versammlungen weiß, weiß er auch um die gottgegebene Würde des „Einzelnen" wie um die Andersheit des „Anderen"[27]. Diese zu respektieren und „den anderen zu lieben", heißt für ihn die Tora „erfüllen"[28]. Wenn wir im Folgenden die *Anderen jenseits bestimmter Grenzen* ins Auge fassen, müssen wir freilich auch offen sein für konzeptionell

---

zendienerischen Israeliten durch Judas Makkabäus. – W. Schrage, Der erste Brief an die Korinther, 4. Teilband: 1 Kor 15,1–16,24 (EKK VII/4), Düsseldorf/Neukirchen-Vluyn 2001, 253, Anm. 1235, zitiert K.L. Schmidt: „Nach Gottes gütigem Willen können auch und sogar Tote noch nachträglich zur Kirche, zum Gottesvolk, zum Christusleib hinzugezählt werden. So wird der paulinische Hinweis auf die Vikariatstaufe schließlich ein Hymnus auf die schier unbegreifliche Barmherzigkeit Gottes, der größer ist als unser Herz, der über alles Verstehen hinaus (ohne menschliche Entscheidung!) spricht und handelt" (Kirchenblatt für die reformierte Schweiz 98 [1942] 71).

[26] Dabei benutzt er verschiedene Ausdrücke: ἄλλος, ἕτερος, ὁ μέν – ὁ δέ, κατ' ἀλλήλων etc.; vgl. Röm 12,6: χαρίσματα [...] διάφορα; 1 Kor 3,5–15; 12,1–31 (V.4: διαιρέσεις δὲ χαρισμάτων etc.); 14,26ff. – Wichtig ist in diesem Zusammenhang für Paulus auch die Kategorie des „Einzelnen": vgl. P. von der Osten-Sacken, Charisma, Dienst und Gericht. Zum Ort des einzelnen (*hekastos*) in der paulinischen Theologie, in: ders., Evangelium und Tora. Aufsätze zu Paulus (Theologische Bücherei 77), München 1987, 103–116. – Über die philosophischen und theologischen Hintergründe der Bildung der Kategorie des „Anderen" vgl. B. Casper, Art. „Andere, der", in: LThK³ 1 (1993) Sp. 618f.; vgl. ders., Angesichts des Anderen. Emmanuel Lévinas – Elemente seines Denkens, Paderborn u.a. 2009; K. Huizing/H.J. Adriaanse/O. Bayer, Art. „Andere/Andersheit", in: RGG⁴ 1 (1998) Sp. 464–468.

[27] Sie sieht er *theonom* begründet: „jeder nach dem Maß des Glaubens, das *Gott* ihm zugeteilt hat" (Röm 12,3); 1 Kor 12,11: „Das bewirkt *ein und derselbe Geist*; einem jeden teilt er seine besondere Gabe zu, wie er will". O. Bayer, Art. „Andere/Andersheit. IV. Ethisch" (Anm. 26), 467, verweist (mit M. Luther) auf den christologischen Grund: „Ekstatisch und responsorisch im Glauben zu leben setzt die Befreiung von jener Selbstbezogenheit voraus, in der ich mich von meinem Schöpfer abgekehrt und mich in mich selbst verkrümmt und versteift hatte – durchaus auch in einem kollektiven Narzissmus: in mich und meinesgleichen; nun aber lebe ich in dem *einen* Andern, der für mich eintritt (Gal 2,19f.; Röm 8,34), ihm antwortend. Ekstatisch und responsorisch mit den andern Mitgeschöpfen in der Liebe zu leben setzt die Selbstlosigkeit und Selbstvergessenheit des Glaubens, die entscheidender ist als jede Selbstbezogenheit, voraus und äußert sich im Staunen und in der Ehrfurcht, vor allem aber in der Barmherzigkeit".

[28] Röm 13,8: „wer den *anderen* (ἕτερον) liebt, hat das Gesetz erfüllt".

und sprachlich recht unterschiedliche Konzepte[29]. Sie verweisen indes alle je auf ihre Weise auf die *grenzüberschreitende* Dynamik des Evangeliums selbst, die Jesus der Gemeinschaft derer, die ihm nachfolgen, schon ursprungshaft eingestiftet hat.

2.1 „[…] auch in den *anderen* Städten (ἑτέραις πόλεσιν) muss ich das Evangelium verkünden" (Lk 4,43)

Die jesuanische Bewegung blieb nicht bei sich, sie überschritt Grenzen, religiöse und soziale, was ihr Wesensmerkmal ist – unbeschadet dessen, dass sie Grenzen auch respektieren konnte, zum Beispiel Grenzen der Gastfreundschaft[30], und später selbst um der Identität ihrer Botschaft willen neue Grenzen setzte[31].

(1) *„Ich bin nicht gekommen, Gerechte zu rufen, sondern Sünder"* (Mk 2,17; vgl. Lk 19,10; 1 Tim 1,15). Dieser Satz fasst Jesu grenzüberschreitende Intention, mit seiner Gottesreich-Botschaft *ganz* Israel zu erreichen, prägnant zusammen. Ob er nun von ihm selbst stammt oder nicht[32] – hinter ihm steht die Überzeugung, dass Gott den Sündern, den Ausgegrenzten, den von Übeln aller Art Geplagten in der Person Jesu nachgeht und ihnen durch sein Wirken einen Raum des Heils eröffnet. Mit Menschen „zusammenzuessen" (συνεσθίειν), die sonst ausgegrenzt

---

[29] Als Beispiel sei das antike Konzept der *Gastfreundschaft* genannt, bei dem es immer um Grenzüberschreitung geht: vgl. O. Hiltbrunner, Gastfreundschaft in der Antike und im frühen Christentum, Darmstadt 2005; M. Theobald, „Vergesst die Gastfreundschaft nicht!" (Hebr 13,2). Biblische Perspektiven zu einem ekklesiologisch zentralen Thema, in: ThQ 186 (2006) 190–212; ders., Gastfreundschaft im Corpus Iohanneum. Zur religiösen Transformation eines antiken kulturellen Grundcodes, in: BThSt, Neukirchen 2012 (im Druck). Oder man denke an das eher aus neuzeitlicher Perspektive formulierte Konzept der *Toleranz/Intoleranz*: S. Pellegrini, War Jesus tolerant? Antworten aus der frühen Jesus-überlieferung (SBS 212), Stuttgart 2007; K. Niederwimmer, Glaube und Toleranz, in: ders., Quaestiones theologicae. Gesammelte Aufsätze (hg. von W. Pratscher/M. Öhler) (BZNW 90), Berlin/New York 1998, 113–127; W. Harnisch, ‚Toleranz' im Denken des Paulus. Eine exegetisch-hermeneutische Vergewisserung (1996), in: ders., Die Zumutung der Liebe. Gesammelte Aufsätze (FRLANT 187), Göttingen 1999, 185–205; I. Broer, Toleranz im Neuen Testament? Ein Versuch zum Toleranzgedanken in den paulinischen Briefen, in: ders./R. Schlüter (Hg.), Christentum und Toleranz, Darmstadt 1996, 57–82; G.N. Stanton/G.G. Stroumsa (Hg.), Tolerance and Intolerance in Early Judaism and Christianity, Cambridge 1998; R. Kampling, Intoleranz (Anm. 4); vgl. auch das Themenheft: BiKi (2003) 4. Quartal: „Toleranz(en)".

[30] Vgl. Mk 6,10 par.; Lk 10,7 par.; Did 11,4f.; vgl. M. Theobald, „Vergesst die Gastfreundschaft nicht!" (Anm. 29), 201f.

[31] Vgl. G. Holtz, Damit Gott sei alles in allem. Studien zum paulinischen und frühjüdischen Universalismus (BZNW 149), Berlin/New York 2007, 189ff. („Die Universalisierung der Gemeinschaft in der Zeit bei gleichzeitiger Abgrenzung nach außen und innen").

[32] Vgl. R. Bultmann, Die Geschichte der synoptischen Tradition (FRLANT 29), Göttingen [8]1970, 167.

sind, wurde hierfür das Grundsymbol[33]. Dem Jesus bestimmenden Impuls eschatologischen Neuwerdens (vgl. nur Jes 25,6, aber auch 29,18; 42,18 usw.) wie seinem damit zusammenhängenden „Zäsurbewusstsein"[34] entspricht sein über Israels Heilsgeschichte hinausgreifender, unmittelbarer Rekurs auf den Schöpfergott[35]: „Liebt eure Feinde, und betet für die, die euch verfolgen, damit ihr Söhne eures Vaters werdet, *denn er lässt seine Sonne aufgehen über Böse und Gute, und er lässt regnen über Gerechte und Ungerechte*" (Q 6,27f.35c–d)[36]. Überschreitung von Grenzen, auch solchen der Gruppenmoral[37], und Zugehen auf die Anderen sind Konsequenz des Glaubens an die Güte und Weite des Schöpfergottes.

Stellvertretend für andere Texte sei hier nur noch auf die von Markus aufbewahrte Erinnerung an Jesu Stellungnahme zum fremden Exorzisten hingewiesen, der sich seines Namens bedient, ohne Anschluss an die Nachfolgegemeinschaft der Jünger zu suchen[38]: „[...] *wer nicht gegen uns ist, ist für uns!*" (Mk 9,40)[39]. Die in Jesu Wirken sich Bahn brechende Gottesherrschaft erweist sich als größer, als seine Jünger es sich vorstellen. Bewahrt die Erzählung historische Erinnerung auf, wofür R. Pesch

---

[33] Mk 2,16: „und als die Schriftgelehrten unter den Pharisäern sahen, dass er mit den Sündern und Zöllnern aß, sprachen sie zu seinen Jüngern: Isst er mit den Zöllnern und Sündern?"; Lk 15,1f.: „Es nahten sich ihm aber alle Zöllner und Sünder, um ihn zu hören. Und die Pharisäer und Schriftgelehrten murrten und sprachen: Dieser nimmt die Sünder an und isst mit ihnen (συνεσθίει αὐτοῖς)"; vgl. F. Mußner, „Das Wesen des Christentums ist συνεσθίειν". Ein authentischer Kommentar, in: ders., Dieses Geschlecht wird nicht vergehen. Judentum und Kirche, Freiburg 1991, 131–145.

[34] Diesen sehr passenden Terminus – vgl. nur Lk 10,18–20; Q 10,23f.; 16,16 – verdanke ich meinem Lehrer F. Mußner.

[35] Vgl. J. Becker, Geschöpfliche Wirklichkeit als Thema des Neuen Testaments, in: ders., Annäherungen zur urchristlichen Theologiegeschichte und zum Umgang mit ihren Quellen, hg. von U. Mell (BZNW 76) Berlin 1995, 282–319.

[36] So nach P. Hoffmann/C. Heil (Hg.), Die Spruchquelle Q. Studienausgabe Griechisch und Deutsch, Darmstadt ³2009, 40f.

[37] Vgl. Mt 5,46–48 par. Lk 6,32.34.36.

[38] R. Pesch, Das Markusevangelium. 2. Teil. Kommentar zu Kap. 8,27–16,20 (HThKNT II/2), Freiburg – Basel – Wien 1977, 108: Dass jüdische Exorzisten sich auch des Namens Jesu bedienten, liegt nahe, weil man sich ebenso sich auch sonst bei Beschwörungen „machtgeladener Namen" bedienten: „des Jahwe-Namens (der in Entstellungen in hellenistischen Zaubertexten wiederbegegnet), auch der Namen von Dämonen und von erfolgreichen Exorzisten, insbesondere Salomos, der als Praeceptor von Therapeuten und Exorzisten galt". – Lukas erzählt in Apg 19,13–17, dass es nicht ganz ungefährlich war, sich des Namens Jesu zu bedienen.

[39] Lk 9,50: „denn wer nicht gegen *euch* ist, der ist für *euch*". Das Wort, das Jesus speziell zu *seiner Person* sagt, Mk 9,39 („denn es gibt niemanden, der eine Machttat in *meinem* Namen tut und *mich* gleich darauf schmähen kann"), übergeht Lukas. In seinem Umfeld sind Exorzismen (Lk 10,17; Apg 16,18) und Heilungen (Apg 3,6.16; 4,7.10.30) im Namen Jesu geläufige Praxis (vgl. auch Jak 5,14; Justin, Dial 30). – Die Beantwortung der Frage, wie sich die inhaltlich gegenläufige Q-Parallele zu Mk 9,40 par. Lk 9,50 verhält – Q 11,23: „Wer nicht mit mir ist, der ist gegen mich, und wer nicht mit mir zusammenführt, der zerstreut" –, behalte ich mir für eine andere, 2013 erscheinende Publikation vor.

plausible Gründe angeführt hat, „besäßen wir einen Beleg für Jesu pragmatische Toleranz"[40].

(2) Hat Jesus Grenzen überschritten, um *ganz Israel* zu erreichen[41], so geraten vor allem im syrischen Antiochien die „Heiden" ins Blickfeld der dortigen Gemeinde – die Anderen aus jüdischer Perspektive![42] In Entsprechung zu ihrem Bekenntnis zu Jesus dem Messias und „Herrn *aller* (Menschen)" (Röm 10,12) integrieren die Antiochener schrittweise – nicht ohne massive Konflikte mit Jerusalemer „Judenchristen" um die „Beschneidung" als kirchliche Zulassungsbedingung durchzustehen (vgl. Gal 2,1–10; Apg 15) – „die Heiden" als gleichberechtigte Mitglieder in ihre Gemeinschaft. Das συνεσθίεν Jesu gewinnt jetzt auf neuem Niveau Bedeutung (vgl. Gal 2,12), wie die jesuanischen Impulse – man denke an das Gleichnis vom barmherzigen Samaritaner (Lk 10,30–37) – auch anderweitig zum Zuge kommen, so in der Samarien-Mission (vgl. Apg 8,4–40; Joh 4[43]). Dabei können sich die „Judenchristen", die die Entgrenzung der Gemeinde über Israel hinaus im Zeichen der angebrochenen Endzeit durchsetzen, in vielfältiger Weise auf die Schrift selbst berufen, vor allem auf die Verheißung Gottes an Israels Stammvater Abraham: „[...] *alle Völker der Erde sollen durch dich Segen erlangen*" (Gen 12,3; vgl. Gal 3,8)[44]. Dieser Hinweis führt uns zur Bedeutung der Schrift insgesamt für die „judenchristliche" Mission, die ich an einem Punkt erläutern möchte.

2.2 „[...] die Götter, an welche *andere* glauben" (Philo)

Ohne die griechische Übersetzung der hebräischen Bibel wäre die „judenchristliche" Mission unter den Völkern nicht möglich gewesen. Sie war

---

[40] R. Pesch, Das Markusevangelium. 2. Teil (Anm. 38), 109; ebd. 108: „Für das Schulgespräch findet sich Num 11,24–30 eine entfernte Parallele, nicht das seine Bildung bestimmende Vorbild". J. Jeremias, Neutestamentliche Theologie. Erster Teil: Die Verkündigung Jesu, Gütersloh ³1979, 95, verweist auf „den Gegensatz zwischen der Intoleranz der Jünger und der Toleranz Jesu", den die Erzählung „ungeschminkt herausstellt"; Matthäus läßt sie nicht zufällig fort" (dazu unten 3.3).

[41] Die Völker sind in Jesu Gottesreichbotschaft durchaus präsent, aber nur in streng eschatologischer Perspektive (in Aufnahme der Vorstellung von der „Völkerwallfahrt") sowie als warnende Kulisse in Gerichtsworten, die an Israel adressiert sind: vgl. Q 10,13–15; 11,31f.; 13,29.28; vgl. M. Reiser, Die Gerichtspredigt Jesu. Eine Untersuchung zur eschatologischen Verkündigung Jesu und ihrem frühjüdischen Hintergrund (NTA.NF 23), Münster 1990.

[42] Vgl. aber auch die in Apg 10f. aufbewahrten Erinnerungen an das Wirken des Petrus in Joppe und Cäsarea am Meer.

[43] Vgl. M. Theobald, Das Evangelium nach Johannes (Anm. 11), 302–307; J.P. Meyer, A Marginal Jew, Vol. III. Companions and Competitors, New York 2001, 532–549.

[44] Hierzu vgl. J. Schreiner, Der eine Gott Israels – das Heil aller?, in: ders., Der eine Gott Israels. Gesammelte Schriften zu Theologie des Alten Testaments, Bd. 3, hg. von E. Zenger, Würzburg 1997, 11–29, 16f.

die selbstverständliche Matrix frühchristlichen Denkens, was – abgesehen von unzähligen Zitaten und Anspielungen – auch manche unscheinbare Spuren im Neuen Testament zeigen, die sie hinterlassen hat. Ein schönes Beispiel ist Ex 22,27[LXX]. Erst Origenes zitiert den Vers[45], aber schon Lukas und der Titusbrief lassen erkennen, dass die mit ihm verbundene jüdisch-hellenistische Tradition bekannt und christlicherseits auch anerkennt war.

2.2.1 „Über die Götter sollst du nicht schlecht reden!" (Ex 22,27[LXX])

In der hebräischen Bibel lautet die Weisung: *„Gott sollst du nicht schmähen, und einen Fürsten in deinem Volk sollst du nicht verfluchen"*. Die LXX übersetzt den Plural אֱלֹהִים wörtlich und bezieht ihn auf die Götter der fremden Religionen, vor denen die Juden Respekt zeigen sollen:

> Über die *Götter* (θεούς) sollst du nicht schlecht reden (οὐ κακολογήσεις), von den Anführern deines Volkes (ἄρχοντας τοῦ λαοῦ σου)[46] sollst du nicht übel reden[47].

Mit anderen Worten: „Eine exklusive Verehrung des einen Gottes erlaubt die Achtung des anderen und fordert sogar zu dieser auf"[48]. So könnte die griechische Übersetzung „das Ergebnis einer gewissen Toleranz gegenüber dem hell[enistischen] Polytheismus im jüd[ischen] Milieu Ägyptens sein, vielleicht gar eines beginnenden Universalismus"[49]. Das erstaunt, wenn man an die traditionellen Aussagen des Alten Testaments zum Umgang mit Fremdgöttern denkt[50].

---

[45] Origenes, Cels. 8,38 (vgl. unten).
[46] Der hebräische Text bietet den Singular.
[47] Ähnlich die *Vulgata*: diis non detrahes et principi populi tui non maledices. Die erste Hälfte des Verses, wörtlich übersetzt, könnte eine eigene Nuance besitzen: „Den Göttern sollst du nicht etwas entreißen/wegnehmen!" Ist an Tempelraub gedacht?
[48] M. Karrer, Begegnung und Widerspruch. Der eine Gott und die Religionen in der frühchristlichen Mission, in: Religionen unterwegs 13 (2007) H. 4, 9–15, 10.
[49] J. Schaper, Exodus, in: M. Karrer/W. Kraus (Hg.), Septuaginta Deutsch. Erläuterungen und Kommentare zum griechischen Alten Testament, Bd. 1, Stuttgart 2011, 307f.; zur zweiten Vershälfte von Ex 22,27 führt er aus: „Die griech. Wiedergabe ist vor dem Hintergrund des ptol[emäischen] Herrschaftskultes und seiner immensen Bedeutung im hell[enistischen] Ägypten, der sich auch das dort ansässige Judentum nicht entziehen konnte, zu sehen. Erst im Verbund mit Texten wie Jos., Apion. II 6 (77), wird unser Vers recht verstanden; er ist Ausdruck der Loyalität der Judenschaft gegenüber dem legitimen Herrscher, einer Loyalität, von der die Literatur des Judentums jener Zeit reiches Zeugnis gibt" (ebd., 308).
[50] Vgl. H.D. Preuß, Verspottung fremder Religionen im Alten Testament (BWANT 12), Stuttgart 1971.

Josephus und *Philo* greifen die Weisung mit Bedacht auf[51]. *Josephus* nennt sie in seiner systematischen Darbietung der mosaischen „Verfassung" (πολιτεία) für das jüdische Gemeinwesen in den Ant IV 199ff. bereits an fünfter Stelle[52] und verleiht damit ihrer überragenden Bedeutung für das Zusammenleben von Juden und Heiden Ausdruck:

> Niemand soll die Götter schmähen (βλασφημείτω),
> an die *andere* Städte glauben (νομίζουσιν)[53],
> weder fremde Heiligtümer ausrauben (συλᾶν ἱερὰ ξενικά)
> noch eine Gabe entwenden,
> die dem Namen irgendeines Gottes gewidmet ist (ἐπωνομασμένον ᾗ τινι θεῷ)
> (Ant IV 207)[54].

Mose verbietet hier nicht nur die *verbale* Lästerung der fremden Götter, er geißelt auch *brachiale* Gewalt gegen deren Heiligtümer als Sakrileg[55]. Mit letzterem trägt Josephus eine weithin geltende Norm des antiken Moralkodex[56] in seine Toradarstellung ein.

---

[51] Aquila, Theodotion, Symmachus bieten ebenfalls den Plural „Götter". – Ein Teil der rabbinischen Tradition (auch Targum Onkelos und Jeruschalmi I) bezieht Ex 22,27 – wohl in Kenntnis der griechischen Übersetzungen – auf die Richter (= Götter) und „Fürsten" Israels (vgl. H.L. Strack/P. Billerbeck, Kommentar zum Neuen Testament aus Talmud und Midrasch, Bd. 1, München 1922, 1009f.); dazu Ps 82 (81).

[52] Nach dem Verbot der Lästerung des *einen* Gottes (202), der Weisung, dreimal im Jahr nach Jerusalem zu wallfahrten (203f.), der Verpflichtung zum Zehnten (205) und der Weisung zur Reinheit der Opfer (206)! Der Vorspann (199–201) betrifft die Heiligkeit der *einen* Stadt, die Gott sich erwählt hat, und seines einzigen Tempels.

[53] Von den eigenen Städten samt der *einen* Heiligen Stadt spricht der Vorspann (199–201).

[54] H. Clementz übersetzt: „auch ist [...] die Wegnahme von Weihgeschenken irgendeines *Götzen*bildes verboten" (Flavius Josephus, Jüdische Altertümer. Übersetzt und mit Einleitung und Anmerkungen versehen von Dr. Heinrich Clementz, Halle 1899); aber Josephus vermeidet hier gerade den Terminus „Götzen". Anders Paulus in seiner Anklagerede gegen die Juden, Röm 2,22b–24: „Du verabscheust die *Götzenbilder* (ὁ βδελυσσόμενος τὰ εἴδωλα), *begehst aber Tempelraub* (ἱεροσυλεῖς). Du rühmst dich des Gesetzes, entehrst Gott aber durch Übertreten des Gesetzes. Denn ‚euretwegen wird der Name Gottes unter den Heiden gelästert (βλασφημεῖται)' (Jes 52,5), wie geschrieben steht". U. Wilckens, Der Brief an die Römer (Röm 1–5) (EKK VI/1), Zürich/Neukirchen-Vluyn 1978, 150, meint, dass ἱεροσυλεῖν hier „nicht sensu strictu gemeint sein, sondern, wenn der Vorwurf überhaupt treffen soll, sich nur auf den Handel mit Götzenbildern und heidnischen Tempelgeräten beziehen (kann), der manchen Diasporajuden – trotz des Verbots Dtn 7,25f. – als nicht unbedingt verboten scheinen mochte". Da Paulus das ἱεροσυλεῖν als Verstoß gegen die Tora brandmarkt, halte ich es allerdings nicht für ausgeschlossen, dass ihm Ex 22,27 in der geprägten Fassung, wie Josephus und Philos sie bezeugen (vgl. gleich), bekannt war und er hier auf sie anspielt (vgl. auch das βλασφημεῖται, allerdings mit anderem Bezug).

[55] Anders Ant. IV 192: „Außerdem rate ich euch, auch ihre Altäre, Haine und Tempel, so viele sie deren besitzen mögen, zu zerstören und das Andenken daran mit Feuer auszulöschen. Denn nur so werdet ihr euren eigenen Besitz gesichert erhalten". Diese Äußerung des Mose gehört zu seiner vorangehenden Abschiedsrede, die er am Jordan hält, und bezieht sich auf das von den Israeliten zu besetzende Land. Auf die Diaspora-Situation will sie nicht übertragen werden.

[56] H. Schlier, Der Römerbrief (HThKNT VI), Freiburg 1977, 85 Anm. 11, verweist darauf,

Philo greift den Grundsatz in SpecLeg I 53 in einem Zusammenhang auf, der den Proselyten gewidmet ist. Nachdem er Mose den Gewinn hat rühmen lassen, der ihnen durch ihre Abkehr von den „mythischen Gebilden" und ihre Hinwendung zur „lauteren Wahrheit" (51) zuteil wurde[57], schließt er die Warnung an:

> Während er [sc. Mose] diesen, die den Wahn ihrer Väter und Vorfahren verwerfen, gleiche Rechte und Pflichten gewährt [wie den geborenen Israeliten], verbietet er ihnen aber, *die Götter, an welche andere glauben* (νομίζουσιν), mit frechem Mund und zügelloser Zunge *zu lästern* (βλασφημοῦντας) (Ex 22,27), damit nicht auch jene in ihrer Erregung gegen den wahrhaft Seienden unerlaubte Reden führen; denn da sie den Unterschied nicht kennen, weil ihnen die Lüge seit ihrer Kindheit als Wahrheit gelehrt und innig vertraut geworden ist, so würden sie sich gewiss versündigen.

Beachtlich ist, dass Philo hier fast mit denselben Worten auf Ex 22,27 anspielt, die auch Josephus benutzt, was auf eine schon geprägte Form des Grundsatzes hindeutet, zumal dieser sprachlich von der LXX abweicht[58]. Inhaltlich fällt auf, dass Philo das sog. „Konvertitensyndrom" gerade nicht bedient. Im Gegenteil: Mose warnt ihm zufolge die Proselyten davor, die Götter ihrer Kindheit zu schmähen. Der Grund dafür ist der, dadurch nun nicht auch das Umgekehrte zu provozieren, das heißt: Schmähungen des einzig wahren Gottes vonseiten derer in Kauf nehmen zu müssen, die zwischen ihren Göttern und dem einzig „wahren Gott" nicht zu unterscheiden wissen.

Einen weiteren Grund für den mosaischen Entscheid, die fremden Götter zu respektieren, entwickelt Philo in seiner *Vita des Mose*[59]. Hier stützt er ihn durch die Bestimmung Lev 24,15f.[LXX], die wohl schon in der griechischen Übersetzung den Sinn enthielt, den Philo ihr in seiner Auslegung ausdrücklich zuschreibt[60]:

---

dass „ἱεροσυλεῖν in griechischen und hellenistisch-jüdischen Lasterkatalogen öfters auftaucht, wie z.B. Plato, Resp. IX 575b neben ‚stehlen', ‚einbrechen', ‚übervorteilen', ‚Kleider rauben' u.a. …"; vgl. auch G. Schrenk, Art. „ἱεροσυλέω", in: ThWNT 3 (1938) 254–256.

[57] „‚Sie haben', so spricht er [sc. Mose], ‚Vaterland, Freunde, Verwandte um der Tugend und der Frömmigkeit willen verlassen; so sollen ihnen denn eine andere Heimat, andere Verwandte, andere Freunde nicht versagt bleiben, Schutz und Zuflucht biete sich vielmehr denen, die ins Lager der Frömmigkeit übergehen; dann das wirksamste Mittel zur Liebe und das festeste Band einigender Zuneigung ist die Verehrung des einzigen Gottes'" (52). Vgl. Lev 19,33f.; 24,22; Dtn 10,18f. – Die fiktive Rede des Mose erinnert inhaltlich an Mk 10,29f.

[58] Vgl. auch Apg 19,37 (dazu unten). – Zum Motiv der Blasphemie vgl. H.W. Beyer, Art. „βλασφημέω, βλασφημία, βλάσφημος", in: ThWNT 1 (1933) 620–624; außerdem D.L. Bock, Blasphemy and Exaltation in Judaism and the Final Examination of Jesus (WUNT II/106), Tübingen 1998.

[59] VitMos II, 203–208.

[60] Obwohl seine Wiedergabe leicht vom LXX-Text abweicht, den die „Septuaginta

Wer (einen) Gott [bzw. eine Gottheit] flucht (καταράσηται θεόν),
sei einer Sünde schuldig (ἁμαρτίας ἔνοχος ἔστω),
wer aber den Namen des Herrn ausspricht (ὀνομάσῃ τὸ ὄνομα κυρίου),
soll sterben (θνησκέτω) (203).

Mit Worten aus dem sich anschließenden Kommentar: Wer den Namen
des lebendigen Gottes, des „Herrn der Menschen und Götter" (ἀνθρώπων
καὶ θεὼν κύριος), schon „bei ungehöriger Gelegenheit" (ἀκαίρως) auszusprechen wagt[61], hat die äußerste Strafe, den Tod, verdient. Aber auch,
wer fremde Götter lästert, begeht eine *Sünde*, erklärt die Tora unmissver-
ständlich. Und Philo erklärt dazu:

> Offenbar hat das vorliegende (Gesetz) mit dem Wort ‚Gott' nicht den Ers-
> ten, den Schöpfer des Alls, sondern *die* (Götter) *in den Städten* im Sinn. So
> heißen fälschlicherweise (ψευδώνυμοι) die Gebilde von Malern und Bild-
> hauern[62]; denn mit Bildsäulen von Holz und Stein und ähnlichen Werken ist
> die Welt angefüllt, *von deren Lästerung* (βλασφημίας) *man sich enthalten
> muss*[63], damit keiner der Jünger des Mose sich daran gewöhne, die Bezeich-
> nung (προσρήσεως) ‚Gott' überhaupt gering zu schätzen; denn diese Benen-
> nung (ἡ κλῆσις) ist des größten Respekts (ἀξιονικοτάτη) und der Liebe
> (ἀξιέραστος) wert (205).

Juden sollen also – meint Philo – deswegen die Götter der anderen Völker, in deren Städte sie Gastrecht genießen, nicht lästern, weil sie überhaupt um die Würde der göttlichen Wirklichkeit wissen. Auch wenn die
Götter der anderen Völker menschliche Gebilde sind, durch die ihnen
beigelegte „Benennung" haben sie Teil an einer Wirklichkeit, die dem einen „Herrn der Menschen und Götter"[64] untersteht, wie Philo den Einzigen in 206 mit Bedacht nennt[65].

Deutsch" (2009) so wiedergibt: „Und sprich zu den Israeliten und sage zu ihnen: ‚Ein
Mensch, ein Mensch, wenn er einen Gott verflucht, wird er sich eine Sünde zuziehen
(ἁμαρτίαν λήμψεται). Wer aber den Namen des Herrn nennt (ὀνομάζων δὲ τὸ ὄνομα
κυρίου), soll durch den Tod hingerichtet werden (θανάτῳ θανατούσθω)". Der hebräische
Text erlaubt die hier vorgenommene Unterscheidung nicht; er lautet: „Zu den Israeliten
aber sollst du sprechen: Jeder, der *seinen* Gott schmäht, muss seine Schuld tragen! Und
wer den Namen des HERRN lästert, muss getötet werden [...]".

[61] 206; in 208 spricht Philo von denen, „die den heiligsten und göttlichen Namen im
Überschwall der Rede bei unpassender Gelegenheit und als Redefüllsel (λόγων
ἀναπλήρωμα) gebrauchen".

[62] Zu ψευδώνυμοι (θεοί) vgl. noch L. Cohn/P.Wendland (Hg.), Philonis Alexandrini Ope-
ra quae supersunt, Bd. 2, Berlin 1897, 161. 599. Die Opposition ist: ἀληθής.

[63] Man beachte, dass Philo auch hier wieder seine Anspielung auf Ex 22,27 mit dem Sig-
nalwort der „Blasphemie" verbindet.

[64] Vgl. im AT Dtn 10,17^LXX, Ps 50 (49), 1: „Der *Gott der Götter*, der HERR, spricht und
ruft die Erde vom Aufgang der Sonne bis zu ihrem Niedergang"; vgl. auch Jos 22,22: „Der
Gott der Götter ist der HERR; der *Gott der Götter*, der HERR [...]". – ÄthHen 9,4; Jub
8,20; 1 QM 14,16; ApkAbr 8,2. Vgl. W. Schrage, Unterwegs zur Einheit und Einzigkeit

Wenden wir uns von hier aus, der selbstverständlichen Basis griechisch-biblischen Denkens auch vieler neutestamentlicher Schriftsteller, den wenigen Spuren der dargestellten Tradition zu, die das Neue Testament zu erkennen gibt.

2.2.2 „[…] wie es ja (tatsächlich) viele Götter und Herren gibt" (1 Kor 8,5)

Der mit der Septuaginta vertraute Paulus wird Ex 22,27 gewiss gekannt haben[66]. Aber er zitiert den Grundsatz nirgends in seinen Briefen, weil es in seinen Gemeinden offenkundig nie zu einem Konflikt mit Außenstehenden gekommen war, der ihn zur Warnung seiner Adressaten: *„Schmäht nicht die (fremden) Götter!"* hätte veranlassen können. Den einzig denkbaren Fall hätten die sog. „Starken" in Korinth bieten können, die sich über die Götter erhaben dünkten und erklärten: *„Es gibt keine Götzen in der Welt"* und: *„Es gibt keinen Gott außer dem einen"* (1 Kor 8,4)[67]. Offenbar erlaubte ihnen ihre Überzeugung von der Nichtigkeit heidnischer Götter, der auch Paulus seine Sympathie schenkt, den Kauf und Genuss von Fleisch aus heidnischem Tempelbezirk und sogar die gelegentliche Teilhabe an dortigen Mählern (vgl. 8,10), verführte sie aber nicht zur Respektlosigkeit ihren heidnischen Mitbürgern gegenüber. Beachtlich ist in diesem Zusammenhang das sich an 1 Kor 8,4 anschließende Zugeständnis, dass es tatsächlich „viele Götter und Herren" gäbe (1 Kor 8,5), ein Zugeständnis, das Paulus freilich gleich dadurch relativiert, dass er hinzusetzt: „so (gibt es) doch für uns (nur) einen Gott, den Vater, von dem alles (ausgeht) und auf den hin wir (sind), und den einen Herrn, Jesus Christus, durch den alles (ist) und durch den wir (sind)" (1 Kor 8,6). Das Zugeständnis selbst, dass es tatsächlich „viele Götter und Herren gäbe", „dokumentiert" den „Respekt" des Paulus vor den Überzeugungen der Anderen, meint M. Karrer, fügt aber im Blick auf V.6 hinzu: „Die Achtung des anderen endet dort, wo sie die eigene Identität gefährdet"[68]. Doch scheint V.5 weniger Ausdruck des Respekts als eher des nüchternen Wissens darum zu sein, dass „das *de facto* von ‚Religion' als einer auf Götter und Herren hinweisenden Machtsphäre […] nicht geleugnet werden (kann)"[69]. Zugleich wird die Rücksicht auf die „Schwachen" Paulus be-

---

Gottes. Zum „Monotheismus" des Paulus und seiner alttestamentlich-frühjüdischen Tradition (BThSt 48), Neukirchen-Vluyn 2002, 27–31.
[65] Dabei unterscheidet Philo in unserem Text – ausgehend von Lev 24,16 – genau zwischen der „Benennung" bzw. „Bezeichnung" „Gott" (θεός) und seinem „Namen" (κύριος).
[66] Eine mögliche Spur in Röm 2,22b–24, siehe oben Anm. 54!
[67] Zum Zitatcharakter dieser beiden Parolen vgl. W. Schrage, 1 Kor II (Anm. 23), 220f.
[68] M. Karrer, Begegnung (Anm. 48), 11.
[69] W. Schrage, Unterwegs zur Einheit (Anm. 64), 71; damit bezieht er sich auf H.-J. Kraus, Theologische Religionskritik (NBST 2), Neukirchen-Vluyn 1982, 244, der schreibt: „[D]e

stimmt haben, denn dieses Wissen war ja wohl genau für ihr Verhalten ausschlaggebend. Damit kommt ein Moment ins Spiel, das W. Schrage die „Toleranz" des Paulus gegenüber der Lebensform der sog. „Schwachen" nennt: „Das εἷς θεός (wird) von Paulus nicht als alleiniges Kriterium christlichen Verhaltens stehen gelassen, sondern trotz seiner Sympathie mit der Freiheitspraxis der Starken von der Agape her kritisch zurechtgerückt"[70].

2.2.3 Götter und Göttinnen – der antike Religionspluralismus im Blickfeld der Apostelgeschichte

Zeus, Hermes, Artemis, die Göttin der Gerechtigkeit Dike und dann auch noch der „unbekannte Gott" von Athen! Es ist erstaunlich, wie breit die Apostelgeschichte antike Religiosität widerspiegelt[71]! Ich beschränke mich wegen der hier greifbar werdenden Tradition von Ex 22,27 auf die Erzählung vom Aufruhr der Silberschmiede in Ephesus, Apg 19,23–40, und füge wenige Beobachtungen zu Apg 14 und 17 hinzu.

(1) Zweierlei verfolgt Lukas in Apg 19. Zum einen bietet er mit seiner Erzählung ein Lehrstück zum Thema *Religion und Geschäft*. Er demaskiert heidnische Religiosität, insoweit sie sich mit ökonomischen Interessen verbindet. So lässt er den Demetrius in seiner Brandrede an alle, die ihren Lebensunterhalt mit religiösem Devotionalienhandel verdienen (19,25–27), unumwunden erklären: In dem Maße, in dem Paulus mit seiner Behauptung: „die mit Händen gemachten Götter sind keine Götter" (V. 26), bei den Leuten ankomme, drohe „ihr Geschäft in Verruf zu kommen" (V.27a) und ihr „Wohlstand" (V.25b) Schaden zu leiden. Doch der Wortführer der Gilde verweist auch auf die religiösen Folgen

---

iure sind die ‚Götter' und ‚Herren' depotenziert. Aber dieser Äon besteht noch, und mit ihm und in ihm die Fülle *de iure* zwar entmächtigter, *de facto* aber *noch nicht* entwirklichter ‚Götter' und ‚Herren' […]. Paulus warnt davor, im Pathos christlich-enthusiastischer Hybris die ‚Götter' für nicht-existent zu erklären"; zum Umgang mit den θεοί im Frühjudentum vgl. auch E.G. Dafni, ΟΙ ΟΥΚ ΟΝΤΕΣ ΘΕΟΙ in der Septuaginta des Jeremiabuchs und in der Epistel Jeremias. Ein Beitrag zur Erforschung des Werdegangs des sogenannten alexandrinischen Kanons, in: J.-M. Auwers/H.J. de Jonge (Hg.), The Biblical Canons (BEThL 163), Leuven 2003, 235–245.

[70] W. Schrage, Unterwegs zur Einheit (Anm. 64), 76; ebd. 76f.: „Bekanntlich neigen monotheistische Konzepte leicht zur unduldsamen Aggression und gewaltsamen Intoleranz. Davon jedenfalls ist Paulus bei aller Schärfe und Schroffheit seiner Grenzziehung gegenüber Irrlehrern und Irrpraktikern (vgl. 1Kor 5 u.ö.) auch der Intention nach gewiß weit entfernt, von der Möglichkeit einer Realisierung ganz zu schweigen. Er hat bei all seinem ‚Eifer' (2Kor 11,3) andere Prioritäten und Ziele. Zudem findet seine ‚Toleranz' weniger am Bekenntnis zum *einen* Gott (abgesehen vom Gottzendienst in den Lasterkatalogen) als am Evangelium und seinen Konsequenzen ihre Grenze (vgl. Gal 1,8f u.a.)".

[71] Hierzu vgl. H.-J. Klauck, Magie (Anm. 9); vgl. auch W. Schrage, Unterwegs zur Einheit (Anm. 64), 53–58.

ihrer drohenden Existenzkrise, nämlich die „Gefahr, dass das Heiligtum der großen Göttin Artemis für nichts geachtet werde. Künftig wird sie, die ganz Asia und der Erdkreis verehrt, ihre Hoheit verlieren" (V.27b). Damit gerät die andere Seite der Erzählung ins Blickfeld, die Lukas mit dem sich anschließenden Auftritt des „Stadtschreibers" verbindet. Nach den tumultartigen Szenen im Theater, die in ein Judenpogrom umzuschlagen drohen (V.29–34), schafft dieser glänzende Rhetoriker mit seinem Wort wieder Ordnung:

V.35   Ihr Männer von Ephesus! [...]

V.37   Ihr habt diese Männer hergeschleppt,
        die weder *Tempelräuber* (ἱεροσύλους) sind
        noch unsere Göttin *lästern* (βλασφημοῦντας).

V.38   Wenn also Demetrius und seine Zunftgenossen gegen jemand einen Anspruch haben,
        so gibt es dafür Gerichtstage und Prokonsuln;
        dort mögen sie einander verklagen.

V.39   Wenn ihr aber noch etwas anderes begehrt,
        so wird das in der gesetzmäßigen Volksversammlung geklärt werden [...].

Die Rede ist rhetorisch so eindrucksvoll, dass sich die „wilde" Versammlung auflöst. Offensichtlich versucht auch niemand, einen der Rechtswege zu beschreiten, die der „Stadtschreiber" aufgezeigt hat, um Paulus und seine Mitarbeiter anzuklagen. Fragt man nach dem Grund dieses Stimmungsumschwungs, kann die Antwort nur lauten: Es ist das Argument von V.37, das ihn herbeiführt. Lukas hat es aus der Tradition von Ex 22,27 geschöpft[72] und ihm eine Form gegeben, die der Gesetzesparaphrase des Josephus (Ant IV 207) nahe kommt: Weder haben diese Leute sich „räuberisch am Heiligtum vergriffen" noch die Göttin „gelästert"! Dass gerade der „Stadtschreiber" derartiges erklärt, ist erwartbar, gehört doch der Grundsatz, die Götter der Anderen nicht zu lästern, zu den sozialethischen Fundamenten der hellenistisch-römischen Polis. Der Leser, der um die Tradition von Ex 22,27 im Hintergrund weiß, erkennt auch, dass der durch Gottes Wort normierte Verhaltenskodex mit dem der antiken Polis nicht kollidiert. *Ein Arrangement der städtischen Behörden mit den Chris-*

---

[72] Dass der dritte Evangelist Ex 22,27 kennt, belegt Apg 23,4f.: „Aber die dabeistanden, sprachen [zu Paulus]: Schmähst du den Hohenpriester? Paulus antwortete: Ich wusste nicht, Brüder, dass er der Hohepriester ist. Denn es ist geschrieben: ‚*Über den Führer deines Volkes sollst du nicht schlecht reden*‘ (Ex 22,27)" (den Plural der LXX-Fassung hat Lukas – passend zur Situation – in den Singular verwandelt). Ex 22,27 dürfte auch hinter Joh 18,22f. stehen.

ten ist möglich, will Lukas sagen[73], wenn er den „Stadtschreiber" zum Verteidiger ihrer Unbescholtenheit macht[74]. Überraschend für den modernen Leser mag sein, dass die von Paulus geübte Bilderkritik[75] nicht als „Lästerung" der Göttin gilt. Sie trifft sich mit dem religionskritischen Diskurs heidnischer Denker, kann aber auch als Unterscheidung zwischen den Kultbildern und der Göttin selbst verstanden werden und verzichtet vor allem auf aggressive Gewalt gegen die Anhänger der Göttin, sprich: die Andersdenkenden.

(2) Obwohl auch der „Judenchrist" Lukas gegenüber dem heidnischen Religionspluralismus den Standpunkt der traditionellen jüdischen Kult- und Bilderkritik einnimmt, lässt er „seinen" Paulus doch in zwei Szenen der Apostelgeschichte eine erstaunliche Offenheit gegenüber heidnischer Denkart an den Tag legen, die der in Apg 19,37 zum Ausdruck kommenden relativen Toleranz entspricht, nämlich in Lystra (Apg 14,8–18) und in Athen (Apg 17,16–34). Bei vergleichbarer Stoßrichtung[76] kontrastieren und ergänzen sich die beiden Szenen: Während Paulus in Lystra (mit Barnabas) einer Landbevölkerung gegenüber steht, die durch ihren Zeus-Priester ihm und Barnabas als angeblichen „Göttern in Menschengestalt" (V.11) ein Opfer darbringen will, hat er es in Athen mit einem städtischen Publikum mit großer kultureller Vergangenheit zu tun, darunter epikureische und stoische Philosophen[77]. Lukas macht den umfassenden Anspruch der christlichen Botschaft deutlich: unaufgeklärter heidnischer Volksfrömmigkeit wie gebildeten Menschen gegenüber (vgl. Röm 1,14[78])!

---

[73] H.-J. Klauck, Magie (Anm. 9), 126: „Ein blindwütiges Anrennen gegen die vorhandenen pluralen Religionsformen in der eigenen Umwelt empfiehlt er [sc. Lukas] ausdrücklich nicht. Hier setzt er einige Hoffnung in das freie Spiel der Kräfte".
[74] Am Ende seiner Rede lässt er ihn ausdrücklich erklären, dass „kein Grund (αἴτιον) vorläge, mit dem wir diesen Volksauflauf rechtfertigen könnten"; vgl. damit Lk 23,4.14.22, außerdem die Verwendung von αἰτία in Apg 10,21; 13,28; 22,24; 23,28; 25,18.27; 28,18.20.
[75] Zu Apg 19,26 vgl. die jüdische Bilderkritik in Dtn 31,29; 1 Kön 16,7; Jes 2,8; 17,8; Jer 1,16; 25,6f.; Ps 115,4–7 u.ö.
[76] Für H.-J. Klauck, Magie (Anm. 9), 74, ist die Lystra-Rede des Paulus ein „Vorläufer für die ausführlichere Areopagrede in Apg 17", wo ihre Motive „strukturierenden Stellenwert" erhielten. Ihre Kürze entspreche im Übrigen der Situation „in diesem entlegenen Landstrich bei einer Landbevölkerung, die von philosophischer Aufklärung noch nicht erreicht" worden sei. Zum Zusammenhang beider Reden vgl. bereits M. Dibelius, Paulus auf dem Areopag (1939), in: ders., Aufsätze zur Apostelgeschichte (hg. von H. Greeven), Göttingen [4]1961, 28–70, 65f. mit Anm. 3. – Im Einzelnen vgl. 14,15c mit 17,30b („Umkehr"), 14,15d mit 17,24a (Glaube an den Schöpfergott) und 14,16 mit 17,30 (Gottes Wirken in der Vergangenheit).
[77] Vgl. J. Roloff, Die Apostelgeschichte (NTD 5), Göttingen 1981, 257, zu V.17: „Wie einst Sokrates, so spricht jetzt Paulus auf dem Marktplatz von Athen zu den Menschen und setzt sich mit den Vertretern philosophischer Schulen auseinander! Entsprechende Assoziationen klingen auch im folgenden (V.18.19) mehrfach an".
[78] „Hellenen *und* Barbaren, Weisen *und* Ungebildeten bin ich verpflichtet!"

Die kleine Lystra-Rede – eher eine „Rede-Skizze"[79] – zeichnet eine interessante Spannung aus: Sie beginnt mit der Aufforderung, die Leute sollten sich „von den nichtigen Götzen zum lebendigen Gott bekehren" (V.15), also die Grundunterscheidung zwischen dem Schöpfer und seinen Geschöpfen anerkennen; dann verkündigt sie ihn aber in einer Weise, die deutlich macht, dass Züge der lokalen Zeus-Verehrung bei ihm als dem „lebendigen Gott" „aufgehoben" sind:

V.16   Er ließ in den vergangenen Generationen alle Heiden ihre Wege gehen;

V.17 a und doch hat er sich durch Wohltaten *nicht unbezeugt* (ἀμάρτυρον) gelassen:

     b Er gab euch vom Himmel herab Regen und fruchtbare Zeiten;

     c mit Speise und Freude erfüllte er eure Herzen.

„Vom lebendigen Gott" „kommt (also) das Wachstum und die Nahrung und nicht vom Himmelsgott Zeus, der als wetterbestimmender Vegetationsgott in der Umgebung von Lystra viele Kultstätten hatte [...]"[80]. „Für die Ernte auf dem Markt in Lystra sorgt der lebendige Gott und nicht Zeus, der in dieser Gegend als Garant der Landwirtschaft verehrt wurde. Es ist eine berechtigte Frage, ob die Rede in Apg 14 nicht von einer Anti-Zeus-Tendenz her gestaltet wurde"[81]. Diese Frage möchte man bejahen, wird aber hinzufügen, dass die Rede im „heidnischen" Raum gemachte religiöse Erfahrungen nicht einfach negiert, sondern im jüdisch-christlichen Schöpfungsglauben aufbewahrt sieht. Wir haben den ersten Impuls eines „Religionsgesprächs" vor uns.

Den Respekt vor heidnischer „Frömmigkeit" setzt Lukas dann in Apg 17 durch den bewundernden Gang des Paulus durch Athen regelrecht in Szene (V.23)[82]. „Das, was Paulus in Zorn versetzte (V.16b), die vielen Götterbilder und Heiligtümer (V.23a), lässt ihn hier [zu Beginn seiner Areopagrede] wohlwollend, aber doch vielleicht auch zweideutig, von der δεισιδαιμονία der Bewohner sprechen"[83]. So beliebt unter Exegeten und

---

[79] G. Schneider, Die Apostelgeschichte. II. Teil. Kommentar zu Apg 9,1–28,31 (HThKNT V/2), Freiburg – Basel – Wien 1982, 156.

[80] C. Breytenbach, Zeus und der lebendige Gott: Anmerkungen zu Apostelgeschichte 14.11–17, in: NTS 39 (1993) 396–413, 408 (ebd. 404–407 die Nachweise „zur Zeusverehrung in Zentralkleinasien").

[81] Ebd. 409.

[82] H.-J. Klauck, Magie (Anm. 9), 90, sieht darin ein geprägtes Motiv, „ein Strukturmoment antiker Reiseberichte, das man als ‚Perigese' bezeichnet. Ein Fremder kommt in eine Stadt oder in ein Heiligtum, wandert umher, betrachtet Statuen, Altäre und Bilder, fragt Passanten nach deren Bedeutung, was wiederum Anlaß gibt zu eingestreuten Anekdoten und Exkursen" (zu V.16.23).

[83] G. Schneider, Die Apostelgeschichte II (Anm. 79), 238. δεισιδαιμονία = Gottesscheu (im positiven Sinn) *oder* Aberglaube; vgl. M. Theobald, Angstfreie Religiosität. Röm 8,15 und 1 Joh 4,17f. im Licht der Schrift Plutarchs über den Aberglauben, in: ders., Studien zum Römerbrief (WUNT 136), Tübingen 2001, 432–454.

Theologen, die auf den ominösen Altar verweisen, der „einem (oder: dem) unbekannten Gott" geweiht sein soll[84], die Rede von der *Anknüpfung* auch ist[85], der *Bruch*, der sich in der „Umkehr" (V.30b) von den „Götzen" bzw. von der Ahnung des Göttlichen im Urgrund der Welt hin zum Schöpfer *und* Richter auftut (V.31), ist nicht zu übersehen. Bezeichnend ist, dass man V.23e.f schon in der Antike personal gelesen und so auch gedeutet hat[86]. Doch Lukas formuliert hier „bedeutungsvoll neutrisch"[87]: „*Was* (ὅ) ihr nur unwissend verehrt (εὐσεβεῖτε)[88], *dies* (τοῦτο) verkünde ich euch (nun)". Er hütet sich also, „der Altarinschrift ein klar umrissenes personales Gottesbild zu unterschieben. Ein Ahnen der Menschenseele sieht er gegeben, aber die wesentlichen Inhalte christlicher Verkündigung können nicht durch Besinnung auf die religiösen Traditionen der Menschheit gefunden werden", auch „nicht mit Hilfe eines religionsphilosophischen Diskurses"[89]. Dennoch zeigt ihm die Inschrift die „Ahnung der Athener", dass die Wirklichkeit des Göttlichen „jenseits des Bereiches des kultisch Objektivierbaren liegt. Sie markiert gleichsam die Stelle, an der die athenische Frömmigkeit noch offen ist für wahre Gotteserkenntnis"[90].

---

[84] „Ob es einen solchen Altar in Athen wirklich gab, läßt sich kaum erhärten. Wohl gab es Weiheinschriften in pluralischer Form. Sie sollten verhindern, daß ,unbekannte Gottheiten' ihren Zorn an den Menschen ausließen, weil diese ihnen keine Verehrung zollten" (G. Schneider, Die Apostelgeschichte II [Anm. 79], 238).
[85] Vgl. etwa F. Mußner, Anknüpfung und Kerygma in der Areopagrede (1958), in: ders., Praesentia Salutis, Düsseldorf 1967, 235–243; G. Schneider, Anknüpfung, Kontinuität und Widerspruch in der Areopagrede Apg 17,22–31, in: W. Stenger/P.-G. Müller (Hg.), Kontinuität und Einheit (FS F. Mußner), Freiburg – Basel – Wien 1981, 173–178.
[86] Vgl. den textkritischen Apparat in Nestle[27], der zeigt, dass der so genannte „Mehrheitstext" seit dem 4./5. Jh. personal ὅν – τοῦτον liest.
[87] G. Schneider, Die Apostelgeschichte II (Anm. 79), 238.
[88] Lukas nennt hier zwar das Tun der Athener ein εὐσεβεῖν, aber er stellt es „bewußt unter das Vorzeichen der ,Unwissenheit'". „Der Gedanke, den die idealistische Philosophie der Neuzeit hier hat finden wollen, daß das schweigende Verehren des Unbekannten und Unnennbaren die höchste Form der Religiosität sei, liegt ihm dabei denkbar fern" (J. Roloff, Die Apostelgeschichte [Anm. 77], 260). – Im Corpus Pastorale wird dann die εὐσέβεια auf das christliche Heilsgeheimnis übertragen und für die sich aus ihm speisende „Frömmigkeit" reserviert: vgl. 1 Tim 2,2; 3,16 etc.
[89] H.-J. Klauck, Magie (Anm. 9), 99.109; vorher schon andere Ausleger (A. Weiser, J. Roloff, G. Schneider etc.), durch die sich das lange Zeit sehr einflussreiche Auslegungsparadigma von M. Dibelius erledigt hat, der meinte, das „Thema" der ,*hellenistische(n) Rede mit christlichem Schluß*" sei „die Gotteserkenntnis, zu der jeder Mensch gelangen kann, denn die Stellung des Menschen in der Welt und die Gottverwandtschaft seiner Natur muß ihn dazu führen. Von dem Anspruch der christlichen Botschaft, die wahre Gotteserkenntnis erst durch Offenbarung zu besitzen und mitteilen zu können, wird nichts gesagt. Die Buße, zu der die Hörer am Schluß aufgerufen werden, soll natürlich christlich verstanden werden. Nach den Andeutungen der Rede aber besteht die Buße letztlich in der Besinnung auf jene Gotteserkenntnis, die dem Menschen von Natur eigen ist. Und lediglich als Motiv dieser Buße wird ganz zuletzt das bevorstehende Gericht durch den Auferstandenen genannt" (M. Dibelius, Paulus [Anm. 76], 54f.).
[90] J. Roloff, Die Apostelgeschichte (Anm. 77), 260; zur frühjüdischen Theologie vgl. E.G.

Damit müssen wir es hier bewenden lassen. Für unser Thema genügt der Hinweis darauf, wie sich bei Lukas im Rahmen christlich adaptierter jüdisch-hellenistischer Apologetik die intellektuelle Auseinandersetzung sowohl mit den heidnischen Religionen als auch mit zeitgenössischer Philosophie anzukündigen beginnt. Auch auf diese Weise treten die Anderen schon zeitig ins christliche Blickfeld.

2.2.4 „Nicht lästern!" (Tit 3,2a)

Diese Weisung, die „Paulus" in Tit 3,1f. samt anderen Weisungen dem Titus den Gemeinden auszurichten aufträgt, gehört zu einem Absatz, in dem es um die Außenbezüge der Gemeinde zur Welt geht und der in das Leitwort einmündet, *„allen* Menschen umfassende Freundlichkeit zu erweisen" (V.20d). Die vielschichtige Begründung, die sich anschließt, verdient vor allem deswegen Beachtung, weil sie die Weisung zur „Freundlichkeit" den Außenstehenden gegenüber mit der motivierenden Erinnerung daran verknüpft, dass die Christen früher auch nicht anders als jene gelebt hätten – ein Zeichen einer Weite des Denkens, die den Autor des Corpus Pastorale auch sonst auszeichnet[91]. Hinter der nicht näher von ihm eingegrenzten Aufforderung[92], *„niemanden zu lästern"*, steht möglicherweise die uns schon bekannte in Ex 22,27[LXX] wurzelnde „Forderung, heidnische Gottheiten dürften nicht gelästert werden"[93]. A. Schlatter erklärt zur Stelle: „Ein Christ lästert keinen fremden Gott und keinen fremden Kult"[94]. Fragt man, warum nicht, gibt es nach Überzeugung des Autors nur eine Antwort: die Universalität des Heilswillens und Heilshandelns Gottes (1 Tim 2,3f.; Tit 2,11)[95]! Damit sind wir bei unserem dritten Teil[96].

Dafni, Natürliche Theologie im Lichte des hebräischen und griechischen Alten Testaments, in: ThZ 57 (2001) 295–310.

[91] „Sektenmentalität" ist dem Autor fremd; seine Geistesweite äußert sich auch in seiner (teilweise ungebrochenen) Übernahme gesellschaftlicher Standards in sein Kirchenkonzept.

[92] Ähnlich umfassend formuliert auch einmal Philo: ὅπως μηδεὶς μηδένα βλασφημῇ (Spec Leg IV 197).

[93] H. Merkel, Die Pastoralbriefe (NTD 9/1), Göttingen 1991, 102; zugunsten dieser Annahme spricht die oben aufgewiesene feste Verbindung des Stichworts βλασφημεῖν mit der Tradition von Ex 22,27 (das Thema „Lästerung" im Corpus Pastorale noch 1 Tim 1,13.20; 6,1.4; 2 Tim 3,2; Tit 2,5); so auch V. Hasler, Die Pastoralbriefe (ZBK.NT 12), Zürich 1978, 95; auch H.W. Beyer, Art. „βλασφημέω, βλασφημία, βλάσφημος" (Anm. 58), 623, meint, dass „der überwiegend religiöse Klang des Begriffs" hier mitgehört werden müsse; anders etwa Ph.H. Towner, The Letters to Timothy and Titus (NIC.NT), Grand Rapids 2006, 772.

[94] A. Schlatter, Die Kirche der Griechen im Urteil des Paulus, Stuttgart ³1983/¹¹1936, 200.

[95] Das πρὸς πάντας ἀνθρώπους Tit 3,2 entspricht dem πᾶσιν ἀνθρώποις Tit 2,11 wie dem πάντας ἀνθρώπους 1 Tim 2,4! – B. Dörr, Art. „Heilswille Gottes", in: LThK³ 4 (2006) Sp. 1356.

[96] Die patristische Rezeption von Ex 22,27 muss hier beiseite bleiben. Nur soviel: Orige-

3. Heil der nicht an das Evangelium Glaubenden?

Wenn das Evangelium „aller Welt" (Mk 16,15; vgl. 13,10; Mt 28,19) gilt und Glaube und Taufe für das Heil unabdingbar sind (Mk 16,16; Joh 3,3.5;), wie steht es dann mit denen, die vom Evangelium noch nie etwas gehört haben oder aber es ablehnen? Gibt es ein „Dennoch" Gottes? Oder ist sein Vernichtungsgericht sein letztes Wort? Eine Hermeneutik neutestamentlicher Gerichtsaussagen wird in jedem Fall genau hinsehen müssen, an wen die entsprechenden Aussagen sich richten und was sie bezwecken[97]. Aus ihrem breiten Spektrum greifen wir (unter 3.3) die Rede vom Weltgericht (Mt 25,3–46) auf. Zuvor gehen wir aber der Frage nach, wie eine *Ablehnung des Evangeliums* im Neuen Testament erfahren und verarbeitet wird, wobei auch hier die Gerichtsthematik mit hineinspielt (vgl. 3.1). Röm 11 führt uns sodann die biblische Überzeugung von der Treue Gottes angesichts menschlicher Untreue[98] vor Augen (unter 3.2).

3.1 Die Erfahrung der Ablehnung und das „Dennoch" Gottes

Wie lang der so genannte „galiläische Frühling" Jesu[99] dauerte, entzieht sich unserer Kenntnis. Schon bald folgte der „Ernte" (Mt 9,37; Joh 4,35f.)[100] der „Winter" (Joh 10,22)[101], der Erfahrung des „Glaubens" die

---

nes, Cels 8,38, beruft sich auf Ex 22,27 gegen Celsus, der in *Alethes Logos* erklärt: „Die Christen sagen: Siehe, ich trete an das Bild des Zeus oder des Apollon oder eines anderen Gottes heran, und *lästere* und schlage es, und es rächt sich nicht an mir"; an anderer Stelle: „[...] damit ihr euch nicht ganz und gar lächerlich macht, wenn ihr die anderen, die sich als Götter zeigen, als Gespenster (εἴδωλα) *lästert*" (Cels 7,36). Hierzu H. Lona, Die ‚Wahre Lehre' des Kelsos. Übersetzt und erklärt (Kommentar zu frühchristlichen Apologeten, Erg.-Bd. 1), Freiburg 2005, 408.444 mit Anm. 486 (dort auch weitere antike Belege). Vgl. Origenes, Cels 4,31; Hom in Num 27,12; außerdem Eusebius, Prae Ev 8,7,3.

[97] Vgl. U. Luz, Das Evangelium nach Matthäus. Mt 18–25 (EKK I/3), Zürich u.a. 1997, 551–561 („Zum Sinn der Gerichtsrede heute"); vgl. M. Theobald, Exegese als theologische Basiswissenschaft. Erwägungen zum interdisziplinären Selbstverständnis neutestamentlicher Exegese, in: JBTh 25 (2010) 105–139, 122.129f.

[98] Röm 3,3f: „Wenn einige untreu wurden, wird ihre Untreue die Treue Gottes aufheben? Keineswegs! Gott soll sich als wahrhaftig erweisen, jeder Mensch aber als trügerisch"; 2 Tim 2,13: „wenn wir untreu sind, bleibt er doch treu, denn er kann sich selbst nicht verleugnen". – Vgl. Dtn 7,9; PsSal 8,27f.: „Wende, o Gott, deine Barmherzigkeit zu uns und erbarme dich über uns; sammle Israels Verstreuung mit Barmherzigkeit und Güte, denn deine Treue ist mit uns"; 14,1: „Treu ist der Herr denen, die ihn lieben in Wahrheit"; 17,10: „Treu ist der Herr in allen seinen Urteilen, die er vollzieht auf Erden". – Beachtlich ist die Formel „Gott ist treu" in 1 Kor 1,9; 10,13; 2 Kor 1,18; 1 Thess 5,24; 2 Thess 3,3.

[99] G. Bornkamm, Jesus von Nazareth, Stuttgart – Berlin – Köln [15]1995, 135: „Schon die Zeit der galiläischen Wirksamkeit Jesu ist nicht nur eine Zeit des Erfolges, sondern auch des Mißerfolgs. Romantisch von einem galiläischen Frühling zu reden, dem bald genug die Katastrophe in Jerusalem folgen sollte, wie es ältere Leben-Jesu-Darstellungen tun, haben wir keinen Anlaß"; dazu F. Mußner, Gab es eine „galiläische Krise"? (1973), in: ders., Jesus von Nazareth im Umfeld Israels und der Urkirche (WUNT 111), hg. von M. Theobald, Tübingen 1999, 74–85.

[100] Vgl. M. Theobald, Die Ernte ist da! Überlieferungskritische Beobachtungen zu einer

des Unglaubens und der Ablehnung. Mehrfach bringt Jesus den Misserfolg zur Sprache, besonders nachdrücklich im Gleichnis vom Sämann, dessen Saatgut ja größtenteils verdirbt (Mk 4,3–9 par.). Was antwortete er auf derartige Erfahrungen, die ihm nicht erspart blieben? Was lässt sich im Spiegel der Überlieferungen dazu sagen?

Als ein samaritanisches Dorf Jesus die Gastfreundschaft verweigert, weil er sich auf dem Weg nach Jerusalem befindet[102], und Jakobus und Johannes deshalb den vernichtenden Zorn Gottes auf seine Bewohner herabrufen wollen[103], droht er ihnen (Lk 9,52–56). Bei ähnlichen Fällen weist er seine Jünger an, den Staub von den Füßen zu schütteln und von dannen zu ziehen, so in den „Aussendungsreden" des Markusevangeliums (Mk 6,11 par. Lk 9,5) und der Logienquelle (Mt 10,14 par. Lk 10,10f.) – eine Geste, die S. Pellegrini als „Zeichen des Respektes" deutet bzw. als „Verzicht" darauf, „die Leute zu jedem Preis überzeugen zu wollen"[104]. *Die Jesus-Bewegung überschreitet Grenzen, respektiert sie aber auch.* Interessant ist, dass die Redaktoren der Logienquelle an jenes Jesuswort vom Abschütteln des Staubs von den Füßen mit Lk 10,12 par. Mt 10,15 noch ein Gerichtswort angehängt haben. Jesus selbst verband mit seinen prophetischen Gerichtsworten[105] die Absicht, zur Umkehr zu provozieren (Lk 13,28 par. Mt 8,11f.), einen letzten Appell an „dieses Geschlecht" zu richten (Lk 11,31f. par. Mt 12,41f.), schreckte aber auch nicht davor zurück, im „Wehe" über namentlich genannte galiläische Städte „mit absoluter Autorität das Urteil des eschatologischen Richters" auszusprechen (Lk 10,13–15 par. Mt 11,13–15)[106].

---

johanneischen Bildrede (Joh 4,31–38), in: ders., Studien zum Corpus Iohanneum (WUNT 267), Tübingen 2010, 112–137.

[101] R. Schnackenburg, Das Johannesevangelium. II. Teil. Kommentar zu Kap. 5–12 (HThKNT IV/2), Freiburg – Basel – Wien 1971, 382: „eine symbolische Anspielung auf das geistige Klima"!

[102] F. Bovon, Das Evangelium nach Lukas. Lk 9,51–14,35 (EKK III/2), Zürich u.a. 1996, 24: „Das eine Dorf lehnt Jesus ab (V.53), während ein anderes, das zweifellos auch in Samarien liegt, ihn nicht zurückzustoßen scheint (V.56). Das samarische Problem erklärt die Geschichte nicht, dient ihr aber als Rahmen mit Lebensbezug. Die Erzählung, die wir lesen, hat also einen archaischen Kern; sie ist mehr als eine nachösterliche Projektion ins Leben Jesu".

[103] Immerhin ist für die Antike die Verweigerung der Gastfreundschaft ein Sakrileg, vgl. O. Hiltbrunner, Gastfreundschaft (Anm. 29). – Der Wortlaut der Aufforderung der beiden Jünger an Jesus ist textkritisch umstritten. Für die längere Form: „Herr, willst du, dass wir sagen, dass Feuer vom Himmel herunterkomme und sie verzehre, *wie es Elia tat?*" entscheidet sich jüngst wieder F. Bovon: „Ich würde sie nicht so ohne weiteres als Glosse verwerfen wie die modernen Herausgeber. Die orthodoxen Kopisten strichen die Worte vielleicht in antimarcionistischem Reflex" (F. Bovon, Das Evangelium nach Lukas [Anm. 102], 25, mit Hinweis auf Tertullian, Adv Marc IV 23).

[104] S. Pellegrini, War Jesus tolerant? (Anm. 29), 75.

[105] Zu ihnen M. Reiser, Die Gerichtspredigt Jesu (Anm. 41).

[106] Ebd., 215; das Wort trage Züge eines „Rückblick[s]" auf eine abgeschlossene Periode", die es „einer eindeutig angebbaren Situation im Leben Jesu zuordnen" lasse: „der Zeit

Weil Jesu Verkündigung der Gottesherrschaft die Proklamation des eschatologischen Heils für *Israel* einschloss, musste am Ende das Nein seiner Führer und Repräsentanten in Jerusalem wie das der Mehrheit des Volkes die Sendung Jesu in eine tiefe Krise stürzen. Mit H. Merklein spricht manches dafür, dass Jesus beim letzten Mahl mit den Seinen dem ihm drohenden Tod im Rückgriff auf Jes 53 den Sinn einer Sühne „für die Vielen", das heißt: Israel gab. „Selbst den Ablehnenden gegenüber", so H. Merklein, „bleibt Gottes Handeln [...] wirkmächtig, indem es den Tod des eschatologischen Boten zum Akt der Sühne werden lässt"[107]. Für die vom österlich erhöhten Christus zur Mission Ermächtigten war diese Einstellung Jesu Grund genug, seine Botschaft erneut in Israel auszurichten.

Beim Bedenken der österlichen Inthronisation Jesu zum „Herrn aller" (Röm 10,12) wie seines Heilstodes „für die Vielen" (bzw. „für alle" [2 Kor 5,14; 1 Tim 2,6]) wuchs zugleich die Einsicht in die *Universalität* des Heilswillens Gottes heran, wie sie sich in der oben kurz angedeuteten missionarischen Dynamik über Israel hinaus in der Praxis der Kirche schrittweise bahnbrach[108]. Paulus ist wohl am tiefsten in das Geheimnis

---

kurz vor dem Aufbruch zum letzten Paschafest in Jerusalem. Jesus wußte wohl, daß es dort zur Entscheidung kommen werde; seine Wirksamkeit in Galiläa konnte er für abgeschlossen und weithin erfolglos abgeschlossen betrachten" (214).

[107] H. Merklein, Der Sühnetod Jesu nach dem Zeugnis des Neuen Testaments, in: ders., Studien zu Jesus und Paulus, Bd. 2 (WUNT 105), Tübingen 1998, 31–59, 37; er fährt fort: „So verstanden, stellt Jesu Sühnetod keine zusätzliche Heilsbedingung dar. Er erscheint vielmehr als Konsequenz jenes eschatologischen Heilshandelns an Israel, das Jesus mit der Verkündigung der Gottesherrschaft proklamiert hatte. Damit entfällt m.E. das Hauptargument gegen die Authentizität der Sühneaussage innerhalb der Abendmahlstradition". Allerdings konzediert er, „daß der Aufweis der Möglichkeit noch kein (positiver) Beweis für die historische Tatsächlichkeit ist. Insofern bleibt die hier vorgestellte Sicht eine Hypothese". Vgl. auch ders., Wie hat Jesus seinen Tod verstanden?, ebd. 174–189, 185, wo er betont, dass unter der gemachten Voraussetzung „selbst die Verweigerung den eschatologischen Heilsentschluß Gottes nicht rückgängig machen und die Wirksamkeit des göttlichen Erwählungshandelns nicht in Frage stellen kann [...]". Gegen die Historizität eines Rekurses Jesu auf Jes 53 spricht sich derzeit eine wachsende Anzahl von Forschern aus: vgl. etwa W. Zager, Die theologische Problematik des Sühnetodes Jesu. Exegetische und dogmatische Pespektiven, in: ders., Jesus und die frühchristliche Verkündigung. Historische Rückfragen nach den Anfängen, Neukirchen-Vluyn 1999, 35–61; J. Schröter, Jesus von Nazareth. Jude aus Galiläa – Retter der Welt (BG 15), Leipzig 2006, 289, Anm. 279; M. Ebner, Jesus von Nazareth in seiner Zeit. Sozialgeschichtliche Zugänge (SBS 196), Stuttgart 2003, 190–194.

[108] Vgl. v.a. 1 Tim 2,3f.: „Das [nämlich „für alle Menschen" zu beten, V.1f.] ist recht und wohlgefällig vor *Gott, unserem Retter, der will*, dass *alle* Menschen *gerettet werden* und zur Erkenntnis der Wahrheit gelangen"; L. Oberlinner, Die Pastoralbriefe. Folge 1. Kommentar zum ersten Timotheusbrief (HThKNT XI/2), Freiburg – Basel – Wien 1994, betont die „antignostische Akzentuierung" des Satzes; „gegenüber dem exklusiven Heilsanspruch der Gnostiker wird Gott als der verkündet, dessen Heilswille keine Grenze kennt. Zugleich ist aber darin auch mitenthalten die Feststellung bzw. das Bekenntnis, daß alle Menschen von diesem Heilswillen Gottes abhängig sind [...]". Die Luther-Übersetzung schwächt bis in die jüngste Revision hinein V.4 sinnwidrig mit Seitenblick auf die Prädestinationslehre ab: „welcher will, dass allen Menschen *geholfen werde*". Anders Philipp Me-

des Todes Jesu als des neuen Adam eingedrungen, in dem das Heil „aller Menschen" definitiv beschlossen ist (Röm 5,12–21). Aber er weiß auch, dass diesem Grundgeschehen universaler Reichweite das Leben der Gemeinde und der Glaubensgehorsam aller in ihr zu entsprechen haben. Die Diastase zwischen dem christologischen Grundsatz: „Einer ist *für alle* gestorben, also *sind alle* gestorben" (2 Kor 5,14) und der ekklesiologisch-anthropologischen Adaption: „*wenn* jemand in Christus ist, dann ist er neue Schöpfung" (2 Kor 5,17), lässt sich aus menschlicher Sicht nicht schließen, auch nicht eschatologisch mittels einer Apokatastasis-Lehre, wie jüngst J. Adam gegen den überwältigenden Konsens der Forschung wieder versucht hat[109]. Angesichts der Abgründe der Geschichte wie der nicht zu antizipierenden Gerichtsentscheide des *Deus semper major* bleibt eine Offenheit, die es zu respektieren gilt[110]. Dennoch hat J. Adam zu Recht die Wucht der paulinischen Sentenz Röm 11,32 in Erinnerung gebracht, die aber nicht Individuen, sondern das Entstehen einer neuen Welt aus der alten ins Auge fasst. Die Sentenz – so E. Käsemann – formuliert „das göttliche Grundgesetz aller Geschichte", dem zufolge „der Beginn der neuen Welt [...] nur als Rechtfertigung der Gottlosen" gedacht werden kann. Umgekehrt setzt diese Rechtfertigung des Gottlosen um der Dynamis des Evangeliums willen „die Heilsgeschichte in universaler Weite" aus sich heraus, die nicht „Überbau" der Rechtfertigungslehre ist, sondern „deren Horizont". Ihre Weite, die der Mensch weder füllen noch begrenzen kann, vor Augen zu führen – darin besteht nicht zuletzt die Funktion der „prophetischen Rede" in Röm 11[111].

---

lanchthon, der mit der Stelle ringt und sich ihrer Eingrenzung durch Luther widersetzt; vgl. V. Pfnür, Einig in der Rechtfertigungslehre? Die Rechtfertigungslehre der Confessio Augustana (1530) und die Stellungnahme der Katholischen Kontroverstheologie zwischen 1530 und 1535, Wiesbaden 1970, 132f.; ders., Die Einheit der Kirche in der Sicht Melanchthons, in: G. Frank/S. Meier-Oeser (Hg.), Konfrontation und Dialog. Philip Melanchthons Beitrag zu einer ökumenischen Hermeneutik, Leipzig 2006, 97.

[109] J. Adam, Paulus und die Versöhnung aller. Eine Studie zum paulinischen Heilsuniversalismus, Neukirchen-Vluyn 2009. Nach wie vor zutreffend zu Röm 11,32 E. Käsemann, An die Römer (HNT 8a), Tübingen ²1974, 303: „οἱ πάντες meint nicht bloß das ungläubige Israel [...], sondern alle Welt [...], nämlich die Juden und die in [11,]12 als κόσμος bezeichneten Heiden. Der Gedanke einer Apokatastasis liegt auch hier fern, sofern er auf Individuen bezogen wird [...]. Das Ziel der Heilsgeschichte ist, daß aus der alten die neue Welt hervorgeht, in welcher der Ungehorsam Adams durch dessen eschatologischen Antityp Christus nach [Röm] 5,19; Phil 2,8 beseitigt wird".

[110] J. Adam schließt sie, indem er Paulus unsachgemäße systematische Konsequenzen unterlegt. Einen grundsätzlich anderen Weg geht M. Konradt, Gericht und Gemeinde. Eine Studie zur Bedeutung und Funktion von Gerichtsaussagen im Rahmen der paulinischen Ekklesiologie und Ethik im 1 Thess und 1 Kor (BZNW 117), Berlin/New York 2003.

[111] E. Käsemann, An die Römer (Anm. 109), 304; inkonsequent scheint seine Zusatzmerkung, dass diese „prophetische Rede", die sich der apokalyptischen Denkform bedient, „der Überprüfung bedarf und in diesem Fall Kritik herausfordert"; hiermit meint er wohl, was er S. 294 zu Röm 11,14 – der „Erwartung, daß paulinische Dienst die göttliche Absicht verwirklicht und Israel den Anstoß zu der in 25ff. geschilderten Bekehrung

3.2 Die zukünftige Errettung ganz Israels (Röm 11,25–32)

Für unsere Frage nach dem „Heil der Anderen" ist die prophetische Ansage der Errettung ganz Israels am Ende der Tage in Röm 11 von allergrößter Bedeutung, ohne dass wir damit die Reichhaltigkeit von Röm 9–11 auf diesen einen Aspekt eingrenzen wollen[112]. Paulus ist sich dessen gewiss geworden, dass „ganz Israel" – und das heißt für ihn: neben dem judenchristlichen „Rest" auch *der* Teil Israels, der aus den *nicht* an den Messias Jesus glaubenden Juden besteht – bei der Parusie Christi „errettet werden (σωθήσεται)", das heißt: ins Heil gelangen wird – gemäß der in Christus bekräftigten Bundestreue Gottes. Mit anderen Worten: „Ganz Israel" wird unabhängig von der Missionsverkündigung der Kirche ins Heil gelangen, *an der Kirche vorbei* und auch nicht in Gestalt einer endzeitlichen Eingliederung Israels in die Kirche. Folglich löst Paulus die „Errettung ganz Israels" zwar nicht von dem für ihn soteriologisch entscheidenden Christusgeschehen ab, führt dieses aber nicht ekklesiologisch derart eng, dass nun Israel der Kirche zuzuordnen wäre[113]. Der

gibt" – über das Selbstbewußtsein des Paulus ausgeführt hat: „Nirgendwo tritt die Maßlosigkeit des apostolischen Sendungsbewußtseins mehr heraus, und nirgendwo erweist sich schärfer Apokalyptik als treibendes Element der paulinischen Theologie und Praxis". Hier läge „der apokalyptische Traum eines Mannes vor, der in einem Jahrzehnt zu bewirken suche, was zwei Jahrtausenden nicht gelang".

[112] Vgl. zuletzt M. Theobald, Unterschiedliche Gottesbilder in Röm 9–11? Die Israel-Kapitel als Anfrage an die Einheit des theologischen Diskurses bei Paulus, in: U. Schnelle (Hg.), The Letter to the Romans (BEThL 226), Leuven 2009, 135–177 (dort auch die Nachweise für die im Folgenden entwickelte These samt Auseinandersetzung mit der jüngeren Literatur; zuletzt zu Röm 9–11 ferner: G. Holtz, Gott (Anm. 31), 56–66; P.T. Gadenz, Called from the Jews and from the Gentiles. Pauline Ecclesiology in Romans 9–11 (WUNT 2/267), Tübingen 2009; F. Wilk/J.R. Wagner (Hg.), Between Gospel and Election. Explorations in the Interpretation of Romans 9–11 (WUNT 257), Tübingen 2010.

[113] Umgekehrt lautet das in der Pastoralkonstitution des 2. Vatikanischen Konzils, in Lumen Gentium 16 rezipierte Paradigma: *Diejenigen endlich, die das Evangelium noch nicht empfangen haben, werden auf das Volk Gottes auf verschiedene Weisen hingeordnet (ad Populum Dei diversis rationibus ordinantur).* In erster Linie (in primis) freilich jenes Volk, dem der Bund und die Verheißungen gegeben worden sind und aus dem Christus dem Fleische nach geboren ist (*vgl. Röm 9,4f.*), das seiner Erwählung nach um der Väter willen teuerste Volk; ohne Reue nämlich sind die Gaben und die Berufung Gottes (*vgl. Röm 11,28f.*). [...]".
Zur übergeordneten These (oben kursiv), die für die in LG nachstehend genannten Menschengruppen gilt (neben dem jüdischen Volk auch für diejenigen, „welche den Schöpfer anerkennen", darunter besonders die Muslime, sodann für diejenigen, „die in Schatten und Bildern *den unbekannten Gott* suchen (in umbris et imaginibus *Deum ignotum* [!] quaerent; vgl. Apg 17,23–28: dazu oben bei Anm. 86), schließlich für diejenigen, „die ohne Schuld noch nicht zur ausdrücklichen Anerkennung Gottes gelangt sind"), verweist das Konzil auf Thomas von Aquin, STh III q. 8, a.3, ad 1, dessen christologisch pointierte Ausführung (Christus als Haupt ...) es hier aber nicht einholt. Dazu M. Seckler, Das Haupt aller Menschen, in: ders., Die schiefen Wände des Lehrhauses. Katholizität als Herausforderung, Freiburg 1988, 26–39.

Horizont bleibt die vollendete „Gottesherrschaft" (vgl. 1 Kor 15,24–28). Auf diese These spitze ich meine Ausführungen zu, auch deswegen, weil die jüngste kirchliche Aufnahme des Textes in die Liturgie die Gewichte verschiebt[114]. Die These enthält die folgenden kurz zu erläuternden Momente:

(1) Mit der Errettung ganz Israels bewahrheitet sich „der Bund" (Röm 11,27; vgl. 9,4[115]), den Gott mit Israel bzw. Abraham und den „Vätern" (Röm 11,28b; vgl. 9,5) geschlossen hat. Als „Erwählung" (Röm 11,28b; vgl. 9,11) oder „Berufung" (Röm 11,29; vgl. 9,7.12) bestimmt Paulus ihn theozentrisch, strikt gnadentheologisch. Der vor Zeiten Israel gewährte „Bund" verwirklicht sich in der „Hinwegnahme der Sünden von Jakob" (Röm 11,27), also als „Rechtfertigung" aus lauter Gnade.

(2) Auch in der endzeitlichen Verwirklichung seines Heils für „ganz Israel" handelt Gott durch seinen *Christus*, den Messias. *Er* ist „der aus Sion kommende Retter", auf den das aus der Schrift geschöpfte *Ich*-Wort Gottes Röm 11,26c–27 verweist[116]. Dass Paulus ihn hier nicht ausdrücklich nennt, hängt mit der Theozentrik der Passage zusammen, in welche er die Christologie eingebettet sieht.

(3) Aus Röm 3,26 (vgl. 3,5) und 15,8 (vgl. auch 2 Kor 1,20; Röm 3,3f.) geht hervor, dass Paulus bereits die Existenz Jesu κατὰ σάρκα, also seine Herkunft „aus dem Samen Davids" (Röm 1,3) und aus Israel (Röm 9,5) als Bestätigung des Bundes Gottes mit Israel begreift. Die „Hinwegnahme der Sünden von Jakob", die „der Retter" Christus am Ende der Tage Israel gewährt, ist Frucht seines Sterbens „für alle". Sein endzeitliches Kommen in Herrlichkeit ermöglicht es den Juden, „nicht (mehr) im Unglauben zu bleiben"[117].

---

[114] Gemeint ist die Karfreitagsfürbitte, die Papst Benedikt XVI. für den „älteren Usus" von 2008 verfügt hat (alles Nähere unten in Anm. 118); ihre Bedeutung liegt – die notwendige Kritik an ihr einmal beiseitegelassen – darin, dass hier zum ersten Mal Röm 11 in einem gewichtigen liturgischen Text erscheint; zu ihrer Analyse und Interpretation vom „Katechismus der Katholischen Kirche" her siehe: M. Theobald, Zur Paulus-Rezeption in der Karfreitagsfürbitte für die Juden von 2008, in: H. Frankemölle/J. Wohlmuth (Hg.), Das Heil der Anderen. Problemfeld „Judenmission" (QD 238), Freiburg 2010, 507–541.
[115] Die Erwähnungen des Terminus διαθήκη/διαθῆκαι rahmen die 3 Kapitel (inclusio), woran seine Leitfunktion sichtbar wird.
[116] Weil im Schriftzitat V.26c–27 – einem Spruch Gottes (vgl. Röm 3,2: τὰ λόγια τοῦ θεοῦ; 9,6.7.9.13 etc.) – Gott selbst sich äußert („und dies ist für sie der *von mir* [gestiftete] Bund, wenn *ich* ihre Sünden wegnehmen werde"), kann es gar nicht anders sein, als dass mit dem ὁ ῥυόμενος eine von Gott *unterschiedene* Person, also Christus, gemeint ist. Dieser sprachliche Befund wird immer wieder übersehen; vgl. zuletzt T. Nicklas, Paulus und die Errettung Israels. Röm 11,25–36 in der exegetischen Diskussion und im jüdisch-christlichen Dialog, in: Early Christianity 2 (2011) 173–197.
[117] Wenn Paulus die Errettung Israels *solo Christo* begreift, dann auch *sola fide*, das heißt:

(4) Das Denken des Paulus im Römerbrief ist streng *Israel-bezogen*. Die „Treue" und „Wahrheit" Gottes, also seine Identität, erweist sich ihm zufolge gegenwärtig in der Existenz der „Judenchristen", genauer: der Jerusalemer Gemeinde als dem von Gott erwählten „Rest" (Röm 11,1–10). „Kirche" ohne Verwurzelung in Jerusalem, sprich: ohne ihren jüdischen Kern, wäre für Paulus undenkbar, ein Absturz in die Bodenlosigkeit. Für ihn ist die Kirche dank des in ihr lebenden „Restes" *bleibend* der Wirklichkeit Israels und seinem geistlichen Erbe zugeordnet, eine Umkehrung dieses Satzes – Israel ist der Kirche zugeordnet – würde die Verhältnisse auf den Kopf stellen.

(5) Paulus musste erfahren, dass Israel seinem Messias mehrheitlich nicht glaubte. Er verarbeitete die für ihn schmerzliche Erfahrung (vgl. Röm 9,1–5) so, dass er im mehrheitlichen „Nein" seines Volkes dessen von Gott gewollte „Zurücksetzung" *um der Heiden willen* (Röm 11,11.15.19f.) meinte erkennen zu können. Das Evangelium vom universalen Heilswillen Gottes sollte zu den Völkern gelangen, und darüber verschloss sich Israel, sein Erstadressat, im Unglauben. Sein durch das an Christus, nicht die Tora gebundene Evangelium provozierte „Nein" – seine „Verhärtung" – ist also nur die (wenn auch schmerzhafte) Kehrseite des „Ja" Gottes zu allen Menschen.

(6) Wenn Gott sein Ziel erreicht hat, das heißt: „die Vollzahl der Heiden eingegangen ist" (Röm 11,25d), wird Israel „so" (d.h. auf diesem paradoxen Weg des Heils zuerst zu den Völkern) durch den „Erlöser vom Sion her" „gerettet werden" (Röm 11,26). Die Leerstelle der Wendung: „bis die Vollzahl der Heiden *hineingegangen* ist (εἰσέλθῃ)", weist nicht auf die Kirche, sondern entsprechend den jesuanischen Sprüchen vom „Eingehen in das *Reich Gottes*" auf das von ihm bereitete Heil. Im Hintergrund steht die Idee der Völkerwallfahrt zum Zion, das heißt im Kontext: zum himmlischen Jerusalem, an dem die Glaubenden jetzt schon Anteil haben, in das sie einst aber „eingehen" werden. Wer in Röm 11,25d die Kirche einträgt, verschiebt die Gewichte des Textes und macht seine Pointe unkenntlich[118].

„Ganz Israel" wird dem Parusie-Christus, wenn er sich endzeitlich offenbaren wird, im Glauben begegnen, einem Glauben, den Christus selbst hervorrufen und ermöglichen wird.
[118] So geschehen in der *Karfreitagsfürbitte 2008*, deren Bitte – eine Verschmelzung von 1 Tim 2,4 und Röm 11,25d–26a – so lautet: Omnipotens sempiterne Deus, / qui vis ut omnes homines salvi fiant et ad agnitionem veritatis veniant, / concede propitius, / ut plenitude gentium *in Ecclesiam Tuam* intrante omnis Israel salvus fiat. Dazu drei Bemerkungen: (1) Gegen den paulinischen Text (übrigens auch gegen die Einheitsübersetzung und die Lutherübersetzung) ist hier ein *in Ecclesiam Tuam* ergänzt. Auch die der Instructio *Liturgiam authenticam* zufolge für alle Fragen der Liturgie maßgebliche *Neo-vulgata* liest Röm 11,25 dem Urtext entsprechend: […] donec plenitudo gentium *intra-*

Vielleicht genügen diese wenigen Hinweisen, um wenigstens anzudeuten: „Heil" ist, neutestamentlich gesehen, *christologisch* begründet, aber weil Christus nicht nur „Haupt der Kirche" (Eph 5,23; vgl. auch 4,15f.), sondern auch „Haupt über alles" ist (Eph 1,22), ist dieses Heil gemäß dem Ratschluss Gottes, „der alles Denken übersteigt" (Phil 4,7), auch auf Wegen „außerhalb der Kirche" möglich. Das in seiner Vollgestalt erst noch kommende Reich Gottes ist eben nicht mit der sichtbaren Kirche auf Erden identisch.

3.3 Das Gericht nach Matthäus (Mt 25,31–46)

Zu Anfang erinnerte ich an die Begegnung Jesu mit dem fremden Exorzisten, zu diesem kehre ich jetzt noch einmal zurück. Unsere gängigen Evangeliensynopsen erwecken den Eindruck, dass Matthäus die Erzählung in seinem Evangelium einfach übergangen habe, aber dieses Bild täuscht. Elemente aus ihr hat er im Finale seiner „Bergpredigt" (Mt 7,21–23) aufbewahrt[119], jedoch auf eine neue Ebene transponiert: Es gibt ein „extra ecclesiam", scheint er andeuten zu wollen, aber dieses bezieht sich nicht nur (wie bei Markus) darauf, dass Heilkräfte „im Namen Jesu" auch außerhalb der Jüngergruppe aufbrechen können, sondern viel grundlegender darauf, dass allein das „*Tun* des Willens seines Vaters im Himmel" entscheidend ist, um „in das Himmelreich hineinzukommen" (Mt 7,21), und *alle* Menschen diesem einen und ungeteilten Willen des himmlischen Vaters unterstellt sind:

ret, et sic omnis Israel salvus fiet [...]. – (2) Der Ablativus absolutus insinuiert, dass die Wendung *in Ecclesian Tuam* auch für das nachfolgende *omnis Israel salvus fiat* gültig ist; das führt zur Auffassung, dass sich die Rettung ganz Israels als sein Einbezug *in Ecclesiam Tuam* vollzieht. – (3) Die 1 Tim 2,4 rezipierende voranstehende Prädikation Gottes verdunkelt den strikt eschatologischen Charakter von Röm 11,26: Wenn Gott will, dass alle Menschen gerettet werden und zur Erkenntnis der Wahrheit gelangen, dann gilt dieser Wille *jetzt schon* und möge sich *jetzt schon* realisieren. Von daher legt der Duktus der Bitte nahe, auch die Rettung ganz Israels im *geschichtlichen* Prozess der Initiation der Heiden(völker) in die Kirche anzusiedeln. Damit verliert sie aber ihren eschatologischen Charakter mit der Folge, dass die Bitte für Judenmission anfällig wird. Der ganz gemeinte Rettungsversuch von W. Kasper, Das Wann und Wie entscheidet Gott, in: FAZ vom 20. März 2008, 68, verschleiert diese Einebnung der Eschatologie durch die Bitte, wenn er sie in die Koordinaten von Röm 11 zurückzustellen versucht. Das setzt im Übrigen die Kompetenz eines Theologen voraus, die dem normalen Besucher des Karfreitagsgottesdienstes nicht zu Gebote steht; zu befürchten ist überdies, dass dieser das schriftgelehrte Schreibtischprodukt erst gar nicht versteht (abgesehen von der Frage, wo diese Fürbitte überhaupt zum Vortrag kommt und auf welches Vorverständnis sie dort stößt) (vgl. im Detail: M. Theobald, Zur Paulus-Rezeption [Anm. 114], 507–541).

[119] Das betrifft die beiden im nachstehenden Text kursiv gesetzten Zeilen, die sich von Mk 9,38f. nur darin unterscheiden, dass Matthäus sie generalisiert hat. Dass er von Dämonenaustreibungen *und* Machttaten spricht, die auch in der Mk-Vorlage nebeneinander genannt werden, ist untrügliches Zeichen dafür, dass er diese hier verwendet hat.

V.21 Nicht jeder, der zu mir sagt: *Herr, Herr* (κύριε, κύριε)!,
wird in das Himmelreich eingehen,
sondern nur, wer den Willen meines Vaters im Himmel tut.

V.22 *Viele* (πολλοί) werden zu mir an jenem Tag sagen:
Herr, Herr (κύριε, κύριε)!
Haben wir nicht in deinem Namen prophetisch geredet
und in deinem Namen Dämonen ausgetrieben (vgl. Mk 9,38),
und in deinem Namen viele Machttaten vollbracht (vgl. Mk 9,39)?

V.23 Und dann werde ich ihnen bekennen:
Ich habe euch nie gekannt!
Geht weg von mir, die ihr tut, was gegen das Gesetz ist
(οἱ ἐργαζόμενοι τὴν ἀνομίαν)!

Welches Tun dem Gesetz entspricht und es zur „Erfüllung" bringt, hat Jesus in messianischer Vollmacht in der „Bergpredigt" dargelegt[120]. Deren Ethos ist Jüngerethos, das in seiner Nachfolge lebbar ist, aber es ist kein „Sonderethos", sondern von allen Menschen „als ‚gut' einsehbar und erfahrbar und darum ‚attraktiv'" für sie[121]. Deutlich wird das u.a. daran, dass Jesus das Ethos der von ihm vollmächtig ausgelegten Tora in Mt 7,12 als kompatibel mit der universal verbreiteten Goldenen Regel[122] er-

---

[120] Zu beachten ist, wer die *Zuhörerschaft* der Rahmenszene der Bergpredigt zufolge ist (vgl. Mt 4,23–5,2/7,28f.): primär die *„Jünger"* Jesu (Mt 5,1f.), dann auch die *„Volksmengen"* am Fuß des Berges, von denen es in Mt 7,28 heißt, dass sie über seine Rede „erschraken". Sie repräsentieren nach der Vorstellung des Evangelisten das ganze hörende Israel (Mt 4,25) (vgl. G. Lohfink, Wem gilt die Bergpredigt? Beiträge zu einer christlichen Ethik, Freiburg – Basel – Wien 1988). Am Ende des Buches richtet sich die Weisung des Erhöhten dann *über die Vermittlung seiner „Jünger"* an *„alle Völker"* (28,19f.): *„Lehrt sie, alles zu halten, was ich euch aufgetragen habe"* (Mt 28,20). Demnach erhebt das Ethos der Bergpredigt einen universalen Anspruch, auch wenn es seinen ersten Ort gemäß der Weisung Jesu in der Praxis der Jüngergemeinde hat. Dass es *seine* Weisung ist, die befolgt werden will (V.20), zeigt, dass sie, obwohl *Auslegung* der Tora (Mt 5–7), doch als *„vollmächtige"* Auslegung des Messias (nicht eines „ihrer Schriftgelehrten" [vgl. 7,29]) eigene Würde und Autorität besitzt. Vgl. auch M. Theobald, Wie die Bergpredigt gelesen werden will. Zwölf Hinweise aus der Sicht heutiger Forschung, in: ThQ 192 (2012) 257–280.
[121] Nach U. Luz, Das Evangelium nach Matthäus. Mt 1–7 (EKK I/1), Zürich – Düsseldorf – Neukirchen-Vluyn ⁵2002, 544: *„Die Bergpredigt ist Jüngerethik.* Sie setzt die Berufung der Jünger (4,18–22) voraus [...]. Einzelne Forderungen setzen die Christusverkündigung (5,10–12) oder die Existenz der Jüngergemeinde (5,13–16.20.31f; 6,7f.14f; 7,15–20) voraus". Andererseits: „Die Praxis der Bergpredigt hilft, daß die Menschen den Vater im Himmel preisen (5,16). Nicht nur zielt also das Verkündigungswort auf Taten (Mt 28,20!), sondern die Taten werden wiederum zur Verkündigung. Das schließt aber ein, daß für Matthäus Jüngerethik nicht Sonderethik eines für sich lebenden Kreises von Jesusanhängern ist. Vielmehr gilt: Die Jüngerethik der Bergpredigt ist für Außenstehende als ‚gut' einsehbar und erfahrbar und darum ‚attraktiv' (vgl. 5,16)".
[122] Vgl. A. Dihle, Die goldene Regel (Studienhefte zur Altertumswissenschaft 7), Göttingen 1962, sowie ders., Art. „Goldene Regel", in: RAC 11 (1981) 930–940.

klärt[123]. Die Szene vom Weltgericht Mt 25,31–46 stellt dieser im Judentum „von Haus aus weniger verbreitete(n)" Regel[124] dann die *jüdische* Tradition der „Werke der Barmherzigkeit" zur Seite[125]. Anders als die eher formale Goldene Regel[126] ist diese Tradition inhaltlich gefüllt, mit jener aber darin vergleichbar, dass auch sie (freilich mit noch viel größerer Berechtigung) zur Bündelung des jesuanischen Ethos geeignet erscheint und in dieser Funktion hier auch eingesetzt wird – andernfalls könnten die „Werke der Barmherzigkeit" nicht als *das* Kriterium im Weltgericht gelten.

Mit dem Finale der „Bergpredigt" Mt 7,21–23 ist die Weltgerichtsszene in verschiedener Hinsicht vergleichbar. Vor allem verbindet beide Texte die Überzeugung, dass es im Gericht nicht auf das Bekenntnis zum κύριος, sondern das *Tun* des Willens seines Vaters ankommt. Darüber hinaus verdeutlicht Mt 25, dass jenes Kriterium tatkräftiger Barmherzigkeit universal gilt, denn es versammeln sich ja vor dem Thron des Menschensohns „alle Völker". Allerdings konkurriert mit dem gegenwärtig geläufigen Verständnis des Textes seit den Kirchenvätern bis heute ein ekklesiologischer Auslegungstyp, der seine Reichweite nicht unerheblich einschränkt. Es geht um die Frage, wer „diese meine geringsten Brüder" in V.40 (vgl. auch V.45) sind. Die ekklesiologische Auslegung identifiziert diese „Geringsten" mit den „kleinen" und niedrigen Boten Jesu aus Mt 10,42[127] – mit der Konsequenz, dass sich das eschatologische Geschick „aller Völker" dann allein am Verhalten zu diesen umherziehenden Missionaren (nicht ihrer Botschaft [!]) entscheiden würde, also an der Frage, ob man *ihnen*, als sie hungerten, zu essen

---

[123] „Alles nun, was ihr wollt, dass die Menschen euch tun, so tut auch ihr ihnen; *denn dies ist das Gesetz und die Propheten*". Die Goldene Regel hat Matthäus aus der Logienquelle übernommen (vgl. Lk 6,31), wo sie zur Weisung der Feindesliebe gehörte; der Nachsatz zu ihr entspringt seiner Feder. Mit ihm rekurriert er auf Mt 5,17 („Ich bin nicht gekommen, *Gesetz und Propheten* aufzulösen, sondern zu erfüllen") und legt eine Klammer um den Hauptteil der „Bergpredigt".

[124] U. Luz, Das Evangelium nach Matthäus. Mt 1–7 (Anm. 121), 505: „Die ersten Belege tauchen in hellenistisch-jüdischen Schriften auf".

[125] U. Luz, Das Evangelium nach Matthäus. Mt 18–25 (Anm. 97), 535: „Ähnliche Listen finden sich oft in biblischen und frühjüdischen Texten". Er bemerkt, dass in ihnen „das Besuchen von Gefangenen" selten sei. „Liegt hier ein für das Urchristentum wichtiger situationsbezogener Zug vor? Besonders christliche Missionare hatten damit zu rechnen, ins Gefängnis zu kommen, aber nicht nur sie".

[126] Ders., Das Evangelium nach Matthäus. Mt 1–7 (Anm. 121), 506: „ein rein formales Entsprechungsprinzip, das erst noch inhaltlich gefüllt werden muß und auch sehr verschieden inhaltlich gefüllt werden kann"; seine Verbindung mit dem Liebesgebot ist bereits jüdisch belegt: ebd. (Anm. 7).

[127] Vgl. auch Mt 18,6.10.14. In diesem Sinne zuletzt U. Luz, Das Evangelium nach Matthäus. Mt 18–25 (Anm. 97), 537–540. – Zur patristischen Auslegung vgl. M. Puzicha, Christus peregrinus: Die Fremdenaufnahme (Mt 25,35) als Werk der privaten Wohltätigkeit im Urteil der Alten Kirche (MBTh 47), Münster 1980, 17–22.

gegeben hat oder nicht usw. Gegen diese Deutung spricht vor allem das Erzählmoment des „völligen Überraschtwerdens" der Gerichteten[128]. Als sie nämlich vom königlichen Richter zu hören bekommen, dass dieser ausgerechnet „diese Geringsten" (die Hungernden, Fremden, Nackten, Kranken und Gefangenen) „seine Brüder" nennt, sind sie ratlos, wer diese sein könnten. Würde der Richter seine Missionare meinen, mit denen er sich als seinen „geringsten Brüdern" identifiziert, müsste sich ihre Überraschung eigentlich in Grenzen halten, denn diese sind ja immer schon „in seinem Namen" aufgetreten. Auch sträubt sich die Tradition von den „Werken der Barmherzigkeit" gegen ihre Engführung auf Wandercharismatiker, denn bei Matthäus stellen diese im Vergleich zu den sesshaften Christen nur noch eine Minderheit und erleiden auch nicht durchweg die hier aufgezählten Nöte[129]. Der Text stellt alle christlichen Hörer – seien sie nun sesshaft oder nicht – unter das Gericht und erinnert sie daran, welche Stunde geschlagen hat. Zugleich geht er alle an, womit er jegliche Binnenethik sprengt [130]. Für unsere leitende Frage folgt daraus, dass das Heil der Menschen überhaupt dem eschatologischen Gericht Gottes anbefohlen ist, dessen Maßstäbe anders und umfassender sind, als die Menschen es erwarten. *Sie* erwarten einen *glanzvollen* König, der erhaben, mit Ehre und Herrlichkeit umgeben, über allem steht. Aber es kommt anders: Der königliche Messias *Jesus*[131] nennt die Hungernden, Fremden, Kranken und Gefangenen, also die Ärmsten der Armen „seine Brüder" und Schwestern und *identifiziert* sich mit denen, die ehrlos sind in dieser Welt. Von der Solidarität mit ihnen kann sich also niemand dispensieren, will er im Gericht bestehen[132]. Im Zeichen des „Eschaton" gehen Christologie und Ethik in Mt 25 entsprechend der messianischen *Orthopraxie* bei Matthäus[133] eine erstaunliche Allianz ein.

[128] So U. Wilckens, Gottes geringste Brüder – zu Mt 25,31–46, in: E.E. Ellis/E. Gräßer (Hg.), Jesus und Paulus (FS W.G. Kümmel), Göttingen 1975, 363–383, 369f.; ebenso G. Lohfink, Universalismus und Exklusivität des Heils im Neuen Testament, in: W. Kasper (Hg.), Absolutheit des Christentums (QD 79), Freiburg 1977, 63–82, 74–79.

[129] Weitere Argumente in M. Theobald, „Vergesst die Gastfreundschaft nicht!" (Anm. 29), 206–208 (insbesondere Anm. 92).

[130] Ansätze hierzu bieten auch Röm 2,14–16; vgl. M. Theobald, Das biblische Fundament der kirchlichen Morallehre, in: ders., Studien (Anm. 83), 519–536.

[131] Auch von ihm heißt es: „Wenn der Menschensohn *in seiner Herrlichkeit* (ἐν τῇ δόξῃ) kommt [...]"; aber jetzt ist es „die Herrlichkeit", die in der Solidarität mit den Ärmsten der Armen aufstrahlt.

[132] O. Bayer, Art. „Andere/Andersheit" (Anm. 26), 467f., bietet eine sehr zutreffende Auslegung des Textes: „Wer mit allem Leben sein eigenes Leben als kategoriale Gabe versteht, kann inmitten aller Mitgeschöpfe seine Mitmenschen – die Andern – nur als die wahrnehmen, die sich in derselben Situation befinden. Dann sind die ‚geringsten Brüder' (Mt 25,40) und Schwestern nicht etwa schlechthin andere, Fremde, denen wir erst solidarisch werden müßten. Wir sind vielmehr von vornherein sie selbst und ihnen darin gleich, daß auch wir in elementarer Weise bedürftig sind – angewiesen auf Nahrung, Kleidung, Unterkunft, auf Hilfe in Krankheit und Gefangenschaft".

[133] Unter „messianischer Orthopraxie" verstehe ich die Deckungseinheit im Auftreten Jesu

4. Ausblick

Wir haben uns auf den Weg gemacht zu erkunden, ob und wie Andere ins Blickfeld des Neuen Testaments kommen und ob und wie es vom Heil derer spricht, die nicht zur Nachfolgegemeinschaft Jesu gehören. Drei auf diesem Weg uns zugewachsene Einsichten seien festgehalten:

(1) Aufgrund des in Jesus Christus dokumentierten universalen Heilswillens Gottes ist seiner Nachfolgegemeinschaft der Blick auf die Anderen *ursprungshaft* eingeprägt: der Blick auf „den Juden zuerst und ebenso den Griechen" (Röm 1,16), auf die „Griechen *und* Nichtgriechen, Gebildete *und* Ungebildete" (Röm 1,14), auf „Skythen, Sklaven und Freie" (Kol 3,11), wie auch immer die Ausweitung des jesuanischen Grundimpulses aussieht.

(2) Es gibt auch die Gegenbewegung, das Nein zum Evangelium. Die Reaktionen auf dieses Nein sind vielfältig und nicht auf einen Nenner zu bringen. Im Brennpunkt steht aber das Verständnis des Todes Jesu, wie vor allem Paulus es ausgearbeitet hat: Jesus ist „für die Sünder" gestorben, worin ihre „Feindschaft" gegen Gott noch einmal von seiner größeren Liebe aufgefangen und in seinem Willen zur Versöhnung aufgehoben wird (Röm 5,1–11). Paulus nimmt in Tod und Auferweckung Jesu das „Dennoch" Gottes wahr, seine Treue.

(3) W. Schrage zufolge ist der paulinische „Monotheismus" „wesentlich dynamisch-eschatologisch und prozesshaft" zu verstehen, was vor allem „für das Verhältnis Gottes zu den anderen Göttern, Herren und Mächten" gilt[134]. So eröffnet sich ein Spielraum für die nüchterne Wahrnehmung religiöser Vielfalt – verbunden mit dem auch gesellschaftlich geforderten Respekt vor ihr. Damit verbunden ist die Hoffnung, dass der lebendige Gott Israels einst „alles in allem" werde (1 Kor 15,28). *Vom Heil Anderer lässt sich somit neutestamentlich nicht anders als im Modus eschatologischer Erwartung reden, die dem Bekenntnis zu Christus „dem Haupt über alles" (Eph 1,22) bleibend eingestiftet ist.* M. Seckler hat in seiner Deutung des Thomas von Aquin der Größe dieses „Hauptes" wie der Reichweite seines „Leibes" vor Jahren folgendermaßen Ausdruck verliehen: „Wo die Liebe ist, ist *verwirklichter Leib Christi*, und zwar, wie wir hinzufügen dürfen, auch ohne ausdrücklichen und sich seiner

---

als Messias Israels: die seines messianischen Wortes mit seiner messianischen Praxis: Jesus, der Bergprediger (Mt 5–7), ist zugleich und ineins der Heiland der Menschen (Mt 4,24/8f.).

[134] W. Schrage, Unterwegs zur Einheit (Anm. 64), V. Schon der Titel seines Buches bringt dies zum Ausdruck.

selbst als solchen bewussten Glauben. Freier und sachgerechter wurde theologisch in dieser Frage kaum je gedacht"[135]. Schon die große Weltgerichtsszene Mt 25 atmet – so meine ich – diesen Geist, wenn sie uns einschärft, worauf es eigentlich ankommt: die tatkräftige Solidarität mit den Hungernden, Fremden, Kranken und Gefangenen, kurz: die Barmherzigkeit mit dem Nächsten (vgl. auch Mt 5,7; 9,13 [Hos 6,6]; 12,7; 23,23).

---

[135] M. Seckler, Das Haupt aller Menschen (Anm. 113), 39, zu STh III q. 8.

Heil für alle

Die Vorstellung von der *Apokatastasis panton*

Hans-Peter Großhans / Johanna Rahner

„Quidquid agis, prudenter agas et respice finem! Was (auch immer) du tust, tue es klug und bedenke das Ende!" – dieser von Jesus Sirach 7,36 abgeleitete Spruch mag auch als Motiv für das theologische Lehrstück von der *Apokatastasis panton* gelten. Das Gesamte des Heils und des Heilsprozesses, aber auch unser Verständnis Gottes, kann, ja, muss vom Ende her verstanden werden. Die in die Eschatologie gehörende Vorstellung von der *Apokatastasis panton* thematisiert das Ende von allem, was ist, und greift von dort aus auf andere dogmatische Lehrstücke. In der Lehre von der *Apokatastasis panton* gilt gewissermaßen die populäre Redensart: Ende gut – alles gut. Dass das Ende auch wirklich gut sein wird, darüber will die Vorstellung von der *Apokatastasis panton* Gewissheit erzeugen. Hier ist der im Alltagsleben über dessen Kontingenzen hinweg helfen sollende Spruch „Alles wird gut" zu einem theologischen Lehrstück ausgebaut worden.

Die Rede von einer *Apokatastasis panton* meint die Allversöhnung oder Allerlösung oder Wiederbringung aller bzw. von allem.[1] Es ist „diejenige eschatologische Vorstellung, die eine ausnahmslose Aufnahme aller Menschen (Dinge; Wesen) in das eschatische Heil (Reich Gottes) annimmt." Damit steht diese Lehre „einerseits im Gegensatz zur geläufigeren eschatologischen Vorstellung vom ‚doppelten Ausgang' derzufolge es […] eine eschatische Scheidung von Geretteten und Verworfenen, Heil und Unheil geben wird, und hebt sich andererseits von der seltener vertretenen Vorstellung von einer eschatischen Vernichtung aller Gottlosen (etwa nach Offb 21,1–8) ab."[2]

Im Neuen Testament kommt der Ausdruck *Apokatastasis panton* einmal vor, in Acta 3,21[3], wobei allerdings fraglich ist, ob dort dasselbe ge-

---

[1] Der Ausdruck „*apokatastasis*" meint in der profanen Gräzität die Wiederherstellung eines ehemaligen Zustandes. Eine entsprechende Verwendung lässt sich im medizinischen, astronomischen, juristischen und politischen Sprachgebrauch feststellen (vgl. H. Rosenau, Allversöhnung. Ein transzendentaltheologischer Grundlegungsversuch, Berlin – New York 1993, 26ff.).

[2] H. Rosenau, Art. „Allversöhnung", in: RGG⁴ 1 (1998) 322f.

[3] Ὃν δεῖ οὐρανὸν μὲν δέξασθαι ἄχρι χρόνων ἀποκαταστάσεως πάντων ὧν ἐλάλησεν ὁ θεὸς διὰ στόματος τῶν ἁγίων ἀπ'αἰῶνος αὐτοῦ προφητῶν: Ihn [Jesus] muß der Himmel aufnehmen bis auf die Zeit, da alles wiedergebracht wird, wovon Gott geredet hat durch den

meint ist, was später unter diesem Ausdruck terminologisch verstanden wurde. Die mit diesem Ausdruck angesprochene Sache ist an anderen Stellen des Neuen Testaments klarer ausgesprochen als in Apg 3,21. Wichtige Stellen dazu finden sich in den paulinischen und deuteropaulinischen Briefen. Die Vertreter einer Apokatastasis-Lehre haben sich vor allem auf 1 Kor 15,20ff., Röm 11,32, Eph 1,10 und Kol 1,20 bezogen, sowie insgesamt auf die Johanneische Apokalypse. Jüngst hat Jens Adam in einer Tübinger Dissertation den paulinischen Heilsuniversalismus am gesamten Römerbrief untersucht.[4] Paulus war demnach von der durch Christus bewirkten Versöhnung aller Menschen ebenso überzeugt wie davon, dass „Gott sich aller erbarme" (Röm 11,32).

Theologiegeschichtlich lässt sich eine umfangreiche Liste mit Theologinnen und Theologen erstellen, von denen die Lehre einer *Apokatastasis panton* vertreten wurde und wird. Hartmut Rosenau hat in seiner 1993 erschienenen Untersuchung zur „Allversöhnung. Ein transzendentaltheologischer Grundlegungsversuch" alle diese Theologen und Theologinnen auf „drei theologiegeschichtlich relevante Strömungen" verteilt.[5] Rosenau unterscheidet einen metaphysisch[6] orientierten Versuch, die Allversöhnung zu begründen, von transzendentalen bzw. anthropologischen (als der neuzeitlichen Variante)[7] und von christologischen Begründungsversuchen.[8]

Die folgenden Ausführungen zur theologischen Bedeutung der Vorstellung von der *Apokatastasis panton* bieten keine Gesamtdarstellung zur Apokatastasis-Lehre in der evangelischen und der katholischen Theologie. Dazu wird auf die lexikalischen Darstellungen und die einschlägigen Monographien[9] verwiesen. Die folgenden Überlegungen wollen vielmehr an exemplarischen Konstellationen das Potential der Apokatastasis-Lehre

---

Mund seiner heiligen Propheten von Anbeginn" (zitiert nach der revidierten Übersetzung Martin Luthers von 1984).

[4] J. Adam, Paulus und die Versöhnung aller. Eine Studie zum paulinischen Heilsuniversalismus, Neukirchen 2009.

[5] H. Rosenau, Allversöhnung (Anm. 1), 109.

[6] Metaphysische Begründungen findet Rosenau u.a. beispielsweise bei Origenes, Clemens von Alexandria, Maximus Confessor, Gregor von Nyssa, aber auch bei den Pietisten Friedrich Christoph Oetinger, Philipp Matthäus Hahn und Johann Michael Hahn.

[7] Transzendentale bzw. anthropologische Begründungen findet Rosenau u.a. bei Friedrich Schleiermacher, Wilhelm Martin Leberecht de Wette, Nikolaj Berdjajew oder den religiösen Sozialisten Leonhard Ragaz und Hermann Kutter.

[8] Christologische Begründungsversuche, die auf die univerale Tragweite des Sühnetodes und der Auferstehung Jesu Christi rekurrieren, finden sich u.a. wiederum bei Gregor von Nyssa, sowie bei Hieronymus, Johannes Scotus Eriugena, aber auch bei Außenseitern der Theologiegeschichte wie Jane Lade oder dem Ehepaar Petersen. Auch Karl Barth ordnet Rosenau diesem Begründungsversuch der Apokatastasis-Lehre zu.

[9] Neben der schon erwähnten Monographie von Hartmut Rosenau (Anm. 1) ist hier besonders die zweibändige Studie von Christine Janowski zu erwähnen: J.Ch. Janowski, Allerlösung. Annäherungen an eine entdualisierte Eschatologie (Neukirchener Beiträge zur systematischen Theologie 23/1–2), Neukirchen 2000.

für die Frage nach dem Heil der Anderen erschließen und den dabei auftretenden Problemen nachgehen. Dies geschieht in den folgenden sechs Abschnitten, wobei an einzelnen Punkten eigens auf Konzeptionen und Entwicklungen in der evangelischen und in der katholischen Theologie eingegangen wird.[10] Auf eine parallele Darstellung von Entwicklungen in der evangelischen und katholischen Theologie wird bewusst verzichtet, da mit den dargestellten konfessionell geprägten Konzeptionen und Entwicklungen jeweils bestimmte konzeptionelle Aspekte einer Apokatastasis-Lehre in den Blick kommen sollen. Die sechs Abschnitte stehen unter den folgenden Überschriften:

---

[10] Aus Freude über das Gelingen der badisch-schwäbischen Kooperation wird darauf verzichtet, jeweils anzuzeigen, welche Abschnitte ursprünglich aus welcher Feder stammen.

1. Abgrenzung von der Lehre vom „doppelten Ausgang"

Die Vertreter einer *Apokatastasis panton* waren in der Theologiegeschichte immer in der Minderheit. Ihnen stand als kirchliche Lehre vor allem die Auffassung vom sogenannten „doppelten Ausgang" entgegen, die sich auch auf die Einsicht der natürlichen Vernunft stützen konnte.

1.1 So hat Herbert of Cherbury eine der fünf von der Vernunft einsehbaren und allen Religionen gemeinsamen „Notitiae communes circa Religionem" darin gesehen, dass von Gott zeitlich und ewig Lohn und Strafe komme.[11] Die Guten werden von Gott belohnt und die Bösen werden bestraft. Diese Differenz muss nicht moralisch verstanden werden, sondern kann variiert werden durch die Unterscheidung der Glaubenden von den Unglaubenden – wie dies in der evangelischen Theologie der letzten beiden Jahrhunderte häufig geschehen ist. So oder so wird dabei ein „strenge[r] eschatologische[r] Dual" in Anspruch genommen, der „die Menschheit – traditionell auch, ja primär die Engel – in alle Ewigkeit streng aufspaltet".[12] Christine Janowski hat in ihrer im Jahr 2000 publizierten Untersuchung „Allerlösung. Annäherungen an eine entdualisierte Eschatologie" zu zeigen versucht, dass damit ein *„eschatologisch zugespitztes Paradigma einer entsprechenden mentalen Operation strengen Dualisierens"* formuliert worden ist,[13] das sich durch die gesamte Theologie hindurch zieht. Die Frage ist, ob die christliche Theologie so über die Menschheit (und die Engel) – und entsprechend auch über den dreieinigen Gott – denken muss.

1.2 Was die kirchliche Lehre betrifft, so war 543 gegen Origenes die Auffassung verurteilt worden, „die Strafe der Dämonen und gottlosen Menschen sei zeitlich und sie werde nach einer bestimmten Zeit ein Ende haben, bzw. es werde eine Wiederherstellung von Dämonen oder gottlosen Menschen geben".[14]

1.3 Die reformatorische Theologie hat den Widerspruch gegen die Vorstellung einer *Apokatastasis panton* erneuert. In Art. 17 der *Confessio Augustana* wird die Vorstellung vom „doppelten Ausgang" in die Lehre der

---

[11] Vgl. E. Lord Herbert of Cherbury, De veritate, Faksimile-Neudruck der Ausgabe London 1645, hg. und eingel. von G. Gawlick, Stuttgart-Bad Cannstatt 1966, 208ff. Die anderen Fundamentalwahrheiten sind: dass es Gott gibt; dass Gott zu verehren ist; dass Tugend und Frömmigkeit die wesentlichen Teile der Gottesverehrung sind; dass Sünden durch Reue und Umkehr wieder gutgemacht werden.

[12] J.Ch. Janowski, Allerlösung (Anm. 9), 15.

[13] Ebd., 15f.

[14] Edikt des Kaisers Justinian an Patriarch Menas von Konstantinopel, veröffentlicht auf der Synode von Konstantinopel, DH 411.

lutherischen Kirchen eingeschrieben – in Übereinstimmung mit entsprechenden Formulierungen Luthers[15]: „Auch wird gelehret, daß unser Herr Jesus Christus am jungsten Tag kummen wird, zu richten, und alle Toten auferwecken, den Glaubigen und Auserwählten ewigs Leben und ewige Freude geben, die gottlosen Menschen aber und die Teufel in die Helle und ewige Straf verdammen. Derhalben werden die Wiedertäufer verworfen, so lehren, daß die Teufel und verdammte Menschen nicht ewige Pein und Qual haben werden. Item, werden hie verworfen auch etlich judisch Lehren, die sich auch itzund eräugen, daß vor der Auferstehung der Toten eitel Heilige, Fromme ein weltlich Reich haben und alle Gottlosen vertilgen werden."[16]

Die reformatorischen Lehren von der *Vorherbestimmung* verstärken diese Auffassung, indem sie eine grundsätzliche Scheidung der Menschen in Selige und Unselige, ewig Lebende und ewig Verdammte zum Ausdruck bringen. Calvin sah die in der ewigen Erwählung sich realisierende Gnade Gottes geradezu „durch die Ungleichheit" verherrlicht, „daß er nicht unterschiedslos alle Menschen zur Hoffnung auf die Seligkeit als Kinder annimmt, sondern den einen schenkt, was er den anderen verweigert".[17] So versteht dann Calvin unter Vorbestimmung „Gottes ewige Anordnung, vermöge deren er bei sich beschloß, was nach seinem Willen aus jedem einzelnen Menschen werden sollte! Denn die Menschen werden nicht alle mit der gleichen Bestimmung erschaffen, sondern den einen wird das ewige Leben, den anderen die ewige Verdammnis vorher zuge-

---

[15] Die in CA 17 vertretene Position konnte Melanchthon u.a. auf Martin Luther stützen, der in seinem *Bekenntnis* von 1528 formulierte: „Am letzten gläube ich die Auferstehung aller Toten am jüngsten Tage, beide der Frummen und der Bösen, daß ein jeglicher daselbs empfahe an seinem Leibe, wie ers verdienet hat, und also die Frummen ewiglich leben mit Christo und die Bösen ewiglich sterben mit dem Teufel und seinen Engeln. Denn ichs nicht halte mit denen, so da lehren, daß die Teufel auch werden endlich zur Seligkeit kommen" (WA 27, 509).
[16] BSLK, 72. Angemerkt sei, dass bei diesen Verwerfungen der CA vermutlich reale Personen gemeint waren. Mit den Anabaptisten, die die Vorstellung einer ewigen Hölle ablehnten, könnten Melchior Rinck und seine Anhänger gemeint sein – so J. Menius, Der Widdertaufer Lehre und Geheimnis, 1530; vgl. auch: H. Denck, Ordnung Gottes und der Creaturen Werck, 1527, 9f., in: W. Fellmann (Hg.), Schriften Hans Denck, Bd. 2, Gütersloh 1956, 98; vgl. BSLK, 72. Bei der Verwerfung derjenigen, die an ein tausendjähriges Reich der Frommen glauben, könnten beispielsweise die Geständnisse Augustin Baders im Blick gewesen sein, die im März 1530 in Augsburg gedruckt worden waren: Bader, der am 30.3.1530 in Stuttgart hingerichtet wurde, hatte angeregt von Hans Hut und Wormser Juden an Ostern 1530 die Veränderungen erwartet, aus denen das tausendjährige Reich hervorgehen sollte; vgl. G. Bossert, Augustin Bader von Augsburg, der Prophet und König, und seine Genossen nach den Prozessakten von 1530, in: ARG 10 (1913) 117–175; 209–241; 297–349; 11 (1914) 19–64; 103–133; 176–199; vgl. BSLK, 72.
[17] J. Calvin, Institutio christianae religionis III, 21,1, zit. nach der Ausgabe von O. Weber, Neukirchen-Vluyn ²1963, 615.

ordnet. Wie also nun der einzelne zu dem einen oder anderen Zweck *geschaffen* ist, so [...] ist er zum Leben oder zum Tode ‚vorbestimmt'."[18]

Die Reformatoren folgten mehr oder weniger Augustinus' Prädestinationslehre: Von ihrer natürlichen Situation her läuft bei allen Menschen alles auf ihren Tod und ihren Untergang zu. Einzelne jedoch werden davon errettet. Dies ist aus dem Gang der Welt nicht zu erklären und bedarf deshalb einer theologischen Erklärung, die eben durch die Auffassung von einer göttlichen Vorherbestimmung der Rettung einzelner geliefert wird.[19] Alttestamentliche Terminologie aufnehmend spricht Augustinus vom „Rest", der vom Verderben, das der übliche Gang allen Lebens ist, ausgenommen und errettet wird.[20]

Wie wird nun gegen diese kirchlichen Lehren die Vorstellung einer *Apokatastasis panton* konzipiert und begründet?

2. Die Apokatastasis-Lehre bei Origenes

Origenes hatte[21] im 6. Kapitel des ersten Buches von „De Principiis", das unter der Überschrift steht „De fine vel consummatione", geschrieben: „Jedenfalls glauben wir, daß Gottes Güte durch seinen Christus die ganze Schöpfung zu einem einzigen Ende führen wird, in dem auch die Feinde unterworfen werden".[22] Zur Begründung zitiert er Ps. 110,1: „So sprach

---

[18] Inst. III, 21,5 (ebd., 619).

[19] Voraussetzung dafür ist die Auffassung, dass Gott zwar alle Menschen geschaffen hat – als „einen Klumpen von Sündern und Gottlosen" (Augustinus von Hippo, Logik des Schreckens. De diversis questionibus ad Simplicianum I, 2, hg. und erklärt von K. Flasch, Mainz 1990, 219). Augustinus hat dabei einen Töpfer vor Augen, der einen Klumpen Lehm bearbeitet. Aus diesem Klumpen wird nun eine Zahl von Menschen im Voraus erwählt und also vorherbestimmt zur Seligkeit und zum Guten.

[20] Es ist eine elitäre Auffassung, wobei für die Erwählung und Vorherbestimmung keinerlei natürliche Erklärungen greifen und geltend gemacht werden können. Es ist das Normale für einen Menschen, auf seinen Untergang und sein Verderben (also seinen Tod) hin zu existieren; die wenigen, die davon ausgenommen sind, sind dies jedoch nicht aufgrund irgendwelcher empirisch feststellbaren Qualitäten, sondern allein aufgrund des unerforschlichen göttlichen Bestimmens. Neben einem elitären Bewusstsein artikuliert sich in der Lehre von der Vorherbestimmung der Widerspruch gegen die Festlegung menschlichen Lebens durch Natur und Geschichte, Bildung und Kultur. Im Zusammenhang der weiteren Geschichte des Christentums wird deshalb für das menschliche Leben der Glaube entscheidend. Glaube heißt, auf Gott zu vertrauen und anzuerkennen, dass Gott in Jesus Christus alles zur Rettung und für das Heil des von Grunde auf sündigen und gottlosen und insofern verlorenen Menschen getan hat. Glaube ist insofern die Bejahung, dass der einzelne Mensch aus sich heraus nicht wirklich fähig ist zu einem guten Leben. Deshalb erwartet er Heil oder Unheil eben von Gott.

[21] Die Schwierigkeiten mit dem originalen Text aufgrund der Glättungen durch Rufin können wir hier für unsere Zwecke zuerst einmal ausblenden.

[22] Origenes, De principiis I, 6,1. Origenes wird hier der Einfachheit halber nach der Übersetzung von H. Görgemanns und H. Karpp zitiert, vgl. Origenes, De Principiis Libri

der Herr zu meinem Herrn: setze dich zu meiner Rechten, bis ich die Feinde als Schemel unter deine Füße lege", und 1 Kor 15,25: „Christus muß herrschen, bis daß er alle seine Feinde unter seine Füße lege". Des Menschen Unterwerfung unter Christus bedeutet dabei nach Origenes nicht dessen Vernichtung, sondern „das Heil der Unterworfenen, das von Christus kommt".[23]

Für Origenes ist dabei wichtig, dass auf diese Weise das Ende mit dem Anfang verknüpft wird.[24] „Denn immer ist das Ende dem Anfang ähnlich; und daher muß, so wie das Ende von allem *eines* ist, so auch *ein* Anfang von allem angenommen werden; und so wie die vielen Dinge *ein* Ende haben, so entspringen die vielen Unterschiede und Abweichungen aus *einem* Anfang."[25]

So werden alle durch die Güte Gottes, die Unterwerfung unter Christus und die Einheit des heiligen Geistes „zu einem Ende gebracht, das dem Anfang gleicht".[26] Aufgrund geschöpflicher Schuld war die ursprüngliche Einheit in eine differenzierte Ordnung im Himmel (Engel) und auf Erden (Menschen), die auf Trennung basiert, aufgelöst worden. Wenn jedoch ein neuer Himmel und eine neue Erde sein werden (Jes 65,17) – „in der kommenden Weltzeit oder in den darauffolgenden" –, dann wird das Menschengeschlecht „wieder in jene Einheit aufgenommen werden, die der Herr Jesus verspricht".[27]

Es sei hier angemerkt, dass wir diese soteriologische Figur schon vor Origenes ähnlich bei Irenäus von Lyon finden – in Aufnahme der Anakephalaiosis-Lehre nach Eph 1,10. Das Wort ἀνακεφαλαίωσις wird von Irenäus mit *recapitulatio* übersetzt; entsprechend spricht er von einer *recapitulatio mundi. Recapitulatio* ist ein Ausdruck aus der antiken Rhetorik und meint dort den zusammenfassenden Schluss einer Rede. Dieses Wort wird bei Irenäus aus der Rhetorik entfremdet im Sinne einer kosmischen oder realen Rekapitulation (und also nicht im Sinne einer literarischen Rekapitulation) verwendet: Es meint nun ein Wiedererneuern,

---

IV/Vier Bücher von den Prinzipien, hg. von H. Görgemanns/H. Karpp, Darmstadt [2]1985. In dieser Ausgabe ist auch der lateinische Text gut zugänglich.

[23] Origenes, De principiis (Anm. 22) I, 6,1.

[24] Dies erinnert an die Einsichten des griechischen Arztes Alkmaion aus Kroton (um 500 v. Chr.), der – nach einem ihm von Aristoteles zugeschriebenen Satz – den Grund der Nichtigkeit des Menschen so formulierte: „Die Menschen gehen deshalb zugrunde, weil sie den Anfang nicht mit dem Ende zusammenbringen (verknüpfen) können: τοὺς γὰρ ἀνθρώπους φησὶν Ἀλκμαίων διὰ τοῦτο ἀπόλλυσθαι, ὅτι οὐ δύνανται τὴν ἀρχὴν τῷ τέλει προσάψαι (Aristoteles, Problemata Physica 916 a 33ff.; vgl. Nik. Eth. Z 1141 a 20ff. – vgl. H. Diels/W. Kranz [Hg.], Die Fragmente der Vorsokratiker, Bd. 1, Hamburg [12]1966, 24 [14] B 2 [11], 215).

[25] Origenes, De principiis (Anm. 22) I, 6,2.

[26] Ebd.

[27] Ebd.

ein Wiederherstellen – und zwar im Sinne von „vollenden". So schreibt Irenäus: „vielmehr nahm er Fleisch an und wurde Mensch, um die langfristige Entwicklung der Menschen in sich zusammenzufassen [zu rekapitulieren], indem er uns kurz und bündig das Heil gewährte, damit wir das, was wir in Adam verloren hatten, nämlich Bild und Gleichnis Gottes [imago et similitudo Dei] zu sein, in Christus zurückerhielten."[28] Christus ist wie ein Kompendium der langen Schöpfungs- und Geschichtsrede Gottes, in dem Gott die Darlegung wiederholt und in sich selbst vollendet. „In diesem ‚Kompendium' sind alle Menschen zusammengefaßt wie unter einem Haupt. In Ihm wird uns das Heil erwirkt, wenn Er durch den Tod aufsteigt zum Leben, um die Rückkehr zum unverderbten Urstand am Anfang zu erkämpfen und zugleich den Aufstieg zur Vollendung in der zukünftigen Welt."[29]

Kommen wir zurück zu Origenes. Origenes ist es wichtig, dass die Unterwerfung unter Christus frei geschieht. Er hält es für möglich, dass „von denen, die den bösen Fürsten, Gewalten und Weltherrschern unterstehen, in jeder einzelnen Welt oder in (der Abfolge) mehrerer Welten einige früher, andere später durch wohltätige Einflüsse und durch ihren eigenen Willen zur Änderung ihres Zustandes dereinst zum Menschsein gelangen werden".[30]

---

[28] Irenäus, Adversus Haereses III, 18,1 – zitiert nach der Übersetzung von Norbert Brox in: Irenäus von Lyon, Adversus Haereses/Gegen die Häresien III. Übersetzt und eingeleitet von N. Brox (Fontes Christiani VIII/3), Freiburg u.a. 1995, 218ff. Dort findet sich auch der lateinische Text.

[29] E. Scharl, Recapitulatio Mundi. Der Rekapitulationsbegriff des heiligen Irenäus und seine Anwendung auf die Körperwelt, Freiburg 1941, 8. In der Soteriologie der östlichen, *orthodoxen Theologie* erhält diese Vorstellung der Wiederherstellung und Vollendung der menschlichen Natur bzw. der Welt zu ihrer ursprünglichen Gottgemäßheit dann eine zentrale Bedeutung. Alles, was Gott veranstaltet, zielt darauf, alles von Christus Abgerissene und Getrennte zusammen zu bringen und zu verbinden. Für den württembergischen Pietisten und Vertreter der Apokatastasis-Lehre Michael Hahn zeigt Eph 1,10, dass der dreieinige Gott „in den von ihm bestimmten Zeitfristen und Ewigkeiten seinen Zweck an allen erreichen" will. Dieser Zweck besteht darin, dass „alle Dinge so nach und nach wieder unter das alleinige Haupt, in welchem vor dem Fall alles zusammen bestanden, verfasset werden mögen. Ich sage, *alle Dinge'* und verstehe darunter sowohl die in den Himmeln als auch die auf Erden, nämlich alles, was sich von Christo abgerissen und getrennt hat" (J.M. Hahn, Schriften, Bd. 3, Darmsheim ²1887, 338f. [18. Brief, Eph 1]).

[30] Origenes, De principiis (Anm. 22) I, 6,3. Dies trifft sich mit der prinzipiellen geschöpflichen Ausstattung des Menschen, zu der auch ein freier Wille gehört, die Origenes zu Beginn des zweiten Buches beschreibt: „Deshalb meinen wir, daß Gott, der Vater des Alls, zum Heil all seiner Geschöpfe nach dem unaussprechlichen Plan seines Wortes und seiner Weisheit das Einzelne so angeordnet hat, daß einerseits all die einzelnen Vernunftwesen – mögen sie nun Geister oder Intelligenzen heißen – nicht gegen ihren freien Willen mit Gewalt zu etwas anderem gezwungen werden als wozu ihre geistige Bewegung hindrängt – sonst könnte es scheinen, als würde ihnen dadurch die Freiheit des Willens genommen, was geradezu ein Eingriff in die Eigenart ihres Wesens wäre – und daß andererseits die verschiedenen Bewegungen ihres Wollens sich zur Harmonie einer einzigen Welt in angemessener und nutzbringender Weise zusammenfügen: die einen brauchen

Wie auch immer der gesamte soteriologische Vorgang im Einzelnen vorzustellen ist, so ist nach Origenes das Ziel jedenfalls deutlich, dass mit der abschließenden Unterwerfung des Sohnes unter den göttlichen Vater die vollendete Seligkeit erlangt ist. Für Origenes schließt die Unterwerfung des Sohnes unter den göttlichen Vater ein, dass „auch die Unterwerfung der Feinde unter den Sohn Gottes [...] als heilsam und nützlich verstanden wird". Der gesamte Vorgang der Unterordnung unter Christus und unter den göttlichen Vater stellt die gestörte Ordnung der Schöpfung und also die richtigen Verhältnisse wieder her. Es geschieht „damit die vollkommene Wiederbringung der ganzen Schöpfung". Und Origenes fügt explizit hinzu, dass in der biblischen Auskunft, die Feinde seien dem Sohn Gottes unterworfen, „die Rettung und Wiederherstellung der Verlorenen zu sehen" ist.[31] Und er stellt ausdrücklich auch für diesen Fall fest, dass „diese Unterwerfung sich erfüllen [wird] nach bestimmten Weisen, Regeln und Zeiten, nämlich nicht durch einen Zwang, der zur Unterwerfung drängt, und nicht durch Gewalt wird die ganze Welt Gott untertan, sondern durch Wort, Vernunft, Wissen, Aufmunterung der Besseren, gute Lehren, auch durch angemessene, der Sache entsprechende Strafdrohungen, welche in gerechter Weise gegen jene gerichtet sind, die die Sorge um ihr Heil und ihren Nutzen vernachlässigen und sich um ihre Unversehrtheit nicht bekümmern".[32]

So wird zuletzt auch der „letzte Feind", der Tod, vernichtet (1 Kor 15,26). Und so gibt es in diesem vollendeten Zustand keine Traurigkeit mehr (vgl. Offb 21,4) – weil der Tod nicht mehr ist – und auch keine Verschiedenheit mehr – weil kein Feind mehr ist. Origenes betont jedoch ausdrücklich – gewissermaßen anti-imperialistisch –, dass mit der Vernichtung des letzten Feindes „nicht seine von Gott geschaffene Substanz vergeht".[33] Vergehen wird jedoch seine „feindliche Willensrichtung, die nicht von Gott, sondern von ihm selbst stammt. Er wird also vernichtet, nicht um (künftig) nicht zu sein, sondern um (künftig) nicht (mehr) ‚Feind' und ‚Tod' zu sein."[34] Dann wird nach Origenes Gott wirklich „alles in allem" (1 Kor 15,28) sein, denn dann wird in keinem Geschöpf mehr etwas gottwidriges sein, sondern jedes Geschöpf wird ganz von Gott und insofern vom Guten durchdrungen sein. „Wenn der

---

Hilfe, die anderen können Hilfe geben; [...]" (Origenes, De principiis [Anm. 22] II, 1,2).
[31] Origenes, De principiis (Anm. 22) III, 5,7.
[32] Ebd., III, 5,8. Origenes bezieht sich auch in Bezug auf die Feinde Christi auf seine pädagogischen Einsichten, die darauf zielen, dass Menschen, „wenn sie das Verständnis für das Gute, Nützliche und (Sittlich-)Schöne erreicht haben", dann „keine Angst mehr vor Schlägen" haben; „mit Worten und Vernunft werden sie zu allem Guten überredet und fügen sich ihm" (ebd.).
[33] Ebd., III, 6,5.
[34] Ebd.

vernünftige Geist gereinigt ist von aller Hefe der Sünde, wenn alle Trübung der Bosheit gänzlich beseitigt ist, dann wird alles, was er empfinden, erkennen und denken kann, Gott sein; er wird nichts anderes mehr denn Gott empfinden, Gott denken, Gott sehen, Gott haben; Gott wird das Maß all seiner Bewegungen sein; und so wird Gott für ihn alles sein. Dann gibt es keine Unterscheidung mehr von Gut und Böse, da es nirgendwo etwas Böses gibt".[35] Auch diese Überlegung führt wieder zu der fundamentalen Einsicht, dass das Ende zum Anfang zurückkehrt: „Wenn also das Ende zum Beginn zurückkehrt, der Ausgang der Dinge mit dem Anfang zusammenfällt und jenen Zustand wiederherstellt, den die Vernunftwesen damals hatten, als sie noch nicht ‚vom Baum der Erkenntnis des Guten und Bösen zu essen' brauchten [...], dann wird wahrhaft Gott ‚alles in allem' sein."[36]

Origenes ist ein konsequenter Exeget und Theologe. Er denkt konsequent von Gott her. Sein Grundaxiom lautet: Gott ist gut. Und als der gütige Vater aller ist er auch gerecht. Daran hält er gerade auch gegen Marcion fest. Was der gütige Gott geschaffen hat, kann nicht mehr nicht sein.[37]

Vergehen wird jedoch das Böse, zu dem Engel und Menschen aufgrund der ihnen gegebenen Freiheit fähig sind. Dieses Böse, das Gottwidrige, wird durch die pädagogischen Prozesse und die Reinigungsakte vergehen, die die Menschen und Engel, die sich dem Bösen zugewandt haben, durchlaufen bis sie ganz in Gott und mit Gott leben.

Freilich praktiziert auch Origenes ein dualisierendes Denken und setzt ein göttliches Gericht voraus, in dem die Unterscheidung von Gut und Böse zur Anwendung kommt. Das Gericht steht jedoch ganz im Zeichen der Therapie, die je nach der Tiefe der Verwobenheit eines Menschen oder Engels mit dem Bösen anstrengend und höchst schmerzhaft sein kann.[38] Der Unterschied zur Lehre vom „doppelten Ausgang" besteht darin, dass das göttliche Gericht gewissermaßen zu den vorletzten und nicht den letzten Dingen gehört.

Ohne Heilung und ohne Transformation gibt es für die Anderen – wie auch für die Eigenen und für einen selbst – keine Partizipation am Heil.

---

[35] Ebd., III, 6,3. Origenes unterstreicht dies mit einer heilkundlichen Bemerkung: „denn Gott ist alles für jenen, der keine Berührung mehr mit dem Bösen hat". Dann wird der Mensch nicht mehr begehren, vom Baum der Erkenntnis des Guten und Bösen zu essen, „weil er immer im Guten ist und Gott für ihn alles ist" (ebd.).

[36] Ebd.

[37] „Denn er hat alles geschaffen, daß es sei, und was geschaffen ist, damit es sei, kann nicht nicht sein. [...] Ein Vergehen der Substanz kann bei etwas, was von Gott gemacht ist, damit es sei und daure, nicht eintreten" (ebd., III, 6,5).

[38] Origenes sieht dies wiederum in Analogie zur medizinischen Heilkunst: zuerst Gift, dann – wenn das Gift nichts nützt – das Messer, und wenn dieses nichts nützt, das Feuer, mit dem das Böse aus dem Leben bzw. der Seele eines Menschen ausgebrannt wird; vgl. ebd., II, 10,6.

3. Die Vorstellung von der Apokatastasis panton in der mittelalterlichen Tradition

3.1 Das Erbe des Augustinus

Für die Entwicklung in der mittelalterlichen Theologie und Frömmigkeit muss noch einmal in die Alte Kirche zurückgegangen und auf den auf Origenes folgenden Verlauf der theologiegeschichtlichen Entwicklung eingegangen werden. Dabei bleiben zwei Dinge prägend: die Verurteilung des Origenismus auf dem 2. Konzil von Konstantinopel 553 und die – nicht nur in der Volksfrömmigkeit wirksame – Dominanz der Tradition des Augustinus. Beides lässt kaum Raum für eine wie auch immer geartete Vorstellung einer *Apokatastasis panton*. Gerade die Wirkungsgeschichte der augustinischen Gnadenlehre ist es, die paradoxer- wie konsequenterweise „sorgfältig jedes Loch verstopft, das den ‚Mitleidigen' erlaubte, die Tatsache der von Menschen, nicht nur von Teufeln bewohnten Hölle zu leugnen."[39] So prägt Augustinus jene im Mittelalter oftmals wiederholte und leitend werdende Sentenz: *Deus, qui nullum peccatum impunitum dimittit.* Die augustinische Höllenlehre erhält mit Gregor dem Großen nicht nur reichlich konkretes Anschauungsmaterial, sondern zudem eine ekklesiologisch inspirierte Konnotation: In politisch und gesellschaftlich unsicheren Zeiten scheint es nur einen sicheren Hort zu geben – die Kirche und ihre Gnadenmittel: die Sakramente. Gregors Interesse an der ewigen Hölle (und damit dem faktischen Ausschluss ihres Gegenteils) liegt in der Frage der kirchlichen Vermittlung und ihrer praktisch seelsorgerlichen Umsetzung begründet. Spätestens seit Gregor wird das Thema „Hölle" zum Zentralthema der Eschatologie und der doppelte Ausgang des Gerichts etabliert sich zum „wissbaren Gegenstand" des Glaubens. Glaube wird damit „notwendig zu einem intellektuellen, neutralen Akt [...] der indifferent Heils- wie Unheilswahrheiten umfasst, und somit nur dort, wo er sich auf eine Heilswahrheit richtet, die Liebe und Hoffnung und das Vertrauen miteinschließen kann. Damit hängt auch ein seltsam verkümmerter Hoffnungsbegriff aufs engste zusammen, da es nun gegen den Glauben zu sein scheint, auf die Rettung aller Menschen zu hoffen."[40]

Das Mittelalter sammelt, systematisiert, malt aus, was man im Gefolge Augustins immer „schon gewusst" bzw. zum Nutzen der Frömmigkeit auch seelsorgerlich förderlich angesehen hat. Die Blüte der Höllenvorstellung im Mittelalter (samt der im Gefolge Gregors aufkommenden Konkreta der Höllenvisionen) verdankt sich indes dem christlichen

---

[39] H.U. von Balthasar, Was dürfen wir hoffen?, Einsiedeln – Trier ²1989, 52f.
[40] Ders., Eschatologie, in: J. Feiner u.a. (Hg.), Fragen der Theologie heute, Einsiedeln – Zürich – Wien 1957, 403–421, 412f.

Mönchtum, das seine Prägung durch die irische Frömmigkeit weder in der Dominanz der Gestalt des *Deus tremendus* noch im latenten Semipelagianismus verleugnen kann. Gottes Barmherzigkeit wird dabei nicht ausgeschlossen, aber sie ist in engen Bahnen reguliert. Gott hält seinen berechtigten Zorn für eine gewisse Zeit zurück und „gewährt gnädigerweise die Möglichkeit, seinem Gericht durch eigene Buße zuvorzukommen": so bietet sich das Kloster als „Buß- und Bewahrungsstätte für die nach der Taufe drohenden Sünden" an.[41] Der Himmel ist gemäß dem prägenden, asketischen Hochleistungsstreben fürderhin einer Kulturelite vorbehalten: *Ubi maior lucta maior est corona*.[42]

Ernster und nüchterner wird dagegen das Thema Hölle bei den mittelalterlichen Theologen abgehandelt, die damit bewusst ernüchternd wirken auf die ihren Höhepunkt im 12. Jh. erreichende, mitunter geradezu detailversessene Visionenliteratur.[43] Man ist hier besonders um eine Systematisierung, Differenzierung und Präzisierung bemüht und elaboriert diverse Abstufungen von Qualen als differenziertes Strafsystem und das Jüngste Gericht wird zu einem formal wohlgeordneten Prozess, bei dem Engel, Apostel und Heilige assistieren. So etabliert sich der Erzengel Michael als Seelenrichter und Maria und Johannes (zum Teil in Gemeinschaft mit anderen Heiligen) interzedieren, leisten Fürbitte, ohne freilich verhindern zu können, dass eine stattliche Menge der vor Gericht Stehenden für immer verloren geht.[44] Seit dem Konzil zu Florenz (1439) ist dieses Schicksal für alle Ungläubigen und Häretiker lehramtlich festgelegt: „Die heilige Römische Kirche glaubt fest, bekennt und verkündet, dass kein Heide, kein Jude, kein Ungläubiger und niemand, der von der Einheit mit Rom getrennt ist, am ewigen Leben teilhaben wird. Vielmehr wird er in das ewige Feuer stürzen, das dem Teufel und seinen Engeln bereitet ist, wenn er sich nicht vor dem Tode wieder mit ihr verbindet" (DH 1351).

Neben der „Prozessordnung des Endgerichts" samt einem ausdifferenzierten „Strafenkatalog" ist für die mittelalterliche Theologie wiederum die Frage von besonderer Bedeutung, wie groß der Einfluss der Kirche auf das eschatologische Geschehen ist. Die Fragen von Sünde, Schuld und Buße sind dominierende Themenbereiche. Der Blick auf den Heils-

---

[41] A. Angenendt, Geschichte der Religiosität im Mittelalter, Darmstadt ⁴2009, 97.
[42] Ebd., 579.
[43] Sie bleibt indes in der Volksfrömmigkeit präsent und literarisch produktiv bis hin zu Dantes La Divina Commedia.
[44] Als theologisch prägende Christusdarstellung dieser Zeit tritt die Gestalt des *Christus Iudex* in den Vordergrund: Christus als der Weltenrichter, eine Variante der altkirchlichen Pantokrator-Darstellung. Gerade das im Kirchenbau neu entdeckte Westportal bietet den idealen Platz für die künstlerische Ausgestaltung der eschatologischen Phantasien. Die großen Portalszenen des Endgerichts an den Eingangsportalen der Kirchen sind gleichfalls eine theologisch normierte und normierende Kunstform dieser Zeit.

weg der Sakramente, die kirchliche Vermittlung des Heils als Lösungs-
und Erlösungsweg erhält besondere Relevanz. Gerade die Vergebungs-
gewissheit durch die Heilszusage der kirchlichen Bußpraxis ist zentral;
die Vergebungsvollmacht des Priesters wird zu einer seiner wichtigsten
Eigenschaften. Indes kennen all diese Bestrebungen der Theologie letztlich nur ein Ziel: zu verhindern, dass die Gläubigen in die Hölle gelangen.
Denn hier haben selbst die Möglichkeiten der kirchlichen Einflussnahme
ein Ende. Doch wird die Antwort auf die Frage nach der Anzahl der Geretteten größtenteils immer noch gut augustinisch beantwortet: Nur wenige werden gerettet; es gibt mehr Verworfene als Auserwählte. Das Heil
ist außerordentliche Gnade Gottes, die Hölle das gewöhnliche Schicksal,[45] denn Gott muss auf der Durchsetzung seiner Gerechtigkeit und einer angemessenen Genugtuung für die menschliche Sünde bestehen: *Nil
inultum remanebit!* Anselm von Canterburys Satisfaktionslehre bildet
den konsequenten soteriologischen Schlusspunkt dieser eschatologischen
Denkform.

3.2 Hoffnungsvolle Nebenstraßen

Indes ist das nur eine Seite der Medaille. Denn „abseits von dem augustinischen Zu-viel Wissen über die Hölle, aber dennoch im Zentrum der
Kirche"[46] findet sich auch eine ganz andere Denkrichtung.[47] Schon in der
Karolingerzeit fehlt es nicht an Verweisen auf die Barmherzigkeit Gottes
und Christus als Erlösergestalt und damit als demjenigen, der alle Sünden
tilgt.[48] Und keinem Geringeren als Bernhard von Clairvaux ist der Rigorismus Anselms letztlich ein Gräuel: Denn Gott ist eben nicht nur von
seiner Gerechtigkeit ohne seine Barmherzigkeit zu verstehen.[49] „Also
wird [Gott] füglich nicht der Vater des Gerichtes und der Rache genannt, sondern der Vater der Erbarmungen. Einmal liegt es wohl einem
Vater mehr, sich zu erbarmen als zu zürnen – und Gott erbarmt sich wie
ein Vater der Kinder, die ihn fürchten. Dann aber nimmt er aus sich
selbst noch Grund und Ursache des Erbarmens. Die Ursache zu richten

---

[45] Vgl. die Berechnungen z.B. bei Berthold von Regensburg (†1272): Hunderttausende fahren in die Hölle, nur wenige in den Himmel; die Anzahl der Höllenfahrten nimmt mit dem
nahen Ende der Welt zu; oder bei Johannes Herolt (†1468): auf 30.000 Tote kommen nur
zwei Selige und drei Kandidaten fürs Fegefeuer; der Rest – 29.995 – fährt in die Hölle.
[46] H.U. von Balthasar, Was dürfen wir hoffen (Anm. 39), 79.
[47] Vgl. zum Folgenden auch A. Angenendt, Geschichte (Anm. 41), 98–108.
[48] So z.B. in der Vita Ansgarii 4 (FSGA 11), 28; vgl. A. Angenendt, Geschichte (Anm.
41), 728.
[49] Hier wäre fairerweise einzuräumen, dass Anselm höchst kunstvoll Gerechtigkeit und
Barmherzigkeit auszutarieren versucht und sich Gott in seiner Gerechtigkeit als höchst
barmherzig erweist, da er ja auf die Strafe verzichtet und die Satisfaktion höchst selbst
erleidet.

und zu rächen, ist mehr bei uns zu suchen."[50] Und mit einem deutlichen Seitenhieb auf Anselm: „Bedenke ferner, dass der Bräutigam nicht nur ein Liebhaber, sondern die Liebe ist. Ob auch die Ehre? Mag ein anderer das behaupten; ich habe nichts davon gelesen. Wohl aber habe ich gelesen, dass Gott die Liebe ist. Nicht dass Gott auf Ehre verzichtet [...] Gott verlangt, gefürchtet zu werden als Herr, geehrt zu werden als Vater und geliebt zu werden als Bräutigam. Was ist das Höchste, das Beste davon? Gewiß die Liebe!"[51]. Diese „Logik der Liebe", die nun in manchen Teilen der Theologie prägend wird, sperrt sich gegen die Sentenz, dass Gott keine Sünde ungestraft lasse.[52] Sie bricht sich in der Folge gerade in der Mystik Bahn. Den antiorigenistischen Vorwurf eines sicheren Wissens um die *Apokatastasis* meidend ist sie von zwei Grundmotiven geprägt: Zum einen wird gegen den Mainstream der Theologen die Zuversicht festgehalten, dass die in Jesus Christus offenbar gewordene Liebe Gottes stärker ist als jeder ihr möglicherweise entgegengesetzte Widerstand. Zu nennen sind hier natürlich die großen Frauengestalten der mittelalterlichen Mystik: Mechthild von Hackeborn, Gertrud von Helfta, Mechthild von Magdeburg, Angela Foligna und Lady Julian of Norwich (später aber auch Therese von Lisieux), die besonders die Frage des Gottesbildes in den Mittelpunkt stellen: „Meine Seele kann es nicht ertragen, den Sünder von mir zu verjagen. Darum folge ich manchem so lange, bis ich ihn fange, und behalte für einen so schmalen Ort, da kein Menschenverstand mir folgt bis dort."[53] Am weitesten dürfte die Position Meister Eckharts gehen,[54] bei dem der Gedanke einer Allversöhnung als implizite Konsequenz seiner Seelenlehre erscheint: Denn jener Gottesfunke, der alles Leben hervorgebracht hat und trägt, ist auch bei jenen in der Hölle

---

[50] Bernhard von Clairvaux, Sermo in nativitate Domini V, 3 (Übersetzung von A. Wolters zit. nach: Die Schriften des Honigfließenden Lehrers Bernhard von Clairvaux, Bd. 1, hg. von der Abtei Mehrerau durch E. Friedrich, Wittlich 1934, 180).

[51] Ders., Super cantica canticorum LXXXIII, 4 (Übersetzung von A. Wolters zit. nach: Die Schriften des Honigfließenden Lehrers Bernhard von Clairvaux, Bd. 6, hg. von der Abtei Mehrerau durch E. Friedrich, Wittlich 1938, 299).

[52] Angenendt verweist hier zu Recht auch auf einen Wechsel der Christusikonographie: Anstelle des strengen *Christus Iudex* tritt der seine Wundmale und die entblößte Seite als Zeichen der Erlösung zeigende Christus: Als personifizierte Fürbitte ist er die Ikone des göttlichen Erbarmens (vgl. ders., Geschichte [Anm. 41], 730f.).

[53] Mechtild von Magdeburg, Das strömende Licht der Gottheit VI, 16.

[54] „Wenn aber der Mensch sich völlig aus den Sünden erhebt und ganz von ihnen abkehrt, dann tut der getreue Gott, als ob der Mensch nie in Sünde gefallen wäre und will ihn aller seiner Sünden nicht einen Augenblick entgelten lassen; und wären ihrer auch so viele, wie alle Menschen zusammen je getan: Gott will ihn nie entgelten lassen. [...] Und je größer und schwerer die Sünden sind, umso unermesslich lieber vergibt sie Gott, und umso schneller sind sie ihm zuwider" (Meister Eckhart, Reden der Unterweisung 12f., zit. nach: ders., Deutsche Predigten und Traktate, hg. u. übersetzt von J. Quint, München 1955, 71–73).

nicht erloschen und „[...] selbst noch in der Hölle ist er geneigt zum Guten."[55] Diese Grundtendenz der Mystik im Gefolge Meister Eckharts setzt sich noch bis Heinrich Seuse, Johannes Tauler und Nikolaus von Kues fort.[56] Sie alle teilen die Grundüberzeugung eines „Je-Mehr der göttlichen Barmherzigkeit" und seiner zuvorkommenden Liebe, auf die sie ihre begründete Hoffnung setzen.

Für den zweiten Grundimpuls dieser Gegenbewegung ist ein auf Paulus rekurrierender Stellvertretungsgedanke leitend: Der Wunsch des Paulus von Christus wegverflucht zu sein zugunsten seiner Schwestern und Brüder dem Fleische nach (vgl. Röm 9,3) wird z.B. bei Theresa von Avila und Johannes vom Kreuz als Motiv der Christusnachfolge eschatologisch stark gemacht. Theresa von Avila ist in der Nachfolge Christi um der Verdammten willen bereit, zusammen mit Christus die dunkle Nacht der Hölle zu durchleiden: All diese Erfahrungen „entstammen sämtliche einer brennenden Kreuzesliebe, dem Wunsch, mit Jesus zusammen für die Erlösung der Menschheit zu leiden und deshalb in einer Gott gefallenden Weise einen kleinen Anteil an der Gottesverlassenheit Jesu zu erhalten."[57] Die der *unio mystica* entspringenden Vorstellungen einer Teilhabe am Erlösungshandeln Christi müssen nicht notwendig den Verdacht eines Synergismus schüren. Sie entspringen vielmehr dem gnadenhaften Einheitsdenken, das die Mystik als Ganzes prägt. Der Gedanke eines innerlichen Mittuns und die Bereitschaft, gegen den Hauptstrom der theologischen Doktrin am universalen Heilswillen Gottes und damit an der Idee einer Erlösung aller festzuhalten, verbindet die Mystik aufs Engste mit der entsprechenden späteren Bewegung im Pietismus.

4. Exemplarische neuzeitliche Positionen

4.1 Die Lehre von der *Apokatastasis panton* im württembergischen Pietismus des 18. Jh.

Die *Apokatastasis panton* erfreute sich großer Zustimmung im württembergischen Pietismus des 18. Jahrhunderts. Daran wird besonders deutlich, dass es sich bei der Auffassung von der *Apokatastasis panton* nicht nur um eine intellektuelle Lehre, sondern vor allem um ein biblisch begründetes spirituelles Gesamtkonzept handelt. Besonders eifrig und produktiv war neben Johann Albrecht Bengel (1687–1752) und Friedrich Christoph Oetinger (1702–1782) der Begründer der auch heute noch –

---

[55] Meister Eckhart, Predigt 20a, zit. nach: ders., Predigten (Die deutschen Werke, Bd. 1), hg. u. übersetzt von J. Quint, Stuttgart 1958, 332; vgl. A. Angenendt, Geschichte (Anm. 41), 742.
[56] Vgl. A. Angenendt, Geschichte (Anm. 41), 100.
[57] H.U. von Balthasar, Was dürfen wir hoffen (Anm. 39), 90.

vor allem in Württemberg und Nordbaden – innerhalb der evangelischen Landeskirchen bestehenden Hahn'schen Gemeinschaft Johann Michael Hahn (1758–1819). Er hat zur Allversöhnung bzw. Allerlösung viele biblische Texte ausgelegt, aber auch einige geistliche Lieder verfasst, in denen der auf die Allversöhnung zulaufende Erlösungs- und Heilsprozess besungen oder der biblische Gehalt dieser Lehre betont wird.[58] Wir finden in den Liedern Hahns eine ganze Reihe von Motiven und Gründen, die für eine *Apokatastasis panton* sprechen. Weitere Quellen sind Hahns Auslegungen der entsprechenden Bibeltexte und ein aus Briefen bestehendes Werk mit dem Titel „Briefe von der ersten Offenbarung Gottes durch die ganze Schöpfung bis an das Ziel aller Dinge, oder das System seiner Gedanken" (1825).

Nach Hahns Auffassung hat Jesus Christus neben seinem eigenen Erlösungswerk, durch das nach und nach alle Menschen zu Gott ins Himmelreich kommen, eine Reihe von Heilsanstalten in der sichtbaren und der unsichtbaren Welt eingerichtet, die jenes universale Heilswerk Christi in die Realität umsetzen. Dazu zählen die Kirche, aber auch das tausendjährige Reich und das Jüngste Gericht. Wie es nach dem Alten Testament in

---

[58] Als Kommentar zu Lev 25,13 „Das ist das Halljahr, da jedermann wieder zu dem Seinen kommen soll" hat Hahn das folgende Lied gedichtet:
„1. Jesus hat ew'ge Erlösung erfunden.
Also dies gehet die ganze Welt an;
Er hat im Ganzen gesiegt, überwunden
Und uns eröffnet die Lichtslebensbahn.
Alles wird nach und nach durch diesen Frommen
Wieder zu Gott in sein Himmelreich kommen.
2. Herrliche Anstalt hat Jesus getroffen,
Nicht allein hier in der sichtbaren Welt,
Auch Neu-Jerusalem steht und bleibt offen,
Obschon da englische Wachen bestellt.
Endlich wird nach und nach alles eingehen
Und des Jehovah Lichtsangesicht sehen.
3. Endlich wird gar noch, – dies merket, ihr Frommen! –
Endlich wird gar noch das große Halljahr
Allen zur Freude in Herrlichkeit kommen,
Wenn die Erlösung vollendet ist gar.
O, wie wird da auch die Hölle erstaunen,
Wenn sie hört blasen die Halljahrsposaunen!
4. Heiliger Schauer wird alles durchgehen,
Wenn dieses Blasen den Lichtskreis durchgeht.
Alles wird man da in Herrlichkeit sehen,
Weil dann besiegt auch der letzte Feind steht.
Großer Gott! uns will ein Schauer durchdringen,
Wenn wir von diesem Ziel reden und singen"
(J.M. Hahn, Geistliches Liederkästlein oder kurzer Auszug aus den sämtlichen Liedern, 3. Teil, Stuttgart ⁶1928, 105). Zu dem Bibelvers Lev 25,13 hat Hahn hinzugefügt: „Durch Christum ist dies möglich gemacht. Er hat eine ewige Erlösung erfunden, die fortwirkt in alle Ewigkeit, bis Gott alles in allen ist".

Israel alle 50 Jahre ein Jubel- und Halljahr geben soll, so wird es nach Hahn am Ende der Zeiten ebenfalls ein Halljahr geben, in dem alle Schulden getilgt und der ursprüngliche Schöpfungszustand wieder hergestellt werden wird. Dann wird die Hölle staunen, weil sie dann leer sein wird, und dann wird auch der letzte Feind, Satan, und der mit ihm verbundene Tod von Christus endgültig besiegt sein. Die dieses Leben durchziehenden und prägenden Trennungen und Dualismen werden endlich aufgehoben sein. Alle Menschen werden endlich unter der Herrschaft des dreieinigen Gottes versöhnt zusammen kommen, zusammen sein und zusammen bleiben. Schon jetzt läuft die inmitten der Profangeschichte sich vollziehende Heilsgeschichte auf diese universale Versöhnung aller Menschen zu.

Dabei war Hahn wie andere württembergische Pietisten[59] der Auffassung, dass die Lehre von der *Apokatastasis panton* ganz der biblischen Botschaft entspricht – also nicht nur vereinbar mit der Heiligen Schrift, sondern auf jeder Seite der Bibel zu finden sei.[60]

Friedhelm Groth hat in einer schönen Aufarbeitung des eschatologischen Heilsuniversalismus der württembergischen Pietisten des 18. Jahrhunderts zusammenfassend formuliert: Obwohl sie sich als gute Lutheraner verstanden, haben es „die Württemberger [...] je länger desto deutlicher als ihre Aufgabe angesehen, CA 17 zu korrigieren und in dem Zusammenhang ein [...] sachgerechtes Verständnis der heiligen Schrift zu entwickeln, demgemäß die beiden in CA 17 verworfenen Lehrüberzeugungen, der Chiliasmus und die Apokatastasislehre, ihren legitimen Ort im Ganzen des christlichen Glaubens und Hoffens erhalten."[61]

---

[59] Michael Hahn hat am klarsten und konsequentesten innerhalb des württembergischen Pietismus die Lehre von der *Apokatastasis panton* vertreten und sie deutlicher und nachdrücklicher als die anderen württembergischen Pietisten mit der Lehre vom tausendjährigen Reich verbunden.

[60] In einem anderen seiner vielen Lieder, einem „Reformationslied", hat Hahn seine Auffassung zur *Apokatastasis panton* ebenfalls in eine Strophe gefasst:
„Wer eine Wiederbringung glaubt,
Ist manchen gar verdächtig,
Liest man die bibel überhaupt,
Vertheidigt man dieß heftig.
Wer tiefer geht
Und fester steht,
Findt jenes gut gegründet,
Weil man es klar
Als theur und wahr
Auf allen blättern findet"
(J.M. Hahn, Schriften, Bd. 12, Tübingen 1830 [70. Brief], 511 [Strophe 16 des vierten Reformationsliedes nach dem 70. Brief]; zit. nach: F. Groth, Die „Wiederbringung aller Dinge" im württembergischen Pietismus. Theologiegeschichtliche Studien zum eschatologischen Heilsuniversalismus württembergischer Pietisten des 18. Jahrhunderts, Göttingen 1984, 249).

[61] F. Groth, Die „Wiederbringung aller Dinge" (Anm. 60), 253. Johann Albrecht Bengel

Welche leitenden Motive und Interessen lassen sich in der Apokatastasis-Lehre dieser württembergischen Pietisten identifizieren? Ihnen ging es „um die Erkenntnis des ‚Ganzen'. [...] Die entscheidende Perspektive des württembergischen Pietismus im 18. Jahrhundert ist es gewesen, des ‚Ganzen' ansichtig zu werden und die Universalität des Gotteshandelns zu erkennen. Dies manifestiert sich [...] in der Weise, daß das künftige Heil des ‚Ganzen' auf der Erde in den chiliastischen Lehren Ausdruck findet, und daß ([...] als Überbietung der chiliastischen ‚Universalität') in den Apokatastasislehren formuliert wird, woraufhin das ‚Ganze' im Neuen Himmel und der Neuen Erde hinausläuft."[62] Ihre Orientierung am „Ganzen" und an der „Universalität" bringen sie zum Ausdruck, indem sie vom „Reich Gottes" reden. Dazu gehört dann auch, die Entwicklung – den Heilsplan – zur *Apokatastasis panton* zutreffend im Blick zu behalten: „In der Apokatastasis panton ist schließlich das Ganze, d.h. alle Menschen und der ganze Kosmos ‚aufgehoben', und der Glaubende hat als der die Wahrheit Erkennende diese ‚Aufhebung' gewissermaßen im Vorgriff präsent."[63]

Die württembergischen Pietisten des 18. Jahrhunderts haben ein ausgeprägtes Bewusstsein von den Schwierigkeiten gehabt, die sich für die Entwicklung auf die *Apokatastasis panton* hin und damit dem Sieg der universalen Gnade des Gottesreiches entgegenstellen. Deshalb wurden ausgeprägte Vorstellungen von göttlichen Gerichten entwickelt, die dazu dienen sollten, die Glaubenden nicht in einer für den Glauben fatalen *securitas* zu wiegen. Die ganzen der johanneischen Apokalypse entnommenen Gerichts-, Buß- und Bestrafungsszenarien stehen jedoch im Horizont der Gewissheit, dass am Ende alles gut werden wird; nämlich dann, wenn alles unter Jesus Christus als dem einen Haupt versammelt und Gott alles in allen sein wird.

Dazu formten die württembergischen Pietisten des 18. Jahrhunderts in ihren Reich-Gottes-Theologien das auch in der reformatorischen Theologie vorhandene Dualitätsdenken um, indem sie das Nebeneinander von Erretteten und Verdammten – aber auch das Nebeneinander von Gericht und Heil – in einen zeitlich verlaufenden Prozess auflösten. Gericht und

---

hatte sich auf die biblische Begründung des Chiliasmus konzentriert und noch keine explizite Apokatastasis-Lehre formuliert. Die ihm nachfolgenden Pietisten haben als überzeugte Chiliasten sich genau darum und also um eine theologische Begründung der Apokatastasis-Lehre bemüht. Während Bengel biblisch-heilsgeschichtlich dachte, waren die ihm nachfolgenden Pietisten – wie Hahn – auch für theosophische Einsichten und Spekulationen empfänglich. Einen Überblick über den Chiliasmus bietet: H.-P. Großhans, Art. „Chiliasmus", in: F. Jaeger (Hg.), Enzyklopädie der Neuzeit, Bd. 2, Stuttgart 2005, 681–687.

[62] F. Groth, Die „Wiederbringung aller Dinge" (Anm. 60), 254.
[63] Ebd.

Heil werden im Prozess der Heilsgeschichte nacheinander gedacht. Dazu wird in Kauf genommen, dass das Eschaton zeitlich auseinander gezogen und so in ein System von heilsgeschichtlichen Etappen und Stufen der eschatologischen Entwicklung gebracht wird.[64] Während in den dualistischen Eschatologien eine Naherwartung des Endes dominiert – und sich dann gewissermaßen genau am Zustand des dann eintretenden Endes entscheidet, wer zu Gott gehört und in seiner Gemeinschaft bleibt und wer nicht zu Gott gehört und deshalb ewig verdammt sein wird –, wird in dem pietistischen Heilsuniversalismus die Geschichte ausgedehnt, innerhalb derer „sogar noch eine lange Periode diesseitiger herrlicher Besserung und Erfüllung für die Kirche und eine einigermaßen christianisierte Gesellschaft sich öffnete".[65]

Durch die Konstruktion eines geschichtlichen Prozesses – in dieser empirisch erfassbaren Welt und ihrer Geschichte, aber auch über diese Welt hinaus – wird *vorstellbar*, dass Menschen, die in dieser Welt einander gegenüber oder unbeteiligt nebeneinander stehen, irgendwann einmal versöhnt beisammen sein werden. Diejenigen, die jetzt der Gemeinschaft der Glaubenden entgegen oder von ihr abseits stehen, sowie diejenigen, die in ihrem Lebenswandel ihre Verachtung des Evangeliums und der göttlichen Gebote zum Ausdruck bringen, oder diejenigen, die jetzt andere Gottheiten oder gar keine verehren, sind von den Glaubenden, die sich des Heils gewiss sind, nicht absolut geschieden. Die „Anderen" sind nur *jetzt* nicht im Heil, werden aber irgendwann auch am Heil teilhaben und zu der Gemeinschaft der Glaubenden gehören. Auch wenn dies ein schmerzhafter Verwandlungsprozess sein wird – wie jeder geistliche Wiedergeburts-Prozess –, so ist der Glaube durch das Bewusstsein geprägt, dass alle Menschen (möglicherweise auch die nichtmenschliche Kreatur) von Gott gerettet und im Reich Gottes versöhnt zusammen sein und zusammen bleiben werden.

---

[64] Wobei dann nochmals problematische Lehren entstehen, wie die Vorstellung von einem ersten Wiederkommen Christi zum tausendjährigen Reich und einem zweiten Wiederkommen Christi am Jüngsten Tag. Und auch das Ziel dieses zweifachen Wiederkommens Christi wird erst eine ungeheure Zeitspanne nach dem Jüngsten Gericht offenbar sein, wenn es dann zur *Apokatastasis panton* kommt.

[65] M. Schloemann, Luthers Apfelbäumchen. Anmerkungen und Pessimismus im christlichen Selbstverständnis, Wuppertal 1976, 16. Friedhelm Groth beurteilt dies als eine Abschwächung der eschatologischen Spannung und als eine Enteschatologisierung der christlichen Hoffnung, die sich auf diese Weise im württembergischen Pietismus vollzog. Man könnte auch von einer Vergeschichtlichung der Hoffnung sprechen. Nach Groth kommt es zu einer Enteschatologisierung, weil durch diese Form der Betonung des Eschatologischen, in der er genauer Heilsplan rekonstruiert und sich insofern die Erwartung auf ein Wissen der zukünftigen Dinge stützen kann, das eschatologische Geheimnis zerstört wird, weil „das Erhoffen des von Gott Verheißenen verwechselt wird mit dem vermeintlich zu wissenden Erwünschten" (F. Groth, Die „Wiederbringung aller Dinge" [Anm. 60], 257).

Die Vorstellung eines sich über das jeweilige hiesige Leben hinaus vollziehenden Prozesses der Vollendung der Menschen findet sich in der zweiten Hälfte des 18. Jahrhunderts nicht nur bei den württembergischen Pietisten, sondern beispielsweise auch in Ephraim G. Lessings „Erziehung des Menschengeschlechts". Lessing hat für dieses Motiv eine Reinkarnationslehre in Anspruch genommen. So schien ihm die Vollendung eines jeden einzelnen Menschen in einem langen über mehrere Lebenszeiten sich hinziehenden Bildungsprozess vorstellbar. Zugleich enthielt diese Vorstellung die kritische Beurteilung des gegenwärtigen Zustandes der Menschen, die eben noch nicht vollkommen sind, sondern sich noch in der Entwicklung befinden. Vom Grundmotiv her ähnlich erscheint die Vorstellung der württembergischen Pietisten, die natürlich nicht auf eine Reinkarnationslehre zurückgreifen wollten und deshalb die Vollendung als geschichtlichen Prozess vorstellten, der weit über die empirisch erfahrbare Zeit hinausreicht.

Zu behaupten, dass hier auf Erden schon Vollkommenheit erreicht wäre, kam ihnen aus mindestens zwei Gründen nicht in den Sinn: Zum einen waren sie kritisch hinsichtlich des Menschen (und insofern auch ihrer selbst), der doch immer noch der Sünde verhaftet bleibt; zum andern reduzierten sie ihre Vorstellung vom Heil nicht auf die jeweiligen Individuen, sondern verfolgten die Vorstellung eines das Ganze der Schöpfung und insofern auch alle Menschen umfassenden Heils. Demnach kann Heil im umfassenden Sinn Individuen nur zukommen, wenn alle Menschen geheilt und also gemeinsam und versöhnt in der Gegenwart Gottes leben.

Die kritische Kontrollfrage an eine Apokatastasis-Lehre ist die Frage, ob nicht doch Menschen (oder Engel) vom Heil für immer ausgeschlossen und also verdammt bleiben. Der endgültige Ausschluss von Menschen vom Heil artikuliert sich in der Vorstellung von der Hölle, der ewigen Verdammnis und von ewigen Höllenstrafen. Der Pietist Michael Hahn hat sich vehement gegen die Vorstellung von der Möglichkeit ewiger Höllenstrafen gewandt. Er hielt diese Vorstellung für unbiblisch und zugleich für unmenschlich, da sie dem *sensus communis* widerspreche.[66]

---

[66] In einem Brief über Hebr 8,6–13 hat Michael Hahn in einer Mischung aus biblischer und humaner Begründung die Lehre von *Apokatastasis panton* ausführlich und anschaulich vertreten: „Nein, meine lieben Freunde, *den* Menschen kann ich für keinen menschlichen Menschen halten, der nicht nur die Gedanken haben sondern sogar die Meinung hegen kann von unendlichen Höllen-Strafen. Denn hätte man nicht Ursache, wenn es das wäre, bei der Geburt eines jeden Adamskindes untröstlich zu weinen und sich fast tot zu schreien, wenn man bedenkt, wie wenige zur Wiedergeburt kommen? Sollte man nicht über das Dasein solcher armen Wesen fast von Mitleiden und Erbarmen ergriffen werden! Gott! ich gestehe, meine eigene Seligkeit fühlte eine ewige Kränkung, wenn mein Mitmensch, der kurze Zeit gesündigt hat, unendlich gestraft würde. Darum heißt es, weiß Gott! nicht recht von Gott gedacht und gelehrt, wenn man unendliche Höllenstrafen

„Wer die Verdammniß ohne Ende glaubt, kann nicht ruhig seyn, oder er hat keinen Funken von Gottes Liebe und Erbarmen in sich. Ich für meinen Theil wünschte lieber nicht geboren zu seyn, als keine Wiederbringung aus der heil. Schrift glauben zu können".[67] Für Hahn wird durch den Verzicht auf ewige Höllenstrafen keineswegs der Ernst des göttlichen Verfahrens gemindert. So hebt er hervor, dass „es bey manchen bis zu den lezten Ewigkeiten mit ihrem Wiedergenesen anstehen kann. Die Menschen [...] bedenken nicht, was doch so viele Ewigkeiten hindurch zu thun seyn möchte".[68]

Eine ähnliche Position hat zu ungefähr derselben Zeit auch Friedrich Schleiermacher in seinem dogmatischen Hauptwerk „Der christliche Glaube nach den Grundsätzen der evangelischen Kirche im Zusammenhange dargestellt" vertreten, obwohl Schleiermacher seine Überlegungen nicht mit einem spekulativen metaphysischen Überbau (wie Hahn) versieht, sondern sie transzendentaltheologisch und subjektivitätstheoretisch begründet. Nach Schleiermachers Auffassung kann „die Vorstellung einer ewigen Verdammnis [...] weder an und für sich betrachtet, noch in bezug auf die ewige Seligkeit eine genaue Prüfung bestehen".[69] In Bezug auf die ewige Seligkeit besteht die Problematik nach Schleiermacher darin, dass die Seligen einerseits keine völlige Unkenntnis von der Unseligkeit der Anderen haben können und andererseits eine dann vorhandene Kenntnis von der Unseligkeit der Anderen „nicht ohne Mitge-

---

predigt; das kann doch gewiß kein Mensch tun, der die Schrift und die Kraft Gottes versteht, sich selber kennt und etwas von einem Königreich und Hohepriestertum Jesu weiß! Ich bitte, sage man mir doch nicht, daß es noch mehr solche tyrannischen Menschen gebe, die unendliche Höllenstrafen billigen wollen; denn es ist wider Gottes Liebesplan!" (J.M. Hahn, Briefe und Lieder über die Episteln des Paulus an Timotheus, Titus und Philemon sowie über die Epistel an die Hebräer, in: ders., Schriften, Bd. 4, Stuttgart ²1832, 392f. [36. Brief, Hebr 8]).

[67] J.M. Hahn, Briefe von der ersten Offenbarung Gottes durch die ganze Schöpfung bis an das Ziel aller Dinge, oder das System seiner Gedanken. An Freunde der Wahrheit auf Begehren geschrieben, 2. vermehrte Auflage, Tübingen 1839, 461 (17. Brief).

[68] J.M. Hahn, Schriften, Bd. 4 (Anm. 66), 392. Bei der Interpretation dieser Formulierung ist zu berücksichtigen, dass Hahn das biblische Wort „Ewigkeit" als ein Zeitmaß versteht: „Eine Ewigkeit ist eine gemessene Zeit. Eine Ewigkeit macht der andern Platz, wie viele ein Ziel, so haben ihrer viele auch ein Ziel" (J.M. Hahn, Briefe von der ersten Offenbarung Gottes [Anm. 67], 461 [17. Brief]). Anders als für Bengel und für Oetinger dauert für Hahn eine Ewigkeit nicht 2222 und zwei Neuntel Jahre, sondern 7000 Jahre. Insgesamt vermutet er sieben Ewigkeiten und also sieben Welten und Weltzeiten. In dieser Gesamtzeit orientierte er sich an der Vorstellung des AT vom 50. Jahr als dem Hall- und Erlaßjahr: nach 49.000 Jahren wird es das große Erlassjahr geben, in dem „alles wieder zu seiner verlornen Habe kommen" wird; „das fünfzig tausendste Jahr wird das große Jubel- und Erlaßjahr seyn für alle Kreatur" (J.M. Hahn, Briefe von der ersten Offenbarung Gottes [Anm. 67], 504f. [19. Brief]).

[69] F. Schleiermacher, Der christliche Glaube nach den Grundsätzen der evangelischen Kirche im Zusammenhange dargestellt. Zweite Auflage 1830/31, hg. von R. Schäfer, Berlin – New York 2008, § 163 Anhang, 490.

fühl gedacht werden" kann, und ein „Mitgefühl mit den Verdammten muß nothwendig die Seligkeit trüben, um so mehr als es nicht wie jedes ähnliche Gefühl in diesem Leben durch die Hoffnung gemildert wird."[70] Schleiermacher beschreibt dann, dass diese Trübung der Seligkeit noch verstärkt wird durch das Anschauen der Gerechtigkeit Gottes, da diese die Zufälligkeit der individuellen Lebensläufe mit den mehr oder weniger hilfreichen Fügungen berücksichtigen müsste. Deshalb bereitet es ihm große Schwierigkeiten, sich vorzustellen, „der endliche Erfolg der Erlösung sei ein solcher, daß Einige zwar dadurch der höchsten Seligkeit theilhaftig würden, Andere aber und zwar nach der gewöhnlichen Vorstellung der größte Theil des menschlichen Geschlechtes in unwiederbringlicher Unseligkeit verloren ginge." Schleiermacher findet zumindest „Spuren" jener „milderen Ansicht" in der Heiligen Schrift (1 Kor 15, 26.55), „daß nämlich durch die Kraft der Erlösung dereinst eine allgemeine Wiederherstellung aller menschlichen Seelen erfolgen werde".[71]

Interessant erscheint, dass die pietistische Spekulation mit ihren metaphysischen Hinterwelten, die das mythische Potential des christlichen Glaubens ganz ausschöpft, und die der Logizität verpflichtete Schleiermachersche subjektivitätstheoretische Transzendentaltheologie mehr oder weniger zu ähnlichen Resultaten gelangen. Schleiermacher, der die eschatologischen Themen als „prophetische Lehrstücke" bezeichnete, zu denen keine Aussagen mit Bestimmtheit formuliert werden können, schaute darauf, welche Konsequenzen die Vorstellungen vom Ende für die gegenwärtige Frömmigkeit und also für das fromme Bewusstsein der Glaubenden haben. Ähnlich verhält es sich bei den theologisch so ganz anders orientierten württembergischen Pietisten: Auch dort dient der fromme Mythos der Orientierung im Leben vom Ende her und leitet die Wahrnehmung der Anderen im Hier und Jetzt. Neben dem biblischen Befund spielt in beiden theologischen Konzeptionen das Mitgefühl eine wichtige Rolle in der Begründung bzw. der Plausibilisierung der *Apokatastasis panton*. Aufgrund des Mitgefühls mit den Mitmenschen kann sich das fromme Bewusstsein keine ungetrübte und vollkommene eigene Seligkeit vorstellen, wenn zugleich andere Menschen daran nicht teilhaben.

Und ebenfalls von besonderer Bedeutung ist, dass mit der pietistischen und der Schleiermacherschen Betonung des Individuellen zugleich ein starkes Interesse am Ganzen und an einer universalen Versöhnung einher geht, die nicht möglich ist unter Verlust eines einzigen Individuums.

---

[70] Ebd., 491.
[71] Ebd., 492.

4.2 Neuzeitliche Infragestellungen und die Wiederentdeckung des Origenes in der katholischen Tradition

4.2.1 Aporien

Die auf dem Konzil von Trient in die Wege geleitete katholische Reform als Antwort auf die Reformation war eschatologisch nicht allzu kreativ. Sie beließ es beim Gewohnten. Die Hölle gehört zum Standardrepertoire christlicher Endzeitszenarien, mit dem Ziel den Gläubigen eine heilsame Furcht einzujagen, sie auf den rechten Weg zu führen und darauf zu halten. Katechismen schärfen das Notwendige dazu in Kurzform ein.[72] Eine weitere Methode der Katechese findet sich in der Gattung der Höllenpredigten, die insbesondere im Barock eine gewisse Hochzeit erlebt. Ihre klassische Form hält den repressiven Charakter für wichtig und bedient sich dabei der stereotypen Bilder und Ausmalungen der Volksfrömmigkeit in mitunter extremer Weise. Die Hölle ist ein Bild des reinsten Leidens und Grauens, das perfekte totalitäre Foltersystem, eine geschlossene Welt des absolut Bösen als logisch-unlogisches Pendant zu einer Religion, die Gott als die unendliche Liebe predigt. Je eindrucksvoller und sinnlicher diese Predigten, desto wirkungsvoller sind sie; Angst ist dabei das wichtigste Instrument.

Diese pastorale Dominanz des Themas Hölle wird nun fast zeitgleich mit grundlegenden Infragestellungen konfrontiert. Mit der Entdeckung Amerikas wird deutlich: Es scheinen Millionen von Heiden samt ihren Vorfahren notwendig zur Hölle verdammt, weil sie von Christus nie etwas gehört haben und daher nicht getauft sind. Doch wohin mit all diesen Verdammten? Einer der ersten, die Zweifel an der übergroßen Zahl der Verdammten hegen, ist daher der Asienmissionar Franz Xaver.[73] Seit dem 17. Jh. kommt es zu Zuspitzungen von unterschiedlichen Seiten. Der Gnadenstreit verdeutlicht in seiner molinistischen Problemlösungsvariante an der Frage der Möglichkeit oder Unmöglichkeit einer *Apokatastasis* noch einmal die Problematik des Freiheitsbegriffs, während die bañezianische Variante – in noch verschärfterer Weise als bei Augustinus – vor die Abgründe der Prädestinationslehre führt.[74] Den englischen Deisten widerstrebt eine Religion, die ihre Plausibilität statt auf Ethik und Vernunft auf Höllenängsten begründet. Sie zweifeln an der Angemessenheit der Höllenstrafen ebenso wie an der Vereinbarkeit der Hölle mit dem Grundaxiom der Güte Gottes.[75] Während die klassischen Stereotypen

---

[72] Vgl. z.B. den Catechismus Romanus VI, 5,2f.; VIII, 7,9f.
[73] H. Vorgrimler, Geschichte der Hölle, München ²1994, 251.
[74] Vgl. M. Greiner, Gottes wirksame Gnade und menschliche Freiheit. Wiederaufnahme eines verdrängten Schlüsselproblems, in: Th. Pröpper, Theologische Anthropologie, Bd. 2, Freiburg 2011, 1351–1436, 1371f.
[75] Vgl. H. Vorgrimler, Geschichte (Anm. 73), 258.

der Höllenvisionen mit Swedenborg noch einmal fröhliche Urstände feiern, brechen mit Aufklärung und Französischer Revolution die Dämme des Apokatastasis-Gedankens: Atheisten und Freidenker wie Diderot und d'Holbach machen sich lustig über allzu offensichtlich instrumentalisierte Höllenpredigten, während andere wie Voltaire um den Verlust von Ethik und Moral bangen.[76] Kritische Geister, nicht nur in der Theologie, entdecken dabei die eschatologischen Gedanken eines Origenes und der alexandrinischen Schule wieder.[77] Die zentrale theologische Infragestellung kommt von Seiten der Gnadentheologie: Der universale Heilswille Gottes widerspricht einer ewigen Hölle und der Bestrafung Unschuldiger (wie z.b. der ungetauften Kinder oder der Heiden etc.). Zu Beginn des 19. Jh. ist die traditionelle Höllenvorstellung in den intellektuellen Kreisen ernsthaft erschüttert und die *Apokatastasis panton* bei der intellektuellen Elite hoffähig geworden.

Eine durch die Französische Revolution und weitere gesellschaftliche Umwälzungen in die Defensive geratene katholische Kirche versucht dagegen ihre verloren gegangene weltliche Macht durch den hypertrophen Anspruch auf moralische Autorität samt Höllendrohung aufrecht zu erhalten. Die Hölle wird zur letzten Festung der Kirche im Streit um die individuelle Moral und die Stabilität der politischen und sozialen Gegebenheiten.[78] Die Lehre der Kirche bleibt an diesem Punkt scheinbar unerschütterlich, trotz theologischer Infragestellung und Rekurs auf den Gedanken der *Apokatastasis*, wobei die Instrumentalisierung des Themas ebenso offensichtlich ist und so die Glaubhaftigkeit der Kirche als Ganze erschüttert wird. Denn die theologischen Motive werden mehr und mehr durch Fragen der Nützlichkeit ersetzt. Daher ist – trotz veränderter gesellschaftlicher Umstände – im 19. Jh. in der Seelsorge noch eine Verschärfung der Höllenthematik zu beobachten.[79] Das geschieht indes zu

---

[76] „Was ist heute, da kein Bewohner Londons mehr an die Hölle glaubt, zu tun? Welche Schranke verbleibt uns? Die der Ehre, wohl gar noch die der Gottheit, die ohne Zweifel möchte, daß wir gerecht seien, mit oder ohne Hölle." (Voltaire, Art. „guerre", in: Dictionnaire philosophique portatif [London 1764], dt. zit. nach J.L. Borges/A.B. Casares (Hg.), Das Buch von Himmel und Hölle, Stuttgart 1983, 198f.).

[77] So J.J. Rousseau; vgl. H. Vorgrimler, Geschichte [Anm. 73], 265.

[78] Eine gewisse Neigung zur ‚Instrumentalisierung' von Hölle und Teufel findet sich interessanter Weise darin, dass die politischen und sozialen Umwälzungen als ‚Verführung des Teufels' und ‚Aufstand der Hölle' etikettiert werden, bzw. man sie genau dorthin verbannt wissen will: „Heiliger Erzengel Michael, verteidige uns im Kampfe; gegen die Bosheit und die Nachstellungen des Teufels sei unser Schutz. ‚Gott gebiete ihm', so bitten wir flehentlich; du aber, Fürst der himmlischen Heerscharen, stoße den Satan und die anderen bösen Geister, die in der Welt umhergehen, um die Seelen zu verderben, durch die Kraft in die Hölle. Amen." (Leo XIII., Gebet nach der Messe; zit. nach: I. Escribano-Alberca, Eschatologie. Von der Aufklärung bis zur Gegenwart [HDG IV/7d], Freiburg 1987, 220 [Anm. 83]).

[79] Der Patron der katholischen Seelsorger, Jean-Baptiste-Marie Vianney, der Pfarrer von Ars, ist eines der berühmtesten Beispiele, vgl. H. Vorgrimler, Geschichte (Anm. 73), 272f.

einer Zeit, in der das theologische Fundament dieser Vorstellung schon längst in Frage gestellt ist. Man baut ‚infernalistische Luftschlösser'. Aber auch dieser Zustand hält nicht auf Dauer; die Höllenangst als Instrument der sozialen Regulierung verliert ihre Schärfe. Sie wird sozusagen durch übermäßigen Gebrauch stumpf. Der Schock der gesellschaftlichen Umbrüche durch politische Revolutionen, national-staatliche Veränderungen und die Veränderung der Gesellschaftsstrukturen durch die industrielle Revolution führt dazu, dass die traditionellen Antworten und Regulierungsmechanismen nicht mehr greifen. Der Glaubwürdigkeitsverlust von Theologie und Kirche ist wohl kaum zu unterschätzen.[80] Neben der seelsorgerlichen Dimension wird das Thema im 19. Jh. insbesondere dort virulent, wo lehramtlich die Heilsnotwendigkeit des Glaubens und der Kirchenzugehörigkeit betont wird und damit allen Ungläubigen (bei Ausnahme des unüberwindlichen Irrtums) das ewige Heil bei Gott abgesprochen wird.[81]

4.2.2 Konziliarer Klimawechsel: Die neue Perspektive des 2. Vatikanischen Konzils

Die als Kennzeichen der Entwicklung Ende des 19. Jahrhunderts genannten Elemente prägen auch das Thema in Theologie und Kirche zu Beginn des 20. Jahrhunderts. Obgleich – und das ist für einen theologischen Neuansatz von besonderer Bedeutung – die gesellschaftlichen Umwälzungen des 20. Jh. die christliche Eschatologie besonders herausfordern. Die Abgründe des menschlichen Tuns, wie sie gerade dieses Jahrhundert offensichtlich macht, lassen die Fragen der Eschatologie in neuem Licht und mit neuer Schärfe hervortreten. Und nur langsam macht sich die Theologie daran, sich diesen Herausforderungen zu stellen. Angesichts einer jahrhundertelangen Instrumentalisierung des Höllengedankens in der Pastoral sind die letzten Jahrzehnte des 20. Jh. durch eine selbst auferlegte, vielleicht auch selbstkritische Zurückhaltung gekennzeichnet.

---

[80] Dazu die – wie so häufig – treffenden Bemerkungen Friedrich Nietzsches: „Vergessen wir nie, wie erst das Christentum es war, das aus dem *Sterbebett* ein Marterbett gemacht hat, und daß mit den Szenen, welche auf ihm seither gesehen wurden, mit den entsetzlichen Tönen, welche hier zum ersten Male möglich erschienen, die Sinne und das Blut zahlloser Zeugen für ihr Leben und das ihrer Nachkommen vergiftet worden sind" (F. Nietzsche, Morgenröte. Gedanken über die moralischen Vorurteile, in: ders., Werke in drei Bänden, Bd. 1, hg. von K. Schlechta, München 1966, 1064 [Nr. 77]).

[81] Vgl. z.B. Pius IX., Enzyklika „Singulari quaedam" (1854); vgl. DH 1646. Ist man zu Beginn auch mit den nichtkatholischen Christinnen und Christen noch so zimperlich, gerät der apodiktische Standpunkt spätestens in der ersten Hälfte des 20. Jh. in die Aporie. So schwächt Pius XII. in seiner Enzyklika Mystici corporis 1943 die Frage nach der Heilsmöglichkeit der Nichtkatholiken mit der Formel, „dass sie sich ihres Heiles nicht gewiss sein können" und der Idee eines impliziten *votum ecclesiae* (*catholicae*) ab.

Zugleich eröffnet sich nach anfänglichen Restriktionen die Möglichkeit für die Theologie, die Dinge auch anders zu denken. Auch hier gibt das 2. Vatikanische Konzil entscheidende Impulse, indem es die Frage nach der Heilsnotwendigkeit von Kirche und Glaube und die Frage der Heilmöglichkeit der Nichtchristen neu konstelliert.[82] Dieser „Klimawechsel" bewirkt auch einen „eschatologischen Temperaturumschwung".

So behandelt 1979 das eher warnend-restriktive Dokument der Glaubenskongregation zu „aktuellen Fragen der Eschatologie" die *Apokatastasis panton* gar nicht, die Höllenthematik nur knapp. Zwar betont die Erklärung, dass die Kirche „an eine Strafe glaubt, die für immer auf den Sünder wartet, der der Anschauung Gottes beraubt sein wird, und an einen Widerhall dieser Strafe in seinem ganzen Sein", ermahnt aber zugleich: „Die Gefahr bildlicher und willkürlicher Darstellung ist besonders zu fürchten, denn ihre Übertreibungen haben großen Anteil an Schwierigkeiten, auf die der christliche Glaube oftmals trifft. [...] Weder die Hl. Schrift, noch die Theologie bieten genügend Erhellendes für eine Darstellung des Jenseits."[83]

Der Katholische Erwachsenenkatechismus führt 1985 dazu aus: „Die Lehre der Kirche, welche die Ewigkeit der Höllenstrafen ausdrücklich verteidigt hat, steht also auf einem guten und gesicherten biblischen Fundament. Vor allem hat die Kirche die dem Origenes (3. Jh.) zugeschriebene und später immer wieder vertretene Lehre verurteilt, am Ende der Zeit finde die Wiederherstellung (Apokatastasis) der ganzen Schöpfung statt, einschließlich der Sünder, Verdammten und Dämonen, zu einem Zustand vollkommener Glückseligkeit (vgl. DS 76; 411; 801; 1002; NR 916; 891; 896, 905; LG 48)."[84] Dazu verweist er auf die entscheidende Größe der menschlichen Freiheit und Verantwortlichkeit: „Doch wäre, wenn Gott am Ende alle Menschen in sein Reich heimholen würde – auch diejenigen, die sich definitiv gegen ihn entschieden haben –, die Freiheit und damit die Würde des Menschen noch gewahrt? Gerade wenn wir ‚nicht von vornherein mit einer Versöhnung und Entsühnung für alle und für alles rechnen können, was wir tun oder unterlassen', greift diese Botschaft immer wieder verändernd in unser Leben ein und bringt

---

[82] Vgl. den Beitrag von K. Lehmann in diesem Band.
[83] Schreiben der Kongregation für die Glaubenslehre zu einigen Fragen der Eschatologie (17. Mai 1979) (Verlautbarungen des Apostolischen Stuhls 11), Bonn 1979. In diesem Duktus argumentiert auch der Katechismus der Katholischen Kirche (KKK) von 1992: „Die Lehre der Kirche sagt, dass es eine Hölle gibt und sie ewig dauert. [...] Die schlimmste Pein der Hölle besteht in der ewigen Trennung von Gott." (Nr. 1035) und betont zugleich den mahnend-bekehrenden Charakter der biblischen wie lehramtliche Aussagen über die Hölle (Nr. 1036).
[84] Katholischer Erwachsenenkatechismus, hg. von der Deutschen Bischofskonferenz, Kevelaer 1985, 422.

Ernst und Dramatik in unsere geschichtliche Verantwortung (vgl. Gem. Synode, Unsere Hoffnung I,4)."[85] Zugleich relativiert er die Metaphorik der biblischen Aussagen und rekurriert dazu auf die Problematik einer angemessenen Hermeneutik: „Man muss die Aussagen der Heiligen Schrift über die Ewigkeit der Hölle freilich richtig verstehen. Nicht umsonst handelt es sich dabei um Mahnreden; sie haben ermahnende und zur Entscheidung herausfordernde Funktion. Es sollen dem Sünder die Konsequenzen seines Tuns vor Augen gehalten werden, nicht damit er bestraft werde, sondern damit er umkehre und so zum ewigen Leben finde. Deshalb wird weder in der Heiligen Schrift noch in der kirchlichen Glaubensüberlieferung von irgendeinem Menschen mit Bestimmtheit gesagt, er sei tatsächlich in der Hölle. Vielmehr wird die Hölle immer als reale Möglichkeit vor Augen gehalten, verbunden mit dem Angebot der Umkehr und des Lebens. So verstanden soll die Hölle den Ernst und die Würde der menschlichen Freiheit vor Augen führen, die zu wählen hat zwischen Leben und Tod. Gott achtet die Freiheit des Menschen, er zwingt seine beseligende Gemeinschaft keinem Menschen gegen dessen Willen auf. Die Heilige Schrift lässt auch keinerlei Zweifel daran, dass es Sünden gibt, die vom Reiche Gottes ausschließen (vgl. 1 Kor 6,9–10; Gal 5,20–21; Eph 5,5; Offb 21,8). Es geht also in unserem Leben um eine Entscheidung auf Leben und Tod. Die Heilige Schrift sagt uns freilich nicht, ob jemals ein Mensch sich tatsächlich in letzter Endgültigkeit gegen Gott entschieden und damit den Sinn seines Daseins endgültig verfehlt hätte."[86]

Der 1992 veröffentlichte Weltkatechismus (Katechismus der Katholischen Kirche, KKK) kennt kein Stichwort, das der *Apokatastasis* auch nur nahe käme, weiß es in Rekurs auf die traditionelle Position des Lehramtes allenfalls beim Thema Hölle etwas genauer, wirkt aber im Vergleich zum Umfang in den Klassischen Katechismen geradezu „dürr": „1035. Die Lehre der Kirche sagt, daß es eine Hölle gibt und daß sie ewig dauert. Die Seelen derer, die im Stand der Todsünde sterben, kommen sogleich nach dem Tod in die Unterwelt, wo sie die Qualen der Hölle erleiden. Die schlimmste Pein der Hölle besteht in der ewigen Trennung von Gott, in dem allein der Mensch das Leben und das Glück finden kann, für die er erschaffen worden ist und nach denen er sich sehnt." Er relativiert aber diese die Tradition affirmierende Aussage zugleich im Rekurs auf die Metaphorik der biblischen Bilder: „1036. Die Aussagen der Heiligen Schrift und die Lehren der Kirche über die Hölle sind eine Mahnung an den Menschen, seine Freiheit im Blick auf sein ewiges Schicksal verantwortungsvoll zu gebrauchen. Sie sind zugleich ein eindringlicher Auf-

---

[85] Ebd., 422f.
[86] Ebd., 423.

ruf zu Bekehrung: ‚Geht durch das enge Tor! Denn das Tor ist weit, das ins Verderben führt, und der Weg dahin ist breit, und viele gehen auf ihm. Aber das Tor, das zum Leben führt, ist eng, und der Weg dahin ist schmal, und nur wenige finden ihn' (Mt 7,13f.)."[87]

Der sich hier abzeichnende, vorsichtige Umdenkungsprozess innerhalb der lehramtlichen Texte, der den Status des Höllengedankens als eschatologisches Zentralthema angesichts des deutlich reduzierten Umfangs und der eher zögerlichen als affirmativen Sprache grundlegend relativiert und den Gedanken an die Möglichkeit einer *Apokatastasis* wenigstens implizit neu belebt, ist indes nicht denkbar ohne die entsprechende Vorarbeit der Theologie. Die eigentliche Diskussion um das Thema „Doppelter Ausgang des Gerichts oder Apokatastasis" findet ab Mitte des 20. Jh. im Diskurs der Theologen statt. Die entscheidenden Fortschritte bzw. Weiterführungen der Gedankenführung waren dabei häufig das Werk einzelner Theologen, die aber für ihre Zunft beispielhaft und damit auch wegweisend sind. Es kam zu einer grundlegenden Neuorientierung der Eschatologie, die auch die Positionierung des Lehramtes nicht unbeeinflusst ließ. Auffallend ist indes, wie wenig die Hölle noch ein Thema lehramtlicher Reflexion überhaupt ist, innerhalb des theologischen Nachdenkens aber durchaus eine nicht zu unterschätzende Position einnimmt, freilich in grundlegend veränderter Perspektive (vgl. unten 5.3).

5. Moderne Ansätze zur Begründung der Apokatastasis panton

5.1 Der Ansatz bei der soteriologischen Ohnmacht des Menschen

Hartmut Rosenau hat in seiner Untersuchung die von ihm so genannten metaphysischen Begründungen der Apokatastasis-Lehre – gewissermaßen: gut evangelisch – dahingehend kritisiert, dass sie neben der Güte Gottes zugleich auch die Freiheit des Menschen voraussetzen. Er sieht speziell bei Origenes einen Konflikt zwischen der „eschatologischen

---

[87] Die entsprechenden Ausführungen der 2005 veröffentlichten Kurzfassung des KKK (Kompendium) lauten in der dieser Veröffentlichung eigenen Form des klassischen Frage-Antwort-Schemas: „212. Worin besteht die Hölle? – Sie besteht in der ewigen Verdammnis jener, die aus freiem Entschluss in Todsünde sterben. Die schlimmste Qual der Hölle besteht im ewigen Getrenntsein von Gott. Einzig in Gott kann ja der Mensch Leben und Glück finden. Dafür ist er geschaffen, und das ist seine Sehnsucht. Christus fasst diese Wirklichkeit in die Worte: ‚Weg von mir, ihr Verfluchten, in das ewige Feuer!' (Mt 25,41). 213. Wie verträgt sich die Existenz der Hölle mit der unendlichen Güte Gottes? – Gott will zwar ‚dass alle sich bekehren' (2 Petr 3,9), aber er hat den Menschen frei und eigenverantwortlich erschaffen und respektiert seine Entscheidungen. Darum ist es der Mensch selbst, der sich in völliger Autonomie freiwillig aus der Gemeinschaft mit Gott ausschließt, wenn er bis zu seinem Tod in der Todsünde verharrt und die barmherzige Liebe Gottes zurückweist."

Vorstellung von der Allversöhnung [...] mit dem anthropologischen Prinzip der soteriologischen Macht".[88] Rosenau selbst sieht in der soteriologischen Ohnmacht des Menschen „das schlüssigere Korrelat zur Vorstellung von der Allversöhnung".[89] Dieses findet er bei Schleiermacher, dem „die soteriologische Ohnmacht des Menschen als ‚Gefühl der schlechthinnigen Abhängigkeit' [...] hinsichtlich der Erlösung als anthropologisches Prinzip seiner Glaubenslehre, die konsequent bei der Allversöhnung endet", dient.[90] Nach Rosenau bedeutet dies, „daß der Mensch nicht von sich her in der Lage ist, sein wie auch immer zu bestimmendes eschatologisches Heil selbst zu erwirken und es eben darum aber auch nicht verwirken kann".[91] Nach Rosenau ließe sich so eine klare Alternative formulieren: „die Allversöhnung mit der soteriologischen Ohnmacht des Menschen und der ‚doppelte Ausgang' mit der soteriologischen Macht".[92]

Die Verbindung der Allversöhnung mit der Freiheit des Menschen birgt in sich die Konsequenz, geschichtlich strukturierte Erlösungsprozesse jenseits der empirisch fassbaren Zeit anzunehmen, in denen Menschen zur Erkenntnis der Wahrheit kommen. Deshalb liegt die Verbindung der Allversöhnungslehre mit dem Chiliasmus nahe, aber auch mit anderen Vorstellungen transempirischer Bildungs-, Heilungs- und Reinigungsprozesse. Spätestens seit der Metaphysikkritik Kants gelten solche Annahmen jedoch als problematisch. An ihre Stelle sind transzendental-theologische oder pragmatische Begründungszusammenhänge getreten,[93] z.B. in Form einer subjektivitätstheoretisch begründeten Glaubenslehre wie im Falle Schleiermachers. Die aus einem solchen Ansatz resultierende Vorstellung, dass der Mensch in Fragen des Heils gänzlich ohnmächtig ist, kann auf entsprechend geschichtlich strukturierte Vorgänge im Jenseits verzichten – und quasi gleich zum endgültigen Schluss kommen.[94]

Wie auch immer diese Figur der von Rosenau so genannten soteriologischen Ohnmacht beurteilt wird: Es ist keinesfalls zwingend, von der aus

---

[88] H. Rosenau, Allversöhnung (Anm. 1), 150.
[89] Ebd.
[90] Ebd., 224.
[91] Ebd., 226.
[92] Ebd., 400.
[93] Vgl. ebd., 509.
[94] Der Ausgangspunkt bei der soteriologischen Ohnmacht könnte sich auch auf Röm 4,5 stützen, wonach ein Mensch gerecht bei Gott ist, der ein μὴ ἐργαζόμενος und also ein πιστεύοντος ist. Dies spricht dafür, in jeglicher soteriologischer Konzeption auf einen Synergismus zu verzichten. Die Frage stellt sich dann, ob mit der Freiheit des Menschen in Fragen des Heils dessen eigene Tat gemeint ist, oder nicht vielleicht eher die Möglichkeit der Anerkennung der Wahrheit angesichts eines Lebens in der Unwahrheit. Dann geht es nicht um eine soteriologische *Macht* des Menschen, sondern um die Möglichkeit der Bejahung oder Verneinung der göttlichen Macht. Gerade so würde dann die Passivität des Glaubens in ihrer Kreativität in den Blick kommen.

einer subjektivitätstheoretischen Analyse des religiösen Bewusstseins ermittelten soteriologischen Ohnmacht des Menschen die Plausibilität der Apokatastasis-Lehre folgern zu wollen. Denn eine soteriologische Ohnmacht des Menschen korrespondiert auch mit einer Prädestinationslehre, nach der Gott Heil und Unheil der Menschen vorherbestimmt. Hartmut Rosenau macht es sich zu einfach, wenn er eine Prädestinationslehre in einem transzendentaltheologischen Ansatz aus methodischen Gründen für ausgeschlossen hält, weil diese einen Gottesstandpunkt einnehme.[95]

Wenn die Allversöhnung aus dem Argument gefolgert wird, dass der Mensch dann sein Heil nicht verwirken könne, wenn er von sich aus nicht in der Lage sei, sein Heil zu erwirken, so ist damit noch keineswegs impliziert, dass ihm dann auch wirklich das Heil gegeben werde. Ohne eine Präzisierung des Gottesbegriffs lässt sich gar nicht sagen, was dem Menschen gegeben wird und was nicht. Und ohne eine christologische Präzisierung des Gottesbegriffs lässt sich nicht behaupten, dass Gott einem jeden Menschen das Heil schenkt. Aus einer subjektivitätstheoretischen Analyse des frommen Bewusstseins lässt sich nun gerade nicht auf einen präzisen Gottesbegriff schließen. Das kann man in Schleiermachers Glaubenslehre studieren. Das sich selbst in Heilsfragen als ohnmächtig begreifende menschliche Selbstbewusstsein kann allerhöchstens Gott als den Horizont der eigenen Existenz verstehen, aber eben nicht Gott in seinem präzisen Verhältnis zu seinen Kreaturen begreifen.[96] Insofern ist aus der soteriologischen Ohnmacht des Menschen keinesfalls auf eine *Apokatastasis panton* zu schließen. Geschlossen werden kann daraus allenfalls, dass eine *Apokatastasis panton* nicht ausgeschlossen werden kann.

5.2 Das Problem des All-Quantor

Der entscheidende Punkt für eine Folgerung einer *Apokatastasis panton* aus der Einsicht in die soteriologische Ohnmacht des Menschen ist der All-Quantor: „Alle" Menschen werden errettet. Für Karl Barth, den Hartmut Rosenau als Vertreter einer christologisch begründeten Apokatastasis-Lehre analysiert, war genau dies der Punkt, warum er der Apokatastasis-Lehre kritisch gegenüber stand. Dass der Umfang des Kreises der von Gott Erwählten und Berufenen „sich mit der Menschenwelt als solche (nach der Lehre der sogen. Apokatastasis) endlich und zuletzt decken müsse und werde, das ist ein Satz, den man unter Respektierung der *Frei-*

---

[95] Vgl. H. Rosenau, Allversöhnung (Anm. 1), 509.
[96] Vgl. H.-P. Großhans, Gottesverhältnis und Freiheitsgefühl. Schleiermachers Theologie zwischen Neuzeit und Moderne, in: A. Arndt/K.-V. Selge (Hg.), Schleiermacher – Denker für die Zukunft des Christentums?, Berlin 2011, 11–30.

heit der göttlichen Gnade nicht wagen kann. Ein Recht und also ein Müssen läßt sich aus ihr nun einmal nicht ableiten."[97] Für Barth ist es in der Souveränität Gottes und in der Lebendigkeit Jesu Christi begründet, dass die Zahl der Menschen, die Gott erwählt und beruft, nicht abgeschlossen ist oder mit der Gesamtheit aller Menschen gleich gesetzt werden kann.[98]

Allerdings ist dies für Barth aus denselben Gründen auch nicht ausgeschlossen. Es kann ebenfalls nicht prinzipiell gelten, dass manche Menschen nicht gerettet werden und für immer verworfen würden.[99] So ist für Barth auch der sich selbst verwerfende Judas in Jesus Christus von Gott zum ewigen Leben mit ihm erwählt. Und in seiner Versöhnungslehre geht Barth davon aus, dass der durch den Heiligen Geist gegenwärtige Jesus Christus „noch nicht an seinem Ziel" ist, sondern diesem erst entgegen geht: „von dessen Anfang in der Offenbarung *seines* Lebens her entgegen dem Ziel seiner noch nicht geschehenen Offenbarung des in seinem Leben beschlossenen Lebens *aller* Menschen, der *ganzen* Kreatur, ihres Lebens als neue Schöpfung auf einer neuen Erde unter einem neuen Himmel".[100] Hier ist der Sache nach die Apokatastasis-Lehre präsent – bis hin zu dem All-Quantor und der Ganzheitsterminologie –, auch wenn Barth um der Souveränität Gottes willen quantitative Festlegungen eigentlich weiterhin zu vermeiden sucht.[101]

5.3 Menschliche Freiheit und die Hoffnung auf eine „leere Hölle" – eine katholische Perspektive

Das Nachdenken innerhalb der katholischen Theologie des 20. Jh. nimmt Ideen und Strömungen auf, die innerhalb der Theologiegeschichte schon da waren. Es sind Fragen nach dem Verhältnis von Gerechtigkeit und

---

[97] K. Barth, Kirchliche Dogmatik, Bd. II/2, Zollikon-Zürich 1942, 462.

[98] Vgl. ebd., 467.

[99] Karl Barth hat diese Frage an der Gestalt des Judas Ischarioth erörtert. Trotz seiner vertrauten Nähe zu Jesus wollte Judas nicht ganz von der Gnade leben. So hat er die Gnade ganz verworfen. Und so wurde er selbst ein Verworfener. Wo sollte Gnade herkommen für ihn? Für Barth richtet sich das Evangelium jedoch gerade auch an die Verworfenen. Gott will, „daß der Verworfene *glaube* und als Glaubender ein *erwählter* Verworfener werde" (K. Barth, Kirchliche Dogmatik, Bd. II/2 [Anm. 97], 563). Da Jesus Christus die dem gottlosen Menschen gebührende Verwerfung getragen und aufgehoben hat, ist die vom Menschen durch seine Abwendung von Gott selbstverschuldete Verwerfung nichtig und der Mensch, der Verworfene, in Jesus Christus von Gott erwählt zum ewigen Leben mit ihm (vgl. ebd., 336).

[100] K. Barth, Kirchliche Dogmatik, Bd. IV/3, Zollikon-Zürich 1959, 377.

[101] Im Übrigen findet sich die entsprechende Terminologie auch in den Leitsätzen zu den ekklesiologischen Paragraphen der Barthschen Versöhnungslehre, wenn davon die Rede ist, dass die Kirche „die vorläufige Darstellung der in ihm [Jesus Christus] ergangenen Berufung der ganzen Menschenwelt, ja aller Kreatur" sei (K. Barth, Kirchliche Dogmatik, Bd. IV/3 [Anm. 100], 780 – entsprechende Formulierungen in Bd. IV/1 [Zollikon-Zürich 1953], und Bd. IV/2 [Zollikon-Zürich 1955]).

Barmherzigkeit Gottes, nach der Konsequenz aus dem Bekenntnis zum universalen Heilswillen Gottes, nach dem Heil in anderen Religionen und nach den Konsequenzen aus den Ergebnissen des Nachdenkens über den Menschen als Ganzen, also Fragen nach seiner Freiheit, seiner Verantwortung, seiner Autonomie, seiner Subjektivität und Personalität unter eschatologischer Perspektive.

5.3.1 Eine Frage des leidenden und hoffenden Glaubens: Joseph Ratzinger

Schon in einem sehr frühen Beitrag zur 2. Auflage des Lexikons für Theologie und Kirche bereitet Joseph Ratzinger einer „anthropologisch gewendeten" Deutung der Hölle wie einer dadurch möglich werdenden Neubewertung des Gedankens der *Apokatastasis* den Weg: „Die kerygmatische Bedeutung des Dogmas von der Hölle liegt [...] in einer Aussage über Gott und einer solchen über den Menschen. Es läßt uns einerseits den bedingungslosen Respekt Gottes vor der Freiheitsentscheidung des Menschen wissen [...]; es zeigt uns andererseits den irreversiblen Charakter der menschlichen Geschichtlichkeit, deren Gesamtentscheidung Endgültigkeitswert hat. Beides muß aber stets zusammengehalten werden mit der Botschaft von Gottes Barmherzigkeit und Gnadenmacht in Christus Jesus."[102] In seiner „Eschatologie" von 1977 nimmt er dann das von Origenes entliehene Bild des ‚wartenden', d.h. die Hölle leerleidenden „wahren Bodhisattva", d.h. Christus,[103] zum Ausgangspunkt einer *Apokatastasis*, die er nicht als „Theorie", sondern als „Gebet" versteht: „Die Antwort liegt im Dunkel von Jesu Scheol-Abstieg verborgen, in der durchlittenen Nacht seiner Seele, in die kein Mensch hineinzublicken vermag – höchstens soweit er im leidenden Glauben mit in dieses Dunkel geht. [...] In dieser Frömmigkeit ist nichts von der furchtbaren Wirklichkeit der Hölle aufgehoben, die ist so real, daß sie ins eigene Dasein hineinreicht. Hoffnung kann ihr nur entgegengehalten werden im Mitleiden ihrer Nacht an der Seite dessen, der unser aller Nacht umzuleiden gekommen ist. [...] solche Hoffnung aber wird nicht zu eigenmächtiger Behauptung; sie legt ihre Bitte in die Hände des Herrn hinein und lässt sie dort. Das Dogma behält seinen realen Gehalt; der Gedanke der Barmherzigkeit [...] wird nicht zur Theorie, sondern zum Gebet des leidenden und hoffenden Glaubens."[104]

---

[102] J. Ratzinger, Art. „Hölle", in: LThK² 5 (1960) 446–449, 449.
[103] Vgl. den Text bei Benedikt XVI./J. Ratzinger, Eschatologie. Tod und ewiges Leben, Regensburg ²2007, 149–151.
[104] Ebd., 173f.

5.3.2 Eine Frage der menschlichen Freiheit: Karl Rahner

Auf dem Boden einer erneuerten katholischen Anthropologie geht Karl Rahner von einer Philosophie der Freiheit aus, die das christliche Menschenbild grundlegend prägt. Sie impliziert den Gedanken an die Setzung endgültiger Entscheidungen. „Hölle" ist für Rahner theologisch zu bestimmen als interpersonales Geschehen und damit als jene „endgültige Verlorenheit des Menschen in einer letzten Trennung von Gott. Der Mensch ist als geistig-personales Wesen notwendigerweise ein Subjekt, das in Freiheit irgendwann einmal und endgültig über sich selber entscheidet und das wird, was es sein will, und zwar letztlich in seinem Verhältnis zu Gott."[105] Die Möglichkeit der Hölle als gedankliches Gegenkonstrukt zu den Vorstellungen einer *Apokatastasis panton* entspringt dieser Idee der menschlichen Freiheit. Wie jede eschatologische Aussage sind auch die Aussagen über das endgültige Schicksal des Menschen eine Aussage über das Selbstverständnis des Menschen:[106] „Wenn diese personale, freie, letzte Entscheidung gegen Gott fällt und dann endgültig ist, dann ist das gegeben, was wir die Hölle nennen. Wenn man richtig versteht, was eben gesagt wurde, dann ist eigentlich deutlich, dass der Mensch sich seine Hölle selber schafft, mit anderen Worten, dass die Hölle gar nicht als äußeres strafartiges Ereignis aufgefasst werden muss, das den Menschen gegen seinen Willen überfällt."[107] Die Möglichkeit einer „Hölle" ist somit dem Wesen menschlicher Freiheit geschuldet. „Das Wesen der Hölle ist das Nein zu Gott als die letzte und totale Entscheidung des Menschen gegen Gott, die letzte, vom Wesen der Freiheit selbst her nicht mehr revidierbare Entscheidung. [...] Der Mensch steht in der absoluten Möglichkeit, Gott endgültig zu verlieren, obwohl dieser Gott Ziel und Erfüllung seines Wesens wäre."[108] Hölle, das ist nicht etwas dem Menschen Fremdes, Äußeres, sie entspringt seinem eigenen Herzen.[109] Sie ist mit der je eigenen ernsthaften Entscheidung verbunden, die ihrerseits mit Schwierigkeiten verbunden ist, deren Verbindlichkeit

---

[105] K. Rahner, Hinüberwandern zur Hoffnung, in: ders., Anstöße systematischer Theologie. Beiträge zur Fundamentaltheologie und Dogmatik (Sämtliche Werke, Bd. 30), Freiburg – Basel – Wien 2009, 668–673, 668.

[106] „Die eschatologische Aussage ist nicht eine additiv zusätzliche Aussage, die zur Aussage über die Gegenwart und die Vergangenheit eines Menschen noch hinzugefügt wird, sondern ein inneres Moment an diesem Selbstverständnis des Menschen" (K. Rahner, Theologische Prinzipien einer Hermeneutik eschatologischer Aussagen, in: ders., Schriften zur Theologie, Bd. 4, Einsiedeln 1960, 401–428, 412; auch in: ders., Menschsein und Menschwerdung Gottes. Studien zur Grundlegung der Dogmatik, zur Christologie, Theologischen Anthropologie und Eschatologie [Sämtliche Werke, Bd. 12], Freiburg – Basel – Wien 2005, 489–510, 497).

[107] K. Rahner, Hinüberwandern zur Hoffnung (Anm. 105), 668.

[108] Ebd.

[109] Zur Metaphorik der Höllenvorstellungen vgl. ebd.

aber auch ein endgültig liebender Gott anerkennen muss, denn Gott wird keinen Zwang zur Glückseligkeit des Menschen ausüben. Freilich, wie wahrscheinlich ist eine solch tiefgreifende und endgültige Entscheidung, eine wirklich das Heil verscherzende Sünde? Dennoch ist die Möglichkeit ernst zu nehmen. Dennoch verbietet sich nicht eine Hoffnung für alle, als „Hoffnung, dass die souveräne Macht der Liebe und des Erbarmens Gottes bewirkt, dass diese letzte negative Möglichkeit des Menschen von den Menschen im allerinnersten Kern ihrer Freiheitsperson nicht realisiert wird."[110] Doch weil Gott mir erlaubt für mich zu hoffen, darf, ja muss ich auch für alle anderen hoffen: „Ich kann eigentlich nur deshalb in radikaler Weise für mich hoffen, weil ich die Möglichkeit und die heilige Pflicht in mir verspüre, für alle anderen zu hoffen."[111] Die Hölle ist nicht notwendig leer, aber man darf, ja muss darauf hoffen, dass niemand darin sein wird. Alles andere widerspräche der unendlichen Liebe, dem universalen Heilswillen Gottes, wie er ihn für den Menschen offenbart hat. „In diesem Sinne hoffe ich auf eine universale Erlösung der gesamten Weltgeschichte und Menschheit."[112] Daher muss hier „neben deutlicher Hervorhebung der Hölle als Möglichkeit der bleibenden Verhärtung jedoch in gleicher Weise die Aufmunterung zu der hoffnungsvollen und vertrauenden Übergabe an die Barmherzigkeit Gottes stehen."[113]

5.3.3 Eine Frage des Gottesbildes: Hans Urs von Balthasar

Neben Karl Rahner und Joseph Ratzinger gehört sicher auch Hans Urs von Balthasar zu jenen wichtigen katholischen Theologen des 20. Jahrhunderts, die gerade die Frage nach der Möglichkeit einer *Apokatastasis panton* in entscheidenden Punkten vorangebracht haben; seine „Theologie der drei Tage" darf in weiten Teilen als „systemprägend" für eine moderne katholische Theologie zu diesen Themenfeldern bezeichnet werden. Die Inspiration von Balthasars durch die Theologie Karl Barths braucht hier nicht eigens erwähnt zu werden. Beide ziehen aus der gemeinsamen strengen Christozentrik des Ansatzes der Versöhnung ähnliche Konsequenzen. Von Balthasar greift argumentativ zunächst auf das biblische Fundament zurück. Dort ist vom Ernst der Entscheidungen und damit vom Ernst der Möglichkeit der Verwerfung, der Hölle, die Rede. Beide Motive sind von zentraler Bedeutung und daher unverzichtbar. Aber es bedarf der hermeneutisch adäquaten Analyse. Die biblischen Stellen sind keine antizipierenden Reportagen, sondern sie enthüllen die Ernsthaf-

---

[110] Ebd., 669.
[111] Ebd., 671.
[112] Ebd.
[113] K. Rahner, Art. „Hölle", in: SM II (1968), 737f.

tigkeit der Lage, in der sich der Mensch angesichts der Botschaft von der angebrochenen Gottesherrschaft befindet. Neben solch drohenden Texten gibt es auch Texte, die die Zukunft des Menschen offen lassen und wiederum andere, die ohne Wenn und Aber eine Hoffnung für alle Menschen ausdrücken. Die Pluralität dieser Positionen, wie wir sie in der Bibel finden, sollte für uns verbindlich sein. Alle Bemühungen von Balthasars kreisen in der Folge um das eine Axiom: Gewissheit über das Ende lässt sich nicht endgültig gewinnen, aber eine Hoffnung lässt sich begründen. So belebt von Balthasar letztlich die Position des Origenes wieder und spitzt damit die Grundfrage nach der Hölle und der Verpflichtung zur Hoffnung für alle auf das zu, was schon bei Origenes im Mittelpunkt stand: die Frage nach dem Gottesbild. Was trauen wir Gott nicht mehr zu, wenn wir ihm eine ewige Hölle, d.h. eine gottlose Hölle zutrauen?

Unhintergehbar ist für von Balthasar die Möglichkeit der Hölle als Möglichkeit der Freiheit des Menschen, die „entscheidende (negative) Wahl gegen Gott zu vollziehen". Muss Gott diese Wahl „akzeptieren"? Ja, aber so, „dass Gott mit seiner eigenen göttlichen Wahl den Menschen in die äußere Situation seiner (negativen) Wahl hinein begleitet. Dies eben geschieht in der Passion Jesu. Und zwar lassen sich hier zwei Aspekte unterscheiden; der eine ist mehr dem Geschehen am Karfreitag, der andere mehr dem am Karsamstag zugeordnet."[114] Seine ganze Eschatologie kreist in der Folge um den klassischen *Descensus*-Gedanken. Im Rekurs auf das innere Zentrum des Kreuzesgeschehens und die unlösbare Verbindung des *Triduum paschale* gelingt es von Balthasar gegenüber den traditionellen Alternativen – ewige Hölle oder Apokatastasis – eine dritte Option, den Gedanken an eine „leer gehoffte Hölle" – der Hölle als „unmögliche Möglichkeit" –, zu etablieren: „Christi Kreuz, das jedes sündige Nein des Menschen auf sich geladen hat, kann, so scheint es, nur am äußersten Ende der Hölle, ja jenseits ihrer, wo eine nur dem Sohn zugängliche Gottverlassenheit sich ereignet, aufgestellt sein."[115] Von zentraler Bedeutung ist dabei jener Verlassenheitsschrei des Gekreuzigten. Er ist das nach Außen hin sichtbare Bild, der veranschaulichende Abstieg Jesu Christi in die Gottverlassenheit; den *Descensus Christi ad inferos*, also jenes Geschehen, das die Tradition mit dem Karsamstag verbindet. Dieser „Abstieg des toten Jesus zur Hölle ist", so deutet von Balthasar, „seine Solidarität in der Nicht-Zeit mit den von Gott weg Verlorenen. Für diese ist ihre Wahl – mit der sie ihr Ich anstelle des selbstlosen Gottes der Liebe gewählt haben – endgültig. In diese Endgültigkeit (des Todes) steigt der tote Sohn ab, keineswegs mehr handelnd, sondern vom

---

[114] H.U. von Balthasar, Über Stellvertretung, in: ders., Pneuma und Institution (Skizzen zur Theologie, Bd. 4), Einsiedeln 1974, 401–409, 407.
[115] Ders., Theodramatik, Bd. 4, Einsiedeln 1983, 173.

Kreuz her jeder Macht und Initiative entblößt [...], unfähig zu jeder aktiven Solidarisierung, erst recht zu jeder ‚Predigt' an die Toten. Er ist (aus einer letzten Liebe aber) tot mit ihnen zusammen. Und damit stört er die vom Sünder angestrebte absolute Einsamkeit: der Sünder, der von Gott weg ‚verdammt' sein will, findet in seiner Einsamkeit Gott wieder, aber den Gott der absoluten Ohnmacht der Liebe, der sich unabsehbar in der Nicht-Zeit mit dem sich Verdammenden solidarisiert. [...] Nur in der absoluten Schwäche will Gott der von ihm geschaffenen Freiheit das Geschenk der jeden Kerker aufbrechenden und jede Verkrampfung lösenden Liebe vermitteln: in der Solidarisierung von innen mit denen, die alle Solidarität verweigern."[116] Er steigt als ‚Spiegelbild des Elends' in das Elend der absoluten Gottesferne hinab und konfrontiert die Verweigerung von Proexistenz und Liebe genau damit, um in dieser Präsenz verwandelnd zu wirken.[117] Es ist sozusagen „ein Plus an Tödlichkeit", die den Tod „verschlingt",[118] denn „der in Ohnmacht rein auf sich selbst Bezogene [kann] doch wohl nicht umhin [...], einen noch Ohnmächtigeren ‚neben' sich wahrzunehmen, der ihm die Absolutheit seiner Einsamkeit streitig macht. Er hat seine Wette nicht gewonnen, gleichsam eine Gegen-Absolutheit gegen Gott aufrichten zu können. [...] Wir können uns diese Erfahrung einer überholten, besiegten Absolutheit ‚von unten' nicht näher ausmalen. Aber sie kann uns doch zu einer umfassenden Hoffnung für alle berechtigen."[119] Hier eröffnet sich die Hoffnung, dass der ‚Ernst der göttlichen Unterfassung' letztlich nicht vor dem ‚Ernst der menschlichen Selbstverweigerung' kapitulieren wird. Denn die „wahre Macht" – so Johannes Brantschen – „zeigt sich nicht in der Einkerkerung und Vernichtung des Gegners, sondern in seiner freien Gewinnung."[120] Die Gefahr der Hölle existiert, ja, sie ist im Letzten „obschon [...] ein Ort der Verworfenheit [...], immer noch ein christologischer Ort."[121]

---

[116] Ders., Über Stellvertretung (Anm. 114), 408f.

[117] Vgl. M. Greiner, Für alle hoffen? Systematische Überlegungen zu Hans Urs von Balthasars eschatologischem Vorstoß, in: M. Striet/J.-H. Tück (Hg.), Die Kunst Gottes verstehen. Hans Urs von Balthasars theologische Provokationen, Freiburg – Basel – Wien 2005, 228–260, 229f.

[118] Vgl. H.U. von Balthasar, Theodramatik, Bd. 3, Einsiedeln 1980, 459.

[119] Ders., Theologische Besinnung auf das Mysterium des Höllenabstiegs, in: ders. (Hg.), „Hinabgestiegen in das Reich des Todes". Der Sinn dieses Satzes in Bekenntnis und Lehre, Dichtung und Kunst, München – Zürich 1982, 84–98, 98.

[120] J.B. Brantschen, Gott – die Macht der freien Gewinnung, in: W. Achleitner/U. Winkler (Hg.), Gottesgeschichten. Beiträge zu einer systematischen Theologie (FS G. Bachl), Freiburg – Basel – Wien 1992, 192–211, 209.

[121] H.U. von Balthasar, Eschatologie im Umriß, in: ders., Pneuma (Anm. 114), 410–455, 444. „Hüten wir uns, angesichts diese Mysteriums zu sagen, es gebe keine Hölle oder niemand sei darin. Daß Einer mit Sicherheit darin war und tiefer als jeder mögliche Andere, das ist der furchtbare Ernst" (ders., Theologie des Abstiegs zur Hölle, in: ders. [Hg.], Adrienne von Speyr und ihre kirchliche Sendung. Akten des Römischen Symposiums 27.–

Aber ebenso begründet ist aus dem universalen Heilswillen Gottes heraus die Hoffnung, dass die Hölle leer sein wird. Die Hoffnung, nicht das Wissen, spricht daher von der Wiederbringung aller. Die Erwartung, dass die geschöpfliche Freiheit in allen ihr Ziel finden und schließlich das Böse restlos überwunden sein wird, ist nicht der Gegenstand einer notwendig wissenden Voraussicht, sondern Ausdruck einer großen Hoffnung, über die hinaus Gott nichts Größeres entgegengebracht werden kann.

Denn diese Antwort der Freiheit, um die es dem Liebenden allein geht, kann auch eschatologisch nicht erzwungen werden.[122] Der „Liebende wird sich immer dem Einwand ausgesetzt sehen, daß er die Andern der *Energie* seiner Liebe unterwerfe. Aus diesem Grunde muß der Liebende das Urteil über sich denen überlassen, für die er da ist, d.h. er muß die Liebe selbst darüber entscheiden lassen, wer ihn versteht."[123] Genau dieser Freiheitsgedanke ist es, der verhindert, dass aus der Apokatastasis-Hoffnung eine „objektive, systematische Gewissheit" wird, denn die göttliche Allmacht „erdrückt" nicht. Er setzt seine Hoffnung auf unser freies Ja.[124] Dennoch ist Gott als der „unbedingt und bis zum äußersten seiner Möglichkeiten für uns und unser ewiges Heil Entschiedene"[125] zu bekennen. Sein Anruf in der liebenden Ohnmachtsgestalt ist unwiderruflich. Und so haben wir das Recht, ja die Pflicht, so von Balthasar, auf die freie Umkehr noch des letzten Sünders zu hoffen:[126] „Die Allversöhnung bleibt für ihn Hoffnung – nicht weil Zweifel an der unbedingten Entschiedenheit des göttlichen Heilswillens geboten wären, sondern allein in dem Maße, wie mit der prinzipiellen Möglichkeit geschöpflicher Freiheit zu rechnen ist, auf ihrem Nein zu Gottes Gnade ewig zu insistieren."[127]

Hier wird ein Gottesbild jenseits aller Macht- und Allmachtsphantasien sichtbar, das sich in ganz anderer Weise als machtvoll erweist. Gott akzeptiert die menschliche Freiheit ohne vor ihr zu kapitulieren. Hier wird

---

29. September 1985, Einsiedeln 1986, 138–146, 144).

[122] Vgl. M. Greiner, Für alle hoffen? (Anm. 117), 230.

[123] E. Fuchs, Hermeneutik, Ergänzungsheft mit Registern, Tübingen 1970, 10.

[124] Vgl. H.U. von Balthasar, Theodramatik, Bd. 4 (Anm. 115), 163; 165.

[125] M. Greiner, Für alle hoffen? (Anm. 117), 232.

[126] Vgl. H.U. von Balthasar im Rekurs auf Karl Rahner (H.U. von Balthasar, Kleiner Diskurs über die Hölle, Einsiedeln/Freiburg ³1999, 42). Zu dieser Hoffnung als Forderung der ‚praktischen Vernunft' vgl. auch H. Verweyen: „Wer mit der Möglichkeit auch nur eines auf ewig Verlorenen außer seiner selbst rechnet, der kann nicht vorbehaltlos lieben. [...] Mir scheint, schon der leiseste Hintergedanke an eine endgültige Hölle für andere verführt in Augenblicken, wo das menschliche Miteinander besonders schwierig ist, dazu, den anderen sich selbst zu überlassen" (H. Verweyen, Art. „Hölle – ewig?", in: E. Lade [Hg.], Christliches ABC heute und morgen. Handbuch für Lebensfragen und kirchliche Erwachsenenbildung, Bad Homburg 1978ff., Gruppe IV, 5–15, 7). Die Apokatastasis-Hoffnung ist also keine ‚billige Gnade', sondern sie stellt die Ethik erst einmal auf ein wirklich tragendes Fundament!

[127] M. Greiner, Für alle hoffen? (Anm. 117), 242.

menschlicher Gewalt und Sünde nicht das Genick gebrochen, sondern sie werden angesichts der je größeren Liebe in ihrer nur angemaßten Mächtigkeit und damit ihrer Machtlosigkeit bloßgestellt. Es ist die in die Karsamstagsstille zurück gezwungene „österliche" Christologie, die die Hoffnung auf Leben als Klage und Bitte, und am Ende als Frage artikuliert, deren Antwort sie offen hält: „Mein Gott, mein Gott, warum hast du mich verlassen?" (Mk 15,34). So ist und bleibt gerade der sterbende Jesus der Sohn, das vollkommene Abbild der Liebe des Vaters. Eine menschliche Gestalt, die nicht nur die Not eines Menschen spiegelt, der von allen Menschen verlassen ist, sondern deren letzter Atemzug Gottverlassenheit, d.h. den Schmerz Gottes selbst, zum Ausdruck bringt, damit Gottes letztes Wort hörbar wird – das Wort seines ewig Warten-Könnens auf das Ja des Menschen, das um der gewollten freien Antwort des geliebten Menschen willen auch das Risiko eines leidvoll zu ertragenden Neins eingehen muss.[128] Es ist ein Anruf, der uns nicht mehr in Ruhe lässt,[129] eine unaufhebbare, weil ewige Zusage, die aber den Menschen dennoch nicht determiniert. Sie begründet die Hoffnung auf einen Gott, der „sich darin zuhöchst entspricht, dass er alles ihm Mögliche zu unserem Heil tut, [...] aber nicht geradezu metaphysisch genötigt ist, uns im Raum des ‚Gott alles in allem' zu halten."[130] Ein solcher unbedingt entschiedener Heilswille, der noch dazu ewig warten kann, verzichtet darauf, notwendig an sein Ziel zu kommen. Hier bleibt die Apokatastasis-*Hoffnung* eine Hoffnung und kann nicht in Gewissheit übergehen. „Die allerbarmende Liebe also kann sich zu jedem herabneigen. Wir glauben, daß sie es tut. Und nun soll es Seelen geben, die sich ihr dauernd verschließen? Als prinzipielle Möglichkeit ist das nicht abzulehnen. *Faktisch* kann es unendlich unwahrscheinlich werden."[131] Eine solche „Gewissheit" aber kann keine metaphysische sein, sondern allenfalls eine moralische.[132]

Damit rückt das Thema „Hölle" aber in den Gesamtrahmen christlicher Hoffnungsperspektive und nicht in den Rahmen von Vernichtung ein. Sie führt die Frage nach der Möglichkeit einer endgültigen Versöhnung aber auch vor den Abgrund der menschlichen Freiheit. Die sich hier zum Ausdruck bringende Hoffnung hält daher an der Idee einer Versöhnung fest, die weder die Täter der endgültigen Vernichtung oder *Annihilatio* preisgibt, noch auf Kosten der Opfer bzw. über ihre Köpfe hinweg geschehen kann.[133]

---

[128] Vgl. H. Verweyen, Gottes letztes Wort. Grundriss der Fundamentaltheologie, Regensburg ³2000, 360.
[129] Vgl. M. Greiner, Für alle hoffen (Anm. 117), 260.
[130] Ebd., 255.
[131] H.U. von Balthasar, Kleiner Diskurs (Anm. 126), 49.
[132] Vgl. zur Differenzierung M. Greiner, Für alle hoffen? (Anm. 117), 259f.
[133] Vgl. unten 6.2.

5.4 Die Höllenfahrt Christi – eine evangelische Perspektive

Für die christologische Begründung der Apokatastasis-Lehre ist innerhalb der katholischen Theologie des 20. Jh. – wie gesehen – zunehmend auch jenes altkirchliche Lehrstück der „Lehre von der Höllenfahrt Christi" von Bedeutung, das auch in der evangelischen Theologie seinen klassischen Ort hat, aber in jüngster Zeit wenig beachtet wurde. In der Konkordienformel, Epitome Art. 9 „De descensu Christi ad inferos" heißt es: „Es ist genug, daß wir wissen, daß Christus in die Helle gefahren, die Helle allen Gläubigen zerstöret und sie aus dem Gewalt des Todes, Teufels, ewiger Verdamnus des hellischen Rachens erlöset habe."[134] In der „Solida Declaratio", Art. 9 wird diese Auskunft verallgemeinert. Für die reformatorischen Kirchen bedeutet die Formulierung aus dem Apostolikum, dass Jesus Christus hinabgestiegen ist in das Reich des Todes, „daß die ganze Person, Gott und Mensch, nach der Begräbnus zur Helle gefahren, den Teufel überwunden, der Hellen Gewalt zerstöret und dem Teufel all sein Macht genummen habe".[135]

Wenn dies so ist, dann ist dies nicht nur relevant für die Glaubenden. Während die erste Formulierung in der Epitome den Geist der Loskauf- oder Vertragstheorien und des Kampfmotivs im Verhältnis von Christus und Teufel repräsentiert, macht die „Solida Declaratio" eine ontologische Aussage. Christus reißt dann nicht nur die Seinen aus den Fängen des Satans und führt sie aus der Hölle heraus, sondern beendet überhaupt die Macht des Teufels und der Hölle über den Menschen. Damit ist ein prinzipieller soteriologischer Dualismus theologisch nicht mehr denkbar. Dann ist gegen CA 17 auch in Frage zu stellen, ob es ewig Verdammte geben könne.

Schön kommt die ontologische Auffassung vom Erlösungswerk Christi auf orthodoxen Oster-Ikonen zum Ausdruck, die nicht die Auferstehung Christi aus dem Grab darstellen, sondern die Hadesfahrt Christi. Die Ikone der Auferstehung als Hadesfahrt ist die eigentliche Erlösungs-Ikone der orthodoxen Kirche. Christus ergreift den toten und den dem Tode verfallenen Menschen und zieht ihn in das Licht, das ihn in der Mandorla umgibt. Die Vergöttlichung des Menschen (*theosis*) artikuliert sich als durch die Präsenz Christi selbst im Hades ermöglichte Teilhabe am göttlichen *Leben* und damit als *Unsterblichkeit*. Analog dazu wäre in konsequenter Lektüre der Bekenntnisschriften von der evangelischen Theologie die Höllenfahrt Christi als die ontologische Wende des Lebens eines jeden Menschen zu verstehen.[136]

---

[134] BSLK, 813.
[135] Ebd., 1052f.
[136] Vgl. zum Thema: F. Gietenbruch, Höllenfahrt Christi und Auferstehung der Toten. Ein verdrängter Zusammenhang, Wien – Zürich 2010.

6. Die Apokatastasis panton und das Heil der Anderen

6.1 Biblische Perspektiven

Am Anfang der Überlegungen, wie der Zusammenhang zwischen der Apokatastasis-Lehre und der Frage nach dem Heil der Anderen beschrieben werden kann, soll eine zusammenfassende Sichtung der Bibelstellen stehen, die von den Vertretern einer Apokatastasis-Lehre in der Regel in Anspruch genommen und ausgelegt werden. Wie stellt sich im Lichte dieser Bibeltexte und ihrer Auslegung auf eine Apokatastasis-Lehre hin die Frage nach dem Heil der Anderen dar? Dabei werden wesentliche Motive einer Apokatastasis-Lehre sichtbar.

a) *Der* zentrale Bibeltext für die Apokatastasislehre ist 1 Kor 15,20–28. In der Folge des Auferstehungsprozesses wird schließlich Gott alles in allem sein (1 Kor 15,28), nachdem zuvor Christus „alle Herrschaft und alle Obrigkeit und Gewalt" (1 Kor 15,24) und alle Feinde einschließlich des letzten Feindes, den Tod (1 Kor 15,25f.), vernichtet haben wird.[137] Sowohl Origenes als auch Michael Hahn (u.a.) verstehen die Aufhebung des letzten Feindes nicht als Vernichtung (*annihilatio*), sondern als Verwandlung: „Wenn aber Tod, Teufel und Hölle, und also alles Böse nicht mehr ist, wo ist es dann hingekommen: ist es dann vernichtet, und so aufgelöst und aufgehoben, daß es gar nicht mehr existiert, und ist? – Nein, so nicht! […] Selbsten der allerärgste, als der letzte Feind ist aufgehoben, es ist ihm etwas ganz naturwidriges beigebracht und eingegangen worden, er hat Leben und Lebenskraft, Leben und unvergängliches Wesen erwischt, das ist ihm wie Gift; so schnell hat es ihn durchdrungen. Er konnte nicht mehr als Tod existieren. Und so gieng es auch der Hölle".[138] Der Tod, die Hölle und auch der Satan werden wiedergebracht und müssen „in Gottes Erbarmen ersinken".[139] So werden schließlich „alle Feinde Freunde werden",[140] wenn der letzte Feind vom siegenden Leben verschlungen wird. Dass nach 1 Kor 15,28 „Gott alles in allem" sein wird, schließt selbst den Satan ein. Damit ist – in diesen mythischen Vorstellungen – ein doppelter Ausgang der Heilsgeschichte prinzipiell unmöglich.

---

[137] Für spekulative Bibeltheologen wie den Pietisten Michael Hahn ist damit auch der zweite Tod nach Offb 20,14 gemeint, also derjenigen im „Feuersee", d. i. der Tod selbst und sein Reich: „Dieser andere Tod wird als der letzte Feind endlich aufgehoben und Christo untertan werden; denn alle, welche im Feuersee Gerichte ausstehen, werden des Evangeliums froh werden, Geist empfangen und Geistleiblichkeit anziehen" (J.M. Hahn, Betrachtungen, Gebete und Lieder auf Sonn-, Fest- und Feiertage über die erste Epistel Pauli an die Korinther und Kapitel 53 bis 55 des Propheten Jesaja, in: ders., Schriften, Bd. 9, Stuttgart ²1908, 782 [30. Betrachtung, 1 Kor 15]).

[138] J.M. Hahn, Briefe von der ersten Offenbarung Gottes (Anm. 67), 488f. (18. Brief).

[139] Ebd., 489f. (18. Brief).

[140] J.M. Hahn, Schriften, Bd. 9 (Anm. 137), 785 (Betr. 30, 1 Kor 15).

b) Für das Motiv der Zurückbindung des Endes an den Anfang spielt Offb 21,6 und 22,13 eine wichtige Rolle, insofern dort Gott bzw. der erhöhte Christus als „A" und „O", als „Erster" und „Letzter" bezeichnet wird. Damit ist der Anfang und Zielpunkt des (trinitarischen) Gottes–prozesses bezeichnet, eben die *Apokatastasis panton*: der Punkt, auf den der Skopus der Bibel insgesamt hin zielt und auf den die Heilsgeschichte zuläuft.[141] Christologisch formuliert: In Jesus Christus hat die erste Schöpfung ihren Anfang genommen; die zweite Schöpfung wird in ihm ihr Ziel finden.

c) Von großer Bedeutung für die Apokatastasis-Lehre sind Eph 1,10 und Kol 1,20. In diesen beiden Versen kommt die universalistische Ausrichtung dieser beiden deuteropaulinischen Briefe am deutlichsten zum Ausdruck. Eph 1,10: „εἰς οἰκονομίαν τοῦ πληρώματος τῶν καιρῶν, ἀνακεφαλαιώσασθαι τὰ πάντα ἐν τῷ Χριστῷ, τὰ ἐπὶ τοῖς οὐρανοῖς καὶ τὰ ἐπὶ τῆς γῆς ἐν αὐτῷ: um ihn auszuführen, wenn die Zeit erfüllt wäre, daß alles zusammengefaßt würde in Christus, was im Himmel und auf Erden ist." Kol 1,20: „καὶ δι' αὐτοῦ ἀποκαταλλάξαι τὰ πάντα εἰς αὐτόν, εἰρηνοποιήσας διὰ τοῦ αἵματος τοῦ σταυροῦ αὐτοῦ, [δι' αὐτοῦ] εἴτε τὰ ἐπὶ τῆς γῆς εἴτε τὰ ἐν τοῖς οὐρανοῖς: und er durch ihn alles mit sich versöhnte, es sei auf Erden oder im Himmel, indem er Frieden machte durch sein Blut am Kreuz."

Hier wird nicht nur die Schöpfungsmittlerschaft Jesu Christi als Ausgangpunkt der ersten Schöpfung vertreten, sondern auch das Ziel der zweiten Schöpfung: die *Anakephalaiosis* nach Eph 1,10 bzw. die Allversöhnung nach Kol 1,20.[142] Kol 1,20 dient als Beleg dafür, dass Gott alle geschaffenen Dinge ohne Ausnahme mit sich versöhnt. „Es könnte dem einen oder andern einfallen, es sei noch nicht alles genannt, was in dem ganzen Schöpfungsraum Gottes sei, wenn es heißt: Es sei *alles* versöhnt durch das Blut, welches am Stamme des Kreuzes vergossen wurde. Allein da die ganze Schöpfung durch den Ein- und Erstgebornen, auf ihn, durch ihn und zu ihm geschah und alles unter ihm, als einem Haupt, gliedlich verfasset war, so wird doch niemand glauben, daß nicht alles wieder unter dieses Haupt werde zusammenverfaßt werden."[143] Mit Oetinger teilt

---

[141] Zu Offb 22,13 schreibt Hahn: „Gleichwie alles in mir [dem erhöhten Christus] zusammenbestanden ist, vor dem Fall; also soll auch alles wieder in mir zusammenverfaßt werden unter ein einig Haupt. Ich bin der Erste und bin auch der Letzte; ich werde in dem Letzten eben der werden, der ich in dem ersten bin" (J.M. Hahn, *Briefe und Lieder über die heilige Offenbarung Jesu Christi*, in: ders., Schriften Bd. 5, Stuttgart ²1846, 1006f. [28. Brief, Offb 22]).

[142] Im Blick auf Eph 1,10 kommt es zu interessanten Berührungen mit der Soteriologie der orthodoxen Theologie, für die die Anakephalaiosis-Lehre im Mittelpunkt der Soteriologie steht – wie oben schon erwähnt.

[143] J.M. Hahn, *Briefe und Lieder über die zweite Epistel Pauli an die Korinther, die Episteln an die Epheser, Kolosser, Philipper und Thessalonischer und die zweite und dritte*

Hahn die Überzeugung, „daß der überaus bedeutsame Vorsatz, den Gott vor Grundlegung der Welt nach Eph. 1,11; 3,11 gefaßt hat, seinen ‚Endzweck' in der in Eph. 1,10 beschriebenen ‚Anakephalaiosis' hat, die zusammenzusehen ist mit der ‚Allversöhnung' von Kol. 1,20, so daß diese beiden Verse gleichsam das Zentrum der [...] Briefe Eph. und Kol. darstellen."[144]

d) Zur Unterstützung der Apokatastasis-Lehre werden auch einzelne alttestamentlichen Texte herangezogen, wie beispielsweise Ps 145,9f.: „Er, Gott, erbarmet sich aller seiner Werke. Es werden dir Jehovah noch danken Alle deine Schöpfungswerke, Alle deine Kreaturen".[145]

e) Starke Unterstützung erhält die Apokatastasis-Lehre durch die paulinischen Briefe insgesamt und dabei insbesondere durch den Römerbrief, dessen Heilsuniversalismus in Röm 11,32 gipfelt: „Denn Gott hat alle beschlossen unter den Unglauben, auf daß er sich aller erbarme". Mit „alle" sind dabei zuerst einmal die Heiden und die Israeliten gemeint, sodann auch die Glaubenden und die Israeliten. Gerade der selbstkritische Einschluss der Glaubenden unter „alle", die beschlossen sind unter den Unglauben, zeigt, dass Paulus das göttliche Erbarmen und Heil universal denkt. Im Blick auf die universale Durchsetzung des göttlichen Heilswillens denkt Paulus durchaus voraus auf die Parusie Christi. „Den (noch) nicht an Christus glaubenden Juden wie Heiden wird sich an und bei der Parusie Christus selbst als der κύριος erweisen, der die ἀσέβεια und ἀπιστία wegnehmen und *alle* (πᾶς Ἰσραήλ und τὸ πλήρωμα τῶν ἐθνῶν) zum Bekenntnis von Röm 10,9f. führen wird."[146] Ohne das Bekenntnis, dass Jesus der Kyrios sei, ist der paulinische Heilsuniversalismus nicht denkbar. Die Versöhnung aller und das Heil aller ist nach Paulus Auffassung in Jesus Christus gegeben, aber ohne die Anerkennung Jesu Christi als des Kyrios nicht zu haben.

Epistel Johannis, in: ders., Schriften, Bd. 3, Darmsheim ²1887, 641 (35. Brief, Kol 1). Und Hahn präzisiert: „Verstehe [...] getrost unter dem Wort ‚alles' wirklich alles in der ganzen Schöpfung Gottes" (ebd.).

[144] F. Groth, Die „Wiederbringung aller Dinge" (Anm. 60), 245.

[145] Michael Hahn schreibt dazu: „Wenn einer dieser Gottesmänner sagt: *Er, nemlich Gott, erbarmet sich Aller seiner* Gotteswerke, *Aller seiner Kreaturen und Geschöpfe*; [...] (so) will [dieser Gottesmann] gleichsam sagen: Es ist Seinem erbarmenden Herzen nicht möglich, *Eine Seiner Kreaturen* im Verderben liegen zu lassen" (J.M. Hahn, Briefe von der ersten Offenbarung Gottes [Anm. 67], 475 [18. Brief]).

[146] J. Adam, Paulus und die Versöhnung aller. Eine Studie zum paulinischen Heilsuniversalismus, Neukirchen-Vluyn 2009, 405.

6.2 Individuelle Freiheit und Jüngstes Gericht

Mit der *Apokatastasis panton* kann behauptet werden, dass am Ende aller Zeiten alle Menschen unter der Herrschaft des dreieinigen Gottes versöhnt zusammen sein und sich alle Menschen im Zustand des Heils, d.h. in der heilvollen Gegenwart Gottes befinden werden. In dieser Formulierung sind die Anderen eingeschlossen: die Sünder, die nicht zur Kirche Gehörenden, die Ungläubigen, die Andersgläubigen, die Gottlosen – sie alle werden dabei sein und voll am Heil Gottes partizipieren.

Die klassischen Konzepte der *Apokatastasis panton* setzen dazu jedoch ein *Zum-Glauben-Kommen* eines jeden Menschen voraus: ein Anerkennen Jesu Christi als des Kyrios. Zu diesem Zweck wird beispielsweise die Zeit über die individuelle irdische Lebenszeit hinaus verlängert, um die dazu nötigen Umkehr- und Reinigungsprozesse vorstellen zu können. So kann für die *Apokatastasis panton* auch die individuelle Freiheit der Menschen vorausgesetzt werden.

Diese individuelle Freiheit wird – in soteriologischer Hinsicht – auf ein Minimum reduziert, wenn der ganze Umkehr- und Reinigungsprozess eines Individuums auf die Situation des Jüngsten Gerichts konzentriert wird. Die Situation des Gerichts, in der die *quaestio facti* die Wahrheit des faktisch gelebten Lebens eines Menschen ans Licht bringt und bei der *quaestio iuris* Gott mit seiner Gnade Recht setzt, entspricht grundsätzlich der soteriologischen Ohnmacht des Menschen, ermöglicht aber noch einen Rest von Freiheit, insofern das beurteilte und frei gesprochene Individuum das göttliche Urteil auch ablehnen kann (z.B. aufgrund dessen, dass ein Mensch sich mit seinem faktisch gelebten Leben ganz und gar identifiziert).

Nachdem in der Moderne die Vorstellung von postmortalen zeitlich strukturierten Prozessen der Bildung, Reinigung und Heilung von Menschen mit dem Ziel universaler Erlösung und Versöhnung problematisch geworden ist, wurden diese Prozesse konzentriert auf die Situation des Jüngsten Gerichts. Von der paulinischen Theologie ausgehend ist dabei das Jüngste Gericht als Akt der Gnade zu verstehen.[147] Im Jüngsten Gericht richtet der an unserer Stelle Gerichtete. Die „Auferweckung der Toten am Tag des Herrn" bedeutet „die Erhöhung des Menschen zum Gericht".[148] Gericht und Heil werden so zusammengefasst und nicht mehr in einem zeitlichen Nacheinander vorgestellt. Dass Gott den Menschen abschließend zur Verantwortung zieht, erhebt diesen. Würde ein solches Gericht ausbleiben, wäre dies „der schreckliche Ausdruck göttlicher

---

[147] Vgl. E. Jüngel, Das Jüngste Gericht als Akt der Gnade, in: ders., Anfänger. Herkunft und Zukunft christlicher Existenz, Stuttgart 2003, 37–73.
[148] Ebd., 54.

Gleichgültigkeit".[149] Die Alternative dazu haben Friedrich Schiller und Georg Wilhelm Friedrich Hegel in dem Satz formuliert, die Weltgeschichte sei das Weltgericht: Diejenigen, die sich durchsetzen, würden dann auch abschließend Recht behalten. Allerdings ist nun dieses Gericht nicht nur als die abschließende Revision der Weltgeschichte durch ein absolutes, unfehlbares Richten Gottes vorzustellen. Denn dieses Gericht kann nur vom Evangelium geleitet sein, wenn denn Jesus Christus der Richter ist. Und dies heißt nichts anderes, als dass dieses Gericht auf Zukunft hin gerichtet und an einem neuen Leben in der Präsenz Gottes orientiert ist. Das Aburteilen des Vergangenen kann dann nur der Eröffnung von Zukunft und der Ermöglichung neuen Lebens für die Verurteilten dienen. So bedeutet das Richten durch Jesus Christus im letzten Gericht einerseits, „daß es zur universalen und unmittelbaren Offenbarung und Aufklärung dessen kommt, was ein jeder Mensch und was die Menschheit aus sich selbst und aus der den Menschen gemeinsam anvertrauten Welt [...] gemacht haben."[150] Dabei wird die „himmelschreiende Diskrepanz zwischen dem, was hätte getan werden sollen, und dem, was de facto getan worden ist"[151] offenbar werden. So wird des Menschen Schuld offenbar. Andererseits bedeutet das Richten Jesu Christi im letzten Gericht auch, dass offenbar wird, was Gott in Jesus Christus für den Menschen und die Menschheit getan hat. Gerade so wird „die wohlverdiente Schande eines jeden Menschen offenbar werden".[152] Das so konzipierte Jüngste Gericht ist dabei von denselben Motiven geleitet wie der so anders konzipierte postmortale zeitlich bzw. geschichtlich strukturierte Erlösungsprozess: Es geht darum, dass die vielen Wunden offen und die Traumata frei gelegt werden, und so „mit den Opfern auch die Täter [...] der Heilung entgegen" geführt werden.[153] So verstanden ist „das jüngste Gericht [...] das therapeutische Ereignis schlechthin".[154]

Welche Rolle spielt in einem so vorgestellten Jüngsten Gericht dann die Religion und der Glaube derer, die vor Gericht stehen? Wie steht es in diesem Gericht mit denen, die zur Kirche und also zur Gemeinschaft der Glaubenden gehören und mit denen, die *extra ecclesiam* sind?

Der Unterschied zwischen denen in der Kirche und denen außerhalb besteht im Gericht in der Heilsgewissheit oder Heilsungewissheit. Die an Christus glauben, vertrauen auf ihn auch im Gericht. Den Anderen mag dieses Vertrauen fehlen. Keinen Unterschied zwischen den Eigenen und

---

[149] Ebd., 55.
[150] Ebd., 61.
[151] Ebd., 62.
[152] Ebd., 65.
[153] Ebd.
[154] Ebd.

den Anderen gibt es jedoch im Blick auf das Richten Christi und die Durchführung des Gerichts. Jesus Christus, der Richter im Jüngsten Gericht, beurteilt jeden Menschen mit demselben Maß und lässt in jedem Fall dieselbe Gnade walten.[155]

An diesem Punkt kann man dann noch fragen, wie es dabei mit der menschlichen Freiheit steht, wenn doch am Ende von Gott alle und alles einer universalen Versöhnung zugeführt wird und das, was der einzelne Mensch im Guten wie im Schlechten aus sich gemacht hat, gewissermaßen eingeebnet wird durch das abschließende Urteil Gottes, das doch in den Freispruch des Sünders mündet. Diese Frage stellt sich umso mehr, als mit einem solchen finalen Urteil der Mensch auch wirklich *frei* gesprochen wird – und insofern auch gegenüber diesem Urteil sich dann frei verhalten können sollte. In der Tat muss dies so vorgestellt werden, dass der gerichtete Mensch die Freiheit zur Akzeptanz oder zur Ablehnung des Urteils hat. Der gerichtete Mensch ist frei, das Urteil des barmherzigen Richters zu glauben oder nicht zu glauben – und dann also mit seiner Vergangenheit auf ewig zu vergehen. In dieser Situation des Jüngsten Gerichts hat der Mensch die Entscheidungsfreiheit, das vergebende Wort Christi zu glauben und mit Gott zu leben oder sich weiterhin ausschließlich mit sich selbst zu identifizieren. Letzterer wäre dann ein hoffnungsloser Fall. Von diesem Fall aus ließe sich dann nochmals ein Blick zurückwerfen auf das Wesen der Sünde und Gottlosigkeit, das in der Trost- und Hoffnungslosigkeit besteht, die sich ohne den Glauben an den in Jesus Christus präsenten unendlich barmherzigen Gott im Leben von Menschen einstellt. Diesen Glauben wachzuhalten, dazu kann auch die Lehre von der *Apokatastasis panton* dienen.

6.3 Geht die Vorstellung einer „Versöhnung aller" auf Kosten der Opfer?

Ein abschließender Blick auf den Versöhnungsgedanken wird – auch angesichts der unter 5.3 entwickelten katholischen Perspektive – das Problembewusstsein jedoch noch weiter vertiefen müssen: durch die Frage nach der eschatologischen Versöhnung von Opfer und Täter. Dabei mag trotz konfessioneller Übereinstimmung in der Problembeschreibung möglicherweise auch eine konfessionell unterschiedlich zugespitzte Sichtweise zutage treten.

Die Notwendigkeit der Durchsetzung der Gerechtigkeit Gottes bestätigt auf den ersten Blick die Denkbarkeit ewiger Verdammnis – nicht so sehr um Gottes als um unseretwillen. Denn es gibt Taten, die zum Him-

---

[155] Damit ist deutlich, dass der Mangel an Gewissheit keinen Nachteil im Verhältnis Gottes zu dem betreffenden Menschen bedeutet. Subjektiv mag umgekehrt geradezu ein Zuviel an Heilsgewissheit zu Erschütterungen im Jüngsten Gericht führen.

mel schreien. Sie sind nicht nur ein Gräuel, sondern sie scheinen die Menschlichkeit überhaupt in Frage zu stellen. Sie sind so „himmelschreiend", dass sie nach der Hölle rufen (P.L. Berger)! Der Täter ist nicht nur aus der menschlichen Gemeinschaft ausgeschlossen; er hat sich endgültig von einer moralischen Ordnung abgesondert, die diese Gemeinschaft der Menschen übersteigt.[156] Und dennoch spricht Hans Urs von Balthasar zu Recht von der theologischen Verpflichtung, für alle Menschen zu hoffen.[157] Nie wird es von Gott ungeliebte Wesen geben, da Gott die Liebe schlechthin ist. Gäbe es diesen Fall, so müsste Gott sich selber beschuldigt finden – und wäre es auch nur in einem Fall – nicht wahrhaft geliebt zu haben. Doch was folgt daraus für uns? Es kann aus theologischen Gründen keinen menschlichen Partikularismus der Hoffnung geben. Christliche Hoffnung verliert ihren Sinn, wenn sie nicht die Aussage eines „wir alle", eines „alle zusammen" umfasst. Die Täter der Geschichte können also nicht auf ewig verloren gegeben werden. Freilich stellt sich hier die Frage: Beleidigt eine solche „Hoffnung für alle" nicht die Würde der Opfer und ihrer Leiden? Ist die Rede von einer leeren Hölle nicht nur etwas für die Zufriedenen, die Gewinner der Geschichte, die Täter, nicht aber für die Opfer? Plädiert sie nicht für eine Versöhnung auf Kosten der Gerechtigkeit? Die Opfer aber erwarten Gerechtigkeit. „Der Hinweis auf Gottes Verzeihen" – so formuliert Johannes Brantschen hier zu Recht – „greift zu kurz [...] denn Verzeihen kann nur das Opfer [...] Wie aber soll das geschehen?"[158] Ein erster Gedanke greift das Motiv der Reue auf.

Ist es absurd darauf zu hoffen, dass in jenem komplexen Prozess der endgerichtlichen Begegnung von Täter und Opfer irgendwann einmal der Täter soweit kommt, zu erkennen, was ihm selbst fehlt, wenn das Opfer nicht vollendet ist, so dass er selbst in jenes Eingedenken einstimmt, das allein das Opfer rettet? Freilich kann er das nicht, ohne seine eigene Schuld zu bejahen, ohne zu bejahen, was er selbst, vielleicht zeitlebens, verneint hat: das Subjekt-, das Personsein, die Freiheit seines Opfers. Was kann er angesichts der durch Gott geleisteten Restitution der Opfer, der eschatologischen Durchsetzung ihres Rechtes auf Gerechtigkeit und des Ans-Ziel-Kommens ihrer Klage tun? Was kann der Täter angesichts dieses Vollendungshandelns Gottes anderes tun, als sich in jenes Geschehen der Versöhnung durch Christus hineinfallen lassen, das auch für

---

[156] Vgl. P.L. Berger, Auf den Spuren der Engel. Die moderne Gesellschaft und die Wiederentdeckung der Transzendenz, Frankfurt 1970, 96–100. Der Gedanke einer absoluten Vernichtung der Täter, einer Annihilation, löst das entstehende Problem nur scheinbar. Er steht in unaufgebbarer Spannung zu einer bleibenden personalen Beziehung Gottes auch zu den Tätern der Geschichte, die durch die Sünde, so abgründig sie auch sein mag, nicht aufgehoben wird (vgl. auch J.B. Brantschen, Gott [Anm. 120], 203–205).
[157] S.o. 5.3.
[158] J.B. Brantschen, Gott (Anm. 120), 209.

die absolute Verzweiflung des niederträchtigsten aller Mörder, die dem auf ewig Nicht-mehr-gut-machen-Können entspringt,[159] keinen Platz mehr lässt. Denn das, was er „der unendlichen Liebe angetan hat, ist bereits durchgestanden. Sie (die unendliche Liebe) ist stark genug, alles verfehlte Tun der Freiheit gleichsam in sich aufzusaugen und restlos auszuleiden."[160]

Schwieriger scheint hier die angemessene Erfassung der Position der Opfer zu sein. Ihr Leben, ihre Freiheit und die Erfüllung all dessen, was in ihnen, mit und durch sie hätte sein können und sollen, münden in das Postulat eines Gottes, der für die bleibende Würde der Opfer über den Tod hinaus gerade steht. Dies geschieht nicht, indem er das Leiden der Opfer in einer nachträglichen himmlischen Harmonie doch wieder desavouiert.[161] Sondern indem Gott sich mitten hinein an den Ort der Opfer begibt und dort als derjenige sichtbar wird, der inmitten des Todes, der Entwürdigung, der Unabgegoltenheit des Lebens als der Rettende, Vollendende sich verspricht. Nicht hoheitlich machtvoll, demonstrativ – das würde die Opfer im Nachhinein nochmals entwürdigen, sondern – so scheint es fast – im Gegenteil seiner selbst. Angesichts eines solchen sich selbst hingebenden Handelns Gottes bleibt auch die Frage nach einer Theodizee in ihrem Recht. Es ist der als Klage formulierte Ruf nach Gott, als demjenigen, der zur Restitution all dessen fähig ist, und nun Rede und Antwort zu stehen hat, warum er dies nicht zu Lebzeiten getan bzw. die Infragestellung des Lebens der Opfer, ihrer Freiheit und Würde überhaupt zugelassen hat und dennoch als der zu Restitution Fähige geglaubt, erhofft, ja gepriesen werden darf.[162] Es bleibt hier die Zumutung,

---

[159] Vgl. O. Fuchs, Dass Gott zur Rechenschaft gezogen werde – weil er sich weder gerecht noch barmherzig zeigt? Überlegungen zu einer Eschatologie der Klage, in: R. Scoralick (Hg.), Das Drama der Barmherzigkeit Gottes. Studien zur biblischen Gottesrede und ihrer Verwirklichungsgeschichte im Judentum und Christentum (SBS 183), Stuttgart 2000, 11–32, 26f.; ders., Neue Wege einer eschatologischen Pastoral, in: ThQ 179 (1999) 260–288, 279f. Es ist jener „Horizont der Versöhnung Gottes, in dem erst das Unmögliche möglich wird, nämlich diese Versöhnung zwischen Täter und Opfer, die nicht die Gerechtigkeit verletzt, weil die Täter elementar existentiell, durch ihre ganzen schmerzempfindlichen Fasern hindurch (seelisch und leiblich) selbst restlos zum schutzlosen und radikal geöffneten Resonanzboden dessen werden, was sie getan oder versäumt haben" (ebd. 280).

[160] H. Verweyen, Offene Fragen im Sühnebegriff auf dem Hintergrund der Auseinandersetzung Raymund Schwagers mit Hans Urs von Balthasar, in: J. Niewiadomski/W. Palaver (Hg.), Dramatische Erlösungslehre. Ein Symposion, Innsbruck – Wien 1992, 137–146, 145.

[161] Vgl. zur bleibenden Verwundung der Opfer, den Stigmata und der Demütigung J.-H. Tück, Versöhnung zwischen Tätern und Opfer. Ein soteriologischer Versuch angesichts der Shoah, in: ThGl 89 (1999) 364–381, 369. Diese bleibenden Stigmata betreffen indes Opfer und Täter vgl. O. Fuchs, Neue Wege (Anm. 159), 280.

[162] Vgl. Th. Pröpper, Warum gerade ich? Zur Frage nach dem Sinn von Leiden, in: KatBl 108 (1983) 253–274, 271: „Ich weiß nicht, was es für erlittenes Leiden bedeutet, daß Gott

Gott nicht nur als denjenigen zu glauben, der ewig auf die Umkehr des letzten Täters zu warten bereit ist, weil er unter dem Verlust auch nur eines seiner Geschöpfe leidet, sondern ihn zugleich als denjenigen zu bekennen, dessen eschatologisch offenbar werdende Herrlichkeit so sein wird, dass – man wagt es fast nicht zu sagen – „selbst Auschwitz und alle anderen Ungeheuerlichkeiten der Geschichte und alle Tragödien des persönlichen Lebens" – so nochmals Johannes Brantschen – „in einem neuen Licht erscheinen können."[163]

Die eschatologische Zumutung an die Opfer scheint aber noch einen Schritt weiter zu gehen. Vollendung der Opfer bedeutet in letzter Konsequenz für die Opfer auch zu den Tätern Stellung zu beziehen. Die Rückgewinnung der Täter kann und darf nicht ohne das Mittun der Opfer vollendet werden.[164] Gott kann Versöhnung nicht schaffen über die Würde und Freiheit der Opfer hinweg.[165] Freilich, indem „Gott sie bei ihrem Namen ruft" – so Dirk Ansorge –, „werden die Opfer zu dem, was ihnen ihre Henker verwehrt haben: zu freien Subjekten. Als Subjekte aber sind sie nicht mehr bloß unbeteiligte Zuschauer in einem Gericht, das Gott und die Henker exklusiv betrifft. Von Gott erneut in ihre Subjektivität eingesetzt nehmen die Opfer vielmehr eine unvertretbare Aufgabe im Versöhnungsgeschehen wahr. ‚Versöhnung' bleibt nicht mehr nur auf das Verhältnis zwischen dem Sünder und Gott beschränkt, sondern weitet sich zur Begegnung aller Menschen untereinander."[166] Mehr

---

selber die Tränen abwischt. Aber ich plädiere dafür, diese Frage wenigstens offen zu halten." Vgl. dazu auch O. Fuchs, Dass Gott zur Rechenschaft gezogen werde (Anm. 159), 18ff.

[163] J.B. Brantschen, Gott (Anm. 120), 210f; vgl. dazu auch die vorsichtigen Formulierungen bei H. Hoping/J.-H. Tück, „Für uns gestorben". Die soteriologische Bedeutung des Todes Jesu und die Hoffnung auf universale Versöhnung, in: Theologische Berichte 23 (2000) 71–107, 96.

[164] Zur freiheitsanalytischen Strukturierung dieser These vgl. M. Striet, Versuch über die Auflehnung. Philosophisch-theologische Überlegungen zur Theodizeefrage, in: H. Wagner (Hg.), Mit Gott streiten. Neue Zugänge zum Theodizeeproblem (QD 169), Freiburg – Basel – Wien 1998 (²1998), 48–89, bes. 73ff. Indes droht hier in Unterschätzung der Macht der ohnmächtigen Liebe und ihrer willentlichen Entscheidung, gegebenenfalls ewig auf Vollendung warten zu wollen und zu können, nicht ein freiheitlicher Vergebungszwang (vgl. ebd., 75)?

[165] Vgl. H. Hoping/J.-H. Tück, „Für uns gestorben" (Anm. 163), 93; O. Fuchs, Dass Gott zur Rechenschaft gezogen werde (Anm. 159), 28.

[166] D. Ansorge, Vergebung auf Kosten der Opfer? Umrisse einer Theologie der Versöhnung, in: SaThZ 6 (2002) 36–58, 57. Kann und darf das christologisch pointierte Versöhnungsgeschehen gerade angesichts des alttestamentlich bereits im Bild des leidenden Gottesknechtes Angedeuteten, auf die Opfer hin geöffnet werden (eine Öffnung, die freilich nur von den Opfern selbst so gedeutet werden kann und darf)? Dies ist allenfalls als Grenzgedanke möglich. Hier hat man sich daher vor einer allzu naheliegenden christologischen „Vereinnahmung" zu hüten (zur Gefahr vgl. J.-H. Tück, Versöhnung [Anm. 161], 379ff.). Eine Subsumierung der Opfer von Auschwitz unter wie immer geartete Christologie scheint bei Wahrung der Universalität des Rettungsgeschehens in Christus

als die Bitte des Vollendung verheißenden Gottes an die Opfer, mit ihm in ohnmächtiger Liebe auch auf die Bekehrung des letzten sich nicht bekehren wollenden Täters warten zu wollen, kann und darf hier nicht formuliert werden. Mit Gott warten lernen – nicht weil jeder Täter immer auch Opfer ist, denn das scheint die endgültige Versöhnung zu einem billigen Aufrechnen je eigener Verletzungen zu machen. Nein! Sondern weil es Gott selbst ist, der um seiner Liebe willen auf Vollendung wartet. Weil er sich willentlich abhängig gemacht hat von der Freiheit seiner Geschöpfe, hat er das Recht, diese Bitte zu formulieren und eine Antwort zu erwarten:[167] „Gott nimmt uns ernst. Er ist diskret, weil er liebt. [...] So wartet denn Gott in seiner diskreten Liebe bei denen, die sich verlieren und verloren haben, bis sie – weder gezwungen, noch überlistet, sondern freiwillig – heimkommen. Dieses Warten ist Gottes Schmerz [...]. Erschütternde Ohnmacht der Liebe!"[168]

So stellt die Frage nach der Möglichkeit von Vollendung und damit nach dem Hoffnungspotenzial von ewiger Versöhntheit – nach der Möglichkeit eines Himmels also – die Frage nach Gott in all ihrer Konkretheit. Die Abgründe der Theodizee wie die notwendige Offenheit der Geschichte konfrontieren den Glauben in der späten Moderne mit der Hoffnung auf das, was da sein soll, aber irgendwie doch nicht sein kann. „Der Glaube glaubt, dass Gott nichts unversucht lassen wird, so wie er, freilich die Gewalt sich austoben lassend und die Mörder nicht stoppend, nichts unversucht gelassen hat, um bereits in der Dimension der Geschichte durch den Erweis seiner bis ins Äußerste hinein entschlossenen Liebe den Menschen für sich zu gewinnen suchte und stets neu zu gewinnen sucht – aber dies eben nur mit den Mitteln der Liebe und somit unter Achtung der menschlichen Freiheit."[169] Das bedeutet aber, dass die Geschichte Gottes mit der Menschheit als offene Geschichte gedacht werden muss. Diese „Offenheit der Geschichte verlangt aber gerade die Annahme der Freiheit, auch wenn die Freiheit Bürde, ja kaum vorstellbare Anforderung an den Menschen zu werden vermag. Denn darf verziehen werden? Und wer überhaupt darf die Vergebung gewähren? Und vor allem: Können die bis zur Namenlosigkeit Entwürdigten vergeben? Können sie sich von einem Gott versöhnen lassen, der nicht eingegriffen hat? Können sie sich trösten lassen und dann aber auch ihrerseits verge-

---

nicht notwendig. Der Weg des leidenden Gottesknechtes im Abgrund des Leidens ist der bleibende Heilsweg des Volkes Israel, in den wiederum die Heiden auf ihrem Sonderweg eingepflanzt wären!

[167] Vgl. dazu auch O. Fuchs, Dass Gott zur Rechenschaft gezogen werde (Anm. 159), 22f.

[168] J.B. Brantschen, Gott (Anm. 120), 239.

[169] M. Striet, Christologie nach der Shoah. Horizontverschiebungen, in: H. Hoping/J.-H. Tück (Hg.), Streitfall Christologie. Vergewisserungen nach der Shoah (QD 214), Freiburg 2005, 182–215, 210.

ben, weil der Schmerz sie nicht mehr bis in die letzten Fasern ihrer leiblichen Existenz hinein bestimmt? Auch die Möglichkeit von Tröstung setzt Freiheit voraus, selbst noch in der stillen Form des mere passive."[170] Will man hinter solchen Äußerungen nicht einfach die Wiederbelebung längst überwunden geglaubter antireformatorischer Ressentiments römisch-katholischer Kontroverstheologie oder gar einen „Frontalangriff" auf den in der *Gemeinsamen Erklärung (GE)* formulierten Konsens als Ganzen vermuten,[171] dürfte ein genaueres Hinsehen von Vorteil sein. Dieser eschatologischen Konsequenz geht eine entscheidende gnadentheologische Pointe voraus, dass nämlich menschliche Unsterblichkeit Unsterblichkeit aus Beziehung ist[172], dass also jede eschatologische Spekulation um Versöhnung und Vergebung bereits unter dem Blickwinkel des auferweckenden Sich-in-Beziehung-Setzens Gottes zum Menschen steht, das gerade auch als „Macht der *freien* Gewinnung" (J.B. Brantschen) nur als Geschenk empfangen wird –, so muss in der Folge der epistemologische Status als ein *Nach*denken über die Konsequenzen *aus* dieser Vorgabe und *nicht ohne* sie deutlich werden, um (angeblichen) konfessionellen Bedenken nicht künstlich neue Nahrung zu geben. Auch der von Menke forcierte neuzeitliche Freiheitsbegriff, der Freiheit als Freiheit nicht nur in der Annahme der Gnade, sondern auch gegenüber der Gnade bestimmt und so ‚jedwede Gnadenlehre' ablehnt, „die im Gefolge Augustins oder Luthers die Freiheit des Menschen mit der Existenz

---

[170] Ebd., 210f.
[171] Vgl. dazu: K.H. Menke, Rechtfertigung: Gottes Handeln an uns ohne uns? Jüdisch perspektivierte Anfrage an einen binnenchristlichen Konsens, in: Cath(M) 63 (2009) 58–72. Von der Ausgangsproblematik einer Israel sensiblen christlichen Theologie, für die Auschwitz den Anlass einer Revision aller theologischen Grunddaten darstellt, kommt Menke zu einer kritischen Analyse einzelner ‚Akzentsetzungen' der GE, die am schärfsten mit der in GE 21 zitierten lutherischen Position zum ‚mere passive' ins Gericht geht: „Bei aller Würdigung des Bemühens um Einheit halte ich diese Aussage für inakzeptabel – nicht nur vor dem Spiegel der katholischen Tradition, sondern ebenso vor dem Forum des jüdisch-christlichen Dialogs. Denn diese Position bedeutet doch, dass Gott im Rechtfertigungsgeschehen an uns ohne uns handelt; dass das Verhältnis des Sünders zu Gott abgekoppelt werden kann von seinem Verhältnis zu den Brüdern und Schwestern; dass Rechtfertigung und Erlösung an der Versöhnung mit den betroffenen Brüdern und Schwestern vorbei geschieht"(ebd., 62). Menke spitzt seinen Einspruch anhand der Frage der Versöhnung von Opfern und Tätern der Geschichte eschatologisch zu und macht die Forderung nach einem rechtfertigungstheologischen Umdenken an der bleibenden Geltung des gesamtbiblisch prägenden Bundesgedankens fest (ebd., 64–66). So ziehe sich durch die ganze christliche Frömmigkeitsgeschichte „wie ein roter Faden die Gewissheit, die Annahme des Christusgeschenkes (der Rechtfertigung) geschehe im Modus der Einbeziehung des Empfängers in die Selbstverschenkung des Sohnes", die nicht sofort des Synergismus verdächtigt werden könne (ebd., 71). Zum Vorwurf des „Angriffs" vgl. die Replik Bernd Oberdorfers zu Menkes Beitrag: B. Oberdorfer, ‚Ohne uns'? Rhapsodische Anmerkungen zu Karl-Heinz Menkes Frontalangriff auf die lutherische Rechtfertigungslehre; in: Cath(M) 63 (2009) 73–80, 74.
[172] Vgl. J. Ratzinger, Eschatologie (Anm. 103), 129–132.

von Gott her und auf Gott hin identifiziert"[173], lebt – im Rekurs auf Thomas Pröpper – von einer allein theologisch gesetzten Vorgabe, nämlich jener Allmacht Gottes, „die *sich in der Heilsgeschichte [zuerst!; J.R.] selbst* dazu bestimmt [hat], sich von wirklicher (selbstursprünglicher) geschöpflicher Freiheit real bestimmen zu lassen."[174] Menschliche Freiheit vollzieht sich dort, wo sie zu ihrem eigentlichen Wesen vordringt, nie „auf neutralem Boden", sondern sie ist „Setzung", „Triumph" der Gnade[175] dessen, als dessen „Bild" sie sich verwirklicht.[176] Das mag vielleicht antiaugustinisch sein, muss sich aber noch lange nicht einer explizit antireformatorischen Spitze verdächtigen lassen.[177]

„All is well that ends well"?

„Was verliert Gott, wenn er auch nur einen Menschen verliert?"[178] Die Frage nach der Möglichkeit einer Allversöhnung verschärft sich gerade angesichts des Gegenteils ihrer selbst nochmals. So stellt die Frage nach der Möglichkeit von Vollendung und damit dem Hoffnungspotenzial des christlichen Glaubens die Frage nach Gott in all ihrer Konkretheit. Die innere Theozentrik jeder Möglichkeit der Apokatastasis ist damit unaufgebbar. Hinter diese Grundeinsicht der Theologiegeschichte kommt gerade auch die Moderne nicht zurück. Die zunehmende Sprachlosigkeit wie die bis ans Äußerste vorangetriebene Frage der Theo- wie der Anthropodizee konfrontieren indes die späte Moderne mit der Behauptung, dass irgendwie nicht sein kann, was doch sein soll. Sie artikuliert sich in jener subtilen Sehnsucht, dass am Ende alles gut sein möge, deren Erfüllung man sich aber nicht mehr vorzustellen wagt. „All was well" – so lautet angesichts dieser zunehmenden theologischen Sprachlosigkeit der provozierende Schlusssatz der Harry-Potter-Romanreihe, die wie wohl kein anderes literarisches Produkt zur Jahrtausendwende das Lebensgefühl der späten Moderne auf den Punkt brachte.[179] J.K. Rowling gibt in diesem Satz ein Versprechen, dass auch dort, wo Narben zurückbleiben, ihnen aber die Macht des Bösen und damit der Schmerz entzogen ist, alles gut werden kann, ja, dass sich selbst der Tod für immer bannen lässt. In

---

[173] K.H. Menke, Rechtfertigung (Anm. 171), 64. Die Position Luthers deckt sich hier nicht mit der des Augustinus; aber das wäre ein anderes Thema!

[174] Vgl. ebd.

[175] Vgl. K. Rahner, Fragen der Kontroverstheologie über die Rechtfertigung, in: ders., Schriften zur Theologie, Bd. 4, Zürich – Einsiedeln – Köln 1960, 237–271, 260.

[176] Vgl. H. Verweyen, Gottes letztes Wort (Anm. 128), 161–164.

[177] Vgl. B. Oberdorfer, ‚Ohne uns'? (Anm. 171), 79.

[178] Vgl. H.U. von Balthasar, Theodramatik, Bd. 4 (Anm. 115), 463f.

[179] Vgl. dazu Julian of Norwichs berühmte Phrase „All shall be well and all shall be well and all manner of things shall be well" im 27. Kapitel der 13. Offenbarung ihrer „Revelations of Divine Love".

Rowlings Romanreihe ist dies alles andere als eine naive Hoffnung. Hinter diesem Zeugnis einer subtilen Spurenlese der Sehnsuchts- und Sinnfrage in der späten Moderne kann und darf die christliche Hoffnung nicht zurück bleiben. Die Vorstellung der *Apokatastasis panton* provoziert daher bewusst mit der Hoffnung, dass sich die Lücke zwischen dem, was ist, und dem, was als Erhofftes sein könnte, nicht durch unser Zutun, sondern angesichts der menschlich unüberwindbar erscheinenden Schwierigkeiten nur durch das liebende Tun eines ganz Anderen, durch Gottes Lieben, schließen wird. Gerade in diesem Modus der Hoffnung aber wahrt sie das Entscheidende – um der Menschen und um Gottes willen.

Extra ecclesiam nulla salus?

Oder: Wer wird gerettet?

Christoph Markschies

Eigentlich bin ich felsenfest davon überzeugt, dass die Beschäftigung mit den antiken christlichen Theologen nicht nur Aufschluss über die Vergangenheit gewährt, sondern zugleich auch christliche Theologie in der Gegenwart orientiert. Eigentlich – denn das gehört vermutlich zu den identitätsbildenden Vorurteilen des Patristikers an einer Theologischen Fakultät, die sich wundersamerweise auch immer wieder bestätigen. Bei dem Thema, das mir hier aufgegeben wurde, bin ich mir leider gar nicht so sicher, ob die verschiedenen Strukturtypen einer Antwort auf die Frage „Wer wird gerettet?", die ich im Folgenden entwickeln werde, wirklich für die gegenwärtige Debatte maßgebliche Lösungsversuche darstellen. Natürlich bezieht sich neuzeitliche Lehrbildung auf Theologen der Antike, begründet, was neu entwickelt wird, mit Positionen der Kirchenväter oder setzt sich umgekehrt von ihnen ab. Schleiermacher (um gleich zu Beginn ein gegenwärtig besonders maßgebliches neuzeitliches Beispiel zu nennen) macht auf die Probleme, die die Vorstellung einer dauerhaften Ausschließung von der Gemeinschaft der Erlösung für die kirchliche Verkündigung macht, ausgerechnet mit dem Kirchenvater Augustinus aufmerksam, der – da muss man gar nicht die Wertungen von Kurt Flasch bemühen – vermutlich an diesem Punkt zu den eher strengen antiken Theologen gehört. Schleiermacher notiert in einer Fußnote recht summarisch: „In dem Buch *de correptione et gratia* überall"[1]. Karl Barth

---

[1] F.D.E. Schleiermacher, Der christliche Glaube nach den Grundsätzen der evangelischen Kirche im Zusammenhange dargestellt, 2. Bd., 7. Aufl., aufgrund der 2. Aufl. und kritischer Prüfung des Textes neu hg. u. mit einer Einleitung, Erläuterungen und Register ver-

(um ein gegenwärtig nicht ganz so maßgebliches weiteres Beispiel zu wählen) setzt sich in seiner Erwählungslehre selbstverständlich mit Origenes auseinander und auch kritisch von ihm ab[2]. Und vermutlich könnte man, wäre man in dieser Hinsicht gebildeter als ich, einschlägige Studien auch in der katholischen Dogmatik der Gegenwart treiben – an der Münchener Katholisch-Theologischen Fakultät wird sich der Patrologe René Roux mit einer Schrift zum Thema „Die Rezeption der Kirchenväter in der Theologie der Religionen" habilitieren[3].

Da hier nicht der Ort ist, einen vollständigen Überblick über die Strukturtypen der antiken christlichen Antworten auf die Frage „Wer wird gerettet?" vorzulegen, habe ich mich auf die Positionen beschränkt, die in besonderer Weise in gegenwärtigen Positionen präsent sind – also auf die der schon genannten Kirchenväter Origenes und Augustinus; ich habe sie ergänzt um den letztendlichen Urheber des im Titel zitierten Satzes *extra ecclesiam nulla salus*, um Cyprian, und beginne, weil ich das für den auch systematisch ebenso interessanten wie prägenden Auftakt halte, bei einer stadtrömischen Gnostikergruppe. Das ergibt also insgesamt vier Abschnitte, die wenig mehr als Ausschnitte aus einem sehr großen Thema und Themenzusammenhang sind. Insbesondere der letzte Abschnitt zu Augustinus kann nach Lage der Dinge nur ein sehr knapper Hinweis auf einige Probleme der gegenwärtigen Diskussion sein und ganz gewiss keine vollständige Darstellung.

1. Wer wird gerettet? Gnostische Antwortversuche

Es lohnt, bei den Gnostikern zu beginnen. Denn so kann man zeigen, dass sich das alte theologische Problem, auf das die Frage „Wer wird gerettet?" zielt, durch die Professionalisierung der christlichen Theologie ab dem zweiten Jahrhundert auf neuer und zusätzlicher Ebene stellt – man könnte auch sagen: verschärft, weil die Rezeption philosophischer, vor allem platonischer Gedanken nun zu einer Differenzierung *innerhalb* des Menschen führt, so dass die Frage: „Wer wird gerettet?" partiell umzuformulieren ist in die Frage: „Was wird gerettet?" und „Wie wird gerettet?". Eine häresiologische Karikatur der gnostischen Antwort löst der Entwurf des Origenes aus und dieser wiederum steht als häresiologisches Gespenst im Hintergrund der Lösung des Augustinus.

---

sehen von M. Redeker, Berlin 1960, 225 (Anm. 2) (zu § 118).

[2] Vgl. K. Barth, Kirchliche Dogmatik, Bd. II/2. Die Lehre von Gott, Zürich [7]1985, 462; dazu vgl. H. Rosenau, Allversöhnung. Ein transzendentaltheologischer Begründungsversuch (ThBT 57), Berlin – New York 1993, 44f.

[3] Unter Anleitung von B. Stubenrauch angefertigt und unter dem Titel „Die Rezeption der Kirchenväter in der Theologie der Religionen" eingereicht.

Um diese traditionsgeschichtliche Linie (um nicht zu sagen: den Zick-zack-Kurs der Traditionsgeschichte) zu verstehen, muss man wenigstens knapp die gnostische, aus der Philosophie übernommene, aber weitergedachte Differenzierung der Gnostiker kurz explizieren. Zu dem Handbuchwissen, das jeder halbwegs gebildete Theologe über die sogenannte „valentinianische Gnosis", eine der Hauptströmungen der antiken christlichen Gnosis[4], besitzt, gehört die Kenntnis der sogenannten dreiteiligen „Menschenklassenlehre". Dieser moderne Terminus aus der neuzeitlichen Forschungsgeschichte ist – kurz gesagt – abwegig und falsch, denn in Wahrheit lehren diese Gnostiker eine dreiteilige Differenzierung in *jedem* Menschen, die durch seine Erschaffung begründet ist. In der sogenannten „großen Notiz", die Irenaeus von Lyon zu Beginn seines magistralen antihäretischen Werkes aus Texten der Schüler des römischen Gnostikers Ptolemaeus abgeschrieben hat, die sich als Schüler des gleichfalls stadtrömischen Gnostikers Valentin bezeichneten, wird diese Differenzierung entfaltet[5]. Ich repetiere sie kurz: Der Demiurg, eine nachgeordnete, inferiore Hypostase der obersten Gottheit, machte zunächst in einem ersten Schritt den „irdischen" oder „tönernen" Menschen (τὸν ἄνθρωπον τὸν χοϊκόν) aus unsichtbarer Substanz, die wiederum vom nicht festen, flüssigen Teil der Materie genommen war[6]. Das ist nicht einfach ein Zitat aus der Schöpfungsgeschichte (Gen 2,7: καὶ ἔπλασεν ὁ θεὸς τὸν ἄνθρωπον χοῦν ἀπὸ τῆς γῆς), sondern vielmehr ganz platonisch gedacht – denn nach Platon entstehen die kleinsten Bestandteile der Materie, die Elemente, aus mathematischen Strukturen; der postulierte Übergang von nicht sichtbarer Struktur in materielle Eigenschaft ist bei den Schülern des Ptolemaeus, deren Lehrbildung Irenaeus referiert, so thetisch und problematisch wie bei Platon selbst[7]. In diesen „irdischen" oder „tönernen" Menschen bläst der Demiurg in einem zweiten Schritt den seelischen Menschen hinein – also nach dem Textzeugnis der griechischen Fassung der Genesis das, was den Menschen zu einer lebendigen Seele (Gen 2,7: εἰς ψυχὴν ζῶσαν LXX) macht. Von einem „irdischen" und einem „seelischen" Menschen kann man sprechen, weil offenkundig hier die ganze platonische Metaphorik des „inneren Menschen" übernommen ist: Die Seele ist Mensch, sogar Mensch im eigentlichen Sinne

---

[4] Vgl. Ch. Markschies, Art. „Valentin/Valentinianer", in: TRE 34 (2002) 495–500 (Lit.).
[5] Einen ausführlichen Kommentar zur „großen Notiz" hat gerade vorgelegt: G. Chiapparini, Valentino Gnostico e Platonico. Il valentinianesimo della ‚grande notizia' di Ireneo di Lione: fra esegesi gnostica e filosofia medio platonica, Mailand 2012. – Ich werde mich an anderer Stelle mit dieser anregenden Arbeit auseinandersetzen.
[6] Iren., haer. I 5,5: Δημιουργήσαντα δὴ τὸν κόσμον, πεποιηκέναι καὶ τὸν ἄνθρωπον τὸν χοϊκόν, οὐκ ἀπὸ ταύτης δὲ τῆς ξηρᾶς γῆς, ἀλλ' ἀπὸ τῆς ἀοράτου οὐσίας, ἀπὸ τοῦ κεχυμένου καὶ ῥευστοῦ τῆς ὕλης λαβόντα (SC 264, 86,557–560 Rousseau/Doutreleau; FC 8/1, 160,6–9 Brox).
[7] Vgl. W. Detel, Art. „Materie I. Antike", in: HWP 5 (1980) 870–880, 872f.

mit Augen und Ohren und so weiter und so fort[8]. Die Schüler des Ptolemaeus bringen sogar eine biblische Begründung für ihre Differenzierung vor: Der Mensch wurde (nach Gen 1,26) κατ᾽ εἰκόνα καὶ ὁμοίωσιν, zum „Bild und zur Ähnlichkeit" geschaffen. Der „irdische" Mensch ist Bild Gottes und nicht ähnlich im Sinne einer ungleichen Substanz οὐχ ὁμοούσιος), der seelische Mensch ist natürlich ὁμοούσιος, von seiner (geglückten) Lebensbewegung ist daher mindestens mit Platon ὁμοίωσις τῷ θεῷ κατὰ τὸ δυνατόν[9] auszusagen; Plutarch nennt die Seele sogar κατ᾽ οὐσίαν εἰκὼν θεοῦ[10]. Wie stark von diesen ersten philosophisch halbwegs gebildeten stadtrömischen christlichen Theologen hier nicht nur Platon rezipiert, sondern die Genesis ausgelegt wird, zeigt der folgende Schritt der Erschaffung des Menschen: Das aus „irdischem" und „seelischem" Menschen zusammengefügte Geschöpf erhält noch seine Haut, das wahrnehmbare Fleisch, das die elementaren, materiellen Vorgänge zusammenhält – und dieser dritte Schritt der Erschaffung des Menschen wird als Auslegung der Herstellung der Fellkleider nach Gen 3,21 vorgetragen[11]. Aber zu einem dreifachen Wesen wird der Mensch erst durch einen vierten Schritt, die Gabe eines dritten „Menschen", des „geistigen Menschen" (πνευματικὸς ἄνθρωπος)[12]. Diesen dritten, „geistigen Menschen" gibt eine höhere göttliche Hypostase ohne Wissen des menschenschaffenden Demiurgen zugleich mit dessen Gabe des „seelischen Menschen", gleichsam in Form einer doppelten Hauchung, in den „irdischen Menschen"[13]. Natürlich kann man sich auch diese spezifische gnostische Lehrbildung eines dritten, geistigen Menschen noch als Rezeption zeitgenössischer griechischer Wissenschaft begreiflich machen: Lebendig wird der aus Materie und Seele zusammengesetzte Mensch nach gemeingriechischer Ansicht erst durch den πνεῦμα genannten Atem, der durch seinen Leib strömt, wobei im Gefolge des Aristoteles präzise zwischen Atem und dem beseelenden Lebenshauch unterschieden werden konnte[14]. Plutarch nennt πνεῦμα aber auch die inspiratorische göttliche Kraft,

---

[8] Vgl. Ch. Markschies, Art. „Innerer Mensch", in: RAC 18 (1997) 266–312 passim.

[9] Plat., Tht. 176b.

[10] Plut., an. 7,28 (VII, 33,28 Bernardakis); vgl. H. Merki, Art. „Ebenbildlichkeit", in: RAC 4 (1959) 459–479, 462 (mit weiteren Literaturhinweisen).

[11] Iren., haer. I 5,5: Ὕστερον δὲ περιτεθεῖσθαι λέγουσιν αὐτῷ τὸν δερμάτινον χιτῶνα· τοῦτο δὲ τὸ αἰσθητὸν σαρκίον εἶναι θέλουσι (SC 264, 87,566–88,568 Rousseau/Doutreleau; FC 8/1, 160,15–17 Brox); vgl. H.-J. Vogt, Die Geltung des Alten Testaments bei Irenäus von Lyon, in: ThQ 160 (1980) 17–28, 19.

[12] Iren., haer. I 5,6 (SC 264, 89,579 Rousseau/Doutreleau; FC 8/1, 160,27–28 Brox).

[13] Iren., haer. I 5,6: Ἔλαθεν οὖν, ὥς φασι, τὸν Δημιουργὸν ὁ συγκατασπαρεὶς τῷ ἐμφυσήματι αὐτοῦ ὑπὸ τῆς Σοφίας πνευματικὸς ἄνθρωπος ἀρρήτῳ <δυνάμει καὶ> προνοίᾳ (SC 264, 89,577–579 Rousseau/Doutreleau; FC 8/1, 160,25–28 Brox); vgl. Clem. Al., exc. Thdot. 53,2: ἔσχεν δὲ ὁ Ἀδὰμ ἀδήλως αὐτῷ ὑπὸ τῆς Σοφίας ἐνσπαρέν τὸ σπέρμα τὸ πνευματικὸν εἰς τὴν ψυχήν (GCS Clemens Alexandrinus III, 124,18–20 Stählin/Früchtel/Treu).

[14] Vgl. H. Kleinknecht, Art. „ πνεῦμα κτλ. A. πνεῦμα im Griechischen", in: ThWNT 6

die in Delphi die Pythia begeistert, mit der Seele eine Verbindung eingeht und sie wie Wein befeuert[15]: Der göttliche Geist ist wie der Schlagstab, das πλῆκτρον, mit dem die Leier, also die Seele, zum Klingen gebracht wird. Gleichzeitig reduziert Plutarch so systematisch das Gewicht des λόγος (sc. der *ratio*), das ihm die Stoiker zugewiesen hatten. Die auf diese Weise in der Schöpfung des Menschen angelegte anthropologische Trichotomie aus Leib, Seele und Geist (deren exakte Traditionsgeschichte uns hier nicht beschäftigen muss)[16] provoziert natürlich in unserem Zusammenhang sofort die systematisch-theologische Nachfrage, wer (oder eben präziser: was) von den drei Elementen gerettet wird, das ὑλικόν, das materielle Element, das ψυχικόν, das seelische Element oder das πνευματικόν, das geistige Element, wie entweder die Schüler des Ptolemaeus oder der systematisierende Bischof von Lyon die drei Komponenten nennen. Auf diese Frage wird im Referat der Ptolemaeus-Schüler, das Irenaeus zitiert, nun klar geantwortet: Das materielle Element geht zugrunde, denn es „kann keinen Hauch von Unvergänglichkeit aufnehmen"[17]; das seelische Element liegt in der Mitte zwischen dem materiellen und dem geistigen, „es geht in diejenige Richtung, in die es sich geneigt hat"[18], „denn es kann sich entscheiden"[19], während das geistige Element „erzogen", „geformt" und „vollendet" wird. Und wörtlich heißt es dann: „Das Weltende wird dann eintreffen, wenn all das Geistige durch Erkenntnis (γνῶσις) geformt und vollendet ist"[20]. Nimmt man diesen Satz so, wie er geschrieben steht, dann werden die seelischen Anteile derjenigen Menschen gerettet, die sich in freier Entscheidung dem vom göttlichen Geist geprägten Anteil zuwenden, jener Anteil wird aber nur gerettet, wenn er durch Erkenntnis geformt und vollendet wurde. Rettung ist also eine Frage der Erkenntnis.

Zu einer regelrechten *Menschenklassenlehre*, wie man sie in den neuzeitlichen Lehrbüchern den valentinianischen Gnostikern zugeschrieben findet, wird die Lehrbildung der Schüler des Ptolemaeus aber erst durch ein krasses Missverständnis des Irenaeus, das diesem entweder unbe-

---

(1959) 333–357, 351.

[15] Vgl. Plut., def. orac. 50 = mor. 3, 437 c–d (119,24–121,6 Paton/Pohlenz/Sieveking).

[16] Vermutlich dürfte 1 Thess 5,23 (καὶ ὁλόκληρον ὑμῶν τὸ πνεῦμα καὶ ἡ ψυχὴ καὶ τὸ σῶμα, „euer Geist, die Seele und der Leib") eine wichtige Rolle gespielt haben; vgl. A.-J. Festugière, La trichotomie de I. Thess. 5,23 et la philosophie grecque, in: RSR 20 (1930) 385–415 und M. Simon, Entstehung und Inhalt der spätantiken trichotomischen Anthropologie, in: Kairos 23 (1981) 43–50.

[17] Iren., haer. I 6,1: ἅτε μηδεμίαν ἐπιδέξασθαι πνοὴν ἀφθαρσίας δυναμένην (SC 264, 90,588f. Rousseau/Doutreleau; FC 8/1, 162,7–8 Brox).

[18] Iren., haer. I 6,1: ἐκεῖσε χωρεῖν, ὅπου ἂν καὶ τὴν πρόσκλισιν ποιήσηται (SC 264, 90,591f. Rousseau/Doutreleau; FC 8/1, 162,10–11 Brox).

[19] Iren., haer. I 6,1: ἐπεὶ καὶ αὐτεξούσιόν ἐστιν (SC 264, 91,598 Rousseau/Doutreleau; FC 8/1, 162,17 Brox).

[20] Iren., haer. I 6,1: Τὴν δὲ συντέλειαν ἔσεσθαι, ὅταν μορφωθῇ καὶ τελειωθῇ γνώσει πᾶν τὸ πνευματικόν (SC 264, 92,607f. Rousseau/Doutreleau; FC 8/1, 162,25–27 Brox).

wusst unterläuft oder aber von ihm bewusst und zum Zwecke der Er-
leichterung antignostischer Polemik ausgelöst wird. Der Bischof von
Lyon unterschlägt, dass der Begriff „Mensch" bei der Bezeichnung der
seelischen und geistigen Anteile des Menschen mit der Redewendung
„der seelische Mensch" und „der geistige Mensch" (wie schon in Platons
Begriff „innerer Mensch") natürlich nur metaphorisch angewendet wird.
Schließlich ist mindestens jeder Mensch auch ein materieller Mensch, hat
einen Leib, aber dazu eine Seele und einen Geist, ist insofern also auch
seelischer und geistiger Mensch. Irenaeus erweckt aber in seiner eigenen
Kommentierung des Referates der Schüler des Ptolemaeus den Eindruck,
als ob die Gnostiker nur sich selbst und ihresgleichen für „geistige Menschen" halten würden, die Christen der Mehrheitskirche dagegen für
„seelische Menschen" (und in der Logik des Arguments wären dann die
„irdischen Menschen" Nichtchristen; gesagt wird das freilich nicht). Und
so behauptet er weiter, „seelische Menschen" (also die nichtgnostischen
Mehrheitschristen) könnten nur aufgrund von guter Lebensführung
(ἀγαθὴ πρᾶξις), von Werken und bloßem Glauben (πίστις ψιλῇ) gerettet
werden, während „geistige Menschen" „von Natur aus Pneumatiker" sei-
en (φύσει πνευματικοὺς εἶναι) und auf alle Fälle das ganze Heil erlangen
würden[21]. In den folgenden Büchern seines großen antignostischen Werkes kritisiert Irenaeus sowohl die Konzeption einer reinen Erlösung der
Seele bei den seelischen Menschen (schließlich hätten die materiellen
Körper ja an den guten Werken mitgearbeitet) als auch den harten
Heilsdeterminismus, der in der Lehre von einer Erlösung qua Natur (das
berühmte φύσει σωζόμενος) liegt – übrigens mit traditionellen antistoi-
schen Argumenten, wie Winrich Löhr vor einiger Zeit zeigen konnte[22].
Es spricht angesichts solcher Beobachtungen zum Verhältnis von Zitat
(des Referates der Ptolemaeus-Schüler) und Kommentar (des Irenaeus)
schon sehr viel dafür, einer vor einigen Jahren von Barbara Aland geäu-
ßerten These zu folgen und anzunehmen, dass die Vorstellung von drei
strikt abgegrenzten Menschenklassen und die Rede von einem strengen
Heilsdeterminismus für die „geistigen Menschen", also die Pneumatiker,
auf das Konto des Bischofs Irenaeus von Lyon und seiner Bemühung um
ein klares häresiologisches Konzept geht. Barbara Aland hat diese These
meiner Ansicht nach sehr überzeugend an originalen Fragmenten des valentinianischen Gnostikers Herakleon belegt. Sie schrieb: „Unbezweifel-

---

[21] Iren., haer. I 6,2 (SC 264, 93,615–94,619 Rousseau/Doutreleau; FC 8/1, 164,3–8 Brox):
Διὸ καὶ ἡμῖν μὲν ἀναγκαῖον εἶναι τὴν ἀγαθὴν πρᾶξιν ἀποφαίνονται – ἄλλως γὰρ ἀδύνατον
σωθῆναι –, αὐτοὺς δὲ μὴ διὰ πράξεως ἀλλὰ διὰ τὸ φύσει πνευματικοὺς εἶναι πάντη τε καὶ
πάντως σωθήσεσθαι δογματίζουσιν.
[22] Vgl. W.A. Löhr, Gnostic Determinism reconsidered, in: VigChr 46 (1992) 381–390,
381–383.

bar scheint mir aber auch zu sein, daß die Einsaat des pneumatischen Samens keineswegs nur auf eine bestimmte Gruppe von Menschen beschränkt ist, sondern grundsätzlich dem Menschen im Menschen gilt"[23]. Ähnlich wie bei den Platonikern gehörte für die Schüler des Ptolemaeus und für Herakleon die höhere Geistseele also zur kreatürlichen Ausstattung des Menschen.

Das bedeutet aber, dass – im Unterschied zu dem Eindruck, den Irenaeus vermittelt – die Schüler des Ptolemaeus (und übrigens auch Herakleon) *potentiell alle* Menschen für erlösungsfähig hielten, für errettbar, jedenfalls dann, wenn dieser geistige Anteil in allen Menschen „erzogen", „geformt" und „vollendet" wird. Diese Formung geschieht aber, wie die Fragmente des Herakleon und insbesondere das dreizehnte deutlich machen, durch Christus, und sie geschieht gnadenhalber[24]. Mit anderen Worten: Erst durch die Begegnung mit Christus wird der Mensch wirklich zu einem Menschen im Vollsinne des Wortes, „irdischer", „seelischer" und „geistiger Mensch" zugleich und erreicht das Ziel, auf das seine Schöpfung hin angelegt war. Wer an Christus glaubt, aber wem noch die Erkenntnis fehlt, der hat seinen „geistigen Teil" noch nicht „erzogen", „geformt" und „vollendet"; sein „seelischer Teil" kann sich zum höheren Geistigen oder zur tieferen Materie neigen. Leider enthalten die mir bekannten gnostischen Texte valentinianischer Provenienz kaum Antworten auf die Frage, wie man angesichts der schlechterdings zentralen Bedeutung des Glaubens an Jesus Christus über die Rettungsmöglichkeiten für Menschen dachte, die vor seiner Geburt lebten. Aber es spricht meines Erachtens nichts dagegen anzunehmen, diese Gnostiker hätten wie die zeitgenössischen Apologeten mit Christen vor Christi Geburt gerechnet – so denkt beispielsweise Justin ja über Sokrates. Die berühmte Formulierung lautet: „Alle, die μετὰ λόγου, mit Vernunft bzw. mit dem Logos gelebt haben, die waren Christen, wenn sie auch als Gottesleugner galten, wie unter den Griechen Sokrates, Heraklit und andere ihresgleichen"[25].

---

[23] B. Aland, Erwählungstheologie und Menschenklassenlehre. Die Theologie des Herakleon als Schlüssel zum Verständnis der christlichen Gnosis?, in: Gnosis and Gnosticism. Papers read at the Seventh International Conference on Patristic Studies (NHS 8), Leiden 1977, 148–181, 154f. Anders J. Holzhausen, Die Seelenlehre des Gnostikers Herakleon, in: J. Holzhausen (Hg.), Psyche – Seele – anima. Festschrift für Karin Alt zum 7. Mai 1998 (BzA 109), Stuttgart 1998, 279–300, 288–297, und auch vorher schon H. Strutwolf, Gnosis als System – Zur Rezeption der valentinianischen Gnosis bei Origenes (FKDG 56), Göttingen 1993, 107.

[24] Vgl. B. Aland, Erwählungstheologie und Menschenklassenlehre (Anm. 23), 166f. Vgl. auch E. Mühlenberg, Wieviel Erlösungen kennt der Gnostiker Herakleon?, in: ZNW 66 (1975) 170–193; auch in: ders., Gott in der Geschichte. Ausgewählte Aufsätze zur Kirchengeschichte, hg. von U. Mennecke/S. Frost (AKG 110), Berlin – New York 2008, 269–293.

[25] Just., 1apol. 46,3: καὶ οἱ μετὰ λόγου βιώσαντες Χριστιανοὶ ἦσαν, κἂν ἄθεοι ἐνομίσθησαν,

Um unseren ersten Abschnitt zu schließen: Die Schüler des Ptolemaeus und auch andere sogenannte „valentinianische" Gnostiker wie Herakleon bemühten sich, als christliche Theologen eine naturwissenschaftlichen und philosophischen Standards entsprechende Anthropologie zu entwickeln. Sie entschieden sich für eine trichotomische Anthropologie aus Leib, Seele und Geist. Das nötigte sie freilich dazu, die Frage zu beantworten, welche der drei Teile des Menschen gerettet werden können, und brachte sie zu der relativ einseitigen Lösung, dass der „seelische Mensch", also der seelische Teil des Menschen, nur dann gerettet werden könne, wenn er sich von der reinen Materialität zum Geistigen abwenden würde, der materielle Mensch ohnehin vollkommen zugrunde gehe und der geistige Teil auch nur nach einer Formung und Vollendung durch Christus gerettet werde. Wohl besitzen Menschen diesen geistigen Teil von Natur aus, aber sie müssen ihn gestalten, müssen erleuchtet werden – dass Platoniker eine solche Platonisierung der biblischen Anthropologie[26] akzeptiert haben, darf man etwa aufgrund der negativen Zeichnung des Demiurgen in der sogenannten valentinianischen Gnosis mit Fug und Recht bezweifeln. Nachdem wir nun die Lehrbildung der Gnostiker einigermaßen rekonstruiert haben, können wir in einem zweiten Abschnitt zu Origenes kommen.

2. Wer wird gerettet? Antwortversuche bei Origenes

In der späteren Rezeption bis auf den heutigen Tag ist der Beitrag des alexandrinischen Universalgelehrten Origenes zu Antworten auf die Frage „Wer wird gerettet?" gern auf das Thema „Allversöhnung" (ἀποκατάστασις) reduziert worden, obwohl man ja aufgrund unserer Beobachtungen zu den Lehrbildungen der sogenannten „valentinianischen Gnostiker" wohl erst einmal fragen müsste, wie Origenes auf die dreifältige Differenzierung der Valentinianer in seiner eigenen Anthropologie reagiert, wenn doch als Forschungskonsens gelten kann, dass seine Theologie immer auch Auseinandersetzung mit und gleichzeitig ein Stück Anknüpfung an die christliche Gnosis darstellt. Vergleicht man seine Lehrbildungen mit denen, die wir im voraufgegangenen Abschnitt in den Blick genommen haben, so wird hier *zum einen* deutlich, dass Origenes durchgehend die antignostisch und häresiologisch motivierte

---

οἷον ἐν Ἕλλησι μὲν Σωκράτης καὶ Ἡράκλειτος καὶ οἱ ὅμοιοι αὐτοῖς (PTS 38, 97,8–10 Marcovich); A. von Harnack, Sokrates und die alte Kirche. Rektoratsrede, gehalten in der Aula der Königlichen Friedrich-Wilhelms-Universität am 15. October 1900, Gießen 1901, 35.
[26] So mit Recht Jens Holzhausen, Die Seelenlehre des Gnostikers Herakleon (Anm. 23), 285.

Stilisierung der gnostischen Anthropologie als trichotomische Menschenklassenlehre mit einer strengen Determination des eschatologischen Schicksals für eben diese Menschenklassen von Irenaeus als das zentrale Gespenst, gegen das er sich wehrt, übernommen hat und von daher seine eigene Lehrbildung pointiert antignostisch anlegt. „Es mag", zitiert er Celsus in seiner Polemik gegen den mittelplatonischen Philosophen, auch noch Leute geben, „die gewisse Leute als Seelenleute (ψυχικοί) und andere als Geistleute (πνευματικοί) bezeichnen. Celsus meint wahrscheinlich die Anhänger des Valentinus. Was geht das aber uns an, die wir zur Kirche gehören und die Ansicht derjenigen verwerfen, welche meinen, dass infolge ihrer natürlichen Beschaffenheit die einen gerettet und die anderen verdammt werden"[27].

Mir scheint – und diese These möchte ich im Folgenden begründen –, dass man sich durchaus fragen kann, ob bestimmte Spitzen der Lehrbildung des Origenes und vor allem sein Grübeln über eine Allversöhnung ein gutes Stück weit durch seinen massiven antignostischen Impetus motiviert waren, präziser: seinen Impuls gegen das, was er aufgrund der Prägung durch das Konzept des Irenaeus für die gnostische Position halten musste. Origenes wollte dezidiert keine Determination zu Heil oder Unheil, und er wollte keine *partielle* Erlösung von Menschenteilen oder Menschengruppen. *Zum anderen* wird aber aus dem Vergleich mit diesen gnostischen Theologen und Gruppen deutlich, dass mit Origenes ein hoch gebildeter Wissenschaftler und guter Platonkenner die biblischen Texte interpretiert. Er orientiert sich nicht an der philosophisch kaum belegten Trichotomie Leib – Seele – Geist, sondern vielmehr an der klassischen platonischen Dreiteilung der Seele. So stehen am Anfang der Schöpfung bei ihm vernünftige Geistwesen, und er nennt diese – um den Anschluss an die platonische Trichotomie der Seelenteile herzustellen – νόες, Geist- oder Vernunftwesen. Außerdem bezieht der alexandrinische Gelehrte seine anthropologischen Differenzierungen im Unterschied zu den Gnostikern klar auf das platonische Schema zweier Wirklichkeiten. Er nutzt (wie schon vor ihm Philo) die Gelegenheit, die beiden biblischen Schöpfungsberichte auf zwei Wirklichkeiten zu verteilen, eine intelligible und eine sinnlich wahrnehmbare Welt. Die vernünftigen Geistwesen gehören natürlich in die intelligible Welt. Sie haben zwar keinen materiellen Körper, aber einen ätherischen Leib (wie schon die Engel in der jüdisch-hellenistischen Literatur). Sie sind wesenseins mit Gott

---

[27] Or., Cels. V 61: Ἔστω δέ τι καὶ τρίτον γένος τῶν ὀνομαζόντων ψυχικούς τινας καὶ πνευματικοὺς ἑτέρους. οἶμαι δ'αὐτὸν λέγειν τοὺς ἀπὸ Οὐαλεντίνου. Καὶ τί τοῦτο πρὸς ἡμᾶς τοὺς ἀπὸ τῆς ἐκκλησίας, κατηγοροῦντας τῶν εἰσαγόντων φύσεις ἐκ κατασκευῆς σῳζομένας ἢ ἐκ κατασκευῆς ἀπολλυμένας; (SC 147, 166,17–21 Borret; GCS Origenes II, 64,22–26 Koetschau).

(ὁμοούσιος), finden ihre Erfüllung in der Anschauung Gottes[28] und sind durch ihre Teilhabe im Logos, dem Archetyp aller geistigen Wesen, geeint[29]. Jede Parallele zu einer deterministischen Anthropologie, die Origenes für gnostisch halten musste, versuchte der Alexandriner zu vermeiden: Die Verschiedenheit irdischer Wesen – keinesfalls allein der Menschen – erklärt er mit dem unterschiedlichen Grad ihrer Abwendung von dieser reinen Anschauung Gottes und hielt an entsprechender Stelle in seiner Prinzipienschrift fest, dass er im Unterschied zu „der Schule des Marcion, Valentin und Basilides" (*qui ex schola Marcionis ac Valentini et Basilidae venientes*) keine unterschiedlichen Naturen der Seelen lehre[30]: „Da er [sc. Gott] selbst der Grund war für das zu Schaffende und in ihm keine Verschiedenheit, keine Veränderlichkeit und kein Unvermögen war, schuf er alle Wesen, die er schuf, gleich und ähnlich, da es für ihn keinen Grund für Verschiedenheit und Mannigfaltigkeit gab"[31]. Es ist der freie Wille dieser Vernunftgeschöpfe, die sie unterschiedlich weit von Gott entfernt – freilich betont Origenes im selben Augenblick, dass Gott trotz solcher selbstverschuldeten Unterschiede gleichwohl „die Verschiedenheit der Vernunftwesen zur Harmonie einer Welt" einte[32]. Verschiedenheit kann, wenn Gott der eine Schöpfer ist und bleibt, auch nie eine tiefe ontologische Kategorie sein, sondern muss gleichsam eine temporäre Position auf einer gleitenden Skala bezeichnen: „Hieraus ergibt sich die Schlussfolgerung, dass alle Vernunftwesen aus allen entstehen können, nicht auf einmal und sofort, sondern häufiger, und dass wir zu Engeln und Dämonen werden, wenn wir uns zu nachlässig verhalten, und dass wiederum die Dämonen, wenn sie bereit sind, Tugenden anzunehmen, zur Würde von Engeln gelangen"[33]. Erlösung ist für Origenes zu-

---

[28] Vgl. Or., princ. II 11,3 (GCS Origenes V, 186,4–21 Koetschau; TzF 24, 442–444 Görgemanns/Karpp, und Or., princ. IV 4,9 (GCS Origenes V, 361,14–363,13 Koetschau; TzF 24, 812–818 Görgemanns/Karpp).
[29] Vgl. Or., Io. II 2,17: πᾶν δὲ τὸ παρὰ τὸ αὐτόθεος μετοχῇ τῆς ἐκείνου θεότητος θεοποιούμενον οὐχ 'ὁ θεὸς' ἀλλὰ 'θεὸς' κυριώτερον ἂν λέγοιτο (GCS Origenes IV, 54,32–34 Preuschen; SC 120, 216,17–218,1 Blanc). Vgl. die schöne Zusammenfassung bei R. Williams, Art. „Origenes/Origenismus", in: TRE 25 (1995) 397–420, 407.
[30] Or., princ. II 9,5 (GCS Origenes V, 168,12–169,17 Koetschau; TzF 24, 408–412 Görgemanns/Karpp).
[31] Or., princ. II 9,6: *Quia ergo eorum, quae creanda erant, ipse extitit causa, in quo neque varietas aliqua neque permutatio neque inpossibilitas inerat, aequales creavit omnes ac similes quos creavit, quippe cum nulla ei causa varietatis ac diversitatis existeret* (GCS Origenes V, 169,25–28 Koetschau; TzF 24, 412 Görgemanns/Karpp).
[32] Or., princ. II 9,6: *diversitates mentium in unius mundi consonantiam traxit* (GCS Origenes V, 170,6–7 Koetschau; TzF 24, 412 Görgemanns/Karpp).
[33] Or., princ. I 6,3 apud Hier. ep. 124,3: *ex quo consequenti ratione monstrari omnes rationabiles creaturas ex omnibus posse fieri, non semel et subito, sed frequentius, nosque et angelos futuros et daemones, si egerimus neglegentius, et rursum daemones, si voluerint capere virtutes, pervenire ad angelicam dignitatem* (CSEL 56/1, 99,14–18 Hilberg; TzF 24, 228,*5.229 Anm. 17ª Görgemanns/Karpp).

nächst einmal Erleuchtung des geistigen Anteils, des νοῦς, aber im Unterschied zu den sogenannten valentinianischen Gnostikern kann er durchaus auch andere biblische Theologumena (wie beispielsweise die Vorstellung von Sühne und Opfer) verwenden, um das auszudrücken, was ihm wichtig ist. Wenn er von der Erleuchtung redet, bindet er – wie übrigens auch die sogenannten „Valentinianer" – diese Erleuchtung streng an den Logos, an Christus: Jesus repräsentiert die rechte Beziehung zwischen einem νοῦς und seinen seelischen wie materiellen Lebensumständen; Erleuchtung heißt, das eigene Leben mit Geist, Seele und Leib an ihm ausrichten[34]. Der antignostische Impuls bei Origenes führt zu einem starken Interesse an der Gleichheit *aller* Menschen vor Gott. Origenes lässt daher auch gar keinen Zweifel daran, dass sich die Offenbarung über jenen Jesus von Nazareth an alle Menschen richtet: „Wir bezeugen aber, dass wir alle Menschen in der Lehre Gottes [...] unterweisen wollen", schreibt er in der Schrift gegen den mittelplatonischen Philosophen Celsus[35], anders als die Philosophie der Griechen ist das Evangelium jedem Menschen seinem geistigen Fassungsvermögen entsprechend zugänglich, wobei die schwächeren Geister nur Zugang zu der einfachsten von mehreren Sinnebenen haben[36]. Mit dem gnostischen Programm einer Erlösung durch Erkenntnis (oder präziser: durch Erziehung zur Erkenntnis) hat das nur insofern etwas zu tun, als die grundlegende Konzeption einer besonderen Hochschätzung von Erkenntnis und ihre Vermittlung durch Erziehung[37] vergleichbar ist – aber gleichzeitig sind auch die Unterschiede überdeutlich: Origenes sammelt nicht nur in einer Privatuniversität kluge Studenten um sich, sondern predigt in der zweiten Hälfte seines Lebens Tag für Tag in einer ganz gewöhnlichen Gemeinde am Hafen in der Provinzhauptstadt Caesarea/Palaestina, um auch die schwächeren Geister auf ein höheres Niveau zu heben, und das hat mit gnostischem Exklusivismus und gnostischer Konventikelfrömmigkeit herzlich wenig zu tun.

Erst wenn man sich dieses antignostisch motivierte Insistieren des Origenes auf der Gleichheit aller göttlichen Geschöpfe als unmittelbare Konsequenz von Gottes steter Gleichheit und Unveränderlichkeit klarge-

---

[34] Etwas zurückhaltender zur Bedeutung Jesu Christi: H. Rosenau, Allversöhnung (Anm. 2), 140–143. – Zum ganzen Komplex und seiner gegenwärtigen Diskussion auch: Ch. Markschies, Zur Bedeutung und Aktualität des wissenschaftlichen Denkens des Origenes, in: A. Fürst (Hg.), Origenes und sein Erbe in Orient und Okzident (Adamantiana 1), Münster 2011, 9–41.

[35] Or., Cels. III 54: Ὁμολογοῦμεν δὲ πάντας ἐθέλειν παιδεῦσαι τῷ τοῦ θεοῦ [...] λόγῳ (SC 136, 126,23–24 Borret; GCS Origenes I, 249,14–15 Koetschau).

[36] Vgl. Or., Cels. III 71 (SC 136, 160,6–162,21 Borret; GCS Origenes I, 263,8–21 Koetschau).

[37] Vgl. H. Koch, Pronoia und Paideusis. Studien über Origenes und sein Verhältnis zum Platonismus (AKG 22), Berlin – Leipzig 1932, 18–25.

macht hat und begreift, wie wichtig dem akademischen Lehrer dieses Theologumenon in seinem antignostischen Kampf sein musste, versteht man, warum Origenes so direkt über die Allversöhnung nachdenken konnte[38]. Die Kernthese seiner Lehren hat er sowohl in seiner Grundlagenschrift wie in einer Predigt entfaltet. In der Grundlagenschrift erfolgt sie in zwei Schritten (nach einer einleitenden Bemerkung, dass Origenes hier „mehr als Untersuchender und Erörternder denn als fest und sicher Behauptender spräche, eher in Form einer dialektischen Disputationsübung denn einer kirchlichen Lehre"[39]). Zunächst wird mit Psalm 109/110,1 (Κάθου ἐκ δεξιῶν μου, „Setze dich zu meiner Rechten") eine allgemeine Unterwerfung der ganzen Schöpfung unter Gott begründet: „Jedenfalls glauben wir, dass Gottes Güte durch seinen Christus die ganze Schöpfung zu einem einzigen Ende führen wird, in dem auch die Feinde unterworfen werden"[40]. „Unterwerfung" erläutert Origenes sodann in einem zweiten Schritt mit Hilfe von Psalm 61/62,2 (Οὐχὶ τῷ θεῷ ὑποταγήσεται ἡ ψυχή μου; παρ'αὐτοῦ γὰρ τὸ σωτήριόν μου, „Wird nicht meine Seele Gott unterworfen sein? Denn von ihm kommt mein Heil") das Stichwort „Unterwerfung": „Denn das Wort ‚Unterwerfung‘, wenn es unsere Unterwerfung unter Christus meint, bedeutet das Heil der Unterworfenen, das von Christus kommt"[41]. Hartmut Rosenau, der die Passage ausführlich analysiert hat, hat sie leider in zweifacher Hinsicht missverstanden: Die einleitenden Bemerkungen zum Status der vorgetragenen Position sind keine rhetorische Captatio benevolentiae eines bescheidenen Professors, sondern sehr präzise auf einleitende Bemerkungen zum möglichen Status theologischer Aussagen in der Grundlagenschrift bezogen und selbstverständlich haben die beiden zentralen Psalmzitate auch nicht nur illustrativen Charakter. Einem vorzüglichen Bibelkenner wie Origenes war deutlich, welche Rolle insbesondere die Einleitungsverse des Psalms 109/110 für die Ausbildung und Entfaltung der neutestamentlichen Christologie gespielt hatten – Martin Hengel hat dies vor einiger Zeit übersichtlich dargestellt[42]. Insbesondere der Termi-

---

[38] Vgl. H. Rosenau, Allversöhnung (Anm. 2), 121f.

[39] Or., princ. I 6,1: *de his vero disputandi specie magis quam definiendi, prout possumus, exercemur* (GCS Origenes V, 78,21–22 Koetschau; TzF 24, 214 Görgemanns/Karpp).

[40] Or., princ. I 6,1: *In unum sane finem putamus quod bonitas dei per Christum suum universam revocet creaturam, subactis ac subditis etiam inimicis* (GCS Origenes V, 79,3–5 Koetschau; TzF 24, 214 Görgemanns/Karpp).

[41] Or., princ. I 6,1: *Subiectionis enim nomen, qua Christo subicimur, salutem quae a Christo est indicat subiectorum* (GCS Origenes V, 79,16–17 Koetschau; TzF 24, 216 Görgemanns/Karpp).

[42] Vgl. M. Hengel, „Setze dich zu meiner Rechten!" Die Inthronisation Christi zur Rechten Gottes und Psalm 110,1, in: M. Philonenko (Hg.), Le Trône de Dieu (WUNT 69), Tübingen 1993, 108–194; auch in: ders., Kleine Schriften, Bd. 4. Studien zur Christologie, hg. von C.-J. Thornton (WUNT 201), Tübingen 2006, 281–367, anders H. Rosenau, All-

nus „Unterwerfung" aus 1 Kor 15,25–28 wird von Origenes immer wieder gründlich unter die Lupe genommen: Der Begriff darf an der nämlichen Stelle nicht auf das Verhältnis zwischen Vater und Sohn beschränkt werden, er bezieht sich auf „alles". Und insofern kann formuliert werden, dass die Unterwerfung Christi unter den Vater zugleich „die Seligkeit unserer Vollendung" markiert[43]. Im Unterschied zu seinen gnostischen Gegnern nimmt Origenes in diese Wiederbringung aller Dinge auch die Körper und die Materie hinein – deutlicher kann man den Gegenzug einer biblischen Theologie gegen zentrale Grundlehren des Platonismus eigentlich kaum markieren. Analog argumentiert Origenes in seiner zweiten Genesis-Homilie wieder konsequent mit biblischen Texten für seine Erwägungen, die er allerdings genrebedingt noch einmal deutlich dezenter als in der Grundlagenschrift vorträgt. Das Gleichnis vom verlorenen Schaf (Lk 15,4f.) dient ihm als Beleg dafür, dass niemand verloren gehen kann; eine auf die Zahlensymbolik konzentrierte Auslegung der biblischen Maßangaben für die Arche Noah, über die die Predigt eigentlich handelt, ergibt Zahlen, die für die wiedergewonnene Fülle und für die Vergebung stehen. Beides, Vergebung und Fülle der Geretteten, aber bedingt einander: „Denn wenn er [sc. Gott] den Glaubenden keinen Nachlaß der Sünden geschenkt hätte, dann hätte sich die Kirche nicht weit und breit über den Erdkreis ausgedehnt"[44] und „Er [sc. Mose] bezeichnet ja mit seinen Worten die Rettung derer, die durch Christus aus dem Untergang und dem Verderben der Welt gleichsam vom Tod in der Sintflut aus der Unterwelt zu den Höhen des Himmels gerufen werden"[45]. Die Tatsache, dass Origenes seine Ansichten vorsichtig und mehr im Modus einer Quaestio disputata vortrug, schloss nicht aus, dass er sie so durchgearbeitet hatte, dass er an anderer Stelle der Grundlagenschrift Kurzformeln dafür verwenden konnte: „die vollkommene Wiederbringung der ganzen Schöpfung" oder „Wiederherstellung der Verlorenen"[46]. Insbe-

---

versöhnung (Anm. 2), 117f.

[43] Or., princ. III 5,7: *Sed miror quomodo hoc intellegi possit, ut is, qui nondum sibi subiectis omnibus non est ipse subiectus, tunc cum subiecta sibi fuerint omnia, cum rex omnium fuerit et potestatem tenuerit universorum, tunc eum subiciendum putent, cum subiectus ante non fuerit, non intellegentes quod subiectio Christi ad patrem beatitudinem nostrae perfectionis ostendit* (GCS Origenes V, 278,10–14 Koetschau; TzF 24, 638 Görgemanns/Karpp).

[44] Or., hom. 2 in Gen. 5: *Nisi enim remissionem peccatorum donasset credentibus, non fuisset per orbem terrae ecclesiae latitudo diffusa* (Origenes Werke mit deutscher Übersetzung [= OW] I/2, 80,27–28 Habermehl).

[45] Or., hom. 2 in Gen. 5: *Moyses uero quia restitutionem designat eorum, qui per Christum de interitu et perditione saeculi tamquam ex nece diluuii ex inferioribus ad superna et caelestia revocantur* (OWD I/2, 80,3–5 Habermehl).

[46] Or., princ. II 1,2 (GCS Origenes V, 107,19–108,10 Koetschau; TzF 24, 286–288 Görgemanns/Karpp); Or., princ. III 5,7: *perfecta universae creaturae restitutio* (GCS Origenes V, 278,21–22 Koetschau; TzF 24, 638 Görgemanns/Karpp), *reparatio perditorum* (GCS Origenes V, 278,23 Koetschau; TzF 24, 638 Görgemanns/Karpp).

sondere wenn man auf die Interpretation des letzten Gerichtes schaut, das Origenes als Vernichtung der gegen Gott gerichteten Willenspotentiale deutete[47], wird deutlich, wie sehr Origenes seine Erwägungen auf der Basis von exegetischen Beobachtungen systematisiert hatte (um einige Stichworte bekannter, aber gern alternativ gesetzter Origenes-Deutungen aufzugreifen). Hartmut Rosenau hat in seiner monographischen Behandlung des Problems abschließend bemerkt, dass es noch nicht wirklich durchgearbeitete Partien in diesem System gebe und es insgesamt widersprüchlich sei: So widersprechen sich nach Rosenau das strenge Insistieren des Origenes auf der Freiheit des Menschen einerseits und andererseits seine Vorstellung, das endgültige Heil bestehe in der Unterwerfung aller unter Gott.[48] Allerdings hat sich Rosenau nicht klar gemacht, dass Origenes natürlich einen dialektisch vertieften Freiheitsbegriff verwendete, gerade so wie die abendländische ambrosianisch-augustinische Tradition der Paulusauslegung mit ihrem berühmten Satz *Deo servire summa libertas est.* Einen logischen Fundamentalwiderspruch vermag ich in den Gedanken des Origenes nicht zu erkennen. Eine gänzlich andere Frage ist, ob sich ein Lehrer der Kirche überhaupt das Recht nehmen sollte, Erwägungen zu diesem Thema vorzutragen. Die berühmten Anathematismen von 553 n.Chr. bestreiten das und haben die Position, dass „der Anfang gleich dem Ende und das Ende das Maß des Anfangs sei", unter das Anathema gestellt[49]. Die Attraktivität der hier vorsichtig erwogenen Position haben die Konstantinopolitaner Theologen, die hinter diesen Anathematismen standen, gleichwohl nicht erschüttern können, obwohl es sich eigentlich um eine aus Gründen antignostischer Polemik (dazu noch gegen ein häresiologisches Gespenst) überzeichnete Position handelte.

Wir kommen nun zu einer scheinbar ähnlich aktuellen Position, nämlich zu Cyprian von Karthago, auf den die bekannte Formel *extra ecclesiam nulla salus* zurückgeht.

---

[47] Vgl. Or., princ. III 6,5 (GCS Origenes V, 286,10–287,20 Koetschau; TzF 24, 656–658 Görgemanns/Karpp); hom. 1 in Jer. 16 (GCS Origenes III, 14,18–15,7 Klostermann/Nautin); hom. 8 in Jer. 2 (GCS Origenes III, 57,30–58,10 Klostermann/Nautin).

[48] Vgl. H. Rosenau, Allversöhnung (Anm. 2), 144–150.

[49] ὡς τὴν ἀρχὴν τὴν αὐτὴν εἶναι τῷ τέλει καὶ τὸ τέλος τῆς ἀρχῆς μέτρον εἶναι, ἀνάθεμα ἔστω (in der Ausgabe Origenes, Vier Bücher von den Prinzipien, hg. von H. Görgemanns und H. Karpp [TzF 24], Darmstadt ³1992, 830,41–42). Dort übrigens der Vorwurf als Anathema, Origenes habe das Ende der Körper gelehrt, (das Verb fehlt): Εἴ τις λέγει, ὅτι ἡ μέλλουσα κρίσις ἀναίρεσιν παντελῆ τῶν σωμάτων σημαίνει καὶ ὅτι τέλος ἐστὶ τοῦ μυθευομένου ἡ ἄϋλος φύσις καὶ οὐδὲν ἐν τῷ μέλλοντι τῶν τῆς ὕλης ὑπάρξει, ἀλλὰ γυμνὸς ὁ νοῦς, ἔστω ἀνάθεμα (TzF 24, 828, 23–25 Görgemanns/Karpp [Anathematismus 11]). Hierzu vgl. auch ausführlich H. Strutwolf, Gnosis als System (Anm. 23), 308–356 (zur Eschatologie allgemein) bzw. 334–356 (zur Allversöhnung).

3. Wer wird gerettet? Antwortversuche bei Cyprian

Eine Untersuchung, die im Titel die bekannte Formel *extra ecclesiam nulla salus* enthält, muss in jedem Fall auf den Autor eingehen, in dessen Schriften sich das Originalzitat findet, das die bekannte Formel leicht abwandelt. Bei Cyprian von Karthago heißt die Formel *extra ecclesiam salus non est*; „außerhalb der Kirche gibt es kein Heil"[50]. Trägt sie freilich wirklich den Sinn, für den sie immer in Anspruch genommen wird? Der Satz steht im dreiundsiebzigsten Brief des nordafrikanischen Bischofs, der gewöhnlich auf das Jahr 256 n.Chr. datiert wird; in jenem Brief an den mauretanischen Bischof Jubaianus[51] legt Cyprian seine ausführlichste Argumentation im sogenannten „Ketzertaufstreit" vor, also zu der Frage, ob die in einer häretischen oder schismatischen Gesellschaft vollzogene Taufe als gültig anzuerkennen sei oder wegen Nichtigkeit noch einmal vollzogen werden müsse. Cyprian verneinte, durchaus im Konsens mit älterer nordafrikanischer Lehrbildung beispielsweise bei Tertullian[52], diese Gültigkeit; es gebe nur eine Kirche, in der allein der Heilige Geist gegenwärtig sei und der allein die Vollmacht zur Sündenvergebung verliehen sei. Der Bischof von Karthago beruft sich in seiner Argumentation zunächst einmal auf eine Synode von einundsiebzig Bischöfen Afrikas und Numidiens, die 255 n.Chr. in Karthago beschlossen hatten, dass es „nur eine Taufe gibt, nämlich die in der katholischen Kirche bestehende, und deshalb werden alle, die von dem unechten und unreinen Wasser herkommen und der Abwaschung und Heiligung durch das wahre, heilbringende Wasser bedürfen, nicht wieder getauft, sondern getauft"[53]. Und praktisch direkt nach diesem Verweis auf den Synodalkonsens des Vorjahres, der durch Mitsenden des einschlägigen Briefes, der den Text enthält, untermauert wird, betont Cyprian sein Festhalten an der Taufe als *der* Quelle und Wurzel der einen Kirche. Damit ist erneut ein Grundthema der Ekklesiologie des Bischofs angesprochen; fünf Jahre zuvor formuliert er in *De ecclesiae catholicae*

---

[50] Cypr., ep. *73,21,2: salus extra ecclesiam non est* (CChr.SL 3C, 555,380 Diercks). Vgl. den ausführlichen Kommentar bei: The Letters of St. Cyprian of Carthage, vol. 4. Letters 67–82, transl. by G.W. Clarke (ACW 47), Mahwah, N.J. 1989, 66; 218–233, insbes. 231f.

[51] Vgl. H. von Soden, Die Prosopographie des afrikanischen Episkopates zur Zeit Cyprians, in: QFIAB 12 (1909) 247–270, 261; 268; J.-L. Maier, L'épiscopat de l'Afrique romaine, vandale et byzantine, Rom 1973, 22; 343.

[52] Details vgl. D. Wendebourg, Art. „Ketzertaufstreit", in: RGG[4] 4 (2001) 943; J.A. Fischer/A. Lumpe, Die Synoden von den Anfängen bis zum Vorabend des Nicaenums, Konziliengeschichte A. Darstellungen, Paderborn u.a. 1997, 234–248; H. von Soden, Der Streit zwischen Rom und Karthago über die Ketzertaufe, in: QFIAB 12 (1909) 1–42; S.G. Hall, Stephen I of Rome and the one Baptism, in: StPatr 17 (1982) 796–798.

[53] Cypr., ep. *73,1,2: statuentes unum baptizma esse quod sit in ecclesia catholica constitutum ac per hoc non rebaptizari sed baptizari a nobis quicumque ab adultera et profana aqua uenientes abluendi sint et sanctificandi salutaris aquae ueritate* (CChr.SL 3C, 530,15–18 Diercks).

unitate: „Einer ist Gott, und einer ist Christus, und eine seine Kirche und ein Glaube, und der Leim der Eintracht bindet das Volk in die feste Einheit des Leibes"[54]. Diese Einheit kann nicht *zerbrochen* werden, würde aber durch die Anerkennung der Taufe einer schismatischen oder häretischen Gemeinschaft faktisch zerbrochen. Das berühmte Zitat fällt gegen Ende des Briefes; Cyprian bestreitet, dass es in einer schismatischen oder häretischen Kirche eine Bluttaufe durch das Martyrium geben kann, „weil es außerhalb der Kirche kein Heil gibt"[55]. Cyprian versteht aber *salus*, wie mein Berliner Vorgänger Ulrich Wickert vor Zeiten gezeigt hat, nicht in erster Linie als „ewiges Seelenheil", sondern im Blick auf die in der Kirche vorfindbaren Heilsgüter, nämlich zuerst auf die rechtmäßigen Sakramente (*legitima sacramenta*) bezogen und dann auch auf die rechte Lehre (*recta doctrina*). Beides ist nach Cyprian nur in der Kirche, die von einem rechtmäßigen Bischof geleitet wird, zu finden. Der Satz *extra ecclesiam salus non est* steht also im engen Zusammenhang mit dem Sakramenten- sowie dem Kirchenverständnis des Cyprian und ist höchstens indirekt eine allgemeingültige Aussage zu der Frage, wer gerettet werden kann[56]. Und fast noch verwunderlicher ist, dass der leicht modifizierbare Satz Cyprians immer noch zitiert wird, obwohl sich die lateinische Christenheit eigentlich schon auf der Synode von Arles im Jahre 314 n.Chr. von der Position des nordafrikanischen Bischofs distanziert hatte: Hier wird bekanntlich bestimmt, dass der in einer häretischen Kirche Getaufte nach seiner Taufformel befragt werden soll und, vorausgesetzt, er sei auf den Namen des Vaters und des Sohnes und des Heiligen Geistes getauft worden, ihm lediglich die Hand aufgelegt werden soll (can. 9[8]: DH 123)[57].

Es bleibt als vierter und letzter Abschnitt ein Ausblick auf Augustinus.

---

[54] Cypr., unit. eccl. 23: *Vnus Deus est et Christus unus, et una ecclesia eius et fides una, et plebs in solidam corporis unitatem concordiae glutino copulata. Scindi unitas non potest nec corpus unum discidio compaginis separari, diuulsis laceratione uisceribus in frusta discerpi; quicquid a matrice discesserit, seorsum uiuere et spirare non poterit: substantiam salutis amittit* (CChr.SL 3, 266,562–567 Bévenot), vgl. auch ders., ep. 43,5,2: *Deus unus est et Christus unus et una ecclesia et cathedra una super Petrum domini uoce fundata* (CChr.SL 3B, 205,89–90 Diercks); 70,3,1: *quando et baptizma unum sit et spiritus sanctus unus et una ecclesia a Christo domino nostro super Petrum origine unitatis et ratione fundata* (CChr.SL 3C, 511,76–79 Diercks); und A. Hoffmann, Kirchliche Strukturen und Römisches Recht bei Cyprian von Karthago (Rechts- und Staatswissenschaftliche Veröffentlichungen der Görres-Gesellschaft NF 92) Paderborn u.a. 2000, 63f.

[55] Cypr., ep. 73,21,2: *quia salus extra ecclesiam non est* (CChr.SL 3C, 555,380 Diercks).

[56] Vgl. U. Wickert, Sacramentum unitatis. Ein Beitrag zum Verständnis der Kirche bei Cyprian (BZNW 41), Berlin – New York 1971, insbes. 10–15.

[57] Conc. Arelatense A. 314: *De Afris quod propria lege sua utantur ut rebaptizent, placuit ut si ad ecclesiam aliquis de haeresi uenerit, interrogent eum symbolum, et si peruiderint eum in Patrem et Filium et Spiritum Sanctum esse baptizatum, manus ei tantum imponatur ut accipiat Spiritum (Sanctum); quod si interrogatus non responderit hanc Trinitatem, baptizetur* (Turner, EOMJA I/2/2, 1939, 387f.; CChr.SL 148, 10,26–11,31 Munier).

4. Wer wird gerettet? Antwortversuche bei Augustinus

Da es mehr als unsinnig wäre, in unserem Rahmen einen Versuch zu unternehmen, die verschiedenen Antworten, die der nordafrikanische Kirchenvater Augustinus im Laufe seines Lebens auf die Leitfrage unserer Bemerkungen gab, zu rekonstruieren oder zu systematisieren, beschränken wir uns auf einen einzigen Punkt und einen Text dazu – nämlich die Zuspitzung der einschlägigen Gedanken des Augustinus in den *Quaestiones ad Simplicianum* von 396/397 n.Chr., einen Text, den Kurt Flasch bekanntlich unter der Überschrift „Logik des Schreckens" ediert hat und die zugrundeliegende Anthropologie als „Nierenstein in den Nieren Alteuropas" und unerträgliche Verfinsterung der lichten Antike gegeißelt hat[58]. In einem 2009 erschienenen Beitrag geht Flasch noch weiter und baut neben Augustinus als dem Verfinsterten und Dunkelmann Origenes als die helle Lichtgestalt der antiken christlichen Theologiegeschichte auf – ein doppelter Ausgang der christlichen Antike, dem nach Flasch ein doppelter Ausgang des Mittelalters im irenisch-freundlichen *alter* Origenes, Erasmus von Rotterdam, und im *alter* Augustinus, dem Augustinereremiten Martin Luther, entspricht[59]. Reine Dualismen, noch dazu kombiniert mit der Aufforderung, sich gefälligst für eine der beiden Figuren zu entscheiden, befriedigen freilich wenig. Sie verlocken eher dazu, Augustinus noch einmal hervorzunehmen und nach Gemeinsamkeiten seines Zugriffs auf die Materie und seiner Antwort auf unsere Leitfrage mit seinem angeblichen großen Antipoden, mit Origenes, zu fragen, denn zugleich ist auch deutlich, dass Augustinus seine neue Gnadentheologie seit Mitte der neunziger Jahre im Gegenzug gegen Origenes entwickelte (den der nordafrikanische Bischof im griechischen Original übrigens gar nicht lesen konnte[60]).

Freilich: Obwohl die neue Gnadentheologie, die Augustinus als Frucht einer neuen Pauluslektüre ab 394/395 n.Chr. entwickelte und erstmals abschließend 396/397 n.Chr. in den *Quaestiones ad Simplicianum* formulierte, ihn mit verschiedenen Positionen des Origenes über Kreuz brachte – entfaltete er nicht seine neue Gnadentheologie als kon-

---

[58] Logik des Schreckens: Augustinus von Hippo, De diversis quaestionibus ad Simplicianum I 2, hg. und erkl. von K. Flasch, deutsche Erstübersetzung von W. Schäfer, 2., erweiterte Auflage mit Nachw. (Excerpta classica 8), Mainz 1995.
[59] Vgl. K. Flasch, Die alte Kirche als Geschichtspotenz Europas, in: F.W. Graf/K. Wiegandt (Hg.), Die Anfänge des Christentums, Siebtes Kolloquium der Stiftung „Forum für Verantwortung" in der Europäischen Akademie Otzenhausen (Saarland), Frankfurt 2009, 472–502.
[60] Nach wie vor: B. Altaner, Augustinus und Origenes, in: HJb 70 (1951) 15–41; auch in: ders., Kleine patristische Schriften, hg. von G. Glockmann (TU 83), Berlin 1967, 224–252 sowie C.P. Bammel, Augustine, Origen and the Exegesis of St. Paul, in: Aug. 32 (1992) 341–368.

zentrierte Auslegung des paulinischen Römerbriefes und damit genauso bibeltheologisch begründet wie Origenes? Gewiss hat Augustinus, je älter er wurde, desto deutlicher gegen Origenes Stellung genommen; man denke nur an das harsche Kapitel über die Grundlagenschrift des Alexandriners in *De civitate Dei*. Augustinus lehnt im Gottesstaat mit Verve die Vorstellung vom Fall der Seelen, der sich als Abkühlung der ätherischen Geistleiblichkeiten erklären lässt, ab; gleichwohl bekennt er sich am Beginn dieses Abschnittes zu gemeinsamen Voraussetzungen, die er mit Origenes teilt: Gott, davon sind beide überzeugt, habe aus lauter Güte die Welt geschaffen, direkt unter Gott stehen Wesen, die ebenfalls gut wie er seien[61]. Und in seinen *Retractationes* lässt Augustinus sogar ausdrücklich die Frage offen, ob Seelen präexistent seien[62].

Mit solchen Analogien will ich natürlich den zentralen Gegensatz zwischen Augustin und Origenes nicht in Abrede stellen: So wie Origenes seine Lehrbildung gegen die Gnostiker entwickelte, so hat Augustinus im Gegenzug gegen Origenes seine Ansichten entfaltet, obwohl er lange in dessen Bahnen die Heiligen Schriften ausgelegt hat. Der zentrale, von Flasch auch überdeutlich markierte Gegensatz zwischen beiden besteht in der strikten Opposition zwischen der augustinischen Vorstellung einer *massa damnata* und der origeneischen Konzeption einer eschatologischen Zurechtbringung aller. Wenn ich recht sehe, beginnt Augustinus in seiner *Expositio quarumdam propositionum ex epistula apostoli ad Romanos* von 394 n.Chr., der ersten Schrift aus einer Reihe kleinerer Kommentare und Abhandlungen, die sich der neuen Pauluslektüre verdanken, ganz zaghaft im Blick auf die Menschheit von einer *massa* zu reden – alle Menschen, so sagt er, beginnen ihren Lebensweg gleich sündig, als ob sie aus demselben Lehmklumpen geformt wären, und sind insofern eine *massa* der Menschheit, Juden, Christen, Heiden, ohne Unterschied, ohne Entschuldigung[63]. Da Augustinus in den zwei Jahren zwischen diesem

---

[61] Vgl. Aug., c.d. XI 23 (CChr.SL 48, 341,13–343,64 Dombart/Kalb); vgl. dazu R.J. O'Connell, The Origin of the Soul in St. Augustine's Later Works, New York 1987, 282–319, insbes. 286–288 sowie 291–293.
[62] Vor allem in Aug., retract. I 1,2 (CChr.SL 57, 7,12–23 Mutzenbecher; vgl. O'Connell, The Origin of the Soul, 326f.). – Zu diesem Thema vgl. auch G.J.P. O'Daly, Art. „Animus, anima", in: Augustinus-Lexikon 1 (1986–1994) 315–340 und zur späten Diskussion über die Präexistenz der Seele insbesondere J. Trelenberg, Das Prinzip „Einheit" beim frühen Augustinus (BHTh 125), Tübingen 2004, 88 Anm. 73 (mit Belegen) sowie W. Kersting, „Noli foras ire, in te ipsum redi". Augustinus über die Seele, in: Prima Philosophia 3 (1990) 309–331.
[63] Vgl. Aug., Rom. 54,18–19: *Itaque inquit: O homo, tu quis es, qui respondeas deo? Numquid dicit figmentum ei, qui se finxit: Quare sic me fecisti? Annon habet potestatem figulis luti ex eadem conspersione vas facere, aliud quidem in honorem, aliud in contumeliam? Quamdiu figmentum es, inquit, et ad massam luti pertines nondum perductus ad spiritualia, ut sis spiritualia omnia iudicans et a nemine iudiceris, cohibeas te oportet ab huiusmodi inquisitione et non respondeas deo* (CSEL 84, 38,22–39,6 Divjak); vgl. Simpl. I,2,19: *Vna est en-*

Text und den *Quaestiones ad Simplicianum* seine Interpretation des paulinischen Römerbriefs nochmals radikalisiert und nun keinerlei Eigeninitiative des Menschen im Zusammenhang seiner Berufung, keine Verdienste, keine Willensregung mehr akzeptieren wollte, verschärfte sich auch der Wortgebrauch im Blick auf das Wort *massa*. In den Antworten auf die Fragen des Mailänder Presbyters Simplicianus liegt nunmehr eine konsequente Terminologie der *massa damnata* vor, nicht mehr vereinzelte und von biblischen Töpfergleichnissen motivierte Bezugnahmen wie noch zwei Jahre zuvor. Er spricht von *massa peccati, massa peccatorum et impiorum* und entwirft das Bild einer umfassend geschädigten moralischen Autonomie des Menschen[64]. In den *Bekenntnissen* hat Augustinus diese exegetischen Einsichten zum Römerbrief des Apostels Paulus dann an seiner eigenen Biographie expliziert, besser vielleicht: seine Biographie entsprechend seinen Einsichten konstruiert.

Augustinus beantwortet seit 396/397 n.Chr. die Frage, wer gerettet wird, radikal anders als Origenes. Während jener zur Antwort gibt: „Einst werden alle gerettet", repliziert Augustinus: „Zunächst einmal wird keiner gerettet. Alle verdienen als Teil der *massa damnata* die ewige Höllenstrafe". Lediglich aus reiner Gnade rettet Gott dann doch einige, die eigentlich zur Masse der Verdammten gehören. Irgendein Vorrecht von Christen gibt es nicht, sie sind so böse und so gut wie die Heiden und Juden dazu. Origenes denkt für alle, Augustinus vom einzelnen her und ist insofern höchst modern. Kritik lässt sich an diesem Modell leicht üben und Kurt Flasch ist vermutlich nur der munterste unter den gegenwärtigen Kritikern. Nur ganz vorsichtig gebe ich zu bedenken, dass der, der sich bemüht zu verstehen, warum schlichte Eisenbahnbeamte plötzlich Fahrpläne organisieren, um Menschen ins Gas und damit in die Vernichtung zu schicken, vielleicht doch etwas länger über die schwarze Anthropologie des Augustinus nachdenken sollte. In den Bahnen des Augustinus ließe sich doch wohl ein ganz eigenständiger Beitrag zu einer modernen Religionstheorie entwickeln, die nicht einfach ungebrochen beim optimistischen Menschenbild der hohen Neuzeit stehen bleiben will. Soweit zu Augustinus.

Ich füge einige zusammenfassende und abschließende Überlegungen an: Das antike Christentum hat, wie wir sahen, sehr lebendig, aber auch äußerst kontrovers über die Frage debattiert, wer wann und wie gerettet

---

im ex Adam *massa peccatorum et impiorum, in qua et Iudaei et gentes remota gratia dei ad unam pertinent consparsionem* (CChr.SL 44, 48,620–623 Mutzenbecher).
[64] Aug., Simpl. I,2,16: *una quaedam massa peccati supplicium debens diuinae summaeque iustitiae* (CChr.SL 44, 42,469–470 Mutzenbecher); Simpl. I,2,20: *una massa omnium* (CChr.SL 44, 51,697 Mutzenbecher); vgl. P. Frederiksen, Die frühe Paulusexegese, in: V.H. Drecoll (Hg.), Augustin-Handbuch, Tübingen 2007, 279–294, 292.

wird (oder ewig verloren geht). Zu einer regelrechten Theorie über das Verhältnis des Christentums zu den anderen Religionen sind solche Überlegungen freilich nie ausgebaut worden. Anders formuliert: Für eine entfaltete Theorie der Religionen bieten die Lehrbildungen des antiken Christentums allenfalls Ansatzpunkte. Wenn man die systematische Idee der Apologeten, unter dem einen griechischen Stichwort λόγος die stoische Weltvernunft und Jesus Christus zu identifizieren, für einen glücklichen Griff hält[65], dann wird man auch die daraus bei Justin abgeleitete Konsequenz, vernunftgeleitete Menschen vor der Inkarnation des Gottessohnes als Christen zu bezeichnen, für eine mindestens in ihrem Verhältnis zu Rahners einschlägiger Theoriebildung diskussionswürdige halten. Ansonsten wird aber deutlich, dass die sehr bestimmten Kontexte eine schlichte Übernahme antiker christlicher Lehrbildungen eher schwierig machen: Cyprians bekannter Satz *extra ecclesiam salus non est* ist kein Beitrag zur Religionstheorie, sondern ein Spitzensatz über den unauflöslichen Zusammenhang von Sakramententheologie und Eschatologie. Die berühmte Position des Origenes ist unter dem Stichwort „Allversöhnungs*lehre*" nicht wirklich glücklich abgebucht, denn sie speist sich aus einem starken antignostischen Affekt. Bei näherer Betrachtung versucht hier ein gelehrter Theologe, biblische Texte auszulegen und mit zeitgenössischen Wissenschaften ins Gespräch zu bringen – und kommt mit Sicherheit dabei weiter, als die Gnostiker gekommen sind. Augustinus zieht systematische Konsequenzen aus einer radikalen Paulusdeutung, die in politisch unruhigen Zeiten Abschied von einem optimistischen Menschenbild nehmen, das der Kirchenvater offenkundig nur noch als naiv empfand. Vier Strukturtypen einer Antwort auf die Frage, wer gerettet wird – und nun hoffe ich zum guten Schluss doch, dass sie ungeachtet aller Fremdheit wenigstens ein Stück weit für die Debatte der Gegenwart orientieren können.

---

[65] Statt vieler Einzelnachweise soll hier der Hinweis auf die gerade erschienene einschlägige Gedenkschrift für die italienische Althistorikerin Marta Sordi (1925–2009) stehen: Dal Logos die Greci e die Romani al Logos di Dio. Ricordando Marta Sordi, a cura di R. Radice e A. Valvo, Introduzione di C. Ruini, Mailand 2011.

Die Kirche als Zeichen und Werkzeug des Heils

Zur theologischen Bestimmung der sichtbaren – unsichtbaren Kirche

Karlheinz Diez[*]

Hinführung

Gegenwärtig sind die Fragen, welche die Kirche und ihre Verfasstheit betreffen, ein sehr reflektiertes Thema. Die Aussage, dass die Kirche als Zeichen und Werkzeug des Heils zu gelten habe, wird im breiten ökumenischen Diskurs entweder eher mit einem Ausrufungszeichen oder mit einem Fragezeichen beantwortet. Dabei wird auf jeden Fall deutlich, dass sich die Wirklichkeit der Kirche einer einfachen eindimensionalen Beschreibung entzieht. Sie verlangt eine komplexe, mehrdimensionale,

---

[*] Der vorliegende Beitrag ist zu sehen in einem engen Zusammenhang, was bis zur Übernahme von Textpassagen reicht, mit meiner umfangreichen Studie: K. Diez, „Ecclesia – non est civitas Platonica". Antworten katholischer Kontroverstheologen des 16. Jahrhunderts auf Martin Luthers Anfrage an die „Sichtbarkeit" der Kirche (Fuldaer Studien; Bd. 8), Frankfurt 1997.

komplementäre Betrachtungsweise, da zur Konstatierung ihrer empirischen Seite stets auch die Proklamierung der Kirche als Glaubenswirklichkeit tritt. In diesem Zusammenhang wird in ökumenischer Hinsicht gerne an zwei Aussagen Martin Luthers erinnert, welche die Differenziertheit der Sichtweisen zum Ausdruck bringen: Nach Luther „weiß gottlob ein Kind von sieben Jahren was die Kirche sei"[1], dagegen meint er in seiner Spätschrift „Von den Konziliis und Kirchen" (1539) ‚Kirche' sei ein „blindes, undeutliches Wort"[2].

Gemeinhin findet sich in diesem Zusammenhang die Begrifflichkeit von der Sichtbarkeit und der Unsichtbarkeit der Kirche. In ökumenischen Gesprächen ist heute eine Einigung greifbar darüber, dass von einer untrennbaren Verbindung zwischen der unsichtbaren und der sichtbaren Kirche auszugehen ist. Dies sei beispielhaft durch Zitate aus zwei Dialogdokumenten bestätigt.

(1) Im Studiendokument „Kirche und Rechtfertigung" von 1994 behandelt die Gemeinsame römisch-katholische/evangelisch-lutherische Kommission das Problem der Sichtbarkeit und Verborgenheit der Kirche ausführlich in den Nummern 135 bis 147. Es wird abschließend festgestellt: „Katholiken und Lutheraner sind sich darin einig, daß das Heilswirken des dreieinigen Gottes Gläubige durch hörbare und sichtbare Gnadenmittel versammelt und heiligt, die in einer hörbaren und sichtbaren kirchlichen Gemeinschaft vermittelt werden. Sie stimmen zugleich darin überein, daß Christi Heilsgemeinschaft in dieser Welt verborgen ist, weil sie sich als geistliches Werk Gottes der Erkennbarkeit nach irdischen Maßstäben entzieht und weil die Zugehörigkeit zu ihr aufgrund der Sünde, die auch in der Kirche besteht, nicht eindeutig festzustellen ist."[3]

(2) In dem aus dem Reformiert/Römisch-katholischen Gespräch für den Dialogzeitraum 1984–1990 hervorgegangenen Bericht „Auf dem Weg zu einem gemeinsamen Verständnis von Kirche" heißt es, dass man „gemeinsam die untrennbare Verbindung zwischen der unsichtbaren und der sichtbaren Kirche bekräftigen kann" und außerdem: „Die unsichtbare Kirche ist die verborgene Seite der sichtbaren, irdischen Kirche. Die Kirche ist der Welt offenbar, insofern sie berufen ist, am Reich Gottes als Gottes auserwähltes Volk Anteil zu haben. Diese sichtbare/unsichtbare Kirche ist wirklich als Ereignis und als Institution, wo und wann auch immer Gott Männer und Frauen zum Dienst beruft [...] Diese sichtbare/unsichtbare Kirche lebt in der Welt als eine strukturierte Gemeinschaft. Um Wort und Sakrament versammelt, ist sie befähigt, Gottes

---

[1] So in den ‚Schmalkaldischen Artikeln' von 1537 (III. Teil, Art. 12, WA 50, 192 f.).
[2] WB 50, 625.
[3] Gemeinsame römisch-katholische/evangelisch-lutherische Kommission (Hg.), Kirche und Rechtfertigung. Das Verständnis der Kirche im Licht der Rechtfertigungslehre, Paderborn 1994, 81.

Evangelium des Heils der Welt zu verkünden. Ihre sichtbare Struktur soll die Gemeinschaft fähig machen, als Werkzeug Christi für das Heil der Welt zu dienen."[4]

Als Ergebnis einer Bestandsaufnahme aus der Sichtung ökumenischer Dialoge zu diesem Fragepunkt kann einerseits eine Gemeinsamkeit festgehalten werden, andererseits eine Differenz, die weiterer Bearbeitung zu überantworten ist: „Zwar stimmen alle Kirche dazu überein, daß die Kirche eine komplexe Realität ist, zu der sowohl sichtbare Elemente wie eine verborgene und nur im Glauben erfaßbare Dimension gehören. Das Problem beginnt erst, wenn man nach dem genaueren Verhältnis der verborgenen, geistlichen Wirklichkeit der Kirche zur sichtbaren, institutionell verfaßten Kirche fragt. Die Frage ist dann: Inwiefern gehört die institutionelle Gestalt der Kirche zur wahren Kirche, also zum Wesen der Kirche?"[5] Es geht darum, geglaubte Kirche und empirische Kirche, Verborgenheit und Sichtbarkeit in ein Verhältnis zu setzen und theologisch zu begründen. Es geht um die Schnittstelle zwischen einem theologischen Kirchenbegriff und einem soziologischen Kirchenverständnis.

„Sichtbarkeit" und „Unsichtbarkeit" sind in vielfältiger Weise Schlüsselbegriffe mit vielen Konnotationen, welche zustande kommen als Ergebnis spezieller Verhältnisbestimmungen zwischen Empirie und Offenbarung, Glaube und Vernunft, Natur und Gnade. Der Begriff bedarf stets einer sorgfältigen Dechiffrierung auf seine jeweilige Bedeutung hin. Dabei leiten einen die Fragen: Wie sind Sichtbarkeit und Unsichtbarkeit miteinander in Beziehung zu setzen? Ist eine Unterscheidung im Subjekt festzustellen, oder sind beide Dimensionen von einer Wirklichkeit außerhalb des Subjekts her zu bestimmen? Schließen sie sich dabei aus oder nicht? Kommt beiden Wirklichkeiten, Sichtbarkeit und Unsichtbarkeit, in gleicher Weise Bedeutung zu, oder ist eines von beiden als das Übergeordnete, Wesentliche vorrangig?

Diesen Fragen soll im Folgenden nachgegangen werden durch den kursorischen Rückblick auf die Herausbildung der generellen Fragestellung. Sodann werden wichtige Einzeletappen der Gedankenentwicklung bis in die Gegenwart beschrieben, um schließlich in Einzelaspekten mögliche Anknüpfungspunkte für eine weitere Beschäftigung mit der Fragestellung anzubieten.

Eine besondere Wortmeldung kann ein hilfreich begleitender Denkimpuls sein: „Wir dürfen von der Sichtbarkeit der Kirche nicht so sprechen, als bedürfe es keines Glaubens, um sie als den Leib Christi wahrzunehmen. Diesen Irrweg zu gehen, war zu gewissen Zeiten die römisch-katholische Kirche in Gefahr. Wir dürfen aber auch nicht sprechen: ‚Es

---

[4] DwÜ 2 (1992) 660 (Nr. 127/128).
[5] W. Kasper, Theologie und Kirche, Mainz 1987, 238.

ist anzunehmen, daß heute hier und dort Kirche ist, da man doch die Kirche glauben muß. Sie wird also schon irgendwo sein.' Dieser Irrweg liegt der lutherischen Kirche besonders nahe. Sie ist ihn oft gegangen. Daraus ist dann die falsche Lehre von der unsichtbaren Kirche entstanden, eine Lehre, die viel Unheil angerichtet hat.“[6]

1. Die Entstehung der Fragestellung

Im Neuen Testament finden sich die Grundlagen für die späteren Erörterungen und Auseinandersetzungen. Diese sind aber noch nicht reflektiert entfaltet. Dass „Sichtbarkeit" der Kirche diese als gesellschaftlich greifbare, strukturierte Größe meint, von der sich die „unsichtbare, verborgene" Kirche abhebt, meinen die Bildvergleiche, die unter Anknüpfung an das Alte Testament auf die Kirche angewendet werden: „Volk Gottes" (1 Petr 2,9–10), „Leib Christi" (1 Kor 12; Kol; Eph), „Tempel des Hl. Geistes" (1 Kor 3,16; 6,19); „Schafstall" (Joh 10,1–10), „Pflanzung", „Acker Gottes" (1 Kor 3,9), „Bauwerk" (1 Kor 3,9), „Braut" (Offb 19,7; 21,2 und 9; 22,17); „Jerusalem" und „Mutter" (Gal 4,26; vgl. Offb 12,17). Es ist erst Augustinus, der die Fragestellung in den Herausforderungen seiner Zeit zum eigentlichen Problempunkt macht. Dabei kommt seinem eigenen geistigen „Reifeprozess" eine besondere Bedeutung zu. Joseph Ratzinger bezeichnet die Entdeckung des Neuplatonismus als das große Durchbruchserlebnis Augustins.[7]

In seiner Perspektive des Neuplatonismus konnte Augustinus ein neues Verständnis der Wirklichkeit formulieren, insofern die Ansichten des manichäischen Dualismus, der eine Trennungslinie quer durch die konkrete Welt im Sinne von Gut und Böse zog, jetzt von den Ansichten des neuplatonischen Dualismus der zwei Seinsbereiche von ‚mundus sensibilis' und ‚mundus intelligibilis' abgelöst wurden. Augustinus entwickelt dabei sein Denken immer mehr von einer Unterscheidung metaphysischer Bereiche hin zu einer Gegenüberstellung heilsgeschichtlicher Befindlichkeiten.

Die zunehmende „Verchristlichung" der neuplatonischen Philosophie hat Folgen. Die philosophische Suche nach der ewigen, unsichtbaren, intelligiblen Wahrheit jenseits der Geschichte trifft auf das einmalige Inkarnationsgeschehen des Gottessohnes in der Geschichte als dem Zent-

---

[6] H. Asmussen, Katholische Wahrheit, Tradition und Amt in: M. Lachmann u.a., Katholische Reformation, Stuttgart 1958, 201–222, 205.
[7] Vgl. J. Ratzinger, Volk und Haus Gottes in Augustins Lehre von der Kirche (MThS.S. 7), München 1954, 16. Die Frage nach dem Neuplatonischen und Christlichen bei Augustinus ist aber wohl nur als systematische Frage sinnvoll, als biographische Frage ist sie kaum zu beantworten.

rum des christlichen Glaubens. Das bestehende Spannungsmoment zwischen dem „intelligiblen" und dem „sensiblen" Bereich erfährt eine deutliche Akzentverschiebung auf den zweitgenannten Bereich. Dies wirkt sich im Kirchenverständnis aus. Festzuhalten ist: „Die Gegensatzpaare forinsecus – intrinsecus und visibilis – invisibilis geben der augustinischen Ekklesiologie ihr Gepräge, und zwar nicht nur in einer bestimmten Phase seiner Entwicklung, sondern von den frühen antimanichäischen Schriften bis zu seinen letzten antipelagianischen Werken."[8]

Augustinus unterscheidet, wenn er neuplatonisch-ontologische Terminologie bei der Reflexion über das Thema der Kirche heranzieht, eine dreifach gestufte Zugehörigkeit zur Kirche.[9]

Den ersten Gliedschaftsgrad verwirklichen diejenigen, die zur sichtbaren Kirche gehören, ihre Sakramente empfangen und am kirchlichen Leben teilnehmen; den zweiten Grad jene, welche zur sichtbaren Kirche gehören, aber zugleich in der inneren Schicht, nämlich in der caritas und in der pax leben; den dritten verwirklichen die Prädestinierten, d.h. jene, welche von Gott dafür ausersehen sind, dass sie im kommenden Aeon Christus haben (Augustinus unterscheidet zwischen „intus esse", „intus videri" und „aperte foris esse"). Michael Schmaus nennt diesen Aufbau in Intensitätsgraden der Kirchengliedschaft „einen einzigen Kirchenbegriff, der dreifach gestuft ist".[10] Nur diejenigen, die dem zweiten oder dritten Gliedschaftsgrad zuzurechnen sind, „konstituieren die Kirche ‚im eigentlichen Sinne (vere, proprie)'. Sie stellen nicht eine unsichtbare Kirche her, sie sind vielmehr die sichtbar-unsichtbare Kirche zugleich. Ohne Zugehörigkeit zum sichtbaren Bereich der Kirche gibt es keine Zugehörigkeit zum unsichtbaren, d.h. zum eigentlichen Bereich der Kirche".[11]

Wie aber ist die Antinomie zu verstehen, dass einerseits der umfassende Charakter der pax ecclesiae gegenüber einer exklusiven Kirche nur der Heiligen verteidigt und andererseits die ecclesia selbst auf die Heiligen eingeschränkt wird? Diese Antinomie wird von Joseph Ratzinger durch die Nichtidentität von caritas und pax in ekklesiologischer Hinsicht erklärt, was, wie er sagt, eine Umgestaltung des Sichtbarkeitsbegriffes zur Folge hat, da das eigentlich Wirkliche des Sichtbaren das Unsichtbare ist und signum und res significata sich nicht mehr decken müssen.[12]

Augustinus nähert sich dem Thema „Kirche" also sozusagen auf zwei verschiedenen Gleisen, einmal „sub specie temporis", dann „sub specie aeternitatis". „Je nachdem vom ‚Schein' oder vom ‚Sein' ausgegangen, ist

[8] B. Hamm, Unmittelbarkeit des göttlichen Gnadenwirkens und kirchliche Heilsvermittlung bei Augustin, in: Z ThK 78 (1981) 409–441, 411.
[9] Vgl. M. Schmaus, Katholische Dogmatik, Bd. III/1, München 1958, 423–425.
[10] Ebd., 425.
[11] Ebd.
[12] Vgl. J. Ratzinger, Volk (Anm. 7), 157f.

der von den fraglichen Begriffswörtern gemeinte Umfang verschieden anzusetzen. Dabei liegt die Doppelung im Begriffswort, nicht im Begriff, der vielmehr die einheitliche Grundlage darstellt."[13]

Augustinus verteidigt gegen die Donatisten die konkrete zeitlich-geschichtliche Gestalt der Kirche, die sich aus Sündern und Gerechten zusammensetzt – diese erhoben immer wieder den Vorwurf eines „doppelten Kirchenbegriffs", während er in ‚De civitate Dei' von seinem Geschichtsverständnis her stärker den Charakter der „Entfremdung" von der Ewigkeit Gottes für die pilgernde Kirche beansprucht, was, wie Hans Urs von Balthasar betont, für das Verständnis von ‚civitas Dei' die Folgerung bringt: „so deckt der Umfang des Civitas-Dei-Begriffes jedenfalls die unsichtbare Kirche und schließt darin die sichtbare ein, soweit sie als echte Versichtbarung der wesenhaft christlichen Gesinnung angesprochen werden kann".[14]

Die Ambivalenz des augustinischen Kirchenbegriffes wird gemeinhin unter der Formel ‚doppelter Kirchenbegriff' erörtert. Es geht um die Fragen: „Ist die institutionelle, reale Kirche, zu der ja bekanntlich auch Sünder und Unwürdige gehören, mit der ‚unsichtbaren' Gnadengemeinschaft des Leibes Christi identisch? Ist die *ecclesia catholica* in der augustinischen Theologie der Kirche dasselbe wie die *ecclesia sancta*, die von der geistgewirkten *caritas*, das heißt der Heilsgnade Christi durchpulst wird? Oder stehen die empirische, ‚äußere' Kirche einerseits und die Gemeinschaft der Prädestinierten andererseits ohne überzeugende Vermittlung nebeneinander?"[15]

Welche Modifizierung des Sichtbarkeitsbegriffes ist gemeint? Die neuplatonische Ontologie operiert, so könnte man sagen, vornehmlich mit dem Begriff ‚Unsichtbar', da das Eigentlich-Wahre, Ewig-Gültige dieser Sphäre angehört. ‚Sichtbarkeit', und damit das ganze geschichtliche Element, umgreift demzufolge den Oberflächenbereich des Nicht-Eigentlichen, nur Abbildlichen, des Scheines. Das biblische Denken tendiert mittels des Schemas von Verheißung – Erfüllung und im Gefolge konkreter Heilsgeschichte jedoch viel stärker zur Festlegung und Feststellung der ‚Sichtbarkeit'. Es legt sich der Eindruck nahe: Die Wertigkeit, die man einzelnen Komponenten im augustinischen Denken einräumt, hat unmittelbaren Einfluss auf die Deutung der augustinischen Ekklesiologie.[16]

---

[13] Ebd., 147, Anm. 45.
[14] Augustinus, Der Gottesstaat. De civitate Dei. Systematischer Durchblick in Texten, hg. u. eingeleitet von H.U. von Balthasar (Christliche Meister, Bd. 16), Einsiedeln ²1961, 25.
[15] S. Budzik, Doctor pacis. Theologie des Friedens bei Augustinus (Innsbrucker theologische Studien 24), Innsbruck – Wien 1988, 148f. Hervorhebung im Original.
[16] Vgl. A. Schindler, Augustins Ekklesiologie in den Spannungsfeldern seiner Zeit und heutiger Ökumene, in: FZPhTh 34 (1987) 195–309.

Das Sichtbarkeitsmoment im Kirchenverständnis Augustinus erhält besondere Beachtung, wenn das augustinische Verständnis einer vorchristlichen Kirche (‚ecclesia ab Abel') zum Vergleich herangezogen wird. Augustinus ist nicht der Begründer dieser Konzeption, er greift auf Gedankengut zurück, das in der lateinischen Theologie vor ihm schon bereitlag. Er entfaltet sie durch selbständige Weiterführung.[17]

Der Ausdruck ‚ecclesia ab Abel' findet sich als feststehender Ausdruck bei Augustinus seit 412, d.h. in seinen Auseinandersetzungen mit dem Pelagianismus und dient als wichtige ‚Aufbaugröße' für das Werk ‚De civitate Dei' (seit 413). Sinnelemente in dieser Sicht einer vorchristlichen Kirche, die eingeht in die Konzeption der einen umfassenden Kirche (Einheit der Kirche vor Christus mit der Kirche nach Christus), sind die einzige Mittlerschaft Jesu Christi, die Universalität der göttlichen Heilsordnung, die Einheit des Glaubens und die kontinuierliche Gnadenzuwendung Gottes. Augustinus begreift aber unter seiner Sicht von der vorchristlichen Kirche nicht die ganze Menschheit vor Christus, sondern nur eine ausgewählte Schar heiliger Menschen. Einerseits lässt sich gut in der Perspektive Augustins die Einheit der übernatürlichen Heilsordnung festhalten, die ansonsten in zwei voneinander getrennte ‚Zeitabschnitte' (‚vor Christus' – ‚nach Christus') aufgelöst zu werden droht. Andererseits aber wird die Erklärung der Einzigartigkeit der Kirche des Neuen Bundes erschwert, besonders wenn es um das ‚Sichtbarkeitsmoment' im Kirchenverständnis geht.

2. Die Komplexität des augustinischen Kirchenverständnisses

Je mehr im Kirchenverständnis bei Augustinus der empirisch-geschichtlichen Faktizität als einer Verfasstheit der irdischen Existenz der eigentliche überzeitliche Wesensbestand entgegengehalten wird, um so schwieriger wird es, die konstitutive Bedeutung konkreter Geschichte zu wahren und nicht in einem unüberbrückbaren Gegensatz der Begriffe ‚empirisch-eschatologisch', wie ‚sakramental-personal' zu enden. Ein solcher Gegensatz wäre dann konstruiert, wenn man die sakramentale Existenz mit Vergeschichtlichung und die personale Existenz mit ‚Entgeschichtlichung' gleichsetzte.[18]

---

[17] Vgl. J. Beumer, Die Idee einer vorchristlichen Kirche bei Augustinus, in: MThZ 3 (1952) 161–175, 161f., Beumer findet gedankliche Anklänge schon bei dem ‚Hirten des Hermas', im zweiten Klemensbrief, bei Origenes, Methodius von Olymp, Epiphanius von Salamis u.a.(vgl. ebd., 162).

[18] Das meint z.B. Joseph Ratzinger in der Konzeption Kamlahs von Kirche als einer eschatologisch verstandenen geschichtlichen Gemeinde finden zu können: „Das Sakramentale an

Um die Komplexität des augustinischen Kirchenverständnisses ‚aushalten' zu können (einerseits Gefahr einer übersteigerten empirischen Faktizität, andererseits Vorwurf eines Mangels an Empirie), findet man Hilfe in der Interpretation Joseph Ratzingers bei den Bezeichnungen ‚pneumatisch – ekklesiologisch' und ‚sakramental – ekklesiologisch'. Er zieht zum Verständnis der augustinischen Ekklesiologie die sakramentale Feier des Herrenmahles heran. Die „Vollzugswirklichkeit" der Feier bedenkend wird es möglich, der Aporie der Gegenüberstellung von sakramentaler Vergeschichtlichung und ungeschichtlichem eschatologischem Bewusstsein zu überwinden. Auf die Kirchenwirklichkeit bezogen kann deshalb auch von einer ‚Sichtbarkeit des Sakramentes' gesprochen werden.[19]

Henri de Lubac kommentiert die ‚Zweipoligkeit' im augustinischen Kirchenverständnis folgendermaßen und bietet damit eine Antwort an: „Mehr als einmal ist in diesem Zusammenhang darauf aufmerksam gemacht worden, daß Augustinus ‚zwischen zwei Polen' zu pendeln scheint: zuweilen, so hat man behauptet, spricht er von der Kirche, als sei sie praktisch mit dem Reich Gottes identisch; so zum Beispiel in der Civitas Dei (I. 20 C. 9); anderwärts behandelt er diese Auffassung als unsinnige Anmaßung; so im Traktat De sancta Virginitate (c. 24). [...] Indes, wenn man den Dingen auf den Grund geht, herrscht hier weder Unsicherheit noch Widerspruch. Man braucht übrigens nur die zwei genannten Augustinusstellen aufmerksam in ihrem Zusammenhang nachzulesen, um ihre Übereinstimmung festzustellen. Es handelt sich um nichts weiter als um zwei dem Mysterium der Kirche innewohnende, ge-

---

der Kirche bedeutet ihre Vergeschichtlichung, ihre Konkretion: ihr immer stärkeres Hineinfallen in die konkrete Empirie der Geschichte, während umgekehrt die personale Gemeinde der Erwählten als solche ein Phänomen der christlichen ‚Entgeschichtlichung', der Aufhebung von Geschichte ist: Entgeschichtlichung, eschatologische Existenz ist Herausnahme aus geschichtlicher Gebundenheit an bergende und verpflichtende Gemeinschaften, ist ‚Vereinzelung'." (J. Ratzinger, Herkunft und Sinn der Civitas-Lehre Augustins. Begegnung und Auseinandersetzung mit Wilhelm Kamlah, in: Augustinus Magister [Congrès International Augustinien Paris, 21–24 Septembre 1954], Bd. 2, Paris o.J., 965–979, 975).

[19] „Das Wesen der Gottes-Civitas ist dies, daß sie *corpus Christi* feiert und ist. [...] Wo immer man Augustin zu Ende reden läßt, da mündet seine Rede in dem einen Gleichen: dem Wort vom Leib des Herrn. Hier liegt der wahre Herzpunkt seiner Lehre, an dem sich alle Wege seines Denkens zur Einheit finden. [...] Die Kirche ist bei Augustin nicht in dem Sinn empirisch, in dem dies Wort in unserer Zeit verstanden wird. [...]" (J. Ratzinger, Herkunft [Anm. 16], 978). „Ihr wahres Wesen ist es, am Leib des Herrn teilzunehmen und so selber dieser Leib zu sein. Unter Civitas Dei ist also die ecclesia zu verstehen, die als Gemeinschaft des Herrenleibes die pneumatische Polis Gottes oder vielmehr deren auf Erden in Fremdlingshaft harrender Teil ist." (Ebd., 979). Auch: „Insofern könnte man definierend sagen, K[irche] sei das Volk, das vom Leib Christi lebt, u[nd] im Eucharistiefeier selbst Leib Christi wird. Dies schließt [...] ein, daß die K[irche] ihre eigene Sichtbarkeit hat in der Welt, die Sichtbarkeit des Sakraments, d.i. des hl. Zeichens, u[nd] des Wortes; [...]" (J. Ratzinger, Art. „Kirche. III. Systematisch", in: LThK² 6 [1961] Sp. 179–183, Sp. 183).

gensätzliche Aspekte. Auch hier begegnen wir einem dialektischen Aussagenpaar, bei dem keiner der beiden ‚Pole' aufgehoben werden darf."[20]

3. Zur Rezeptionsgeschichte

Augustinus hat dem Mittelalter sein Gedankengut hinterlassen, das wegen seines hohen Komplexitätsgrades wie ein Steinbruch wirken konnte, aus dem man jeweils Einzelstücke auszuwählen und in die eigene Perspektive einzuarbeiten wusste.

Das augustinische Gedankengut wurde dann ‚sehr vergröbert' weitergegeben, wenn die Glieder der Kirche als mit den Gliedern des vollendeten Reiches Gottes identisch angesehen wurden. Die ekklesiologisch – heilsgeschichtliche Konzeption des augustinischen Kirchenverständnisses erweist sich als ein spannungsvolles Potential verschiedener Deutemöglichkeiten. Augustinus hat platonisch inspiriert weitergegeben: sichtbare Kirche – Leib – nur äußere Kirchenzugehörigkeit; unsichtbare Kirche – Seele – innere Kirchenzugehörigkeit, welche die wichtigere ist. Im Mittelalter distanzierten sich verschiedene Gruppierungen, wie die Albigenser und Katharer, dann in der Neuzeit die Jansenisten von der sichtbaren Kirche. Bei den Spiritualen, besonders bei Joachim von Fiore, wirkte sich die apokalyptische Erwartung des Reiches Gottes in der revolutionären Kritik an Staat und Kirche aus. Die Geschichte der Augustinusrezeption im Mittelalter ist geprägt von verschiedenen, oft sehr disparaten Deutungstraditionen, die sogar gegenläufige Profile annehmen konnten. Wenn sich in der Väterzeit – schaut man auf die entfaltete Sakramententheologie eines Augustinus, oder auf Origenes im Osten, oder auf andere – durch die gleichzeitige Unterscheidung wie Verbindung von ‚Zeichen' und ‚bezeichneter Sache' ein symbol-ontologisches Wirklichkeitsverständnis abzeichnet, kommt es im Fortgang der mittelalterlichen Geistesgeschichte immer mehr zu einer Auflösung dieser „kombinatorischen" Sichtweise. Die ontologische Urbild-Abbild-Dynamik schwächt sich immer mehr ab. Ein Abbild kann nicht Wirklichkeit, und Wirklichkeit kann nicht Abbild sein.[21]

Der sinnlichen Wahrnehmung kommt Priorität zu. Das klassische Symbolverständnis löst sich auf. Sinnlichkeit und Sinnhaftigkeit, die im Symbolverständnis der Väterzeit noch verbunden waren, und die „Wirk-

---

[20] H. de Lubac, Geheimnis aus dem wir leben (Kriterien 6), Einsiedeln – Freiburg ²1990, 46f.
[21] „Besonders die Abendmahlsstreitigkeiten des 9. und 11. Jhs. dokumentieren die Unfähigkeit der römisch-germanischen Welt, das antike Bilddenken nachzuvollziehen. Wirklichkeit (veritas) und Bild (figura) werden streng alternativ verstanden: Wo etwas Bild oder Abbild ist, ist es keine Wirklichkeit, und wo etwas Wirklichkeit ist, ist es kein Bild oder Abbild." (K.-H. Menke, Stellvertretung. Schlüsselbegriff christlichen Lebens und theologische Grundkategorie (Horizonte NF 29), Freiburg 1991, 56).

lichkeit" des Symbols bedeuteten, verlieren ihre innere Bezogenheit. Um 1500 ist der Emanzipationsprozess naturwissenschaftlicher Erkenntnis von der Theologie so deutlich geworden, dass man, begründet durch die Ablösung des ptolemäischen Weltbildes durch das kopernikanische, von einem „Verlust des Zentrums" sprechen kann.[22]

4. Der Einfluss augustinischen Gedankenguts in der Reformationszeit

Das Spannungsmoment im augustinischen Kirchenverständnis mit seinen potentiellen einseitigen „Auflösungstendenzen" gewinnt eine spezielle Sprengkraft im Zeitalter der Reformation.

Vieles was als Allgemeingut der Ekklesiologie gerade auch im 16. Jahrhundert verarbeitet ist, geht auf Augustinus zurück. ‚Augustinus' ist im 16. Jahrhundert vornehmlich durch den breiten, vielgestaltigen Traditionsstrom augustinischer Theologie, besonders vertreten durch die Theologen des Augustiner-Ordens präsent. Man beruft sich vielfach auf Augustinus. Von der Autorität des bedeutenden Theologen getragen, kann sein Werk als ein reicher Zitatenschatz zur Untermauerung der je eigenen Position dienstbar gemacht werden. Auch auf Martin Luther machte das Gesamtwerk Augustins großen Eindruck.[23]

Als ein deutliches Zeugnis polemischer Zuspitzung, besonders auch in der Frage der Sichtbarkeit der Kirche, sei an die Kontroverse zwischen Thomas Murner und Martin Luther erinnert.

Nach Konrad Hammann[24] ist der Franziskaner Thomas Murner (1475–1537) der erste Theologe gewesen, der im Reformationszeitalter den Vorwurf erhoben hat, Luther entwickle von der Kirche die imaginäre Vorstellung einer ‚civitas Platonica'. Murner hält 1521 Luther vor, wie Plato eine allein geistliche Kirche zu entwerfen, in der kein leibliches o-

---

[22] So R. Decot, Die Entstehung des modernen Erd- und Weltbildes im 15./16. Jahrhundert. Theologische Voraussetzungen und Folgen, in: ThG 35 (1992) 265–279, 278.

[23] In der Vorrede zur Herausgabe von »De spiritu et litera« (1518) schreibt Luther: „Zum Lobe Augustins will ich an diesem Ort nichts sagen außer dem einen: durch die Erfahrung belehrt kann ich es als sicher bezeugen, daß nach der hl. Schrift kein Doktor in der Kirche ist, der ihm an christlicher Gelehrsamkeit vorzuziehen wäre. Ich gestehe den anderen ihr Lob zu: Sie sind beredt wie Chrysostomus, in den weltlichen Wissenschaften bewandert wie Hieronymus, aber in allen zusammengenommen wirst du nicht die Hälfte von dem finden, was du allein bei Augustinus hast. Deshalb, wenn du kannst und freie Zeit hast, erwähle dir diesen hl. Augustinus zum Lehrer, ganz besonders, wo er gegen die Pelagianer, Donatisten und Manichäer kämpft. Er ist ein Mann mit festem Fundament in Christus." (EA var VII, 490, 4ff., zit. nach: A. Hasler, Luther in der katholischen Dogmatik [Beiträge zur ökumenischen Theologie 2], München 1968, 313f.; ebd., 314, Anm. 31 weitere lobende Verweise auf Augustinus bei Luther).

[24] K. Hammann, Ecclesia spiritualis. Luthers Kirchenverständnis in den Kontroversen mit Augustinus (Forschungen zur Kirchen- und Dogmengeschichte 44), Göttingen 1989, 111.

der äußerliches Ding zu ihr gehöre und von Bedeutung sei; in der es nur einen geistlichen Bürgermeister und einen geistlichen Einwohner, geistliche Türme und Mauern gebe, eben völlig vergeistigt, idealistisch-platonisch konzipiert ohne konkreten irdischen Ort.[25]

In seiner Antwort auf Murners Anfrage (‚An den Murnarr' [WA 7, 681–688]) hält Luther Murner nicht eine eigene Vernunfterklärung entgegen, sondern eine Folge von Schriftzitaten, die nach seiner Meinung deutlich machen, dass das räumlich-zeitliche Äußere nicht zur eigentlichen Kirche gehört; das Reich Gottes verkörpert sich nicht in einer ‚äußerlichen' Weise. Dagegen nun verstehe Murner die christliche Kirche nicht ohne ihre ‚leibliche' Seite.[26]

Nach Aussage von Apg 7,48 wohnt Gott nicht in ‚gebauten Stätten'. Murner nun verändere mit seiner ‚sehenden Vernunft' das ‚Nicht' in ein ‚Auch' und lasse das Haus Gottes auch in gebauten Stätten bestehen.[27]

---

[25] „Du beschreibest dir eben ein meß vnd ein kirchen / wie im Plato selbs ein stat beschreib / vnd ein ebenbild formiert wy ein iede stat sein solt. es ist aber noch nie kein lut seiner beschreibung erfunden worden. Darumb beschreib ich dir erstlich ein stat / zu dem andern ein kirchen / zu dem dritten ein meß […] Solt ich ietz deren stat lob vßrieffen / wie du thust / so bließ ich v ff. O du lobwürdige stat / in der also gebet würd / in fürdrung des gemeinen nutz / in der stat sein geistlich burgermeister / geistliche ratzgenossen / geistliche botten / soldner / roß / thürn / muren / greben / bolwerck / brustwer.zc. Dan vß keinem leiblichen oder wie du sagst vsserlichem ding / würt sollich stat regieret / vnd befestigt. Das sei die geistlich stat. […] dan zu einer sollichen stat ist kein leiblich ding gehoerig." (Th. Murner, Ein christliche und briederliche ermanung [1520], hg. von W. Pfeiffer-Belli [Thomas Murners Deutsche Schriften, Bd. 7, Berlin – Leipzig 1928, 29–87, 74).

[26] „Da ich die Christliche kirch ein geystlich vorsamlung genennet het, spottistu meyn, als wolt ich ein kirch bawen wie Plato in statt, die nyndert were, Und lest dyr deyn zufall so hertzlich wol gefallen, als habstu es fast wol troffen. Sprichst: were das nit ein feyne statt, ßo geystlich maurenn, geystlich tuern, geystlich buechßen, geystlich roß unnd als geystlich were? Und ist deyn endtlich meynung, die Christlich kirch mug nit on leyplich statt, rawm und guetter bestehen. Antwort ich, lieber Murnar: Soll ich umb der Ration willen die schrifft leugnen und dich ubir gott setzen? Warumb anttwortistu nit auff meyne spruech? als: ‚non est respectus personarum, apud deum', Et ‚regnum dei intra vos est', Et ‚regum dei non venit cum observatione', nec dicent ‚Ecce hic aut illic est', und Christus Johan. I. ‚Was auß dem geyst geporn ist, das ist geyst.' Ich meyn yhe, du heyssist das reych gottis die Christenliche kirche odder uns, yn wilchen gott lebt und regiert. Wie soll ich denn deyner vornunfft folgen und Christum leugnen, der hie klerlich spricht: Es sey kein statt, rawm noch eußerliche weyße am reych gottis, und sey nit hie noch da, sondern eyn geyst ynn unßerm ynwendigen? Du aber sagist: Es sey hie und da." (WA 7, 683,9–26); Luther bezieht sich auf Röm 2,11; Lk 17,20f.; Joh 3,6.

[27] „Was sagistu zu S. Stephan Act. 8. ‚Der uebirst gott wonet nit ynn gepaweten stetten'? Lieber laß dein vornunfft hie sehnn und mach auß dem ‚Non' eyn ‚Etiam', und sprich, gottis hawß sey auch ynn gepawtten stetten. Und Jsaias 66. wilchenn S. Stephan einfurett, spricht: ‚Wo ist der rawm, da ich wone? wo ist das hawß, das yhr mir machet?' Lieber Jsaias, weystu das nit? Murner wirt dirß wol sagen: ‚Es ist zu Rom oder wo der Bapst und Christen sein'. ‚Neyn', spricht er, ‚sondern meyn geyst wonett ynn eynem armuetigen, demuetigen geyst, der meyn wortt ehrett'." (WA 7, 683,27–34); Luther repliziert auf Murners Bild einer völlig ‚vergeistigten' Stadt im umgekehrten Sinn: „Wie dunckt dich, Murnarr? Ich meyn, du reyttest nu auch feyn einher mit deyner kirchen auff leyplichen

Luther formuliert in griffigen Antithesen: „Die heylige Kirche Christi spricht alßo: ‚Ich glaube ein heylige Christliche kirche'. Die tolle kirch des Bapsts spricht alßo: ‚Ich sehe ein heylige Christliche kirche'. Jhene spricht: ‚Die Kirche ist widder hie nach da'. Dieße spricht: ‚Die Kirche ist hie und da'. Jhene spricht: ‚Die Kirche ligt an keyner person'. Diese spricht: ‚Die Kirche ligt am Bapst'. Jhene spricht: ‚Die kirch ist nit auff ein zeytlich ding gepawet'. Dieße spricht: ‚Die kirch ist auff den Bapst gepawen'.[28]

Besonders in den Streitschriften der Jahre 1519–1521 lassen sich noch weitere Aussagen Luthers zum Thema ‚Kirche' finden, die ebenso bedeutsam wie schwierig zu interpretieren sind. In der Schrift „Von dem Papsttum zu Rom wider den hochberühmten Romanisten zu Leipzig" (1520) trifft man auf das ‚umstrittene' Lutherwort von den ‚zwo Kirchen'. Luther unterscheidet die „geystliche, ynnerliche Christenheit", welche für ihn „natürlich, gründlich, wesentlich und warhafftig" ist, von der „leypliche[n], euszerliche[n] Christenheit", welche für Luther „gemacht und eusserllich" ist; doch will Luther beide nicht „vonn einander scheydenn". In einem Vergleich erklärt er die Unterscheidung. Wie man den Menschen hinsichtlich seiner Seele einen geistlichen, und hinsichtlich seines Leibes einen leiblichen Menschen nenne – Luther fügt die biblische Unterscheidung zwischen dem innerlichen und äußerlichen Menschen hinzu –, so sei die christliche Gemeinde „hinsichtlich der Seele" eine einträchtig in einem Glauben verbundene ‚gemeyne', auch wenn sie „hinsichtlich des Leibes" nicht an einem Ort versammelt sei.[29] Der Vergleich mit der Leib-Seele-Konstitution des Menschen führt trotz der Versicherung des Nichtscheiden-wollens von ‚innerlichem' und ‚äußerlichem' Bereich eine verbindungsmäßige Spannung ein, insofern Luther betont, dass nicht der Leib das Leben der Seele gewährleiste, sondern die Seele im Leib lebe und auch ohne ihn zu leben vermöge.[30] Jedenfalls bildet sich gleichsam als reformatorischer „Kampfruf" heraus: „Abscondita est ecclesia, latent sancti"[31].

Im Gegenzug wird in der Kontroverse immer mehr Wert gelegt auf die Erkenntnis der wahren Kirche und die Autorität des geoffenbarten und überlieferten Glaubensgutes. Hüterin der Wahrheit ist die Kirche, also

---

pferden, stetten und turnenn. Sihe da deyn bestis stuck ynn deynen buchle, wie feyn triffts mit der schrifft. Drumb laß deyn vornunft schlaffen und tzeyg mir eynen buchstaben ynn der schrifft, das zeytlich rawm, statt odder gepew, zu kirchen gehoren, ßo will ich nit mehr foddernn und bald folgenn." (WA 7, 683, 34–684,2).
[28] WA 7, 685,4–10.
[29] WA 6, 296,37–297,9. Nach H. Bacht, Die Sichtbarkeit der Kirche im kontroverstheologischen Gespräch der Gegenwart, in: J. Ratzinger/H. Fries (Hg.), Einsicht und Glaube (FS G. Söhngen), Freiburg ²1963, 447–463, 455, Anm. 41, ist es zumindest auffällig, dass und wie Luther den vier Adjektiven der ‚geistlichen Kirche' die zwei Adjektive (‚gemacht' und ‚äußerlich') der ‚leiblichen Kirche' gegenüberstellt.
[30] „[…], gleich wie der leyp macht mit, das die seele lebt, doch lebet wol die seele ym leybe, und auch wol an den leyp." (WA 6, 297,16f.).
[31] WA 18, 652,23.

muss sie sichtbar und erkennbar sein. Diese sichtbar-erkennbare Kirche fordert klare und eindeutige Zugehörigkeitskriterien, eine offenkundige Mitgliedschaft. Nicht der Glaube, oder etwas anderes Unsichtbares und Verborgenes, wird gefordert, damit jemand irgendwie zur Kirche gehört; denn man kann nicht unzweifelhaft die wahre Kirche kennen, wenn der ,innerliche Glaube' in jedem mehr oder weniger vollkommenen Glied der Kirche vorausgesetzt wird. Wer kann wissen, in welchen Gliedern der Kirche der Glaube vorhanden ist? Die Positionen, welche nach Robert Bellarmin (1541–1621) zur Konzeption einer unsichtbaren wahren Kirche führen, proklamieren das Erfordernis innerlicher Tugenden zur Konstituierung der Kirchengliedschaft. Dagegen stellt er seine Auffassung, die zwar davon ausgeht, dass in der Kirche alle Tugenden, Glaube, Hoffnung, Liebe usw. anzutreffen sind, aber dennoch keine innerliche Tugend für notwendig erachtet, dass jemand, einfach hin gesprochen, zur wahren Kirche gehört. Gefordert werden nur das äußere Bekenntnis des Glaubens und die Gemeinschaft in den Sakramenten, was sinnenhaft geschieht. So kommt Bellarmin zu seinem bekannten Spitzensatz, dass die Kirche eine Versammlung (coetus) von Menschen verkörpert, die so sichtbar sei wie die Versammlung des römischen Volkes oder das gallische Königreich oder die Republik Venedig.[32]

Der Vorwurf einer ,civitas platonica' wird geradezu zu einer Tradierungskonstante durch das ganze Zeitalter der Reformation, verbunden mit der phänomenologischen Vorhaltung hinsichtlich der menschlichen Befindlichkeit: „Homines enim sumus."[33] Der Dauervorhaltung auf der einen Seite stand eine ,Dauerverwahrung' auf der anderen Seite gegenüber. Kontroverstheologische Spitzenaussagen werden erreicht, wenn Johann Baptist Franzelin hinsichtlich des protestantischen Kirchenverständnisses die „negatio visibilitatis Ecclesiae" als Hauptquelle für alle Glaubenshäresie verantwortlich machen wird; und Rudolf Sohm die Lehre von der Sichtbarkeit

---

[32] Vgl. R. Bellarmin, De Ecclesia militante, lib. III., cap. II, 1264; dies wird von Bellarmin ausdrücklich gesagt z.B. bei der Frage, ob ein Exkommunizierter, der alle Auflagen erfüllt und Anforderungen einlöst, zur Kirche gehört. Ein solcher ist in der Kirche ,animo siue desiderio', was zur Erlangung des Heils ausreicht, aber nicht ,corpore siue externa communicatione', „quae propriè facit hominem esse de Ecclesia ista visibili, quae est in terris". (R. Bellarmin, De Ecclesia militante, lib. III, cap. VI, 1276).

„Lutherani, & Caluinistae signa visibilia quaedam & externa Ecclesiae statuunt, nimirum praedicationem verbi Dei, & Sacramentorum administrationem, & constanter docent, vbicunque haec signa conspiciuntur, ibi esse etiam veram Christi Ecclesiam, quia tamen solos iustos, & pios ad Ecclesiam veram pertinere volunt, & nemo potest certò scire, qui sint verè iusti, & pij inter tam multos qui iustitiam, & pietatem exterius prae se ferunt, cùm certum sit multos vbique esse hypocritas, & falsos fratres: Idcirco nostri rectè concludunt eos facere Ecclesiam inuisibilem." (R. Bellarmin, De Ecclesia militante, lib. III, cap. X, 1301).

[33] K. Diez, „Ecclesia – non est civitas platonica". Antworten katholischer Kontroverstheologen des 16. Jahrhunderts auf Martin Luthers Anfrage an die „Sichtbarkeit" der Kirche (Fuldaer Studien 8), Frankfurt 1997, 43 u. z.B. 258f.

der Kirche als das ‚Grunddogma' kennzeichnen wird, „auf welchem von vornherein die ganze Geschichte des Katholizismus ruht".[34]

5. Sichtbarkeit – Erkennbarkeit der Kirche

Die Rede von der Sichtbarkeit der Kirche steht im Dienst der Erkennbarkeit der Kirche.

Es ist übereinstimmende Auffassung, dass aus kontroverstheologischen Gründen in der nachreformatorischen Zeit eine juridische Ekklesiologie akzentuiert wird, in welcher vor allem die hierarchische Gestalt der Kirche und der päpstliche Primat verteidigt werden.[35]

Die Dimension der Sichtbarkeit hat ihre Konnotation eines symbolontologischen Wirklichkeitsverständnisses verloren und vertritt nunmehr eine bloße empirisch-sichtbare Wertigkeit. Je mehr das juridisch-institutionelle Element im Kirchenbegriff hervorgehoben wurde, um so mehr stand die Kirche in der Gefahr, als Mysterium zwar nicht geleugnet, aber doch ‚vergessen' und nicht entfaltet im Bewusstsein gehalten zu werden. „Das mittelalterliche unreflektierte ästhetische System der Entsprechung zwischen Wesen und Erscheinung des Gottesreiches muß einer stärkeren, weil *zum Teil* reflektierten Spannung weichen: zwischen der organisiert-hierarchischen Kirche als Form und dem unerforschlichen Kerngeheimnis als Inhalt."[36] Bei den Kontroversen der Reformationszeit hat dies nach von Balthasar zur Folge, dass „sich der Scheinwerfer der Reflexion auf das, was von der einstigen erscheinenden Christenheit überstand", richtete, „auf die gespaltene sichtbare Kirche".[37]

Auf die katholische Seite hin betrachtet spricht von Balthasar von einem damit einhergehenden Bruch in der Kirchenlehre: „nunmehr wurde die im engeren Sinn *kirchliche* ‚Form': die drei Ämter der Hierarchie, zur zentralen Ausdrucksgestalt (daran konnten sowohl die Sakramente und gottesdienstlichen Formen wie die kirchliche rechtliche Disziplin wie die Dogmatik als Lehre von den zu glaubenden und definierten Dogmen aufgereiht werden), *wobei die Frage, ob diese Form noch immer als schlichter Ausdruck des inneren ekklesiologischen Geheimnisgehaltes angesehen werden konnte oder mußte, im Grunde gar nicht mehr gestellt wurde.*"[38]

Die Folge dieses geistesgeschichtlichen Umlagerungsprozesses ist „je-

---

[34] Ebd., 44.
[35] Yves Congar prägt für diese Betonung der kirchlichen Gestalt in der nachtridentinischen Epoche den Begriff „Hierarchologie". Y. Congar, Jalous pour une théologie du laicat, Paris 1954/²1964, 68.
[36] H.U. von Balthasar, Kirchenerfahrung dieser Zeit, in: ders., Sponsa Verbi (Skizzen zur Theologie, Bd. 2), Einsiedeln ³1971, 11–44, 19. Hervorhebung im Original.
[37] Ebd., 18.
[38] Ebd.,18f. Hervorhebung im Original.

denfalls eine weitgehende Trennung der unsichtbaren von der sichtbaren Dimension der Kirche. Denn auf dem Boden dieser Unterscheidung ist die sinnlich wahrnehmbare Gestalt der Kirche (Sakramente, Verfassung, Rechtsinstitution) nicht mehr ‚Stellvertreterin' einer unsichtbaren Dimension (Gemeinschaft der Heiligen), sondern das ‚Wirkliche' gegenüber dem ‚Symbolischen'".[39]

Im Gefolge dieser Entwicklung legte sich die katholische Theologie als terminologisches Rüstzeug die Unterscheidung von ‚materieller und formeller Sichtbarkeit' zu und vertrat den Anspruch, als Kirche Christi materiell wie formell sichtbar zu sein. Demgemäß ist die Kirche materiell sichtbar durch das, was an sich sichtbar ist, durch ihre Glieder, durch ihre Vorsteher, durch das äußere Bekenntnis des Glaubens, durch die Teilnahme an den Sakramenten, am öffentlichen Gottesdienst, am gemeinschaftlichen Gebet, durch die Beachtung der kirchlichen Disziplin und das christliche Leben ihrer Glieder, durch die Ausübung und Verwaltung des dreifachen Amtes ihrer Vorsteher, durch die Predigt und Verkündigung des Wortes Gottes, durch die Spendung der Gnadenmittel, Abhaltung des Gottesdienstes, durch die Handhabung der kirchlichen Disziplin, die Ausübung der Regierung, der richterlichen und der Strafgewalt. Die Kirche ist dann aber auch formell sichtbar, d.h. sie ist auch in ihrem innergöttlichen Wesen sichtbar, indem das innergöttliche Leben der Kirche derart nach außen in Erscheinung tritt, dass daraus ihre göttliche Stiftung, die Kirche Christi, mit Bestimmtheit erschlossen werden kann. Also manifestiert das, was an sich unsichtbar und verborgen ist, durch äußere Zeichen seine Form. Leicht einzusehen ist, dass nicht die *materielle* Sichtbarkeit der Kirche – auch die spiritualistische Auffassung kann nicht in Abrede stellen, dass sich Kirche in der Sichtbarkeit irgendwie organisieren muss –, sondern ihre *formelle* Sichtbarkeit zum kontroverstheologischen Problem wird.[40] Es heißt z.B. dass der Protestantismus „die sichtbare Kirche nicht weniger stark als der Katholizismus" betont, fügt aber hinzu, dass „das Wesen der Kirche [...] hier und dort verschieden gefaßt [wird]".[41]

Auch auf protestantischer Seite suchte man nach einer geeigneten deutenden Begrifflichkeit. So etwa Ernst Kinder; er unterscheidet eine ‚exklusiv-ontische' von einer ‚inklusiv-noetischen' Unsichtbarkeit. Danach meint Unsichtbarkeit im exklusiv-ontischen Sinn, „daß die Kirche wesentlich eine nur spirituelle oder transzendente Größe ist [...], der die empirische

---

[39] K.-H. Menke, Stellvertretung (Anm. 21), 59.
[40] „Die Kirche ist materiell sichtbar, insofern sie wie jedes soziologische Gebilde wahrgenommen werden kann (visibilitas materialis, sensibilis et humana). Die Sichtbarkeit wird wohl von keinem geleugnet. Worum es sich handelt, ist die Frage, ob die Kirche auch formell sichtbar sei, d.h. eben als Kirche Christi (visibilitas formalis, intelligibilis et divina)." (F. van der Horst, Das Schema über die Kirche auf dem I. Vatikanischen Konzil (KKTS 7), Paderborn 1963, 180.)
[41] P. Althaus, Grundriss der Dogmatik, Erlangen 1936, 81.

‚Kirche' genannte Größe im Grunde wesensfremd und innerlich beziehungslos gegenübersteht"; Unsichtbarkeit im inklusiv-noetischen Sinn bezieht sich auf die Ansicht, „daß die empirische Gestalt wesentlich mit zur Kirche gehört, daß die Kirche auch sichtbar ist, daß aber ihr Eigentliches nicht ‚sichtlich', d.h. nicht dem auf Empirisches gerichtete Erkenntnisvermögen, sondern allein dem Glauben wahrnehmbar ist [...]; hiernach liegt das Eigentliche der Kirche nicht, wie nach der erstgenannten Anschauung, neben oder hinter ihrer äußeren Gestalt, sondern es liegt in ihr, doch so, daß es darin dem natürlichen Wahrnehmungsvermögen verborgen und nur dem Glauben offenbar ist".[42] Kinder plädiert für ein Verständnis von Unsichtbarkeit im zweiten Sinn.

6. Die „Etablierung" der Rede von der Sichtbarkeit

Die Rede der Sichtbarkeit hat sich im katholischen Raum nunmehr für die folgende Zeit etabliert.

Nach der Lehre des Konzils von Trient gibt es in der Kirche ein ‚sichtbares Opfer' und ein ‚sichtbares und äußeres Priestertum' (‚sanctum Eucharistiae sacrificium visibile [...] novum esse visibile et externum sacerdotium' [DS 1764]). Gemäß dem 1. Vatikanischen Konzil hat Christus den Apostel Petrus zum ‚sichtbaren Fundament' (‚visibile fundamentum') bestellt (DS 3051).[43]

Papst Leo XIII. formuliert in der Enzyklika ‚Satis cognitum' vom 29. Juni 1896: „[Die Kirche] ist zwar, wenn man jenes Letzte, das sie bezweckt, und die unmittelbaren Ursachen, die die Heiligung bewirken, betrachtet, in der Tat geistlich; wenn man aber die berücksichtigt, aus denen sie besteht, und die Dinge, die zu den geistlichen Gaben hinführen, ist sie äußerlich und notwendig sichtbar [...]."[44]

Papst Pius XII. bestätigt in seinem Rundschreiben ‚Mystici corporis Christi' (1943) die Sichtweise von der ‚sichtbaren Kirche': „Doch nicht bloß etwas Einziges und Unteilbares muß sie sein, sondern auch etwas Greifbares und Sichtbares, wie unser Vorgänger seligen Angedenkens, Leo XIII., in seinem Rundschreiben ‚Satis cognitum' feststellt. ‚Deshalb

---

[42] E. Kinder, Die Verborgenheit der Kirche nach Luther, in: E. Iserloh/P. Manns (Hg.), Reformation. Schicksal und Auftrag, Bd. 1 (FS J. Lortz), Baden-Baden 1958, 173–192, 173f.

[43] Vgl. den ersten Entwurf der Konstitution über die Kirche Christi beim Vaticanum I, 4. Kapitel: Die Kirche ist eine sichtbare Gesellschaft: „Keiner soll glauben, die Glieder der Kirche seien nur durch innere und verborgene Bande zusammengefügt; die Kirche sei also nur eine verborgene und völlig unsichtbare Gemeinschaft" (NR[8] 389).

[44] „[Ecclesia] eundem, si extremum illud quod vult causaeque proximae sanctitatem efficiente spectentur, profecto est *spiritualis*; si vero eos consideres quibus cohaeret, resque ipsas quae ad spiritualia dona perducunt, *externa* est necessarioque conspicua [...]" (DH 3300; Hervorhebung im Original).

weil sie ein Leib ist, wird die Kirche mit den Augen wahrgenommen.' Infolgedessen weicht von der göttlichen Wahrheit ab, wer die Kirche so darstellt, als ob sie weder erfaßt noch gesehen werden könnte, als ob sie, wie man behauptet, nur etwas ,Pneumatisches' wäre, wodurch viele christliche Gemeinschaften, obgleich voneinander im Glauben getrennt, doch durch ein unsichtbares Band untereinander vereint wären."[45] Auf dieser Grundlage wird entsprechend die Kirchengliedschaft, die innere Hinordnung eines Menschen auf die Kirche als Leib Christi durch ein ,votum baptismatis', ein ,votum ecclesiae' entwickelt.[46]

Im Artikel 8 der dogmatischen Konstitution über die Kirche ,Lumen gentium' des 2. Vatikanischen Konzils kommt die Rede auch auf die Sichtbarkeit der Kirche: „Der einzige Mittler Christus hat seine heilige Kirche, die Gemeinschaft des Glaubens, der Hoffnung und der Liebe, hier auf Erden als sichtbares Gefüge verfasst und trägt sie als solches unablässig; so gießt er durch sie Wahrheit und Gnade auf alle aus. Die mit hierarchischen Organen ausgestattete Gesellschaft und der geheimnisvolle Leib Christi, die sichtbare Versammlung und die geistliche Gemeinschaft, die irdische Kirche und die mit himmlischen Gaben beschenkte Kirche sind nicht als zwei verschiedene Größen zu betrachten, sondern bilden eine einzige komplexe Wirklichkeit, die aus menschlichem und göttlichem Element zusammenwächst. Deshalb ist sie in einer nicht unbedeutenden Analogie dem Mysterium des fleischgewordenen Wortes ähnlich. Wie nämlich die angenommene Natur dem göttlichen Wort als lebendiges, ihm unlöslich gemeintes Heilsorgan dient, so dient auf eine ganz ähnliche Weise das gesellschaftliche Gefüge der Kirche dem Geist Christi, der es belebt, zum Wachstum seines Leibes (vgl. Eph 4,16)."

Von der Kirche wird in einer zentralen Wendung als von einer ,una realitas complexa' gesprochen.[47] Dabei ist auffällig, dass vermieden wird, die Kirche mit dem ,fortlebenden Christus' zu identifizieren, wie es manche Theologen des 19. Jahrhunderts versucht hatten.

---

[45] NR[8] 402.
[46] Vgl. G. Koch, Art. „Begierdetaufe", in: W. Beinert (Hg.), Lexikon der katholischen Dogmatik, Freiburg – Basel – Wien 1987, 41f.
[47] Dazu A. Grillmeier, Dogmatische Konstitution über die Kirche. Kommentar zum 1. Kapitel, in: LThK.E 1 (1966) 156–176, 170: „Beide Seiten gilt es zu verbinden: die *sichtbare*: die ,mit hierarchischen Organen ausgestattete Gesellschaft', die ,sichtbare Versammlung', die ,irdische Kirche', und die *unsichtbare*: den ,geheimnisvollen Leib Christi', die ,geistliche Gemeinschaft' (communitas spiritualis', die ,mit himmlischen Gaben beschenkte Kirche'. Es kommt der Konstitution nicht darauf an, beide Seiten adäquat zu beschreiben und deren Elemente voll aufzuzählen [...] Es geht [...] nur darum, das Mysterium Kirche in seiner Spannungseinheit zu kennzeichnen. Sichtbare und unsichtbare Kirche sollen nicht als zwei auseinander liegende, getrennte und voll verschiedene Größen verstanden werden, sondern als eine einzige komplexe Wirklichkeit, die aus menschlichem und göttlichem Element zusammenwächst" (LG 8,1; Hervorhebung im Original).

7. Kirche als „komplexe Realität"

Es geht um die ‚Mehrschichtigkeit' der Kirche. Dazu Karl Rahner: „Die Sichtbarkeit der Gnade Gottes, die wir Kirche nennen, setzt sich selbst aus mehreren Wirklichkeiten zusammen." [48]

Rahner spricht von einem doppelten Kirchenbegriff [49] und unterscheidet Kirche als „res et sacramentum" (oder sogar als „res sacramenti") und Kirche als „sacramentum (tantum)": „Kirche als leibliche Gegenwart Christi und seiner Gnade zusammen mit Christus und seiner Gnade, und Kirche, insofern sie von dieser Gnade und inneren Gottverbundenheit wesentlich unterschieden werden muß und dennoch auch noch eine gültige christliche Wirklichkeit ist und bleibt"; mit anderen Worten: „Kirche als Parallelbegriff zu Sakrament als Zeichen und Gnade, Kirche als Parallelbegriff zu Sakrament als gültigem sakramentalem Zeichen, auch insofern dieses ohne Gnadenbewirkung gedacht werden, ja auch existieren kann." [50]

Im zweiten Sinn wird die Kirche „in der Dimension des Geschichtlichen, irdisch Greifbaren und menschlich eindeutig Festlegbaren" in den Blick genommen, und dieser zweite Begriff von Kirche ist „wie beim entsprechenden Begriff des sakramentalen Zeichens, der vordergründige, aber gerade darum auch vorgängige." [51]

Nun wird unterschieden „bei den Sakramenten zwischen dem sakramentalen Zeichen (sacramentum), der durch die zeichenhafte Sakramentursächlichkeit letztlich angezielten Gnadenwirkung (res sacramenti) und einem Mittleren zwischen beidem, das sowohl den Charakter des Zeichens hinsichtlich der ‚res sacramenti' als auch den der Wirkung in bezug auf das sakramentale Zeichen hat und darum ‚res et sacramentum' genannt wird." [52].

---

[48] K. Rahner, Die Gliedschaft in der Kirche nach der Lehre der Enzyklika Pius XII. ‚Mystici Corporis Christi', in: ders., Schriften zur Theologie, Bd. 2, Zürich – Einsiedeln – Köln [8]1968, 7–94, 83; vgl. O. Semmelroth, Die Kirche als ‚sichtbare Gestalt der unsichtbaren Gnade', in: Scholastik 28 (1953) 23–39; E. Ruffini, Der Charakter als konkrete Sichtbarkeit des Sakraments in Beziehung zur Kirche, in: Conc (D) 4 (1968) 47–53.

[49] Rahner präzisiert seine Redeweise von zwei Kirchenbegriffen (vgl. K. Rahner, Die Gliedschaft in der Kirche [Anm. 44], 82 [Anm. 2]) in Anlehnung an die Redeweise von gültigem und fruchtbarem Sakrament. Auch die Reflexion arbeitet mit zwei Begriffen von Sakrament, aber diese Unterscheidung führt nicht zu zwei Sakramenten; „ebenso wenig bedeuten zwei Kirchenbegriffe die Behauptung von zwei Kirchen, von denen dann gefragt werden könnte, wie weit sie sich ‚decken' oder sich nicht decken" (ebd.).

[50] Ebd., 80 u. Anm. 2.

[51] Ebd., 80f.

[52] K. Rahner, Vergessene Wahrheiten über das Buß-Sakrament, in: ders., Schriften zur Theologie, Bd. 2 (Anm. 48), Zürich – Einsiedeln – Köln [8]1968, 143–183, 179; im Bußsakrament ist z.B. nach Rahner die res sacramenti der Friede mit Gott, res et sacramentum die Versöhntheit mit der Kirche (vgl. ebd., 180).

Die Mehrdimensionalität der Wirklichkeit Kirche führt Rahner bei der Frage der Kirchengliedschaft zu einer Unterscheidung in der Bestimmung der ‚Sichtbarkeit': Bestimmt man Kirchengliedschaft von der äußeren, gesellschaftlichen Struktur der Kirche her, d.h. vom zweiten Kirchenbegriff her, dann handelt es sich dabei um „die Bestimmung der gültigen, aber noch nicht notwendig fruchtbaren Kirchengliedschaft, die Bestimmung dessen, was notwendig ist, um die Sichtbarkeit der gnadenvollen Verbindung mit Christus voll zu konstituieren, nicht aber die Bestimmung dessen, was dafür notwendig ist, daß diese Sichtbarkeit auch tatsächlich von der gnadenvollen Wirklichkeit erfüllt ist, die sie anzeigt und in dem Hier und Jetzt des endlichen, diesseitigen Lebensraumes des Menschen an sich gegenwärtig macht."[53]

Es kann also ‚Sakrament' „in dieser Ebene des Sichtbaren und sakramental-juridisch Greifbaren bestehen", „ohne daß diese[s] immer schon faktisch wirksam gewordener Ausdruck und Verleiblichung eines tatsächlichen Gnadengeschehens ist. Ja man wird sogar sagen müssen, daß dieser Sakramentsbegriff, der sich in der Dimension des Sichtbaren und juridisch Greifbaren hält, bei dem Menschen, dessen zugreifendem und festlegendem Wissen der innere Gnadenvorgang sich letztlich entzieht und entziehen muß, der erste und vordringlichste sein muß."[54]

Noch ein Weiteres führt Rahner an: „Dadurch, daß das Wort Gottes Mensch geworden ist, ist real-ontologisch die Menschheit auch schon im voraus zur faktischen gnadenhaften Heiligung der einzelnen Menschen,

---

[53] K. Rahner, Die Gliedschaft in der Kirche (Anm. 48), 81 im Blick auf den umfassenden Kirchenbegriff: „Andererseits bleibt nach dem Gesagten auch der umfassende Kirchenbegriff, der die göttliche Innerlichkeit der Kirche mit umschließt, ebenfalls zu Recht bestehen, weil eben doch die ganze irdische Wirklichkeit, die wir Kirche nennen (im anderen Sinn des Wortes), nur als bewirkendes Zeichen der gnadenhaften Einheit der Welt mit Gott ihren Sinn hat." Rahner sieht in der Beziehungnahme des doppelten Kirchenbegriffs auf die sakramententheologische Unterscheidung von bloß gültigem und auch fruchtbarem Sakrament die entscheidende Legitimierung, um die unverfügbare Externität der Gnade zu wahren: „Nur wenn es Sakramente gibt, die die Gnade wirklich bewirken, ist eine echte ‚inkarnatorische' Gegenwart Gottes und seiner Gnade in der Welt des diesseitigen, in Raum und Zeit, im ‚Fleisch' gefangenen Menschen gegeben. Nur wenn es (grundsätzlich) auch bloß gültige Sakramente gibt, die wirklich sie selber und dennoch gnadenleer sind, bleibt die Gnade Gottes frei und dem magisch vergewaltigenden Zugriff des Menschen entzogen, bleibt sie das Geheimnis des unbegreiflichen Gottes, ohne daß dadurch Gott und sein Heil wiederum in das Nirgends seiner Unendlichkeit verschwinden" (ebd., 82). Parallel zum doppelten Kirchenbegriff arbeitet Rahner also mit einem doppelten Sakramentsbegriff. Er kennt „eine Definition des Sakraments, die das und nur das umfaßt, was zur Konstitution des gültigen sakramentalen Zeichens gehört, und eine Wesensbeschreibung des Sakraments, die in seinen Begriff auch diejenige Wirklichkeit mit hineinnimmt, auf die das äußere sakramentale Geschehen wesentlich angelegt ist und ohne die es letztlich seinen Sinn verlieren würde. Beide Sakramentsbegriffe, wenn wir so sagen dürfen, sind notwendig und unerläßlich, keiner kann den anderen ersetzen; sie dürfen nicht gegeneinander ausgespielt werden" (ebd., 79).

[54] Ebd.

zum Volke der Kinder Gottes geworden."[55] Dieses ,Volk Gottes' erstreckt sich so weit, wie die Menschheit sich erstreckt. Diese Berufung zur übernatürlichen Teilnahme am Leben des dreifaltigen Gottes, diese reale Bestimmtheit der einen Menschheit zum Volke Gottes ist eine reale Wirklichkeit, „die schon als solche der Dimension des geschichtlich Sichtbaren am Menschenwesen angehört (denn die Menschwerdung Gottes vollzieht sich in Jesus von Nazareth, im geschichtlichen Hier und Jetzt, im ,Fleisch'). Anderseits ist diese reale und geschichtliche Wirklichkeit des Volkes Gottes, die der Kirche als rechtlicher und gesellschaftlicher Größe vorausliegt, doch eine solche, die eine weitere Konkretisation auf der Ebene des Gesellschaftlichen und Rechtlichen finden kann und nach dem Willen Gottes finden sollte – eben in dem, was wir Kirche nennen."[56]

So kann Rahner von einer Mehrschichtigkeit der Wirklichkeit der Kirche sprechen, „und zwar jetzt nicht in dem Sinne, daß zum vollen Begriff der Kirche sowohl die rechtliche und gesellschaftliche Organisation, ,Kirche' genannt, gehört als auch die gnadenhafte Verbindung des Menschen mit Gott, sondern in dem Sinne, daß Kirche als Sichtbarkeit und Zeichen der gnadenhaften Verbindung mit Gott selbst noch einmal eine doppelte Wirklichkeit umfaßt: Kirche als gestiftete sakralrechtliche Organisation und ,Kirche als durch die Menschwerdung geweihte Menschheit'"[57]. Der Menschheit in diesem Sinne als Volk Gottes eignet auf Grund der Menschwerdung Gottes eine quasi-sakramentale Struktur[58]; daher folgert Rahner, dass im votum Ecclesiae, „wenn dieses wirklich vorhanden ist, konkret eine quasi-sakramentale Sichtbarkeit gegeben ist, die wir zur Sichtbarkeit der Kirche rechnen können und müssen"[59]. So kann die Antwort auf die Frage, „ob es eine ,unsichtbare' Zugehörigkeit zur sichtbaren Kirche (ohne eigentliche – volle – Gliedschaft) geben kann, die schlechthin jeder quasi-sakramentalen Sichtbarkeit und geschichtlichen Greifbarkeit entbehrt"[60], nur ein Nein sein.

„In der (nichtgliedhaften) Zugehörigkeit (oder ,Hinordnung') des Gerechtfertigten ist also eine ,unsichtbare' Zugehörigkeit zur sichtbaren Kirche durch die Gnade und eine ,sichtbare' Hinordnung selbst dann noch gegeben, wenn zu ihrer Konstitution Taufe oder äußerlich greifba-

---

[55] Ebd., 89.
[56] Ebd.
[57] Ebd., 93. Rahner spezifiziert (Anm. 2) die rechtliche Dimension dahingehend, dass sie als solche dann wiederum jene drei Dimensionen hat (Einheit des Glaubens unter dem autoritativen Lehramt, Sichtbarkeit der Gnade in den Sakramenten, einheitliches Handeln unter dem Hirtenamt der kirchlichen Leitung), welche den drei Bedingungen der eigentlichen Kirchengliedschaft entsprechen.
[58] Ebd., 92.
[59] Ebd., 84.
[60] Ebd., 63, Anm. 1.

res Bekenntnis des wahren Glaubens (wie im Katechumenen) nicht gegeben ist. M.a.W.: es gibt gewissermaßen eine unterste Grenze, unter der die Begnadetheit des Menschen und deren quasi-sakramentale Greifbarkeit nicht mehr so getrennt werden können, daß das erste ohne das zweite gegeben wäre."[61]

Rahner expliziert also eine Mehrschichtigkeit der Wirklichkeit der Kirche und proklamiert damit eine Differenzierung des Begriffs ,Sichtbarkeit'.

8. Kirche als Mysterium

Gemäß Alois Grillmeiers Konzilskommentar haben verschiedene Konzilsväter des 2. Vatikanischen Konzils die Überschrift des ersten Kapitels der Konstitution (,De Ecclesiae Mysterio') abgelehnt, „so etwa mit der Begründung: Die Kirche ist kein Mysterium. Sie ist sichtbar! Dahinter steckte ein stark eingeschränkter Sinn von Mysterium, in der Bedeutung etwa von ,Unerkennbarem' oder sogar von ,Abstrusem'. Für manche Väter bedeutete dieser Titel eine Flucht aus einer sichtbaren in eine unsichtbare Kirche. In Wirklichkeit sollte mit diesem Wort eine vollere Schau der ,komplexen' Wirklichkeit der Kirche als bisher gegeben ermöglicht werden. Mit diesem biblischen Wort soll das wahre Wesen der Kirche in seiner eigentümlichen Spannung ausgemessen werden."[62]

Aufgrund des Profils der Kirche als einer ,komplexen Größe' kommt das Fragen nach ihr an kein Ende.

„Der Streit in der Kirche und um die Kirche zeigt, daß die Kirche eine hochkomplexe Größe ist: daß sie eine empirische und eine transempirische Realität ist, dass sie ein Werk Gottes und ein Werk der Menschen ist, daß sie aus dem Handeln von Individuen besteht und gleichzeitig eine den Individuen vorgegebene Institution ist, daß sie einen Heilsraum darstellt und gleichzeitig eine Sendung zu erfüllen hat."[63]

Heute lässt sich in der katholischen Ekklesiologie ein Zurücktreten des alten Vorstellungsmodells mit dem Schema ,Innen – Außen', ,Seele –

---

[61] Ebd., 94, Anm. 3, macht Rahner noch einmal deutlich, dass das Gnadenangebot Gottes sich an alle Menschen richtet und nicht nur eine tranzendente, ,abstrakt-ungeschichtliche' Wirklichkeit ist, bestehend in einer jenseitigen ,Absichtserklärung' Gottes, sondern real in der Welt und in der Geschichte anwesend ist durch die Fleischwerdung des Wortes in der real einen Menschheit (Angebot der ,Gnade Gottes' wesentlich als ,Gnade Christi'). Sonst würde der Mensch zu einer Gnade ja sagen, die ihm gar nicht angeboten wäre, oder dieses Angebot hätte keine inkarnatorische Gegenwart in der Welt und in der Geschichte der einen Menschheit.

[62] A. Grillmeier, Dogmatische Konstitution über die Kirche. Kommentar zum 1. Kapitel (Anm. 47), 56.

[63] S. Wiedenhofer, Das katholische Kirchenverständnis. Ein Lehrbuch der Ekklesiologie, Graz – Wien – Köln 1992, 176.

Leib', ‚forma – materia' konstatieren. Als Gründe dafür gibt Medard Kehl an, „daß man heute viel stärker biblisch orientierte Bilder und Begriffe benutzt, um das Verhältnis von Sichtbarem und Unsichtbarem in der Kirche auszudrücken: Volk Gottes, Ekklesia, Leib Christi, Braut Christi, Geschöpf des Geistes u.A. Da in diesen Bildern die Einheit von Sichtbarem und Unsichtbarem ganz selbstverständlich und ursprünglich enthalten ist, übernimmt man sie heute einfach, ohne sie weiter in philosophischen Denkfiguren begrifflich zu entfalten."[64] Fazit: Von der Sichtbarkeit der Kirche kann man nicht auf die gleiche Art reden, wie man von der Sichtbarkeit einer rein irdischen Gesellschaft spricht.

9. Kontroverse Gesichtspunkte

Nach Jürgen Werbick ist es noch nicht so, „dass die konfessionellen Kontroversen um den Kirchenbegriff und speziell um das Verhältnis von sichtbarer und unsichtbarer Kirche heute schon überwunden wären."[65]

Klärungsbedarf kann m.E. darin gesehen werden, dass das ‚heuristische Potential' in den folgenden Aspekten ausgeschöpft wird.

9.1 Das Problem des ‚Ansatzpunktes'

Karl Rahner spricht von der Kirche in einem zweiten Sinn, d.h. von ihrer Gestalt in der Dimension des Geschichtlichen. Dieser Begriff von Kirche ist für ihn ‚der vordergründige, aber gerade darum auch vorgängige'. Dies erinnert an die heuristische Leitformel, die Johann Adam Möhler in der „Symbolik" formuliert hat: „Die Katholiken lehren: die sichtbare Kirche ist zuerst, dann kommt die unsichtbare: jene bildet erst diese. Die Lutheraner sagen dagegen umgekehrt: aus der unsichtbaren geht die sichtbare hervor, und jene ist der Grund von dieser. In diesem scheinbar höchst unbedeutenden Gegensatz ist eine ungeheure Differenz ausgesprochen."[66]

Im Kontrast dazu schreibt z.B. Peter Meinhold, indem er die Aussagen der dogmatischen Konstitution über die Kirche des 2. Vatikanischen Konzils mit der Theologie Luthers vergleicht: „Wenn man zu diesen grundlegenden Aussagen der Konstitution von der Theologie Luthers aus Stellung nehmen will, so ist als erstes hervorzuheben, daß das Verständnis des Mysteriums der Kirche in Analogie zur Inkarnation des göttlichen Logos genau dem entspricht, was Luther von der geschichtlichen Erscheinung der Kirche gesagt hat. Auch für ihn existiert die Kirche

---

[64] M. Kehl, Kirche als Institution. Zur theologischen Begründung des Institutionellen Charakters der Kirche in der neueren deutschsprachigen Ekklesiologie, Frankfurt ²1978, 85f.

[65] J. Werbick, Grundfragen der Ekklesiologie, Freiburg – Basel – Wien 2009, 96.

[66] J.A. Möhler, Symbolik, oder Darstellung der dogmatischen Gegensätze der Katholiken und Protestanten nach ihren öffentlichen Bekenntnisschriften, Regensburg 1871, 419.

als eine geschichtliche Größe, in der das Leben des Geistes wirklich und verborgen sich vollzieht. Auch für Luther ist die Kirche unter das unaufhebbare ‚Zugleich' gestellt. Wie Christus ‚zugleich' Gott und Mensch ist, so ist auch die Kirche ‚zugleich' die von sündigen Menschen angefüllte äußere geschichtliche Gemeinschaft und die Wirkungsstätte des Heiligen Geistes, in der dieser unablässig sein Werk der Erneuerung und Heiligung betreibt."[67] Was bedeutet Erfahrung, was bedeutet Reflexion kirchlicher Wirklichkeit, welche Wertigkeit gebührt ihrer inneren Zuordnung? Wieviel heuristisches ‚Gewicht' für das Kirchenverständnis hat die Feststellung, dass das Geschichtlich-Greifbare das Vordergründige und damit das Vorgängige ist? Mit Recht kann nach katholischem Verständnis ‚das mit Spiritualität Gemeinte' vor ‚dem in der Dogmatik Reflektierten' platziert werden.[68]

9.2 Die ‚Extra'-Dimension und das Problem der „Vermittlung"

Zu diskutieren ist die jeweils zugrunde liegende sakramentale Ontologie und Ekklesiologie.

Otto Hermann Pesch diagnostiziert den Sachverhalt folgendermaßen: „Man wird erst dann auf den Boden der Kontroverse kommen, wenn man in Theorie und Praxis zu zeigen vermag, daß die Verbindung von Sakrament und Kirche, Sakrament und Amt das Sakrament nicht zum ‚gewirkten Werk' und zum verfügbaren Gnadenmittel macht. Nicht Kirche und Amt als solche stören den evangelischen Theologen. Auch die evangelische Kirche kennt Amt und Kirchenrecht [...] Der katholischen Kirche aber gerät, in evangelischen Augen, auch in der Theorie, im Selbstverständnis, alles zum ‚Werk', wo Gott doch ohne Werke den Menschen annimmt, zur ‚Vermittlung', wo Gott ihm unmittelbar nahe ist. Wer diesen Verdacht nicht überzeugend auszuräumen versteht, hat mit allen weiteren Konsensbemühungen auf Sand gebaut."[69]

Daran sind die schöpfungstheologischen Optionen zu messen:

a) „Das Sakrament Kirche, also Gottes geheimnisvolles Mitsein in gelungener menschlicher Gemeinschaft, erwächst mit innerer Logik aus

---

[67] P. Meinhold, Das Grundanliegen Luthers und die kirchliche Lage der Gegenwart, in: K. Forster (Hg.), Wandlungen des Lutherbildes (Studien und Berichte der Katholischen Akademie in Bayern 36), Würzburg 1966, 131–155, 137f.

[68] *Phänomenologisch* gesehen ist das mit Spiritualität Gemeinte, weil sich auf den Vollzug des Lebens selbst Beziehendes gegenüber dem in der Dogmatik Reflektierten, auf jeden Fall das prius quoad nos. Darum ist es legitim, mit einer Besinnung auf die Spiritualität einzusetzen." (G. Greshake, Dogmatik und Spiritualität, in: E. Schockenhoff/P. Walter [Hg.], Dogma und Glaube. Bausteine für eine theologische Erkenntnislehre [FS W. Kasper], Mainz 1993, 235–252, 237; Hervorhebung im Original).

[69] O. H. Pesch, Dogmatik im Fragment. Gesammelte Studien, Mainz 1987, 358.

unserer menschlichen Grundverfaßtheit."[70] Katholischerseits wird von einer realsymbolischen, quasisakramentalen Grundverfasstheit des Menschen gesprochen. Aufgrund der leib-seelischen Konstitution des Menschen ist seine Existenz bestimmt „durch ein ganz eigenartiges Ineinander von Außen und Innen, von Geist und Leib, aber vor allem von Transzendenzerfahrung in Welterfahrung und Selbsterfahrung".[71]

b) Evangelischerseits heißt es: „Erst indem die Zeichen [sc. die sinnenfälligen Zeichen] der Kargheit ihrer natürlichen Selbstbezüglichkeit entnommen und in den durch die Stiftungsworte bestimmten Beziehungszusammenhang eingesetzt sind, werden sie zu wirksamen Gnadenzeichen. Theologisch grundsätzlich ist damit gesagt, daß die Welt, für sich genommen, nicht als Zeichen der Gegenwart Gottes gelten kann. Die faktische Vorfindlichkeit der Welt offenbart die Gegenwart Gottes nicht nur nicht, sie verstellt sie vielmehr und erweckt mithin den für die Welterfahrung nicht zu hintergehenden Anschein göttlicher Abwesenheit. Mithin kann kein Weltding als solches, in dem, was es unmittelbar aus sich heraus ist, elementares Zeichen göttlicher Präsenz sein. Anderes zu behaupten, hieße die Welt verhimmeln und sie bzw. einen Teil ihrer zu vergöttern. Zu Gnadenzeichen mithin zu Sakramenten werden die Zeichen erst durch jene freie Wahl, wie der Herr sie im Stiftungswort persönlich kundtut, [...]"[72]. Demgegenüber vertritt die katholische Position die Auffassung, dass die Schöpfung „Sakrament seiner [sc. Gottes] Selbstoffenbarung und damit für uns sakramentales Medium für Gotteserfahrung" ist. „In der Schöpfung sind mithin nicht nur dunkle Hinweise auf Gott zu finden, sondern in ihr offenbart er *sich selbst*, [...]"[73]. Dass faktisch das Heil Gottes sich auf leibhaftige, weltlich-gesellschaftliche Strukturen stützt, ist nicht der Hauptdifferenzierungspunkt. Dieser meldet sich in der Frage, welche weltliche Struktur genau gemeint ist.

---

[70] So Th. Schneider, Die dogmatische Begründung der Ekklesiologie nach dem Zweiten Vatikanischen Konzil dargestellt am Beispiel der Rede von der Kirche als dem Sakrament des Heils für die Welt, in: H. Althaus, Kirche Ursprung und Gegenwart, Freiburg – Basel – Wien 1984, 79–118, 92.

[71] Ebd.

[72] G. Wenz, Die Sakramente nach lutherischer Lehre, in: W. Pannenberg (Hg.), Lehrverurteilungen – kirchentrennend?, Bd. 3. Materialien zur Lehre von den Sakramenten und vom kirchlichen Amt (Dialog der Kirchen 6), Freiburg – Göttingen 1990, 72–98, 85. Auch: „Erst das Wort Gottes, das inhaltlich das Christusheil bezeugt, macht die Schöpfung gleichnisfähig und die Nähe Gottes in der Welt eindeutig. Zwischen Gottes Weltgegenwart und seiner Heilsgegenwart gilt es also zu unterscheiden. Deshalb kommt dem Menschen die Teilhabe am Heil Gottes nicht aufgrund der Allgemeinheit seines Menschseins zu, vielmehr geschieht dies durch Wort und Glaube, und zwar in, mit und unter weltlicher und leiblicher Vermittlung." (R. Hempelmann, Sakrament als Ort der Vermittlung des Heils. Sakramententheologie im evangelisch-katholischen Dialog [Kirche und Konfession 32], Göttingen 1992, 209).

[73] Beide Zitate: G. Greshake, Gott in allen Dingen finden. Schöpfung und Gotteserfahrung, Freiburg – Basel – Wien 1986, 37f. Hervorhebung im Original.

c) Yves Congar sieht im protestantischen Standpunkt „den Willen, eine Spannung zwischen der Kirche und dem, was ihre ideale Grenze ist, aufrechtzuerhalten", nämlich „diese Grenze immer *in Gott* aufrecht[zu]-erhalten und sie nicht in die Kirche selbst [zu]legen oder in ihr [zu] immanentisieren, nicht einmal als freies Gnadengeschenk Gottes".[74]

Nach Erwin Iserloh unterschätzt Luther die Mächtigkeit des ‚Zeichens': „Er sah nur den Weg von innen nach außen, wonach der Geist sich Ausdruck schafft im Sinnhaften, verkannte aber, daß auch umgekehrt das Leibhafte dem Geist zur Kristallisation, ja erst zum Dasein verhilft."[75]

Katholischerseits ist es wichtig, von einer „Vermittlung zur Unmittelbarkeit" zu sprechen: „Die ‚Vermittlung' des christlichen Glaubens durch Jesus und Kirche hebt das ‚unmittelbare Verhältnis des Menschen zu Gott nicht auf'; die Negation einer solchen ‚Vermittlung zur Unmittelbarkeit' ließe konsequenterweise auch ‚den endlichen Adressaten einer solchen Unmittelbarkeit zu Gott im Ereignis solcher mystischer Theophanie untergehen' und verwürfe ‚die bleibende Bedeutung der Geschichte'."[76]

9.3 Die Interpretation von „Faktizität"

Es braucht m.E. eine Verständigung über den Begriff „Faktizität".

Wilfried Härle hält fest, dass „die Tatsache der leibhaftigen Gestalt, also das Faktum einer äußeren Struktur zum Wesen der Kirche als ‚Gemeinschaft der Glaubenden' hinzugehört."[77] So kann gesagt werden, dass das Faktum, auch das Faktum der Wortverkündigung und der Sakramentenverwaltung als solches sichtbar ist.

---

[74] Y. Congar, Jesus Christus – Unser Mittler Unser Herr, Stuttgart 1967, 165. Hervorhebung im Original.

[75] E. Iserloh, Bildfeindlichkeit des Nominalismus und Bildersturm im 16. Jahrhundert, in: ders., Kirche – Ereignis und Institution. Aufsätze und Vorträge, Bd. 2. Geschichte und Theologie der Reformation (RGST.S 3/II), Münster 1985, 335–347, 345.

[76] K. Rahner, Das Problem der Transzendenzerfahrung aus „katholisch – dogmatischer Sicht, in: ders., Visionen und Prophezeiungen. Zur Mystik und Transzendenzerfahrung, hg. von J. Sudbrack, Freiburg 1989, 109–127, 109. Auch: „Doch was ist mit dem Wort ‚unmittelbar' eigentlich gesagt? Wenn ich dem Menschen, den ich liebe, ins Auge schaue, ist dieser Blick dann nicht mehr unmittelbar, vermittelt durch die Lichtquellen, die biologische Seh-Tätigkeit, durch die Materialität des Auges, in dem die Innerlichkeit meines Gegenübers Gestalt gewinnt? Oder ist dieser Blick auf den anderen, der mir gegenübertritt, nicht genau dasjenige, was mir als unmittelbare Begegnung geschenkt wird? Die Gegensätze ‚vermittelt-unmittelbar' sind letztlich doch aus der Physik genommen. Das personale Leben übersteigt sie. Dort wird die Begegnung, die einem anderen Menschen ins Auge schaut – trotz aller Physik und Biologie –, ganz und gar unmittelbar. Der Maßstab ist nicht Distanz oder Kontakt, der Maßstab ist die Liebe." (J. Sudbrack, Gottes Heiliger und die Heiligen, in: GuL 55 [1982] 1–3, 1).

[77] W. Härle, Dogmatik, Berlin – New York 1995, 573.

Die positive Funktion der sichtbaren Kirche liegt vornehmlich in ihrer Bedeutung, Rahmen und Raum für die Wortverkündigung und die Sakramentsfeier zu sein. Katholischerseits wird zur Sichtbarkeit der Faktizität aber eine bestimmte Struktur einbezogen.[78] Nach katholischer Lehre handelt Christus *durch* die Kirche, *mit* der Kirche und *in* der Kirche; es geht um die eine Kirche, die bis in ihre Sichtbarkeit hinein zugleich göttlich und menschlich ist und in ihrem Inneren selbst zuerst in einer unzerstörbaren Einheit gesetzt ist.[79] In diesem Sinne ist das Sichtbare nicht ganz und gar zu dem Menschlichen zu rechnen, als habe es ontisch mit der unsichtbaren Kirche nichts zu tun und sei nur Ausdrucks- und Darstellungsmittel. Außerdem geht die Blickrichtung über die Ortskirche hinaus auch auf die Gesamtkirche und ihre wesensgemäße äußere Gestalt. Das 2. Vatikanische Konzil vertritt die Wesensbestimmung der Kirche als „allumfassendes Heilssakrament" (LG 48), als Zeichen und Werkzeug für die innigste Vereinigung mit Gott, wie für die Einheit der ganzen Menschheit (vgl. LG 1 und GS 42).[80] Die „volle" Sichtbarkeit erschließt sich nur dem Glaubenden.

---

[78] Die Rede von der ‚Faktizität' bedarf genauer Überprüfung. Nur beispielhaft sei hier erwähnt, dass Wilfried Joest von einer ‚Faktizität der Person Jesu Christi als Träger der Heilsgegenwart Gottes' und einer ‚Faktizität von Kreuz und Auferweckung als begründendes (nicht nur vorbildendes) Heilsgeschehen' sprechen kann: vgl. W. Joest, Ontologie der Person bei Luther, Göttingen 1967, 364. Und Hans-Georg Fritzsche trifft die Aussage: „Die Unterscheidung zwischen sichtbarer und unsichtbarer Kirche kann ein Hinweis darauf sein, daß Kirche, wie man sie kennt und in ihr lebt, auch ganz anders sein könnte, daß ihre Erscheinung stets weniger als ihre ‚Idee', d.h. daß ihre Wirklichkeitsgestalt nur Faktizität, aber nicht Notwendigkeit ist, daß stets größere Möglichkeiten in ihr angelegt sind, daß ein Impuls in ihr steckt, der auch ganz anders sein Strombett finden kann." (H.-G. Fritzsche, Lehrbuch der Dogmatik, Teil 4. Ekklesiologie – Ethik – Eschatologie, Berlin 1988, 41). Der Begriff des Unsichtbaren entzieht sich nach Fritzsche jedem Versuch, Gemeinde aus sich selbst heraus erklären zu wollen, und verweist auf das Getragensein der Kirche durch den Heiligen Geist. Fritzsche zitiert (ebd.) O. Weber, Grundlage der Dogmatik, Bd. 2, Neukirchen-Vluyn 1972, 603; daraus: „Sie [sc. die Gemeinde] ist nicht ‚unsichtbar'. Aber sie ist ‚unsichtbar' das, was sie sichtbar ist." Vgl. auch die von Dietrich Ritschl für wichtig gehaltene Unterscheidung zwischen Faktizität von Kirche und Konstitution von Kirche:. D. Ritschl, Kirche aus evangelischer Sicht, in: P. Neuner/D. Ritschl (Hg.), Kirchen in Gemeinschaft – Gemeinschaft der Kirche. Studie des DÖSTA zu Fragen der Ekklesiologie (Beiheft zur Ökumenischen Rundschau 66), Frankfurt 1993, 122–133, 122.

[79] „Wir möchten nicht einmal [...] sagen, daß sie [sc. die Kirche] einen sichtbaren und sozialen Aspekt hat, sofern sie hierarchische Gesellschaft ist, und einen mystischen Aspekt, sofern sie Christi Leib ist. Sondern: *in ihrem Innern selbst, das zuerst in seiner unzerstörbaren Einheit gesetzt ist,* im Innern also des mystischen Leibes müßten die vielfachen Elemente unterschieden werden, aus denen sie sich zusammensetzt, und die verschiedenen Aspekte, unter denen sie betrachtet werden kann. Denn ihre Einheit ist komplex und ihr Reichtum vielfältig." (H. de Lubac, Die Kirche. Eine Betrachtung, übertrag. und eingel. von H.U. von Balthasar, Einsiedeln 1968, 89; Hervorhebung im Original).

[80] Zu Trennung und Identifizierung zwischen Reich Gottes und Kirche vgl. P.-W. Scheele, „Sucht zuerst das Reich Gottes!" Ein unerhörter Imperativ für die Theologie, in: ders., Wir glauben. Theologie in Interaktion, Würzburg 2002, 94–111.

9.4 Die rechte Verhältnisbestimmung von Gott und Welt

Nach Walter Kasper lassen sich die theologisch-ekklesiologischen Kontroversen in einer Hauptfrage bündeln, nämlich dass es „um das Grundproblem der Theologie: um die rechte Verhältnisbestimmung von Gott und Welt" geht[81] und stellt die Frage: „Ist das ‚sola gratia' und das ‚sola scriptura', die ja im Grunde ein ‚solus Deus' und ein ‚soli Deo gloria' meinen, so zu verstehen, daß sie eine geschöpfliche Mitwirkung ausschließen, oder setzen sie das Geschöpf nicht eher in sein Eigenes, auch in sein eigenes Wirken frei, so daß Gott in der Verkündigung wie in der Heiligung so durch Geschöpfe wirkt, daß diese – von Gott befreit und ermächtigt – aus Eigenem wirken? Ist die Alleswirksamkeit Gottes als Alleinwirksamkeit zu verstehen?"[82]

Kasper verdichtet seine Anfrage in die Mutmaßung, dass letztlich über die ekklesiologische Fragestellung hinaus die christologische Problematik entscheidend ist, wie in Jesus Christus Gottheit und Menschheit zusammenwirken.[83]

M.E. entscheidet sich an der rechten Verhältnisbestimmung zwischen Gott und Mensch auch das Kirchenverständnis: „Nur als vielfache Spannungseinheit kann von der Kirche gesprochen werden; diese wahren oder auflösen in je einen Pol ihres Seins – Gott oder Mensch –, das ist das Kernproblem im Vergleich protestantischer und katholischer Ekklesiologie."[84] Hinsichtlich der Interpretation der ‚sichtbaren – unsichtbaren' Kirche gibt Medard Kehl zu bedenken: „Die Einheit beider Dimensionen gehört zum ‚Wesen' der Kirche als Sakrament; wo dies vernachlässigt wird, droht eine Art ‚ekklesiologischer Nestorianismus' der (wie bei Christus) die Beziehung zwischen beiden Dimensionen mehr und mehr lockert und sich entweder in spiritueller Innenschau auf das Theologische beschränkt oder in kritisch-skeptischer Attitüde ständig die große Kluft zwischen dem Theologischen und dem Empirischen in der Kirche

---

[81] W. Kasper, Gegebene Einheit – Bestehende Schranken – Gelebte Gemeinschaft, in: Den Glauben bekennen. Confessio Augustana, 450-Jahr-Feier des Augsburger Bekenntnisses. Berichte – Referate – Aussprachen, hg. v. R. Kolb in Zusammenarbeit mit W. Wunderer, Gütersloh 1980, 151–158, 154.

[82] Ebd., 155.

[83] „Eine Frage, keine These: Ist es nicht letztlich ein christologisches Problem und nicht nur ein ekklesiologisches, nämlich die Frage nach der aktiven Heilsbedeutung der Menschheit Christi und nicht nur der Gottheit Christi. Ist nicht das Problem der Mitwirkung letztlich nicht nur ein ekklesiologisches Problem, sondern auch ein christologisches? Das als eine Frage, nicht als eine These." (E. Iserlohn [Hg.], Confessio Augustana und Confutatio. Der Augsburger Reichstag 1530 und die Einheit der Kirche [Internationales Symposion der Gesellschaft zur Herausgabe des Corpus Catholicorum in Augsburg vom 3.–7. September 1979] [RGST 118], Münster 1980, 589 [Diskussionsbeitrag]).

[84] M.-M. Wolff, Gott und Mensch. Ein Beitrag Yves Congars zum ökumenischen Dialog (FTS 38), Frankfurt 1990, 219.

beklagt. [...] Darum darf z.b. die empirisch-strukturelle Seite der Kirche nicht so sakralisiert und mystifiziert werden, daß ihr reiner Symbolcharakter verschwindet, sie in das göttliche Geheimnis fast aufgesogen und damit jeder soziologischen Kritik entzogen wird. Darin liegt die Versuchung eines ‚ekklesiologischen Monophysitismus‘, der das Sichtbare der Kirche in seiner Eigenständigkeit abwertet, indem er es im unsichtbar – Göttlichen aufgehen lassen möchte."[85]

9.5 Die Idiomenkommunikation

Medard Kehl versucht in enger Beziehung zur Christologie mit seinem „chalcedonensischen" Erklärungsmodell der Ekklesiologie den beiden oben genannten Versuchungen „Kirche" zu denken, zu entgehen. Schon Robert Bellarmin hatte, gewiss unter anderen hermeneutischen Voraussetzungen, den Schwerpunkt auf die Deutung des Inkarnationsgeheimnisses gelegt. Er rechnet „fast alle Lutheraner" zu denen, die „obscurè & quasi obliquè" das Inkarnationsgeheimnis in Frage gestellt haben. Und aus der hypostatischen Union ergibt sich die Idiomenkommunikation.[86]

Wie nun die Idiomenkommunikation zwischen den Naturen begriffen wird, entscheidet über die Sichtweise. Ist sie „essentialiter" oder „accidentaliter" ausgerichtet, führt sie, nach Bellarmin, entweder in die monophysitische oder nestorianische Nähe hinein. Bei der Ausdeutung des Inkarnationsgeheimnisses dürfen auf keinen Fall Abstraktes und Konkretes miteinander vermischt werden. Für die menschliche Natur darf nicht abstrakt „Menschheit" eingesetzt werden. Auch für die Merkmale der Kirche ist „Konkretheit" gefordert. Allgemeine Angaben sind ungeeignet. Bellarmin wählt einen Vergleich. Will man jemandem einen bestimmten Menschen beschreiben, genügt es nicht zu sagen, er habe zwei Augen, zwei Hände, usw. Diese Merkmale sind passend für alle Menschen.[87] ‚Konkretheit‘ meint die unmittelbare ‚Verwachsenheit‘ der Form mit ihrem Träger.[88]

---

[85] M. Kehl, Die Kirche. Eine katholische Ekklesiologie, Würzburg 1992, 134f.

[86] „[...] ferè omnes LVTHERANI, qui duo docent, ex quibus sequitur, eos vel esse Eutychianos, vel Nestorianos, vel monstrum ex vtraque haeresi temperatum. PRIMO dicunt, Christi carnem habere attributa diuinitatis, ac praecipuè omnipraesentiam. SECVNDO docent, hypostaticam vnionem consistere in ista communicatione attributorum diuinorum ipsi carni & humanitati." (R. Bellarmin, De controversiis Christianae Fidei, Ingolstadii AD. LXXXVI, T.1.lib. III, cap I, 446f.).

[87] Vgl. R. Bellarmin, De controversiis Christianae Fidei, Ingolstadii AD. LXXXVI, T. I, lib. IV, cap. II, 1332f.

[88] „Spiritualität, Gottes Geist bezieht sich doch auf die christlichen Wahrheiten von ‚konkreter‘ Schöpfung, ‚konkreter‘ Menschwerdung Gottes in Jesus Christus, ‚konkreter‘ Kirche mit ihren ‚konkreten‘ Sakramenten und Riten, mit ihrem ‚konkreten‘ Auftrag zur Nächstenliebe." (J. Sudbrack, Gottes Geist ist konkret. Spiritualität im christlichen Kon-

Karl-Heinz Menke sagt es so: „Jesus ist mit dem göttlichen Logos nicht identisch, aber nur in Verbindung mit ihm Person; entsprechend ist die katholische Kirche zwar nicht identisch mit dem pneumatischen Leib Christi und doch in Analogie zum christologischen Gehalt des Subsistenzbegriffs untrennbar davon."[89]

10. Ekklesiogenesis

Schon Augustinus hat mit seiner Auffassung einer „ecclesia ab Abel" einen weiten Kirchenbegriff vertreten, der es erlaubt, die Heilsfrage eng mit dem Verständnis der Kirche zu verbinden, mit ihrer missionarischen Aufgabe, Zeichen und Werkzeug des Heils für die Welt zu sein. In diesem Sinne gibt Bernd-Jochen Hilberath zu bedenken:
„Überall da, wo die Gnade Gottes am Werk ist, beginnt Kirche zu werden, geschieht Ekklesiogenesis. In diesem Sinn hat die Kirchenkonstitution von der Zugehörigkeit aller Menschen zur Kirche gesprochen. Diese wird dann gestuft nach voller Mitgliedschaft, Verbundenheit, und Hinordnung. Mir scheint, dass in der heutigen Situation im Blick auf die Ökumene und auf unsere Gesellschaft es dringender denn je ist, primär nicht die Fragen zu stellen, was Kirche ist und wer zur Kirche gehört, als vielmehr die Frage, wo die Kirche zu finden ist. Diese Frage kann nicht länger nur nach den Kriterien der wahren Kirche diskutiert werden, sondern muss die grundlegende missionarische Aufgabe, das Zeichen- und Kirchesein der Kirche in den Blick nehmen. Auch von daher wird der Ort der Christgläubigen, seien sie ordiniert oder ,Laien', entscheidend bestimmt."[90]
Auf das Kirchenverständnis allgemein und die Frage der Kirchengliedschaft im Besonderen bezogen, formuliert Ulrich Kühn, „dass es innerhalb der sakramental – institutionellen Kirche eine defiziente, das Heil verspielende Mitgliedschaft gibt. [...] Daneben und darüber hinaus stellt sich indessen die Frage, ob und in welchem Sinne auch von einer (latenten) Kirchen*gliedschaft* solcher Menschen gesprochen werden darf, die im sakramental – institutionellen Sinne nicht Glieder der Kirche sind, also z.B. nicht getauft sind oder sich formell von der Kirche getrennt haben. [...] Das Stichwort ,Kirche bei Gelegenheit' deutet an, dass wir es hier mit einem auch theologisch – ekklesiologischen Problem zu tun haben. Darf man hier wirklich von ,Kirche' sprechen? Und wenn ja: in welchem

---

text, Würzburg 1999, XIV).
[89] K.-H. Menke, Sakramentalität. Wesen und Wunde des Katholizismus, Regensburg 2012, 167.
[90] B.-J. Hilberath, Amtsträger und Laien, in: zur debatte 39 (2009) H. 8, 21–23, 23. Hervorhebung im Original.

Sinn könnte das gelten? [...] Es gibt offensichtlich nicht nur eine gestufte Kirchengliedschaft, sondern es gibt Stufen im *Kirchesein selbst.* [...] Wobei dann auch noch zu bedenken ist, dass dem, was hier ekklesial zu nennen ist, zugleich ein erheblicher Grad an Verborgenheit eignet."[91] Mit dem Stichwort Ekklesiogenesis soll hier nicht die Forderung eines neuen theologischen Selbstverständnisses der Kirche mit einer anderen Sozialgestalt aufgestellt werden. Gemeint ist die grundsätzliche Herausforderung, dass kirchliches Leben, sich stützend auf die normativen Vorgegebenheiten im gemeinsamen Priestertum der Getauften und im Priestertum des Dienstes, in den je neuen Rahmenbedingungen einer Zeit „auferbaut" werden muss.[92] Diesem Sachverhalt kommt umso mehr Bedeutung dort zu, so die sozio-kulturellen Selbstverständlichkeiten volkskirchlichen Lebens weithin nicht mehr gegeben sind.

In diesem Sinne plädiert Jürgen Werbick dafür, auf die Frage nach der Kirche, mit der Kernaussage zu antworten: „Sakramental und diakonisch zugleich: Identität im Übergang."[93]

Und Karl-Heinz Menke hält fest: „Die Kirche ist ebenso heilsnotwendig wie das Christusereignis – nicht weil jeder Mensch erst dann ‚gerettet' ist, wenn er der sichtbaren Kirche angehört, sondern deshalb, weil Christus nur durch das Grundsakrament Kirche ‚alles in allem und in allem' (Eph 1,10; Kol 1,15–20) werden kann. Wenn ein Nichtchrist zur Annahme seiner Hinordnung auf das heilige Geheimnis befähigt wird, ohne den Namen dieses heiligen Geheimnisses zu kennen, dann aufgrund der kirchlich vermittelten Präsenz Christi in Raum und Zeit. Man muss nicht wissen oder darüber spekulieren, wie ein Mensch, der vielleicht nie mit einem Christen gesprochen hat, von den Gnadenwirkungen der vertikalen und horizontalen Inkarnation erreicht wird. Aber dass dies möglich ist, kann man widerspruchsfrei denken."[94]

Im katholischen Verständnis wird der bestätigenden Antwort, ob die Kirche Zeichen und Werkzeug des Heils ist, größte Bedeutung zugemessen. Die Kirche ist nicht einfach identisch mit dem Reich Gottes, aber auch nicht einfach davon zu trennen. Als Zeichen und Werkzeug des Heils kommen für die Kirche gleichzeitig Identität wie Differenz zum Ausdruck. Die sichtbare-unsichtbare Kirche ist nach katholischem

---

[91] U. Kühn, Verborgene Kirche. Ein Essay, in: J. Brosseder/M. Wriedt (Hg.), „Kein Anlass zur Verwerfung." Studien zur Hermeneutik des ökumenischen Gesprächs (FS O.H. Pesch), Frankfurt 2007, 280– 290, 283ff. Hervorhebung im Original.
[92] Es geht darum, „Gottes Weg mit seinem Volk als einen Werde- und Wandlungsprozess neu zu verstehen, als ein Handeln, das Gott gestaltet und in dem er Kirche immer wieder neu ‚macht' und einlädt, uns darauf einzulassen." (Ch. Hennecke, Ekklesiogenesis – Wie Kirche in Deutschland wächst, in: das prisma 23 [2011] 21–30, 21).
[93] J. Werbick, Grundfragen der Ekklesiologie (Anm. 65), 195ff.
[94] K.-H. Menke, Sakramentalität (Anm. 89), 264.

Verständnis sakramental verfasst. Über die faktische wie normative ‚Nahtstelle' zwischen Gehalt und Gestalt über die komplexe Wirklichkeit der sichtbaren-unsichtbaren Kirche braucht es im ökumenischen Gespräch weiteres Nachdenken.

Schlussbemerkung

Hugo Rahner plädierte einmal dafür, im Sinne einer kerygmatischen Theologie eine wahre und echte „Theologie der sichtbaren Kirche" zu entwickeln.[95] Die Sichtbarkeit der Kirche soll in jene theologischen Zusammenhänge gestellt werden, „aus denen sie uns in ihrer dogmatischen Notwendigkeit und zugleich in ihrer religiösen Tiefe fassbar sind." [96] Die lange Begriffsgeschichte von ‚sichtbar/unsichtbar' weist aber auf, wie problematisch diese (eher formalisierte) Begrifflichkeit ist. Es zeigt sich, „wie wenig hilfreich die in der Reformationszeit gefundene Trennungslinie von sichtbar und unsichtbar für die heutige ökumenische Ekklesiologie ist. Beide Kirchen sehen die Kirche als institutionelle und damit sichtbare Größe an, beide sehen aber auch ihre mit den leiblichen Augen nicht wahrnehmbare Wirklichkeit."[97] Nicht die Feststellung der Faktizität beider Dimensionen ist kontrovers, sondern die Modalität ihrer Verhältnisbestimmung.[98] Es bleibt die Aufgabe auf der Tagesordnung, über begriffliche Alternativen nachzudenken. Beispielhaft sei der Alternativvorschlag von Hans Urs von Balthasar hier zum weiteren Nachdenken genannt: „In der Einheit dessen, was der vorösterliche Jesus begründet hat (bis einschließlich der Feier des sichtbaren Abendmahls mit der ausdrücklichen Übergabe dieser Feier an die Jünger, das heißt der amtlichen Priester-‚weihe', und dessen, was er als Auferstandener seiner Kirche im Geist schenkt, wird die Struktur der irdischen pilgernden Kirche erst fassbar; denn für uns im Fleische Weilende muss alles Geisthaft-Charismatische in sichtbare Strukturen eingebunden sein, aber diese Strukturen sind innerlich mit den Gütern des auferstan-

---

[95] H. Rahner, Eine Theologie der Verkündigung, Freiburg ²1939, 110f.

[96] Ebd., 114.

[97] L. Lies, Rez.: Bilaterale Arbeitsgruppe der Deutschen Bischofskonferenz und der Kirchenleitung der Vereinigten Evangelisch-Lutherischen Kirche Deutschlands, Kirchengemeinschaft in Wort und Sakrament, Paderborn/Hannover 1984, in: ZKTh 108 (1986) 328–332, 329.

[98] „Während [...] die evangelische Theologie *innerhalb* der sichtbaren Kirche zwischen ‚wahrer' und ‚falscher' Kirche differenziert, stellen die katholische und die orthodoxe Theologie die *Gesamtwirklichkeit der Kirche mit ihrer unsichtbaren und sichtbaren Seite* in ein sakramentales Verhältnis zum göttlichen Heilshandeln." (P. Lüning, Ökumene der kleinen Schritte. Unterwegs zur Einheit der Christen, Kevelaer ²2010, 122; Hervorhebung im Original).

denen, pneumatisch gewordenen Christus erfüllt. Dies festzustellen heißt mehr, als bloß auszusagen, die Kirche sei zugleich sichtbar und unsichtbar; man müsste konkreter sagen, sie sei, solange sie auf Erden wallt, zugleich vor- und nachösterlich. Der Punkt, an dem beide Sphären sich begegnen, ist der Tod Jesu, der sein irdisches Leben durch einen höchsten Opferakt beschließt und damit gleichzeitig den Heiligen Geist für die Kirche freigibt."[99]

---

[99] H.U. von Balthasar, Theologisch, Bd. 3. Der Geist der Wahrheit, Einsiedeln 1987, 280.

Gemeinsam Gottes Nähe suchen – religiöse Feiern von Menschen unterschiedlicher Religionszugehörigkeit

Hinweise zu weiterführenden Unterscheidungen

Christian Grethlein

Bereits die Schwierigkeit, eine angemessene Themenformulierung zu finden, macht auf die Aktualität und sachliche Problematik des Gegenstandes aufmerksam. Geht es um gemeinsame Gottesdienste, multireligiöse oder interreligiöse Feiern, religiöse Feiern für Alle? *„Gemeinsam Gottes Nähe suchen"* – ein Zitat aus dem Titel einer einschlägigen Orientierungshilfe der Liturgischen Konferenz, an der mit Irmgard Pahl auch eine katholische Liturgiewissenschaftlerin mitwirkte[1] – macht vorsichtig auf drei Charakteristika der zu besprechenden Handlungsvollzüge aufmerksam:
– Menschen „suchen". Alle Handlungen von Menschen gegenüber Gott haben eine Gemeinsamkeit in ihrer nicht zu überwindenden Vorläufigkeit. Deshalb ist Gottesdienst ein unabschließbares „Reformprojekt".[2]

---

[1] Mit Anderen feiern – gemeinsam Gottes Nähe suchen. Eine Orientierungshilfe der Liturgischen Konferenz für christliche Gemeinden zur Gestaltung von religiösen Feiern mit Menschen, die keiner christlichen Kirche angehören, Gütersloh 2006.

[2] Programmatisch: Ch. Grethlein/G. Ruddat, Gottesdienst – ein Reformprojekt, in: dies. (Hg.), Liturgisches Kompendium, Göttingen 2003, 13–42; vgl. kritisch demgegenüber die auf einem ungeschichtlichen, organologischen Gottesdienstverständnis basierende Auffassung von J. Ratzinger (J. K. Ratzinger, Liturgie zwischen Tradition und organischem Wachsen, in: Una-Voce-Korrespondenz 35 [2005] 85–89), die bezeichnender Weise ohne jeden biblischen Bezug auskommt.

– Menschen suchen „Gottes Nähe". Gott ist kein menschlicher Besitz, Menschen können aber seine Nähe suchen – die ganze Kulturgeschichte ist voll von Beispielen dafür. Weil „Gott" aber mehr als ein Begriff ist, vollzieht sich die Annäherung an ihn in leiblichen, an Ort und Zeit verhafteten Ausdrucksformen.

– Diese Suche von Gottes Nähe geschieht „gemeinsam". Menschen suchen zusammen Gottes Nähe, jedenfalls immer wieder. Deshalb sind Rituale als Formen der gemeinschaftlichen symbolischen Kommunikation auch im Christentum unverzichtbar.

Das Besondere dieser gemeinsamen Suche von Gottes Nähe ist heute, dass die daran beteiligten Menschen nicht nur unterschiedliche Biographien haben, aus unterschiedlichen kulturellen Kontexten stammen, sondern auch unterschiedlichen Religionsformen angehören. Die Migrationsbewegungen tragen dazu ebenso bei wie die Globalisierungsprozesse und die durch moderne Technik ermöglichte Mobilität und kommunikative Vernetzung. Systematisch gesehen geht es also um die *liturgische Praxis angesichts der Konvivenz von Menschen unterschiedlicher Religionszugehörigkeit.*

Die sich in Deutschland gegenwärtig vor allem zwischen Christen und Muslimen – oder soll man besser sagen: Menschen mit christlichem und muslimischem Hintergrund? – vollziehende gemeinsame Suche von Gottes Nähe in sog. multireligiösen Gebeten oder interreligiösen Feiern wird unterschiedlich beurteilt. Basis-Initiativen, bei denen interreligiöse Gebete selbstverständlich erscheinen und als wichtiger Beitrag zum Frieden gefeiert werden, stehen quer zu kirchenamtlichen Verlautbarungen, die gerade vor solchen Vermischungen warnen. Was den Einen als lebensdienlich und friedensfördernd gilt, erscheint Anderen als Aufgabe des eigenen Glaubens.

In einer solchen Situation ist es praktisch-theologisch bewährt, sich zuerst kurz den lebensweltlichen Kontext in Erinnerung zu rufen, innerhalb dessen die Diskussion stattfindet (1.), wobei eine einleitende historische Reminiszenz auf bisher erfolgreiche Formen gemeinsamen Suchens nach der Nähe Gottes hinweist. Dann gilt es, sich möglichst genau den strittigen Gegenstand vor Augen zu führen (2.). Die grundlegenden Problemstellungen sind zum einen systematisch zu erfassen (3.) und zum anderen die in der Diskussion verwendeten Begriffe in ihrem Differenzierungspotenzial zu rekonstruieren (4.). Während dabei jeweils Unterscheidungen skizziert werden, soll abschließend auf ein grundlegendes liturgisches Problem hingewiesen werden, und zwar den Zusammenhang von Gottesdienst und Öffentlichkeit (5.). Dieser macht auf die theologische Bedeutung des Problembereiches aufmerksam, dem weder durch bloße methodische Empfehlungen noch durch deduktive theologische Bestimmungen hinreichend entsprochen werden kann.

1. Lebensweltlicher Kontext

Bevor ich anhand zweier ausgewählter Beispiele auf Problemlagen hinweise, die bei der Diskussion um den liturgischen Umgang mit religiöser Pluralität zu beachten sind, sei kurz eine historische Reminiszenz eingeblendet, die zu einer Relativierung der manchmal hart aufeinander prallenden Fronten führen könnte.

1.1 Innerhalb des Protestantismus besteht seit 1973 durch die Leuenberger Konkordie Kanzel- und Abendmahlsgemeinschaft zwischen verschiedenen reformatorischen Kirchen. Damit sind teilweise wüste Auseinandersetzungen zu einem erfreulichen Ende gekommen. So schrieb z.B. der 2007 gefeierte Paul Gerhardt am 19. Mai 1663 im Zuge des sog. Berliner Kirchenstreits: „Die Reformirten wollten gern, daß wir sie für Christen halten sollten, denn dann würden wir sie alsbald als Mitbrüder in Christo, und als Mitglieder unserer christlichen Kirche annehmen müssen [...] Würde auch hier nöthig sein, das Wörtlein Christen zu evolviren. Ein Christ ist entweder, der auf Jesum getauft ist, und Jesum von Nazareth für Messiam und Heiland der Welt bekennet. Also können vielleicht nicht allein Calvinisten, sondern auch Papisten Christen genennet werden, oder ein Christ ist derjenige, welcher den wahren seligmachenden Glauben rein und unverfälscht hat, auch die Früchte desselben in seinem Leben und Wandel sehen läßt, also kann ich die Calvinisten qua tales nicht für Christen halten."[3] Und der Pfarrer an der Berliner Nikolai-Kirche, Johannes Heinzelmann, formulierte in einer Predigt: „So verdammen wir nun die Papisten, Calvinisten und auch die Helmstedter mit einem Worte, wer nicht lutherisch ist, der ist verflucht".[4]

Ein gemeinsamer Gottesdienst oder ein gemeinsames Gebet schien damals zwischen Lutheranern und Calvinisten undenkbar – zumindest auf der Ebene der hohen Theologie. Mittlerweile hat sich dies erheblich verändert, nicht nur im Verhältnis zwischen Lutheranern und Calvinisten, sondern auch im Verhältnis zwischen Evangelischen und Katholiken. Die Möglichkeit zum gemeinsamen Gebet wird hier wohl nicht mehr bestritten. Doch ist dies das Resultat langer Kämpfe. Noch mein streng katholisch erzogener Großvater wurde exkommuniziert, weil er eine evangelische Frau heiratete.

Allerdings hat diese Entwicklung auch einen Preis: Lebensweltlich scheint die gegenwärtige Öffnung der Kirchen und Bekenntnisse zuei-

---

[3] Zitiert nach A. Beutel, Kirchenordnung und Gewissenszwang. Paul Gerhardt im Berliner Kirchenstreit, in: ders., Reflektierte Religion. Beiträge zur Geschichte des Protestantismus, Tübingen 2007, 94.
[4] Ebd., 90f.

nander parallel zur Distanzierung der Menschen von der konkreten Kirche zu verlaufen. Traditionelle konfessionelle Distinktionen verlieren für die Mehrzahl der deutschen Bevölkerung an Gewicht.[5] Gottesglaube und Kirchenbindung treten auseinander – ein Prozess, der sich gegenwärtig auch ein Stück weit im Verhältnis der Religionen zueinander anbahnt. Früher wichtige konfessionelle Unterscheidungslehren ziehen sich aus der Lebenswelt in dogmengeschichtliche Bücher zurück. Zunehmende Toleranz und zurückgehende Entschiedenheit scheinen jedenfalls lebensweltlich in etwa parallel verlaufende Prozesse zu sein.

1.2 Umgekehrt ist zu beobachten: Auch heute noch ereignen sich Glaubenskämpfe in Deutschland, und zwar vor allem zwischen Muslimen und Christen. Lehrerinnen berichten von körperlichen Auseinandersetzungen auf Schulhöfen zwischen Kindern, in denen die Schlachtrufe „Schweinefleisch-Fresser" auf „Allah ist …" antworten. Es sind offenkundig in Ballungsgebieten nicht mehr nur Ausnahme-Situationen, wenn sich Kinder wegen ihrer unterschiedlichen Religionszugehörigkeit befehden. Dabei sind häufig die christlichen Kinder erstaunt, welche Welle der Empörung bei muslimischen Kindern Angriffe auf ihre Religion ausrichten können. Dahinter steht auch ein pädagogisches Problem. Wie kann es in bestimmten Entwicklungsphasen bzw. bei Menschen, denen mehrdimensionales und multiperspektivisches Denken nicht oder nur schwer möglich ist, zur Balance zwischen eigener religiöser Entschiedenheit und der Anerkennung religiös anderer Orientierung bei anderen Menschen kommen?

Weniger martialisch, aber ebenso beachtenswert ist ein Blick zu Kindern, die in Familien mit religionsverschiedenen Eltern aufwachsen.[6] Hier zeigt sich, dass Kinder virtuos verschiedene Glaubensvorstellungen zu mischen verstehen und je nach Kontext als Muslim oder als katholischer Christ – oder als „religiöser Mensch"? – agieren können. So erzählt der zehnjährige Jakob, wie er mit seiner katholischen Mutter die Messe besucht und sich dabei bekreuzigt usw. Beim Judo-Wettkampf dagegen vertraut er mehr Allah, zu dem sich sein Vater bekennt. Zu welchem

---

[5] S. dazu die eindrücklichen Befunde bei A. Nassehi, Religiöse Kommunikation: Religionssoziologische Konsequenzen einer qualitativen Untersuchung, in: Bertelsmann Stiftung (Hg.), Woran glaubt die Welt? Analysen und Kommentare zum Religionsmonitor 2008, Gütersloh 2009, 169–203, besonders das Resümee: „Das Prekäre für die Kirchen freilich […] besteht darin, dass es gar kein Mobilisierungs- oder Motivationsproblem zu geben scheint, sondern dass sich besonders intensives Erleben und Handeln im Bereich des Religiösen dem Zugriff der Organisationen wenn nicht entzieht, dann zumindest sich distanziert dazu verhält." (197).
[6] S. U. Arnold/H. Hanisch/G. Orth, Was Kinder glauben. 24 Gespräche über Gott und die Welt, Stuttgart 1997.

Gott betet er abends? Er betet wahrscheinlich zu dem, zu dem die mit ihm betende Person betet, der Vater zu Allah, die Mutter zum christlichen Gott – aber reichen hier unsere traditionellen Begriffe aus? Dabei ist vor schneller Kritik an dem hier unübersehbaren Synkretismus bzw. „mishmash"[7] zumindest aus pädagogischer Perspektive zu warnen. Dieses Kind bleibt vor den eben skizzierten gewalttätigen Ausschreitungen zumindest als Täter bewahrt. Vielleicht kann es sogar – da auf beiden Seiten beheimatet – vermitteln.

1.3 Eine noch andere Perspektive eröffnen empirische Untersuchungen zur religiösen Einstellung heutiger Menschen. Hierzu nur einige knappe Schlaglichter aus der letzten EKD-Mitgliedschaftsumfrage, die in der Tendenz durch den Religionsmonitor der Bertelsmann-Stiftung bestätigt werden:

71% der westdeutschen und 68% der ostdeutschen Evangelischen bejahen die Frage: „Kommt es vor, dass Sie beten – im weitesten Sinne verstanden?" – zugleich verneint ein knappes Drittel.[8]

Von denen, die beten, tun dies in Westdeutschland 58%, in Ostdeutschland 54% „nur gelegentlich" (463).

43% der westdeutschen und 47% der ostdeutschen Evangelischen bejahen folgendes Item: „Ich glaube, dass es einen Gott gibt, der sich in Jesus Christus zu erkennen gegeben hat." (465), also insgesamt eine Minderheit.

Schließlich bestätigen 59% der westdeutschen und 61% der ostdeutschen Evangelischen die Aussage: „Es ist ohne Bedeutung, welcher Konfession oder Religion die Menschen in einer Wohngegend angehören. Für das Zusammenleben spielt das keine Rolle." (480)

Peter Höhmann und Volkhard Krech haben diese und andere Befunde unter den Begriff der „religiösen Indifferenz" gefasst.[9] Demnach sind die meisten Menschen in Deutschland weder dezidiert christlich noch atheistisch. Zugespitzt formuliert: Sie glauben mehrheitlich an eine höhere Macht, aber nicht an den Vater Jesu Christi.

Allerdings ist „Indifferenz" nicht mit Gleichgültigkeit gleich zu setzen. Vielmehr handelt es sich hier um den Ausdruck des für gegenwärtige Gesellschaft typischen strukturellen Individualismus, der wiederum der funktionalen Differenzierung heutiger Gesellschaft entspricht.[10]

---

[7] J. Hull, Mishmash. Religious Education in a Multi-Cultural Britain, Birmingham 1991.
[8] W. Huber/J. Friedrich/P. Steinacker (Hg.), Kirche in der Vielfalt der Lebensbezüge, Gütersloh 2006, 462; die folgenden Belege aus diesem Buch sind in Klammern gesetzt.
[9] P. Höhmann/V. Krech, Das weite Feld der Kirchenmitgliedschaft. Vermessungsversuche nach Typen, sozialstruktureller Verortung, alltäglicher Lebensführung und religiöser Indifferenz, in: W. Huber/J. Friedrich/P. Steinacker (Hg.), Kirche (Anm. 8), 143–195, 182–195.
[10] Vgl. ebd., 186.

Von daher sind in der Diskussion von kirchenamtlicher Seite geäußerte Feststellungen zu relativieren. So kann man in der jüngsten Handreichung der EKD zum Verhältnis von Christen und Muslimen lesen, dass „sich das christliche Gebet an den Einen Gott richtet, der sich in Jesus Christus offenbart hat und durch den Heiligen Geist wirkt".[11] Dies entspricht der gängigen kirchlichen Lehre. Doch muss zur Kenntnis genommen werden, dass sie nur von einer Minderheit selbst der Kirchenmitglieder geteilt wird und für die religiöse Praxis der meisten Menschen in Deutschland ohne Bedeutung ist. Die Mehrheit sieht aus strukturellen Gründen keine Notwendigkeit, ihre Einstellung im Sinne der kirchenamtlich gewünschten christologischen Präzisierung zu ändern. Die meisten Menschen in Deutschland sind daran interessiert, dass Religion ihnen bei der Bewältigung des Lebens hilft; die kirchliche Lehre spielt für sie dabei keine direkte Rolle.[12]

Von daher muss also bei Verwendung des Attributs „christlich" bei bestimmten religiösen Verhaltensweisen wie dem Gebet unterschieden werden, ob es sich um eine dogmatisch-normative oder eine lebensweltlich-empirische Kategorie handelt. Denn das entsprechende Verhalten der Mehrheit der Kirchenmitglieder, also getaufter Christen, entspricht heute nicht den dogmatischen Normen.[13]

2. Verschiedene Orte und Anlässe der gemeinsamen Suche nach Gottes Nähe

Es können fünf – in sich wiederum differenzierte – Orte und Anlässe für gemeinsame religiöse Feiern von Menschen unterschiedlicher Religionsgemeinschaft unterschieden werden, ohne dass hier – wie stets bei Typologien, die sich auf lebensweltliche Vollzüge beziehen – genaue Trennschärfe möglich ist:

---

[11] Kirchenamt der Evangelischen Kirche in Deutschland (Hg.), Klarheit und gute Nachbarschaft. Christen und Muslime in Deutschland. Eine Handreichung des Rates der EKD (EKD Texte 86), 2006, 115.

[12] Der indirekte Einfluss kirchlicher Lehre auf die Einstellung der Menschen ist empirisch deshalb schwer zu erfassen, weil „Lehre" die Menschen nur in konkreten kommunikativen Prozessen erreicht, die wiederum von individuellen Menschen initiiert und durch die jeweilige Rezeption modifiziert werden. Es gibt aber vor allem für die römisch-katholische Kirche Anhaltspunkte, dass solche Vermittlungsprozesse, nicht zuletzt im Zuge von nichtintendierten Übergeneralisierungen, das Gegenteil zur Folge haben können (s. als Beispiel die empirische Untersuchung zur Beichte von R.M. Scheule, Beichte und Selbstreflexion. Eine Sozialgeschichte katholischer Bußpraxis im 20. Jahrhundert, Frankfurt 2002).

[13] Damit ist keine Aussage darüber getroffen, ob es jemals anders war, dies also eine neue Entwicklung ist oder nicht. Angesichts des Fehlens methodisch zureichender Daten aus früheren Zeiten ist dies nicht mehr festzustellen.

2.1 Feiern, die aus dem interreligiösen Dialog entstanden sind. Bei längeren Gesprächsreihen und -zusammenhängen von Menschen unterschiedlicher Religionszugehörigkeit zu den Gemeinsamkeiten und Unterschieden ihrer Religionen kann sich der Wunsch entwickeln, gemeinsam Gottes Nähe zu suchen und nicht nur hierüber zu sprechen. Dabei verfügen die meisten Mitglieder dieser Gruppen über ein besonderes religiöses Interesse und entsprechende Kenntnisse sowie eingehende religiöse Praxis. Manchmal werden die Feiern dann innerhalb des Kreises, sozusagen als Fortsetzung des Gesprächs, veranstaltet.

Bisweilen tritt ein solcher Kreis mit einer Feier an die Öffentlichkeit. Dies gilt besonders bei sog. Friedensgebeten. Sowohl die öffentlich viel beachteten Initiativen des Dalai Lama als auch das Weltethos-Projekt des christlichen Theologen Hans Küng geben hierfür Impulse. Denn in beiden Ansätzen wird versucht, unter Absehen von den religiös-dogmatischen Differenzen das ethisch-lebenspraktische Potenzial der Religionen für das Gemeinwesen, vor allem die Gewinnung und Erhaltung von Frieden, fruchtbar zu machen.

2.2 Feiern, die aus dem gemeinsamen Leben vor Ort erwachsen. So erscheint z.B. bei Stadtteilfesten in Vierteln, bei denen ein beträchtlicher Teil der Wohnbevölkerung etwa islamisch ist, der traditionelle ökumenische Gottesdienst der evangelischen und katholischen Kirchengemeinde nicht mehr ausreichend. Dann wird der Imam der Moschee vor Ort um einen Beitrag gebeten, wobei sich je nach Temperament der einzelnen Gemeindeleiter die Rollen recht unterschiedlich gestalten können. Meist folgt der Aufbau der Feier dem eines ökumenischen Gottesdienstes, wobei einzelne Elemente durch islamische Beiträge erweitert oder andere durch solche ersetzt werden. Ähnliches gilt für Einweihungen von Gebäuden, in denen Menschen unterschiedlicher Religion beschäftigt sind.

2.3 Feiern angesichts von Katastrophen o.ä. Nah hiermit verwandt ist das gemeinsame Suchen von Gottes Nähe angesichts von besonderen, die Gemeinschaft bewegenden Ereignissen. Häufig sind dies Katastrophen, angefangen von dem Attentat am 11. September 2001 über den Amoklauf eines jungen Mannes bis hin zu einem Flugzeugabsturz oder einer großen Naturkatastrophe. Hier wollen die Menschen, die zusammen leben, ihre Betroffenheit gemeinsam vor Gott bringen – ungeachtet religiöser Unterschiede. Dabei steht das konkrete Ereignis im Mittelpunkt. Es wird versucht, durch Rückgriff auf religiöse Traditionen – meist affirmativ[14] – neuen Lebensmut zu gewinnen.

---

[14] Auf die Ambivalenz dieser affirmativen Tendenz weist eindrücklich P. Cornehl, „A Prayer for America". Der interreligiöse Trauergottesdienst in New York am 12. September 2001 als Beispiel für Civil Religion nach dem 11. September, in: ders., „Die Welt ist

2.4 Familiäre Feiern an Übergängen im Leben. Im familiären Kontext angesiedelt ist das rituelle Begehen von Übergängen im Leben. In Familien, in denen die einzelnen Mitglieder unterschiedlicher Religionszugehörigkeit sind, stellen sich im Bereich der sog. Kasualien bzw. Amtshandlungen neue Herausforderungen. Besondere Bedeutung haben hier Bestattungen. In der schwierigen Situation der Trauer und des Abschieds stoßen Menschen unvermeidlich an ihre Grenzen – und suchen Gottes Nähe. Zugleich sind sie empfindlich gegenüber der Betonung von Dissonanzen und nicht an theoretischer Belehrung interessiert. Konkret: Der muslimische Ehemann will bei der Bestattung seiner christlichen Frau Trost aus seiner eigenen Religion empfangen; zugleich wird jedenfalls in der Regel die Ehefrau durch den Geistlichen ihrer Konfession bestattet. Ähnlich gelagert sind Eheschließungen zwischen Partnern mit unterschiedlicher Religionszugehörigkeit. Allerdings verzichtet mittlerweile in Deutschland die Mehrzahl der Paare bei der Eheschließung auf ein kirchliches Ritual.[15]

2.5 Feiern in Schulen und Kindertagesstätten. Ein besonderes Gewicht haben schließlich gemeinsame religiöse Feiern in Bildungseinrichtungen. Vor allem ist eine wachsende Attraktivität von Schulanfängergottesdiensten zu beobachten. Offenkundig wird die durch den Eintritt in die Schule vollzogene Initiation in die durchaus von vielen ambivalent empfundene Leistungsgesellschaft als ein prekärer Übergang empfunden, der ritueller Begleitung bedarf. Angesichts der zunehmend religiös pluralen Zusammensetzung der Schülerschaft – mittlerweile hat über ein Viertel der Grundschüler/innen in Deutschland einen sog. Migrationshintergrund[16] – erscheint aber eine rein christliche Feier unzureichend.[17]

Ähnliches gilt für die Feiern in Kindertagesstätten, insofern die so begangenen Feste religiösen Hintergrund haben. So gilt es hier, mit Muslimen Weihnachten, umgekehrt aber auch mit Christen das Zuckerfest zu feiern. Es sei nur angemerkt, dass die meisten Erzieherinnen auf Grund fehlender bzw. defizienter religionspädagogischer Ausbildung damit überfordert sind, die Spannung zwischen pädagogischem Integrationsanliegen und lebensweltlicher religiöser Differenz (geschweige denn kirchlicher Lehre) wahrzunehmen oder gar angemessen zu gestalten.

---

voll von Liturgie". Studien zu einer integrativen Gottesdienstpraxis (Praktische Theologie heute 71), Stuttgart 2005, 116–131, hin.

[15] S. genauer Ch. Grethlein, Grundinformation Kasualien, Göttingen 2007, 232–235.

[16] Zu den sich daraus ergebenden pädagogischen Problemen s. die knappe, aber instruktive Skizze von A. Feindt/M. Spenn, Kinder, Bildung und Migration, in: M. Spenn/D. Beneke/F. Harz/F. Schweitzer (Hg.), Handbuch Arbeit mit Kindern – Evangelische Perspektiven, Gütersloh 2007, 187–195.

[17] S. dazu die dichte Beschreibung („thick description") eines „interreligiösen" Einschulungsgottesdienstes mit seinen Problemen bei M. Saß, Schulanfang und Gottesdienst. Religionspädagogische Studien zur Feierpraxis im Kontext der Einschulung (Arbeiten zur Praktischen Theologie 45), Leipzig 2010, 106–116.

3. Typologische Systematisierung der Feier-Formen

3.1 Die Liturgische Konferenz hat in ihrer zitierten Orientierungshilfe zum Thema eine – wiederum aus der Diskussion gewonnene – Systematisierung vorgeschlagen, die sowohl in heuristischer als auch normativer Hinsicht hilfreich ist. Vier verschiedene Typen von Feiern mit Anderen werden vorgeschlagen:

„Liturgische Gastfreundschaft". Dies ist die Form, die wohl gegenwärtig in Deutschland am häufigsten praktiziert wird. Es ist ein Modell, das sich nicht zuletzt dem christlich-jüdischen Dialog verdankt. Hier lädt eine christliche Gemeinde/Gemeinschaft Angehörige anderer Religionen zu einem Gottesdienst ein. Entsprechend dem Bild von der Gastfreundschaft vermeidet dabei zum einen der Gastgeber für den Gast Anstößiges, zum anderen ist der Gast höflich bemüht, sich den Gegebenheiten seines Gastgebers anzupassen. In diesem Rahmen kann z.B. ein Hodscha innerhalb eines ökumenischen Gottesdienstes einen Wortbeitrag leisten. In den meisten Gegenden (West-)Deutschlands, in denen die Kirchenmitglieder in der deutlichen Mehrheit sind, ist dieses Modell aus empirischen und – wie die entsprechenden kirchlichen Verlautbarungen zeigen – normativen Gründen die erste Wahl.

„Multireligiöse Feiern". Hier kommen Vertreter verschiedener Religionen nebeneinander in einer Feier zu Wort, ohne dass es zu einem gemeinsamen Gebet kommt. Dabei wird deutlich markiert, von welcher Religion welcher Beitrag stammt, ohne dass aber insgesamt – im Gegensatz zur „liturgischen Gastfreundschaft" – eine Religion dominiert. Diese Feierform wird in der Diskussion häufig – unter Bezug auf das durch Papst Johannes Paul II. initiierte Gebetstreffen 1986 – „Assisi-Modell" genannt.[18] Sie bietet sich in Gegenden an, in denen keine eindeutige Dominanz einer Religion besteht, bzw. zu Anlässen, in denen es aus sachlichen Gründen wichtig ist, die Dominanz einer Religion zu vermeiden.

„Interreligiöse Feiern". Bei einer interreligiösen Feier steht das Verbindende im Vordergrund. In gemeinsamen Texten, Liedern und Gebeten wenden sich die Teilnehmer an Gott. Beide großen Kirchen in Deutschland lehnen diese Praxis ab; vor Ort ist sie gleichwohl zu beobachten.

Die genannten Feiern im Kontext interreligiöser Dialoge vollziehen sich nicht selten ohne die beim multireligiösen Gebet üblichen Distinktionen. Dazu begegnen solche das Anliegen des Gemeinsamen in den Vor-

---

[18] S. hierzu ausführlich G. Riedl, Modell Assisi. Christliches Gebet und interreligiöser Dialog in heilsgeschichtlichem Kontext (Theologische Bibliothek Töpelmann 88), Berlin 1998; dass das hier entwickelte Feiermodell nur noch teilweise auf das Nachfolgetreffen 2002 zutrifft, zeigt pointiert A. Feldtkeller, Assisi, auf die Melodie „Dominus Iesus" zu singen, in: Materialdienst des Konfessionskundlichen Instituts Bensheim 53 (2002) 1f.

dergrund stellenden Feierformen im pädagogischen Bereich, insofern dort gegenwärtig die pädagogische Inklusionsbemühungen[19] Priorität gegenüber der theologischen Forderung nach Differenzierung beanspruchen. „*Religiöse Feiern für alle*". Hier kommt es nicht zu einer Begegnung zwischen Angehörigen unterschiedlicher Religionen. Vielmehr feiern Christen und Menschen ohne Religionszugehörigkeit vor dem Hintergrund allgemein die Menschen betreffender Anlässe. Vor allem die Diözese Erfurt hat in Ostdeutschland hier interessante Rituale geschaffen, deren konkreter liturgischer Charakter nicht ganz einfach zu bestimmen ist.[20]

3.2 Die eben vorgetragene Unterscheidung eignet sich gut für Veranstalter solcher Feiern, um die theologischen und pastoralen Chancen und Probleme abschätzen zu können. Allerdings muss dabei bewusst sein, dass *unter rezeptionsästhetischer Perspektive* die einzelnen Elemente der Feier anders als vorgesehen wirken können. Den dabei nicht selten beobachtbaren Übergang beschreibt die zitierte Handreichung der EKD zum Verhältnis von Christen und Muslimen in Deutschland sensibel: „Eine legitime Form, die Verbundenheit zwischen Muslimen und Christen zum Ausdruck zu bringen, ist die respektvolle Teilnahme am Gebet der jeweils anderen Religion und, damit verbunden, das innere Einstimmen in Aussagen, die man aus seiner eigenen Glaubensüberzeugung vollziehen kann."[21]

Wie auch sonst in einem Gottesdienst sind die gesprochenen Texte nur die eine Seite des Kommunikationsvorgangs, die andere ist die Rezeption durch die Mitfeiernden. Dabei zeigt sich der konstruktive Charakter von Rezeption. Hinsichtlich der Predigt hat hierfür Wilfried Engemann – in Entsprechung zum Manuskript – den Ausdruck Auredit eingeführt.[22] Von daher erscheint die Differenzierung zwischen multi- und interreligiöser Feier zwar für die eigene Klärung bei der Vorbereitung einer entsprechenden Feier sinnvoll; für die Erfassung der tatsächlichen Rezeption ist sie aber von recht beschränkter Erschließungskraft. Angesichts der geringen bzw. fehlenden Bedeutung kirchlicher Autorität

---

[19] Zur liturgisch noch nicht wahrgenommenen grundsätzlichen Dimension dieses weltweit verfolgten, rechtlich in der UNO-Konvention über die Rechte von Menschen mit Behinderungen verankerten Ansatzes s. z.B. P. Flieger/V. Schönwiese (Hg.), Menschenrechte – Integration – Inklusion. Aktuelle Perspektiven aus der Forschung, Bad Heilbrunn 2011.
[20] S. z.B. R. Hauke, Die Feier der Lebenswende. Eine christliche Hilfe zur Sinnfindung für Ungetaufte, und ders., Nächtliches Weihnachtslob für Nichtchristen, in: B. Kranemann/K. Richter/F.-P. Tebartz-van Elst (Hg.), Die missionarische Dimension der Liturgie, Bd. 2. Zeitgemäße Gottesdienstformen, Stuttgart 1999, 32–48 bzw. 100–102.
[21] Kirchenamt der Evangelischen Kirche in Deutschland (Hg.), Klarheit (Anm. 11), 116.
[22] Vgl. W. Engemann, Einführung in die Homiletik, Tübingen ²2011, 11.

für die meisten Menschen in rebus religionis dürfte das Hauptkriterium im Nutzen für den Einzelnen liegen. So kann ein und dieselbe Feier für den Einen interreligiös sein, insofern er etwa in das Gebet des Imams einstimmen kann und die Koran-Sure anregend empfindet, während eine Andere beides als fremdreligiöse Beiträge distanziert zur Kenntnis nimmt. Diese unterschiedliche Rezeption ist im Übrigen etwas, was auch in jedem christlichen Gottesdienst geschieht. Auch hier stimmen z.b. Einzelne in ein Gebet ein, Andere werden dagegen durch Wortwahl, Ausstrahlung des Liturgen oder vielleicht momentane Unaufmerksamkeit daran gehindert usw.

Eine besondere Zuspitzung erfährt dieser Gesichtspunkt bei Feiern in pädagogischem Kontext. Hier besteht die religionspädagogische Aufgabe darin, das wichtige Anliegen der Integration und Inklusion durch ein Ritual mit der Einführung in religiöse Vorstellungen und Verhaltensweisen zu vermitteln, die zukünftige Weiterentwicklung ermöglichen und jedenfalls nach bisheriger Praxis nur in religiöser Differenz möglich sind. Die sog. kokonstruktive[23] Aktivität der Kinder macht diesen Prozess noch komplizierter.

4. Typologische Systematisierung der Gebetsweisen

4.1 Ebenfalls zu hilfreichen Differenzierungen verhilft schließlich die genauere Analyse der einzelnen Elemente von Feiern. Die Liturgische Konferenz hat dies für das Beten ausgeführt. Dabei unterscheidet sie – vor dem Hintergrund christlicher Gebetstradition – *sieben Formen*:

1. Gemeinsame Stille bzw. Feierelemente, bei denen jeder den eigenen Gedanken nachgehen kann und zum inneren Hören (auf Gott) gelangt.
2. Die Annäherung an Gott im Modus des Fragens.
3. Die Klage vor Gott angesichts einer bedrängenden Situation.
4. Die gemeinsame Bitte in der aktuellen gemeinsamen Situation.
5. Die Fürbitte für Andere.
6. Das dankerfüllte Loben und Preisen Gottes aufgrund seiner Taten in Geschichte und Gegenwart.
7. Multireligiöses Bekennen, in dem das Gemeinsame wie das Trennende in der Perspektive der Hoffnung (und nicht nur der Abgrenzung) zur Sprache gebracht wird.[24]

---

23 S. H.U. Hauenstein, Auf den Spuren des Gebets. Methoden und Ergebnisse der empirischen Gebetsforschung, Heidelberg 2002, 38–41, 233.
24 Mit Anderen Feiern (Anm. 1), 59.

Auch diese Typologie macht deutlich, dass die Differenzierung zwischen multi- und interreligiösen Feiern nützlich, aber nicht trennscharf ist. So ist zwar in der (nach der eben genannten Typologie) sechsten und siebten Form des Gebets nur ein multireligiöses Nebeneinander möglich. Der geschichtliche und bekenntnismäßige Bezug trennt die einzelnen Religionen grundlegend. Zugleich eröffnen aber die beiden ersten Formen einen Zugang zu Gott, der allen Menschen gemeinsam ist. In diesen Gebetsformen können z.b. Muslime und Christen gemeinsam vor Gott treten. Betrachtet man die drei traditionellen Gebetsformen des Islam, *salat* (täglich fünfmaliges Pflichtgebet), *dhikr* (als meditatives Gottgedenken, oft mit einer Perlenschnur) und *du'a* (als frei formuliertes Gebet), so erscheinen auch die 3.,4. und 5. Form grundsätzlich möglich.

4.2 In dieser Typologie zeigt sich der große Schatz christlicher Gebetserfahrung, der auf keine eindimensionale Frömmigkeitsform reduziert werden sollte. Von daher erscheint die übliche Rede von multi- bzw. interreligiösem „Gebet" in kommunikationstheoretischer Perspektive als zu undifferenziert. Es muss genauer bestimmt werden, um welche Form des Gebets es sich handelt.

Noch weiter wird der Horizont, wenn man eine *theologische Bestimmung des Gebets* vornimmt. So schreibt z.B. Martin Luther in seiner Auslegung von Lk 2,33–40: „Und wird durch Gebet auch verstanden nicht allein das mündliche Gebet, sondern alles, was die Seele schafft in Gottes Wort: zu hören, zu reden, zu dichten, zu betrachten." (WA 10/I 1,435,8–10) Demnach kann schon das Hören eines Textes, etwa des Schriftwortes, theologisch als Gebet gelten. Diese theologische Weite erscheint mir durchaus mit den eben skizzierten rezeptionsästhetischen Überlegungen kompatibel. Auf jeden Fall warnt sie davor, strikte, an traditionellen Frömmigkeitsformen und überkommenen Lehrbildungen orientierte Distinktionen theologisch – und kommunikationstheoretisch – unreflektiert zu übernehmen.

5. Religion und Öffentlichkeit als Schlüsselproblem

5.1 Unzweifelhaft stellt die gemeinsame Suche von Gottes Nähe vor theologische und pädagogische Probleme. Werden nicht allzu schnell wichtige theologische Einsichten Preis gegeben, vielleicht sogar ein Alles relativierender Synkretismus befördert? Werden nicht für Heranwachsende bei manchen solcher Feiern die Konturen religiöser Einstellungen undeutlich – und so religiöse Bildungsprozesse erschwert? Und umgekehrt: Behindern nicht theologische Distinktionen wichtige Impulse zur Integration, die unsere Gesellschaft so dringend benötigt? Reißen sie nicht Gräben dort auf, wo sich lebensweltlich Einigungen abzeichnen? Es ist unstrittig: Weder Dogmatiker noch Religionspädagogen hätten wohl von sich aus die Situation der *Konvivenz von Menschen unterschiedlicher Religionszugehörigkeit* erfunden. Aber sie besteht heute – und ihr muss man sich auch in liturgischen Vollzügen stellen.

5.2 Lebensweltlich steht die Frage nach der gemeinsamen Suche von Gottes Nähe in einem theologisch und liturgisch wichtigen Kontext. Theologisch geht es um den – heute häufig mit dem Begriff des Zivilreligiösen thematisierten – *Öffentlichkeitsbezug christlichen Glaubens*, liturgisch um den *Zusammenhang von Kult und Alltag bzw. Lebenswelt*.

Exemplarisch lässt sich dies im Bereich der Schulen und hier platzierter liturgischer Feiern zeigen. In Schulen, in denen zumindest eine erhebliche Minderheit der Schüler/innen aus andersreligiösen, de facto meist muslimischen Herkunftsfamilien stammt, droht beim Festhalten an einer eindeutig konfessionell oder zumindest ökumenisch-christlich bestimmten Feier die Gefahr des Rückzugs ins Private. Denn wenn bereits eine beträchtliche Minderheit der entsprechenden Schüler/innen (und bei Einschulungsgottesdiensten deren Eltern) nicht an der Feier teilnimmt, verliert diese ihre für Schule so wichtige Integrationsfunktion.

Liturgisch gesprochen löst das Beharren auf überkommenen Formen indirekt den Zusammenhang von Kultus und Alltag bzw. Lebenswelt.[25] Entweder findet dann ein sonst mit Schule nicht verbundener Gottesdienst statt, zu dem die Kirchengemeinden einladen, oder eine auf Schule bezogene liturgische Feier entfällt ganz. Damit wird der für die Heranwachsenden unserer Gesellschaft zentrale soziale Ort, die Schule, sozusagen liturgiefrei. Dies hätte angesichts der Tatsache, dass nicht wenige Kinder erstmals im Sozialraum Grundschule dem christlichen Glauben in expliziter Weise begegnen, eine gewisse Dramatik. „Religion", nur im Unterricht ohne jedenfalls ab und an liturgischen Bezug erlebt, schnurrt zu einer „Schulreligion" zusammen, die in der Regel spätestens bei Schulabgang wegfällt.

Dieses Beispiel zeigt, dass es bei der gemeinsamen Suche von Gottes Nähe wesentlich um den Zusammenhang von christlicher Religion und Öffentlichkeit geht. Es gibt gegenwärtig in Deutschland durchaus Kräfte, die gern eine Marginalisierung christlicher Kirchen in den Bereich des Privaten sehen würden. Dies entspricht aber weder der traditionellen Bedeutung der Kirchen in Deutschland noch dem auch auf Öffentlichkeit gerichteten Anspruch des Evangeliums.

---

[25] S. zum hier leitenden Gottesdienstverständnis Chr. Grethlein, Grundfragen der Liturgik, Gütersloh 2001, 26–81.

Dieser Zusammenhang wird zukünftig nur noch angemessen aufrecht-erhalten werden können, wenn Christen gemeinsam mit den Angehöri-gen anderer Religionen Gottes Nähe suchen. Dass dies kein einfacher Weg ist, dürfte bei den verschiedenen skizzierten Unterscheidungen deutlich geworden sein. Er ist aber wohl nur um einen hohen Preis zu vermeiden, nämlich durch den Rückzug des Christlichen aus der Öffent-lichkeit bzw. die Privatisierung des Liturgischen.

Das Heil der Anderen in der Liturgie

Albert Gerhards

1. Universalität der Fürbitte als Auftrag der Christen (1 Tim 2,1)

„Vor allem fordere ich zu Bitten und Gebeten, zu Fürbitte und Danksagung auf, und zwar für alle Menschen, für die Herrscher und für alle, die Macht ausüben, damit wir in aller Frömmigkeit und Rechtschaffenheit ungestört und ruhig leben können. Das ist recht und gefällt Gott, unserem Retter; er will, dass alle Menschen gerettet werden und zur Erkenntnis der Wahrheit gelangen" (1 Tim 2,1–4).

Die paulinische Aufforderung wurde in der Alten Kirche beim Wort genommen. Der Dienst der Fürbitte für alle Menschen ist schon als fester Bestandteil der Sonntagseucharistie um die Mitte des 2. Jh. bei Justin (1. Apol. 65 und 67) bezeugt. Als „Oratio Universalis", Allgemeines Gebet oder Gebet der Gläubigen, wurde das Fürbittgebet durch das 2. Vatikanische Konzil wieder in die römische Liturgie eingeführt, aus der es seit Gregor d. Gr. ausgegliedert war und nur noch rudimentär in Teilen des Geltungsbereichs der römischen Liturgie gepflegt wurde. In den Großen Fürbitten am Karfreitag blieb das älteste bekannte Formular der römischen Liturgie erhalten, auf das noch eigens zurückzukommen ist. Nach dem Trienter Konzil konnte sich das Allgemeine Gebet in der kompakten Version des Petrus Canisius nach der Predigt, innerhalb der muttersprachlichen Insel, vielerorts halten. In geringfügig angepasster Form findet es sich auch im „Gotteslob": „Sieh an mit den Augen deiner Barmherzigkeit den Jammer der Menschen, ihr Elend und ihre Not!"[1] Darin findet auch das den Christen aufgetragene Gebet für die Feinde seinen Platz, über das noch zu sprechen ist.

Im Unterschied zum lateinischen Westen haben die orientalischen Kirchen das Fürbittgebet stets gepflegt, das in Form diakonaler Ektenien alle liturgischen Feiern durchzieht: „Wieder und wieder in Frieden lasset zum Herrn uns beten." So wird in der Friedens-Ektenie zu Beginn der Chrysostomusliturgie „Um den Frieden der ganzen Welt" gebetet und „für diese Stadt und für jede Stadt und für alles Land". Der avisierte Personenkreis sind aber stets die (orthodoxen) Gläubigen.

Ein alter Ort des Fürbittgebets ist auch die altkirchliche Vesper des kathedralen Stundengebets mit den Bestandteilen Lob, Bekenntnis, Bitte und Segen. Eine Sonderform des Bittgebets der Vesper am Vorabend höherer Sonn- und Feiertage ist die Lithia (Agrypnia), ein großes kompaktes Friedensgebet, ursprünglich im Narthex (mit den Katechumenen und Büßern) gesprochen. Auch hier geht es primär um die Christusgläubigen, doch geht es auch „um den Frieden und die Sicherheit der ganzen Welt", den Schutz von Stadt und Land vor „Hungersnot, Seuchen, Erdbeben, Überschwemmung, Feuer, Schwert, Ansturm fremder Völker und Bürgerkrieg" sowie für die auf dem Meer Reisenden.[2] Das „Heil der Anderen" steht aber nicht direkt im Blick.

1.1 Das Gebet für die Feinde (Mt 5,44)

Ein Sonderfall ist das Gebet für die Feinde, das auf ein ausdrückliches Gebot Jesu zurückgeführt wird: „Ihr habt gehört, dass gesagt worden ist: Du sollst deinen Nächsten lieben und deinen Feind hassen. Ich aber sage euch: Liebt eure Feinde und betet für die, die euch verfolgen" (Mt 5,43f.;

---

[1] Gotteslob. Katholisches Gebet- und Gesangbuch für das Bistum Aachen, Mönchengladbach 1995, Nr. 790, 2.
[2] S. Heitz (Hg.), Mysterium der Anbetung. Göttliche Liturgie und Stundengebet der Orthodoxen Kirche, Köln 1986, 43f.

vgl. Lk 6,27; Röm 12,14.). Im NT findet das von Jesus am Kreuz bezeugte Gebet (Lk 23,24) im Gebet des sterbenden Stephanus seinen Widerhall: „Dann sank er in die Knie und schrie laut: Herr, rechne ihnen diese Sünde nicht an! Nach diesen Worten starb er" (Apg 7,60).

Unter den Messformularen „Orationes diversae" des Tridentinischen Missale findet sich auch eins „Für Feinde". Während die Secreta und die Postcommunio nur um die Bewahrung der Gläubigen vor den Nachstellungen der Feinde bitten, sind diese in die Oration nach lukanischem Vorbild ins Gebet einbezogen:

> Gott, du Freund und Hüter des Friedens und der Liebe, gib allen unseren Feinden wahren Frieden und wahre Liebe: gewähre ihnen Verzeihung aller Sünden, uns aber entreiße mit mächtiger Hand ihren Nachstellungen.[3]

Allerdings geht nicht hervor, ob auch nichtchristliche Feinde mit gemeint sind. In der Oratio der Votivmesse in der Kriegszeit ist nur vom Versprengen der Angreifer und vom Zerschellen des Tobens der Feinde die Rede.[4] Auch in der Votivmesse um Frieden wird allein darum gebetet, dass die Länder der Christen vor jedem Feinde sicher seien.[5]

Anders das erneuerte Missale. In den Messen für besondere Anliegen heißt ein Formular „Für die, die uns Böses tun." Im Tagesgebet wird auf das Liebesgebot für die Feinde Bezug genommen:

> Gott, du willst, daß wir alle Menschen lieben und auch denen Liebe erweisen, die uns Böses tun. Hilf uns, das Gebot des neuen Bundes so zu erfüllen, daß wir Böses mit Gutem vergelten und einer des anderen Last trägt.[6]

Im Schlussgebet geht es explizit um die Anderen: „Gib, daß auch jene, die uns feind sind, sich mit uns versöhnen und dir in Liebe dienen."

Ein ganzes Konvolut von Formularen steht unter der Überschrift „Für Staat und Gesellschaft". Ein Formular „Für den Fortschritt der Völker" spricht von der einen Menschheitsfamilie.[7] Statt allein um Frieden geht es in weiteren Formularen „Um Frieden und Gerechtigkeit" bzw. „Um

---

[3] Das vollständige Römische Meßbuch lateinisch und deutsch mit allgemeinen und besonderen Einführungen im Anschluß an das Meßbuch von Anselm Schott O.S.B., hg. von P. Bihlmeyer O.S.B., Freiburg ³1930, 192f. (Zitierweise: Schott 1930, Seitenzahl)

[4] Vgl. ebd., 150.

[5] Vgl. ebd., 154.

[6] Die Feier der Heiligen Messe. Messbuch für die Bistümer des deutschen Sprachgebietes. Authentische Ausgabe für den liturgischen Gebrauch. Kleinausgabe, hg. im Auftrag der Bischofskonferenzen Deutschlands, Österreichs und der Schweiz sowie der Bischöfe von Luxemburg, Bozen-Brixen und Lüttich, Einsiedeln u.a. 1991, 1068f. (Zitierweise: Messbuch, Seitenzahl).

[7] Vgl. ebd., 1080f.

Versöhnung".[8] Hier kommt gleichgewichtig auch das Wohl der Anderen unter dem Gesichtspunkt der Einheit zur Sprache. Im Tagesgebet des Formulars „Bei Krieg und Frieden" wird an die Gotteskindschaft der Menschen erinnert und im Schlussgebet darum gebeten, „daß das Gesetz deiner Liebe und Gerechtigkeit von neuem herrsche."[9] Die universale Weitung gegenüber dem älteren Missale ist evident.

1.2 Orationes contra

Eine Besonderheit des Feindesgebets im Missale Romanum (MR) von 1570 waren die „Gegenbitten". Hier hat die Angst vor den Türken im 15. Jh. Pate gestanden, so bei der „Messe zum Schutz gegen die Heiden." Die Oration lautet:

> Allmächtiger ewiger Gott, in Deiner Hand ruhen die Gewalten und die Rechte aller Reiche: sei bedacht, den Christen zu helfen, damit die Heidenvölker, die auf ihre rohe Kraft vertrauen, durch die Macht deiner Hand gebändigt werden.[10]

In den anderen Gebeten ist von der „Tücke" und den „Anschlägen" der Heiden die Rede. Die „Orationes diversae" sehen ein Formular „Gegen Verfolger und Übeltäter" vor. Die Oratio lautet:

> Herr, wir bitten: zermalme den Hochmut unserer Feinde und schlage ihren Trotz mit mächtiger Hand nieder.[11]

Immerhin lenkt die Secreta den Blick auf eigenes Versagen:

> Herr, die Kraft dieses Geheimnisses (Mysterium) reinige uns von unseren verborgenen Fehlern und befreie uns von den Nachstellungen der Feinde.

Hier stoßen wir auf den in den älteren Texten verbreiteten Tun-Ergehen-Zusammenhang, die Rückführung der Unheilerfahrung auf eigenes Versagen. Auch in diesem Gebet geht es letztlich nicht darum, den Anderen als Mitmenschen in den Blick zu nehmen, sondern aus der misslichen Situation wenigstens geistlichen Gewinn zu schöpfen.

Schließlich soll auf eine Kategorie von Bitten eingegangen werden, die potentiell „die Anderen" mit in den Blick nimmt.

---

[8] Vgl. ebd., 1082–1085.
[9] Ebd., 1086f.
[10] Schott 1930 (Anm. 3), 144f.
[11] Ebd., 180.

1.3 Das Gebet in jeder Not[12]

Die Oratio der „Messe für jegliche Not" (Missa pro quacumque necessitate) lautet:

> Herr, zeige in Milde Deine unaussprechliche Barmherzigkeit an uns: nimm von uns alle Sünden und errette uns zugleich von den Strafen, die wir dafür verdienen. Durch unsern Herrn.[13]

Das jetzige Missale unterscheidet unter der Rubrik „In jeder Not" zwischen nicht- und selbstverschuldeter Not. Dort heißt es:

> Gott, du bist unsere Zuflucht in der Bedrängnis und unser Trost im Leid, hab Erbarmen mit deinem Volk. Du hast uns mit verdienter Strafe heimgesucht; richte uns wieder auf in deiner Barmherzigkeit. Darum bitten wir durch Jesus Christus.[14]

Auch hier wird noch ein direkter Tun-Ergehen-Zusammenhang vorausgesetzt: Die konkrete Not gilt als direkte Folge kollektiver Schuld.

Als weiteres Beispiel für die Beharrlichkeit der archaischen Vorstellung des Tun-Ergehen-Zusammenhangs in Bezug auf Naturereignisse sei die Postcommunio des Formulars „Zur Zeit von Erdbeben" im alten Missale Romanum zitiert:

> Herr, schütze uns, die wir Dein Heiliges genießen, und mach in himmlischer Gnade die Erde wieder ruhig, die wir unsrer Sünden wegen haben erzittern sehen; laß die Herzen der Sterblichen erkennen, daß dein Unwille es ist, der solche Geißeln schickt, und Dein Erbarmen allein sie wieder von uns nimmt. Durch unsern Herrn.[15]

Zurückhaltender formuliert das Tagesgebet „Bei Erdbeben" im jetzigen Messbuch:

> Herr, höre unser Flehen, hab Erbarmen mit uns und unserer Angst, denn die Erde, die du uns zur Wohnstatt gegeben hast, wankt und bebt. Beschütze uns und rette uns aus aller Gefahr, laß uns deine Macht erfahren, damit wir dir in Dankbarkeit dienen. Darum bitten wir durch Jesus Christus.[16]

---

[12] Vgl. A. Gerhards, Pro quacumque necessitate. Katastrophenbewältigung in liturgischen Traditionen des Judentums und Christentums, in: W. Kinzig/ Th. Rheindorf (Hg.), Katastrophen – und die Antwort der Religionen (Studien des Bonner Zentrums für Religion und Gesellschaft 7) Würzburg 2011, 121–135.
[13] Schott 1930 (Anm. 3), 170.
[14] Messbuch (Anm. 6), 1107.
[15] Schott 1930 (Anm. 3), 183.
[16] Messbuch (Anm. 6), 1106.

2. Die Karfreitagsbitten

Die Karfreitagsfürbitten[17] sind in allen römisch-fränkischen und altgallischen Sakramentartraditionen überliefert. Sie stellen eines der ältesten erhaltenen Formulare lateinischer Liturgie überhaupt dar und gehen wahrscheinlich auf die römische Oratio fidelium der 2. Hälfte des 3. oder des frühen 4. Jahrhunderts zurück. Die neun Bitten sind von den Sakramentaren mit nur geringen Veränderungen in die mittelalterlichen Missalien und schließlich in das Missale Romanum von 1570 eingegangen. Zu Recht kann man die Frage stellen, ob denn ein solcher Text über so lange Zeit das Selbstverständnis der Kirche widerspiegeln kann. Tatsächlich gibt es von offizieller Stelle erst 1948 einen Hinweis auf die Reformbedürftigkeit zumindest einer Fürbitte, nämlich der Fürbitte für die Juden.[18] Auf eine Anfrage an die Ritenkongregation in Bezug auf die richtige Übersetzung der Bezeichnung „perfidi judaei" und „judaica perfidia" antwortete die Kongregation, dass die muttersprachlichen Übersetzungen „perfidus" nicht mit treulos, sondern mit ungläubig wiederzugeben hätten. Als Begründung wurde angefügt: Unser Gebet darf den Ohren dieses Volkes nicht verletzend klingen. Die Karwochenreform von 1955 behielt aber die Textgestalt aller Fürbitten, also auch der Fürbitte für die Juden, unverändert bei. Allerdings wurde ab jetzt die dazugehörige Oration wie alle anderen durch die Aufforderung „beuget die Knie" eingeleitet und damit der auffälligste antisemitische Zug, der seit dem 8. Jahrhundert nachweisbar ist, eliminiert. Die Beibehaltung der schon längst beanstandeten Bezeichnung „perfidus" bezeichnete Herman Schmidt in seinem Standardwerk zur erneuerten Karwochenliturgie von 1955 hinge-

---

[17] Vgl. F. Kolbe, Die Reform der Karfreitagsfürbitten, in: LJ 15 (1965) 217–228; W. Sanders, Die Karfreitagsfürbitte für die Juden vom Missale Pius' V. zum Missale Pauls VI., in: LJ 24 (1974) 240–248; A. Gerhards, Die Großen Fürbitten am Karfreitag und die Interzessionen des Eucharistischen Hochgebets als Spiegel des Selbstverständnisses der Kirche, in: N. Klimek (Hg.), Universalität und Toleranz. Der Anspruch des christlichen Glaubens. Festschrift für Georg Bernhard Langemeyer zur Vollendung des 60. Lebensjahres, Essen 1989, 111–126; H. Wolf, „Pro perfidis Judaeis". Die Amici Israel und ihr Antrag auf eine Reform der Karfreitagsfürbitte für die Juden (1928). Oder Bemerkungen zum Thema katholische Kirche und Antisemitismus, in: HZ 279 (2004), 611–658; ders., Liturgischer Antisemitismus? Die Karfreitagsfürbitte für die Juden und die Römische Kurie (1928–1975), in: F. Schuller/G. Veltri/H. Wolf (Hg.), Katholizismus und Judentum. Gemeinsamkeiten und Verwerfungen vom 16. bis zum 20. Jahrhundert, Regensburg 2005, 253–269; W. Homolka/E. Zenger (Hg.), „.... damit sie Jesus Christus erkennen". Die neue Karfreitagsfürbitte für die Juden (Theologie kontrovers), Freiburg – Basel – Wien 2008; A. Gerhards (Hg.), Ein Ritus – zwei Formen. Die Richtlinie Papst Benedikt XVI. zur Liturgie (Theologie kontrovers), Freiburg – Basel – Wien 2008; R. Pacik, Die Fürbitte für die Juden im Karfreitags-Hauptgottesdienst. Von den perfidi Iudaei zum populus acquisitionis prioris, in: G. Langer/G.M. Hoff (Hg.), Der Ort des Jüdischen in der katholischen Theologie, Göttingen 2009, 122–143.

[18] Vgl. zum Folgenden W. Sanders, Die Karfreitagsfürbitte (Anm. 17).

gen als „sapienter".[19] Dieses aufgrund der geschichtlichen Umstände markanteste Beispiel der Inkongruenz gesellschaftlicher Wirklichkeit und kirchlicher Gebetspraxis kann als symptomatisch für die Situation bis zum 2. Vatikanischen Konzil gelten. Erst mit ihm zeichnet sich ein Wandel ab, der im Missale Romanum von 1970 zum glücklichen Abschluss gekommen ist. Das hier gewählte Beispiel der großen Karfreitagsfürbitten ist umso bedeutender, als das Axiom lex orandi – lex credendi, das auf Prosper von Aquitanien zurückgeführt wird, auf eben diesem Gebetsvollzug fußt.[20]

Im Zusammenhang der Wiedereinführung des alten Ritus oder Usus der römischen Liturgie 2007 wurde die Gestalt der Karfreitagsfürbitte für die Juden breit diskutiert. Walter Homolka und Erich Zenger gaben dazu einen eigenen Band heraus: „…damit sie Jesus Christus erkennen."[21] Die inzwischen schon Geschichte gewordene Auseinandersetzung ist in der von Hubert Frankemölle und Josef Wohlmuth im Jahr 2011 herausgegebenen Quaestio disputata „Das Heil der Anderen" dokumentiert.[22]

Ich habe auf den verwunderlichen Umstand hingewiesen, dass nur gegen die Judenfürbitte protestiert wurde, wohingegen in Bezug auf die beiden anderen gegenüber der älteren Form stark revidierten Bitten kein vernehmlicher Einwand erhoben wurde: „Für die Einheit der Christen" und „Für alle, die nicht an Christus glauben."[23] Es geht in allen drei Fällen um das Heil der Anderen. Das Missale Papst Paul VI. fügt zudem noch eine neue Bitte hinzu „Für alle, die nicht an Gott glauben." Im Folgenden soll auf diese vier Bitten eingegangen werden. Ich beziehe mich dabei vorwiegend auf meinen Beitrag in der Festschrift für Georg Langemeyer „Universalität und Toleranz" von 1989.[24]

2.1 Die Diskussion um die Änderung der Bitte für die Juden im alten Usus

MR 1970	MR 1965	Benedikt 2008	MR 1962
Oremus et pro Iudaeis, ut, ad quos	Oremus et pro Iudaeis: ut Deus et	Oremus et pro Iudaeis ut Deus et	Oremus et pro Iudaeis: ut Deus et

---

[19] H. Schmidt, Hebdomada Sancta, Bd. 1, Rom – Freiburg – Barcelona 1956, 799.
[20] Vgl. A. Gerhards, Art. „Lex orandi – lex credendi", in: RGG[4] 5 (2002) 299.
[21] S. Anm. 17.
[22] H. Frankemölle/J. Wohlmuth (Hg.), Das Heil der Anderen. Problemfeld „Judenmission" (QD 238), Freiburg – Basel – Wien 2010.
[23] Vgl. A. Gerhards, Die Fürbitte für die Juden in ihrem liturgischen Kontext, in: W. Homolka/E. Zenger (Hg.), „… damit sie Jesus Christus erkennen" (Anm. 17), 115–125.
[24] S. Anm. 17. Die Konkordanzen finden sich auch in W. Homolka/E. Zenger (Hg.), „… damit sie Jesus Christus erkennen" (Anm. 17).

prius locutus est Dominus Deus noster, eis tribuat in sui nominis amore et in sui foederis fidelitate proficere.	Dominus noster faciem suam super eos illuminare dignetur; ut et ipsi agnoscant omnium Redemptorem, Iesum Christum Dominum nostrum.	Dominus noster illuminet corda eorum, ut agnoscant Iesum Christum salvatorem omnium hominum.	Dominus noster auferat velamen de cordibus eorum; ut et ipsi agnoscant Iesum Christum Dominum nostrum.
Oratio in silentio. Deinde sacerdos:	Oremus. Flectamus genua. Levate	Oremus. Flectamus genua. Levate.	Oremus. Flectamus genua. Levate.
Omnipotens sempiterne Deus, qui promissiones tuas Abrahae eiusque semini contulisti, Ecclesiae tuae preces clementer exaudi, ut populus acquisitionis prioris ad redemptionis mereatur plenitudinem pervenire.	Omnipotens sempiterne Deus, qui promissiones tuas Abrahae et semini eius contulisti: Ecclesiae tuae preces clementer exaudi; ut populus acquisitionis antiquae ad Redemptionis mereatur plenitudinem pervenire.	Omnipotens sempiterne Deus, qui vis ut omnes homines salvi fiant et ad agnitionem veritatis veniant, concede propitius, ut plenitudine gentium in Ecclesiam Tuam intrante omnis Israel salvus fiat.	Omnipotens sempiterne Deus, qui Iudaeos etiam a tua misericordia non repellis: exaudi preces nostras, quas pro illius populi obcaecatione deferimus; ut, agnita veritatis tuae luce, quae Christus est, a suis tenebris eruantur.
Per Christum Dominum nostrum. R.: Amen.	Per Dominum nostrum. Omnes: R. Amen.	Per Christum Dominum nostrum. Amen.	Per eundem Dominum. Omnes R. Amen.

Das Wichtigste sei in Stichworten zusammengefasst: Die diskriminierende Fürbitte stand schon vor der Zeit der Schoah zur Diskussion, wie Hubert Wolf nachgewiesen hat.[25] Schrittweise erhielt sie die Form, die in der Ordentlichen Fassung der römischen Liturgie nach dem Missale Pauls VI. gilt. Darin wird in Anschluss an Nostra Aetate 4 der Heilsweg der Juden nach göttlichem Ratschluss anerkannt, während die Neufassung Benedikt XVI. für den älteren Usus von 2008 wieder dahinter zu-

---

[25] S. die Literaturangaben in Anm. 17.

rückfällt. Allerdings wird darin die Bekehrung der Juden nicht mehr als „conditio sine qua non" für ihr Heil angesehen (Befreiung aus der Verblendung und der Finsternis des Unglaubens), sondern es wird positiv um ihre Rettung am Ende der Zeit zusammen mit den Heidenvölkern gebeten, freilich nicht, ohne vorher um ihre Erleuchtung zur Erkenntnis Christi zu bitten.

2.2 Die Bitte für die Einheit der Christen

MR 1970	MR 1965	MR 1570
Oremus et pro universis fratribus in Christum credentibus, ut Deus et Dominus noster eos, veritatem facientes, in una Ecclesia sua congregare et custodire dignetur.	Oremus et pro universis fratribus in Christum credentibus: ut Deus et Dominus noster eos, veritatem facientes, in una Ecclesia sua congregare et custodire dignetur.	Oremus et pro haereticis, et schismaticis: ut Deus et Dominus noster eruat eos ab erroribus universis; et ad sanctam matrem Ecclesiam catholicam atque apostolicam revocare dignetur.
Omnipotens sempiterne Deus, qui dispersa congregas et congregata conservas, ad gregem Filii tui placatus intende, ut, quos unum baptisma sacravit, eos et fidei iungat integritas et vinculum societ caritatis.	Omnipotens sempiterne Deus, qui dispersa congregas: respice ad oves gregis tui; ut quos unum baptisma sacravit, eos et fidei iungat integritas et vinculum caritatis.	Omnipotens sempiterne Deus, qui salvas omnes, et neminem vis perire: respice ad animas diabolica fraude deceptas; ut omni haeretica pravitate deposita, errantium corda recipiscant, et ad veritatis tuae redeant unitatem.

Eine der auffälligsten Änderungen gegenüber dem alten Missale liegt in der Bitte für die Einheit der Christen vor. Der Text wurde völlig geändert. Wie Ferdinand Kolbe 1965 feststellte, hatte man bereits bei der ersten Karwochenreform, als man den einzelnen Bitten jeweils eine Überschrift gab, eine Nennung der Personengruppen „für Häretiker und Schismatiker" vermieden. Doch deutet auch der alte Titel „für die Einheit der Kirche" auf ein universalistisches Konzept hin. Die jetzige Fassung vermeidet diese Vorstellung, indem sie um die Vereinigung aller christlichen Konfessionen bittet. „Wir beharren auch nicht mehr darauf, daß es nur eine Kirche gebe, die römisch-katholische. Ein starres Denken wollte den anderen christlichen Gemeinschaften, die sich so nennen, diesen Namen verweigern. Die Konstitution des Konzils über die Kirche und das Dekret über den Ökumenismus erkennen ihnen aber diesen Ehrennamen zu."[26] Die entscheidende Änderung liegt nicht nur in dem Verzicht auf die diskriminierenden und beleidigenden Äußerungen über die Glaubensbrüder und Glaubensschwestern sowie auf die erwähnte universalistische Sicht, sondern positiv im Bekenntnis der einen, alle christlichen Konfessionen verbindenden Taufe. Sie ist ein reales Fundament, auf dem Glaube und Liebe wachsen können. Damit sind die in den verschiedenen bilateralen und den multilateralen Gesprächen der christlichen Konfessionen erreichten Aussagen über die Gemeinsamkeit der Taufe vorweggenommen.

2.3 Die Bitte für die nicht an Christus Glaubenden

MR 1970	MR 1965	MR 1570
Oremus et pro iis qui in Christum non credunt, ut, luce Sancti Spiritus illustrati, viam salutis et ipsi valeant introire.	Oremus et pro nondum in Christum credentibus: ut, Sancti Spiritus luce repleti, et ipsi viam salutis valeant introire.	Oremus et pro paganis: ut Deus omnipotens auferat iniquitatem a cordibus eorum; ut relictis idolis suis, convertantur ad Deum vivum et verum, et unicum Filium ejus Jesum Christum Deum et Dominum nostrum.
Omnipotens sempiterne Deus, fac ut qui Christum non confitentur, coram te sincero corde ambulantes, inveniant veritatem, nosque, mutuo proficientes semper amore et ad tuae vitae mysterium plenius per cipiendum sollicitos, perfectiores effice tuae testes caritatis in mundo.	Omnipotens sempiterne Deus, qui omnes gentes Filio tuo dilecto tradidisti: cunctorum Ecclesiae tuae aggrega familias populorum; ut, veritatis lumen inquirentes, ad te, Deum verum et unicum, pervenire mereantur.	Omnipotens sempiterne Deus, qui non mortem peccatorum, sed vitam semper inquiris: suscipe propitius orationem nostram, et libera eos ab idolorum cultura; et aggrega Ecclesiae tuae sanctae, ad laudem et gloriam nominis tui.

Diese Fürbitte hieß früher „Für die Bekehrung der Ungläubigen". F. Kolbe merkt an, dass das Wort Bekehrung, das ja auch in der alten Einleitung vorkommt, im Grunde ein biblischer Kernbegriff ist. In der Ver-

---

[26] F. Kolbe, Die Reform (Anm. 17), 220f.

wendung bei der Karfreitagsfürbitte erscheint es allerdings als ein Pharisäismus, zumal diese von den Heiden (pagani) spricht. Wie F. Kolbe feststellt, handelt es sich hier um ein „Muster einer dem Christentum nicht gemäßen Identifizierung mit soziologischen Kategorien".[27] Interessant ist der Übergang vom Zwischenstadium 1965 zur jetzigen Fassung. Damals hieß es: „Laßt uns auch beten für jene, die noch nicht glauben an Christus". Mit dem Wegfall des Wörtchens „noch" wird anerkannt, dass auch diejenigen, die nicht an Christus glauben, also die „Heiden", in der Kraft des Hl. Geistes zum Heil gelangen können. Insgesamt ist das diskriminierende Vokabular wie Bosheit, Bekehrung, Verlassen der Götzen, Sünder usw. weggefallen. Unser Gebet soll keine Beschimpfung enthalten. Gegenüber dem Zwischenstadium fehlt auch der Gedanke der Zusammenführung der Völker in der Kirche, obwohl dieser Gedanke auf ältester christlicher Tradition beruht. Es ist nun nur noch davon die Rede, dass die nicht an Christus Glaubenden durch das glaubhafte Zeugnis der Christen zur Erkenntnis der Wahrheit angeleitet werden mögen. Damit ist das vom Konzil vor allem im Dekret „Nostra aetate" zum Ausdruck gebrachte neue Verhältnis der Kirche zu den nichtchristlichen Religionen, vor allem zum Islam, rezipiert.

2.4 Die Bitte für die nicht an Gott Glaubenden

Missale Romanum 1970:

> Oremus et pro iis qui Deum non agnoscunt , ut, quae recta sunt sincero corde sectantes, ad ipsum Deum pervenire mereantur.
> Omnipotens sempiterne Deus, qui cunctos homines condidisti, ut te semper desiderando quaererent et inveniendo quiescerent, praesta quaesumus, ut inter noxia quaeque obstacula omnes, tuae signa pietatis et in te credentium testimonium bonorum operum percipientes, te solum verum Deum nostrique generis Patrem gaudeant confiteri.

Mit dieser Fürbitte wird ein Anliegen aufgegriffen, das F. Kolbe 1965 angesprochen hat: „Eine Fürbitte für die nicht mehr an Christus Glaubenden."[28] Die jetzige Fürbitte, die gänzlich neugeschaffen ist, spricht noch allgemeiner alle nicht an Gott Glaubenden an. Auch von ihnen wird gesagt, dass sie mit Gottes Hilfe zum Heil gelangen können. Freilich wird in der Oration um die Erkenntnis Gottes gebeten „in den Beweisen deines Erbarmens und in den Taten deiner Gläubigen" mit dem Ziel, dass sie Gott finden und ihn als den wahren Gott und Vater bekennen. Dabei ist

---

[27] Ebd., 226.
[28] Ebd., 227.

von Hindernissen des Glaubens die Rede, die auch in der Konstitution über die Kirche in der Welt von heute „Gaudium et Spes" zur Sprache kommen. Der Akzent liegt aber auf der Aussage, dass im Pascha-Mysterium die Hindernisse grundsätzlich aus dem Wege geräumt sind: „Das gilt nicht nur für die Christgläubigen, sondern für alle Menschen guten Willens, in deren Herzen die Gnade unsichtbar wirkt. Da nämlich Christus für alle gestorben ist und da es in Wahrheit nur eine letzte Berufung des Menschen gibt, die göttliche, müssen wir festhalten, dass der Heilige Geist allen die Möglichkeit anbietet, diesem österlichen Geheimnis in einer Gott bekannten Weise verbunden zu sein" (GS 22). Die neue Karfreitagsfürbitte setzt diese Aussage des Konzils ins Gebet um. Mit dieser Erweiterung erhält das Karfreitagsgebet die Qualität der Oratio Universalis im Vollsinn des Betens für alle Menschen.

Der Durchblick durch die Karfreitagsfürbitten offenbart einen bemerkenswerten Wandel. In der jetzigen Fassung entsprechen sie der Bezeichnung Oratio Universalis voll und ganz. Universalität meint hier aber nur eine Universalität der Bitte, nicht jedoch des Anspruchs der Kirche als Heilsweg. Sie kommt ihrem Auftrag nach, für alle und für jedes Anliegen zu beten. Was den Anspruch der Kirche als Heilsweg anbetrifft, so ist an die Stelle des alten Universalismus Toleranz getreten. Diese begründet sich aus den Aussagen des 2. Vatikanischen Konzils und wurde, nachdem dieses die geläuterte „lex credendi" zum Ausdruck gebracht hatte, zur „lex orandi" der Kirche. Es ist zu hoffen, dass dies so bleibt und dass die „lex vivendi" der Zukunft dem entsprechen wird.

3. Das Heil der Anderen in der jüdischen Liturgie[29]

Die Kontroverse um die Fürbitte für die Juden wirft die Frage auf, wie in der Liturgie des Judentums „die Anderen" vorkommen. Der Gedanke der Erwählung Israels aus allen Völkern kann in zwei Richtungen interpretiert werden: Zum einen kann die Verwerfung aller Nichtjuden impliziert sein, zum anderen die Vorbildhaftigkeit Israels für alle Anderen. Im Musafgebet am Neujahrsfest kommt die Dialektik von Exklusivität und Exemplarität besonders deutlich zum Ausdruck, wenn es heißt:

> An uns ist es, zu preisen den Herrn des Alls, Huldigung darzubringen dem Schöpfer des Anbeginns, daß er uns nicht erschaffen gleich den Völkern der Länder und uns nicht gleichgemacht den Familien der Erde, daß er unseren

---

[29] Vgl. zum Folgenden: A. Gerhards, Ego exaltavi te magna virtute. Die latente Präsenz des Anderen in jüdischer und christlicher Liturgie, in: H. Frankemölle/J. Wohlmuth (Hg.), Das Heil der Anderen (Anm. 22), 542–555.

Anteil nicht gleichgemacht dem ihren und unser Los nicht gleich dem all ihrer Menge,[...] wir knien nieder, bücken uns und danken dem König aller Könige, dem Heiligen, gelobt sei er [...] Darum hoffen wir auf dich, Ewiger, unser Gott, bald die Herrlichkeit deiner Macht zu schauen, daß die Gräuel von der Erde verschwinden und die Götzen vertilgt werden, die Welt gegründet wird auf das Reich des Allmächtigen und alle Menschenkinder deinen Namen anrufen, daß sich dir zuwenden alle Frevler der Erde, erkennen und einsehen alle Bewohner der Welt, daß sich vor dir jedes Knie beugen, jede Zunge schwören soll. Vor dir, Ewiger, unser Gott, werden sie knien und sich niederwerfen und der Majestät deines Namens Ehre darbringen, alle nehmen die Anerkennung deines Reiches auf sich, und du regierst bald über sie immer und ewig, denn das Reich ist dein, und in allen Ewigkeiten regierst du in Ehre. Wie in deiner Lehre geschrieben: Der Ewige regiert immer und ewig![30]

Später heißt es:

Unser Gott und Gott unserer Väter, regiere über die ganze Welt in deiner Ehre, herrsche über die ganze Erde in deiner Herrlichkeit, erstrahle in der erhabenen Schönheit deiner Macht über allen Bewohnern deines Erdkreises, auf daß jedes Geschöpf erkenne, daß du es erschaffen, und jedes Gebilde einsehe, daß du es gebildet, und alles, was Odem in der Nase hat, spreche: Der Ewige, der Gott Israels, ist König, und sein Reich herrsche über das All.[31]

Die Parallelen zu ntl. Texten, insbesondere Phil 2,6–11, sind unverkennbar. Letztlich ist die Perspektive der Einbeziehung aller Völker in das Heil die tragende, wobei die Anerkennung und das Bekenntnis des einzigen Gottes die notwendige Voraussetzung zur Erlangung des Heils ist. Das Gegenstück zur Erwählung Israels ist demnach nicht die Verdammung der Völker, sondern die Einladung, es dem gläubigen Israel gleichzutun. Der Grund für die Inklusivität liegt im Gedanken der Schöpfung: Gott, der alles gut erschaffen hat, kann nicht eo ipso den größten Teil der geistbegabten Kreatur dem Verderben anheim geben. Die Universalität der Schöpfung impliziert die Universalität der Berufung zum Heil, das freilich an Bedingungen geknüpft ist.

Die Krisis in Bezug auf die Zugehörigkeit oder Nichtzugehörigkeit führt unweigerlich zum Gerichtsgedanken, wie er in der Tefilla, dem Achtzehngebet im Rahmen des jüdischen Morgengebetes an Wochentagen, zum Ausdruck kommt. Die vier zusammengehörigen eschatologischen Bitten lauten:

---

[30] Sidur Sefat Emet. Mit deutscher Übersetzung von Rabbiner Dr. S. Bamberger, Basel 1986, 241f.; vgl. zum Musaf-Gebet: L. Trepp, Der jüdische Gottesdienst. Gestalt und Entwicklung, Stuttgart – Berlin – Köln 1992, 119–126.
[31] Sidur Sefat Emet (Anm. 30), 243.

(10) Stoße in das große Schofar zu unserer Befreiung, erhebe das Panier, unsere Verbannten zu sammeln, und sammle uns insgesamt von den vier Enden der Erde. Gelobt seist du, Ewiger, der du die Verstoßenen deines Volkes Israel sammelst!

(11) Bringe uns unsere Richter wieder wie früher und unsere Ratgeber wie ehedem, entferne uns von Seufzen und Klage, regiere über uns, Ewiger, allein in Gnade und Erbarmen und rechtfertige uns im Gericht. Gelobt seist du, Ewiger, König, der du Gerechtigkeit und Recht liebst!

(12) Den Verleumdern sei keine Hoffnung, und alle Ruchlosen mögen im Augenblick untergehen, alle mögen sie rasch ausgerottet werden, und die Trotzigen schnell entwurzle, zerschmettre, wirf nieder und demütige sie schnell in unseren Tagen. Gelobt seist du Ewiger, der du die Feinde zerbrichst und die Trotzigen demütigst!

(13) Über die Gerechten, über die Frommen, über die Ältesten deines Volkes, des Hauses Israel, über den Überrest ihrer Gelehrten, über die frommen Proselyten und über uns sei dein Erbarmen rege, Ewiger, unser Gott, gib guten Lohn allen, die auf deinen Namen in Wahrheit vertrauen, und gib unseren Anteil mit dem ihrigen zusammen in Ewigkeit, daß wir nicht zuschanden werden, denn auf dich vertrauen wir. Gelobt seist du, Ewiger, Stütze und Zuversicht der Frommen![32]

Die zwölfte Bitte wurde früher als antichristlicher Einschub gedeutet. Doch ist sie älteren Datums und bezieht sich je nach Kontext auf unterschiedliche Personengruppen, so auf die mit den Römern kollaborierenden Sadduzäer oder auf die Judenchristen nach der Zerstörung des Tempels, allgemein auf diejenigen, die den Fortbestand des jüdischen Volkes gefährdeten. Nach Ruth Langer wurde die Bitte erst in christlich dominiertem Kontext allgemein antichristlich interpretiert.[33]

Der exklusive Charakter der Amidah-Bitten erklärt sich also nicht aus einer grundsätzlichen Zweiteilung der Menschheit in die Geretteten (= Israel inklusive der „frommen Proselyten") und die Verworfenen (= Völker), sondern aus dem eschatologischen Gedanken der Treue Gottes zu seinen Verheißungen, der ja auch für Paulus aus christlicher Sicht das Heil der Juden nicht ausschließt (vgl. Röm 11,25f.), wenngleich das Dilemma des Unglaubens der Juden für ihn bestehen bleibt.

---

[32] Ebd., 43f.

[33] Vgl. R. Langer, The Amidah as Formative Rabbinic Prayer, in: A. Gerhards/A. Doeker/P. Ebenbauer (Hg.), Identität durch Gebet. Zur gemeinschaftsbildenden Funktion institutionalisierten Betens in Judentum und Christentum (Studien zu Judentum und Christentum), Paderborn 2003, 140–143.

4. Die Eucharistie als sacramentum unitatis

4.1 Die Diskussion um das pro multis

Mit Datum vom 17.11.2006 sandte der Präfekt der Gottesdienstkongregation, Francis Kardinal Arinze, ein Schreiben an die Vorsitzenden der Bischofskonferenzen der Welt, in dem die Übersetzung der Worte „pro multis" im Einsetzungsbericht der Eucharistiegebete neu geregelt wird.[34] Das vom Papst angewiesene Schreiben legt fest, dass die Worte „pro multis" in den Landessprachen fortan nur noch mit „für viele" wiederzugeben seien. Alle abweichenden Übersetzungen im Sinne von „für alle", darunter auch die deutsche, müssen bei nächster Gelegenheit geändert werden. Damit werden die im Zuge der Approbation der volksprachlichen Messbücher in den siebziger Jahren gewährten Sonderregelungen hinfällig. Zuletzt hatte sich noch Papst Johannes Paul II in seinem Gründonnerstagsbrief an die Priester aus dem Jahr 2005 für die offene Formulierung ausgesprochen:

‚Hoc est enim corpus meum quod pro vobis tradetur.' Der Leib und das Blut Christi sind hingegeben für das Heil des Menschen, des ganzen Menschen und aller Menschen. Dieses Heil ist integral und gleichzeitig universal, damit es keinen Menschen gibt, der — wenn nicht durch einen freien Akt der Ablehnung — von der Heilsmacht des Blutes Christi ausgeschlossen bliebe: ‚qui pro vobis et pro multis effundetur'. Es handelt sich um ein Opfer, das für »viele« hingegeben wird, wie der biblische Text (Mk 14,24; Mt 26,28; vgl. Jes 53,11–12) in einer typisch semitischen Ausdrucksweise sagt. Während diese die große Schar bezeichnet, zu der das Heil gelangt, das der eine Christus gewirkt hat, schließt sie zugleich die Gesamtheit der Menschen ein, der es dargeboten wird: Es ist das Blut, »das für euch und für alle vergossen wird«, wie einige Übersetzungen legitim deutlich machen. Das Fleisch Christi ist in der Tat hingegeben ‚für das Leben der Welt' (Joh 6,51; vgl. 1 Joh 2,2) (Nr. 4).

Dass das Verständnis des „pro multis" im Sinne von „für alle" durch die Tradition der römischen Liturgie selbst gestützt wird, zeigt der Einschub in den Einsetzungsbericht während der Abendmahlmesse am Gründonnerstag, wie er seit der ältesten Überlieferung römischer Liturgie bis heute üblich ist: „Am Abend, bevor er für unser Heil und das Heil aller Menschen das Leiden auf sich nahm".[35] Merkwürdigerweise hat man die-

---

[34] Vgl. zum Ganzen: M. Striet (Hg.), Gestorben für wen? Zur Diskussion um das „pro multis" (Theologie kontrovers), Freiburg – Basel – Wien 2007; darin: A. Gerhards, Pro multis – für alle oder für viele?, 55–64.

[35] Missale Romanum: pro nostra *omniumque* salute. Im Sacramentarium Gregorianum Hadrianum heißt es: Qui pridie quam pro nostra omnium salute pateretur hoc est hodie

ses Argument in den bisherigen Diskussionen um das rechte Verständnis des „pro multis" kaum in Betracht gezogen. Es handelt sich hier um eine authentische Interpretation aus dem Inneren der Liturgie selbst, die prägnanter ist als katechetische Erklärungen im Vorfeld der Liturgie oder im Nachhinein.

4.2 Die Interzessionen im Hochgebet früher und heute

Auf den ersten Blick erscheinen die Interzessionen des Hochgebets als eine Doppelung des Allgemeinen Gebets. Bei näherer Betrachtung stellt sich jedoch heraus, dass es sich um zwei verschiedene Grundakte handelt. Das Allgemeine Gebet korrespondiert mit den neutestamentlichen Aufforderungen zum Gebet für alle Menschen, vor allem für die Regierenden (1 Tim 2,1–2) sowie für die Feinde (Mt 5,44). Es ist ein universal ausgerichtetes Beten, das dem universalen Heilswillen Gottes entspricht. Daher hat es seinen gottesdienstlichen Ort nach der Verkündigung des Wortes, wie bereits bei Justin um die Mitte des zweiten Jahrhunderts bezeugt ist.[36] Die Interzessionen des Hochgebets sind dagegen anderen Ursprungs, wenngleich die späteren (vor allem ostkirchlichen) Ausprägungen dem Allgemeinen Gebet inhaltlich und formal angeglichen werden konnten.

Der Sinn dieser „Sprachhandlung" besteht nicht darin, eine allgemeine Bitte für die Kirche auszusprechen, sondern die Verhältnisse zu erbitten, die das Gotteslob der Kirche ermöglichen. Die Bitte ist also auf das aktuelle Tun bezogen, wobei dieses durchaus in einen heilsgeschichtlichen und eschatologischen Zusammenhang gestellt wird. In der späteren ägyptischen Tradition kann daraus die Bitte um Vereinigung mit den Chören der Engel werden, die nun in den ersten Teil des Hochgebets eingefügt wird.

Aus dieser zunächst das liturgische Geschehen allein betreffenden Bitte entwickelt sich in der Kirche des Ostens und des Westens mit der Zeit ein System von Bitten, in dem die Gesamtheit der Kirche zur Darstellung kommt. Aus der ursprünglichen Bitte zur Ermöglichung des Gotteslobes wird eine Fürbitte für die Kirche. Dabei entfalten sich die einzelnen Bitten nach den verschiedenen Ständen der Kirche, einschließlich der Verstorbenen. Im römischen Kanon verteilt sich das Fürbittgebet symmetrisch um den Einsetzungsbericht. Der Uransatz solcher Bitten liegt wohl in der Nennung von Namen, z.B. der Namen derer, die ihre Gaben dar-

---

accepit panem in sanctas (J. Deshusses, Le Sacramentaire Grégorien, Bd. 1 (Spicilegium Friburgense 16), Freiburg/Schw. 1971, Nr. 332).
[36] Vgl. A. Gerhards, Die Großen Fürbitten (Anm. 17), sowie grundlegend: P. De Clerck, La „prière universelle" dans les liturgies latines anciennes (Liturgiewissenschaftliche Quellen und Forschungen 62), Münster 1977.

gebracht haben. Die Ausweitung zu einem allgemeinen Fürbittgebet scheint erst aus späterer Zeit zu stammen. Im Osten treten weitere Anliegen, z.b. für die Natur, hinzu.

Trotz dieser Fortentwicklungen kann man die ursprüngliche Intention, für die Kirche im Hinblick auf die Ermöglichung des Gotteslobes zu bitten, auch in späteren Ausprägungen noch erkennen. So bitten orientalische Anaphoren vor allem für diejenigen Glaubensbrüder (und -schwestern), die sich in besonders schwierigen Lebenslagen befinden, wie die Christen am Hofe sowie im Heer, außerdem die Verbannten. Wenn Herrscher erwähnt werden, so sind stets die christlichen gemeint.

Am deutlichsten wird die Beschränkung auf die Kirche in der Fürbitte für die Verstorbenen, die stets die verstorbenen rechtgläubigen Christen betrifft, so im Römischen Kanon: „Gedenke auch deiner Diener und Dienerinnen, die uns vorangegangen sind, bezeichnet mit dem Siegel des Glaubens, und die nun ruhen in Frieden. – Wir bitten dich: Führe sie und alle, die in Christus entschlafen sind, in das Land der Verheißung, des Lichtes und des Friedens."[37]

Der Wandel der Liturgiereform wird hier klar sichtbar. Erstmals wird in der Tradition der Kirche nicht bloß für die verstorbenen Christen gebetet. So heißt es im zweiten Hochgebet: „Nimm sie (das heißt die verstorbenen Christen) und alle, die in deiner Gnade aus dieser Welt geschieden sind, in dein Reich auf, wo sie dich schauen von Angesicht zu Angesicht."[38] Vor dem Hintergrund, dass nach dem Selbstverständnis der Kirche heute die Gnade nicht notwendig an die Heilsvermittlung der Kirche gebunden ist, sind potentiell alle Menschen mit gemeint. Ähnlich formuliert das dritte Hochgebet: „Erbarme dich unserer verstorbenen Brüder und Schwestern und aller, die in deiner Gnade aus dieser Welt geschieden sind."[39] Noch deutlicher geht das vierte Hochgebet in diese Richtung: „Wir empfehlen Dir auch jene, die im Frieden Christi heimgegangen sind, und alle Verstorbenen, um deren Glauben niemand weiß als du." Hier wird explizit zugestanden, dass wir über den Glauben und das Heil unserer Mitmenschen nicht urteilen dürfen.

Auch beim Heiligengedächtnis finden wir eine Ausweitung über das bekannte Maß hinaus. Erwähnte der Römische Kanon die alttestamentlichen Heiligen nur typologisch (die Opfer Abels, Abrahams und Melchisedeks), so nehmen die neuen Hochgebete alle Gerechten aller Zeiten in den Blick, z.B. das zweite Hochgebet: „ ... mit allen, die bei dir Gnade gefunden haben von Anbeginn der Welt." Und das vierte Hochgebet: „Und wenn die ganze Schöpfung von der Verderbnis der Sünde und des

---

[37] Messbuch, 476.
[38] Ebd., 488.
[39] Ebd., 499.

Todes befreit ist, laß uns zusammen mit ihr dich verherrlichen in deinem Reich."[40] Hier ist sogar die gesamte Schöpfungswirklichkeit im Sinne der paulinischen Erlösungsaussagen einbezogen.

Schließlich ist zu vermerken, dass auch die Fürbitte für die Kirche selbst zumindest Ansätze einer Erweiterung über die römisch-katholische Kirche hinaus trägt. So wird der „Kirche auf der ganzen Erde" (Hochgebet II) gedacht, die nicht mehr unbedingt identisch sein muss mit der römisch-katholischen (Das galt zumindest noch zu einer Zeit, als der Papst den Titel „Patriarch des Abendlands" führte). Im dritten Hochgebet ist der Fürbitte für die Kirche eine Bitte um Frieden und Heil für die ganze Welt vorangestellt. Das Volk Gottes in seiner Gesamtheit wird erst am Ende genannt. Interessant ist die darauffolgende Passage: „Erhöre, gütiger Vater, die Gebete der hier versammelten Gemeinde. Führe zu dir auch alle deine Söhne und Töchter, die noch fern sind von dir."[41] Diese an Joh 11,52 erinnernde Passage weitet die Gemeinschaft auch auf diejenigen aus, die nominell nicht zur Kirche gehören. Noch deutlicher formuliert das vierte Hochgebet, indem es der Bitte um Gedenken für das ganze Volk die „für alle Menschen, die mit lauterem Herzen dich suchen"[42] anfügt. Diese Aussagen passen zu dem, was bereits für die Fürbitte für die Verstorbenen gesagt wurde.

Es liegt nahe, dass diese Gedanken im Hochgebet zum Thema „Versöhnung" noch stärker zur Sprache kommen. Das zum Heiligen Jahr 1975 geschaffene und inzwischen für den dauernden Gebrauch approbierte Hochgebet thematisiert noch stärker als die anderen Hochgebete das Thema „Einheit". Diese wird aber nicht universalistisch verstanden: „Schenke uns in diesem Mahl den Geist, den er [Christus] verheißen hat, den Geist der Einheit, der wegnimmt, was trennt, und der uns zusammenhält in der Gemeinschaft mit unserem Papst N., unserem Bischof N., mit allen Bischöfen und mit deinem ganzen Volk. Mach deine Kirche zum Zeichen der Einheit unter den Menschen und zum Werkzeug deines Friedens."[43] Hier geht der Blickwinkel nicht von der Gesamtkirche aus, sondern von der konkreten Eucharistiegemeinschaft. Damit wird die in Lumen gentium nur vorsichtig zum Ausdruck gebrachte eucharistische Ekklesiologie konsequent angewendet. Dasselbe Hochgebet, das keine ausdrückliche Fürbitte für die Verstorbenen kennt, weitet den Gedanken der Einheit im Zusammenhang mit dem Heiligengedächtnis aus auf „die

---

[40] Ebd., 509.
[41] Ebd., 498.
[42] Ebd., 509.
[43] Fünf Hochgebete. Hochgebet zum Thema „Versöhnung". Hochgebete für Messfeiern mit Kindern. Studienausgabe für die Bistümer des deutschen Sprachgebietes [...], hg. von den Liturgischen Instituten Salzburg, Trier und Zürich, Einsiedeln u.a. 1980, 17.

Menschen aller Rassen und Sprachen, aller Schichten und Gruppen".[44] Hier wird nicht mehr differenziert zwischen den verstorbenen Christen und den verstorbenen Nichtchristen wie in den anderen Hochgebeten. Der Blick ist vielmehr gerichtet auf die eschatologische Versammlung aller Menschen gemäß dem allgemeinen Heilswillen Gottes.

5. Das Heil der Anderen in der Liturgie der Evangelischen Kirche Deutschlands

Ohne Anspruch auf Vollständigkeit[45] soll das Evangelische Gottesdienstbuch von 1999 in den Blick genommen werden.[46] Die ausgewählten Gebetstexte repräsentieren eine Vielfalt spiritueller Traditionen.

5.1 Einführung in das Evangelische Gottesdienstbuch

Die einführenden Texte zeigen eine große Offenheit gegenüber anderen kirchlichen Traditionen. Insgesamt werden sieben Kriterien aufgeführt. Im Zusammenhang dieses Beitrags sind die beiden folgenden von besonderem Interesse. Der erste Text bezieht sich auf die innerchristliche Ökumene und die Chance, voneinander zu lernen:

4. Der evangelische Gottesdienst steht in einem lebendigen Zusammenhang mit den Gottesdiensten der anderen Kirchen in der Ökumene. Evangelischer Gottesdienst ist immer auf die ganze Kirche Jesu Christi bezogen. Er ist deshalb für den Reichtum der Spiritualität in den anderen Kirchen offen. Die geistlichen Erkenntnisse und liturgischen Formen in der Ökumene können helfen, neue Zugänge zu Elementen des Gottesdienstes zu eröffnen. Auch ursprünglich eigene liturgische Schätze, die im Lauf der Zeit verschüttet wurden, werden so neu entdeckt und für das Gemeindeleben fruchtbar gemacht. Schließlich können Gemeinden Formen und liturgische Stücke aus dem gottesdienstlichen Leben von Kommunitäten aufnehmen, die häufig ökumenisch ausgerichtet sind. In diesem Sinn ist das Gottesdienstbuch eine Hilfe auf dem Weg zu einer erfahrbaren Gemeinschaft der Kirchen.[47]

---

[44] Ebd.
[45] Es wäre wünschenswert, vor allem die Gesangbücher einer eingehenden Prüfung unter dem Gesichtspunkt der Einbeziehung der Anderen zu unterziehen. Dies kann hier freilich nur angeregt werden. Als Vergleichspunkt zu den Gebetstexten der römischen Liturgie wurden die entsprechenden Texte der evangelischen Agende herangezogen.
[46] Evangelisches Gottesdienstbuch. Agende für die Evangelische Kirche der Union und für die Vereinigte Evangelisch-Lutherische Kirche Deutschlands. Hg. von der Kirchenleitung der Vereinigten Evangelisch-Lutherischen Kirche Deutschlands und im Auftrag des Rates von der Kirchenkanzlei der Evangelischen Kirche der Union, Berlin u.a. 1999, ²2001 (Zitierweise: EGB 1999, Seitenzahl).
[47] Ebd., 15–16.

Der folgende Abschnitt thematisiert die besonderen Beziehungen der Kirche zum Judentum, die liturgisch neben dem Karfreitag vor allem am Israelsonntag[48] zur Sprache kommen.

7. Die Christenheit ist bleibend mit Israel als dem erstberufenen Gottesvolk verbunden. Der christliche Gottesdienst hat in den Anfängen vieles aus den Traditionen der jüdischen Hausgottesdienste und der Synagoge geschöpft. Er ist zugleich und im weiteren Verlauf der Geschichte von anderen Kulturen beeinflusst worden. Durch die Klarheit ihres Christusbekenntnisses, daneben aber auch durch ihre Bindung an das Alte Testament und ihre Verwurzelung im jüdischen Gottesdienst wird die christliche Kirche davor bewahrt, sich an heidnische Kulte und Aberglauben zu verlieren. Die deutschen Kirchen stehen nach den Jahren des Holocaust in einer besonderen Schuld gegenüber den Juden. Ihnen ist ein neuer Anfang zum Dialog geschenkt worden. Das inzwischen langjährige Gespräch zwischen Juden und Christen hat zu einer intensiven Arbeit geführt, die die ursprüngliche Verbundenheit neu zum Ausdruck bringt. Es zeigt auch Folgen für die Gottesdienste der christlichen Kirchen. Der Gottesdienst in ein wichtiger Ort, an dem der Berufung Israels gedacht und die bleibende Verbundenheit mit Israel zur Sprache gebracht werden soll. Das Gottesdienstbuch gibt dafür Anregungen und Vorschläge.[49]

5.2 Texte aus dem Evangelischen Gottesdienstbuch

Die Universalität des Heilswillens Gottes kommt im Folgenden an Jesus gerichteten Gebet zum Ausdruck, das für den Karfreitag vorgesehen ist:

Gekreuzigter Jesus, du Heiland und Erretter:
Sammle unter deinem Kreuz alle, für die du gestorben bist.
Führe herzu, die noch fern sind.
Rufe zurück, die dich verloren haben.
Bringe heim die Irrenden.
Geh entgegen den Suchenden.
Hilf uns, eins zu werden, dass wir einander lieben
Und einander von Herzen vergeben.
Jesus Christus, du unser Friede: Gib uns deinen Frieden.
Gemeinde: Amen.[50]

Im Sinne der Solidarität aller an Gott Glaubenden ist die folgende Ektenie formuliert:

---

[48] Vgl. dazu I. Mildenberger, Der Israelsonntag. Gedenktag der Zerstörung Israels, Berlin 2004.
[49] EGB 1999 (Anm. 46), 16–17.
[50] Ebd., 188.

Lasst uns beten zu Gott, dem Vater aller Menschen:
Für die Kirchen und Religionsgemeinschaften der Welt,
dass sie lernen, einander besser zu verstehen,
Trennendes überwinden und sich mitverantwortlich wissen
Für die Zukunft der Menschheit
Lasst uns zum Herrn beten:
Erbarme dich, Gott.[51]

Das besondere Verhältnis zu Israel und dessen einzigartige und bleibende Stellung in der Heilsgeschichte kommen in den folgenden, dem Israel-sonntag zugedachten Gebeten zur Sprache:

Treuer Gott, du hast Israel zu deinem Volk erwählt und einen ewigen
Bund mit ihm geschlossen zum Zeichen des Heils unter den Völkern:
Hilf, dass wir alle Zeit unserer Erwählung in Christus vertrauen
und mit Israel deiner Gnade freuen.
Dir, dem lebendigen und ewigen Gott, sei Ehre in Ewigkeit.
✢
Herr der Welt, du hast dir das Volk Israel zum Eigentum erwählt,
du hast ihm deine Weisungen zum Leben gegeben
und begleitest seinen Weg in tiefem Erbarmen.
Du hast es erwählt, deinen Willen unter den Völkern zu bezeugen
bis zum heutigen Tag.
Gib, dass wir das mit Dank erkennen und achten,
Israel und uns zum Frieden. Dir sei Ehre in Ewigkeit.
✢
Treuer Gott, in Jesus bist du Mensch geworden,
inmitten des jüdischen Volkes, zum Heil der Welt;
du bist treu geblieben dem Volk, das du erwählt hast.
Aber du hast seine Grenzen überschritten
und Menschen aus allen Völkern zu deinem Volk berufen.
Stärke unser Verlangen nach deinem Reich, in dem beide,
Juden und Christen, vereint sein werden,
dich zu loben in Ewigkeit.[52]

Die folgende Fürbitten-Ektenie lehnt sich deutlich an die Karfreitagsbit-te für die Juden im Missale Romanum Paul VI. an.

Lasst uns beten für das Volk der Juden, das Gott zuerst berufen und als Zeu-gen seiner Liebe erwählt hat:
Ewiger Gott,
du hast Abraham, Sarah und ihren Nachkommen

---

[51] Ebd., 564.
[52] Ebd., 369.

deinen Segen zugesagt.
Du hast Israel durch Mose deinen Willen mitgeteilt.
Du hast Jesus Christus inmitten dieses Volkes
Mensch werden lassen.
Erhalte Israel deine Zuneigung und Treue
und gibt uns Anteil an deinen Verheißungen
durch Christus, unsern Herrn. Amen[53]

Explizit wird in der folgenden Oration auch für jene gebetet, die nicht zur Gemeinschaft der Kirche gehören *wollen*:

Lasst uns beten für alle, die nicht zu uns gehören
Oder nicht zur Gemeinschaft der Christen gehören wollen:
Ewiger Gott du willst, dass alle Menschen gerettet werden.
Geh auch denen nach, die sich noch nicht dir zugewandt haben,
und leite sie zu dem, der für uns alle Weg, Wahrheit und Leben ist,
zu Jesus Christus, unserm Herrn.
Amen.[54]

6. Fazit

Das Heil der Anderen im Sinne von Andersgläubigen ist kein eigentlicher Topos in der klassischen christlichen Liturgie. Nur implizit und aufgrund der Forderung des Evangeliums (Gebet für alle Menschen; Feindesliebe) kommen die Anderen ins Gebet. Wo für die Anderen explizit gebetet wird, geht es in der Regel um deren Bekehrung (Karfreitagsbitten). Der Konflikt zwischen der missionarischen Sendung der Kirche und der Toleranz und Anerkennung anderer Heilswege wurde besonders deutlich im Zuge der Auseinandersetzungen um die Karfreitagsbitte für die Juden in den Jahren 2007/2008. Insgesamt zeichnet sich aber in der evangelischen wie in der katholischen Kirche ein Paradigmenwechsel ab, den Anderen in seinem Anderssein anzuerkennen, ohne damit den Wahrheitsanspruch des Christentums aufzugeben. Dies gilt insbesondere für das Verhältnis zum Judentum. Innerchristlich überwiegt das Gemeinsame aufgrund der gegenseitigen Anerkennung der einen Taufe, wobei die uneingeschränkte Affirmation des Heils der anderen Christen in der Orthodoxie noch der Klärung bedarf und im Katholizismus nicht hinter schon Erreichtes zurückfallen darf. Die durch die Liturgiereform geschaffene und auf den Konzilsdokumenten fußende lex orandi bildet hier den Maßstab.

---

[53] Ebd., 589.
[54] Ebd., 590.

Personenregister

Achleitner, W. 278
Adam, J. 233, 244, 284
Adriaanse, H.J., 153, 215
Aland, B. 300f.
Alberigo, G. 129, 147
Alkmaion von Kroton 249
Allison, D.C. 186
Alt, K. 301
Altaner, B. 311
Althaus, H. 338
Althaus, P. 329
Angenendt, A. 154, 254–257
Anneser, S. 143
Anselm von Canterbury 255f., 363
Ansorge, D. 290
Arinze, F. 375
Aristoteles 249, 298
Arndt, A. 272
Arnold, F.X. 132
Arnold, U. 350
Asmussen, H. 318
Assmann, J. 39
Auffarth, Ch. 175
Augustinus 21, 24, 126f., 150, 245, 247f.,
    253, 255, 265, 292f., 295f., 308, 310–315,
    318–324, 343
Ausländer, R. 79
Auwers, J.-M. 224

Bachl, G. 278
Bacht, H. 326
Backhaus, K. 180
Bader, A. 247
Balthasar, H.U. von 125f., 128, 151, 245,
    253, 255, 257, 276–280, 288f., 293, 320,
    328, 340, 345f.
Bamberger, S. 373
Bammel, C.P. 311
Baraúna, G. 146
Bärend, H. 55, 67
Barth, Ch. 172
Barth, G. 190
Barth, H.-M. 34, 39, 41–43, 46–48, 118, 129
Barth, K. 49, 103, 108, 113f., 119, 127, 144,
    150, 152, 244, 272f., 276, 295f.
Basilides 304
Batlogg, A.R. 142

Bayer, O. 153, 215, 240
Becker, J. 217
Becker, M. 174, 186
Begrich, J. 172
Beinert, W. 331
Beintker, M. 14, 16f., 63, 70, 113, 151
Bellarmin, R. 327, 342
Benedikt XVI., Papst 37, 138, 144, 235, 274,
    366–368
Beneke, D. 354
Bengel, J.A. 113, 257, 259f., 263
Benn, Ch. 89
Benz, E. 129
Berdjajew, N. 63, 244
Berger, P.L. 63, 288
Bergman, J. 185
Bergmeier, R. 202
Berlejung, A. 160, 171
Bernardakis, G.N. 298
Bernhard von Clairvaux 255f.
Bernhardt, R. 35, 46, 79, 115, 117
Bernstein, M.J. 176
Berthold von Regensburg 255
Bethge, E. 57
Beumer, J. 321
Beutel, A. 349
Bévenot, M. 310
Beyer, H.W. 221, 229
Beyerle, S. 186
Bihlmeyer, P. 363
Biko, S. 34
Bischof, F.X. 147
Blanc, C. 304
Blank, J. 201
Bloch, M. 168
Blondel, M. 151
Blumenberg, H. 212
Bock, D.L. 221
Böckle, F. 167
Boeve, L. 61
Bonhoeffer, D. 57
Borges, J.L. 266
Bornkamm, G. 190, 230
Bornkamm, H. 152
Borret, M. 303, 305
Bossert, G. 247
Bouillard, H. 151

Sachregister

Ökumenischer Arbeitskreis evangelischer und katholischer Theologen

(Stand April 2012)

Mitglieder von evangelischer Seite

Bischof Prof. Dr. Martin Hein, Kassel (Vorsitzender)
Prof. Dr. Volker Leppin, Tübingen (Wissenschaftlicher Leiter)

Prof.in Dr. Christine Axt-Piscalar, Göttingen
Prof. Dr. Dr. h.c. Michael Beintker, Münster
Prof. Dr. Walter Dietz, Mainz
Prälat Dr. Bernhard Felmberg, Berlin
Prof. Dr. Jörg Frey, München
Prof. Dr. Christian Grethlein, Münster
Prof. Dr. Hans-Peter Großhans, Münster
Prof. Dr. Friedhelm Hartenstein, München
Prof. Dr. Matthias Konradt, Heidelberg
Prof. Dr. Dr. h.c. Ulrich Körtner, Wien
Prof. Dr. Dres. h.c. Christoph Markschies, Berlin
Prof.in Dr. Friederike Nüssel, Heidelberg
Kirchenpräsident Christian Schad, Speyer
Prof. Dr. Dr. h.c. Gunther Wenz, München

Korrespondierende Mitglieder

Präsident i.R. Dr. Dr. h.c. Hermann Barth, Hannover
Prof. em. Dr. Alasdair Heron, Erlangen
Prof. Dr. Dr. h.c. Eberhard Jüngel DD.DD., Tübingen
Bischof em. Dr. Martin Kruse, Berlin
Prof. em. Dr. Ulrich Kühn, Leipzig
Bischof em. Prof. Dr. Dr. h.c. Eduard Lohse, Göttingen
Bischof em. Dr. Hartmut Löwe, Bonn
Prof. em. DDr. Harding Meyer Litt.D.DD., Kehl
Bischof em. Prof. Dr. Gerhard Müller DD., Erlangen
Prof. em. Dr. Wolfgang Pannenberg DD.DD., Gräfelfing
Bischof em. Prof. Dr. Ulrich Wilckens, Lübeck

Protokollantin

Dr. Susanne Schuster, Tübingen

Mitglieder von katholischer Seite

Bischof Prof. DDr. Dr. h.c. mult. Karl Kardinal Lehmann, Mainz (Vorsitzender)
Prof.in Dr. Dorothea Sattler, Münster (Wissenschaftliche Leiterin)
Prof. em. Dr. Wolfgang Beinert, Regensburg
Prof. Dr. Franz Xaver Bischof, München
Weihbischof Prof. Dr. Karlheinz Diez, Fulda
Prof.in Dr. Eva-Maria Faber, Chur
Prof. Dr. Albert Gerhards, Bonn
Prof. em. Dr. Frank-Lothar Hossfeld, Bonn
Prof. Dr. Andreas Merkt, Regensburg
Prof. em. Dr. Vinzenz Pfnür, Münster
Prof.in Dr. Johanna Rahner, Kassel
Prof. Dr. Herbert Schlögel, Regensburg
Prof. Dr. Thomas Söding, Bochum
Prof. Dr. Michael Theobald, Tübingen
Prof. Dr. Wolfgang Thönissen, Paderborn
Prof. Dr. Eberhard Tiefensee, Erfurt
Prof. Dr. Peter Walter, Freiburg
Prof.in Dr. Myriam Wijlens, Erfurt

Korrespondierende Mitglieder

Präsident em. Prof. Dr. Dr. h.c. mult. Walter Kardinal Kasper, Rom
Prof. em. Dr. Dr. h.c. mult. Otto Hermann Pesch, München
Prof Dr. Dr. h.c. mult. Joseph Ratzinger, Papst Benedikt XVI., Rom
Prof. em. Dr. Richard Schaeffler, München
Bischof em. Prof. Dr. Dr. h.c. Paul-Werner Scheele, Würzburg
Prof. em. Dr. Theodor Schneider, Armsheim
Prof. em. Dr. Heribert Smolinsky, Gundelfingen
Prof. em. Dr. Dr. h.c. Lothar Ullrich, Erfurt
Prof. em. Dr. Siegfried Wiedenhofer, Liederbach

Ständiger Gast

Msgr. Dr. Matthias Türk, Rom

Protokollant

Markus Zingel, Münster